宇野 宗佑　**自由民主党**
●89.6〜8 (69)
- 議院選挙で自民党大敗 (1989.7) ▶「ねじれ国会」

海部 俊樹　**自由民主党**
●89.8〜91.11 (818)
- 価史上最高値の38,915円87銭 (1989.12.29)
- 岸戦争 (1991.1)
- 自衛隊掃海艇のペルシャ湾派遣 (1991.4)
- 肉・オレンジ輸入自由化 (1991.4)

宮澤 喜一　**自由民主党**　自民党分裂
●91.11〜93.8 (644)
- 車平和維持活動（PKO）協力法成立 (1992.6)
- 民党分裂 (1993.6) ▶内閣不信任案可決
- 議院総選挙で自民党大敗、野党に (1993.7)
- 「55年体制」の一時終焉

細川 護熙　**日本新党**　非自民政権
●93.8〜94.4 (263)
- 「自民」の7党1会派連立政権樹立 (1993.8)
- 治改革関連四法案成立 (1994.1)

羽田 孜　**新生党**
●94.4〜94.6 (64)
- 民連立▶社会党の離脱で少数与党に（短命内閣）

村山 富市　**社会党**　戦後50年
●94.6〜96.1 (561)
- 山内閣以来の社会党首班連立内閣（自・社・さ）
- 連立という形で自民党が政権復帰
- 社会党、日米安保・自衛隊を容認 (1994.7)
- 阪神・淡路大震災 (1995.1)

橋本 龍太郎　**自由民主党**
●96.1〜98.7 (932)
- 費税3％から5％に引き上げ (1997.4)
- 主党（現）結成
- 央省庁改革関連法成立 (1998.6) ▶1府12省庁へ

小渕 恵三　**自由民主党**　自自公連立政権
●98.7〜2000.4 (616)
- 融再生関連法案成立 (1998.10)
- ガイドライン関連法成立 (1999.5)
- 章・国歌法成立 (1999.8)
- 護保険制度開始 (2000.4)

森 喜朗　**自由民主党**
●00.4〜01.4 (387)
- 央省庁再編、1府12省庁体制スタート (2001.1)

28 小泉 純一郎　**自由民主党**　聖域なき構造改革
●2001.4〜06.9 (1,980)
- 政 9.11アメリカ同時多発テロ (2001.9)
- テロ対策特別措置法成立 (2001.10)
- 有事関連三法成立 (2003.6)
- 自衛隊イラク派遣 (2004.1)
- 郵政民営化法案成立 (2005.10) ▶民営化 (07.10)

29 安倍 晋三（第一次）　**自由民主党**
●2006.9〜07.9 (366)
- 政 教育基本法改正 (2006.12)
- 政 憲法改正に関する国民投票法成立 (2007.5)
- 政 参議院選挙で自民党大敗 (2007.9) ▶「ねじれ国会」に

30 福田 康夫　**自由民主党**
●2007.9〜08.9 (365)
- 政 道路特定財源の暫定税率期限切れ (2008.3)
- ガソリン税暫定税率復活 (2008.5)
- 政経 後期高齢者医療制度開始 (2008.4)

31 麻生 太郎　**自由民主党**　祖父は吉田茂
●2008.9〜09.9 (358)
- 政 衆議院総選挙で自民党惨敗 (2009.8) ▶政権交代へ

32 鳩山 由紀夫　**民主党**　友愛
●2009.9〜10.6 (266)
- 政経 子ども手当法可決 (2010.3)
- 普天間基地移設問題など政治的混乱（社民党離脱）で辞任

33 菅 直人　**民主党**
●2010.6〜11.9 (452)
- 政経 東日本大震災 (2011.3) ▶福島第一原発事故
- 政経 再生可能エネルギー特別措置法成立 (2011.8)

34 野田 佳彦　**民主党**　どじょう内閣
●2011.9〜12.12 (482)
- 政経 震災復興、消費税増税、TPP加盟などが政策課題に
- 衆議院総選挙で民主党惨敗、自民・公民両党が再び政権に

35 安倍 晋三（第二次〜）　**自由民主党**　アベノミクス
●2012.12〜
- 政経「三本の矢」による株価上昇、景気回復
- 政経 TPP協定交渉への参加を表明 (2013.3)
- 政経 参議院選挙で連立与党が圧勝 (2013.7)
- 「ねじれ国会」解消
- 政経 消費税増税 (14年8％、15年10％) を発表 (2013.10)

政経受験生の「バイブル」と呼ばれる本書が **最新時事でパワーアップ!!**

▶ 入試で出題される最先端の時事問題に完全対応!
～巻末には入試で狙われる時事テーマを大特集～

おかげさまで、1996年の発刊以来、本書は20年近くにわたり数多くの受験生に愛用されている。難関大合格者が本書で勉強し、「政経受験生のバイブル」と呼ばれるようになった。掲載内容も常に最新の入試動向、時事問題を改訂ごとに追加し、センター試験はもちろん、最難関大学に合格できるに足る内容も盛り込んでいる。**巻末には時事テーマを特集**し、時事問題対策を徹底してフォローしている。

▶ 見開き2ページ＝1テーマですっきり理解!
～左ページで、制度・仕組みと経済メカニズムを押さえよ!～

基本問題が完璧に得点できれば、どんな大学でも合格圏を狙える。本書では、入試に問われる基本事項を左ページに明示してある。**原理・原則、制度・仕組み、経済現象とその発生メカニズムなどを徹底的に理解**してほしい。その際、本書の赤文字、太字のキーワードの部分に注意すること! 本書には「**赤いチェックシート**」が付属されているので、赤字の重要キーワードを隠して、**穴埋め問題**を想定して勉強していくのにも効果的な仕掛けを施している。

▶ 右ページで、時事問題・データ・統計を確認!
～時事問題は基本テーマの延長線上! 時事テーマから入試問題を予想しよう!～

本書では、右ページに入試で問われる時事問題のフローチャート、現状データ、統計がフルカラーで示されている。**左ページが基本→右ページが時事・統計・発展**テーマという形で編集されているから、実戦対応なのだ。各テーマには、3段階で頻度別の重要度を表示した。**A は最頻出の最重要テーマ、B は頻出の重要テーマ、C は標準の基本テーマ**。右の図解ページにも、「基本 時事 頻出 発展 盲点」などの表示がある。

また、本書の命は入試で問われる最新の時事テーマ・統計データの提供にある。したがって、**表示年度ごとにデータを更新し、「政経」受験生に最新の時事・データを提供している**。

今回の**巻末の時事テーマ特集**などさらなるパワーアップ改訂は、過去に多くの受験生が本書を愛用し、多くの支持をいただいたことにより可能となった。著者として大変感謝している。実戦対応型の学習によって、ライバルに差をつけてほしい!

清水雅博

一目でわかる 新政経ハンドブック 2014▶2016

Contents／目次

第1章 民主政治の原理と発展 ……… 8

- ❶ 国家 ……… 10
- ❷ 国家観の変遷 ……… 12
- ❸ 社会契約説 ……… 14
- ❹ 民主主義の形態 ……… 16
- ❺ 法の支配と法治主義 ……… 18
- ❻ 基本的人権(1) 自由権 ……… 20
- ❼ 基本的人権(2) 参政権 ……… 22
- ❽ 基本的人権(3) 社会権 ……… 24
- ❾ 人権の国際化(1) ……… 26
- ❿ 人権の国際化(2) ……… 28
- ⓫ 各国の政治機構(1) イギリス ……… 30
- ⓬ 各国の政治機構(2) アメリカ合衆国 ……… 32
- ⓭ 各国の政治機構(3) フランス・中華人民共和国・ロシア ……… 34

第2章 日本国憲法 ……… 36

- ❶ 天皇、国民の地位の変遷 ……… 38
- ❷ 三大原則 国民主権・平和主義・基本的人権の尊重 ……… 40
- ❸ 平和主義 日本の防衛原則と有事法制 ……… 42
- ❹ 人権 ……… 44
- ❺ 人権の不可侵性と限界 公共の福祉 ……… 46
- ❻ 自由権(1) 精神的自由① ……… 48
- ❼ 自由権(2) 精神的自由② ……… 50
- ❽ 自由権(3) 人身の自由 ……… 52
- ❾ 自由権(4) 経済的自由 ……… 54
- ❿ 平等権(1) ……… 56
- ⓫ 平等権(2) 1票の価値の平等と格差問題 ……… 58

- ⑫ 平等権(3) ……… 60
- ⑬ 請求権(受益権) ……… 62
- ⑭ 参政権 ……… 64
- ⑮ 社会権 ……… 66
- ⑯ 新しい人権(1) ……… 68
- ⑰ 新しい人権(2) ……… 70
- ⑱ 日本の統治機構　三権の相互関係 ……… 72
- ⑲ 国会(1)　地位と組織 ……… 74
- ⑳ 国会(2)　権限 ……… 76
- ㉑ 内閣 ……… 78
- ㉒ 裁判所(1)　地位と構成 ……… 80
- ㉓ 裁判所(2)　権限 ……… 82
- ㉔ 裁判所(3)　最近の司法制度改革 ……… 84
- ㉕ 地方自治(1) ……… 86
- ㉖ 地方自治(2) ……… 88

第3章 現代政治の諸問題 ……… 90

- ❶ 選挙原則と選挙区制 ……… 92
- ❷ 選挙制度(1)　衆議院と参議院 ……… 94
- ❸ 選挙制度(2)　公職選挙法 ……… 96
- ❹ 選挙制度(3) ……… 98
- ❺ 政党と圧力団体 ……… 100
- ❻ 戦後日本の政党の流れ(1)　55年体制 ……… 102
- ❼ 戦後日本の政党の流れ(2)　1993〜2009年 ……… 104
- ❽ 戦後日本の政党の流れ(3)　2009年9月以降 ……… 106
- ❾ 1994年の政治改革　政治資金 ……… 108
- ❿ 行政権の肥大化・民主化 ……… 110
- ⓫ 政治腐敗の原因と対策 ……… 112
- ⓬ 日本が進める行政改革(1)　中央省庁スリム化と特殊法人の改革 ……… 114
- ⓭ 日本が進める行政改革(2)　2006年 行政改革推進法 ……… 116
- ⓮ 現代政治の諸問題 ……… 118

第4章 国際政治 ……… 120

- ❶ 国際社会 ……… 122
- ❷ 永久平和論と国際連盟 ……… 124

- ❸ 国際連合(1) 成立・組織 ……… **126**
- ❹ 国際連合(2) 平和・安全 ……… **128**
- ❺ 国連平和維持活動 PKO ……… **130**
- ❻ 戦後国際関係史(1) 冷戦構造の形成 ……… **132**
- ❼ 戦後国際関係史(2) 雪解け ……… **134**
- ❽ 戦後国際関係史(3) 新冷戦期～ポスト冷戦 ……… **136**
- ❾ 戦後国際関係史(4) テロ後の国際関係 ……… **138**
- ❿ 軍縮の歴史 まとめ ……… **140**
- ⓫ ソ連邦解体と東欧の民主化 ……… **142**
- ⓬ 地域紛争(1) 中東問題 ……… **144**
- ⓭ 地域紛争(2) ……… **146**
- ⓮ 日本の外交(1) 第二次世界大戦後の流れ ……… **148**
- ⓯ 日本の外交(2) 北朝鮮問題 ……… **150**

特設テーマ
戦後国際関係の流れを4つの時期区分で総チェック! ……… **152**

第5章 経済体制 ……… **154**

- ❶ 経済体制 資本主義経済と社会主義経済 ……… **156**
- ❷ 資本主義の歴史(1) 経済発展 ……… **158**
- ❸ 資本主義の歴史(2) 修正資本主義 ……… **160**
- ❹ 資本主義の歴史(3) 最近の経済学説～反ケインズ主義 ……… **162**
- ❺ 経済学説(1) 16～18世紀 ……… **164**
- ❻ 経済学説(2) 19世紀～現代 ……… **166**
- ❼ 資本主義における生産 ……… **168**
- ❽ 経済主体と経済循環 ……… **170**

第6章 経済理論(市場・国民所得) ……… **172**

- ❶ 市場機構 価格メカニズム ……… **174**
- ❷ 需要・供給曲線のシフト ……… **176**
- ❸ 需要・供給の価格弾力性 ……… **178**
- ❹ 市場の失敗 ……… **180**
- ❺ 独占・寡占 ……… **182**
- ❻ 独占禁止法 ……… **184**
- ❼ 企業形態(1) ……… **186**
- ❽ 企業形態(2) コーポレート・ガバナンス ……… **188**

- ⑨ 国富 ……… **190**
- ⑩ 広義の国民所得 ……… **192**
- ⑪ 狭義の国民所得 ……… **194**
- ⑫ 国民純福祉・経済成長率 ……… **196**
- ⑬ 景気変動 ……… **198**

第7章 経済理論（金融・財政） ……… **200**

- ① 貨幣 ……… **202**
- ② 通貨制度 ……… **204**
- ③ 金融(1) 種類 ……… **206**
- ④ 金融(2) 機関・市場 ……… **208**
- ⑤ 銀行の業務 ……… **210**
- ⑥ 日本銀行の業務 ……… **212**
- ⑦ 金融政策 ……… **214**
- ⑧ 最近の金融政策 質的金融緩和から量的金融緩和へ ……… **216**
- ⑨ 金融の自由化・国際化 ……… **218**
- ⑩ 金融ビッグバン 金融大改革 ……… **220**
- ⑪ 金融破綻と金融再生 ……… **222**
- ⑫ 財政(1) 機能・政策 ……… **224**
- ⑬ 財政(2) 日本の財政構造 ……… **226**
- ⑭ 租税制度(1) 租税の種類 ……… **228**
- ⑮ 租税制度(2) 所得税・消費税の問題点 ……… **230**
- ⑯ 公債 ……… **232**
- ⑰ 財政破綻と財政再建 ……… **234**
- ⑱ 財政投融資 ……… **236**

第8章 日本経済の諸問題 ……… **238**

- ① 敗戦直後の日本経済 ……… **240**
- ② 高度経済成長(1) 景気の循環 ……… **242**
- ③ 高度経済成長(2) 要因 ……… **244**
- ④ 高度経済成長(3) 終焉 ……… **246**
- ⑤ 安定成長期 第一次・第二次石油危機 ……… **248**
- ⑥ バブル景気・バブル不況 平成景気〜平成不況 ……… **250**
- ⑦ 1990〜2000年代の日本経済 失われた10年 ……… **252**
- ⑧ 2000年代初めの日本経済 戦後最長の景気からリーマン=ショック ……… **254**

- ⑨ リーマン=ショックとその後の日本経済 ……… **256**
- ⑩ 日本経済の国際化(1) 開放経済からボーダレス化へ ……… **258**
- ⑪ 日本経済の国際化(2) 日米貿易摩擦 ……… **260**
- ⑫ 日本の産業構造 ……… **262**
- ⑬ 中小企業 ……… **264**
- ⑭ 農業 ……… **266**
- ⑮ 消費者問題 ……… **268**
- ⑯ 物価問題(1) インフレーション ……… **270**
- ⑰ 物価問題(2) デフレーション ……… **272**
- ⑱ 公害問題 ……… **274**
- ⑲ 地球環境問題(1) ……… **276**
- ⑳ 地球環境問題(2) ……… **278**
- ㉑ 地球環境問題(3) ……… **280**

第9章 国際経済 …………………………………………… **282**

- ❶ 国際分業と貿易 ……… **284**
- ❷ 国際収支 ……… **286**
- ❸ 国際収支・対外純資産 日本の場合 ……… **288**
- ❹ 為替相場の決定要因 ……… **290**
- ❺ 為替相場の影響 ……… **292**
- ❻ 国際貿易体制 ……… **294**
- ❼ GATTからWTOへ ……… **296**
- ❽ 国際通貨基金 IMF ……… **298**
- ❾ 地域経済統合(1) 現状 ……… **300**
- ❿ 地域経済統合(2) EU成立の流れ ……… **302**
- ⓫ 経済連携協定(自由貿易協定) EPA・FTA ……… **304**
- ⓬ 環太平洋経済連携協定(1) TPPの目的と内容 ……… **306**
- ⓭ 環太平洋経済連携協定(2) メリットとデメリット ……… **308**
- ⓮ 南北問題(1) 原因と対策 ……… **310**
- ⓯ 南北問題(2) 1970年代以降の展開 ……… **312**
- ⓰ 日本の貿易の特徴 ……… **314**

第10章 労働・社会保障 …………………………………… **316**

- ❶ 世界の労働運動の歴史 ……… **318**
- ❷ 日本の労働運動の歴史 ……… **320**

❸ 労働基準法 ……… 322
❹ 労働組合法 ……… 324
❺ 労働関係調整法 ……… 326
❻ 現代日本の労働問題(1) ……… 328
❼ 現代日本の労働問題(2) ……… 330
❽ 社会保障の歴史 ……… 332
❾ 日本の社会保障制度 ……… 334
❿ 日本の社会保険 ……… 336
⓫ 日本の社会保障 問題点 ……… 338
⓬ 高齢社会と少子社会(1) ……… 340
⓭ 高齢社会と少子社会(2) ……… 342

巻末資料 **経済統計データ** ……… **344**

特集 **巻末最新テーマ** ……… **352**

巻末付録 **政経用語チェック索引** ……… **388**

第1章 民主政治の原理と発展

1. 国家
2. 国家観の変遷
3. 社会契約説
4. 民主主義の形態
5. 法の支配と法治主義
6. 基本的人権 (1) 自由権
7. 基本的人権 (2) 参政権
8. 基本的人権 (3) 社会権
9. 人権の国際化 (1)
10. 人権の国際化 (2)
11. 各国の政治機構 (1) イギリス
12. 各国の政治機構 (2) アメリカ合衆国
13. 各国の政治機構 (3) フランス・中華人民共和国・ロシア

覚えておきたい「人権集」

▶人権と民主主義に関するキーワードに注目！

マグナ=カルタ（英：1215）

第39条

自由人は、その同輩の合法的裁判によるか、または国法によるのでなければ、逮捕、監禁、差押、法外放置、もしくは追放を受けまたはその他の方法によって侵害されることはない。

フランス人権宣言（1789）

第1条

人は、自由かつ権利において平等なものとして出生し、かつ生存する。

第3条

あらゆる主権の原理は、本質的に国民に存する。

ゲティスバーグ演説（米：リンカーン大統領）

The government of the people, （人民の）
by the people, （人民による）
for the people... （人民のための政治）

「4つの自由」（米：F.ローズベルト大統領）

①言論と表現の自由
②信仰の自由
③欠乏からの自由
④恐怖からの自由

世界人権宣言（1948採択）

第1条

すべての人間は、生まれながらにして自由であり、かつ、尊厳と権利とについて平等である。人間は理性と良心とを授けられており、互いに同胞の精神を持って行動しなければならない。

国際人権規約（1966採択）

A規約（「経済的、社会的及び文化的権利に関する国際規約」）より

すべての人民は、自決の権利を有する。この権利にもとづき、すべての人民は、その政治的地位を自由に決定し並びにその経済的、社会的及び文化的発展を自由に追求する。

B規約（「市民的、政治的権利に関する国際規約」）より

すべての者は、身体の自由及び安全についての権利を有する。何人も、恣意的に逮捕され又は抑留されない。何人も、法律で定める理由及び手続によらない限り、その自由を奪われない。

第1章 民主政治の原理と発展

1 国　家　B

1. 国家の三要素～主権、領域、国民（イェリネックの分類）

　国家とは、一定の地域社会に作られた政治単位である。それが成立するためには、①統治権力を持つ主権が存在し、②統治の及ぶ領域（領土・領海・領空）が明確であり、③統治に服する国民が確定していなければならない。この主権、領域、国民を国家の三要素という。

☞1　政治とは、強制力を背景に、社会集団の秩序を維持し、社会に存在する多元的利益の矛盾を調整・統合する国家作用である。

2. 主権～統治権、国の政治の最終意思決定権、対外的独立性

　「主権」という言葉には3つの用法がある。①「統治権」、すなわち強制力を持った国家権力そのものという用法（ex.「……日本国ノ主権ハ、本州、北海道……ニ局限セラル」（ポツダム宣言第8条））。②「国の政治の最終意思決定権」、すなわち国家の政治を最終的に決定する最高の力という用法（ex.「国民主権」「君主主権」）。③「対外的独立性」、すなわち国家権力の最高独立性という用法（ex.国際法の「主権国家」、「われらは……自国の主権を維持し、他国と対等関係に立たうとする……」（日本国憲法前文））。

☞2　ジャン＝ボーダン（仏・1530～96）は、著書『国家論六書』で、主権概念を最初に唱え、絶対君主制を正当化した。主権論の祖とも呼ばれる。

3. 国家の分類～主要学説

(1) **国家権力（国家の強制力）の起源による分類**　①王権神授説は、国王の権力は「神」によって与えられるから絶対的だとするのに対して、②社会契約説は、国家権力は「人民の契約」によって与えられるとする。

(2) **国家の組織による分類**　③国家有機体説は、国家は1つの有機体（生命体）に過ぎないとし、④国家法人説（イェリネックら・独）は、国家は法的な権利の主体たる法人であり、主権は国家自体にあるとする。他には、⑤階級国家論（マルクスら・独）、⑥国家は企業・組合などの社会集団の1つに過ぎないが、諸集団の利害調整機能を有する点で相対的優越性があると主張する多元的国家論（ラスキ・英）がある。

☞3　明治時代、美濃部達吉が国家法人説を天皇機関説[*2]として日本に紹介した学説。

[*1] 階級国家論は、国家は支配階級が被支配階級を支配するための権力機関だととらえる。
[*2] しかし、「天皇は国家（法人）における対外的代表機関に過ぎず、実質決定権を持たない」ととらえたことから、天皇制を批判する国民主権論だとして弾圧された。

▼国家の主権が及ぶ範囲(領域)は？　発展

●国連海洋法条約の定義 ▶ 領海12カイリ、排他的経済水域(EEZ[*1])200カイリ

公海[*2]（公海自由の原則）

領土

領海12カイリ（原則）
領空（領土と領海の上空）

排他的経済水域200カイリ
（漁業専管と経済開発権は沿岸国に有する）
※1カイリは1,852m

※1982年国連海洋法条約による（1994.11発効）

主権が及ぶ
（ただし、大気圏外：国家の主権は及ばない）

領空
（大気圏内）

排他的経済水域
（基線から200カイリ）

領土

領海
（12カイリ）

（航行の自由など）

公海

低潮線

基線

大陸棚
（地下資源は沿岸国に開発権あり）

check!
❶国家の主権は領土・領海・領空に及ぶ。したがって、沿岸から12カイリ以内の海・空に外国の船舶・飛行機が無断で立ち入ると領海侵犯・領空侵犯となり、拿捕や攻撃の対象となる。
❷大陸棚が200カイリよりも先に続く場合は、排他的経済水域は大陸棚の限界点まで自動延長される。

*1 EEZは、Exclusive Economic Zoneの略である。
*2 公海とは、領海・排他的経済水域（内海・群島水域）を除いた海洋のすべて。すべての国が航行の自由、上空飛行の自由、漁業の自由、調査の自由などを持つ。

第1章　民主政治の原理と発展

2 国家観の変遷　A

1. 国家の機能（国家観の変遷）～夜警国家から福祉国家へ

(1) **夜警国家（18・19世紀）**　市民革命により絶対君主制を倒して自由権を獲得した近代社会では、国家は国民生活に干渉せず（消極国家）、国防・治安の維持だけを任務とする夜警国家が理想とされた。国家は必要最低限の法律を作る立法国家であり、経済的にはアダム＝スミスの自由放任主義を基本とする安価な政府であった。

> ドイツの社会主義学者ラッサールが、消極国家を「夜警国家」と皮肉ったことから命名された。なお、近代の夜警国家以前の中世絶対主義期の国家は、強い取り締まりが行われたことから「警察国家」と呼ばれる。

(2) **福祉国家（20世紀）**　世界大不況（1930年代）後は、ケインズ主義にもとづいて政府が景気調整や完全雇用政策などの市場介入を行う積極国家となった。貧富差を解消して社会権を保障し、福祉を増進することから福祉国家と呼ばれている。福祉国家は、政策当局の立案・企画が重視される行政国家であり、行政権の肥大化が進行する。

(3) **新保守主義国家[*1]（1980年代～）**　福祉国家によって巨額の財政赤字が発生したため、反ケインズ主義にもとづき財政再建を目指して、再びカネのかからない夜警国家（小さな政府）に戻ろうとする国家観が登場している。行政スリム化によって中央省庁や特殊法人[*2]を統廃合し、無駄な財政支出を抑えるという行政改革の理論的根拠である。この立場からは、減税と規制緩和により競争原理を働かせるという市場メカニズム重視の経済学が主張される。

2. 現代の先進国の国家機能

1980年代、アメリカのレーガノミックス、イギリスのサッチャリズム、日本の中曽根行革路線は、いずれも新保守主義国家観に立ち、小さな政府を目指すものであった。日本では、80年代の中曽根政権で三公社（電電公社・国鉄・専売公社）の民営化、96年からの橋本政権で中央省庁のスリム化決定（1府12省庁）、2001年からの小泉政権で郵政の民営化（郵政省➡2001年総務省郵政事業庁➡03年日本郵政公社➡07年郵政民営化）、特殊法人の廃止・民営化・独立行政法人化（05年道路4公団の民営化）などが実施された。

*1　新保守主義国家は、新自由主義国家ともいう。
*2　特殊法人とは、特定の公益目的のために国が設立・運営する法人（会社）のこと。

▼国家観の変遷

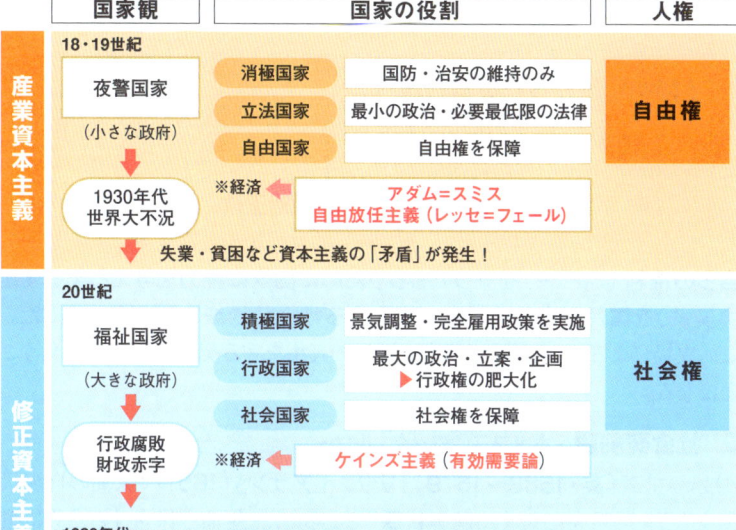

▼歴代自民党政権の「小さな政府」への取り組み？

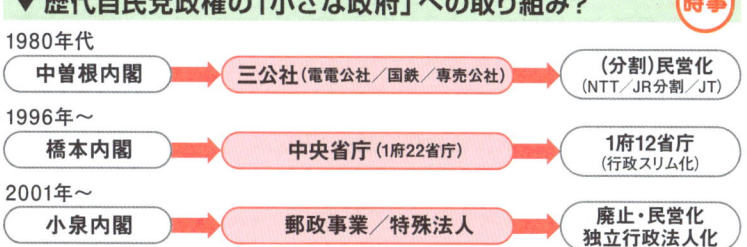

❶歴代の自民党政権が小さな政府を目指してきた理由は、巨額の財政赤字を解消するために無駄な支出を削減する点にあった。小泉政権は、"聖域なき構造改革"をスローガンに掲げて、取り組んだ。

❷しかし、ポスト小泉政権下の2008年には国土交通省のもとに観光庁が、09年には内閣府のもとに消費者庁、12年には復興庁が新設され、再び大きな政府への逆行が見られる。

3 社会契約説　A

1. 王権神授説から社会契約説へ

　王権神授説は、国王の権力は神から授けられたものであるから、国民はそれに絶対服従しなければならないと主張（**ジェームズ1世、フィルマー・英／ルイ14世、ボシュエ・仏**）。**絶対君主制**（**絶対王政**）に理論的根拠を与えた。しかし、市民革命の過程で、国家の目的は国民の人権保障にあるとして、**自らの権利**（**自然権**[*1]）**を守ってもらうために国家に権力を与える契約**（**社会契約**）**を国民が自発的に結んだ**とする**社会契約**説が支配的になった。この立場によると、理論上、国家は国民の人権を守る契約上の義務を負うことになる。

2. 社会契約説〜ホッブズ、ロック、ルソー

(1) **ホッブズ**〔英・1588〜1679〕『**リヴァイアサン**』(1651)：人間の自然状態[*2]を"**万人の万人に対する闘争**状態"ととらえた。**生命を保全するために強い国家権力が必要**なので、自然法（理性）の命令に従って、主権を国家に**全面譲渡・放棄**すべきであるとして、結果的に絶対君主制を擁護した。

(2) **ロック**〔英・1632〜1704〕『**市民政府二論**』(1690)：ホッブズを批判して人間の自然状態を"**自由・平等・平和**"ととらえた。例外的に生じる**財産権**侵害などを取り締まるために、国家に権力の執行を**委託・信託**する契約を結ぶべきと考えた。主権はあくまでも国民にあり、国家は国民が主権の執行を**委託・信託**するために作った公共権力（信託権力）であるとして**国民**[*3]**主権・間接民主制**を主張した。したがって、国家が委託の趣旨に背いて国民の人権を侵害するときには、国民は**抵抗権**（委託契約取消権）を行使できるとした。

(3) **ルソー**〔仏・1712〜78〕『**社会契約論**』(1762)：人間の自然状態を"**自由・平等・平和であって孤立的だ**"ととらえた。主権は個々の人民に存在する（**人民**[*4]**主権**）。その個々人が公共の利益を目指す全人民的意思（**一般意志**）にもとづいて**集合・融合**する社会契約を結び、真に自由な個々人の集合体である国家を作り、**直接民主制**を行う。個々人（人民）の意志は自らが表明する他はないと考えたのである。しかし、**国法が一般意志の具体化といえる限り、人民はそれに自発的に服従するのが道理**だと主張した。

*1　自然権とは、人間が生まれながらに持っている自明の権利のこと。
*2　自然状態とは、国家が成立する以前の状態のこと。
*3・*4　「国民」と「人民」は異なる概念である。「国民」とは全体としての国民（ネイション）を意味し、

▼ 社会契約説（ホッブズ、ロック、ルソー）

第1章 民主政治の原理と発展

	ホッブズ	ロック	ルソー
自然状態 （人間観）	万人の万人に 対する闘争 （性悪説）	自由・平等・平和 （性善説）	自由・平等・ 平和・相互孤立 （性善説）
自然権 ▼ 国家の 主目的 ▼ 契約の 内容 ▼	自己保存 ▼ 生命の保全 ▼ 主権を 全面譲渡・放棄	所有権 ▼ 私有財産権の保護 ▼ 国家に主権の執行を 委託・信託	自由・平等 ▼ 自由権一般の保護 （特に精神的自由） ▼ 主権者が**集合・融合** ただし、一般意志に服従 （一般意志を実現す る社会に全面服従）
国　家	**絶対主義国家** 闘争の中で 生命を守るための 強い国家	**主権の執行機関** 国民主権の執行を 委託された国家 （公共権力）	**共同社会** 主権を持つ個々人が 一般意志によって 作った集合体
主　権	君主主権	国民主権 ↑ 一体としての国民	人民主権 ↑ 個々の人民
抵抗権	なし	あり ➡ 名誉革命を正当化	ー
政　体	絶対君主制 ➡ 結果的に 絶対君主制を擁護	間接民主制 影響⬇ アメリカ独立宣言	直接民主制 影響⬇ フランス革命

 ルソーの『社会契約論』：「イギリス人が自由だと思っているのは選挙の間だけである。議員が選ばれるや否や鉄の鎖につながれ、無に帰してしまう。」として、ロックの間接民主制を批判した。また、『人間不平等起源論』では、不平等の原因は所有権にあるとして私有財産を否定的にとらえている。

「人民」とは個々人（ピープル）を意味する。ロックは国民主権を唱え、国民全体に主権の根拠を求めたため、代表者による間接民主制を主張した。ルソーは人民主権を唱え、個々人に主権の根拠を求めたため、直接民主制を主張した。

4 民主主義の形態　C

1. 民主主義

民主主義の本質は、"**人民の、人民による、人民のための政治**"という**リンカーン**大統領〔米・1809～65〕の**ゲティスバーグ**演説での言葉に示されている。人民自身が政治を行えば、自らの自由を奪うことはない。つまり、民主政治は自由権を保障するための有効な手段となるのである（リベラル・デモクラシー＝自由民主主義）。

☞ 市民革命の成果は、自由権の獲得と民主政治の確立にある。立法権を国王から議会に移すことにより、国王の専断法による自由権侵害を防止することができた。

2. 直接民主制

国民のすべてが議決権を行使して政治決定を下す方法である（古代ギリシアの**都市国家**（ポリス）、スイスの一部の州、アメリカ植民地時代のタウン＝ミーティングなど人口の少ない場所で実施）。

3. 間接民主制（代表民主制・代議制）＝議会制民主主義

国民が選挙を通して代表者（国会議員）を選び、その代表者が立法を行う。国民の意思が代表者を媒体として立法に反映されることから、**間接**民主制と呼ばれる。

(1) 議会制民主主義の歴史　中世の議会は**身分制議会（等族議会）**であった。議会制の始まりは[*1]**13世紀**イギリスであることから、**イギリスは議会政治の母国**と呼ばれている。ただし、イギリスの二部制議会もフランスの三部会も、貴族・聖職者などの封建的特権主張の場に過ぎなかった。しかし、市民革命の結果、全国民的利益を実現する**近代的議会**に発展していく。

(2) 代議制の三原理　近代的議会といえるための条件は3つ。①**代表**の原理：議員は選出母体の代理人でなく、全国民の利益代表である。②**審議**の原理：議会は十分な審議を尽くし、意見を交換する。その際、賛否は最終的に数の論理によって決定する（[*2]**多数決**の原理）。ただし、この決定はあくまでも討論の過程において、**少数意見を尊重した上での「妥協」**である。よって、**多数派**の横暴は許されない。③**行政監督**の原理：議会が行政腐敗を監督する。特に議院内閣制のもとでは、議会が内閣を信任・不信任する。

*1 13世紀、イギリスで最初に成立した議会は、シモン＝ド＝モンフォール議会と呼ばれた。
*2 多数決の原理は、討論の過程では少数意見を尊重し、議決過程では多数意見を尊重する原理である。

▼日本に導入されている直接民主的制度 【基本】

	イニシアチブ 国民発案	レファレンダム 国民表決	リコール 国民解職
日本国憲法	—	①地方特別法の**住民投票**(第95条) ②憲法改正の**国民投票**(第96条)*	①最高裁判所裁判官に対する**国民審査**(第79条)
地方自治法	①監査請求 ②条例の制定・改廃請求	—	①長・議員・役員に対する解職請求 ②地方議会に対する解散請求

Check!

❶人口が多く、法律が複雑化した現代国家では、直接国民が意思決定をする直接民主制の採用は技術的に困難。間接民主制を採用し、一部補完的に直接民主制を導入するのが一般的である。
❷国が地方の権限を定めた地方自治法では、地方にレファレンダムを認めていないが、最近では地方公共団体自身の判断で自主的に条例を制定して住民投票制を導入する例が増えている。これは特定の地方公共団体独自の条例によるレファレンダム制度であるが、国との関係では法的拘束力を持たないという限界がある。
❸日本では、国政上の重要問題に関する国民投票制が認められていない。例えば、2011年の福島第一原発事故後も原子力発電の是非を問う国民投票を実施されていない。

▼国民代表の意味〜自由委任が原則 【発展】

	中世	近代
	身分制議会（等族議会）	**近代的議会**（国民代表）
	強制委任（拘束委任）	**自由委任**（無拘束委任）
委任	・議員は選出母体に拘束される。	・議員は選出母体に拘束されない。 ・全国民的利益を考えた政治活動を行う。
リコール制	あり	なし

* 2007年、自民党の第一次安倍内閣下で憲法改正に関する国民投票法が成立し、具体的な手続き方法が定められたが、重要問題に関する一般的国民投票は認められなかった。当時、野党であった民主党は重要問題一般についての国民投票法の制定を主張していた。

第1章 民主政治の原理と発展

5 法の支配と法治主義　A

1. 法の支配（英米系）＝実質的法治主義

(1) 定義　「**法の支配**」とは、人権保障を目的に、権力者の恣意的支配（**人の支配**）を排し、治者（権力者）、被治者（国民）ともに**自然法・正義の法**に拘束されるという原理である。この原理の意義は、国家権力者といえども正義の法に従って統治をしなければならないという点にある。ここでいう「法」とは**自然法・正義の法**であり、歴史的にはイギリス通常裁判所で確立された判例法、「**コモン＝ロー**」（通常法＝普通法）を意味した。

> ☞1　「法の支配」は市民革命の歴史的所産である。特に、悪法の支配を排除している点が、市民革命の成果の現れといえる。

(2) 歴史　①13世紀、**マグナ＝カルタ**（1215）当時の裁判官**ブラクトン**〔英・1216〜68〕が最初に法の支配を主張した。「**国王といえども神と法の下にある**」という言葉が有名。②17世紀、チャールズ1世〔英・在位1625〜49〕の圧政に対して**権利請願**を起草した**エドワード＝コーク（クック）**〔英・1552〜1634〕は、ブラクトンの言葉を引用し、国王に対して法の支配を要求した。③19世紀、憲法学者**ダイシー**〔英・1835〜1922〕は、『イギリス憲政史序説』で法の支配を定式化し、3つの基準を示した。

> ☞2　ダイシーが示した3つの基準：(i)法は司法裁判所により確立された「法」であること。(ii)法適用は平等であり、国家権力者も「法」に従うこと。(iii)司法裁判所は独立し公正であること。

2. 法治主義（大陸系）＝形式的法治主義

(1) 定義　法律を道具として政治を行う方が効率的だとする**法治行政の原理**である。**立憲主義**を確立しようとする点では「法の支配」と共通するが、ここでいう「法」とは行政指針を示すものに過ぎず、法内容の正統（正当）性を要求しない点で大きく異なる。「**悪法といえども法なり**」に表されるように、たとえ悪法でも法にもとづく政治を行えば足りるという「形式」が重視される。そのため、悪法であっても法律であるから、国民は絶対服従すべきとする**法律万能主義**に陥りやすい。

(2) 歴史　19世紀、ドイツ・フランスや明治憲法下の日本などで**立憲君主制**の運営原理として作用した。

---

*1　立憲主義とは、文言上は憲法に立脚した政治のことであるが、議会政治一般を意味する。実質的立憲主義は民主的議会にもとづく政治であるが、形式的立憲主義（例：立憲君主制）の場合、見せかけの議会が制定した法律による君主のための政治を意味する。

▼ 法の支配と法治主義は異なる原理だ！ 【重要】

	法の支配（rule of law） **実質的法治主義** （イギリス・アメリカ・日本国憲法）	法治主義（rule by law） **形式的法治主義** （プロシア憲法(独)・明治憲法）
目的	人権保障	行政の効率的運用
法内容	自然法・正義の法	悪法も法なり
法の規制対象	国家権力者（国王）・国民 ▶「国王といえども神と法の下にある」	一般国民 ▶「悪法といえども法なり」
	↓	↓
	市民革命の原理	**立憲君主制の原理**

日本国憲法における「法の支配」の具体例：❶違憲立法審査権（第81条）❷憲法の最高法規性（第98条）❸公務員の憲法尊重擁護義務（第99条）❹人権の不可侵性（第11条、第97条）❺罪刑法定主義（第31条）❻租税法律主義（第84条）❼法の下の平等（第14条）。なお、委任立法の増加は具体的罰則の制定を民主的コントロール（選挙）の及ばない行政府（中央省庁）に委ねる点で、議会制定法による正義の法の支配を崩してしまう恐れがある。

▼ 日本の法体系～実定法⇔自然法、不文法⇔成文法 【盲点】

※  を六法という

```
自然法 ─┐          ┌─ 成文法 ─(例)┬─ 私法 ─( 民法   商法 )
(前国家的理性の法) │  (条文あり)    │
                  │                ├─ 公法 ─( 憲法   刑法 )
実定法 ─┘          │                │         ( 民事訴訟法 )
(後国家的人為の法) │                │         ( 刑事訴訟法 )
                  │                └─ 社会法 ─( 労基法  独禁法 )
                  └─ 不文法 ─(例) 慣習法・判例法
                     (条文なし)
```

❶私法とは私人と私人の権利義務の関係を定める法律。公法とは公権力（国・地方公共団体）と国民の権利義務の関係を定める法律。
❷最近では公法の私法化（私法の公法化）が起こり、国が経済的弱者保護のために契約自由の原則を修正する社会法がある（例：労働基準法・独占禁止法・最低賃金法など）。

*2 ドイツ・プロシア憲法(1850)、明治憲法(1890)は、いずれも形式的法治主義に立脚する憲法である。明治憲法に規定されていた「法律の留保」は、権利制限を認める形式的法治主義の現れである。

6 基本的人権(1)
自由権

B

1. 自由権～18世紀的権利

(1) **定義** 自由権とは、国家権力、特に**行政**権による国民生活への介入を排除することによって個人の自由を実現する権利である。「**国家からの自由**」を本質とする**消極**的権利といえる。

(2) **歴史** 自由権は、17～18世紀の市民革命を経て確立されたことから、**18世紀的権利**と呼ばれる。市民革命以前、国王は国民に対して宗教や思想を強制し、不当課税や不当逮捕を繰り返した。そこで、国民は市民革命によって国王の権限を奪い、国家権力の濫用を防止し、①**精神**的自由、②**経済**的自由、③**人身**の自由という3つの自由を手に入れたのである。

2. 市民革命～イギリス→アメリカ→フランスの順で発生

(1) **イギリスの市民革命** イギリスの市民革命は、「**市民がもともと保有している権利（自然権）を国王に認めさせた歴史**」である。マグナ＝カルタを出発点とし、議会が制定する**法の支配**（民主政治）が確立していく。国民は、国王の権限を制限する目的から、不当課税と不当逮捕を排除する2つの原則を要求した。①**租税法律**主義：議会が承諾した法律がなければ租税は課されないとする原則、②**罪刑法定**主義：議会が制定した刑罰法規に違反しなければ刑罰は科されないとする原則。

(2) **アメリカの市民革命** 植民地であったアメリカの市民革命は、宗主国であったイギリスからの独立革命（1775～83）という形で行われた。本国からの不当課税に対し、住民は「**代表**なくして**課税**なし」と主張し、抵抗した。**トマス＝ペイン**〔英・1737～1809〕が『**コモン＝センス**』で理論的根拠を与え、独立運動は盛り上がった。その最中に採択された**ヴァージニア権利章典**（1776.6）や**アメリカ独立宣言**（1776.7）は、人間が生まれながらにして当然保有する**自然権≒天賦人権**の存在を高らかに宣言した。なお、アメリカ合衆国憲法（1787）には、制定当初、人権規定はなかったが、修正憲法で追加された。

(3) **フランスの市民革命** フランス革命（三大精神は**自由・平等・友愛**）の成果である**フランス人権宣言**（1789）は**自由権の集大成**であり、国民主権を明記した。

---

* トマス＝ペインは『コモン＝センス』で、「植民地アメリカはイギリス本国議会に代表者を出せない以上、イギリス議会が決定した課税に従う理由はない。それはコモン＝センス（当然の事理）だ」と主張して、アメリカ独立戦争を正当化した。

▼自由獲得権の歴史

13世紀 ●イギリス

1215

◎封建階級（貴族・僧侶） ──「法の支配」要求→ 国王（ジョン）

↓

マグナ=カルタ（大憲章）
- ❶「承諾なくして課税なし」（租税法律主義）
- ❷「国法によらずして逮捕・監禁されず」（罪刑法定主義）

17世紀

1628

◎議会（庶民院） ──「法の支配」要求→ 国王（チャールズ1世）

↓

権利請願 → 国王は無視
- ▶請願内容はマグナ=カルタと同じ

1642～49 ピューリタン革命（清教徒革命）

1688 名誉革命 ◀ 抵抗権（ロック）

→ 信教の自由および財産権を守る革命

↓

1689 権利章典

- **民主的統治** 王権制限 ➡ 議会主権（立法権・課税権は議会に）
- **人権保障** ▶請願権・精神的自由・人身の自由・経済的自由など

18世紀 ●アメリカ

1775～83 アメリカ独立戦争 ▶イギリス本国の不当課税からの解放を求める

↓

1776.6 **ヴァージニア権利典章** ▶世界で初めて自然権≒天賦人権を明記した成文憲法

天 ─自然権・天賦人権→ 人間

「すべて人は生来、等しく自由かつ独立……生来の権利を有する」

1776.7 **アメリカ独立宣言** 起草：トマス=ジェファーソン ▶ロックの抵抗権を明記

天 ─自然権・天賦人権→ 人間 ⇌ 政府

「われわれは自明の真理として、すべての人は平等に造られ、……天賦の権利を付与され……」

1787 **アメリカ合衆国憲法制定** 起草：ジェームズ=マディソン、ハミルトン

●フランス

1789 ◎人民 ──フランス革命→ **アンシャン=レジームの崩壊**（旧制度＝不平等な身分制社会）

↓ ※自由権の集大成

フランス人権宣言「人及び市民の権利宣言」起草：ラファイエット

- ❶「人は自由かつ権利において平等なものとして出生し、かつ生存する」（第1条）
- ❷「圧制への抵抗」（第2条）
- ❸「所有権の神聖不可侵性」（第17条）
- ❹「権利の保障」「権力分立」（第16条）

＊ シェイエスは『第三身分とは何か』を著し、第三身分（平民）とは政治制度において無（ゼロ）であるとして、不平等な身分制社会を打倒するフランス革命を正当化した。

7 基本的人権(2)
参政権

1. 参政権

参政権とは国民が国政に参加する権利であり、「**国家への自由**」（国家への政治参加の自由）を本質とする**能動**的権利である。参政権は、選挙権・被選挙権（立候補する権利）を意味するが、今日では、直接民主的請求権や行政府に対する民主的コントロール手段も参政権的機能を持つとして注目されている。

☞ 「知る権利」の1つである情報公開請求権は、行政情報を知ることによって国民が政治を監視するという参政権的機能を持つ。

2. 選挙権獲得の歴史〜制限選挙制から普通選挙制へ

(1) **制限**選挙制　**制限**選挙制とは、選挙権・被選挙権を身分・財産・性別などで制限する制度（納税額によって参政権を与える財産資格制限や女子の参政権を認めない性別資格制限など）である。市民革命はブルジョワ革命だったためその後成立した**近代社会**における議会制民主主義では「**財産**と**教養**のある一部の人々」、すなわち資本家などの「**市民**」階級だけしか参政権を持たなかった。議会は資本家などの「市民」階級のための政治を行い、結果的に労働者・農民などの無産者＝一般大衆の利益は無視された。

(2) **普通**選挙制の確立へ　**普通**選挙制とは、一定年齢に達したすべての人々に選挙権・被選挙権を与える選挙制度である。19世紀に入ると、資本主義の矛盾が露呈し、貧富の差が拡大した。そして、政治的に無視されてきた労働者・農民などの「**大衆**」は、大衆社会の中で、自らの人権を守るためには自らが政治参加し、法律の内容を変えなければならないと考えた。これが普通選挙要求運動へと発展した。参政権は**19世紀的権利**といわれる。[*1]

(3) **功利**主義　19世紀イギリスで普通選挙権の要求に理論的根拠を与えた。**ベンサム**〔英・1748〜1832〕は"**最大多数の最大幸福**"を実現する手段として選挙権の拡大、議会制度の改革などを唱えた（**量的功利主義**）。一方、**質的功利主義**を唱えた**J.S.ミル**[*2]〔英・1806〜73〕は、『婦人解放論』『自由論』を著し、女子参政権獲得や自由権獲得のための社会的意識改革に大きな意義を果たした。

[*1] 世界初の無産者による普通選挙権の要求・獲得運動は、議会政治の国イギリスで起こった。チャーチスト運動（1837〔38〕〜48）である。ただし、この運動は、男子のみの普通選挙運動であった。しかし、市民革命を遂行した貴族の批判にあい、直ちには実現しなかった。

▼各国別選挙制度史～初めて確立した国は？ 発展

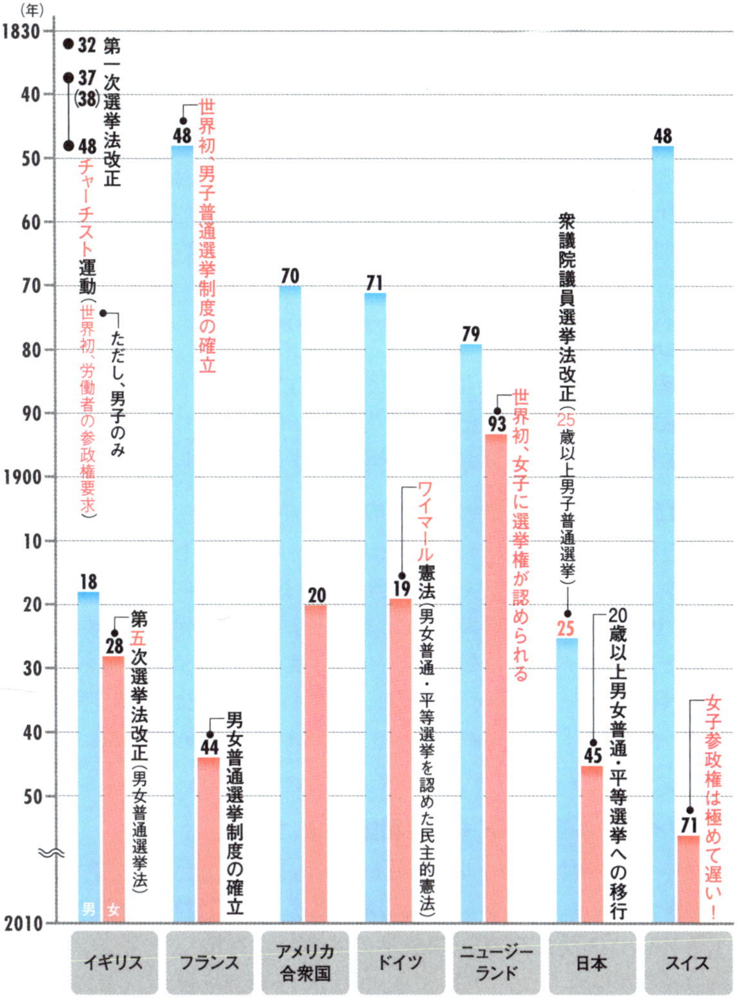

第1章 民主政治の原理と発展

(年)
- 1830 ●32 第一次選挙法改正
- 40 ●37(38)
- 48 ●48 チャーチスト運動(世界初、労働者の参政権要求)

イギリス:
- 18 第五次選挙法改正(男女普通選挙法)
- 28

フランス:
- 48 世界初、男子普通選挙制度の確立 (ただし、男子のみ)
- 44 男女普通選挙制度の確立

アメリカ合衆国:
- 70
- 20

ドイツ:
- 71
- 19 ワイマール憲法(男女普通・平等選挙を認めた民主的憲法)

ニュージーランド:
- 79
- 93 世界初、女子に選挙権が認められる

日本:
- 25 衆議院議員選挙法改正(25歳以上男子普通選挙)
- 45 20歳以上男女普通・平等選挙への移行

スイス:
- 48
- 71 女子参政権は極めて遅い！

2010 男 女

❶男子普通選挙制度を最初に確立した国はフランス(1848)
❷女子選挙権を世界で初めて認めた国はニュージーランド(1893)
❸女子の被選挙権を世界で初めて認めたのはフィンランド(1906)
❹スイスが女子参政権を認めたのは極めて遅い！(1971)
❺18・19世紀の(近代)市民社会は、財産や性別で選挙資格を制限した選挙(制限選挙)であったが、20世紀の(現代)大衆社会は、それらの制限を撤廃した普通選挙を原則としている。

*2 J.S.ミルは「満足した豚(愚者)より、不満足な人間(ソクラテス)の方が良い」と述べて、政治的意見表明も含めた精神的自由の大切さを主張した。

8 基本的人権(3)
社会権

A

1. 社会権

(1) **定義**　**社会権**は、**福祉国家**理念にもとづき、国民、特に社会的弱者が、国家に対して**人間たるに値する生活**の保障を要求する権利をいう。実質は、国民の国家に対するサービス提供（作為）請求権であり、国家から見れば国民に対して福祉向上のための諸条件を整備することによって実現する権利といえる。

☞1　憲法上、社会権には生存権（第25条）、教育を受ける権利（第26条）、勤労権（第27条）、労働三権（第28条）がある。

(2) **国家による自由**　社会権は、国民が国家に対して生存権の保障を要求する**積極**的権利である。国家によって生きる自由が与えられるという意味で「**国家による自由**」、ないしは「貧困からの自由」とも呼ばれる。

2. 社会権成立の歴史〜20世紀的権利

社会権成立のきっかけは、19〜20世紀にかけて露呈した**資本主義の矛盾**（不況・失業・貧富差の拡大といった社会的・経済的不平等）の発生である。特に、1929年からの**世界大不況**は、国家による失業者保護の必要性を決定づけた。資本主義の矛盾を解決し、国民の**実質的・経済的平等**を実現することを目的として、社会権が登場した。社会権は**20世紀的権利**と呼ばれる。

☞2　矛盾の解決には、❶資本主義を否定して社会主義へ移行する道と❷資本主義を修正し、不平等をなくそうとする福祉国家への道という選択肢があった。社会権は、後者の修正資本主義において発達した考え方であって、社会主義への移行を唱えるものではない。

3. ワイマール憲法（ドイツ共和国憲法、1919）

世界で初めて**社会権**を規定した憲法である。その点で、すぐれて民主主義的かつ社会主義的であり、**福祉国家**を標榜した**20世紀的憲法**といえる。①第151条「**人間たるに値する生活の保障**」（生存権）、②第153条「**所有権は義務を伴う。公共の福祉**のために用いる義務を伴う」（公共の福祉）の2つが特徴である。その他にも、**労働組合結成の自由**、**法の前の平等**、普通・平等選挙、議院内閣制など、注目される規定を置いた。しかし、1933年のヒトラー政権による**授権法**（全権委任法）制定で、事実上廃止された。

*1　労働三権とは、❶団結権、❷団体交渉権、❸団体行動権（争議権）を指す。
*2　「法の前の平等」とは、法適用を形式的に平等に行うことを意味するが、日本国憲法第14条の「法の下の平等」は、実質的に平等な内容を持った法の定立を立法者に要求しており、権力者も国民

▼自由権は「国家からの自由」、社会権は「国家による自由」 重要

自由権
国家からの自由／消極的権利
（不作為請求権）

市民革命
▶18世紀的基本権

夜警国家（自由国家）
▶形式的平等

……歴史的背景……

……目標……

社会権
国家による自由／積極的権利
（作為請求権）

世界大不況
▶20世紀的基本権

福祉国家（社会国家）
▶実質的平等

▼社会権登場の背景は福祉国家観！ 基本

夜警国家

1770年代～
　自由放任主義
　19世紀 ➡ 貧富の差や不況などが発生

1883～
　社会保険（独）
　ビスマルク「アメとムチ」政策

福祉国家

1919
　ワイマール憲法（独）▶世界初、社会権を規定

1929
～30年代
　世界恐慌 ➡ 世界大不況

　修正資本主義
　ニュー＝ディール政策（米）
　F.ローズベルト大統領

1946
　日本国憲法（日）▶社会権を規定（第25条～第28条）
　　　　　　　　　　　▶「生存権」（第25条）

1948
　世界人権宣言▶国際人権規約（A規約＝社会権規約　1966）

❶社会権は、1948年の世界人権宣言、66年の国際人権規約に明記されたが、その保障には財政支出が不可欠で、かつ各国の財政状況が異なる点から、国際法的には政治指針としての努力目標規定（プログラム規定）と理解されている。

❷日本国憲法第25条（生存権）の法的性質についても、最高裁はプログラム規定ととらえている。
と平等に自然法に拘束されることを意味している。

9 人権の国際化(1) A

1. 人権の*国際化の発想〜4つの自由

国際的に人権のレベルを高め、人権を無視した戦争の発生を未然に防止するという考え方。国際平和実現となる。米大統領 F. ローズベルトは、議会への教書で4つの自由（①言論と表現の自由、②信仰の自由、③欠乏からの自由、④恐怖からの自由）を唱え、世界人権宣言に影響を与えた。

☞1 欠乏からの自由は生存権を、恐怖からの自由は平和的生存権を意味する。

2. 世界人権宣言（1948）

(1) **意義** 大西洋憲章（1941）や国際連合憲章（1945）で人権尊重が唱えられてきた中で、世界人権宣言はその集大成として国連総会で採択された。人権保障の国際基準を世界に示した。

(2) **内容** 世界平和実現のためには人権尊重が不可欠であることを明言すると同時に、生存権（社会権）なども規定した。

(3) **限界** 単なる宣言に過ぎず、法的拘束力を持たない。

3. 国際人権規約（1966採択、76発効、79日本批准）

(1) **意義** 世界人権宣言を条約化して、法的拘束力を与えた。

(2) **内容** 「経済的、社会的及び文化的権利に関する国際規約（A規約）」、「市民的、政治的権利に関する国際規約（B規約）」、「B規約の選択議定書」の3つからなる。A規約は社会権を、B規約は自由権・参政権を、第一選択議定書はB規約に定められた権利を、所属の国家によって侵害された個人が、国連内の（規約）人権委員会に対して救済申立できる個人通報制度を規定している。

(3) **限界** 条約なので、批准しない国家に対して法的拘束力を持たない。留保批准（規約全体は批准しても一部については批准しない）を行えば、その国家にとって都合の悪い人権については、保障義務を逃れることができる。

☞2 日本はもともと❶公務員の争議権、❷高等教育の無償化、❸祝祭日の給与、❹選択議定書などの批准を留保している。❹を批准していないことから、日本国民は国連内の（規約）人権委員会に救済申立ができないのが問題点である。❷の高等教育の無償化については、「漸進的無償化」と規定されていることから、2012年、高校授業料の無償化（国公立高校）を実施したことに伴い、日本も批准に踏み切った。

* 1998年、国際刑事裁判所（ICC）の設置が決定。これは、集団殺害行為などの国際人道法違反の犯罪を行った個人の刑事責任を追及する裁判所で、2002年にオランダのハーグで発足した。発足当初、アメリカ・日本は不参加だったが、日本は07年に加入を決めた。

▼人権の国際化とは？ 〔基本〕

国内人権無視国 —歴史・経験則→ 世界侵略

まず各国は国内人権を確立せよ！ ←実現のために— 世界平和

▼世界人権宣言（1948）〜 国連総会で採択 〔発展〕

単なる宣言 → 条約化

前文 ▶ 自由権 ＋ 社会権

「人類社会のすべての構成員の固有の尊厳と平等で譲ることのできない権利との承認は、世界における自由、正義及び平和の基礎をなしているので、❶人権の無視と軽蔑とは、人類の良心をふみにじった野蛮な行為を招来したのであり、また、❷人間が言論及び信仰の自由と恐怖及び欠乏からの自由とを享有する世界の到来は、あらゆる人たちの最高の熱望として宣言されて来たので、人間が専制と圧迫とに対して最後の手段として反逆に訴えざるを得ないようになるのを防ごうとするならば、人権を❸法の支配によって保護することが肝要であるので、……すべての人民とすべての国とが達成すべき共通の基準として、この人権宣言を布告する。」

❶国内人権無視国が世界侵略を行った

❷F.ローズベルト大統領の掲げる「4つの自由」を明記

❸各国は、自然法＝正義の法の支配を行うべき！

▼国際人権規約（1966国連総会採択、76発効、79日本批准）〔基本〕

A規約	B規約	選択議定書
経済的、社会的及び文化的権利に関する国際規約	市民的、政治的権利に関する国際規約	第一選択議定書▶国連通報制度 第二選択議定書▶死刑廃止条約
社会権	自由権・参政権	日本は批准を留保中

▼主な非政府組織（NGO）の活動 〔盲点〕

- **アムネスティ＝インターナショナル** ▶ 国際的人権擁護（死刑廃止・「良心の囚人」釈放運動）
- **国境なき医師団** ▶ 医療協力
- **オックスファム＝インターナショナル** ▶ 飢餓・貧困救済
- **パグウォッシュ会議** ▶ 科学者の反核運動
- **グリーンピース** ▶ 環境・平和運動

日本 特定非営利活動促進法（NPO法、1998）➡ **NGO・NPOのバックアップ**

> **Check!** NGOの働きかけは、世界人権宣言や国際人権規約などが制定される上で大きな推進力となった。さらに今日、NGOは人権侵害の実態調査や人権推進などの具体的活動を国際規模で行っている。また、それをもとに人権の保護を国家や国際機関に訴え、「国際的オンブズマン」として人権侵害を監視するという重要な役割を果たしている。

10 人権の国際化(2)　A

1. 人権の国際化を進める個別的条約

国際社会において保護すべき人権について個別的に条約が結ばれている。多くの場合、国際連合総会で採択され、発効に至っている。ただし、条約すべてに共通する欠点は、批准国は拘束するが、**批准しない国（未批准国）を拘束しない**ことである。

☞1　条約は国際法であることから、批准した国家間で法的拘束力を持ち、履行が義務づけられるが、国内には直接適用されるものではない。そこで条約を批准すると、条約を国内に実施するため、国内法の制定ないしは改正が必要となる。

2. 人権の保護を進める条約の種類

(1) 難民の地位に関する条約（難民条約：1951採択、54発効、81日本批准）

人道的理由から難民の国内残留を認め、庇護（保護）する義務を定めた条約。保護すべき難民は、政治難民（亡命者）と戦争難民であり、経済難民を含まない。迫害が待ち受けている国への難民の送還を禁止する**ノン・ルフールマンの原則**も明記されている。

☞2　条約の批准に伴って、出入国管理及び難民認定法が制定された(1982)。同法によると難民と認められた者の日本残留が許される。また、入国ビザ（就労ビザ）が支給される外国人は、原則、技能職・専門職などに限られ、日系人を除き単純労働者は認めていない。

(2) **人種差別撤廃条約（1965採択、69発効、95日本批准）**

人種差別を禁止する条約。日本は批准が極めて遅れ、南アフリカ共和国の**アパルトヘイト（人種隔離政策）**〔1948～91〕が終了した後になった。

☞3　同条約の批准に伴い、アイヌ民族に対する配慮から北海道旧土人保護法を廃止し、アイヌ文化振興法が制定された(1997)。

(3) **女子差別撤廃条約（1979採択、81発効、85日本批准）**

1976～85年の国連婦人の10年の最中に、同条約は採択され、日本は最終年に批准した。女性に対するあらゆる社会的差別を禁止し、社会参画の促進、「男は仕事、女は家庭」とする従来の性別役割分担の見直しを目指す。

☞4　日本は同条約の批准に先立って、以下の法律制定と改正を実施。❶男女雇用機会均等法を制定(1985)：雇用上での女子差別禁止。1985年当初は事業主の努力規定であったが、97年改正(99施行)で禁止義務規定に高められた。❷国籍法改正(1984)：日本国籍の取得要件を、改正前は父系血統主義（父が日本人→子は日本国籍取得OK）としていたが、改正により父母両系血統主義（父または母が日本人→子は日本国籍取得OK）とした。なお、1999年には、男女共同参画社会基本法が制定され、女子差別を撤廃するための積極的是正措置（ポジティブ＝アクション）を採る場合も増えつつある。

＊1　ジェノサイド条約は、国際人道法違反に当たる集団殺害行為に時効制度を設けていないことから、当時、戦犯容疑がかけられている日本の政治家が批准に反対したといわれている。

▼人権の国際化を進める個別条約 発展

条約（採択）	日本の動き
*1 ジェノサイド条約（1948）（集団殺害行為禁止条約）	*2 未批准
難民の地位に関する条約（1951）	批准（1981）▶「出入国管理及び難民認定法」（1982）
人種差別撤廃条約（1965）	批准（1995）▶「北海道旧土人保護法」廃止 ▶「アイヌ文化振興法」制定（1997）
アパルトヘイト犯罪条約（1973）▶アパルトヘイト廃止（1991）	未批准
女子差別撤廃条約（1979）	批准（1984、85）▶「国籍法」改正（1984）▶「男女雇用機会均等法」制定（1985）
ハーグ条約（1980）	批准（2013）
児童の権利に関する条約（1989）（子どもの権利条約）	批准（1994）▶国内法制化済み ⇒新たな立法は不要（当初の政府見解）
死刑廃止条約（1989）（国際人権規約第二選択議定書）	未批准 ※日本は死刑存置国
障害者権利条約（2006）	批准（2014）▶（批准に先行）「障害者虐待防止法」制定（2011）▶（批准に先行）「障害者基本法」改正（2011）、「障害者差別解消法」制定（2013）

Check!
❶アパルトヘイトとは、南アフリカ共和国の白人政権が続けた有色人種の人種隔離政策（1948〜91）で、国連の非難・制裁により1991年に廃止された。アパルトヘイト廃止で黒人参政権が認められたため、94年に黒人解放運動リーダーのネルソン＝マンデラ氏が黒人初の大統領に就任した。

❷ハーグ条約は、国際結婚が破綻した場合に子どもを一方的に外国（母国）に連れ去ることを禁止する条約。

(4) 子どもの権利条約（1989採択、90発効、94日本批准）

18歳未満の子どもの人権を守る条約。飢餓からの解放を目指す生存権はもとより、搾取・虐待からの自由、意思表明権、プライバシーの権利などの尊重を定める。

☞5 日本は1994年の批准当初、国内法制定を不要としていたが、2000年には児童虐待防止法が制定され、07年改正で自宅立ち入り調査と強制隔離、11年には民法との同時改正で親権停止措置などを導入した。

(5) 障害者権利条約（2006採択、08発効、2014日本批准）

*2 2014年初頭現在、日本が未批准の主な条約：①死刑廃止条約＝国際人権規約第二選択議定書（1989採択、91発効）、②ジェノサイド条約（集団殺害行為禁止条約：1948採択、51発効）

11 各国の政治機構(1)
イギリス

1. イギリスの政治機構～議院内閣制

(1) **政体** 立憲君主制を建前とする議院内閣制。ロック流の立法府優位のゆるやかな三権分立制が導入され、議会の多数派政党が内閣を組織する点で両者は共働・連携の関係に立つ。国王は内閣の助言によって形式的に文武官任命、議会の召集・解散、宣戦・講和などを行うだけで、「君臨すれども統治せず」といわれ、象徴的存在に過ぎない。

(2) **不文憲法** マグナ=カルタ、権利章典などの歴史文書や判例が憲法の役割を果たしており、憲法典を持たない。

(3) **議会** ①世襲貴族や一代貴族などから構成される非民選の上院(貴族院)と②定員650人、任期5年、小選挙区制による民選の下院(庶民院)の二院制。小選挙区制は1選挙区1人当選のため、一般的に国民の支持の厚い大政党有利で二大政党制になりやすい。1911年制定の議会法により、下院優越の原則が確立した。上院は民選ではないので、民選の下院を優越させた。下院は、金銭法案の下院先議権の他、内閣不信任決議権を持ち、法律案が上・下院で食い違った場合、下院が再可決すれば成立する。法案審議は本会議で、慎重に3回読み合わせる三読会制を採用している。

(4) **内閣** 議院内閣制が採られ、下院の多数党の党首が首相に就任する(国王が議会の指名手続きなしに任命する)慣行がある。内閣は下院の信任を失うと、下院の解散か総辞職をして、議会に連帯責任を負う(責任内閣制)。

> 議院内閣制を初めて慣行化したのは、18世紀半ばのウォルポール内閣であった。与党が下院で過半数の議席を失った際、国王ジョージ1世の信任があったにもかかわらず、1742年に首相を辞任したことに始まる。また、内閣は多数派政党が組織する政党内閣であることから、国務大臣は首相が自党から任免するのが一般的。大臣には常時閣議に出席する閣内相と出席しない閣外相が存在する。

(5) **裁判所** 従来最高法院は上院議員たる法律貴族数名で構成されていたが、2009年改革で司法権の独立を確立し、最高裁判所を創設した。しかし、伝統的に市民革命を行った議会への信頼が強く違憲立法審査権はない。

(6) **政党** 保守党*と労働党の二大政党制だが、最近、自由民主党も勢力を伸張している。野党は円滑な政権交代に備えてあらかじめ大臣予定者を決定し、シャドー=キャビネット(影の内閣)を組織する慣行がある。

---

* 2010年の下院総選挙では保守党・労働党のいずれも過半数の議席を獲得できず、保守党と自由民主党の連立内閣が戦後初めて組織され、注目された。世界各国で既存政党への批判が強まり、新興党が注目されている。

▼イギリスの政治機構～議院内閣制 重要

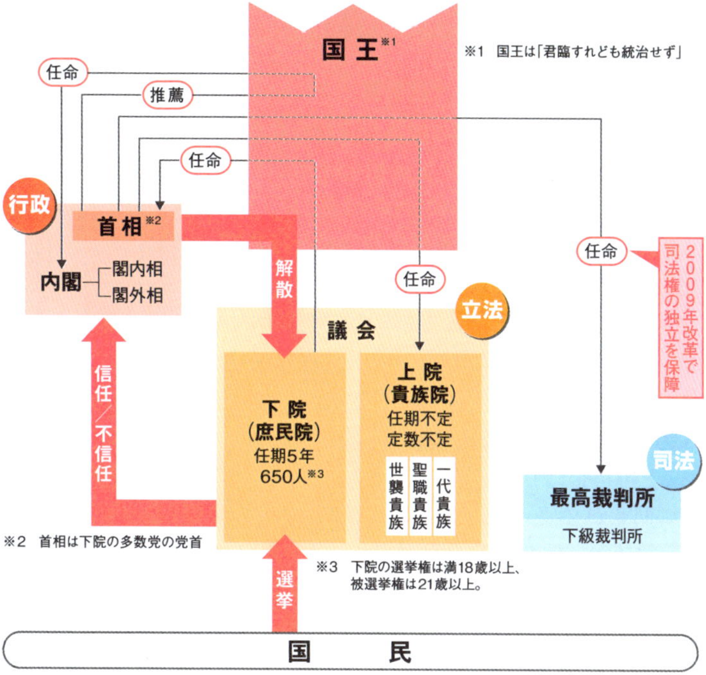

国王※1
任命
推薦
任命
行政
首相※2
内閣
閣内相
閣外相
解散
任命
任命
2009年改革で司法権の独立を保障
立法
議会
下院（庶民院）
任期5年
650人※3
上院（貴族院）
任期不定
定数不定
世襲貴族
聖職貴族
一代貴族
信任／不信任
司法
最高裁判所
下級裁判所
選挙
国民

※1 国王は「君臨すれども統治せず」

※2 首相は下院の多数党の党首

※3 下院の選挙権は満18歳以上、被選挙権は21歳以上。

▼近年のイギリスの政権 発展

1979
90
97
2007
10
保守党
労働党
保守党
自由民主党
連立
サッチャー
メージャー
ブレア
ブラウン
キャメロン

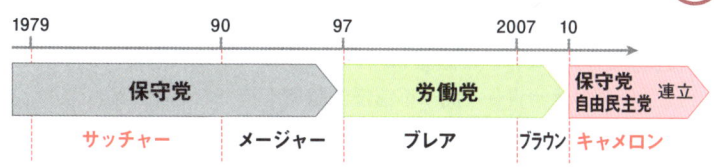

●**サッチャー政権（1979～90）**：1980年代にサッチャリズムと呼ばれる小さな政府論を実践。従来の福祉重視を転換して、財政再建を目指した。政権後期には国民1人当たり同額の人頭税を導入し、低所得者の反発を受けたが、政策にぶれがないことから“鉄の女”と呼ばれた。

●**キャメロン政権（2010～）**：2010年に第一党保守党と第三党自由民主党（クレッグ党首）との連立内閣として発足。二大政党制慣行のイギリスで連立内閣を組織せざるを得なくなったのは、第二次世界大戦後イギリスの憲政史上初となる。二大政党制の下で政治腐敗が続き、既存政党に対する国民の批判が選挙結果に表れた。

12 各国の政治機構(2)
アメリカ合衆国 　A

1. アメリカの政治機構～大統領制

(1) 政体　**モンテスキュー**流の**厳格な三権分立制**にもとづく**大統領**制。大統領制の特徴は、行政権を担う大統領を議会ではなく、国民自身がコントロールする点にある。国民が4年に1度の選挙という形で大統領をチェックするので、議会は大統領に対して**不信任決議権を持たず**、一方、大統領も議会に対して**解散権を持たない**。

(2) アメリカ合衆国憲法　1787年、フィラデルフィア憲法制定会議で各州の批准を得て制定。人権規定は後に修正憲法という形で追加された。

(3) 行政権　行政権は国家元首の大統領が持つ。大統領は、**軍の統帥権**、**議会への教書送付権**、**法案拒否権**（両院で出席議員の3分の2以上の再可決があると再拒否はできない）、法律執行権、高級官僚の任免権（任命には上院の同意が必要）、**条約締結権**（上院の同意が必要）など強大な権限を持つ。大統領は**任期4年**、**3選禁止**。国民が**大統領選挙人**を選び、大統領選挙人が大統領を選ぶという間接選挙だが、実質的には直接選挙と同様。

☞1　大統領の行政を支える官僚機構として連邦政府が存在し、各省長官が置かれている。また、大統領の行政を補佐する機関として大統領（行政）府が存在し、政策の意見提言などの諮問や報道発信などを行っている。

(4) 連邦議会　二院制。①**上院**（**元老院**）は各州2名計100人、任期6年。②**下院**（**代議院**）は各州人口比例で定員435人、任期2年、小選挙区制。大統領が行う条約締結と高級官僚の任命の同意については各州の代表である**上院**が**優越**。法律案など一般議案については上院・下院は**対等**である。連邦議会は大統領の政治責任を問う**不信任決議権を持たない**。

☞2　連邦議会は大統領を含む連邦官吏弾劾権（罷免権）を持つ。下院の訴追後、上院の出席議員の3分の2以上の多数で弾劾（罷免）が成立する。

☞3　不信任は政治的失敗を理由に罷免するものであるのに対し、弾劾は法律違反を理由に罷免するものである。つまり、アメリカ大統領は法律違反を犯さない限り、政治的失敗を理由に罷免されることはない。よって、大統領は4年間強力な政治を行い、リーダーシップを発揮できる一方、無能な大統領が選ばれるとアメリカの政治は4年間混乱してしまう。

(5) 裁判所　司法権の独立が保障されている。1803年の最高裁の判例で**違憲立法審査制**が確立。重大刑事裁判に陪審制を採用している。

---

*　2009年1月、第44代大統領に民主党のオバマが就任した。合衆国史上初の黒人系大統領であり、08年11月の大統領選挙人選挙では共和党のマケイン候補に圧勝、オバマの選挙スローガン"Yes, we can."が国民に変革を印象づけた（2012年再選、翌13年より2期目）。

▼アメリカの政治機構～大統領制 【重要】

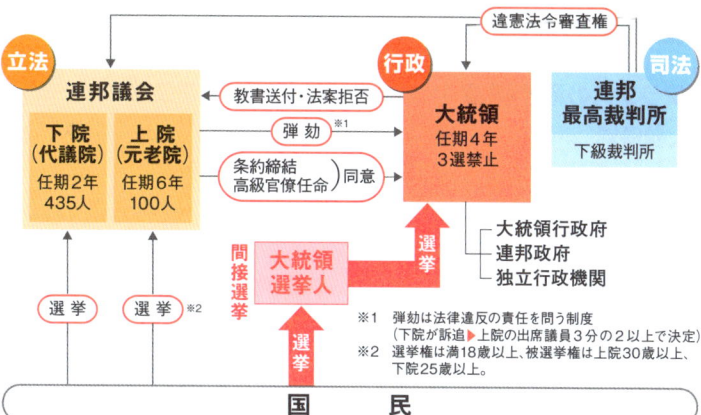

▼大統領選挙の方法 【発展】

間接選挙

うるう年の11月
- 一般選挙：国民による大統領選挙人(538人)の選挙
  ❶支持する大統領候補を明記した選挙人団(共和党の選挙人団、民主党の選挙人団)に国民は○を記入
  ❷各州で実施し、1票でも多く獲得した選挙人団が、その州全体の選挙人を獲得する勝者総取り方式(ウィナー＝テイク＝オール)を採用

  選挙人の過半数を得た政党の候補者の当選が事実上決定

12月
- 大統領選挙人の投票(形式的な選挙)
  ❶大統領選挙人が大統領選挙を実施
  ❷選挙人は自己の所属政党の公認候補者に投票する慣行

▶民主党・共和党の各党が主宰する選挙(予備選挙)ないし党員選挙をうるう年の1月～8月に各州で実施し、自党の中では誰が大統領候補にふさわしいかを投票してもらい、公認候補者を1人に絞り込む。

▼第32代以降の大統領

年	大統領名（所属政党）	年	大統領名（所属政党）
㉜1933～45	F.ローズベルト（民主党）	㊴1977～81	カーター（民主党）
㉝1945～53	トルーマン（民主党）	㊵1981～89	レーガン（共和党）
㉞1953～61	アイゼンハウアー（共和党）	㊶1989～93	G.ブッシュ（共和党）
㉟1961～63	J.F.ケネディ（民主党）	㊷1993～2001	クリントン（民主党）
㊱1963～69	ジョンソン（民主党）	㊸2001～09	G.W.ブッシュ（共和党）
㊲1969～74	ニクソン（共和党）	㊹2009～	オバマ（民主党）
㊳1974～77	フォード（共和党）		

13 各国の政治機構(3)
フランス・中華人民共和国・ロシア　B

1. フランスの政治機構～大統領制＋議院内閣制の複合型

(1) **大統領制**　国民の直接選挙によって選ばれる大統領は任期5年、近年、3選禁止を導入。①首相の任免、②重要問題の国民投票施行、③議会への教書送付、④国民議会（下院）の解散権など、強大な権限を持つ点で、大統領制中心の複合型といえる。

(2) **議院内閣制**　大統領の国民議会の解散権に対応して、国民議会は内閣不信任決議権を持つ。大統領に対しては、国民が選挙によって審判を下すので、議会は大統領不信任決議権を持たない。

☞ ドイツも大統領制と議院内閣制の複合型だが、大統領は象徴的存在であり、実質は議院内閣制である。首相はメルケル（2005～、キリスト教民主・社会同盟）。

2. 中華人民共和国の政治機構～民主集中制

(1) **民主集中制**　立法権を持つ全国人民代表大会（一院制）に全権力を集中する。1982年憲法は「人民民主独裁」と規定した。

(2) **全国人民代表大会**　①憲法改正、②法律制定、③国家主席の選出、④国務院総理の選定・罷免などを行う。

(3) **政党**　複数政党制だが、実際は共産党一党支配。共産党総書記が国家主席に就任する。

3. ロシアの政治機構～大統領制＋議院内閣制の複合型

(1) **大統領制への移行**　かつては最高会議（最高ソビエト）に全権力を集中する民主集中制。1990年の憲法改正で、①大統領制、②複数政党制（共産党の指導性条項削除）を導入。初代大統領はゴルバチョフが無選挙で就任。

(2) **ソ連邦の解体**　1985年から、共産党書記長ゴルバチョフはペレストロイカ（改革）とグラスノスチ（情報公開）を実施。91年、改革に反対した保守派の「8月革命」失敗後、連邦制は解体し、独立国家共同体（CIS）を形成。

(3) *ロシア連邦（旧ロシア共和国）の政治機構*　大統領制と議院内閣制の複合型でフランスとほぼ同じ政治機構。大統領（任期6年、2008年以前は4年、直接選挙、3選禁止）は下院解散権を持つ。1993年より、ピラミッド型議会から上院・下院型の二院制議会に移行。

＊ 現在、ロシア連邦は最高会議幹部会を廃止、二院制議会（連邦会議・国家会議）を採用している。
大統領の任期は2008年以前は4年、現在は6年（1996～2000エリツィン、00～08プーチンは2期8年間、08～12メドヴェージェフ、12～プーチン再任）。

▼フランスの政治機構～大統領制＋議院内閣制の複合型　盲点

第1章 民主政治の原理と発展

- **立法**：議会
  - 上院（任期6年）：間接選挙
  - 下院（任期5年）：直接選挙
- **行政**：大統領（任期5年）／内閣（首相・閣僚）
  - 大統領は直接選挙で選出
  - 大統領は下院解散権をもち、議会は不信任決議権をもつ
  - 大統領は首相の任免を行う
- **司法**：憲法評議院※1／政治高等法院／通常裁判所
  - 違憲立法審査権
  - 大統領に対する弾劾・反逆罪裁判

※1 憲法評議院（憲法裁判所）が、法令の違憲審査を行っている。

▼中華人民共和国の政治機構～民主集中制　盲点

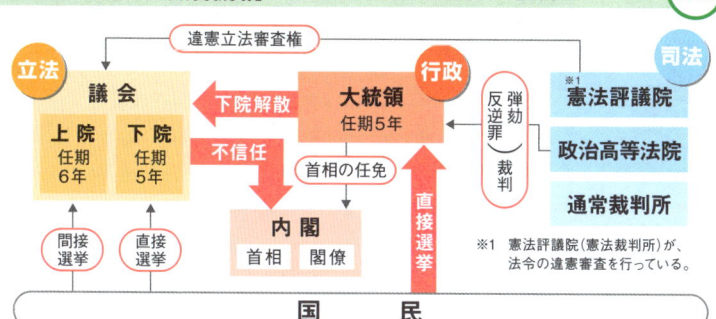

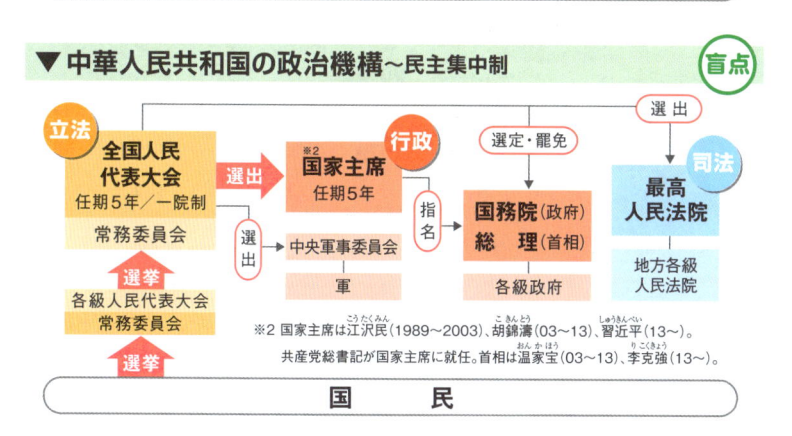

- **立法**：全国人民代表大会（任期5年／一院制）／常務委員会
  - 各級人民代表大会・常務委員会
  - 国民による選挙
- **行政**：国家主席※2（任期5年）／国務院（政府）総理（首相）／中央軍事委員会・軍／各級政府
  - 全国人民代表大会が国家主席を選出、国務院総理を指名
- **司法**：最高人民法院／地方各級人民法院
  - 全国人民代表大会が選出、選定・罷免

※2 国家主席は江沢民（1989～2003）、胡錦濤（03～13）、習近平（13～）。共産党総書記が国家主席に就任。首相は温家宝（03～13）、李克強（13～）。

▼ロシアの政治機構～大統領制＋議院内閣制の複合型　盲点

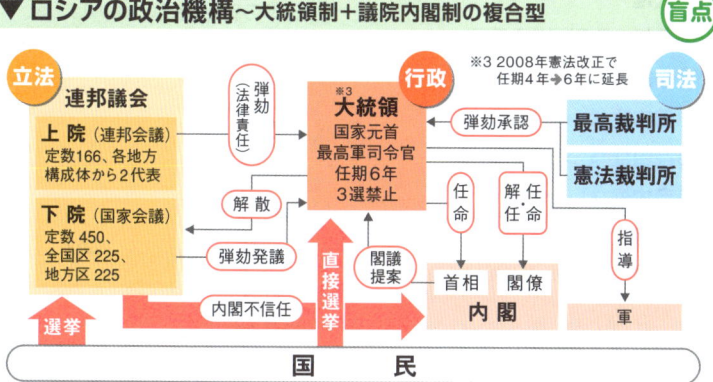

- **立法**：連邦議会
  - 上院（連邦会議）定数166、各地方構成体から2代表
  - 下院（国家会議）定数450、全国区225、地方区225
  - 国民による選挙
- **行政**：大統領※3（国家元首、最高軍司令官、任期6年、3選禁止）／内閣（首相・閣僚）／軍
  - 直接選挙で大統領を選出
  - 大統領は下院を解散、下院は内閣不信任決議
  - 大統領は首相・閣僚を任命・解任、閣議提案
  - 大統領は軍を指導
- **司法**：最高裁判所／憲法裁判所
  - 弾劾（法律責任）、弾劾発議、弾劾承認

※3 2008年憲法改正で任期4年→6年に延長

＊ シラク（1995～2007）在任中に大統領任期が7年から5年に短縮される。シラクは反米的だったが、続くサルコジ（07～12）は親米的だった。2012年の大統領選挙で欧州財政危機拡大防止のために緊縮財政・増税を主張するサルコジが敗北し、社会党のオランドが就任した。

第2章 日本国憲法

1. **天皇、国民の地位の変遷**
2. **三大原則** 国民主権・平和主義・基本的人権の尊重
3. **平和主義** 日本の防衛原則と有事法制
4. **人権**
5. **人権の不可侵性と限界** 公共の福祉
6. **自由権**（1）精神的自由①
7. **自由権**（2）精神的自由②
8. **自由権**（3）人身の自由
9. **自由権**（4）経済的自由
10. **平等権**（1）
11. **平等権**（2）1票の価値の平等と格差問題
12. **平等権**（3）
13. **請求権（受益権）**
14. **参政権**
15. **社会権**
16. **新しい人権**（1）
17. **新しい人権**（2）
18. **日本の統治機構** 三権の相互関係
19. **国会**（1）地位と組織
20. **国会**（2）権限
21. **内閣**
22. **裁判所**（1）地位と構成
23. **裁判所**（2）権限
24. **裁判所**（3）最近の司法制度改革
25. **地方自治**（1）
26. **地方自治**（2）

覚えておきたい人権の種類

▶人権は5種類。自由権は3つに区分される!

第2章 日本国憲法

自由権

精神的自由 ＝民主主義を支える	内心の自由	思想・良心の自由（第19条）
		信教の自由（第20条）
		学問の自由（第23条）
	外部表明	表現の自由（第21条1項）
人身の自由（身体の自由） ＝行動の自由	刑事実体面	罪刑法定主義（第31条）
		遡及処罰の禁止・一事不再理（第39条）
	刑事手続面	法定手続の保障（第31条）
経済的自由	営業の自由	居住・移転・職業選択の自由（第22条）
	私有財産制	財産権（第29条）

平等権

法の下の平等（第14条）＝包括的平等権 ▶ ただし、合理的差別は認める

両性の本質的平等（第24条）

選挙権の平等（第44条）

請求権

請願権（第16条）

国家賠償請求権（第17条）

裁判を受ける権利（第32条・第37条）

刑事補償請求権（第40条）

参政権

間接	選挙権（第15条）公務員の選定・罷免権（第15条）
直接	最高裁判所裁判官の国民審査権（第79条）
	地方特別法の住民投票権（第95条）
	憲法改正の国民投票権（第96条）

社会権

生存権（第25条）▶「健康で文化的な最低限度の生活を営む権利」（プログラム規定説）

教育を受ける権利（第26条）

勤労権（第27条）

労働基本権（三権）（第28条）▶団結権、団結交渉権、団体行動権（争議権）

1 天皇、国民の地位の変遷 B

1. 天皇の地位～天皇制から象徴天皇制へ

(1) 明治憲法＝天皇制　明治憲法では、天皇が**統治権**を**総攬**し、①帝国議会は天皇の立法権行使の**協賛**機関、②国務各大臣は天皇の行政権行使の**輔弼**機関、③裁判所は**天皇の名**において裁判を行う機関と位置づけられていた。さらに天皇大権として軍の**統帥権**（最高指揮命令権）、**条約締結**、**宣戦・講和**、**独立命令**、**緊急勅令**などの権限が与えられていた。特に、独立命令、緊急勅令は、議会の協賛なしに天皇が行う単独立法権であった。明治憲法には、**内閣・内閣総理大臣の規定はなく**、国務各大臣の天皇への個別責任が前提となっていた。内閣総理大臣は天皇によって任命・罷免（任免）されており、他の国務大臣の任免権を持っていなかったことから、他の大臣と同じレベルの**同輩中の首席**に過ぎなかった。

(2) 日本国憲法＝象徴天皇制　日本国憲法では、天皇は単なる象徴に過ぎない。形式的儀礼的行為である**国事行為**（憲法第4条、第6条、第7条）のみを行うにとどまり、しかもそれには「**内閣の助言と承認**」が要求される。

☞1　国事行為には、❶国会が指名する内閣総理大臣の任命、❷内閣が指名する最高裁判所長官の任命、❸内閣総理大臣による国務大臣の任免の認証、❹長以外の最高裁判所裁判官の任命の認証、❺国会召集、❻衆議院解散（内閣の助言と承認により）、❼憲法改正・法律・政令・条約の公布、❽批准書・外交文書の認証、❾外国の大使・公使の接受などがある。

2. 権利・義務～臣民の権利から国民の権利へ

(1) 明治憲法＝臣民　明治憲法は権利を「**臣民の権利**」とした。「臣民」とは天皇の従者を意味したので、義務性（納税の義務と兵役の義務など）が重視された。権利は、天皇が従者に対して恩恵的に与えたものに過ぎないので、天皇は法律を作って、いつでも奪うことができた（**法律の留保**）。憲法上は信教の自由も規定されていたが、事実上、神道が国教化されていた。

☞2　明治憲法第29条は「法律ノ範囲内ニ於テ」言論著作集会結社の自由を有すると定める。

☞3　治安警察法（1900）、治安維持法（1925）などの治安立法は、法律の留保の例である。天皇制批判や資本主義批判の言論弾圧に用いられた。

(2) 日本国憲法＝国民　日本国憲法は、「**国民**」の権利の永久不可侵性（第11条、第97条）を前提に、人権の制限は「**公共の福祉**」を守る場合に限り、社会権も規定した。また、国民に①**納税**、②**教育**、③**勤労**の義務を課した。

---

*1　明治憲法＝大日本帝国憲法のこと。　*2　総攬：すべてを掌握すること。　*3　協賛：協力して賛同すること。　*4　輔弼：補い助けること。　*5　日本国憲法上の一般的義務として、国民の人権保持義務（第12条）、公務員の憲法尊重擁護義務（第99条）がある。

▼明治憲法下の統治機構（外見的三権分立） 基本

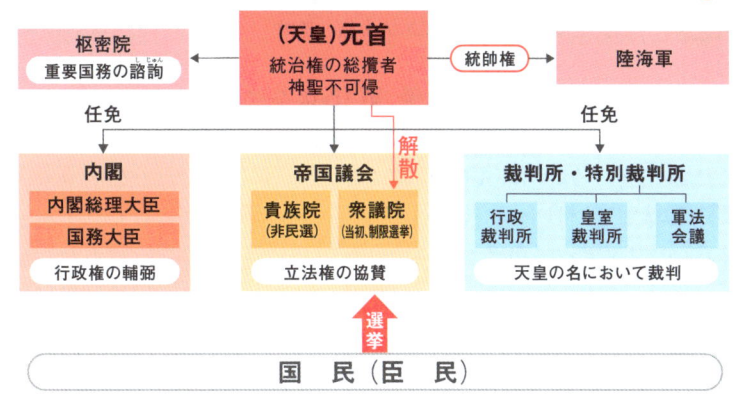

```
          枢密院              （天皇）元首              
       重要国務の諮詢    ←  統治権の総攬者  ― 統帥権 →   陸海軍
                            神聖不可侵
              ↓ 任免            ↓ 解散              ↓ 任免
         内閣            帝国議会           裁判所・特別裁判所
      内閣総理大臣    貴族院    衆議院      行政    皇室    軍法
       国務大臣    （非民選）（当初、制限選挙）  裁判所  裁判所  会議
      行政権の輔弼      立法権の協賛        天皇の名において裁判
                            ↑ 選挙
                      国　民（臣　民）
```

check!
❶ 天皇が立法権・行政権・司法権の三権を総攬（掌握）していた。
❷ 内閣は明治憲法に規定はないが、天皇の命令（内閣官制）により1885年に設置された。
❸ 天皇の法律案に反対した衆議院は、天皇によって解散されてしまうので、天皇の立法に協賛するしかなかった。

▼明治憲法と日本国憲法の比較 基本

明治憲法 発布1889（明22）施行1890（明23）		日本国憲法 公布1946（昭21）11.3 施行1947（昭22）5.3
ドイツ・プロシア憲法	模範	主としてアメリカ合衆国憲法
欽定憲法	形式	民定憲法
天皇主権	主権	国民主権 ▶前文、第1条、第15条など
統治権の総攬者	天皇	日本国および日本国民統合の象徴
❶天皇▶陸海軍の統帥権 ❷臣民▶兵役の義務	戦争軍隊	戦争放棄 戦力不保持・交戦権の否認 ▶第9条
❶法律の留保 ❷種類は少ない ▶学問、思想・良心、法の下の平等、社会権は規定なし	権利	①永久不可侵性 ▶第11条、第97条 ②公共の福祉による制限のみ ③種類は多い ▶社会権も規定

＊ 明治憲法には規定がなく、日本国憲法で新たに規定された権利は、学問の自由、思想・良心の自由、法の下の平等、普通選挙・平等選挙、社会権など。言論の自由や信教の自由は明治憲法にも規定されていたが、「法律ノ範囲内ニ於テ」「臣民タルノ義務ニ背カサル限ニ於テ」などと制限されていた。

2 三大原則
国民主権・平和主義・基本的人権の尊重

1. 国民主権（憲法前文、第1条、第15条など）

国の政治の最終意思決定権（**主権**）は国民に存する。日本国憲法では、民主主義を確立するために、**主権を天皇から国民に移した**。**国民主権**と**象徴**天皇制（憲法前文、第1条）は表裏一体の関係にある（**象徴**天皇制、国民主権）。

> 国民主権は参政権によって具体化される。日本国憲法は間接民主制を原則とし（公務員の選定罷免権：第15条）、直接民主的制度を一部導入している（第79条・第95条・第96条）。

2. 平和主義（憲法第9条）

(1) **内容** 他国に類を見ない徹底した平和主義である。①**戦争放棄**（第9条1項）、②**戦力不保持**（第9条2項前段）、③**交戦権の否認**（第9条2項後段）の3つを規定している。

(2) **憲法第9条の解釈** ①1項で（i）すべての戦争を放棄したとみれば**自衛**戦争も禁止される（**1項全面戦争放棄説**）。だが、(ii) 一般的には**侵略**戦争のみを禁止し、**自衛権**までは放棄していないととらえている（**1項部分戦争放棄説**）。自衛権を認める根拠としては、第一に自衛権は自己保存本能にもとづく**正当防衛**の権利であり、国際法上の自然権であること、第二に憲法9条1項が戦争を「国際紛争を解決する手段としては、永久に……放棄する」と**限定的放棄**の規定を設けており、「一切の戦争を永久に放棄する」とは書いていないことが挙げられる。この立場であるとしても、②2項前段は「戦力」の保持を禁止しているから、(i)**近代戦争遂行能力のある自衛隊は「戦力」に該当し違憲とする見解もある**（**自衛隊2項前段違憲説**）。(ii)**政府**（田中角栄内閣）**見解は、自衛隊は自衛のための必要最小限度の「実力」に過ぎず、保持を禁止される「戦力」には当たらないとし、自衛隊は合憲**とする。③有力な学説に、第9条解釈では自衛隊は違憲であるといわざるを得ないが、存在の必要性から国民の合意が得られたとして、事実上自衛隊の存在を認めようとする見解がある。これを**憲法変遷論**（解釈改憲）という。

3. 基本的人権の尊重（憲法第3章）

憲法第11条、第97条は人権の**永久不可侵性**を規定し、自然法思想に立っている。第3章は、人権を詳細に列挙して「個人の尊厳」を実現している。

[*1] 自衛権を自己保存本能にもとづく国際法上の自然権（正当防衛）とする立場からは、個別的自衛権は認められるが、集団的自衛権は政策的な自衛であるから、国連憲章第51条により保持しているも、日本国憲法第9条が交戦権を否認しているため行使できないとするのが、これまでの政府見解

▼憲法第9条解釈（自衛隊の合憲性）のフローチャート 〔発展〕

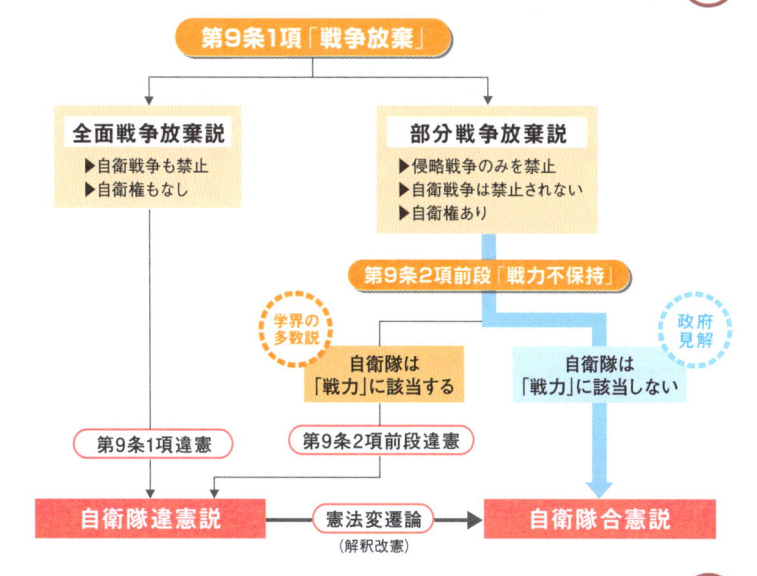

第9条1項「戦争放棄」

- **全面戦争放棄説**
  - ▶自衛戦争も禁止
  - ▶自衛権もなし

- **部分戦争放棄説**
  - ▶侵略戦争のみを禁止
  - ▶自衛戦争は禁止されない
  - ▶自衛権あり

第9条2項前段「戦力不保持」

- 〔学界の多数説〕自衛隊は「戦力」に該当する
- 〔政府見解〕自衛隊は「戦力」に該当しない

第9条1項違憲 / 第9条2項前段違憲 → **自衛隊違憲説** ←憲法変遷論（解釈改憲）→ **自衛隊合憲説**

▼憲法第9条をめぐる判例～日米安保条約・自衛隊の合憲性 〔発展〕

日米安全保障条約	砂川事件	第一審	東京地裁（伊達判決、1959.3.30）▶違憲（第9条2項前段）
		最高裁	憲法判断回避 ◀統治行為論
自衛隊	恵庭事件	第一審	札幌地裁（1967.3.29）▶被告は自衛隊法違反ではなく無罪　よって第9条の違憲審査は必要なし
	長沼ナイキ基地訴訟	第一審	札幌地裁（福島判決、1973.9.7）▶違憲（第9条2項前段）
		第二審	憲法判断回避 ◀統治行為論
	百里基地訴訟	第一審	水戸地裁（1977.2.17）憲法判断回避 ◀統治行為論
		最高裁	上告を棄却 ◀訴えを退ける

check!
❶統治行為論とは、高度の政治性を有する問題は、裁判所が安易に違憲審査を行うべきではないとする考え方。根拠は民主主義（国会尊重）と司法消極主義*2にある。
❷日米安保条約（駐留米軍）・自衛隊の合憲性について、下級裁判所は各々1度ずつ違憲判決を出した。だが、最高裁は過去1度も違憲判決を出したことはない！

である。2012年に再び首相に就任した安倍首相は集団的自衛権の行使も可能と主張している。
*2 司法消極主義とは、裁判所は選挙で選ばれる組織ではなく非民主的であるから、一見明白に違憲と断定できない限り、安易に違憲判決を出すべきではないとする考え方を指す。

3 平和主義 A
日本の防衛原則と有事法制

1. 日本の防衛原則

①**個別的自衛**の原則＝**集団的自衛権**の禁止。②**専守防衛**の原則（攻撃された場合にのみ攻撃を行う）＝**先制攻撃**の禁止。③**非核三原則**（「核兵器を作らず、持たず、持ち込ませず」）。④**文民統制**＝**シビリアン・コントロール**（自衛隊の指揮権は文民＝非軍人が持たなければならない）。⑤**防衛費GNP1％枠**などがある。⑤は中曽根内閣が撤廃し、現在、防衛費については**総額明示方式**を採用しており、使途の詳細は国会に示す必要がない。

> ☞1 集団的自衛権の行使は、国連憲章第51条では認められているが、日本国憲法では禁止されているため、日本は西側軍事同盟である北大西洋条約機構（NATO）への加盟を猶予されている。なお、武器輸出三原則（❶共産圏、❷国連決議で武器輸出が禁止されている国、❸国際紛争当事国への武器輸出は禁止される）も確立している。

2. 日米安全保障条約（1951、60改定）

1951年の旧日米安全保障条約は、**サンフランシスコ平和条約**（対日講和条約）と同じ日に調印され、米軍の日本駐留に根拠を与えた。

> ☞2 1960年に改定された新日米安全保障条約では、**日米共同防衛義務**（アメリカは日本を守り、日本は在日米軍が攻撃されたときに共同防衛する）が明記され、**事前協議制**（重要な武器や基地の変更には日本政府との協議が必要）も導入された。以後、新安保の効力は自動延長されている。

> ☞3 日米共同防衛体制のもとで、どのようにアメリカへ協力するかについて、1978年に日米ガイドライン（防衛協力のための指針）が作られた。96年の日米共同宣言で、協力の範囲が極東（対旧ソ連）からアジア太平洋地域にまで拡大されたを受けて、翌97年に見直しが決まり、99年小渕内閣のもと、具体的に**新日米ガイドライン関連法**が制定された。

3. 新日米ガイドライン（日米防衛協力のための指針）関連法（1999）

中心は「**周辺事態対処法**」であり、日本周辺（東アジア地域）で緊急事態が発生し、日本に危害が及ぶ可能性がある場合、日本は米軍に協力して、①**後方地域支援**活動、②**捜索救助**活動を行う。地方・民間の協力義務を規定。

4. 有事法制（2003、04）

中心は「**武力攻撃事態対処法**」であり、日本単独でも防衛出動する時期を明確に規定して、「**武力攻撃事態**」および「**武力攻撃予測事態**」と定義した点に意義がある。同時に、同法が発動した場合、地方・民間・国民の協力義務が明記され、首相には知事に代わって命令を下す**代執行権**を与えるなど権限を強化した。「**国民保護法**」は1年遅れ、2004年6月に成立した。

> ＊ 非核三原則の「持ち込ませず」については、2009年の民主党政権下で、過去の自民党政府とアメリカ政府との間の「密約」の存在が明らかとなった。「持ち込ませず」とは、日本に核兵器を配備しないことを意味し、持ち込みや通過は許されるというアメリカ政府の解釈を日本政府も認めていたという。

▼ 新日米ガイドライン（日米防衛協力のための指針）関連法（1999制定）【発展】

❶ 法律などは3つ〜日本周辺で有事の場合

周辺事態対処法 ＋ **改正自衛隊法** ＋ **改正日米物品役務相互提供協定**

- 日本の自衛隊も派遣する（米軍に協力）
- 日本人の救済のために艦船も使用OK
- 日本とアメリカ相互間で使用する物品などの提供を認める

❷ 周辺事態対処法（1999）のポイント

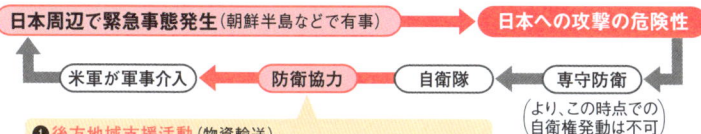

日本周辺で緊急事態発生（朝鮮半島などで有事）⇔ 日本への攻撃の危険性

米軍が軍事介入 ← 防衛協力 ← 自衛隊 ← 専守防衛
（より、この時点での自衛権発動は不可）

- ❶ 後方地域支援活動（物資輸送）
- ❷ 捜索救助活動（日本人、米軍兵士の救助）
- ❸ 地方公共団体と民間の協力義務を明記　例：空港・港湾・病院

❸ 周辺事態対処法の憲法上の問題点 ▶拡大解釈されて、「国家総動員法」（1938）に近似！

- ❶ 個別的自衛の原則＝集団的自衛権行使の禁止 ← 韓国・アメリカ・日本の集団的自衛権に該当するのでは？
- ❷ 専守防衛の原則 ← 日本への攻撃の恐れがある段階で先制攻撃をしているのでは？ ← **違反する疑い！**

▼ 有事法制の種類〜日本が有事の場合【時事】

法　律	内　容
武力攻撃事態対処法	❶自衛隊の発動時期を明記 ❷首相の権限を強化し命令・発令（地方公共団体や電力・ガス・運輸・通信会社に対して）▶知事が従わない場合、首相による代執行あり
改正自衛隊法	私有財産の収用、家屋撤去を認める
安全保障会議設置法	❶事態対処専門委員会を設置 ❷「有事」の認定を行う！
国民保護法（2004.6 成立）	❶武力攻撃を受けた際に住民を避難、救援する手続きなどを規定 ❷保護の名のもと、行動の規制や報道規制など、権利制限的な規定もある

> **check!**　＊第9条関連法として、❶テロ対策特別措置法（2年間の時限立法）が、アメリカの同時多発テロ（2001.9）後に制定され、テロ被害を受けたアメリカに協力することになった。アフガニスタン監視を目的にイージス艦をインド洋に派遣、03年のイラク戦争で「国際貢献」を果たした（2005、06に延長。07.11期限切れで給油活動が中断するも、08.1に復活。10.1に民主党政権下で終了）。❷イラク復興支援特別措置法（4年間の時限立法）が2003年に制定され、07年に2年延長された後、期限切れとなった。

＊ 2009年、海賊対処法が制定された。民間船舶をソマリア沖などに出没する海賊から護衛するため海上自衛隊を海外に派遣することが可能になった。また、第三国の船舶を守るために武器使用も認められた。

4 人 権 A

1. 人権の種類～自由権・参政権・社会権・平等権・請求権

人権の種類は5つある。①18世紀的権利である自由権、②19世紀的権利である参政権、③20世紀的権利である社会権などの歴史的権利に加え、④これら権利行使の前提となる平等権、⑤国務サービスを求める請求権がある。

2. 日本国憲法上の人権の内容と特徴

(1) **自由権** 自由権の種類は3つ。①精神的自由：個人の政治的思想と言論の自由交換（思想の自由市場）が保障されてこそ民主主義が成り立つ。ゆえに、民主主義を支える優越的権利であり、「公共の福祉」の名のもとに安易な規制は許されない。思想・良心の自由（第19条）は内心の自由であるが、表現の自由（第21条）は、それを外部表明する自由である。信教の自由（第20条）と学問の自由（第23条）は、内心の自由と外部表明の自由の両面性を併有する権利といえる。②人身の自由：国家権力による不当逮捕を防止している点に歴史的意義がある。権利行使のために不可欠の条件となる行動の自由を意味し、個人の尊厳を守る人間の根源的自由といえる。③経済的自由：職業選択の自由（第22条）と財産権（第29条）の2ヵ条がある。経済活動の自由は資本主義成立の前提条件である。ただし、「公共の福祉」により政策的に制限を受けることが許容されている。

(2) **平等権** 自由権はすべての国民に平等に与えられなければ無意味である。もともと、平等権は自由権の前提的権利として登場し、権利行使の機会の平等を保障していたが、実質的平等を目指す社会権の前提的権利ともいえ、結果の平等も保障している。つまり、**法適用の平等**、**法内容の平等**の2つを保障している。

(3) **参政権** 主権者が政治参加する手段として行使する選挙権・被選挙権。

(4) **請求権** 公権力の濫用を防ぎ、国民が自らの人権を守るために公権力に対して公務を請求する請求権。

(5) **社会権** 「人間らしく」生きるためのサービス（作為）を公権力に請求する権利。生存権（第25条）を中心に、第26条～第28条に4つの権利がある。

---

* 最近は人権には複合的性格を持つものがあると考えられている。例えば、第26条の教育を受ける権利は社会権であるが、教育機会の均等を定めている点で平等権でもあり、教育を託す自由を前提とすることから自由権でもあると考えられている。

▼日本国憲法の人権は5つに分類される 〈基本〉

自由権	精神的自由	❶思想・良心の自由（第19条）▶内心の自由を保障〈制度的保障〉 ❷信教の自由（第20条）┈┈┈┈▶政教分離の原則 ❸集会、結社、言論、出版等その他一切の表現の自由（第21条1項）▶検閲の禁止、通信の秘密（第21条2項） ❹学問の自由（第23条）┈┈┈┈▶大学の自治
	人身の自由	❶法定手続の保障（第31条）▶罪刑法定主義「法律なくして犯罪なし」 ❷奴隷的拘束、苦役からの自由（第18条） ❸不法に逮捕されない権利（第33条）▶令状主義 ❹不法に抑留・拘禁されない権利（第34条）▶弁護人依頼権 ❺不法な住居侵入・捜索・押収の禁止（第35条）▶令状主義 ❻拷問、残虐刑の禁止（第36条）▶死刑制度合憲（判例） ❼自白強要の禁止（第38条）▶黙秘権 ❽刑事被告人の権利（第37条〜第39条）▶遡及処罰の禁止・一事不再理
	経済的自由	❶居住・移転・職業選択の自由（第22条）▶営業の自由 ❷財産権（第29条）▶私有財産制 ←〈制度的保障〉
平等権		❶法の下の平等（第14条）▶合理的差別は認められる。 ❷両性の本質的平等（第24条）▶婚姻生活における男女平等 ❸教育機会の均等（第26条）▶ひとしく教育を受ける権利 ❹選挙権の平等（第44条）
請求権 （受益権）		❶請願権（第16条） ❷国家賠償請求権（第17条）▶公務員の不法行為について国・地方の賠償責任 ❸裁判を受ける権利（第32条・第37条）▶裁判請求権 ❹刑事補償請求権（第40条）▶不当抑留・拘禁の後に無罪となった場合の補償
参政権	間接	❶選挙権（第15条）▶被選挙権（立候補の自由） ❷公務員の選定・罷免権（第15条）▶国民固有の権利
	直接	❶最高裁判所裁判官の国民審査権（第79条）▶衆議院総選挙の際 ❷地方特別法の住民投票権（第95条）▶国会議決＋住民投票 ❸憲法改正の国民投票権（第96条） ▶国会発議（衆・参両議院総議員の3分の2以上の賛成）＋国民投票
社会権		❶生存権（第25条）▶「健康で文化的な最低限度の生活」（プログラム規定説） ❷教育を受ける権利（第26条）▶義務教育（無償）←〈制度的保障〉 ❸勤労権（第27条） ❹労働基本権（三権）（第28条）▶団結権・団体交渉権・団体行動権（争議権）

第2章 日本国憲法

5 人権の不可侵性と限界
公共の福祉 A

1. 人権の不可侵性（第11条・第97条）と公共の福祉による制限

人権は「侵すことのできない**永久の権利**」（第11条・第97条）である。しかし、無制限に認められるわけではなく、濫用は許されず、合理的な限界がある。**人権の限界を示す憲法の規定**が「公共の福祉」である。人権と人権が衝突した場合、その**人権相互の矛盾・衝突を公平に調整する原理**が「公共の福祉」である。

2. 自由国家的公共の福祉

①**第12条**は、人権は「常に公共の福祉のためにこれを利用する責任を負う」、②**第13条**は、権利・自由は「公共の福祉に反しない限り、立法その他の国政の上で、最大の尊重を必要とする」と規定して、人権には「公共の福祉」という**一般的・内在的限界**があることを示している。お互いに自由権を行使し合う人々が共存する国家における人権の調整機能を果たしていることから、**自由国家**的公共の福祉と呼ばれている。**表現の自由**などの**精神的自由**が他者の**プライバシーの権利・名誉権・人格権**などと衝突した場合の限界を示すのが典型例である。

☞ 第13条は「個人の尊重」「生命・自由・幸福追求権」を定める包括的自由権規定である。「幸福追求権」はすべての「新しい人権」に共通の解釈根拠条文となる。

3. 福祉国家的公共の福祉

①**第22条**の居住・移転・**職業選択**の自由、②**第29条**の**財産権**に規定される「公共の福祉」は、経済的自由について、福祉国家実現という政策的見地から、より広い権利制限を認める。経済的弱者保護や国民的利益の促進を目的とした国家の政策的限界を示していることから、**福祉国家**的公共の福祉と呼ばれている。**経済的強者の活動の自由が、経済的弱者の権利・利益と衝突した場合の限界を示す**のが典型例である。

▼ 自由国家的公共の福祉（第12条・第13条）による人権制限 〔基本〕

表現の自由の制限	❶他人の名誉を毀損したり人格権を侵害したりする表現 ❷私生活（プライバシー）の暴露の禁止 ❸わいせつ文書頒布の禁止 ❹美観風致の維持のための屋外貼り紙などの禁止 ❺選挙のための各種運動の制限
集会結社の制限	❶デモに対する規制（デモ行進届出・許可制）

▼ 福祉国家的公共の福祉（第22条・第29条）による人権制限 〔基本〕

職業の自由の制限	❶医師などの各種国家資格 ❷風俗営業に対する規制
財産権の制限	❶道路・空港など公共の利益のためには、正当な補償のもとに土地を収用される ❷不備のある建築は不許可
経済活動の制限	❶外国旅行の旅券発給の制限 ❷独占禁止法などによる経済的強者の経済活動の制限
社会権の制限	❶公務員の労働基本法の制限

▼ 最高裁の合憲性判定基準～二重の基準（ダブル=スタンダード） 〔重要〕

二重の基準（ダブル=スタンダード）

自由国家的公共の福祉 第12条・第13条
- 民主主義を支える
- 優越的権利である
- 精神的自由を規制する

〔厳格に判定する〕

- 規制目的に合理性があること
- 規制手段が「必要最小限度の規制」といえる場合のみOK
  ▶「明白かつ現在の危険」があるときの規制はOK
  ▶「より規制的でない他の選びうる手段」がないときの規制はOK
  （人権をあまり制限しないですむ他の方法が存在する場合は違憲とする）

福祉国家的公共の福祉 第22条・第29条
- 経済的弱者を保護するため経済的自由を規制する

〔ゆるやかに判定する〕

- 規制目的は合理的と推定（合理性の原則）
- 規制手段についても立法裁量・行政裁量を比較的広く認める（合憲性推定の原則）
  ▶明白に違憲といえる場合のみ違憲と判定する

6 自由権(1)
精神的自由① A

1. 思想・良心の自由（第19条）

(1) **精神的自由**は、人間が当然に保有する考え方や感情を認める点で個人を尊重する権利であると同時に、政治的な意思を自由に認める点で民主主義を支える優越的権利といえる。**思想・良心の自由**は、心の中で抱く内心の自由である。表現の自由や信教の自由の大前提であり、精神的自由の原点となる。自分の思想を国家権力によって探られない自由（**沈黙の自由**）や意思に反する意思表明を強制されない権利が保障される。理論上、内心の自由は他者の人権とは衝突しないので「公共の福祉」による規制はあり得ない。

(2) **国旗・国歌法**（1999）は、日の丸・君が代を国旗・国歌とする法律。事実上、日の丸・君が代を入学式や卒業式などの式典で強制することになる点で、**思想・良心の自由**を侵害する可能性が指摘されたが、最高裁は同法を合憲とし、服務義務に違反した教師の懲戒処分を合法とした。教育基本法に「愛国心教育」を明記する改正案にも同様の批判があったが、2006年12月に安倍内閣は「わが国と郷土を愛する態度を養う」という文言に修正・可決した。これに伴い教育現場では成績表の評価項目や設置する教科などに変更が行われている。

2. 表現の自由（第21条）

自分の意見を外部に表明する自由である。「**集会**、結社及び**言論**、**出版**その他一切の**表現**の自由は、これを保障する」（1項）と規定し、それを実質化するために「**検閲**」の禁止、「**通信の秘密**」（2項）という制度的保障を行っている。

☞1 検閲を禁止する趣旨は、公権力、特に行政機関が文書の内容を審査し、内容を理由に発表を事前に差し止めることによって、結果的に言論の弾圧が行われるのを防ぐことにある（チャタレー事件、東京都公安条例違反事件、教科書検定（家永）訴訟、税関検査訴訟など）。裁判所が他者のプライバシーの権利や名誉権を守るため表現物の発表を差し止める判決を出すことは、検閲には当たらない（『石に泳ぐ魚』事件、北方ジャーナル事件）。裁判所には公正と独立性が担保されており、人権の衝突を調整する役割を担っているからである。

☞2 通信の秘密の例外として通信傍受法が制定されている（1999制定、00施行）。薬物・銃器・集団殺人・密航など反社会性の高い犯罪捜査のため、警察は裁判官の令状を得た上で特定回線の電話・電子メールを第三者が立ち会い、最長30日間傍受できる。

▼精神的自由に関する最高裁の判例　発展

条文	事件名	争点	判決
第19条	三菱樹脂事件 1973.12.12	会社(三菱樹脂㈱)が思想を理由に仮採用者の本採用を拒否した。思想・良心の自由の侵害では?	判旨 侵害ではない 理由 企業側にも雇用の自由(第22条・第29条)がある。
	君が代起立命令訴訟 2011.5.30	公立高校の卒業式で、国歌の起立斉唱の職務命令に従わなかった教師を、定年後の再雇用選考で不合格とすることは思想・良心の自由の侵害では?	判旨 合憲 理由 国旗・国歌法とそれにもとづく職務命令は特定の思想を強制するものではない。

check! 三菱樹脂は民間企業(私人)なので従業員(私人)の解雇の問題は、私人と私人の間の契約の有効性を争う私人間効力の問題。私人間には公法たる憲法は直接適用されず、私法である民法が適用される。よって、思想にもとづく解雇は違憲とはいえない。私法の領域では契約自由の原則が優先し、企業の雇用の自由の一環として雇用しない自由が尊重される。民法第90条「公序良俗に反する契約は無効である」かも争点となるが、本件はこれに該当しない。

条文	事件名	争点	判決
第21条	チャタレー事件 1957.3.13	わいせつ文書の販売を処罰する刑法第175条は表現の自由の不当な制限では?	判旨 制限ではない(合憲) 理由 刑法第175条の善良な性道徳という「公共の福祉」を守る目的には合理性があり、やむを得ない措置。
	東京都公安条例違反事件 1960.7.20	デモ行進を許可制によって制限する東京都公安条例は表現の自由の不当な侵害では?	判旨 侵害ではない(合憲) 理由 デモ許可制のデモの暴徒化を防ぎ、「公共の福祉」を守る目的には合理性があり、手段としても必要最小限度のやむを得ない措置。
	教科書検定(家永)訴訟 1993.3.16	高校の教科書検定制度は憲法第21条2項が禁止する「検閲」に該当しないか?	判旨 該当しない(合憲) 理由 検定制度は公的教育内容および水準の統一を図るための必要かつ合理的な制限に過ぎない。
	『石に泳ぐ魚』事件 2002.9.24	芥川賞作家の柳美里の小説が、モデルとされた女性の同意なく記述されていることを理由に出版の差し止めが認められるのか?	判旨 小説の出版差し止めを認める 理由 表現の自由といえども、他人のプライバシーの権利を侵害することは許されない。プライバシーを守るには、小説の差し止め以外に方法がなく、やむを得ない措置。

check! 最高裁は、合憲性の判断には目的と手段を考慮している。規制の目的に合理性があり、その手段が必要最小限度でやむを得ない場合には、合憲と判断していることがわかる。

7 自由権(2)
精神的自由②

1. 信教の自由（第20条）

「**信教の自由**は、何人に対してもこれを保障」(1項)すると規定して、内心における信仰の自由と、外部に対する布教の自由の両面を保障する。また、「いかなる宗教団体も、国から**特権**を受け、又は**政治上の権力**を行使してはならない」(1項)、「国及びその機関は……いかなる**宗教的活動**もしてはならない」(3項)と規定し、**政治と宗教のかかわりを禁止している**（**政教分離**の原則＝**国教**の禁止）。これは、特定の宗教が国教化されると、他の宗教が弾圧されてしまうという歴史的反省から定められた制度的保障である。また、憲法第89条は、**政教分離**の原則を財政支出面から、「**公金その他の公の財産は、宗教上の組織若しくは団体の使用・便益若しくは維持のため、……支出し、又はその利用に供してはならない**」と規定している。首相の靖国神社公式参拝は政教分離の原則に違反するのではないかと政治の争点になることがあるが、2006年に最高裁は憲法判断の必要なしとして憲法判断を回避したことから、参拝の是非は政治問題に委ねられた格好である。

> ☞1 政教分離は明治時代に国が神社神道を国教化し、天皇の神格性を作り上げることで軍国主義戦争を招いたという反省から定められた。だが、これを厳格に考えるか、ある程度のかかわりを認めるかには争いがある。最高裁の判例は、日本における宗教の雑居性から後者に立ち合憲とする場合が多い（津地鎮祭訴訟、箕面忠魂碑訴訟、自衛官合祀訴訟）が、愛媛靖国神社玉串 料訴訟、北海道砂川市公有地無償貸与訴訟では、前者に立って違憲判決を下した。

> ☞2 ❶愛媛県が靖国神社に玉串料を献金として支出する行為は、県の公金を宗教団体に支出していることから、憲法第89条の条文文言に違反している。❷北海道砂川市が公有地を空知太神社に無償で貸与することも、公の財産を宗教団体の利用に供していることから、憲法第89条の条文文言に違反している。よって、この2事例については、最高裁は違憲判決を下している。

2. 学問の自由（第23条）

解釈上、学問研究の自由、研究成果発表の自由、教授の自由の3つが認められる。最高裁は、東大ポポロ劇団事件について一般論として**公権力、特に警察権力の大学内**（「学問研究の内容」）**への立ち入り禁止**（**大学の自治**）を制度的保障として認めた。

> ☞3 東大ポポロ劇団事件では、公権力が大学における学問研究を弾圧したという歴史的反省から、一般論として大学の自治を認めた。ただし、事実認定として学生運動は学問ではないから、その保障は及ばないと判断した。

＊ 2005年、小泉首相の靖国神社参拝違憲訴訟の大阪高裁判決では、勤務時間中の参拝は公的行為であり、政教分離の原則に反して違憲とする判断が示されたが、06年最高裁は憲法判断を回避した。原告団は首相の参拝に伴う精神的苦痛に対する国家賠償を請求したが、金銭評価に値するほどの被

▼精神的自由に関する最高裁の判例 〈発展〉

条文	事件名	争点	判決
第20条	津地鎮祭訴訟 1977.7.13	津市が公費で神社神道の地鎮祭を挙行したのは政教分離の原則（第20・89条）に違反するのでは？	**判旨** 違反しない（合憲） **理由** 地鎮祭は世俗的習慣的な行為。目的に宗教的意義はなく、特定宗教の援助・助長の効果もない。宗教的雑居性のある日本では、政教分離を厳格に考える必要はなく、宗教的な寛容性が求められ、政治と宗教の多少のかかわり合いはやむを得ない。
	愛媛靖国神社玉串料訴訟 1997.4.2	靖国神社に玉串料として公金を支出することは、政教分離の原則に違反するのでは？	**判旨** 違反する（違憲） **理由** 靖国神社という特定の宗教団体への公金支出は、目的に宗教的意義があり、神社への援助・助長の効果がある。
	北海道砂川市空知太神社訴訟 2010.1.20	砂川市が公有地を空知太神社に無償貸与することは、政教分離の原則に違反するのでは？	**判旨** 違反する（違憲） **理由** 空知太神社という特定の宗教団体に公の財産を供与することには、目的に宗教的意義があり、神社への援助・助長効果がある。

check! 政教分離の原則に関する最高裁の判断基準は目的・効果論による（下記の一覧表参照）。国・地方に禁止される「宗教的活動」（第20条3項）とは、目的において宗教的意義があり、効果において特定宗教への援助・助長効果ないし他宗教への圧迫・干渉効果がある行為をいう。

訴訟名	目的 （宗教的目的）	効果 （特定宗教の援助）	最高裁の判決	
①地鎮祭	×	×	合憲	
②忠魂碑（移転費用の支出）	×	×	合憲	
③自衛官の合祀	×	×	合憲	
④靖国神社への玉串料支出	○	○	違憲	過去2事例
⑤公有地無償貸与	○	○	違憲	

第23条	東大ポポロ劇団事件 1963.5.22	大学内で情報収集活動を行っていた警察官に対する学生の暴行行為は大学の自治を守るための正当防衛か？	**判旨** 正当防衛ではない（有罪） **理由** 学生運動は学問とはいえず、学問の自由と大学の自治の保障は及ばない。

check! かつての明治憲法には学問の自由の規定がなく、弾圧が繰り返されていた。例えば、民主主義を弾圧した天皇機関説事件、犯罪者の人権と自由主義刑法を弾圧した滝川事件、社会主義研究を弾圧した森戸事件、反戦論弾圧の矢内原事件などがある。

害は存在しないとして原告の請求を棄却したため、参拝行為についての憲法判断は必要なしとした。

8 自由権(3)
人身の自由

B

1. 人身の自由(身体の自由)

(1) **法定手続**の保障(第31条) 法律(刑法などの刑罰法規)によらなければ逮捕されず(**罪刑法定**主義)、法律(刑事訴訟法など)の定める手続きによらなければ処罰されない(**法定手続の保障＝デュー＝プロセス**)。

> ☞1 罪刑法定主義は何が犯罪かを示す点で刑事実体面、法定手続の保障は反論のチャンスを与える点で刑事手続面において、法の支配を実現している。第31条により有罪が確定するまでは、被疑者・被告人は無罪と推定される。また違法捜査(おとり捜査)や違法収集証拠は排除される。ただし、通信傍受法による傍受テープは合法収集証拠(証拠能力あり)とされる。

(2) **令状主義**(第33条・第35条) 憲法上は現行犯の場合、刑事訴訟法上は緊急逮捕(指名手配)の場合を除き、司法官憲(裁判官)が発する**令状**がなければ逮捕されない(第33条)。また**令状**なくして住居侵入、書類・所持品検査などの捜索・押収を受けない(住居の不可侵:第35条)。

> ☞2 第35条の捜査令状は「住居」「書類」「所持品」にも及ぶ。プライバシーの権利の根拠条文の1つ。

(3) **拷問・残虐刑の禁止**(第36条) 最高裁は死刑を合憲とする。

(4) **刑事被告人の諸権利**(第37条) **公平**な裁判所の**迅速**な**公開裁判**を**受ける権利**・証人審問権・弁護人依頼権が保障される。

> ☞3 刑事裁判では、憲法上、被告人が弁護人の選任ができないときは、公費をもって国選弁護人を付する。近年は、刑事訴訟法改正(2006・09)により、重大な犯罪の被疑者にも国選弁護人を付することになった。冤罪は被疑者として取り調べを受けている段階で発生するためである。

(5) **不利益な供述・自白の強要の禁止**(第38条) 自己に不利益な供述は強要されない(黙秘権)。強制・拷問・脅迫による自白や不当に長期間抑留・拘禁した後の自白は、証拠にはできない。唯一の証拠が本人の自白の場合、有罪とされない。有罪とするには、本人の自白と補強証拠が必要となる。

(6) **遡及処罰の禁止・一事不再理・二重処罰の禁止**(第39条) 行為時に法律で禁止されていなかった行為を事後法により、さかのぼって処罰してはならない(**遡及処罰の禁止**)。**罪刑法定**主義にいう「法」とは行為時の刑罰法規であることを明示した。すでに無罪とされた行為を再審理してはならない(**一事不再理**)。同一の行為について二重に処罰してはならない(**二重処罰の禁止**)。ただし、解釈上、被告人に有利な無罪方向(無罪とする方向)への**再審**は誤認判決の際の救済策として認められる。

▼ 人身の自由～逮捕から刑の確定まで（カッコ内は憲法の条数） 発展

警察→検察　検察官が起訴　　　裁判所(刑事裁判)　裁判官が判決

捜査（被疑者） → **公判**（被告人） → **判　決**

- 令状主義
  - 逮捕令状(33)
  - 捜索・押収令状(35)
- 弁護人依頼権(37)
  （抑留・拘禁時）(34)
- 黙秘権(38)

　（ ）内は憲法の条数

- 迅速な公開裁判(37)
- 弁護人依頼権・国選弁護人(37)
- 自白強要・長期間拘禁　後の自白は証拠能力　なし(38)

- 裁判官が有罪と確信　**有罪**
- 裁判官が　**無罪**
  - 無罪と確信
  - 有罪は疑わしいとの心証
  「疑わしきは罰せず」
- 唯一の証拠が本人の自白のみ(38)

第2章　日本国憲法

▼ 被疑者・被告人は有罪確定までは無罪と推定

被疑者・被告人			有罪判決が確定
無罪推定			犯罪者（受刑者）と確定
警察	検察	裁判所	
48時間＋24時間以内	10日＋10日以内	●公平な裁判所の迅速な公開裁判（憲法第37条） ●第一審は判決まで2年以内（裁判迅速化法）	
▼	▼		
警察留置場（雑居房）	拘置所（法務省管轄で独居房）または代用刑事施設（警察留置場）	刑務所（法務省管轄）	

Check!
❶1992年より被疑者の段階でも弁護士の法律相談を受けられる当番弁護士制度を導入。
❷捜査機関である警察から検察庁（取り調べ・起訴・有罪の立証機関＝刑事裁判における国側代理機関）に送検後は、被疑者は警察内の留置場（雑居房で劣悪な環境）から法務省管轄の拘置所（独居房）に移送されることになっている。ところが、拘置所の収容人数を理由に、警察内の留置場に拘束したまま検察官の長時間の取り調べが行われる場合がある。これは代用刑事施設（いわゆる代用監獄）と呼ばれ、自白強要の温床になると批判されている。

▼ 冤罪～2010年代に入り再審・無罪判決が相次ぐ 発展

再審の決定要件？（白鳥事件←最高裁の再審決定）

①有罪の確定判決後、新証拠発見
②その結果、有罪の確定判決が疑わしくなった場合
▶ 再審決定要件に「疑わしきは被告人の利益に」を適用！

再審が決定されれば、多くの場合は無罪となる ▶「疑わしきは罰せず」の刑事司法の大原則より

死刑囚の再審無罪（4件）
- 免田事件(1983)
- 松山事件(1984)
- 財田川事件(1984)
- 島田事件(1989)

無期懲役囚の再審無罪が続発！
- 足利事件(2010)
- 布川事件(2011)
- 東電OL殺害事件(2012)　など

Check!
冤罪とは「濡れ衣」のことで、犯罪をやっていない（無実である）のに、やったとされて有罪判決が確定することを指す。冤罪が起こる背景には証拠のねつ造や自白の強要、代用監獄の問題などがある。取り調べ段階における自白強要を防ぐため、取調室の可視化（録画）がテスト試行されている。

9 自由権(4)
経済的自由　B

1. 経済的自由

　日本国憲法は、第22条で解釈上営業の自由を、第29条で私有財産権（生産手段の私有制）を定めている。生産権の私有制と自由競争を認めていることから、わが憲法は、資本主義に立脚する憲法であることがわかる。しかし、この2ヵ条には、ワイマール憲法の影響を受け、「公共の福祉」による権利制限の余地が明記されていることから、国の政策的な制限があり得る。

2. 居住・移転及び職業選択の自由（第22条）

　「何人も、公共の福祉に反しない限り、居住・移転及び職業選択の自由を有する」。「公共の福祉に反する」職業を除き、原則的に職業を選ぶことが自由である以上、選択した職業についての営業の自由も、解釈上認められる。また、同条2項では、経済活動の一環として外国移住の自由・国籍離脱の自由も規定していることから、海外渡航の自由も当然認められる。

☞　職業選択の自由・営業の自由の規制として、各種の国家資格制度の他、主務官庁の許可制・届出制などが存在する。資格制としては医師・弁護士・税理士など、許可制としては電力・ガス・鉄道・飲食店・古物商など、届出制としては理容業・美容業など。

3. 財産権（第29条）

　「財産権は、これを侵してはならない」として、私有財産の不可侵性を保障しているが、財産権の内容は「公共の福祉に適合するように法律で定める」ことになっている。例えば民法や建築基準法は、所有権の制限のケースや建築物の基準などを定めている。財産権に対する公共の福祉による政策的制約は、合理性があり合憲と推定されており、地方公共団体の中には建築物の高さを規制する景観条例や街並条例を制定する例がある。また、私有財産は「公共のために用いることができる」が、その際は「**正当な補償**」が必要である（3項）。例えば国道やダムを建設するために個人の土地建物が強制買収されることがある（土地収用法）が、その際には時価による買い取りが義務づけられる。

▼経済的自由に関する最高裁の判例 発展

条文	事件名	争点	判決
第22条	薬事法違憲訴訟 1975.4.30	❶既存の薬局は近くに競争相手の薬局ができないため、経営が安定化する。ここまで既存の薬局を保護してよいのか？ ❷立法目的である不良薬品供給の防止と薬局開設距離制限の間には因果関係があるのか？	判旨 違憲・無効である。 理由 ❶薬事法の規定は、これから薬局を開設しようとする者の職業選択の自由（第22条）を不当に侵害する。 ❷不良薬品供給の防止という立法目的は、薬価基準の強化など他の方法によって達成可能で、因果関係もない。
第29条	森林法違憲訴訟 1987.4.22	森林保護のため、持分権の過半数を持つ者の同意がなければ共有林の分割請求はできない（例：対等な持分権者3人の内、2人が反対すれば山林は分割できない）が共有持分権者の財産権の不当な侵害では？	判旨 違憲・無効である。 理由 森林法の分割制限規定は、森林保護のためとはいえ所有権の本質たる処分権を不当に制限し、財産権（第29条）を侵害する。

check!
❶薬事法違憲訴訟（薬局開設距離制限規定違憲判決）は憲法第22条（職業選択の自由）について、森林法違憲訴訟（共有林分割制限規定違憲判決）は憲法第29条（財産権）について、いずれも「公共の福祉」による人権制限を違憲とした判決である。

❷最高裁は「公共の福祉」による人権制限の合憲性判定基準を2つに区別する二重の基準（ダブル＝スタンダード）を採用している。主に精神的自由を制限する自由国家的公共の福祉（第12条・第13条）は民主主義を支える優越的権利なので厳しく判定され、「明白かつ現在の危険」がある場合や「必要最小限度の規制」だけを許容する。これに対して、経済的自由を規制する福祉国家的公共の福祉（第22条・第29条）は経済的弱者保護という国の政策裁量を広く認めてゆるやかに判定され、一見、明白に違憲と断定でき得ない限り許容される（合憲性推定の原則＝合理性の原則を採用）。

❸なお、第29条は私有財産制を認めており、この点から日本国憲法は資本主義憲法と解釈される。ただし「正当な補償」のもとに公共のために用いられる制限が定められており、社会性も考慮されている。

10 平等権(1)　A

1. 平等権

(1) **法の下**の平等（第14条）　「すべて国民は、**法の下に平等**であつて、**人種**、**信条**、**性別**、社会的身分又は門地により、政治的、経済的又は**社会**的関係において、差別されない」（1項）、つまり、国はすべての国民を平等に扱わなければならないと規定して、平等な政治の実現を目指している。さらに、2項では法の下の平等の**制度的保障**として、**華族・貴族制度の廃止**を規定し、不平等な社会的差別制度を撤廃している。ただし、本条の趣旨は、形式的平等ではなく実質的平等を実現することにあるから、**法適用の平等**のみならず**法内容の平等**を要求している。また、これは不合理な差別を禁止するものであって、**合理的理由のある差別は認められる**と解釈されている（実質的平等説）。

> ☞1 認められている合理的差別の例として、❶女子労働者保護、❷累進課税、❸少年犯罪の刑軽減、❹業務上犯罪の刑加重、❺男女婚姻年齢区別などがある。逆に、最高裁で違憲判決が下された不合理な差別の例として、❶尊属殺重罰規定、❷衆議院議員定数配分規定の不均衡、❸婚外子差別規定（国籍法第3条）などがある。特定宗教の信者についてのみ、議員や公務員の資格をはく奪する措置も宗教ゆえの差別であり不合理と解釈される。

(2) **家庭生活における両性（男女）の本質的平等**（第24条）　「婚姻は、両性の合意のみに基いて成立」するとし、「**個人の尊厳**」と「**両性の本質的平等**」を規定している。

(3) **選挙権の平等**（第44条）　「議員及び選挙人の資格は……**人種**、**信条**、**性別**、**社会的身分**、**門地**、**教育**、**財産**又は収入によつて差別してはならない」と規定している。さらに、「**普通**選挙を保障」（第15条3項）するとともに、教育や財産のある者にだけ選挙権を与える制限選挙の禁止を目指した。また、「法の下の平等」（第14条）とともに**平等**選挙を確立しており、**1人1票**という投票の数の平等と、与えられた1票の価値の平等を要求している。

(4) **教育機会の均等**（第26条）　「すべて国民は……その能力に応じて、**ひとしく教育を受ける権利**を有する」。それを保障するために、**義務教育**を無償として、教育の機会を保障している。

> ☞2 憲法第26条は、社会権であると同時に、平等権にかかわる規定でもある。

---

*1 最高裁の法律違憲判決が出された場合、国会は同条項を改正・削除する政治的責任を負うが、法的に義務づけられているわけではない。尊属殺重罰規定（刑法200条）は違憲判決後、20年以上経過してから削除された一方で、2008年の国籍法違憲判決後、同条項は同年中に削除された。

▼平等権に関する最高裁の判例 [重要]

●尊属殺人事件 ▶ 尊属殺重罰規定違憲判決（1973.4.4）

争点	どんな極悪な親でも殺すと無期懲役または死刑とは、法定刑が重すぎるのでは？

判決	判旨	違憲・無効である。
	理由	父母など目上の直系血族を殺した場合の「尊属殺重罰規定」（刑法第200条）は、「普通殺人罪」（刑法第199条）の法定刑に比べて不当に重く、不平等。「法の下の平等」（第14条）に違反する。

親と同列以上の直系血族（尊属）を殺害 ▶ **尊属殺人罪（刑法第200条）死刑または無期懲役**

VS

見知らぬ第三者を殺害 ▶ **普通殺人罪（刑法第199条）死刑無期懲役または3年以上の懲役**
▶現在は5年以上の懲役

→ 法定刑が不平等 → 憲法第14条違憲(1973) → 1995年刑法改正で第200条削除

違憲判決から刑法第200条削除まで22年経過（立法府の怠慢？）

●国籍法違憲訴訟 ▶ 国籍法婚外子差別規定違憲判決（2008.6.4）

争点	未婚の日本人男性と外国人女性との間の子どもについて、日本人男性が出生後認知した場合に、子どもに日本国籍を認めない国籍法第3条は、不平等な差別では？

判決	判旨	違憲である。
	理由	婚外子を婚姻関係にある者の間の子どもと不当に差別するものであって、「法の下の平等」（第14条）に違反する。

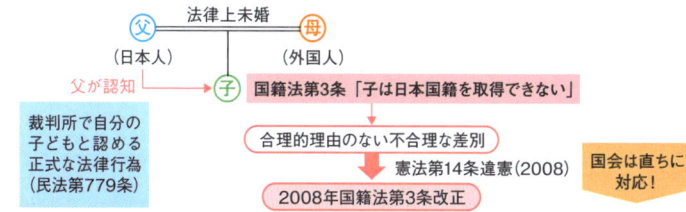

父(日本人) ― 法律上未婚 ― 母(外国人)
父が認知 → 子 → 国籍法第3条「子は日本国籍を取得できない」

裁判所で自分の子どもと認める正式な法律行為（民法第779条）

→ 合理的理由のない不合理な差別 → 憲法第14条違憲(2008) → 2008年国籍法第3条改正

国会は直ちに対応！

●非嫡出子相続分差別訴訟 ▶ 民法第900条4号（2013.9.4）

争点	非嫡出子の相続分を嫡出子の相続分の2分の1と定める民法第900条4号は「法の下の平等」（憲法第14条）に違反するのでは？

判決	判旨	違憲である。（1995年の合憲とする判例を変更！）
	理由	例えば父親が死亡した場合の相続を考えると、嫡出子も非嫡出子も、子どもから見れば同じ血を分けた父親である以上、相続分は平等であるべき。

check!
❶法律上の婚姻関係にある男女間の子を嫡出子、法律上の婚姻関係にない男女間の子（婚外子）を非嫡出子という。
❷民法第900条4号は、非嫡出子の法定相続分を嫡出子の2分の1と規定していた。

*2 非嫡出子に対する相続分差別を1995年の最高裁判決は合憲としていた。理由は、非嫡出子の相続分を嫡出子と対等にすることは、法が法律婚とは別の事実婚を認める結果になってしまうからであるが、2013年に最高裁はこの判例を変更した。

11 平等権(2)
1票の価値の平等と格差問題　Ⅰ

1. 1票の価値の平等

憲法第14条は「法の下の平等」、憲法第44条は「選挙の平等」を定めており、これら憲法の要請は主権者の提案権にも当然妥当する。選挙の平等は、①**1人1票という投票の数の平等**はもとより、②**与えられる1票の価値の平等**も保障する。

> ☞1 選挙の平等を厳格に保障する見解(有力な学説):1票の最大格差が1:2以上になれば違憲。その理由は、2倍以上の格差になれば人口過疎区の有権者が人口過密区の有権者2人分の投票を行ったに等しく、1人1票という数の平等の要請も裏切る状態に陥る。

2. 衆議院の1票の格差について

(1) 最高裁は中選挙区制下の判決として、1票の格差1:4.99の事案(1976判決)、1:4.40の事案(1985判決)で過去2回**違憲**判決を下し、1:3超は違憲とする基準を用いていた。しかし、すでに行われた選挙については**事情判決**(国政停滞や混乱を回避するという「公共の福祉」の観点)により、無効とはせずに有効として、選挙のやり直しを命じなかった。

(2) 最高裁は、2011年に小選挙区制による09年の総選挙(最大格差1:2.30)、13年には高裁で2件、違憲・無効判決が続いていた12年の総選挙(最大格差1:2.43)について**違憲状態**とする判決を下した。違憲の疑いのある状態であり、いまだ違憲とは判断できないので選挙自体は事情判決を用いることなく、理論上有効と判断した。

> ☞2 2011年、最高裁が1:2.30を違憲状態とし、衆議院の小選挙区が1人別枠制を採用している点を指摘して立法の改善を促した。1人別枠制は、まず47都道府県に1区ずつを割り当て、残りの区数を人口比例で決めるため、人口の少ない県でも小選挙区が最低でも2区設定され、これが1票の格差の原因であると指摘した。13年に最高裁が違憲状態判決にとどめた理由は、国会が0増5減の定数削減の区割り法を制定し、1:1.99に抑えたことに対して一定の評価を与えたため。

3. 参議院の1票の格差について

1996年に最高裁は、最大格差1:6.59の事案について、1:6超は**違憲状態**とする判決を下した。よって、選挙自体は理論上有効とされた。衆議院の1票の格差より大きいにもかかわらず違憲としなかった理由は、参議院は衆議院と異なり都道府県代表という地域代表的性格を持ち、多少の格差はやむを得ないととらえる点にある。

＊ さらに、2012年に最高裁は最大格差1:5.00の事案について違憲状態とする判決を下した。違憲状態の判断基準を1:6超から1:5以上に変更した点に意義がある。あわせて、同判決が都道府県代表という選挙区のあり方に格差の原因があるとして、参議院選挙の抜本改革を国会に促した。

▼平等権に関する最高裁の判例 重要

●衆議院議員定数不均衡訴訟 ▶衆議院議員定数配分規定違憲判決(1976.4.14)

| 争点 | 1票の価値が地域によって異なるのは、不平等ではないか。 |

| 判決 | 判旨 | 違憲である。 |
| | 理由 | 選挙区間の1票の重みの格差が1:3を超えると不平等であり、「法の下の平等」(第14条)、「選挙権の平等」(第44条)に違反する(1976年の1:4.99の事例、1985年の1:4.40の事例)。ただし、すでに行った選挙については公共の福祉を守るために無効とはしない(事情判決の法理)。 |

●参議院議員定数不均衡訴訟 ▶参議院議員定数配分規定違憲状態判決(1996.9.11)

| 争点 | 1票の格差が1:6.59に至った参議院通常選挙は「法の下の平等」(第14条)に違反するのでは? |

| 判決 | 判旨 | 違憲状態▶選挙は有効である。 |
| | 理由 | 選挙区間の1票の重みの格差が1:6を超えると違憲状態である。しかし、違憲とは断定できないので、すでに行われた選挙自体は理論上有効である。 |

check! 最高裁は、衆議院は1票の格差が1:3を超えると違憲、参議院は1:6を超えても違憲状態に過ぎないとしている。参議院は地域代表的性格(都道府県代表性)を持つことから、多少の格差はやむを得ないと考えられているためである。なお、最高裁は参議院における1票の格差1:5.13に対して合憲判決を下している(2006.10.4)。

▼衆議院の1票の格差に関する最高裁の基準 時事

中選挙区制の時代
- (1:3超) は 違憲 ──しかし→ 選挙は有効
  - 1:4.99(1976) ┐ 事情判決
  - 1:4.40(1985) ┘ (国政混乱防止)

小選挙区制の時代
- (1:2超) は 違憲状態 ──理論上→ 選挙は有効
  - 1:2.30(2011)
  - 1:2.43(2013)

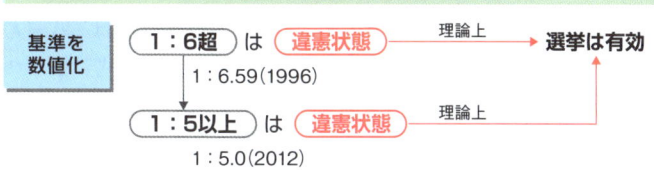

check! 高等裁判所(下級審)では、2009年と10年に相次いで衆議院の1票の格差が1:2を超える事例で違憲判決が出され、13年3月には1:2.43について定数是正の合理的期間が存在したにもかかわらず、是正されないままに選挙が実施された点を重視して、違憲かつ選挙無効とする2件の判決が下された。しかし、同年11月に最高裁は、同年6月に0増5減の区割り法が成立したことを評価し、違憲状態・有効判決を下した。

▼参議院の1票の格差に関する最高裁の基準 時事

基準を数値化
- (1:6超) は 違憲状態 ──理論上→ 選挙は有効
  - 1:6.59(1996)
- (1:5以上) は 違憲状態 ──理論上→ 選挙は有効
  - 1:5.0(2012)

第2章 日本国憲法

12 平等権(3) B

1. 女子差別の解消

女子差別撤廃条約の批准(1985)に伴い、①**国籍法**が改正され(1984)、日本国籍の取得条件が**父系血統主義**(父が日本人➡子は日本人)から**父母両系血統主義**(父または母が日本人➡子は日本人)に改められた。また、②**男女雇用機会均等法**が制定され(1985)、女子の就職・昇進のチャンスを男子と対等保障することを事業主の努力とする規定が設けられた。1997年改正(99改正法施行)で、**事業主の努力規定が禁止義務規定**に高められ、違反事業主の**実名公表**という罰則規定が設けられた。99年には、**男女共同参画社会基本法**が制定され、女性を行政会議などの社会に参画させる積極的差別是正措置(**ポジティブ＝アクション**または**アファーマティブ＝アクション**)を採るべき旨が明記された。

> ポジティブ＝アクションまたはアファーマティブ＝アクションとは、女性や少数民族(マイノリティ)への差別を解消するための積極的差別是正措置を導入していくという考え方である。逆差別だとの批判もあるが、フランスでは1999年に男女共同参画を認める憲法改正を行い、名簿式比例代表制に男女交互名簿、男女同数原則などが採用された。

2. 外国人差別の解消

(1) **外国人登録**法は、定住外国人に指紋押捺を義務づけていたが、人格権・プライバシーの権利の侵害および日本人との差別に当たることから、1993年に**特別永住外国人**、99年には**すべての定住外国人**(16歳以上で1年以上滞在)について、**指紋押捺制度を廃止**し、2012年には**同法自体が廃止**された。

(2) [*1] 公務員の資格を日本人に限る**国籍条項**については、政府および最高裁は、公務は権力的作用を持つことから、日本国民に限ることは合理的差別だとして認めている。だが、公務には非権力的公務も存在することから、1996年に川崎市(神奈川県)は一律に外国人を排除する国籍条項は不合理な差別に当たり違憲であるとの立場から、国籍条項を自主的に撤廃、運用している。

(3) [*2] **定住外国人に地方選挙権を付与する法案** 2001年小泉内閣は、外国人への参政権差別解消を唱えたが、選挙は国政・地方ともに主権者に限られるべきとの立場から結局、法案見送りとなった。2009年9月成立の民主党政権は、**永住外国人への地方選挙権付与**を検討したが、不成立のままである。

---

*1 公務員の国籍条項は法律に明記されているわけではなく、実際に運用されている条件である。一部の市町村では自主撤廃されて外国人も雇用されているが、国は国籍条項を守っている。

*2 同法案の審議のきっかけは、1995年に最高裁が、「定住外国人に地方選挙権を付与することに公

▼平等権をめぐる問題 【重要】

❶女子差別の解消策

- 国籍法改正(1984) ▶85年の女子差別撤廃条約批准に先立ち改正

  [父系血統主義]　【父：日本人➡子：日本国籍を取得】
  ▶
  [父母両系血統主義]　【父または母：日本人➡子：日本国籍を取得】

- 男女雇用機会均等法(1985) ▶就職・昇進・雇用上の女子差別を禁止

  [事業主の努力規定](1985当初) ▶ [事業主の禁止義務規定](97改正)

- 男女共同参画社会基本法(1999) ……▶ [女子の社会参加のチャンスを拡大]

  ▶ポジティブ=アクションまたはアファーマティブ=アクション(積極的差別是正措置)を採るべきことを明記

❷外国人差別の解消策

- 指紋押捺制度全廃 ………▶ [特別永住外国人](1993)
  (外国人登録法改正)　　　 [すべての定住外国人](1999)
  　　　　　　　　　　　　　[外国人登録法廃止](2012)
  　　　　　　　　　　　　　▶定住外国人などに外国人登録証の常時携行を義務づけていた同法を廃止
  　　　　　　　　　　　　　⇒住民登録とする(指紋採取なし)
  　　　　　　　　　　　　　[出入国管理法改正](2006)
  　　　　　　　　　　　　　▶外国人には入国審査の際、指紋照合・写真撮影を義務づけ!
  　　　　　　　　　　　　　(指紋押捺拒否権は後退)
  　　　　　　　　　　　　　目的 テロ犯人摘発の国際協力やテロ犯人の入国を水際で防止

- (公務員を日本人だけに限る)……▶ [川崎市は自主撤廃](1996)
  国籍条項の撤廃?　　　　　　　　　▶国は撤廃せず! 合理的差別であり合憲

- 定住外国人に地方選挙権を認めるべき?……▶ [法案提出](2001) ┐
- 永住外国人に地方選挙権を認めるべき?……▶ [法案検討](2010) ┘ ▶見送り

❸民法(現行法)➡民法改正案(検討中)

- 男女婚姻年齢(男18歳、女16歳) ………▶ [男女とも18歳に]
- 夫婦同姓 ………………………………▶ [夫婦別姓も可能に](選択的夫婦別姓論)
- 非嫡出子の相続分(嫡出子の2分の1) …▶ [嫡出子と同等に]

職選挙法改正などの立法措置をとれば違憲とは断定できない」とする判断を示したことによる。最高裁は、地方自治の本旨より、住民自治を尊重し、地方政治については日本人・外国人を問わず住民の意思を尊重すべきであるという考え方に立っている。

13 請求権（受益権） B

1. 請願権（第16条）

国民は、国または地方公共団体に対して平穏に施策の要求を行うことができる。請願先は公権力であればどこに対しても行うことができるが、口頭による請願は禁止され、**文書**にすることを要する。詳細は**請願法**に規定されている。請願権は、明治憲法にも規定されていた**歴史的・伝統的な権利**であって、**新しい人権ではない**が、行政腐敗を是正し、**行政を民主化する新しい機能**を持っていることから再び注目されている。

2. 国家賠償請求権（第17条）

公務員の不法行為によって損害を受けた者は、**国家賠償法**にもとづいて、公務員の雇い主である**国または地方公共団体に損害賠償請求**ができる。外国人も被害者であれば行使できる。したがって、従軍慰安婦訴訟も理論上、提訴可能である。公害・薬害訴訟では、加害者である民間企業（私人）に対して民法第709条による損害賠償請求訴訟が行われるが、同時に、**公害・薬害行政責任追及**として憲法第17条の国家賠償請求訴訟も提訴されることが多い。水俣病訴訟では2004年に、国、県の賠償責任が認容された。

☞1 不当に身柄を拘束された、後に無罪となった者は、国家賠償請求権ではなく刑事補償請求権を行使する。損害賠償と補償の違いは、前者が請求権者（原告）が被請求者（被告）の故意・過失の存在を立証しなければならないのに対して、後者は故意・過失の立証を行うまでもなく、当然に請求できるという性質を持つ。つまり、刑事補償は請求を行えば当然に補償を受けられる。

☞2 国公立学校の管理責任追及は憲法第17条による損害賠償請求（国家賠償法）の対象となるが、私立学校の管理責任追及は民法（第709条）による損害賠償請求となる。被告（加害者）が国・地方などの公権力か、民間（私人）かによって区別される。公権力の場合は公法たる憲法が適用され、民間（私人）の場合には私法たる民法が適用される点に注意！

3. 刑事補償請求権（第40条）

何年も抑留または拘禁された後、無罪の判決を受けたときは、**刑事補償法**にしたがって国に**補償を請求**できる。国家賠償請求権（第17条）の特別規定（一般規定の内容を再確認するため、あるいは例外を設けるため、特に定めた規定のこと）として設けられた。

4. 裁判を受ける権利（第32条）

人権侵害を受けた国民を救済するため、すべての人に**裁判を受ける**権利

▼国家賠償請求権（第17条） 盲点

```
                      公害・薬害などの行政責任
  国                    ┌──────────┐              個人
  地方公共団体  公務員   │  不法行為 │─────────→
                        │（故意・過失）│            損害発生
                      └──────────┘
                      営造物の管理責任
  ↑
  └─公務員の雇い主である国・地方公共団体に対する損害賠償請求（国家賠償法）
              ↑
         雇い主の代理責任
    （従業員の不法行為は雇い主が代わって責任を負う）

         理由 被害者の保護のため
```

check!
❶ 公法＝憲法　私人（個人）が公権力（国・地方）に対して請求する場合に適用
　例：国公立学校の施設に欠陥があり生徒がけがを負う←国家賠償請求権
❷ 私法＝民法　私人（個人）が私人（個人・民間企業）に対して請求する場合に適用
　例：私立学校の施設に欠陥があり生徒がけがを負う←損害賠償請求権

▼国家賠償請求権に関する最高裁の判例 発展

●郵便法損害賠償免責規定（郵便法）の合憲性 ← 当時は郵便局が国の郵政省の下にあった（郵政民営化前の事案）

争点	郵便局が郵便物について負担する損害賠償責任は、紛失・破損・汚ないなどの場合に限られ、遅配については負う必要がないとされた損害賠償の免責規定（郵便法）は、国家賠償請求権を定める憲法第17条違憲では？
判決	**判旨** 違憲である。 **理由** 本件は特別郵便（書留郵便）である点を考慮すると、遅配に伴う経済的損失（拡大損害）についても国は責任を負うべきとするのが憲法第17条の主旨といえる。

を保障している。特に刑事被告人には、**公平**な裁判所の**迅速**な**公開裁判**を受ける権利を保障している（第37条）が、これは注意規定に過ぎず、民事訴訟なども当然、同様だと解釈されている。

※3　2003年に裁判迅速化法が制定され、第一審は2年以内に判決を下すべきことが明記された。また、03年の刑事訴訟法改正で、公判前整理手続が導入され、公判開始前に原告人および被告人は主張と証拠をすべて提出し、裁判官が争点を事前に明確に整理しておく方法が導入されている。裁判の迅速化を図るとともに裁判員制度導入の前提となっている。

14 参政権　B

1. 選挙権と被選挙権

参政権は国民主権を具現化するために国民に認められる権利であり、主権者たる国民が代表者を選出する**選挙権**と、自らが立候補して代表者となる**被選挙権**の二面性がある。したがって、立候補の自由および立候補した際の選挙運動の自由も保障される。憲法は第15条、第44条などで普通選挙・平等選挙・秘密選挙を明記している。

2. 間接民主制

①「日本国民は、正当に選挙された国会における**代表者**を通じて行動し」（前文第1段）、②**公務員の選定・罷免権**（第15条1項）を国民固有の権利と明記するとともに、③**普通**選挙（第15条2項）、④全国民代表制（第43条）、⑤**平等**選挙（第44条）などを規定している。憲法前文は、**間接民主制**＝代表民主制を基本としていることから、第15条の公務員の選定・罷免権は、公務員＝国会議員を含むととらえ、国会議員を選ぶことは、国民固有の権利とする間接民主制の宣言規定と見ることができる。

3. 直接民主制

憲法は以下の3つのケースについてのみ、**直接民主制**を導入している。①最高裁判所裁判官の**国民審査**（第79条）、②1つの地方公共団体にのみ適用される地方特別法に対する**住民投票**（第95条）、③憲法改正における**国民投票**（第96条）。

4. 参政権をめぐる裁判や問題点

海外に居住する日本人も主権者である以上、立法上、できる限り選挙権行使の機会が保障されるべきである（憲法第15条）。公職選挙法が国政選挙の**比例区**についてのみ**在外**投票を認め（現地日本大使館などで）、**選挙区については認めていなかったこと**が、最高裁によって憲法第15条**違憲**だと判断された（2002）。選挙区について在外投票を法律が認めていないという**立法不作為**について、最高裁史上初めて違憲とする判決が出され、注目を浴びた。

▼参政権に関する最高裁の判例　盲点

●戸別訪問禁止規定（公職選挙法）の合憲性

争点　立候補者が各家庭を訪問し、投票をアピールする戸別訪問の禁止は、「表現の自由」（第21条）、「立候補・選挙運動の自由」（第15条）を不当に奪っているのではないか。

判決
- **判旨**　合憲である。
- **理由**　戸別訪問は密室となるので、金銭授受による買収・利益誘導が行われやすく、選挙の公正を阻害し、「公共の福祉」（第12条・第13条）に反する。

●在外投票制限規定（公職選挙法）の合憲性

争点　公職選挙法改正（1998）で海外に居住する日本人の現地日本大使館での投票を衆・参の比例区だけに認め、選挙区に認めない在外投票制限規定は、憲法第15条侵害では？

判決
- **判旨**　違憲である。▶立法不作為を違憲としたのは最高裁初！

check!
❶過去の最高裁の違憲判決は、現実に存在する法律の規定が憲法に違反するというものであった。しかし、本件は法律を規定しないという立法の不作為（国会の怠慢）が違憲だとする画期的判決である。
❷不作為違憲は事実上、「立法をせよ」という立法勧告の意味を持つ点で、憲法訴訟として積極的に人権を守ろうとする憲法保障の意味があるとされる。

▼定住外国人に地方選挙権は認めるべきか？　時事

各国の定住外国人 （△は一部承認）		日本	アメリカ	イギリス	フランス	ニュージーランド	オランダ	デンマーク	スウェーデン
国政	選挙権	×		×	△	×	○		×
国政	被選挙権	×		×	△	×	△		×
地方	選挙権	×➡○とすべきでは？		×	△	△	○		○
地方	被選挙権	×		×	△	△	△		○

現状　改正案あり

日本の公職選挙法

現在　定住外国人[*1]・特別永住外国人[*2]　地方選挙権なし

⬇

見送り中　定住もしくは永住外国人に地方選挙権を認める？
（地方自治の本旨＝住民自治を尊重する立場より）

check!
❶定住外国人については、国政の選挙権・被選挙権は認められない。
- **理由**　国政参加は主権者たる国民に限るため。

❷地方の被選挙権も定住外国人には認められない。
- **理由**　地方の首長や議会議員といえども日本国民に権力作用を持つため。

❸地方の選挙権については定住外国人にも与えるべきだとする意見あり。
- **理由**　地方自治の本旨の内、住民自治を尊重する立場をとるため（法律は未成立の状態）

❹定住外国人、特別永住外国人いずれも現在、国・地方の選挙権・被選挙権は認められていない。

---

*1　定住外国人とは、日本に一定期間（通常は1年以上）在住する外国人を指す。
*2　特別永住外国人とは、1945年の第二次世界大戦終了以前から日本に在住し、52年のサンフランシスコ平和条約で日本国籍を失った後も日本に在住する外国人とその子孫を指す。

15 社会権　A

1. 社会権の性質

社会権は、国民が国家に対して何らかのサービスの提供を請求することによって実現する**積極**的権利（「**国家による自由**」）である。**作為**請求権を本質とし、「**貧困からの自由**」を目指す。

2. 社会権～自由権を実質化＝"生きる自由"

(1) **生存権（第25条）**　かつてのドイツ・**ワイマール**憲法（1919制定）でいう「**人たるに値する生活**」すなわち生存権を模範とし、①「すべて国民は、**健康で文化的な最低限度の生活を営む権利**を有する」（1項）、②「国は……**社会福祉、社会保障及び公衆衛生**の向上及び増進に努めなければならない」（2項）と規定している。だが、日本国憲法第25条（生存権）の法的性質は、国の努力目標としての責務を明言した**プログラム**規定に過ぎないと解釈されている（**朝日訴訟・堀木訴訟**の最高裁判決）。よって、日本国民は本条を直接の根拠として具体的保障を請求することはできない。

(2) **勤労権（第27条）**　国民は勤労の権利を有する。国家は国民に対し、勤労の機会を保障する諸施策を整備する責務を負う。

(3) **労働基本権〔労働三権〕（第28条）**　①労働者が労働組合を結成する権利（**団結権**）、②労働組合が団体の力で使用者と交渉する権利（**団体交渉権**）、③争議行為などの実力行使によって要求を実現する権利（**団体行動権**＝争議権）。争議権には、労働者側からはストライキ・サボタージュ・ピケッティング、使用者側からはロック＝アウトがある。

> 1 団体行動権に関して、公務員の争議権は法律によって禁止されている。公務員は「全体の奉仕者」（第15条2項）として、「公共の福祉」を守るべき立場にあるので、公務員の争議権一律禁止は合憲であるとする最高裁の判例がある（全逓東京中郵事件）。

(4) **教育を受ける権利（第26条）**　文化的生存権という性格を持つ。親には、保護する子女に**普通教育**を受けさせる**義務**を課し、国は**義務教育**を**無償**の教育サービスとして提供している。教育の自由という自由権性も併有する。

> 2 教科書検定（家永）訴訟では、教師などの国民に教科書内容決定権（国民教育権）が与えられるが、教科書検定制度は憲法第21条2項の禁止する「検閲」に当たるのではないかが争われた。最高裁は、検定制度自体は全国の教育内容および水準統一の必要性から合憲と判断した。

＊ストライキ＝同盟罷業、サボタージュ＝怠業、ピケッティング＝スト破り防止、ロック＝アウト＝作業所閉鎖

▼「生存権」(第25条)に関する最高裁の判例 発展

●朝日訴訟 (1967)

事案 親族からの仕送りが得られた後、入院料として900円/月を徴収され、生活費は以前と同じく600円/月であった。これでは「最低限度の生活」に足りないのでは？

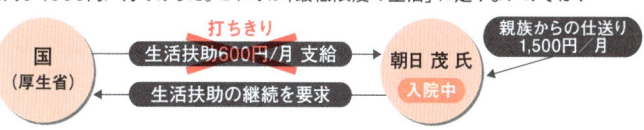

国(厚生省) ─ 生活扶助600円/月 支給(打ちきり)→ 朝日茂氏(入院中) ← 親族からの仕送り1,500円/月
朝日茂氏 ─ 生活扶助の継続を要求 → 国

判決
- 判旨 *請求は認められない。
- 理由
  ❶「生存権」(第25条)はプログラム規定である。
  ❷「最低限度の生活」の基準は厚生大臣(当時)の合目的的な裁量＝行政裁量によって決まる。
  ❸一見明白に生存するに足りないといえない限り、国民側からの具体的請求は認められない。

●堀木訴訟 (1972)

事案 公的年金の供給禁止を定める国民年金法の規定は憲法第25条に違反するのではないか？(堀木さんは障害者福祉年金と児童扶養手当の両方を請求)

判決
- 判旨 請求棄却(請求は認められず)
- 理由
  ❶「生存権」(第25条)はプログラム規定である。
  ❷「最低限度の生活」の基準は立法府の裁量によって決まる。
  ❸供給禁止規定は、立法裁量の範囲内であって、一見明白に生存するに足りないとは断定できない。

check! 憲法第25条を「プログラム規定」と解釈する根拠は、❶「最低限度の生活」の保障には、国家の財政支出を伴う。よって、国家財政との相互関係によって「最低限度の生活」の水準は相対的に決まるものであって、裁判官が一義的に決める問題ではない。❷国民には具体的請求権は与えられず、国の政治方針としての努力目標と解釈するのが妥当である。以上が最高裁の立場だが、それでは憲法第25条規定の意味がないとする批判もある。

▼公務員の争議権(スト権)一律禁止は合憲～最高裁判決 基本

事案 全逓東京中郵事件(1966)、全逓名古屋中郵事件(1977)など

判決
- 理由
  ❶公務員は「全体の奉仕者」(第15条2項)➡「公共の福祉」
  ❷比較衡量論
  　ストを認めると得られる利益 ＜ ストを認めると失われる利益
  　(一部、公務員の利益)　　　　　(国民全体の利益)
  ❸代償措置あり(人事院による公正な査定)

＊ 朝日訴訟は、朝日茂さんの死亡により裁判は修了した。しかし、最高裁は、仮に生存していたとしても請求は認めないとする判断を判決傍論として示した点が注目されている。

16 新しい人権(1)　　　　　　　　　　A

1. 新しい人権

憲法に明文規定はないが、情報化、管理社会化、公害や環境問題などの社会変動に伴い、解釈上、認められるべきであるとされる諸権利を指す。

(1) **環境権**　最低限度の生活(第25条)に加え、**より良い環境で生活する権利**(「幸福追求権」第13条)として登場。公害の発生に伴い、環境権は被害者弁護団によって主張されているが、大阪空港騒音訴訟や名古屋新幹線訴訟などの最高裁判例としては正式には認めていない。

(2) **知る権利**　当初、情報を受け取る自由(**知る自由**)として登場したが、行政権の肥大化と秘密行政の増加に伴い、行政民主化の必要性が高まった。そこで、**主権者たる国民が必要な行政情報を積極的に請求する情報公開請求権**や、**自分に関する報道に反論する権利や意見を表明する権利**、すなわち**アクセス権**(**情報源への接近権**)に発展している。

> 1　憲法上の根拠条文は、「幸福追求権」(第13条)、「表現の自由」(第21条)の受け手の側面、「国民主権」(前文・第11条・第15条・第79条・第95条・第96条など)である。

(3) **プライバシーの権利**　情報化社会の到来により、**自由権**としての**私生活に濫りに干渉されない権利**として登場したが、近年は**社会権**としての**自己に関する情報を自らコントロールする権利**(**自己情報管理権**)に発展している。従来の**個人情報保護法**(1988)は、公権力が保有する個人情報の誤入力の訂正・削除請求を認めるのみで不十分であった。民間保有のマニュアル情報の誤入力や公権力・民間の個人情報取扱事業者からの個人情報流出を防ぐ実質的な**個人情報保護法**の制定が求められ、2003年に成立した。

> 2　憲法上の根拠条文は、「幸福追求権」(第13条)、「投票の秘密」(第15条4項)、「通信の秘密」(第21条2項)、「住居の不可侵・令状主義」(第35条)。

(4) **平和的生存権**　平和な状態で生存することを要求する権利を指す。

> 3　憲法上の根拠条文は、「平和のうちに生存する権利」(前文)、「平和主義」(第9条)、「幸福追求権」(第13条)。前文には規定があるが、1条以下の本文と同様、裁判規範性を与える主張。

(5) **自己決定権**　生命科学・医療技術の発達に伴い、終末医療について自己の生き方や運命などを自らが決定できる権利を指す。

> 4　末期ガン患者が投薬による死を選択する安楽死の権利、延命治療を拒否して自然死を選択する尊厳死の権利、延命拒否＝尊厳死・臓器移植など、患者の自己決定権が主張されている。

---

*1　日本でも1999年に情報公開法が成立(2001施行)して、知る権利が制度化された。最高裁も報道の自由・取材の自由を国民の知る権利に奉仕する自由として解釈上、尊重に値するとしている。
*2　情報の管理義務を負う個人情報取扱事業者とは5,000人分以上の個人データを保有する者を指す。

▼ 新しい人権根拠条文 ◀「幸福追求権」(第13条) 【重要】

権利	内容	根拠条文	判例
環境権	❶より良い環境で生活する権利	第13条 第25条	・大阪空港騒音訴訟 ・名古屋新幹線訴訟
知る権利	❶妨害されずに情報を受け取る権利 ❷必要な行政情報を積極的に請求する権利 ▶情報公開請求権 ❸報道機関、公権力の情報源への接近権 ▶アクセス権	前文 第1条 第13条 第15条 第21条など	・外務省機密漏洩事件(沖縄密約事件) ・情報公開請求訴訟 ・サンケイ新聞事件
プライバシーの権利	❶私生活に濫りに干渉されない権利 ❷自己に関する情報を自らコントロールする権利(自己情報管理権)	第13条 第21条2項 第35条など	・『宴のあと』事件 ・『石に泳ぐ魚』事件
平和的生存権	❶すべての権利の大前提として平和な状態で生存することを要求する権利	前文 第9条 第13条	・長沼ナイキ基地訴訟 ・百里基地訴訟

check! 三島由紀夫の小説『宴のあと』事件(1964)で、東京地裁がプライバシーの権利を認めて損害賠償請求を認容したが、下級審の判断であった。2002年、柳美里の小説『石に泳ぐ魚』事件で最高裁が正式にプライバシーの権利を認めて、小説の発行差し止め請求を認容した。

▼ 新しい人権の法的性質は変化している 【重要】

法的性質	自由権的側面 公権力による国民生活への介入防止	➡	社会権的側面 国民の公権力に対するサービス提供請求権
知る権利	知る自由 情報を受け取る自由、情報入手を妨害されない権利	➡	アクセス権(情報源への接近権) (対公権力)情報公開請求権 (対報道)反論記事掲載請求権 ▶自分に関する報道への反論権
プライバシーの権利	私生活に濫りに干渉されない権利	➡	自己に関する情報を自らコントロールする権利(自己情報管理権)

▼ サンケイ新聞事件(最高裁判決 1987.4.24) 【発展】

争点	サンケイ新聞に掲載された自民党の意見広告が名誉毀損に当たるとして共産党が行ったサンケイ新聞社に対する反論記事の無料掲載要求は認められるか?
判決	本件のように名誉毀損が成立しない場合には、反論記事の掲載請求権を明文で定める成文法がない限り、反論記事の無料掲載を認めることはできない。

* 反論権(反論記事無料掲載請求権)については、自分についての報道内容に名誉毀損が成立する場合には、認められる可能性があることを示した判決と読むこともできる。反論権の確立に一歩近づいた判決ととらえる見解もある。

17 新しい人権(2) B

1. 人格権〜拡大する人格権

「幸福追求権」（第13条）は、あらゆる自由を含むことから**人格**権や**名誉**権、**自己実現**の権利など広汎な新しい人権を認めるものと解釈されている。具体的には**肖像**権（警察などの公権力によって濫（みだ）りに写真などを撮影されない権利）、**指紋押捺拒否**権（1993年には特別永住外国人に、99年には、16歳以上で1年以上、日本に居住するすべての定住外国人に対する指紋押捺制度が廃止）、**喫煙権と嫌煙権**、延命治療を拒否して自然死を選択する**尊厳死の権利**、末期ガン患者が**安楽死を選択する権利**などが主張されている。

☞ 安楽死については、死期が差し迫っている末期ガン患者で、もっぱら苦痛を緩和するために本人の真剣な申出がある場合、安楽死を認める法律が、2000年以降にオランダやベルギーなどで成立したが、日本では未制定。09年の臓器移植法改正では本人の意思が不明の場合、家族の同意のみで臓器の提供が可能となり、本人の自己決定権については一歩後退した。

2. 知る権利の制度化〜情報公開法（1999成立、2001施行）

国民の**知る権利**を制度化し、**行政情報の開示を請求できる制度**が作られた。行政腐敗を監視する機能を果たすことから、**行政民主化**の手段といえる。ただし、公開対象が中央省庁などの行政機関（公権力）に限られ、国が実質上経営する特殊法人に及ばない点、同法に**国民の「知る権利」が明記されず説明責任（アカウンタビリティ）にとどまった点**に問題がある。また、非公開事由として①**個人情報**、②**企業情報**、③**外交・防衛など国家機密**、④**警察捜査情報**、⑤**行政内部情報**が規定されているが、非公開決定を公開請求された行政機関自らが行うことから、恣（し）意的運用の危険性がある。

3. プライバシーの権利〜個人情報保護法（2003制定、05完全施行）

個人のプライバシーに関する情報を本人の同意なく第三者に流出させた者（公権力・公務員・個人情報取扱事業者など）に対する罰則を定めた**実質的な個人情報保護法**が、2003年成立した。法案段階では、同法がメディア規制になると批判されたため、**報道機関、学術研究機関、著述業、宗教団体、政治団体を罰則適用除外**として可決した。もともとは、**住民基本台帳法改正（住民基本台帳ネットワーク）によるプライバシー流出を防止する機能を持つ法律**として、小渕内閣が合わせて制定することを提唱していた。

[注]
*1 最近では有名人の肖像や名前など顧客吸引力を排他的に利用させる権利としてパブリシティ権が裁判で認められた例がある。
*2 最近増加している防犯カメラについては、高い防犯効果の一方で、半面、肖像権やプライバシーの

▼情報公開法（1999成立、2001施行） 〔時事〕

情報公開法: 国民・外国人（利害関係人）は行政機関に公開請求 → 非公開決定への不服申立 → 情報公開・個人情報保護審査会 または 情報公開請求訴訟（全国8ヵ所の地裁）

非公開: 個人情報、企業情報、外交・防衛など国家機密、警察捜査情報、行政内部情報など

意義: 行政民主化の前提として、国民の行政情報を「知る権利」に奉仕する。
▶「知る権利」の制度化

救済手段:
❶ 情報公開・個人情報保護審査会が審査・勧告を行う▶行政機関への拘束力なし
❷ 情報公開請求訴訟の提訴先▶全国8ヵ所の高等裁判所所在地の地方裁判所を第1審とする。裁判所が少な過ぎて利用しにくいとの批判あり。

▼プライバシーの権利侵害？ 〔時事〕

通信傍受法（1999）

公権力（警察） → 令状（第35条）／第三者の立ち会い → 電話を盗聴、電子メールを閲覧
❶組織的殺人 ❷薬物・銃器犯罪の捜査 ❸集団密航

問題点
❶第21条2項「通信の秘密」の侵害？
❷プライバシーの権利を侵害するのでは？

Check! 通信傍受法では、その立法目的として、反社会性の高い組織犯罪捜査（公共の福祉）のためにプライバシーの権利や通信の秘密も制限される。

住民基本台帳法改正（1999）
❶全国民に11ケタの番号を付ける。
❷個人の住民情報をコンピュータに入力し、全国で一元的に管理。

2002年 住民基本台帳ネットワーク第一次稼働（オンライン化）
2003年 住民基本台帳ネットワーク第二次稼働（住基カード=IC配布）

国民共通番号制度法（2013）（マイナンバー制2016開始予定）
❶全国民に12ケタの番号を付ける
❷税・社会保障情報なども一元管理

問題点
❶国民総背番号制の第一歩？
❷コンピュータ情報の流出？
❸プライバシーの権利侵害？

▶❶住基カードを提示すれば全国のどの地方公共団体窓口でも住民票を入手できて便利となった。 ❷住基カードが身分証明書となる。

Check! 福島県矢祭（やまつり）町、東京都国立市、国分寺市、杉並区、中野区などはプライバシー侵害の恐れから、当初、住基ネット接続を拒否した。ただし、2003年の個人情報保護法制定に伴って接続する地方公共団体が増加（矢祭町は拒否継続中）。なお、神奈川県横浜市は住民選択制を採用（06年全員接続）、杉並区も住民選択制を求めて国と係争したが、接続命令判決が出された。

権利（第13条・第35条）、居住・移転の自由（第22条）を侵害する恐れが指摘されている。
＊3 改正出入国管理法（2006.5制定、07.11施行）は、テロ防止を目的に公用・外交来日者と特別永住者を除く16歳以上の全外国人に対して入国時、指紋採取照合と顔写真撮影を行うことにした。

18 日本の統治機構　A
三権の相互関係

1. 政治機構～三権分立

『法の精神』(1748) の著者**モンテスキュー**の権力分立論にもとづき、**三権相互の抑制と均衡**(チェック＝アンド＝バランス)により権限濫用を防止する。

☞1 ロックは立法権・執行権・同盟権、モンテスキューは立法権・執行権・裁判権の三権分立を唱えた。

2. 議院内閣制（国会⇔内閣）

(1) **国会➡内閣**　国会は、内閣（行政府）に存立の根拠を与えるとともに、内閣の監督機能を持つ。①国会は**内閣総理大臣を指名**する（第67条）。②衆議院は、憲法上、**内閣不信任決議権**を持ち、内閣の行政失敗の責任を問える（第69条）。③参議院は、憲法規定はないが政治責任追及として首相・大臣への**問責決議**を行う。ただし、問責決議は辞任勧告に過ぎない。

(2) **内閣➡国会**　①**総辞職**：内閣は、行政権の行使について、国会に対して**連帯**責任を負っている（第66条）。不信任決議が可決された場合、内閣は**総辞職**という形で責任を負う。②**解散権**：内閣は、国会への抑制機能として、不信任決議に対抗して衆議院の**解散権**を行使できる。

☞2 衆議院解散の2つのパターン：❶**第69条解散**　衆議院が内閣不信任決議を可決したとき、内閣が対抗手段として10日以内に衆議院を解散させる（**議院内閣制本質型解散**）、❷**第7条解散**内閣が「助言と承認」により実質的に決定し、天皇の国事行為として衆議院を解散させる。衆議院の議決内容について、解散後の総選挙で民意を問うために行う**民意吸収型解散**である。

☞3 1993年に宮沢内閣は、自民党分裂の結果、非自民勢力が過半数を超えて内閣不信任決議が可決されたことに対抗し、衆議院を解散した（実質第69条解散）。

3. 司法権（裁判所⇔国会、裁判所⇔内閣）

(1) **国会・内閣➡裁判所**　**司法権の独立**（第76条）が保障されているため、国会・内閣は裁判内容に干渉することはできない。国会・内閣の裁判所に対するチェック機能は、①国会は**弾劾裁判所**[*1]を設けて、適格性を欠く裁判官の弾劾・罷免を決定できること、②内閣が**最高裁判所の裁判官の人事権を持つ**（長官は指名、その他14人の裁判官は任命。第79条）ことである。

(2) **裁判所➡国会・内閣**[*2]　裁判所は国会・内閣に対するチェック機能として**違憲（法令）審査権**を持つ（第81条）。国会が制定した**法律**のみならず、内閣や行政機関が制定した**法律・命令・規則・処分**も対象となる。

---

*1 弾劾とは、その職を退かせるという意味。
*2 司法府への民主的コントロール手段としては、最高裁判所裁判官の国民審査（第79条）と重大刑事裁判への民間人参加（裁判員制度）の2つがある。

▼日本の三権分立（チェック=アンド=バランス） 重要

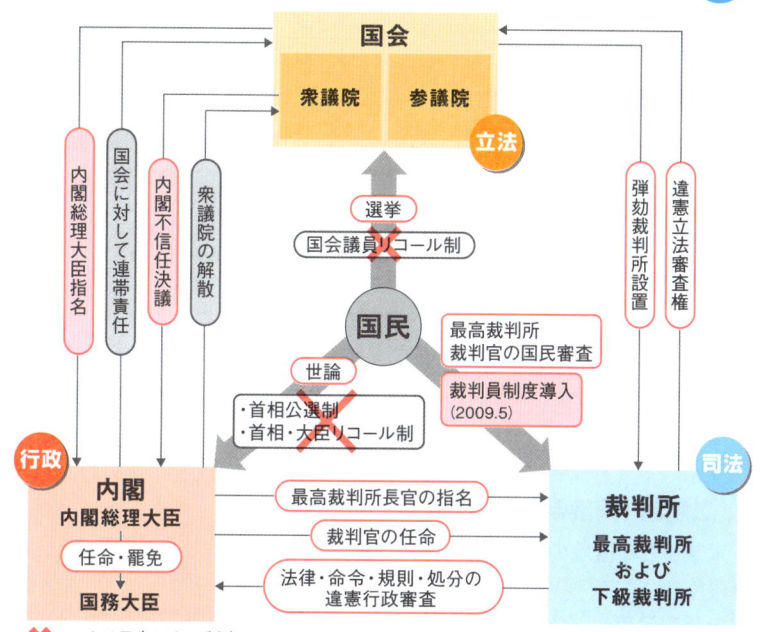

国会 — 衆議院／参議院（立法）

国会から内閣へ：
- 内閣総理大臣指名
- 国会に対して連帯責任
- 内閣不信任決議
- 衆議院の解散

国民と国会：
- 選挙
- 国会議員リコール制 ❌

国民と裁判所：
- 最高裁判所裁判官の国民審査
- 裁判員制度導入（2009.5）

国民と内閣：
- 世論 ❌
- 首相公選制 ❌
- 首相・大臣リコール制 ❌

国会から裁判所：
- 弾劾裁判所設置
- 違憲立法審査権

内閣（行政）
内閣総理大臣 → 任命・罷免 → 国務大臣

内閣から裁判所：
- 最高裁判所長官の指名
- 裁判官の任命

裁判所から内閣：
- 法律・命令・規則・処分の違憲行政審査

裁判所（司法）
最高裁判所および下級裁判所

❌マークは日本にない制度

▼衆議院解散の手続き〜2つのパターン 重要

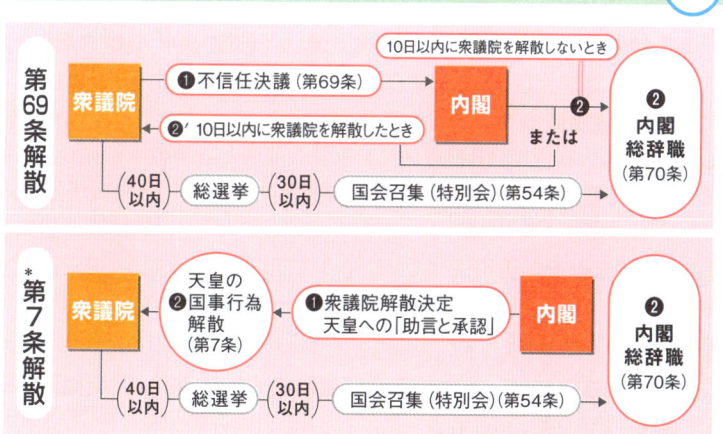

第69条解散

衆議院 — ❶不信任決議（第69条）→ 内閣
- ❷'10日以内に衆議院を解散したとき
- 10日以内に衆議院を解散しないとき → ❷内閣総辞職（第70条）
- または

衆議院 →（40日以内）総選挙 →（30日以内）国会召集（特別会）（第54条）

＊第7条解散

内閣 ❶衆議院解散決定 天皇への「助言と承認」→ 天皇の❷国事行為 解散（第7条）→ 衆議院

内閣 → ❷内閣総辞職（第70条）

衆議院 →（40日以内）総選挙 →（30日以内）国会召集（特別会）（第54条）

＊ 2005年9月の衆議院解散総選挙は、小泉内閣が郵政民営化の是非を問うために行った民意吸収型の憲法第7条解散の総選挙であった。12年12月の野田内閣下の衆議院解散総選挙も、当初は消費税率引き上げなどの是非を問うという点で憲法第7条解散という"建前"があった。

19 国会(1)
地位と組織

A

1. 国会の地位（第41条）

(1) 唯一の立法機関　①国会が立法権を持ち（**国会中心立法の原則**）、②国会の単独の議決だけで法律は成立する（**国会単独立法の原則**）という2つの意味があるが、それぞれに例外がある。

> ☞1　国会中心立法の原則の例外は、❶政令（委任立法）、❷規則（衆・参両議院、最高裁判所、人事院）、❸条例（地方議会）など。

> ☞2　国会単独立法の原則の例外は、地方特別法の住民投票、憲法改正の国民投票。

(2) 国権の最高機関　国会は全国民の代表者で構成される民主的機関であるから政治的に重要だという程度の意味（**政治的美称説**）。憲法は三権分立の原則を採用しているので、他の二権（内閣・裁判所）に優越するという意味は持たないが、権限不明事項は最高機関たる国会の権限と推定される。

2. 二院制（両院制）

衆議院と参議院の二院制を採用。二院制には、①多様な国民の意思を国会に反映できる、②審議を慎重に行い一院の暴走を抑止できる、③参議院が衆議院解散中の政治空白を埋める補完的役割を持つ、という意義がある。

> ☞3　原則として、二院の可決があったときに成案が得られるが、両院の議決が異なった場合、下院である衆議院の議決が優越する場合が多く規定されている（衆議院の優越）。

3. 衆議院の優越（衆議院が参議院に優越）の具体例

(1) 衆議院の議決価値の優越　①予算の議決（第60条）、条約の承認（第61条）、内閣総理大臣の指名（第67条）について衆・参両院の議決が異なった場合、両院協議会を開いても意見が一致しないとき、または内閣総理大臣の指名については**10日以内**に、予算の議決と条約の承認については**30日以内**に参議院が議決しないとき、衆議院の議決が国会の議決となる。②**法律案の議決**（第59条）は、参議院で否決されても、**衆議院で出席議員の3分の2以上で再可決**すると成立する。また、参議院が60日以内に議決しないとき、衆議院は参議院が否決したとみなして（みなし否決）、衆議院の再可決の手続きに乗せることができる。

(2) 衆議院のみの権能　①**内閣不信任決議権**（第69条）、②**衆議院の予算先議権**（第60条）は、衆議院にのみ与えられた権限。

＊　衆議院の優越の理由としては、衆議院の任期4年は参議院の6年より短いこととともに、衆議院には解散があることから選挙が頻繁に行われ、民意を敏感に反映していることが挙げられる。

＊　両院協議会とは、衆参両院の議決が異なった際にその意見を調整するために開かれる会議のこと。

▼国会の組織・構成〜定数・任期を押さえよ！ 【基本】

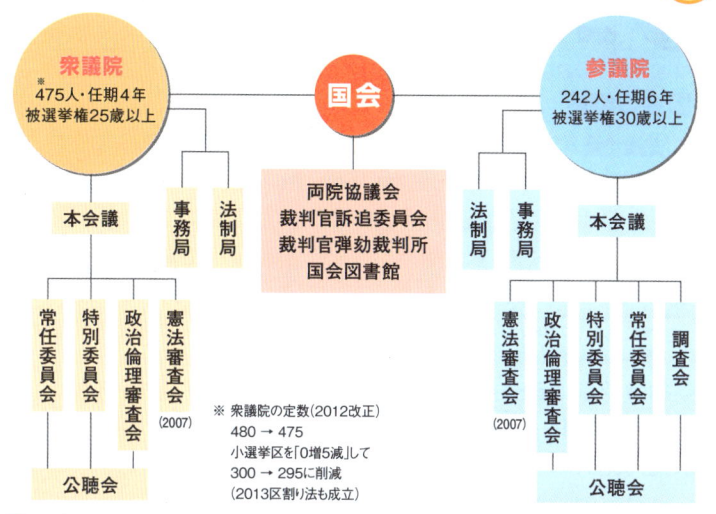

- **衆議院** 475人・任期4年 被選挙権25歳以上
- **参議院** 242人・任期6年 被選挙権30歳以上
- **国会**

両院協議会
裁判官訴追委員会
裁判官弾劾裁判所
国会図書館

衆議院側：本会議、事務局、法制局／常任委員会、特別委員会、政治倫理審査会、憲法審査会(2007)／公聴会

参議院側：法制局、事務局、本会議／憲法審査会(2007)、政治倫理審査会、特別委員会、常任委員会、調査会／公聴会

※ 衆議院の定数(2012改正)
480 → 475
小選挙区を「0増5減」して
300 → 295に削減
(2013区割り法も成立)

check!
❶公聴会では、学識経験者・利害関係人の意見を聞く。総予算・重要な歳入法案では必ず開催。
❷国会審議活性化法（1999）：首相や大臣に代わって官僚が答弁する政府委員制度が廃止され、党首討論制が導入された（週1回、40分実施。イギリスのクエスチョン＝タイムが模範）。
❸憲法調査会（2000〜05）：衆・参のもとに各々設置されたが、2005年に最終意見書を発表。第9条改正問題について(i)自衛軍の明記（2012自民党案では国防軍と明記）、(ii)戦力不保持・交戦権否認規定の削除、また(iii)新しい人権の明記、などを提言して活動を終了し、05年より衆議院憲法特別委員会に格上げされた（なお、参議院には設置なし）。07年の憲法改正の国民投票法制定を受けて、衆・参の憲法審査会に発展した。

▼衆議院の優越 【基本】

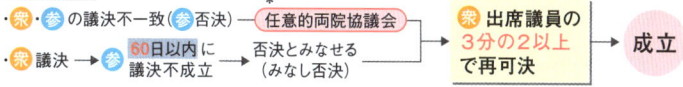

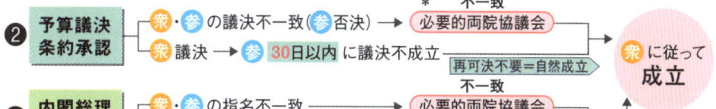

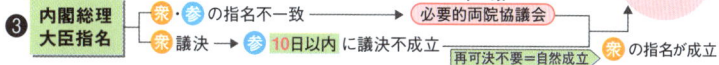

❶ **法律案**
- 衆・参の議決不一致(参否決) → 任意的両院協議会 → 否決とみなせる（みなし否決）→ 衆 出席議員の3分の2以上で再可決 → 成立
- 衆議決 → 60日以内に議決不成立

❷ **予算議決・条約承認**
- 衆・参の議決不一致(参否決) → 必要的両院協議会 → 不一致
- 衆議決 → 30日以内に議決不成立 → 再可決不要＝自然成立
- → 衆に従って成立

❸ **内閣総理大臣指名**
- 衆・参の指名不一致 → 必要的両院協議会 → 不一致
- 衆議決 → 参10日以内に議決不成立 → 再可決不要＝自然成立
- → 衆の指名が成立

❹ **その他**　・衆のみ → 内閣不信任決議権　・衆が予算先議権

衆・参各10人で構成し、その3分の2が議決要件となる。法律案否決の際は任意的（開催するか否かは自由）、他の場合は必要に応じて必ず開催される。前者を任意的両院協議会、後者を必要的両院協議会という。

20 国会(2)
権限　A

1. 国会の権限

(1) 立法権（第41条） ①**法案提出権**：**議員**（衆議院**20**人以上、参議院**10**人以上の発議、予算を伴う法案は衆議院50人以上、参議院20人以上の発議）、**内閣**は法案提出権を持つ。②**法案の実質審議**は事実上、**委員会**で行い、**委員会**の可決後、**本会議**で形式的に審議・議決されるのが原則。衆・参両院の議決が異なる場合、衆議院の再議決による優越が認められる。

☞1 学識経験者や利害関係人らで構成する公聴会を開いて、意見を聞くことができる。総予算および重要な歳入法案については必ず開催する。

(2) 条約承認権（第61条） 　**条約締結権**は**内閣**にあるが、**事前もしくは事後**に**国会**の承認を要する。事後承認は、技術的・手続的・細則的な条約に限ると解釈されている。衆議院の優越が認められている。

☞2 条約締結は以下の順に行うのが原則。❶内閣が任命した全権委員の署名・調印（明示）→❷国会の承認（成立）→❸内閣の批准（確認）→❹締約国間の批准書交換（国際法的効力発生）

(3) 財政権限 ①租税の賦課・変更は法律にもとづかなければならないとして**租税法律**主義を規定（第84条）。②**内閣**が作成した予算を**国会**が議決する（第86条）。ただし、衆議院が**予算先議**権を持ち、衆議院の議決が優越する（第60条）。③国会は**決算の承認**を行う（第90条）。決算は、**会計検査院**の検査後、内閣が検査報告とともに国会に提出し、審議を受ける。

(4) 行政監督権 ①**内閣総理大臣**の**指名**（第67条）：国会が内閣総理大臣を**指名**する。ただし、衆議院の議決が優越。②**内閣不信任決議権**（第69条）：行政に対する抑制機能で、衆議院のみが有する。③**国政調査権**（第62条）：両議院は国政に関する調査を行い、これに関して証人の出頭、証言ならびに記録の提出を要求できる。ただし、判決内容の妥当性に関する調査は司法権の独立を侵害するので認められない（浦和充子事件）。

☞3 国政調査の結果を公表することで、主権者たる国民の行政情報を知る権利に奉仕し、行政への民主的コントロールを実現する。

2. 国会の議決に関する原則

①**定足数**：総議員の**3分の1以上**の出席がなければ議事・議決は行えない。②**議決要件**：原則、**出席議員の過半数**、可否同数時は**議長**が決定する。

---

*1 会計検査院とは、国の財政処理を監視・検査し、報告する機関で、内閣からは独立している。
*2 議決要件における過半数の例外（特別多数決）：出席議員の3分の2以上（議席資格争訟で議席はく奪、院内懲罰で議員除名、秘密会決定）、各議院の総議員の3分の2以上（憲法改正発議）。

▼ 国会の権能と議院の権能を区別してチェック! 【重要】

※カッコ内は憲法の条数

国会の権能	立法権限	憲法改正発議(96)、法律制定(41・59)
	財政権限	租税の法定(84)、国費支出および債務負担の議決(85)、予算の議決(86)、予備費の設置と承認(87)、決算の承認(90)
	国務権限	内閣総理大臣の指名(67)、弾劾裁判所の設置(64)、条約承認(61)
議院の権能	両院共通	議院規則制定権(58)、議員の資格争訟の裁判権(55)、議員の懲罰権(58)、国政調査権(62)
	衆院のみ	内閣不信任決議権(69)、衆議院の予算先議権(60)
	参院のみ	衆議院解散中の参議院の緊急集会(54)

▼ 国会の種類は4つ 【基本】

通常国会	毎年1回。1月中召集。会期150日。来年度予算などの審議をする。
臨時国会	❶内閣が決定、❷いずれかの院の総議員の4分の1以上の要求で召集。❸衆院の任期満了選挙、または参院通常選挙後30日以内に召集。
特別国会	会期不定。衆院の解散総選挙後30日以内に召集。内閣総理大臣の指名。
参議院の緊急集会	会期不定。衆院の解散中に緊急の必要があるとき召集。ただし、次の国会で10日以内に衆院の同意がなければ、議決は無効。

check! 国会審議の2つの原則:❶1度議決した案件は同一会期中は再審議しない(一事不再議)こと。❷会期中に議決に至らなかった案件は、原則として後会(次の国会)に継続しない(会期不継続)こと。

▼ 国会議員の特権 【盲点】

- **歳費特権(49)** → ❶歳費(給料)の保障 ← 職業政治家を認める
- **不逮捕特権(50)**[*1] → ❶会期中は原則として逮捕されない ← ❷議院の要求があれば釈放される ← 議員活動妨害を防ぐ
- **免責特権(51)**[*2] → ❶会期中は院内での発言・表決などについて、院外で法律責任を問われない ← 十分な討論を保障

check! 議席を失う場合:❶任期が満期となったとき(45・46)、❷衆議院の解散(衆議院議員のみ)(45)、❸資格争訟裁判により議席を失ったとき(55)、❹院内懲罰で除名決議(58)

*1 国会議員は会期中は逮捕されないが、法律上会期中といえども、現行犯または議院許諾がある場合に限り、会期終了後に逮捕される。
*2 院内の発言や表決は院外で刑事責任と民事責任を問われないが、院内懲罰の対象になる。

21 内閣

1. 内閣の地位

内閣総理大臣を**内閣の首長**とし、内閣は一体性を持って行政を執行し（第65条）、国会に対して連帯責任を負う。

☞1 内閣の意思決定は閣議で行うが、閣議は全会一致制、非公開である。

2. 内閣の組織

①**内閣総理大臣**：国会議員の中から**国会**が指名し、**天皇**が任命する（第6条）。②**国務大臣**：14人以内（最大17人）。**内閣総理大臣**が任免（任命・罷免）し、**天皇**が認証する。過半数は国会議員の中から選ぶ（第68条）。政府の軍国主義化防止のため、内閣総理大臣と国務大臣は**文民**[*1]（非軍人）でなければならない（**文民統制**（シビリアン＝コントロール）第66条2項）。

3. 内閣の権限

(1) **一般行政事務**（第73条）　①**法律**の**執行**および**国務**の**総理**（法律拒否権なし）、②**外交関係**の**処理**、③**条約**の**締結**、④**官吏**に関する事務の**掌理**、⑤**予算**の**作成**および提出、⑥**政令**の**制定**、⑦**恩赦**の**決定**を行う。

(2) **特別の事務**　①**天皇に関する事務**（国事行為への「助言と承認」：第3条）、②**国会に関する権限**（臨時会召集決定、**参議院緊急集会要求**、**衆議院解散**決定、国会への議案提出：第53条・第54条）、③**裁判所に関する権限**（最高裁長官の指名、長官以外の最高裁裁判官の任命：第79条、下級裁判所裁判官の任命：第80条）、④**財政に関する権限**（予備費支出、決算の国会提出、国会・国民に財政状況報告：第87条・第90条）を行う。

4. 内閣総理大臣の権限[*2]

①**国務大臣**の**任免**、②**行政各部**の**指揮監督**、③内閣を代表して議案を国会提出、④一般国務・外交関係の国会報告、⑤国務大臣の訴追同意、⑥法律・政令に署名または連署、⑦議会に出席する権利と義務がある。

☞2 国務大臣は原則として主務官庁を統括する主任大臣を指す。また、主務官庁を持たない特命担当大臣（無任所大臣）も設置し、2013年末現在の第二次安倍内閣を構成する大臣（閣僚）は内閣総理大臣を含めて計19名である。国務大臣は、❶法律・政令に署名、❷議会出席権、出席義務、❸閣議要求出席などの権限を持つ。

*1　文民とは、現在職業軍人でなく（自衛隊に未加入）、かつ強い軍国主義的思想を持たない人のこと。
*2　内閣総理大臣は閣議発議提案権を持つが、従来は事務次官会議に諮らなければならなかった。事務次官会議は、「政治主導」を掲げた民主党政権が廃止するも、2011年の東日本大震災後の復

▼ 中央省庁等改革関連法（2001年時点とその後） 時事

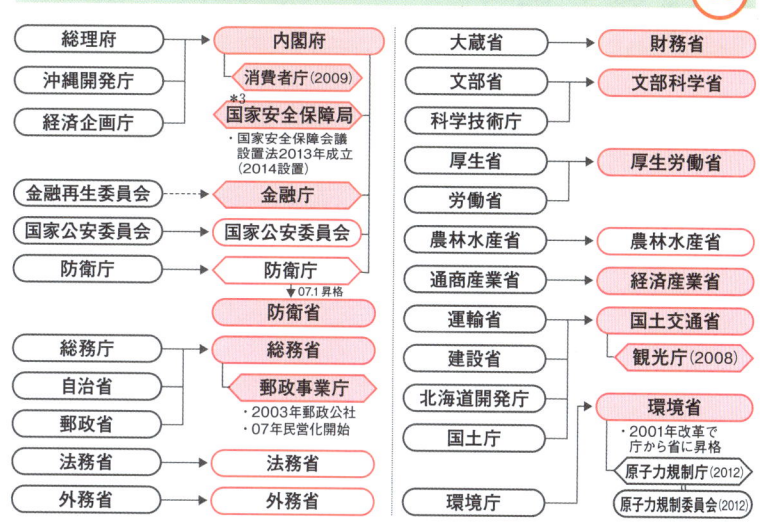

- 総理府 → 内閣府
  - 消費者庁(2009)
  - ※3 国家安全保障局
    ・国家安全保障会議設置法2013年成立（2014設置）
- 沖縄開発庁 → 内閣府
- 経済企画庁 → 内閣府

- 金融再生委員会 ┄→ 金融庁
- 国家公安委員会 → 国家公安委員会
- 防衛庁 → 防衛庁 ↓07.1昇格 防衛省

- 総務庁 → 総務省
- 自治省 → 総務省
- 郵政省 → 郵政事業庁
  ・2003年郵政公社
  ・07年民営化開始
- 法務省 → 法務省
- 外務省 → 外務省

- 大蔵省 → 財務省
- 文部省 → 文部科学省
- 科学技術庁 → 文部科学省
- 厚生省 → 厚生労働省
- 労働省 → 厚生労働省
- 農林水産省 → 農林水産省
- 通商産業省 → 経済産業省
- 運輸省 → 国土交通省
- 建設省 → 国土交通省
  - 観光庁(2008)
- 北海道開発庁 → 国土交通省
- 国土庁 → 国土交通省
- 環境庁 → 環境省
  ・2001年改革で庁から省に昇格
  - 原子力規制庁(2012)
  - 原子力規制委員会(2012)

Check! 1府21省庁（改革時は1府22省庁）→1府12省庁にスリム化：❶行政コスト削減により**財政再建の実現**を図る ❷**総理府→内閣府**（内閣機能強化）❸**首相に閣議提案権・発案権**を明記 → 事務次官会議（官僚のトップ会議）への諮問不要 ❹国務大臣20人以内 → 原則**14人**以内（特命担当大臣3人を加えて最大**17人** ※法制定当時。復興庁設置中（2011〜21）は大臣15人、最大18人）❺**副大臣制・大臣政務官制**を導入 ❻**独立行政法人（エージェンシー）**を新設し、公務の委託を認める ❼原子力の安全性審査は、経済産業省下の資源エネルギー庁内にある原子力安全・保安院が担っていたが、原発を維持・推進する官庁と安全性の審査機関が同一省内にあることから、安全・保安院を廃止し、環境省の外局に**原子力規制委員会**を設置（2012）。

▼ 内閣が総辞職するケース（3つ） 重要

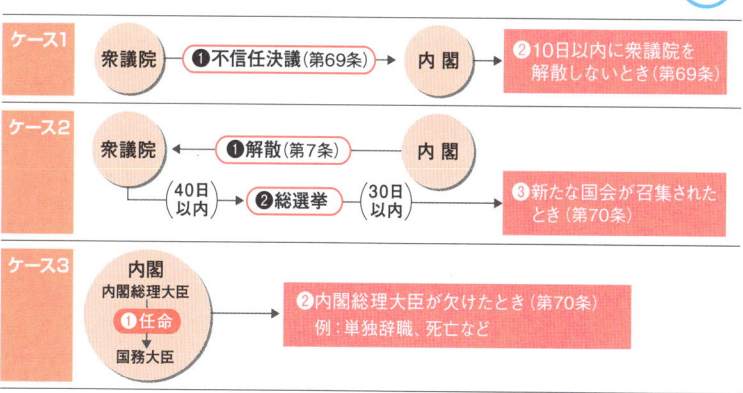

ケース1
衆議院 →❶不信任決議（第69条）→ 内閣 →❷10日以内に衆議院を解散しないとき（第69条）

ケース2
衆議院 ←❶解散（第7条）← 内閣
（40日以内）→❷総選挙（30日以内）→❸新たな国会が召集されたとき（第70条）

ケース3
内閣 内閣総理大臣 ❶任命→ 国務大臣
❷内閣総理大臣が欠けたとき（第70条）
例：単独辞職、死亡など

興策策定に際して官僚たちのアイディアが必要となり、事実上復活を遂げた。
*3 2013年11月、外交・安全保障の司令塔となる日本版NSCを設置する国家安全保障会議設置法が成立し、翌14年1月に国家安全保障局が設置された。

22 裁判所(1)
地位と構成　B

1. 裁判所の地位（第76条）～司法権の独立

(1) **司法権の帰属**　①すべて司法権は、**最高裁判所**および**下級裁判所**に属する。②不当な秘密裁判を防ぐため、明治憲法下の**特別裁判所**（**行政裁判所・皇室裁判所・軍法会議**など）は廃止された。③独立行政委員会（公正取引委員会・労働委員会・海難審判庁など）は前審（第一審）としての裁判作用を持つ（**準司法権限**）。ただし、その決定に不服があれば、必ず裁判所に訴えることができるとして、**行政機関による終審裁判を禁止している。**

☞1　下級裁判所の1つである簡易裁判所は、❶訴額140万円以下の民事事件、❷罰金刑以下の刑事事件などの軽微な事件を扱う。

(2) **司法権の独立**　裁判の公正を守るため、①裁判所外部（他の国家機関）からの裁判干渉を排除する**対外的独立性**、②裁判所内部（上級裁判所→下級裁判所、裁判官→裁判官など）における裁判干渉を排除する**対内的独立性**が保障されている。

☞2　対外的独立性の侵害が問題となったのが**大津事件**（1891）である。ロシア皇太子殺人未遂犯を死刑にせよとの圧力が政府から加わったが、大審院長児島惟謙の働きで、無期徒刑の判決が下され、司法権の独立が守られた。

(3) **裁判官の職務の独立性**　「すべて裁判官は、その**良心**に従ひ**独立**して職権を行ひ、この**憲法及び法律**にのみ拘束される」（憲法第76条3項）

(4) **裁判官の身分保障**　①行政機関による裁判官の**懲戒処分の禁止**、②意に反する転官・転所・職務停止の禁止、③裁判官の報酬減額禁止など、行政府による裁判干渉をできる限り排除。また、**裁判官が罷免されるケース**もP.81に示した3つに限定される。

2. 裁判所の構成～最高裁判所、下級裁判所

(1) **最高裁判所**　①長官は**内閣**が**指名**し天皇が**任命**する。②その他の裁判官（**14人**）は内閣が**任命**し天皇が**認証**する。司法権の最高機関として、終審裁判権、裁判所規則制定権、司法行政監督権、下級裁判所裁判官の指名権などの権限を持つ。

(2) **下級裁判所**　下級裁判所裁判官は、**最高裁判所**の指名した者の名簿により内閣が**任命**する。任期は**10年**で、再任できる。

＊裁判には民事裁判・刑事裁判・行政処分などの不服申立を行う行政裁判がある。民事裁判では、私人と私人の間に生じたトラブルを扱う。原告・被告は、訴訟代理人として弁護士を雇うことができるが、本人訴訟も認められる。刑事裁判では、原告人は国（代理人＝検察官）が被告人（必ず弁護人を要し

▼ 裁判官が罷免される3つのケース 〈基本〉

裁判所による罷免	執務不能の分限裁判	心身故障のための職務不能
国会による罷免	公の弾劾 （弾劾裁判で罷免）	罷免事由 ❶著しい職務義務違反 ❷著しい職務懈怠 ❸裁判官としての威信を失う著しい非行
国民による罷免	最高裁判所裁判官への国民審査	❶任命後、初の衆議院総選挙の際 ❷❶の10年経過後、初の衆議院総選挙の際

check! 国民審査では、罷免したい裁判官の名前の所に×を付ける。×が有効投票の過半数を超えると罷免となる。ただし、信任の場合に〇を付けるわけではないので、棄権票（白紙票）は信任として集計される。

▼ 裁判所の種類〜三審制 〈発展〉

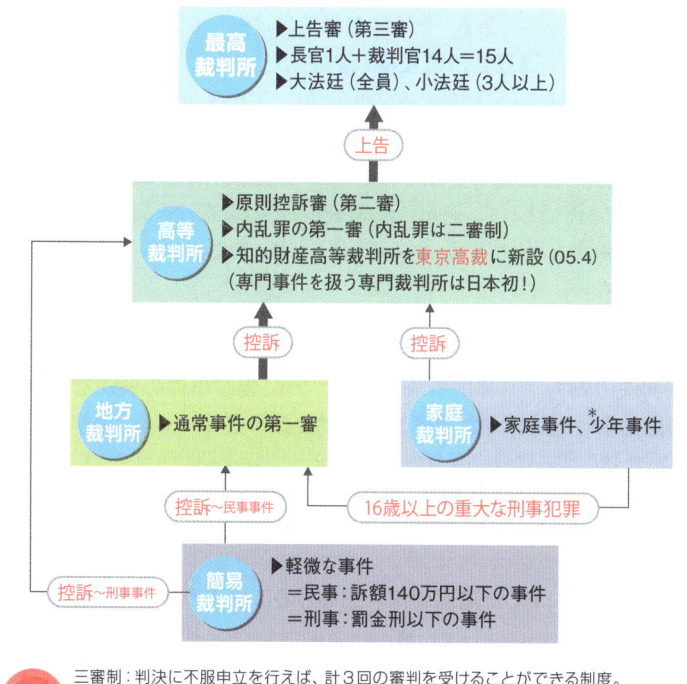

最高裁判所
- ▶上告審（第三審）
- ▶長官1人＋裁判官14人＝15人
- ▶大法廷（全員）、小法廷（3人以上）

↑ 上告

高等裁判所
- ▶原則控訴審（第二審）
- ▶内乱罪の第一審（内乱罪は二審制）
- ▶知的財産高等裁判所を東京高裁に新設(05.4)
（専門事件を扱う専門裁判所は日本初！）

↑ 控訴　　↑ 控訴

地方裁判所 ▶通常事件の第一審　　**家庭裁判所** ▶家庭事件、*少年事件

↑ 控訴〜民事事件　　↑ 16歳以上の重大な刑事犯罪

↑ 控訴〜刑事事件　**簡易裁判所**
- ▶軽微な事件
  ＝民事：訴額140万円以下の事件
  ＝刑事：罰金刑以下の事件

check! 三審制：判決に不服申立を行えば、計3回の審判を受けることができる制度。

第一審 →（控訴／不服申立）→ 第二審 →（上告／不服申立）→ 第三審

本人訴訟は認めず）を起訴し、求刑、有罪の立証活動を行う。検察官が起訴しないと被疑者は裁判にすらかけられないことになるが、その不起訴処分の正当性を審査するために各地方裁判所に検察審査会（くじで選ばれた有権者11人）を設置して、「起訴相当」などの起訴勧告を行うことができる。

23 裁判所(2)
権限

A

1. 裁判の公開（第82条）

(1) 制度趣旨 秘密裁判は不当な判決を生み出したとの歴史的反省から、**裁判の公開を定め、判決を国民の監視下**に置き、裁判の公正を実現している。

(2) 裁判の公開 裁判には、**判決**と**対審**[*1]の2つの過程がある。**判決は常に公開、対審は原則公開**となっている（第82条）。

☞1 裁判官の全員一致で、公の秩序または善良な風俗を害する虞があると決した場合、対審を非公開にできる。ただし、政治犯罪、出版に関する犯罪、日本国憲法第3章の「国民の権利」が問題となっている事件の対審は常に公開。

2. 裁判所の権限～違憲立法審査権（第81条）

(1) 定義 「**法律・命令・規則・処分**」が憲法に違反しているか否かを審査する裁判所の権限を**違憲立法審査権**（違憲（法令）審査権）という。

☞2 憲法は国の最高法規である（第98条）から、憲法に違反する法律その他の国家行為は無効。

(2) 日本の違憲立法審査制の形態 **アメリカ**を模範とし、**通常裁判所型の具体的（付随的）審査制**が採用されている。通常裁判所において、具体的紛争を解決する前提として、適用される法律などの違憲性を判断する。したがって、何の紛争も生じていない者が原告となり、ある法律の違憲性を争うことは許されない。

☞3 ドイツやフランスでは、憲法裁判所型の抽象的審査制が採用されている。国会が制定した法律を、直ちに憲法に違反しているか否かを審査することができる。

(3) 違憲判決の効力 具体的審査制のもとでは、**当該事件の解決を前提として、問題となった法律などを違憲・無効と扱うだけ**である。法律などを一般的に無効にするには、国会の法律改正・削除を待つしかない。ここに司法権の限界が存在する。

☞4 抽象的審査制を採用しているドイツやフランスでは、違憲判決が出されると、問題となった法律は、国会の法律改正・削除を待つまでもなく、直ちに一般的に無効となる。

(4) 最高裁が法律に下した違憲判決 ▶ 主なものに以下の**8**事例がある。

☞5 ❶尊属殺重罰規定違憲判決（刑法）、❷衆議院議員定数配分規定違憲判決[*2]（公職選挙法）、❸薬局開設距離制限規定違憲判決（薬事法違反事件）、❹共有林分割制限規定違憲判決（森林法事件）、❺郵便法損害賠償免責規定違憲判決（郵便法事件）、❻在外投票制限規定違憲判決（公職選挙法）、❼国籍法婚外子差別規定違憲判決、❽非嫡出子相続分差別違憲判決（民法第907条、2013.9）がある。ちなみに、愛媛靖国神社玉串料支出違憲判決と北海道砂川市公有地無償貸与違憲判決は、支出行為、無償貸与行為（行政）違憲である点が❶～❽と異なる。

*1 対審では、法廷で原告、被告が相対し、攻撃・防禦を尽くす。
*2 参議院議員定数配分規定には違憲状態判決がある（1996、2012）。

82

▼ 裁判の公開 〜判決は常に公開　　　　　　　　　　　　　　盲点

```
                裁判
               /    \
           対 審      判 決
         原則公開    常に公開
```

対審 — 原則公開
▶ 常に公開
　❶ 政治犯罪
　❷ 出版犯罪
　❸ 憲法第3章の「国民の権利」問題

▶ 例外　非公開
　裁判官が全員一致で公序良俗違反と決定した場合

判決 — 常に公開
　↑
　国民の監視が必要

▼ 違憲立法審査制の形態 〜違憲判決の効力に注目!　　　　重要

通常裁判所型 ▶具体的審査制（米・日）	審査の項目	憲法裁判所型 ▶抽象的審査制（独・仏）
最高裁判所 下級裁判所	審査の主体	憲法裁判所
（具体的紛争解決の前提）	審査の前提・きっかけ	（法律制定時〜具体的紛争なし）
法律（対立法） **命令・規則・処分**（対行政）	審査の対象	**法律など**
当該事件に限って法律などを 違憲・無効と扱う （個別的効力）	違憲判決の効力	法律などは直ちに一般的に 違憲・無効となる （一般的効力）

24 裁判所(3)
最近の司法制度改革

A

1. 少年法改正（2000改正、01施行）

少年（未成年者）犯罪の凶悪化に伴って、従来の社会復帰重視の**減刑主義**から**厳罰**化の方向で改正が行われた。改正前は、少年犯罪は少年保護審判として、すべて**家庭裁判所**で処遇が決定された。**家庭裁判所は検察官の出廷を認めず、被害者や遺族の傍聴も禁止（非公開）**していたため、結果的に軽い刑罰になるとの批判があった。そこで、以下の改正が実施された。①**刑事責任年齢を「16歳以上」から「14歳以上」に引き下げ**、②**16歳以上の未成年者が故意で被害者を死亡させた場合、検察官から送致された被疑者を家庭裁判所は再び検察官に送致（逆送致）するのを原則**とし、以後、検察官は成年者と同じく、地方裁判所に起訴するものとした。③**家庭裁判所における少年審判でも、凶悪事件などでは検察官**や遺族の**立ち会いを認める**。

☞ 地方裁判所は保護ではなく、裁く裁判所であって、**検察官が出廷し、遺族の傍聴を認める公開裁判**となるので、厳罰に処せられる可能性が高い。

2. 裁判員制度の導入（2004裁判員法制定、09実施）

日本では、従来職業裁判官のみが判決を下すという閉ざされた裁判が行われてきたため、社会常識や被害者感情を無視した軽い量刑が続発した。そこで、**民間人（有権者の中からくじで選ばれた人）が重大な刑事裁判に参加し、職業裁判官とともに有罪・無罪の事実認定と量刑（科刑）を行う参審**制型の**裁判員制度**の導入が決定し（民間人**6**人、職業裁判官**3**人）、2009年5月にスタートした（**裁判員法**）。事実認定で有罪にするためには、**必ず職業裁判官1人を含む過半数の賛成**が必要。量刑の決定は、量刑の重い順に賛成者をカウントし、**職業裁判官1人を含む過半数の者が賛成した時点**で決定する。裁判員は担当した裁判内容について守秘義務を生涯負うことになる。

☞ アメリカ・イギリスの**陪審制**は、有罪・無罪の事実認定を民間人のみで行い、量刑を職業裁判官が行う。フランス・ドイツの**参審制**は、事実認定と量刑の両方に民間人（一般人＋専門家）を関与させ、職業裁判官と協力して行わせるもの。日本では、後者に近い制度を導入した（専門家を認めず、一般人のみで構成）。

＊ その他の司法制度改革：❶刑事訴訟法改正（2004）：従来、被疑者へは弁護士会の当番弁護士制度で相談に応じてきたが、被疑者への国選弁護人制度を06、09年の2段階で導入。❷裁判迅速化法（2003）：第一審の終結を2年以内とする体制整備を規定し、刑事訴訟では公判前整理手続を行う。

▼ 少年法(2000改正)による未成年犯罪者の処遇の流れ 〔発展〕

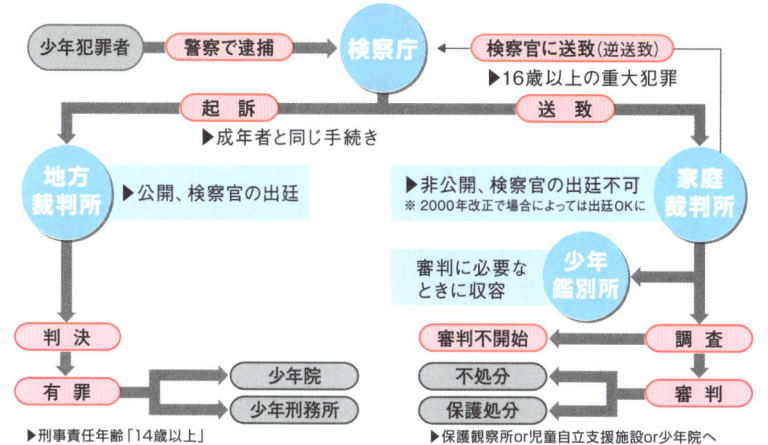

少年犯罪者 →【警察で逮捕】→ 検察庁 ←【検察官に送致(逆送致)】
▶16歳以上の重大犯罪

検察庁 →【起訴】→ 地方裁判所 ▶公開、検察官の出廷
検察庁 →【送致】→ 家庭裁判所 ▶非公開、検察官の出廷不可
※ 2000年改正で場合によっては出廷OKに

少年鑑別所：審判に必要なときに収容

地方裁判所 → 判決 → 有罪 → 少年院／少年刑務所

家庭裁判所 → 調査 → 審判不開始／審判 → 不処分／保護処分

▶刑事責任年齢「14歳以上」
→【2007改正】「おおむね12歳以上(小学生も)少年院送致可」
▶保護観察所or児童自立支援施設or少年院へ

▼ 世界の刑事裁判のパターン 〔発展〕

	事実認定(有罪・無罪決定)	量刑	特徴
従来の日本	職業裁判官のみ		専門知識にもとづく公平な裁判
陪審制(米・英)	民間人のみ	職業裁判官のみ	有罪・無罪の決定に民意を反映
参審制(仏・独)	民間人+職業裁判官		量刑にも民意を反映

check! 日本の裁判員制度は、有罪か無罪かの犯罪事実の認定のみならず、量刑に国民感情を反映させる参審制を基本とする。裁判員はくじで選ばれた民間人で構成され、専門家を含まない点が参審制と異なる。

▼ 法曹一元論〜検察官・弁護士から裁判官に登用OK! 〔発展〕

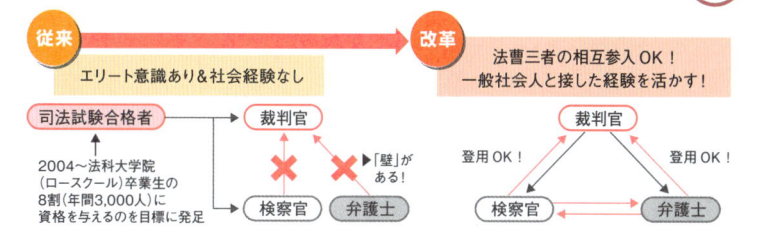

従来：エリート意識あり＆社会経験なし
司法試験合格者 → 裁判官
裁判官 ✕ 検察官 ✕ 弁護士 ▶「壁」がある!

2004〜法科大学院(ロースクール)卒業生の8割(年間3,000人)に資格を与えるのを目標に発足

改革：法曹三者の相互参入OK! 一般社会人と接した経験を活かす!
裁判官 ←登用OK!→ 検察官・弁護士

❸犯罪被害者等基本法(2004)：被害者からの相談や「お礼参り」などからの身辺の安全を確保。
❹総合法律支援法(2004)：日本司法支援センター(通称「法テラス」)発足(2006)、法律相談窓口や裁判費用の立て替え(民事法律扶助)など。 ❺刑事裁判での被害者参加制度導入(2008)。

25 地方自治(1) B

1. 地方自治の本旨（団体自治・住民自治）

(1) 地方自治の意義 憲法では、独立した章（第8章）を設け、①中央政府に対する**地方分権**、②民主主義を徹底した。

☞1 ブライス〔英・1838～1922〕は、「地方自治は民主主義の学校である」として、地方自治を民主主義実践の場としている。トックビル〔仏・1805～59〕も「地方自治の自由に対する関係は、小学校の学問に対する関係と同じである」と述べて、地方自治を自由主義実践の場としている。

(2) 地方自治の本旨（第92条） ①**団体自治**：地方公共団体は中央政府（国）から独立した政治を行うという原則。フランスや第二次世界大戦前のドイツなど**大陸系**の国々で重視されてきた。②**住民自治**：地方公共団体の独立性（団体自治）を前提に、その政治は住民の意思によって決定されるとする原則。これは**英米系**の民主主義思想として発達した。

☞2 第二次世界大戦前の日本においては、地方政府が中央政府の官僚機構の一部として機能したので、地方自治は認められなかった。第二次世界大戦後の地方自治法上の直接請求権などは、住民自治の現れである。一方、法律の規制よりも厳しい公害規制基準を定めた上乗せ条例は、地方の特性を活かした政治を求める点で団体自治の現れである。

2. 地方公共団体（地方自治体）の種類と組織・権限

(1) 種類 ①普通地方公共団体は都道府県、市町村。②特別地方公共団体は特別区（東京23区）、財産区、地方公共団体の組合。

(2) 組織・権限 ①**地方議会**＝議決機関：一院制、任期4年、住民の直接選挙で選出される。条例制定・改廃、予算決定、長の**不信任決議**（出席議員の4分の3以上）などを行う。②**首長**（都道府県知事、市町村長）＝執行機関：任期4年、住民の直接選挙で選出される。自治事務・法定受託事務の執行、条例の執行、議案・予算の提出、地方税徴収などを行う。不信任決議に対抗して10日以内の**議会解散権**などを持つ。③**議会と長の関係**：(i)**首長公選**制が採られ、(ii)長は議会が議決した条例・予算の**拒否権**を持つ点で**大統領制**のコンセプトが導入されている。また、**議院内閣制**も導入し、(iii)議会には長の**不信任決議権**が、不信任された長には10日以内の***議会解散権**が与えられている。ただし、議会解散後、新たな議会において再び出席議員の過半数で不信任されると、首長は辞任しなければならない。

☞3 衆議院の内閣不信任決議は、出席議員の過半数で成立するが、地方議会の首長不信任決議は出席議員の4分の3以上と厳しい議決要件となっている。

* 内閣の衆議院解散は、いつでも決定できる（憲法第7条解散）が、首長の地方議会解散は、議会が首長を不信任した際の対抗手段に限られる。

▼ 明治憲法下の地方行政 〜知事は天皇が任命 【盲点】

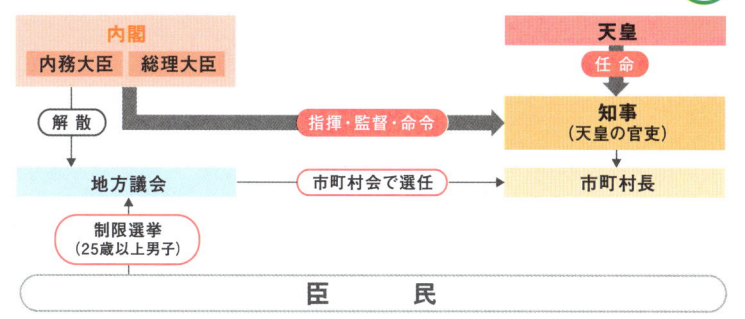

- 内閣（内務大臣・総理大臣）→ 地方議会を解散
- 内閣 → 指揮・監督・命令 → 知事（天皇の官吏）
- 天皇 → 任命 → 知事
- 地方議会 → 市町村会で選任 → 市町村長
- 地方議会：制限選挙（25歳以上男子）
- 臣民

第2章 日本国憲法

▼ 日本国憲法下の地方自治 【基本】

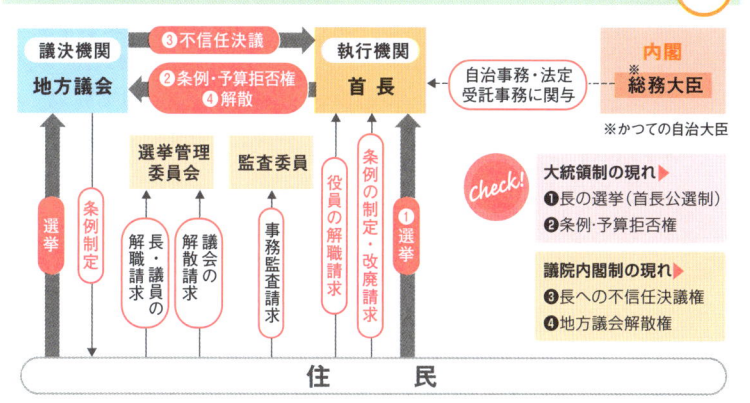

- 議決機関：地方議会
- 執行機関：首長
- ❶選挙（住民→首長）
- ❷条例・予算拒否権
- ❸不信任決議
- ❹解散
- 内閣（総務大臣※）…自治事務・法定受託事務に関与
- ※かつての自治大臣
- 選挙管理委員会：長・議員の解職請求／議会の解散請求
- 監査委員：事務監査請求
- 役員の解職請求
- 条例の制定・改廃請求
- 住民 → 選挙／条例制定

check! 大統領制の現れ ▶
❶長の選挙（首長公選制）
❷条例・予算拒否権

議院内閣制の現れ ▶
❸長への不信任決議権
❹地方議会解散権

▼ 地方自治法上の直接請求権 【重要】

分類	請求の種類	必要署名数	請求先	処理手続き
イニシアチブ	条例の制定改廃	有権者の**50分の1以上**	長	議会の過半数で議決
	監査請求		監査委員	監査結果を報告
リコール	議会解散	*有権者の**3分の1以上**	選挙管理委員会	住民投票の過半数の同意で解散
	議員・長解職		選挙管理委員会	住民投票の過半数の同意で解職
	役員解職		長	議会で4分の3以上の同意で解職（定足数は総議員の3分の2以上の出席）

＊ 2012年法改正で、有権者総数40万人超の地方公共団体ではリコール要件が緩和された（有権者40万人超・80万人以下の地方：40万人を超える数×1/6＋40万人×1/3、有権者80万人超の地方：80万人を超える数×1/8＋40万人×1/6＋40万人×1/3）。

26 地方自治(2)　B

1. 地方の自主財源の乏しさ～三割自治

地方の自主財源である**地方税**の収入は全体の**3～4割**程度で、残りを国からの**地方交付税交付金や国庫支出金**に依存している。このため、地方自治の自主性は3割程度しかなく、中央依存化が進んでいる（**三割自治**）。

2. 地方分権の確立

地方分権推進法（1995から5年間の時限立法）と**地方分権一括法**（1999）：三割自治解消のため、①首長や行政委員会への**機関委任事務**の廃止、②国からの**補助金**原則の見直しなどが**地方分権一括法**に規定された。その方針に従って、地方の自主財源を増やすため、**地方消費税**が新設（1997.4～）された。また、**地方債発行**[*1]の際の国（当時の**自治大臣**、現在の**総務大臣**）の**許可**制を廃止して**事前協議**制とした（2006より実施）。

3. 小泉内閣の「三位一体の改革」

小泉内閣が進めた「三位一体の改革」は国の財政再建の一環。国から地方に支給されてきた①**地方交付税交付金**の削減、②**国庫補助負担金**（**補助金**）の削減、③[*2]**国から地方への税源移譲**の3点である。

4. 地方自治法改正（2000.4施行）

従来、地方公共団体の事務は、**固有**事務（地方自体の仕事）と国からの**委任**事務（**団体委任**事務と首長その他機関に委託する**機関委任**事務）であった。改正により**機関委任**事務は、**自治**事務（地方独自の仕事）と**法定受託**事務（例：国政選挙・旅券交付・戸籍事務・国道管理など）に区分され、機関委任事務の55％は自治事務に移行した。

5. 平成大合併[*3]～市町村合併特例法

3,200あった市町村を約1,700に削減した。国は合併をした市町村には、**向こう10年間は国からの地方交付税を削減しない**ことや**合併特例債**の発行を認め、**その70％を国が償還する**という特恵を与えた。合併することで、地方の人件費などのコストを削減し、長期的な国の補助負担の軽減を図った。

---

*1 地方債は地方公共団体が財源を確保するために起債する公債のこと。
*2 国から地方への税源移譲の方法＝国税の所得税減税を行い、その分地方税の住民税を増税する。
*3 近年、市町村合併など重要問題について住民投票を実施する地方公共団体が増加している。住民

▼ 地方財政の現状（2013年度） 時事

自主財源である地方税収入は3～4割程度 三割自治 **国からの委任事務（現在の法定受託事務など）増加**

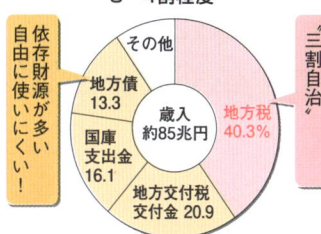

歳入 約85兆円
- 地方税 40.3%
- 地方交付税交付金 20.9
- 国庫支出金 16.1
- 地方債 13.3
- その他

依存財源が多い 自由に使いにくい！

自主財源が乏しい 伝統的には三割＝"三割自治"

地方債の償還費 借金の返済が増加傾向！

歳出 約85兆円
- 一般行政経費 38.5
- 給与関係費 23.4
- 投資的経費 14.8%
- 公債費 15.0
- その他

一般財源 地方議会で使途を決定	地方税	住民税・事業税・固定資産税など	←自主財源
	地方交付税交付金	地方の財政力格差を調整するために、国税3税（所得税、法人税、酒税）、消費税、たばこ税の一部を配分	←依存財源 国や第三者が調達
	地方譲与税	国税の自動車重量税、石油ガス税など5税の全部または一部を譲与	
特定財源 使途が特定	国庫支出金	国が使途を指定して援助する、いわゆる補助金	
	地方債	特定事業の経費にあてるための借入金	

▼ 地方公共団体の事務はどう再編されたか？ 時事

● 国と地方の関係は「上下・主従」から「対等・協力」に！

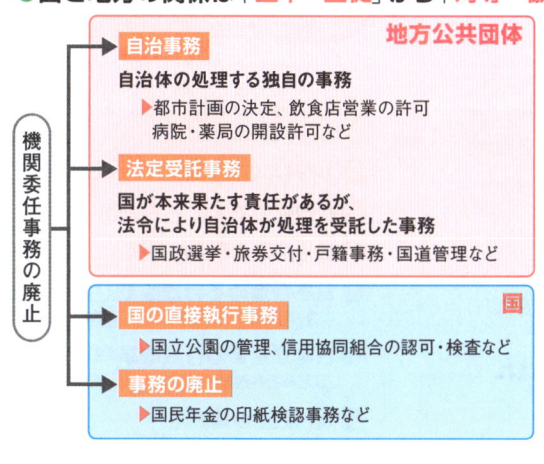

地方公共団体

機関委任事務の廃止
- **自治事務**
  自治体の処理する独自の事務
  ▶都市計画の決定、飲食店営業の許可
  　病院・薬局の開設許可　など
- **法定受託事務**
  国が本来果たす責任があるが、法令により自治体が処理を受託した事務
  ▶国政選挙・旅券交付・戸籍事務・国道管理　など
- **国の直接執行事務** 国
  ▶国立公園の管理、信用協同組合の認可・検査　など
- **事務の廃止**
  ▶国民年金の印紙検認事務　など

check!
❶かつての「公共事務」「行政事務」「団体委任事務」が、「自治事務」に統合された。
❷国と地方が事務の取り扱いで対立した場合、国地方係争処理委員会で解決を図る。

投票の資格要件は各地方公共団体の住民投票条例で自由に規定できる。秋田県岩城町は18歳から、長野県平谷村は中学生から、北海道奈井江町は小学5・6年生から、滋賀県米原町と愛知県高浜市は永住外国人に、それぞれ住民投票権を認めた。

第 3 章
現代政治の諸問題

1. 選挙原則と選挙区制
2. 選挙制度 (1) 衆議院と参議院
3. 選挙制度 (2) 公職選挙法
4. 選挙制度 (3)
5. 政党と圧力団体
6. 戦後日本の政党の流れ (1) 55年体制
7. 戦後日本の政党の流れ (2) 1993〜2009年
8. 戦後日本の政党の流れ (3) 2009年9月以降
9. 1994年の政治改革 政治資金
10. 行政権の肥大化・民主化
11. 政治腐敗の原因と対策
12. 日本が進める行政改革 (1) 中央省庁スリム化と特殊法人の改革
13. 日本が進める行政改革 (2) 2006年行政改革推進法
14. 現代政治の諸問題

覚えておきたい戦後政治の流れ

▶「55年体制」は2010年に本格的終焉を迎える！

「55年体制」の成立

1955年
① 日本社会党の右派・左派合同（1955.10）
② 保守合同＝自由党＋日本民主党 ▶ 自由民主党（自民党）結成（1955.11）
→ 国会での議席　自民党1：社会党$\frac{1}{2}$ ▶ $1\frac{1}{2}$政党制

野党の多党化

60年代
新日米安全保障条約改定をめぐる対立（1960）
→ 中道勢力の誕生（1960：民主社会党、64：公明党）

政治汚職（戦後政治のひずみ）

70年代
① ロッキード事件（1976）で田中角栄前首相逮捕 ▶ 有罪判決
② 衆議院で自民党が過半数割れ（1976.12）

与野党伯仲～「平成」の変動期へ

80年代
① リクルート事件（1988・89）▶ 竹下登内閣総辞職
② 消費税（3％）導入（1989）◀ 国民の不満!!
→ 参議院選挙で自民党過半数割れ（1989）＝戦後初の与野党逆転

「55年体制」の一時終焉と1994年の「政治改革」

90年代
① 佐川急便事件、ゼネコン汚職など ▶「政治とカネ」の問題が深刻化
② 宮澤喜一内閣の選挙制度改革関連法案をめぐり自民党分裂
→ 宮澤内閣不信任＝自民党結党以来、初の野党に
→ 細川護熙内閣成立（1993.8）＝非自民7党1会派連立政権

連立政権から「二大政党制」への流れ

～2000年代
① 村山富市内閣（1994：自社さ連立）、小渕恵三内閣（1999：自民・自由・公明連立）
② 小泉純一郎内閣成立（2001.4～06.9）▶「聖域なき構造改革」
③ 衆議院総選挙で自民党大敗（2009.8）▶ 民主党に政権交代
→ 09.9～12.12民主党内閣 ▶ 鳩山由紀夫、菅直人、野田佳彦
④ 衆議院総選挙で民主党大敗（2012.12）▶ 第二次安倍晋三内閣（自民党復活）

1 選挙原則と選挙区制　A

1. 選挙の四原則〜普通・平等・直接・秘密選挙

(1) **普通**選挙　選挙権を財産（納税額）・性別・教育などで制限せず、すべての成年者に選挙権を与える（⇔**制限**選挙）。

(2) **平等**選挙　財産・教育・身分などによって1人に複数の票を与えるなど、1票の価値に差を設けない（⇔**不平等**選挙）。

(3) **直接**選挙　選挙人が候補者に直接投票する（⇔**間接**選挙）。[☞1]

(4) **秘密**選挙　無記名投票によりプライバシーを保護（⇔**公開**選挙）。

☞1　アメリカ大統領は、国民が大統領選挙人を選び、大統領選挙人が大統領を選ぶ間接選挙。

2. 選挙区制・比例代表制の長所と短所

(1) **小選挙区制**[☞2]　1選挙区から1名選出。得票数が第1位にならないと当選できないので、支持基盤の大きい大政党（多数党）に有利である（**多数代表制**）。長所は、**政局が安定すること**。短所は、①**小政党からの当選が困難**で、②**小政党への投票は議席に結びつかず死票が増加すること**。

☞2　衆議院の300人（2013改正で295人）は小選挙区制で実施されているため、この部分では自民党や民主党などの大政党が当選しやすくなっている。2005年、09年、12年の衆議院総選挙では、05年と12年は自民党が、09年は民主党が圧勝するという地滑り現象が起こった。これも小選挙区制の特徴である。

(2) **大選挙区制**[☞3]　1選挙区から複数名選出。定数が多いと得票数が下位でも当選するチャンスが広がり、小政党からも当選しやすくなる（**少数代表制**）。長所は、①**小政党からの当選のチャンスが広がること**、②**死票が減少すること**。短所は、**小党の分立で政局不安定が生じること**。

☞3　かつての衆議院選挙区（1994廃止）では、1選挙区原則3〜5名程度当選する中選挙区制が採られていた。これは大選挙区制の一種である。

(3) **比例代表制**[☞4]　有権者は原則、政党に投票し、各政党には、得票率に応じて公平な議席配分が行われる。長所は、**公平**。短所は、①**小党分立**となり**政局不安定**、②**拘束名簿式（衆議院）**では当選順位を政党幹部が決定するので、**民意が反映されない**。

☞4　日本では、2000年改正で❶参議院の96人には拘束名簿式に代わって非拘束名簿式比例代表制が導入された。❷衆議院の180人は拘束名簿式比例代表制。比例代表では、小政党にも当選のチャンスがある。

＊　非拘束名簿式比例代表制の参議院は、政党名もしくは各党公認候補者に投票でき、両者の合計票が当該政党の得票数となり、各党に公平に議席が配分される。そして、各党内の当選順は個人得票の多い順に決定するので、当選順位に民意が反映するという長所がある。

▼ 選挙区制の長所と短所　重要

小選挙区制
1選挙区当選者＝1名

長所 ○
- ❶ 大政党有利 ▶ 政局安定
- ❷ 議員と選挙民の関係が緊密
- ❸ 選挙費用節減
- ❹ 各党の乱立候補防止

短所 ×
- ❶ 大政党に有利過ぎ
   ▶ 小政党からの当選困難
- ❷ 死票増加 ▶ 政治的無関心
- ❸ 地元の名士（地方的ボス）や有名人が第1位となり議席を独占
- ❹ ゲリマンダーの危険あり
   ▶ ゲリマンダーとは選挙区境界線を与党が自党に有利に不正設定すること

大選挙区制
1選挙区当選者＝複数名

長所 ○
- ① 小政党からも当選しやすくなる
- ② 死票減少
   ▶ 政治的関心アップ
- ③ 人物選択の幅が広い

短所 ×
- ① 小政党からも当選
   ▶ 小党分立、政局不安定
- ② 選挙費用がかかる
- ③ 候補乱立により、同一政党で同士討ちが生じやすい

▼ 選挙区制＋投票制→代表制が決まる　発展

	選挙区定数	記入人数	代表制	理由
小選挙区単記制	1名 +	1名	多数代表制（大政党有利）	大政党が第1位となり、議席を独占
大選挙区単記制	複数名 +	1名	少数代表制（小政党にもチャンス）	第1位は大政党 第2位以下は小政党にチャンス
大選挙区制限連記制	複数名 +	定数未満複数名	少数代表制（小政党にもチャンス）	記入可能人数の順位までは大政党に有利、それ以下の順位で小政党にチャンス
大選挙区完全連記制	複数名 +	定数名	多数代表制（大政党有利）	定数すべてを大政党が独占

第3章　現代政治の諸問題

2 選挙制度(1)
衆議院と参議院

A

1. 衆議院の選挙制度～衆議院総選挙

(1) **中選挙区**制　戦後一時期を除いて、1947年から94年まで、原則、1選挙区3～5人を定数とする**中選挙区**制を実施していた。

(2) **小選挙区・比例代表並立**制　1994年、細川内閣の政治改革で公職選挙法が改正され、**小選挙区・比例代表並立**制が導入された。有権者は2票を投じ、**小選挙区**制で**300人**（全国300ブロック）、**比例代表**制で**200人**➡2000年改正で比例代表が20人削減されて**180人**（全国11ブロック）に、12年改正・13年区割り決定で小選挙区を「0増5減」として**295人**となった。

☞1　大政党に有利な小選挙区制と小政党にも進出チャンスのある比例代表制を組み合わせた制度。

2. 参議院の選挙制度～参議院通常選挙

(1) **全国区と地方区**　従来、**全国区**（定員100人）は全国を1区とし、**地方区**（定員は当初150人、後に152人）は各都道府県を1区として、立候補者に投票してきた。有権者は計2票の投票を個人に対して行ってきた。

(2) **比例代表**区と**選挙**区　全国区の金権選挙防止のため、1983年から全国区に代わって**比例代表**区（**100**➡現在**96人**）が導入され、都道府県単位で実施される**地方区**は、**選挙区**（**152**➡現在**146人**）と名称変更されている。

☞2　比例代表区の議席配分はドント方式によって決定される。これは、各政党の得票数を1、2、3、……と自然数で割り、商の大きい順に定数まで各政党の獲得議席数を決める方法である。

3. 比例代表の方法

①**衆議院の一部**（180人）は**拘束名簿式比例代表**制。選挙人は政党に投票し、各政党の獲得議席数は各党の得票数に応じて**ドント方式**で決定。当選者は、あらかじめ各党が提出した名簿の順位に従って獲得議席数までの順位の者となり、名簿順位の変更は認めない。②**参議院の一部**（96人）は2000年改正で拘束名簿式を改め、**非拘束名簿式比例代表**制となった。選挙人は**政党名**または**政党公認候補者名**で投票でき、**両者の合計が各党の得票数**となり、ドント方式で獲得議席数を決定。各党の当選者は、**個人得票の多い順**に決定するので当選に**民意**が反映される。なお、衆議院では選挙区と比例区の重複立候補を認めるが、参議院では認めない。

*1　衆議院では、小選挙区と比例代表区の重複立候補が認められ、小選挙区での落選者も比例区での当選が可能となっている。重複立候補者は、比例名簿の同順位に複数名を載せることができるが、惜敗率（同一選挙区当選者の得票数に対する比率）によって順位を決定する（2000改正）。

▼衆議院と参議院の選挙制度の比較　重要

	衆議院（1994年改正後） 小選挙区／比例代表区	参議院（2000年改正後） 選挙区／比例代表区
立候補資格 (被選挙権)	25歳以上	30歳以上
選挙権	20歳以上	
定数	475人（←480人←500人）	242人（←252人）
選挙制度 ※表中( )内は 00年改正前 の定数など	**小選挙区** 295人（←300人） ▼ 1選挙区1人選出　　**比例代表区** 180人（←200人） ▼ 全国11ブロック **小選挙区・比例代表並立制**	**選挙区** 146人（←152人） ▼ 1選挙区1～4人選出　　**比例代表区** 96人（←100人） ▼ 全国1ブロック **地域代表＋比例代表**
投票方法	自書式2票制	自書式2票制
任期	4年	6年〔3年ごと半数改選〕
解散	あり	なし

Check! 衆議院比例代表に立候補できる政党要件（❶～❸のいずれか1つを満たすこと）：❶国会議員5人以上、❷直近の国政選挙得票率2％以上 ▶2％条項、❸比例名簿登載30人以上。

▼比例代表制の仕組み　基本

	衆議院＝拘束名簿式	参議院＝非拘束名簿式
❶投票方法	有権者は政党名を記入	有権者は政党名または 政党公認候補者名を記入
❷議席配分	各党の得票数に応じて ドント方式で決定	政党名＋候補者名の合計票を 政党の得票としてドント方式で決定
❸当選者	各党が前もって提出した 名簿順位に従って決定	個人得票の多い順に各党が決定 （民意が反映）

▼比例代表制の議席配分～ドント方式の計算方法　発展

政党 得票数（万票）	A党 1,000	B党 800	C党 500	D党 300
÷1	❶1,000	❷800	❹500	300
÷2	❸500	❺400	250	150
÷3	❻333	267	167	100
÷4	250	200	125	75
⋮	⋮	⋮	⋮	⋮

定数6人の場合
❶各政党の得票数を自然数（1、2、3、……）で割り、商を出す。
❷商の大きい順に定数（6人）まで選ぶ。
❸ **当選** ▶A党3人、B党2人、C党1人、D党0人の当選者となる。

比例区選出議員は既存政党への移動は禁止されている。ただし、新政党への移動は認められている。
*2 参議院が導入している非拘束名簿式の場合、個人得票が多い全国的有名人や組織票を動員できる組織代表者が当選しやすいという欠点がある。

3 選挙制度(2)
公職選挙法 A

1. 公職選挙法（1950制定）の内容

(1) **選挙運動規制** 選挙の公正を守るための種々の規制のこと。

① **事前運動**（衆議院 **12日間**、参議院 **17日間**の選挙運動期間以前の選挙運動）**の禁止**・**選挙当日の選挙活動の禁止**：選挙運動期間は金権選挙を防止する趣旨から、次第に短縮されてきた。

② **戸別訪問の禁止**：候補者が各家庭を回ることは禁止。欧米では表現の自由として認められている。最高裁も買収・利益誘導の防止、住居の平穏維持の観点より禁止を合憲とする。

③ **署名運動の禁止**：特定候補者支持の署名運動は禁止される。

④ **その他**：連呼行為・街頭演説の場所（車上に限るなど）・時間制限（8a.m.～8p.m.）、ビラやポスターの枚数制限、政治家が選挙区内で行う冠婚葬祭への寄附行為制限（自分が出席しない場合）などの規制がある。

(2) **連座制** 候補者の**親族**、選挙運動の**総括主宰者**、**出納責任者**、**組織的選挙運動管理者**（後援会幹部）、意思を通じた**秘書**が選挙違反で有罪となった場合、**候補者本人の当選も無効**とする。

> 連座制の罰則は1994年改正で強化され、刑事罰の他に実刑期間＋5年間は選挙権と被選挙権（立候補の権利）が剥奪される（**公民**権停止）。

(3) **選挙公営化** 国・地方公共団体は、最低限の選挙運動の機会を保障するために、立候補者の**供託金**を原資に、候補者の選挙運動の便宜を図っている。具体的には、**選挙公報の発行**や**政見放送**、**個人演説会への施設提供**などである。公営立会演説会は1983年に廃止された。

2. 最近の公職選挙法改正

(1) 1997年改正：投票率アップのため、(i) **投票時間延長**（7a.m.～6p.m.➡8p.m.）、(ii) **不在者投票**（選挙日以前に市役所などで投票できる制度）**の条件の緩和**（レジャー目的なども可）➡03年改正で**期日前投票**に名称変更。(2) 98年改正（2000施行）：**外国在住の日本人の投票を認めた**（衆・参の比例代表のみ）。(3) 2013年改正：同年7月の参議院選挙よりインターネットによる選挙運動を解禁。

---

*1 供託金とは、立候補の際、国・地方公共団体に預けなければならない金銭のこと。法定得票数に達しないと没収される。

▼ 政治腐敗防止へ罰則強化（1994改正） 〈時事〉

	連座制	収賄罪	政治資金規正法違反
改正前	対象：候補者の親族、総括・出納責任者	公民権停止（実刑期間のみ）	公民権停止（実刑期間のみ）
改正後	対象：❶意思を通じた秘書 ❷組織的選挙運動管理者も追加	公民権停止（実刑期間＋5年間）	禁固刑 公民権停止（実刑期間＋5年間）／罰金刑 公民権停止（5年間）

▼ 投票時間延長で投票率の低下に歯止め 〈発展〉

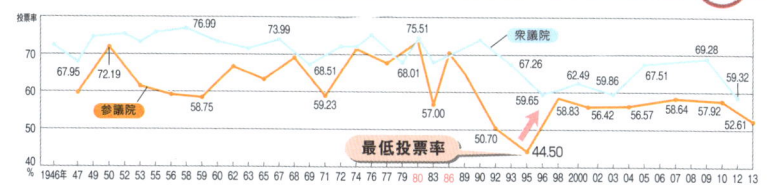

（投票率グラフ：1946年～2013年）
衆議院：67.95 / 76.99 / 73.99 / 75.51 / 68.51 / 68.01 / 67.26 / 62.49 / 59.86 / 67.51 / 69.28 / 59.32
参議院：72.19 / 58.75 / 59.23 / 57.00 / 50.70 / 44.50（最低投票率）/ 59.65 / 58.83 / 56.42 / 56.57 / 58.64 / 57.92 / 52.61

▶衆議院総選挙：1996年以降は小選挙区　▶参議院通常選挙：1980年までは全国区、83年以降は比例区
▶1980年、86年：衆参同日選挙

❶1995年、参議院の投票率が44.50%と史上最低となる▶半数以上が棄権
❷1996年、衆議院の投票率も当時、衆議院史上最低の59.65%

→ **1997年 投票率アップ改正** →

❸1998年、参議院の投票率は58.83%に上昇したが、結局50%台で推移
❹1996年以降、衆議院の投票率は約60%で推移したが、2005年の衆議院総選挙は郵政民営化の是非が問われたため67.51%に上昇、09年の政権交代選挙では69.28%に上昇

▶2012年の衆議院総選挙：民主党政権への不信感から投票率は衆議院総選挙史上最低の59.32%に急落

▼ 最近の公職選挙法改正 〈時事〉

1997年改正
- 投票時間延長（午前7時～午後8時）
- 不在者投票の要件緩和（レジャー目的などもOK）
- ▶04年改正：投票期間を延長、「期日前投票」に改称

1998年改正（2000施行）
- 外国在住の日本人の投票を認める
  - ▶衆・参比例代表区のみに導入
  - ▶現地の日本大使館・領事館で投票

未定
- 定住外国人の地方選挙権を認めるべきか
- 2010年、永住外国人の地方選挙権付与案を審議したが、未成立

2001年改正
- 地方選挙への電子投票制導入（タッチパネル方式）
- ▶02年岡山県新見市の市長・市議選で初実施

2006年改正
- ▶在外投票制限規定（衆・参の選挙区選挙権を在外日本人に認めていない立法不作為）に対して、2005年に最高裁は違憲判決を下した。
- ▶06年改正で在外投票が選挙区にも拡大

＊2　不在者投票は2003年改正で期日前投票と名称変更され、事前投票期間が公示日の翌日から選挙期日の前日までと選挙運動期間中すべてに拡大された。09年の衆議院総選挙では有権者の10％超、13年の参議院選挙（選挙区）では12％超が期日前投票を行い、投票率を下支えしている。

第3章　現代政治の諸問題

4 選挙制度(3)　　B

1. 衆議院～小選挙区と比例代表区の重複立候補を認める

衆議院の場合、重複立候補者は小選挙区で落選しても比例区で**復活当選**することができる。小選挙区は激戦であることから、落選を恐れたベテラン議員に復活の道を開いた。この場合、比例区の拘束名簿の同順位に重複立候補者複数名を載せることもできるから、順位は**惜敗**率の高い順となる。小選挙区で健闘した者に当選のチャンスを与える趣旨である。

2. 公職選挙法（1950制定）

選挙区制度、定数配分、選挙運営、選挙運動の規制などは、すべて公職選挙法に規定されている。選挙の公正を図るのが目的である。

(1) **選挙事務の管理**　選挙管理委員会が選挙事務を管理している。①**中央選挙管理会**（衆・参議院比例区の選挙、最高裁の裁判官国民審査）、②**都道府県選挙管理委員会**（衆議院小選挙区、参議院選挙区、都道府県知事と都道府県議会議員の選挙）、③**市町村選挙管理委員会**（市町村長と市町村議会議員の選挙）。

☞1　選挙人資格は、市町村選挙管理委員会で作成、保管される永久選挙人名簿で確認される。

(2) **投票方法**　本人が出頭し、自書する（**本人出頭制**、**投票自書制**）。例外的に、代理投票（身体不自由などのために自書できない場合）、点字投票（視覚障害の場合）が認められる。身体障害者の**郵便投票**制が復活した。

☞2　かつて郵便投票制は、投票権が譲渡されるなどの弊害があることから廃止されたが、身体障害者の投票権を奪うことは妥当でないとする判例を受けて、現在、復活している。また、特別養護老人ホームなどの施設で投票できる制度も導入されているが、これらを含めて「不在者投票」と呼ぶこととなった。

3. 各国の選挙制度

①イギリスの庶民院（下院）は、1区1人の小選挙区制。②アメリカの元老院（上院）は各州2人選出の小選挙区制、代議院（下院）も各州人口比例の小選挙区制。いずれも大政党有利であるため、イギリス、アメリカは二大政党制となっている。

☞3　世界の多くの国は選挙権を18歳から与えているが、日本は20歳からとなっている。2009年9月に誕生した民主党政権は、選挙権年齢を18歳に引き下げることを提案したが、実現しなかった。

＊2010年5月の下院選で13年ぶりに政権交代が起こり、保守党のキャメロンが首相に就任したが、従来の二大政党である保守党と労働党がいずれも過半数の議席を獲得できない「ハングパーラメント」（宙ぶらりんの議会）という状況の中で、下院選で躍進した自由民主党との連立政権が成立した。

▼衆議院「重複立候補の惜敗率による敗者復活」 盲点

問 ある政党の比例区の獲得議席数は2であった。比例区での当選者は誰か？

比例名簿順位	第1位：A氏 第2位：B氏、C氏、D氏 第5位：E氏	
重複立候補者の 小選挙区での結果	○○区 B氏 当選 □□区 C氏落選　惜敗率80% △△区 D氏落選　惜敗率90%	（注）惜敗率とは、当該選挙区当選者の得票に対する立候補者の得票の割合（％） ▶落選者の健闘度合いを示す。

答 A氏とD氏が当選

check! 当選枠が2人であるから、比例名簿で第1位のA氏が当選。残り1議席は、比例名簿で第2位のB～D氏から選ばれるが、B氏は小選挙区で当選したので名簿から削除される。C氏とD氏では惜敗率（健闘度）の高い順に順位をつけるので、D氏が第2位、C氏が第3位となる。よって、D氏が当選する。

▼日本の選挙権拡大の歴史～衆議院 盲点

	有権者資格		有権者比 （対人口）
	納税額	性別・年齢	
1889	制限選挙　▶直接国税15円以上	25歳以上男子	1.13%
1900	▶直接国税10円以上		2.19%
1919	▶直接国税3円以上		5.53%
1925	25歳以上男子普通選挙　▶納税資格要件撤廃		19.99%
1945	20歳以上男女普通選挙	20歳以上男女	48.65%

check!
❶男子普通選挙は1925年に確立した。日本版「アメとムチ」政策の「アメ」にあたる。
❷女子の参政権（選挙権）は、第二次世界大戦後の1945年にやっと与えられた。

5 政党と圧力団体　B

1. 政党～政党政治

(1) 定義　**バーク**〔英・1729～97〕は、政党とは、「ある**特定の主義**または**原則**において一致している人々が、その主義または原則にもとづいて**国民的利益**を増進すべく努力するために結合した団体」と定義し、政党の公党としての性格を初めて認めた。

(2) 機能　①**利益集約**機能：国民の多元的利益・意思（世論）を集約して綱領・政策に一本化する。②**利益媒介**機能：世論を政治に実現する**パイプ**役となる。③**政権担当**機能：**政権**獲得を目指し、与党は政府を組織し、野党は政府を批判かつ監督する。④**政治教育**機能：国民に政治争点を明確化し、考え方を示す。

☞1　「政党は社会と国家のかけ橋」（バーカー〔英・1874～1960〕）は、政党の利益媒介機能を端的に示した言葉である。また、政権担当機能を持つことが圧力団体との相違点である。

(3) 歴史（**名望家**政党から**大衆**政党へ）　市民革命後のイギリスでは、資本家のみが選挙権を持つ**制限選挙**だったので、近代政党は、資本家という同質利益を追求し、名誉職として政治を行う**名望家**政党であった。しかし、19～20世紀には**普通選挙権**の確立により無産者も政治参加するようになったので、現代政党は多元的な異質利益を追求する**大衆**政党に変化している。

2. 圧力団体（プレッシャー＝グループ）

(1) 定義　自己の**特殊利益実現**のため、広範な組織力や票・献金を背景に議会や行政官庁に圧力をかけ、その実現を図る利益集団である。**政権獲得は目指さず、政治のアウトサイダー**として活動する点で政党と異なる（日本経団連・日本労働組合総連合会・農協中央会・日本医師会など）。

(2) 特徴　**長所**は、選挙ルートで吸収できない多様な民意を政治に反映して、**代議制を補完**する点にある。**短所**は、汚職や政治腐敗などの**金権政治**を発生させてしまう点にある。

☞2　日本では、法案や政策の審議は、常任委員会で行うので、常に特定の委員会のメンバーになる国会議員が族議員（例：建設族・大蔵族・外務族・郵政族・文教族・農林族）化し、彼ら議員が政策実現に圧力をかけるプロ（ロビイスト＝議会工作人）の役割を果たしている。

＊日本では、2003年の衆議院総選挙より、各政党がマニフェスト（政権公約）を明示して選挙を行うことにした。

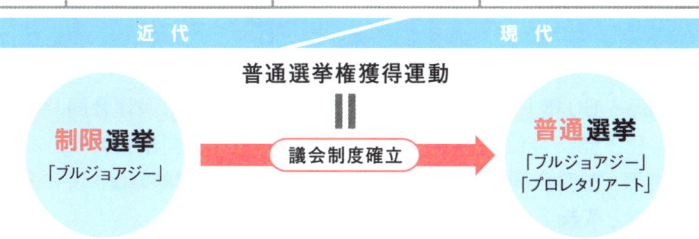

▼ 政党と圧力団体 〈発展〉

```
18世紀        19世紀        20世紀
───────近 代──────────現 代───────
```

普通選挙権獲得運動
=
議会制度確立

制限選挙 → **普通選挙**
「ブルジョアジー」　　「ブルジョアジー」
　　　　　　　　　　「プロレタリアート」

名望家政党　……議会……　大衆政党
(議員政党)　　　　　　　(組織政党)
▶同質利益の実現　　　　▶異質利益の実現
　(資本家)　　　　　　　(資本家と労働者)

　　　　　……議会外……　圧力団体の発生
　　　　　　　　　　　　▶特殊利益実現のため
　　　　　　　　　　　　▶「集団の噴出」*

▼ 政党制の形態〜二大政党制は政局安定 〈盲点〉

	長 所	短 所
二大政党制 (米:民主党・共和党 英:保守党・労働党)	❶政局安定 ❷政権交代が容易 ❸有力野党による与党のけん制が責任ある政党政治を実現	①政党間の政策の接近 ②多様な民意を吸収できない ③2つの政党の政策が大きく違うと政策の連続性が失われる
多党制 (仏・伊・独)	❶多様な民意を政治に反映できる ❷世論の変化による政権交代が可能 ❸連立政権が権力の腐敗を防止	①連立政権による政局不安定 ②政治責任の所在が不明確
一党制 (旧ソ・中・朝)	❶政局の安定・長期化・連続性 ❷強力な政治の実現	①民主的政権交代が不可能 ②少数幹部の独裁・腐敗

check!
❶小選挙区制のアメリカ・イギリスは二大政党制の伝統を持つ。
❷多党制のフランスでは保革共存内閣 (コアビタシオン) が作られる場合が多い。比例代表制のドイツも多党制。ドイツでは、大政党どうしが大連立内閣を組織して政局の安定を図ることもある。
❸日本は形式上は多党制だが、実質上、自民党の一党優位制が続いてきた (55年体制、1955〜93、94〜2009、12〜)。2009年9月に自民党から民主党への政権交代が起こったが、政策の連続性が失われ、普天間基地問題など政策見直しで混乱が生じ、12年12月に再び自民党政権に復した。

* 20世紀は「集団の噴出」した時代といわれた。政党や圧力団体、企業など多種多様な機能集団が登場した。

6 戦後日本の政党の流れ(1)　A
55年体制

1. 55年体制～自民党の一党優位制の確立

(1) 1955～60年（55年体制の確立）　1955年11月に保守合同で自由党と日本民主党が合併して、自由民主党が結成された。同年10月の日本社会党の右派・左派合同に対抗したもの。しかしその議席勢力は、保守系の自由民主党と革新系の日本社会党の$1\frac{1}{2}$政党制であった。

☞1　自民党勢力1に対して、社会党勢力はその$\frac{1}{2}$なので、二大政党と呼ばずに$1\frac{1}{2}$政党と呼ぶ。以後、1955～93年まで38年間続く自民党の長期安定政権を55年体制と呼ぶ。1955～60年の約5年間、共産党を除き政党は自民党と社会党の二党しか存在しない状態となった。

☞2　自民党と社会党の対立構造は、イデオロギー対立を基本に国民を二分していた。自衛隊と駐留米軍（日米安保条約）を認める自民党と、自衛隊と駐留米軍を違憲とする社会党の路線の違いが明確であった。近年、社会党（現在の社会民主党）支持が激減しているのは、これらイデオロギー論争が終焉し、自衛隊の存在に反対する社会党が非現実的となったことにある。

(2) 1960～80年代（多党化）　1960年に新日米安全保障条約をめぐる安保闘争で、条約賛成派が社会党から分離し、民主社会党（後の民社党）を結成。64年には宗教団体（創価学会）を支持母体とする中道政党の公明党が結成された。革新政党（社会党・共産党）、中道政党（公明党・民社党・社会民主連合）や、税金、環境問題などに取り組むミニ政党などの野党の多党化が進む中、一本化されていた保守系政党の自民党の相対的優位が定着する。

☞3　1970年代にはロッキード事件への批判を理由として自民党を離党した議員が新自由クラブを結成し、一時的に自民党は過半数割れするなど、70年代後半は与野党の議席差が接近する与野党伯仲国会となった。そのため、中曽根政権下の自民党は新自由クラブとの連立内閣（1983～86）を形成して政権を維持した。88年にはリクルート事件が発覚し、89年には消費税が導入され、同年の参議院選挙で戦後初の与野党逆転となった。

2. 55年体制の終焉～1993年の政権交代

宮澤喜一内閣不信任　1993年、自民党は55年の結党以来初めて政権を失う。90年代に入ると、佐川急便問題、ゼネコン汚職など政官財の癒着を示す政治腐敗が相次いだのを受けて、宮澤喜一内閣は政治改革を表明し、まずは衆議院単純小選挙区制導入案を提唱する。しかし、この案は自民党に有利過ぎるとの反発から、後に結成される新生党・新党さきがけのグループが自民党から離反した結果、自民党宮澤内閣は不信任され、38年間続いた自民党政権が一旦終わった（**55年体制の一時終焉**）。

＊1　新進党は自民党との二大政党を目指して小沢一郎などが結成したが、97年分裂した（1994.12～97.12）。　＊2　細川護熙　＊3　2005年9月の衆議院選挙前に、小泉自民党内閣の郵政民営化に反対する自民党造反議員が自民党を離脱、新党日本（田中康夫代表）、国民新党（綿貫民輔代表）を結

▼戦後の政党史（1945〜2010年）〜55年体制に注目 【時事】【重要】

赤線 ━━ は政権担当を示す

1945

- 日本自由党
- 日本進歩党
- 日本社会党　片山哲
- 日本共産党

- 自由党　吉田茂
- 日本民主党　鳩山一郎
- 右派／左派（日本社会党）

自民党政権

- 1955 鳩山内閣 自民党
- 1991 宮澤内閣 自民党

55年体制

- 自由民主党　1955 鳩山一郎（自民党の一党優位）
- 日本社会党　1955 鈴木茂三郎

55
60
64

- 1964 原島宏治 → 公明党
- 民主社会党 1960 → 民社党　春日一幸
- 西尾末広 → 社会民主連合 1978 田英夫

76
78
93

- 新自由クラブ 1976 河野洋平

非自民連立内閣

- 1993.8 細川内閣 日本新党
- 1994.4 羽田内閣 新生党

宮澤喜一 → 羽田孜 → 細川護熙

- 新党さきがけ
- 新生党
- 日本新党

武村正義／鳩山由紀夫

94

- 自由党
- 新党みらい

55年体制の一時終焉

- 1994.6 村山内閣 社会党
- 1996.1 橋本内閣 自民党

96
97
98

鳩山由紀夫・菅直人 → 民主党 1996
海部俊樹・小沢一郎 → 新進党 *1 1994〜97
社会民主党 1996.1 村山富市 1996.9 土井たか子

- さきがけ

55年体制の復活

- 太陽党
- フロムファイブ
- 国民の声
- 黎明クラブ
- 新党平和
- 自由党
- 新党友愛
- 改革クラブ

羽田孜　　　　　　　　　　　　　　　小沢一郎

- 1998.7 小渕内閣 自民党
- 2000.4 森内閣 自民党
- 2001.4 小泉内閣 自民党

99

*2 民政党 羽田孜

2000

- 保守党
- 扇千景
- 保守新党
- 熊谷弘

- 2006.9 安倍内閣 自民党
- 2007.9 福田内閣 自民党

01
03

✕

- 2008.9 麻生内閣 自民党
- 2009.9 鳩山内閣 民主党

06 07 08 09 10

55年体制が再度終焉

- *3 新党日本 2005 田中康夫・亀井静香
- 国民新党 2005
- みんなの党 2009 渡辺喜美
- たちあがれ日本 平沼赳夫・与謝野馨
- 新党改革 2010 舛添要一
- 日本創新党 2010 山田宏
- 2003 福島瑞穂

✕マークは政党要件喪失

✕

↓ *4

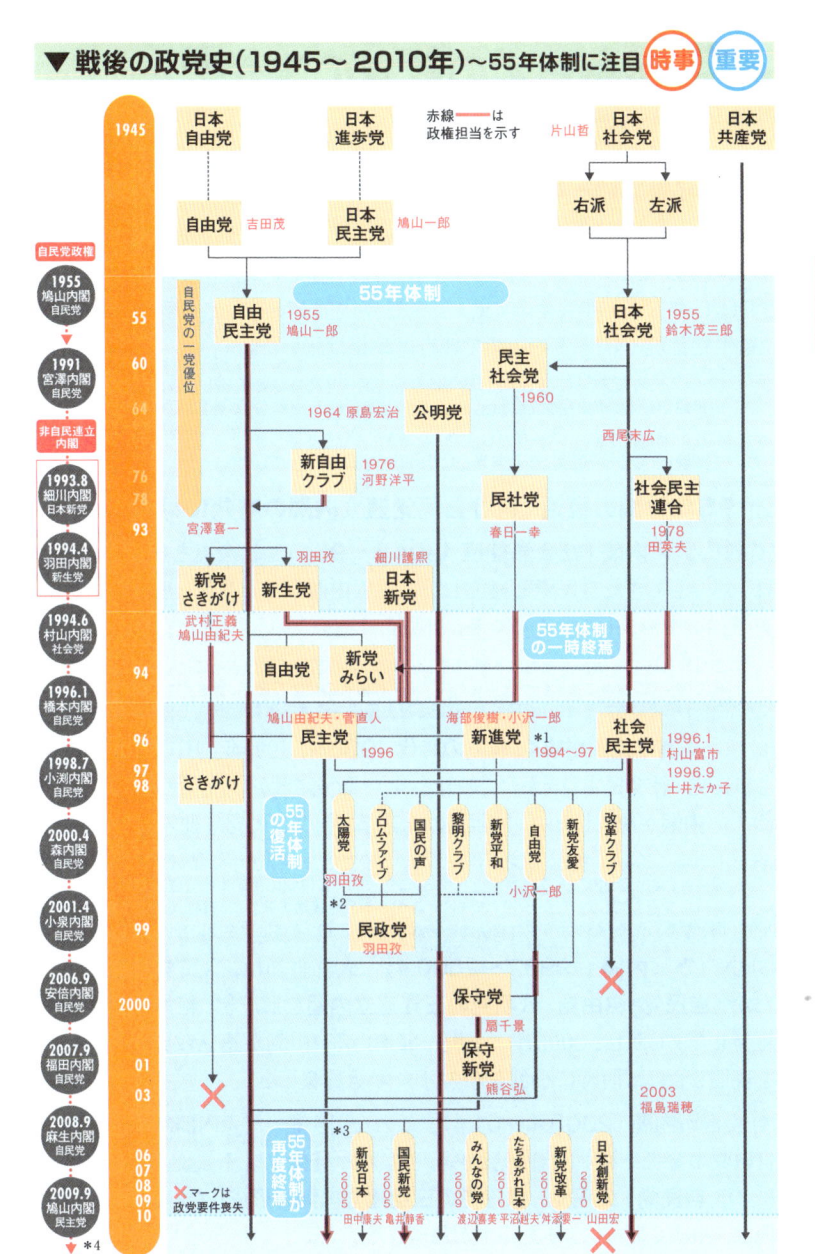

第3章　現代政治の諸問題

成して総選挙を戦った。　*4　2010年6月、民主党の鳩山由紀夫首相は沖縄県の米軍普天間基地の国外・県外移設を果たせず、内閣支持率急落の責任をとって辞任。10年6月〜11年9月菅直人内閣（民主・国民新党連立、社民党連立解消）、11年9月〜12年12月野田佳彦内閣まで民主党政権が続く。

7 戦後日本の政党の流れ(2)
1993～2009年　A

1. 55年体制の一時終焉（1993～94年　非自民連立政権）

　宮澤内閣不信任（憲法第69条）により、自民党は結党以来、38年にして初めて政権を失った。代わって、細川護熙内閣（日本新党首班 1993.8～94.4）は非自民・非共産の7党1会派連立内閣が誕生し、次の羽田孜内閣（新生党首班 94.4～94.6）まで非自民政権は続いた。

☞1　細川・羽田内閣下では、1994年に政治改革関連四法や製造物責任（PL）法など、自民党には可決困難であった法律も成立した。しかし、細川首相に佐川急便疑惑が発覚し、首相を辞任した。

☞2　羽田内閣組閣の際、小沢一郎が社会党、新党さきがけを排除しようとしたことから、両党が連立を離脱してしまったため、少数与党となり、短命内閣に終わってしまう。

2. 55年体制の復活（再び自民党連立内閣の時代に！）

(1) 村山富市内閣（社会党首班 1994.6～96.1）　社会党と新党さきがけは、対立してきた自民党と連立し、片山哲内閣以来、戦後2度目の社会党首班内閣を形成した。この結果、自民党は連立という形で与党に戻った。

☞3　自民党と連立を組んだ社会党と新党さきがけは、次の選挙で惨敗することになる。自民党と組んだ政党は、ダメになるのが政界の掟である。有権者の投票行動が、大きくは、自民党支持か反自民かの2つである以上、自民党と組むと、反自民票を獲得できなくなってしまうからである。

(2) 自民党首班内閣が続く（連立の時代 1996～）　1996年1月に村山内閣と同じ自民党・社会民主党（かつての社会党）・新党さきがけ三党連立による橋本龍太郎内閣が成立したが、同年秋の総選挙で再び自民党単独内閣となった。

☞4　この間、1994年に複数の政党（小沢一郎率いる新生党と公明党が中心）を統合して新進党が結成され、自民党との二大政党が目指された。また、96年には鳩山由紀夫と菅直人が第三政党として民主党を結成した。しかし、97年末に新進党が解党し複数の政党に分裂したため、多党化の傾向となる。小沢一郎グループは自由党を結成したが、2003年には民主党に合流していく。

(3) 小渕恵三内閣（1998.7～2000.4）　成立当初は、自民党単独であったが、自民党・自由党・公明党の三党連立内閣を形成し、絶対安定多数を維持した。しかし、2000年、小沢一郎率いる自由党が連立政権からの離脱を表明し、ほぼ同時に小渕首相の死去で総辞職した。

(4) 森喜朗内閣（2000.4～01.4）　それを引き継いだ森内閣は小沢一郎の自由党の分断を図り、自由党から分裂した保守党（扇千景党首）との連立により、自民党・公明党・保守党の三党連立内閣を形成した。しかし、森内閣は、相次ぐ失言により支持率が急落した。

＊　自民党総裁は同党の国会議員票および地方議員・党員・党友票を換算した票（2006年9月時点で計703票）で争われる。総裁任期は3年、三選は禁止となっている。この党規約により、すでに二選していた小泉自民党総裁は06年9月で任期切れになったため首相も辞任した。

▼1993年以後の連立政権の推移　時事　重要

年月	首相（所属政党）	連立を組んだ政党	連立の呼称
1993.8	細川護熙(日本新党)	社会党 新生党 公明党 民社党 日本新党 新党さきがけ など	非自民7党1会派の連立
94.4	羽田孜(新生党)	新生党 公明党 日本新党 民社党 新党さきがけ など	新党さきがけは閣外協力
.6	村山富市(社会党)	自民党 社会党 新党さきがけ	自・社・さ連立
96.1	橋本龍太郎(自民党)	自民党 社民党 新党さきがけ	自・社・さ連立
.10		自民党 社民党 新党さきがけ	社・さ、閣外協力
98.6		自民党	社・さ、与党離脱
.7	小渕恵三(自民党)	自民党	自民単独
99.1		自民党 自由党	自・自連立
.10		自民党 自由党 公明党	自・自・公連立
2000.4	森喜朗(自民党)	自民党 公明党 保守党	自・公・保連立
01.4	小泉純一郎(自民党)	自民党 公明党 保守党	自・公・保連立
03.11		自民党 公明党	自・公連立
06.9	安倍晋三(自民党)	自民党 公明党	自・公連立
07.9	福田康夫(自民党)	自民党 公明党	自・公連立
08.9	麻生太郎(自民党)	自民党 公明党	自・公連立
09.9	鳩山由紀夫(民主党)	民主党 社民党 国民新党	民・社・国連立
10.6		民主党 国民新党	民・国連立
.6	菅直人(民主党)	民主党 国民新党	民・国連立
11.9	野田佳彦(民主党)	民主党 国民新党	民・国連立
12.12	安倍晋三(自民党)	自民党 公明党	自・公連立

左欄（縦書き）：
- 55年体制一時終焉 → 非自民連立
- 55年体制復活 → 自民連立
- 55年体制完全終焉 → 民主連立 → 再び自民党

第3章　現代政治の諸問題

(5) **小泉純一郎**内閣（2001.4〜06.9）　もともと森派の小泉純一郎が派閥解消を訴えて突然派閥を離脱し、首相に指名された。当初は**自民・公明・保守の三党連立**であったが、03年11月の第43回総選挙後、惨敗した保守新党が自民党と合流し、**自民・公明の二党連立**内閣となった。

(6) **ポスト小泉**政権（2006.9〜09.9）　小泉内閣が2006年9月に総辞職した後、自民党・公明党の二党連立政権では1年ごとに首相交代が繰り返された。06年9月に誕生した**第一次安倍晋三**内閣は、年金記入漏れやテロ特措法の延長問題で混迷したため、07年7月の参議院選挙で自民党は大敗して衆議院・参議院の「**ねじれ国会**」に陥り、07年9月に誕生した**福田康夫**内閣も同じ状況下で国政運営に行きづまり、08年9月に突然福田首相が辞任し、**麻生太郎**内閣に引き継がれた。同内閣は選挙に向けてのつなぎ内閣といわれていたが、就任直後に発生したリーマン=ショック対策を優先して1年間、政権に執着したものの、支持率は急落した。

8 戦後日本の政党の流れ(3)
2009年9月以降　A

1. 55年体制の再度終焉～民主党政権（2009.9～12.12）

　2009年8月、自民党**麻生太郎**内閣下で行われた第45回衆議院総選挙で自民党が歴史的惨敗を喫した。一方、政権交代をスローガンに掲げた**民主党**が3分2までは達しないものの、過半数の議席を獲得し、**55年体制は1993～94年以来再び終焉**を迎えることになった。民主党は、自民党政権下の財政支出の無駄を批判し、政権4年間は消費税率を引き上げず、無駄な財政支出を徹底的に見直すとともに、特別会計の積立金などの「霞ヶ関埋蔵金」を財源に充当することを主張し、予算配分の見直しとして「コンクリートから人へ」をマニフェスト（政権公約）に盛り込み、有権者の心をつかんだ。

(1) **鳩山由紀夫**内閣（2009.9～10.6）　民主党・国民新党・社会民主党の三党連立で、衆議院・参議院のねじれも解消した。無駄な予算の見直しとして行政刷新会議のもと、**事業仕分け**が実施され、第一弾が一般会計の事業予算、第二弾が独立行政法人や公益法人、特別会計、第三弾が特別会計と、名前を変えて復活した「ゾンビ事業」の再仕分けを実施していく。鳩山内閣は社会民主党の意向もあり、沖縄県の米軍普天間基地の国外ないしは沖縄県外移設を提唱したものの、アメリカとの約束期限となる2010年5月末までに受け入れ先が見つからず、政治的混乱を招いただけに終わる。結局、自民党政権下での日米間合意である沖縄県辺野古のキャンプ・シュワブ移設と決まった。鳩山首相は混乱の責任をとり、10年6月に辞任した。

☞1　事業仕分けは、最終的に仕分け人によって廃止、縮減、存続などの判定が下されるが、その判定には法的拘束力はなく、各省庁に対して、次年度の予算要求に反映させる勧告の意味を持つだけである。

(2) **菅直人**内閣（2010.6～11.9）　普天間基地の沖縄県外移設にこだわる社会民主党は政権から離脱し、**民主党・国民新党の二党連立政権**となった。菅首相は2010年7月の参議院選挙の直前にマニフェストを見直して消費税率の引き上げを突然表明したことから、民主党は参議院選挙で惨敗し、再び「**ねじれ国会**」に陥り、その後の国政は停滞してしまう。また、11年3月11日の**東日本大震災**と**東京電力福島第一原子力発電所**の事故への

---

*1　2013年3月、国民新党の自見庄三郎代表が、解党を発表した。
*2　2012年12月の衆議院総選挙後、日本未来の党は党内分裂し、小沢一郎グループは「生活の党」に改称して存続した。

▼第46回衆議院総選挙（2012.12）前後の政党の離合集散 時事

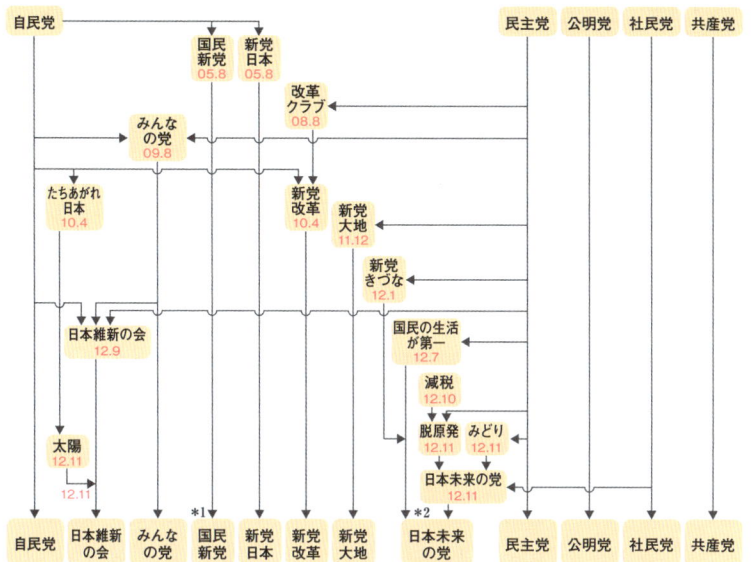

対応の失敗に対する批判が高まり、内閣は総辞職した。

(3) **野田佳彦**内閣（2011.9〜12.12）　民主党・国民新党の連立内閣は、東日本大震災と福島第一原発事故からの復旧・復興・経済成長と財政健全化に取り組み、**消費税を2014年4月から8％に、15年10月から10％に引き上げる**法律を成立させた。しかし、民主党内で消費税率引き上げに反対する小沢一郎グループなどの大量離党者を出して党内が混乱する中、国民の信を問うべきだとする自民党の声を受けて衆議院の解散総選挙を決断した。その結果、12年12月の第46回衆議院総選挙は、民主党が大惨敗し、自民党が圧勝した。

2. 55年体制の再復活〜自民党政権（2012.12〜）

　自民党と公明党連立（二党で衆議院の3分の2超の議席を保有）の**第二次安倍晋三**内閣が誕生し、**再び自民党政権が復活**する。民主党政権下で有効な政策が実施されない中、超円高・デフレ・不況が長期化していたことから、安倍内閣は政権発足と同時に**アベノミクス**を発表した。

*3　アベノミクスでは、デフレ・不況対策として「三本の矢」（大胆な金融政策、機動的な財政政策、経済成長戦略）を掲げた。円高阻止の意欲を示し、市場のデフレマインドを一変させて株価も上昇に転じていく。2020年、東京オリンピック開催決定は「四本目の矢」の役割を果たすとされる。

9 1994年の政治改革
政治資金 B

1. 政治資金規正法(1948制定、94改正)

(1) **目的と内容** 政治資金の公正を図るために政治資金の内容公開と献金(寄附)の上限を定めた法律である。

☞1 資金公開の寄附基準金額は、94年改正で20万円超から一律5万円超に引き下げられた。

(2) **1994年法改正** 佐川急便問題・ゼネコン汚職を機に、**94年非自民細川**内閣のもと、大幅な**強化改正**を実施。①**政治家個人への献金**が政治腐敗を招くことから**全面禁止**。ただし、抜け道が作られ、②政治家1人につき1つの**資金管理団体**の保有が認められ、そこに対する政治献金は、企業・団体も含めて5年間認められた。**2000年に企業・団体からの献金は廃止**されたが、個人からの献金は一定額の範囲内で認められている。今後は、③**政党への献金**を中心とし、上限制限の範囲内で自由に行える(個人は年間2,000万円以内、企業・団体は年間1億円以内)。④**罰則強化**:違反者には実刑を加えるとともに、5年間の公民権停止(選挙権・立候補権の禁止)を科す。

☞2 金丸信は、東京佐川急便から5億円の献金を受けながら、それを申告しなかったことを認め、自民党副総裁を辞任した。ワイロ性が疑われたが、当時は政治家個人への献金が認められていたために、献金だと言い逃れができてしまった。

☞3 企業・労働組合からの資金管理団体への献金は、細川内閣が1994年改正法施行から5年後には見直すとしていた。しかし、5年後、自民党森内閣は見直しは行わないとして、献金を今後も続けようとしたが、政党助成金との二重取りだとの批判が高まり、内閣支持率も急落したことから2000年に廃止を決めた。ただし、現在も個人からの献金は認められている。

2. 政党助成法(1994)

(1) **目的** 政党の政治資金を公費(国民の税金)で助成し、「寄附と見返り」という**金権政治**の腐敗構造の断絶を目指す。

☞4 政治家個人への政治献金を禁止する見返りとして国庫(国民全体の資金)から各政党に助成金を交付するという法律を制定することにした。

(2) **内容** 毎年、政党助成金総額(**250円×人口=約310億円**)が、各政党に、その議員数・得票数に応じて配分される。

☞5 政党助成金は政治資金であり、選挙運動に使うことは禁止されている。また、政治家個人への献金は事実上、資金管理団体や特定の政治家が代表を務める政党支部への献金によって可能であるにもかかわらず、政党助成金を交付することは資金の二重取りになるとの批判がある。

＊ 金権政治とは、政治資金を提供する者が、その対価として自分に有利な配慮を要求する政治のことで、政治腐敗の温床となる。

▼ 政党要件～政治資金規正法・政党助成法・公職選挙法 (盲点)

公職選挙法で衆議院比例区に立候補できる政党

ⓐ
- ❶ 国会議員 **5人以上**
  - ▶政党助成法
  - ▶政治資金規正法の「政党」

or

- ❷ 得票率 **2%以上**
  - ▶前回の衆院総選挙
  - ▶前回または前々回の参院通常選挙

または

- ❸ 比例名簿 **30人以上** 登載

ⓑ

check! ⓐⓑ以外の小さな政治結社は「政党」と認められない。また、政党助成法の政党は、❷の場合は必ず国会議員が1人以上必要となる。

▼ 政治資金の流れ～1994年改正後 (時事)(発展)

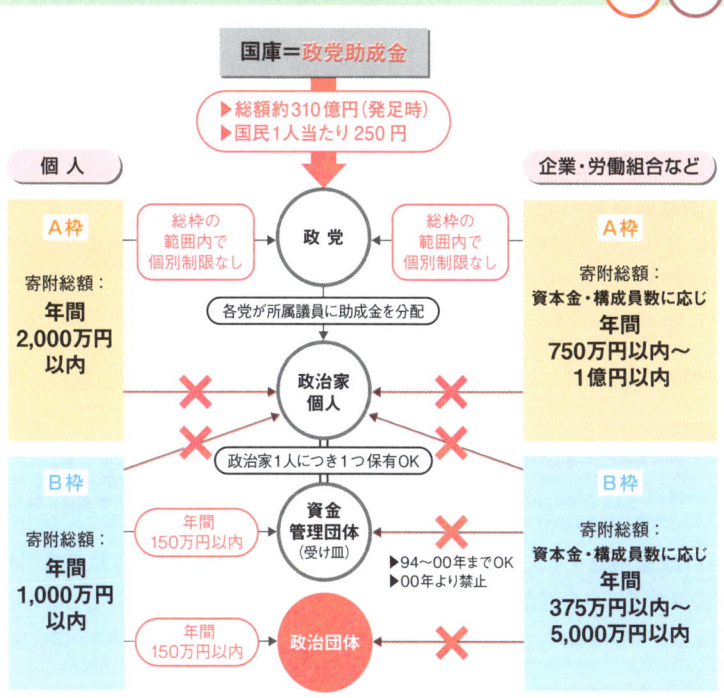

国庫＝政党助成金
- ▶総額約310億円（発足時）
- ▶国民1人当たり250円

↓

政党
- 個人（A枠）：総枠の範囲内で個別制限なし — 寄附総額：年間 **2,000万円以内**
- 企業・労働組合など（A枠）：総枠の範囲内で個別制限なし — 寄附総額：資本金・構成員数に応じ 年間 **750万円以内～1億円以内**

各党が所属議員に助成金を分配

↓

政治家個人 ← ✕（個人A枠から）／✕（企業A枠から）／✕（個人B枠から）／✕（企業B枠から）

政治家1人につき1つ保有OK

↓

資金管理団体（受け皿）
- 個人（B枠）：年間150万円以内 — 寄附総額：年間 **1,000万円以内**
- 企業・労働組合など（B枠）：✕
  - ▶94～00年までOK
  - ▶00年より禁止
  - 寄附総額：資本金・構成員数に応じ 年間 **375万円以内～5,000万円以内**

↓

政治団体
- 個人B枠：年間150万円以内
- 企業B枠：✕

check!
❶ 政治献金は、年間 A枠・B枠 の合計金額を行うことができる。
❷ 資金管理団体は、政治家1名につき1団体を保有することができる。実質上、政治家の政治資金の受け皿の役割をしている。

第3章 現代政治の諸問題

10 行政権の肥大化・民主化　A

1. 行政権の肥大化〜行政国家化現象

(1) **要因**　現代の国家機能は複雑・専門化したため、立法国家から行政国家へと変化し行政権の肥大化が進んでいる。

(2) **具体例**　①委任立法の増大：法律で大枠を決め、具体的・細則的内容（罰則等）の決定は行政部（政令、省令など）に委任する立法形式が増えた。いわゆる行政府立法なので白紙委任（全面委任）は禁止となる。②行政裁量の拡大：許認可行政のもとで、許認可決定に裁量権を持つ行政部の権限が著しく拡大した。③*内閣提出法案の増加：法案作成段階から行政部が関与する（議員提出法案は減少した）。

(3) **弊害**　①行政権による議会立法権の侵害、②議会による行政部監督機能の弱体化など、議会制民主主義の形骸化の恐れ。

2. 行政の民主化〜政治腐敗の防止手段

(1) **国政調査権の活用**　衆・参各院の調査権の行使により、国民の知る権利に奉仕し、世論形成や選挙行動に的確な判断資料を提供する。対行政への調査権は積極的に行使されるべきである。

> ☞1　衆・参両議院が国政に関する調査を行い、証人の出頭および証言・記録の提出を要求することができる権利（第62条）。ロッキード事件などの疑獄事件の解明が行われた。

(2) **情報公開制度**　国民は、公権力に対して情報内容の開示を請求し、必要な行政情報を知ることができる。

> ☞2　情報公開制度は、日本では、条例（地方レベル）は存在したが法律（国レベル）は存在しなかった。しかし、1999年ついに法律が成立し、2001年から施行された。世界初の導入は18世紀スウェーデン。アメリカでは1966年に中央省庁に対する情報自由法、76年には行政会議に対する公開請求を認めたサンシャイン法が制定されている。

(3) **行政監察官（オンブズマン）制度**　中立・公正な立場から行政の妥当性を監査するプロを置き、政治腐敗を防止する。

> ☞3　オンブズマン制度は、1809年にスウェーデンで世界で初めて導入された。日本では、国には存在しないが、川崎市（神奈川県）など一部自治体にオンブズマン制度が設けられている。

(4) **独立行政委員会**　内閣から独立した行政機関が公正・中立、専門的に行政を執行する。アメリカで発達し、準司法権・準立法権を持つ場合もある。

---

* 例えば、自民党が衆・参両院で安定多数を占めていた2003年度は、提出された法案の65％が内閣提出法案で、成立した法案の90％が内閣提出法案であった。内閣提出法案の成立率も97.5％と高く、通常90％前後に達している。一方、議員提出法案の成立率は20.3％と低くなっている。一旦「ねじれ

▼独立行政委員会 ◀アメリカから導入 （発展）

行政委員会	目　的	
人事院	公務員の給与勧告	政治介入排除・中立・公正
国家公安委員会	警察行政の統括・調整	
中央労働委員会	労働争議の調整	利害対立調整
公正取引委員会	独禁法の番人～カルテル排除命令など	特殊事件（行政不備の補完）
公安審査委員会	破壊活動防止法の運用審査	
公害等調整委員会	公害の調査・認定	専門知識による判断

Check! 独立行政委員会は、準立法権限（人事院規制など）、準司法権限（公正取引委員会の審判、労働委員会の仲裁など）があり、第一審としての裁判作用を持つ。ただし、不服があれば通常裁判所に控訴できる。

▼情報公開法（1999成立、2001施行）～知る権利に奉仕 （時事）

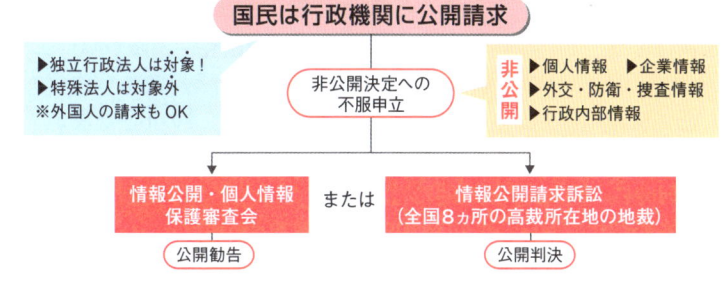

国民は行政機関に公開請求

- ▶独立行政法人は対象！
- ▶特殊法人は対象外
- ※外国人の請求もOK

非公開：▶個人情報　▶企業情報　▶外交・防衛・捜査情報　▶行政内部情報

非公開決定への不服申立

→ 情報公開・個人情報保護審査会（公開勧告）

または

→ 情報公開請求訴訟（全国8ヵ所の高裁所在地の地裁）（公開判決）

▼オンブズマン制度～行政監察のプロを設置 （時事）

スウェーデン型（川崎市など）▶ 議会付属＋市民申立

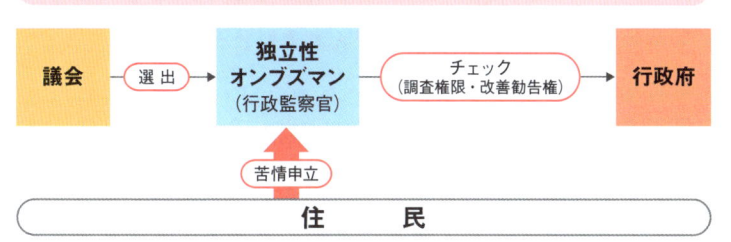

議会 →（選出）→ 独立性 オンブズマン（行政監察官）→（チェック：調査権限・改善勧告権）→ 行政府

住民 →（苦情申立）→ 独立性 オンブズマン

国会」が生じると、議員提出法案の増加、内閣提出法案の減少が起こり、内閣提出法案の成立率は著しく低下する（民主党政権下10年度は54.7％、12年度も66.3％と低迷）。

第3章　現代政治の諸問題

11 政治腐敗の原因と対策 B

1. 政治腐敗の原因

政界（政治家）、官界（公務員）、財界（企業）の三位一体の鉄のトライアングル（癒着構造）が政治腐敗の原因である。公務員が広い許認可行政権と営業停止などの行政処分権を持つため、企業は政治家に公務員への口利きを依頼し、見返りに政治献金やワイロの提供、公務員に対しても贈与や退職後の役員就任（天下り）を約束することが横行する。また、政治家が公務員に対して行う口利きの対価が、国が公益目的のために設立・運営する特殊法人への天下りだといわれ、多額の給料が支払われている。そこで、特殊法人の廃止・民営化や、公務員の天下り規制*1などが求められる。

2. 官僚（公務員）の腐敗防止

①官僚が持つ行政裁量権を縮小して許認可権限を限定し、規制緩和を推進する。②不正の見返りとなる天下りを規制する。③不正の対価となる贈与・接待を禁止・制限するため、1999年に国家公務員倫理法が制定され、一定額超の贈与、接待が禁止された。④公務員が行う行政処分決定（営業停止や営業取消処分など）は企業への罰則となる。この不当な決定を防止するために、当事者となった企業に告知・聴聞などの反論のチャンスを与えると同時に、従来、半強制的に行われてきた行政指導が強制力を持たないことを明記する行政手続法が1993年に制定された。

3. 政治家の腐敗防止

政治家が官僚（公務員）に圧力をかけて許認可を与えるように口利きをし、その対価を受け取ることは、族議員（常に特定の常任委員会のメンバーとなり、特定の官庁や政策に影響力を持つ政治家のこと）に多く見られる腐敗構造である。これらを禁止するあっせん利得処罰法を2000年に制定した。

4. 国家公務員制度改革

官僚のトップ（事務次官クラス）の人事を各省庁ではなく、内閣人事局*2に一元化して政治家主導で行うこと、従来の国家公務員Ⅰ種試験合格者が自動的に幹部となるキャリアシステムの廃止などの基本方針が決定している。

*1 従来公務員、独立行政法人、公社などの職員は、在籍中（離職前5年間）の職務に密接に関連した営利企業への天下りを2年間禁止してきたが、人事院の許可で可能となる抜け道もある（国家公務員法第103条）。2007年改正で公務員の再就職を官民人材交流センター（08年12月廃止）に一

▼政治腐敗の原因と対策　発展

❶政治腐敗の原因～政・官・財の鉄のトライアングル

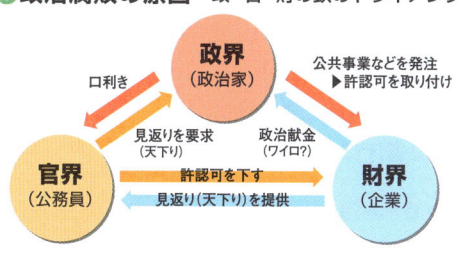

```
              政界
             （政治家）
   口利き ↗           ↘ 公共事業などを発注
                         ▶許認可を取り付け
   見返りを要求         政治献金
   （天下り）           （ワイロ？）
   官界  ← 許認可を下す →  財界
 （公務員） 見返り（天下り）を提供 （企業）
```

check!
❶政界（政治家）は公務員の天下り先となる特殊法人を作る。また、天下り人事権は内閣が持つ。
❷官界（公務員）は政治家に対して許認可をめぐる口利きの見返りとして、天下り人事を要求する。

❷行政民主化による行政腐敗の監視

- 情報公開制度
- オンブズマン制度
- 国政調査権の活用

→ 国民の知る権利 → 世論による行政チェック

❸官僚（公務員）の腐敗防止

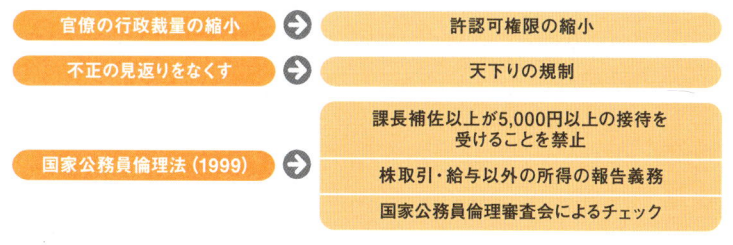

官僚の行政裁量の縮小	➡ 許認可権限の縮小
不正の見返りをなくす	➡ 天下りの規制
国家公務員倫理法（1999）	➡ 課長補佐以上が5,000円以上の接待を受けることを禁止
	株取引・給与以外の所得の報告義務
	国家公務員倫理審査会によるチェック

❹政治家の腐敗防止

あっせん利得処罰法（2000）	➡ 国会議員・地方議員・首長が公務員に口利きをして、契約・行政処分をあっせんすることを禁止
	10年間の被選挙権停止、3年以下の懲役など
政治資金規正法（1994改正）	➡ （表面上は）政治家への献金禁止
	政党への献金はOK（上限引き下げが必要）

❺行政処分の適正化

行政手続法（1993）	➡ 行政権による懲罰作用にも法定手続の保障（憲法第31条）

check! 行政手続法は、行政処分の決定にも法律の手続きが必要であることを定め、営業停止や営業許可取消などの行政処分に対する反論のチャンスを設けた（告知・聴聞）。半強制的に行われてきた行政指導は拘束力・強制力がないことも明記された。

元化、2年間天下り禁止規定は削除された。
*2 2009年9月成立の民主党政権下で、内閣人事局の設置は見送られ、幹部降格制度の導入など、新たな改革案が検討されたが、実現しなかった。

12 日本が進める行政改革(1) A

中央省庁スリム化と特殊法人の改革

1. 中央省庁等改革基本法 (2001施行)

(1) **行政スリム化** 橋本政権の決定に従い、財政再建のために行政官庁を統廃合し、**1府22省庁を1府12省庁**にスリム化する。

☞1 公務員削減は現実には独立行政法人などへの天下りや再就職によって実現しているに過ぎないという批判もあり、2006年、小泉内閣では公務総数の純減5%目標を設定した。

(2) **特徴** ①**内閣府**[*1]は省庁間の調整など、強大な権限を持つ。②**国土交通省**（建設省+運輸省など）は広汎な許認可権を持つため、政治腐敗を招く危険性があると指摘された。③**環境庁**が**環境省**に昇格した。④**大蔵省**は**財務省**となり、銀行との癒着で機能しなくなったといわれる金融監督権限は内閣府の外局である**金融庁**に移管された。⑤公務の委託機関として**独立行政法人（エージェンシー）**を新設した。

2. 特殊法人の廃止・民営化（小泉内閣）

(1) **聖域なき構造改革** 小泉純一郎内閣（2001成立）は、財政コストの削減のためにこのスローガンを掲げ、従来、官僚の天下り先であり、財政赤字（税金および年金保険料の無駄使い）と批判のあった**特殊法人**[*2]**の廃止・民営化**を目指した。

(2) **特殊法人等整理合理化計画（2001.12）** 特殊法人と認可法人を、統廃合・民営化・新設の独立行政法人化の3形態に整理した。

☞2 2003年10月1日、特殊法人34法人が廃止されたが、代わって32の独立行政法人が新設された。ほとんどが名称の変更に近いもので、大半の法人理事は特殊法人からの横滑りや官僚の天下り。国際協力事業団も特殊法人から独立行政法人と変更され国際協力機構となったが、名称は同じJICAのままである。理事長に緒方貞子・前国連難民高等弁務官を登用し、小泉首相は改革をアピールしたが、03年11月総選挙前のパフォーマンスともいわれた。

(3) **道路四公団の民営化（2005.10）** 道路四公団（日本道路公団、首都高速道路公団、阪神高速道路公団、本州四国連絡橋公団）は以下のように民営化された。東日本・中日本・西日本・首都高速・阪神高速・本州四国連絡の6つの民営道路株式会社を設立し、旧道路四公団の全債務を新設の独立行政法人（日本高速道路保有・債務返済機構）が肩代わりする。高速道路の所有権は同機構が保有して各道路株式会社に賃貸、45年間で肩代わりした債務を回収する予定である。

*1 内閣府のもとに重要政策に関する会議として、❶経済財政諮問会議、❷男女共同参画会議、❸総合科学技術会議、❹中央防災会議などを設けたが、2009年に誕生した民主党鳩山内閣は❶の開催を停止し、その役割を担うものとして国家戦略室（→国家戦略局への発展を予定）と行政刷新

▼中央省庁改革と再び大きな政府への巻き返し 時事

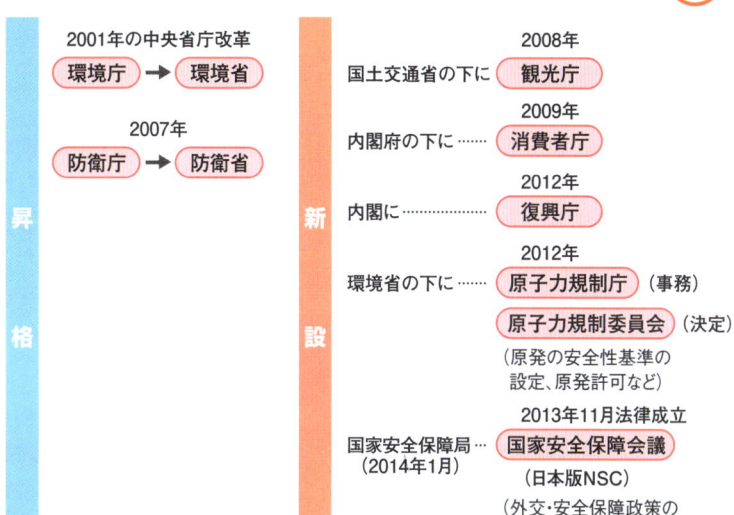

昇格

2001年の中央省庁改革
環境庁 → 環境省

2007年
防衛庁 → 防衛省

新設

2008年
国土交通省の下に 観光庁

2009年
内閣府の下に…… 消費者庁

2012年
内閣に………… 復興庁

2012年
環境省の下に…… 原子力規制庁（事務）
原子力規制委員会（決定）
（原発の安全性基準の設定、原発許可など）

2013年11月法律成立
国家安全保障局… 国家安全保障会議
（2014年1月） （日本版NSC）
（外交・安全保障政策の司令塔）

第3章 現代政治の諸問題

▼特殊法人の整理合理化計画（2001.12） 盲点

特殊法人
● 官僚の天下り先
● 財政赤字の原因

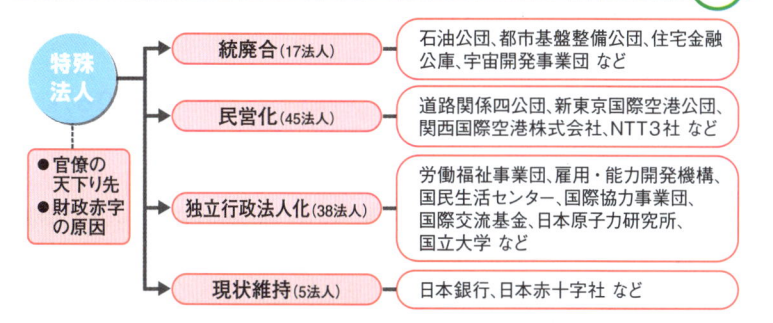

- 統廃合（17法人） — 石油公団、都市基盤整備公団、住宅金融公庫、宇宙開発事業団 など
- 民営化（45法人） — 道路関係四公団、新東京国際空港公団、関西国際空港株式会社、NTT3社 など
- 独立行政法人化（38法人） — 労働福祉事業団、雇用・能力開発機構、国民生活センター、国際協力事業団、国際交流基金、日本原子力研究所、国立大学 など
- 現状維持（5法人） — 日本銀行、日本赤十字社 など

Check!

❶公団・公庫などは財政投融資資金で運営されているため、税金の無駄使いのみならず年金の財源を食いつぶす原因となり、年金破綻の大きな原因と考えられる。

❷独立行政法人は、イギリスのエージェンシー制度を模範に導入された。公務員削減に伴う公務の受託機関という性格を持つが、結局、官僚の天下り先、削減された公務員の再就職先になるとの批判もある。また、民営化といっても新しい民営会社の株式の大半を国が保有するなど、実質上、国の会社に過ぎず財政赤字は解消できないといった批判が出されている。一方、独立行政法人のメリットは、一定期間ごとに財務体質をチェックし、存続の決定を判断できるということから、黒字経営努力が期待できるという点にあるが、存続判断を怠ると結局、赤字の法人が存続し、特殊法人の独立行政法人化は名称の変更に過ぎなくなってしまう。

会議を新設した。しかし、12年に誕生した自民党第二次安倍内閣は、経済財政諮問会議を再び開催して「骨太の方針」を発表した。

＊2 特殊法人とは、国が公益目的のために法律にもとづき設立・運営する会社のこと（公団、公庫など）

13 日本が進める行政改革(2) B
2006年 行政改革推進法

1. 小泉内閣が進めた行政改革

①小泉内閣が掲げた公約の柱は、特殊法人改革として(ⅰ)道路四公団の民営化、中央省庁改革として(ⅱ)郵政民営化の2つである。(ⅰ)については、2005年10月から民営化された。(ⅱ)については、郵政三事業(郵便、郵便貯金、簡易保険)を扱う郵政省が、01年より総務省郵政事業庁に、03年より日本郵政公社に改組されたが、05年に郵政民営化法が成立し、07～17年にかけて持株会社である日本郵政株式会社の傘下に4つの民間郵政会社が入ることが決定した。

②そもそも郵政民営化の目的は、国が経営すると赤字に陥る部門を切り捨てることで財政赤字を解消するとともに、民間活力を導入することで黒字経営に転換する点にある。その上で、民間企業である以上、国は法人税を徴収できるというメリットもある。反面、デメリットは経営採算の合わない地方の郵便会社が閉鎖される可能性があり、郵便サービスについても地域格差が生じてしまう点にある。

☞ 政府としては、郵便サービスについては全国均一の郵便配達サービスを実施するというユニバーサル=サービスを保証するとしている。

2. 今後の行政改革の方向を定めた行政改革推進法[*1](2006)

小泉内閣が「改革の総仕上げ」として成立させ、「簡素で効率的な政府」に向けての今後のプログラムを定めた。内閣府のもとに5年間、行政改革推進本部を設置し、以下の5つの改革を討議。①2006年からの5年間で国家公務員総数について5%を目標に純減し、総人件費を削減。②政策金融改革として、06年時点で8つ存在した政府金融機関を統廃合。③06年時点で31存在した特別会計を3分の1程度に削減。④独立行政法人を財務評価し、見直しを実施。⑤国の資産・債務改革を行い、国有財産の売却を実施。

3. 民主党政権の行政改革の方針[*2](2009.9～12.12)

行政改革の基本方針を決定するために、国家戦略室を内閣官房の下に設置し、行政の無駄を見直すための行政刷新会議を新設した。従来、当然配分されてきた事業予算支出についても事業仕分けを実施した。

[*1] ポスト小泉内閣の第一次安倍内閣下で特別会計削減が決定されたが、「3分の1目標」に届かず不徹底。麻生内閣下では独立行政法人の再評価が行われたが、首相自身が抵抗勢力となり不十分であった。これを批判した当時の渡辺喜美行政担当大臣は自民党を離党し、みんなの党を結成した。

▼郵政民営化の流れ 〔時事〕

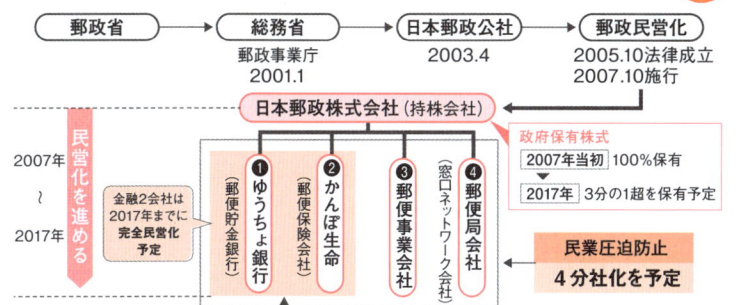

郵政省 → 総務省(郵政事業庁 2001.1) → 日本郵政公社(2003.4) → 郵政民営化(2005.10法律成立 2007.10施行)

2007年〜2017年 民営化を進める

金融2会社は2017年までに**完全民営化予定**

日本郵政株式会社（持株会社）
- ❶（郵便貯金銀行）ゆうちょ銀行
- ❷（郵便保険会社）かんぽ生命
- ❸郵便事業会社
- ❹（窓口ネットワーク会社）郵便局会社

政府保有株式
- 2007年当初 100%保有
- ▼
- 2017年 3分の1超を保有予定

民業圧迫防止 4分社化を予定

2009.12 民主党政権　完全民営化見直しを決定（2009.12 郵政関連株式売却凍結法制定）
2012 民主党政権　郵政の4分社化を断念（❸❹は分離せず、日本郵政会社の一社とすることが決定 **3分社化**）

▼行政改革推進法（2006）による改革の5本柱 〔重要〕

❶総人件費の削減　〜公務員削減〜
2010年度までに国家公務員総数を5％を目標に純減

❷政策金融改革　〜政府金融機関の統廃合〜
5つの金融機関を1つに統廃合
日本政策投資銀行、商工組合中央金庫は完全民営化

❸特別会計改革　〜31を3分の1程度に〜
2010年度をめどに31の特別会計を3分の1程度に統廃合、20兆円の無駄を削減、道路特定財源は一般財源化を前提に見直し

❹独立行政法人の見直し
5年ごとの財務状況のチェックを厳格に実施
組織・業務のあり方を廃止も視野に検討

❺国の資産・債務改革
国有財産の売却推進、証券化など

▼政府金融機関の改革 〔発展〕

- ❶国民生活金融公庫
- ❷中小企業金融公庫
- ❸農林漁業金融公庫
- ❹沖縄振興開発金融公庫
- ❺国際協力銀行

→ 2008年度までに統合（沖縄振興開発金融公庫は12年度以降）
新政策金融機関（日本政策金融公庫に一元化）

❺国際協力銀行
- A：国際金融等業務
- B：海外経済協力業務　→（統合）→ 国際協力機構（JICA）

- ❻日本政策投資銀行
- ❼商工組合中央金庫

→ 2008年度に民営化スタート、5〜7年間で完全民営化を予定。日本政策投資銀行は企業再生のため存続させるべきであるとの意見も強まっている。

- ❽公営企業金融公庫 → 2008年度廃止、地方に移管

*2　行政刷新会議は公開の場で事業仕分けを実施し、予算の無駄を洗い出した。民主党政権は、財源不足分についても、直ちに消費税率引き上げを行うのではなく、特別会計や各省庁に隠されている資産（「霞ヶ関埋蔵金」）をあてる方針を示した。

第3章　現代政治の諸問題

14 現代政治の諸問題　C

1. 世論とマスコミ

(1) **政治における世論の役割**　「デモクラシーは世論の政治である」といわれる。現代民主政治において、社会の人々の意見である世論の支持を獲得できるかどうかは重要な問題である。

(2) **マスコミの機能**　マス＝メディア（新聞、テレビなどの情報媒体）によるマス＝コミュニケーション（マスコミ、大衆伝達）は、多くの情報を、多くの人々に、同時に提供する。主権者たる国民に政治的資料を広く知らしめることによって、国民の「知る権利」に奉仕し、民主政治を支える推進力となっている。その反面、売上げや視聴率を伸ばすために、商業主義（コマーシャリズム）にもとづく煽情主義（センセーショナリズム）に陥ることがしばしば問題とされる。

(3) **世論形成へのマス＝メディアの影響**　これまで選挙・請願・集会などに頼っていた世論形成において、マス＝メディアがオピニオン＝リーダー（世論形成者）として大きな役割を果たすようになった。一方で、政府・権力がマス＝メディアによる情報操作・世論操作を行った場合、国民は健全な世論形成ができず、民主政治の危機を招く危険性がある。

☞1　リップマンは、著書『世論』（1922）の中で、現代人の特質として、与えられた情報へのステレオ＝タイプな反応を挙げている。

☞2　マス＝メディアは政治過程に絶大な影響力を持つため、三権（立法、行政、司法）に次ぐ「第四の権力」とも称される。ただし、放送法はその報道に公正・中立性を要求している。

☞3　ドイツではナチス・ヒトラーが世論操作、シンボル操作を通じたプロパガンダ（組織的な宣伝活動）によって民衆の支持を得て独裁政治を正当化したという歴史がある。よって、国民にはメディア＝リテラシー（情報の読解・判断能力）が要求される。

2. 政治的無関心（ポリティカル＝アパシー）

選挙の棄権率が高まると民主政治が形骸化する危険性がある。

☞4　政治的無関心の分類：リースマン〔米〕は、❶伝統的無関心（政治的知識が乏しく、「政治はお上がするもの」と考える）、❷現代的無関心（政治的知識を持つが、政治へ無力感、あきらめを感じている）に分類した。ラズウェル〔米〕は、❶脱政治的態度（幻滅により政治から離脱する）、❷無政治的態度（レジャーを優先し、政治に低い価値しか認めない）、❸反政治的態度（既成の政治価値を急進的に否定する）に分類した。

▼官僚制(ビューロクラシー)〜マックス=ウェーバー『支配の社会学』 基本

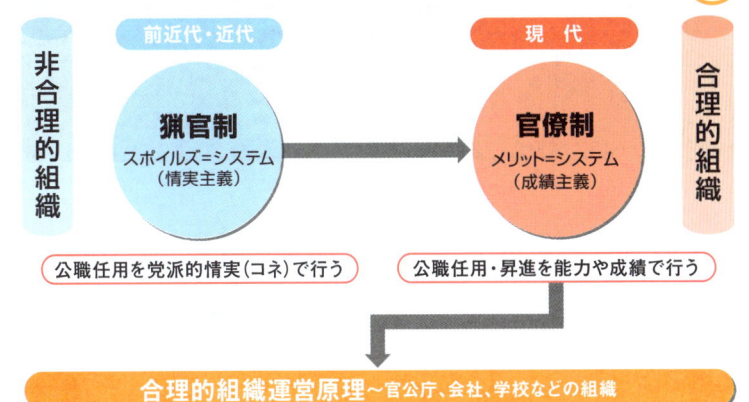

非合理的組織 | **前近代・近代**：猟官制 スポイルズ=システム(情実主義) → **現代**：官僚制 メリット=システム(成績主義) | **合理的組織**

- 公職任用を党派的情実(コネ)で行う
- 公職任用・昇進を能力や成績で行う

合理的組織運営原理〜官公庁、会社、学校などの組織

- テクノクラート(高級技術官僚)
- ヒエラルヒー(位階制)
- 指揮・命令 文書・ハンコ
- 指揮・命令 文書・ハンコ
- タテの人間関係▼規則
- 権限分配▶専門化 セクショナリズム(縄張り主義)

長所
合理的・客観的・専門的
▶**官僚制**

短所
硬直的・セクショナリズム
規則主義・事なかれ主義
▶**官僚主義**

Check!
❶官僚主義は、国家においては官僚制(規則主義)の名のもとに、悪法による支配に陥る危険性が潜んでいる。
❷マックス=ウェーバー(『支配の社会学』『経済と社会』)は、官僚制の分析によって法治行政の危険性を指摘した。

第3章 現代政治の諸問題

第 4 章
国際政治

1. 国際社会
2. 永久平和論と国際連盟
3. 国際連合 (1) 成立・組織
4. 国際連合 (2) 平和・安全
5. 国連平和維持活動 PKO
6. 戦後国際関係史 (1) 冷戦構造の形成
7. 戦後国際関係史 (2) 雪解け
8. 戦後国際関係史 (3) 新冷戦期～ポスト冷戦
9. 戦後国際関係史 (4) テロ後の国際関係
10. 軍縮の歴史 まとめ
11. ソ連邦解体と東欧の民主化
12. 地域紛争 (1) 中東問題
13. 地域紛争 (2)
14. 日本の外交 (1) 第二次世界大戦後の流れ
15. 日本の外交 (2) 北朝鮮問題

(特設テーマ)
戦後国際関係の流れを
4つの時期区分で総チェック!

覚えておきたい戦後国際政治の流れ

▶ 東西冷戦とその終焉を経て、20世紀末～21世紀初頭に再び「新しい冷戦」に突入!?

年代	西側	東側
1945	ヤルタ会談 ▶ 第二次世界大戦後の世界秩序＝冷戦（冷たい戦争）へ	
	サンフランシスコ会議 ▶ 国際連合憲章採択	
46	チャーチル（イギリス）「鉄のカーテン」演説	
47	トルーマン＝ドクトリン、マーシャル＝プラン	コミンフォルム設置（～1956）
49	北大西洋条約機構（NATO）結成	経済相互援助会議（COMECON）設置（～1991）
50	朝鮮戦争 ◀ 国連「平和のための結集」決議採択	
54	ネール（インド）・周恩来（中華人民共和国）会談 ▶「平和五原則」＝第三勢力の結集	
55	四大国首脳会議 ▶ 雪解けへ	ワルシャワ条約機構（WTO）結成（～1991）
	アジア・アフリカ会議 ▶「平和十原則」	
60	「アフリカの年」▶ アフリカ植民地で17ヵ国が独立	
62	キューバ危機 ▶ 米ソの「ホットライン」設置	
63	部分的核実験禁止条約（PTBT）調印・発効	
65	ベトナム戦争（～1973）▶ アメリカ、事実上の敗北	
68		「プラハの春」（チェコ民主化運動）
	核拡散防止条約（NPT）発効（1970発効）	
72	第一次戦略兵器制限条約（SALT Ⅰ）調印・発効	
79	第二次戦略兵器制限条約（SALT Ⅱ）調印 ※未発効	
		ソ連のアフガニスタン侵攻
84	ジュネーヴ軍縮会議	
85		ゴルバチョフ政権成立 ▶「欧州共通の家」構想
87	中距離核戦力（INF）全廃条約調印（1988発効）	
89	マルタ会談、「ベルリンの壁」崩壊 ▶ 冷戦の終焉（ヤルタからマルタへ）	
90	東西ドイツ統一	
91		ソ連邦解体
	第一次戦略兵器削減条約（START Ⅰ）調印（1994発効）	
96	第二次戦略兵器削減条約（START Ⅱ）調印 ※未発効	
97	包括的核実験禁止条約（CTBT）採択 ※発効のめどなし	
2001	アメリカで同時多発テロ（9.11同時多発テロ）発生	
	テロ支援のタリバン政権へ集団制裁（アフガニスタン空爆）	
02	戦略攻撃兵器削減条約（SORT）調印（2003発効）	
03	イラク戦争 ▶ フセイン政権崩壊／中東和平ロードマップ策定	

第4章 国際政治

1 国際社会　B

1. 国際社会の成立と展開

(1) **16～17世紀**　三十年戦争（1618～48）の終結に当たり、**ウェストファリア条約**（1648）が結ばれた。ここに、**主権国家**が複数誕生し、それを構成単位とする国際社会が成立した。

> ☞1　神聖ローマ帝国内での新旧キリスト教徒の争いを機に起こり、ヨーロッパ全土を巻き込む国際的な宗教戦争に発展した。その悲惨な経験から、グロチウス〔蘭・1583～1645〕は、著書『戦争と平和の法』（1625）で国際法の必要性を説いている。

(2) **18～19世紀**　ウィーン会議（1815）で国際法が整備され、フランス革命やナポレオン戦争により混乱したヨーロッパにおいて、**勢力均衡**[*1]による秩序ある国際社会の形成が目指された。

(3) **20世紀**　①**国際連盟**（1920）：第一次世界大戦後、**集団安全保障**体制が確立した。②**国際連合**（1945）：第二次世界大戦後、戦勝国＝連合国を中心に大国一致による**集団安全保障**体制が確立した。

> ☞2　20世紀前半には、ロシア革命（1917）を経て、社会主義国のソ連が誕生した（1922）。1960年以降、アジア、アフリカなどの第三世界の国々が独立国家として国連に加盟し、米ソ二極対立（冷戦）から多極化の時代を迎えた。そして、1989～90年の東欧民主化の動きの中で、冷戦の終焉が確認された（1989）。東西ドイツの統一（1990）とソ連邦の解体（1991）は、冷戦の終焉を決定づけるものといえる。ポスト冷戦の時代は、東西対立を越えた平和共存の時代といえる。国連中心主義の徹底、欧州安全保障協力会議（CSCE）の機能強化などが行われている。なお、CSCEは95年に欧州安全保障協力機構（OSCE）と改称した。

2. 国際関係を決定する基本的要因

(1) **政治的要因**　**ナショナリズム**、**権力**政治（「力の政治」、パワー＝ポリティクス）とそれによる勢力均衡政策などが挙げられる。

> ☞3　時代と場所により、3つの異なった意味を持つ。❶統一国民国家の形成を目指す国民主義、❷排他的侵略を正当化する国家主義、❸独立と自立を求める民族主義である。

> ☞4　第一次世界大戦後、集団安全保障体制が確立されたが、現実には十分機能せず、強国による事実上の弱小国支配や軍事衝突が絶えなかった。

(2) **経済的要因**　帝国主義期（19世紀）の植民地再分割競争、1980年代以降の**地域経済統合**の動き（EUなど）など。

(3) **文化的要因**[*2]　**イデオロギー**対立（資本主義と社会主義の価値観＝概念対立）、宗教的対立、民族的対立など（中東紛争、ユーゴ内戦など）。

---

*1　勢力均衡とは、各国ないし各同盟間の力のバランスによる平和の実現をいう。
*2　サミュエル＝ハンチントンは『文明の衝突』の中で、今後の紛争は先進のキリスト教文明と遅れたイスラーム教文明の摩擦という形で生じると予測していた。アメリカへのテロ（2001.9.11）、米英のイ

▼国際法 〜グロチウス「国際法の父」の分類 【基本】

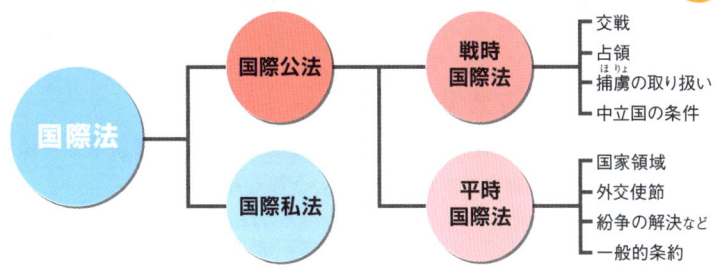

- 国際法
  - 国際公法
    - 戦時国際法
      - 交戦
      - 占領
      - 捕虜の取り扱い
      - 中立国の条件
    - 平時国際法
      - 国家領域
      - 外交使節
      - 紛争の解決など
      - 一般的条約
  - 国際私法

▼平和維持方式 （勢力均衡 ▶ 集団安全保障） 【重要】

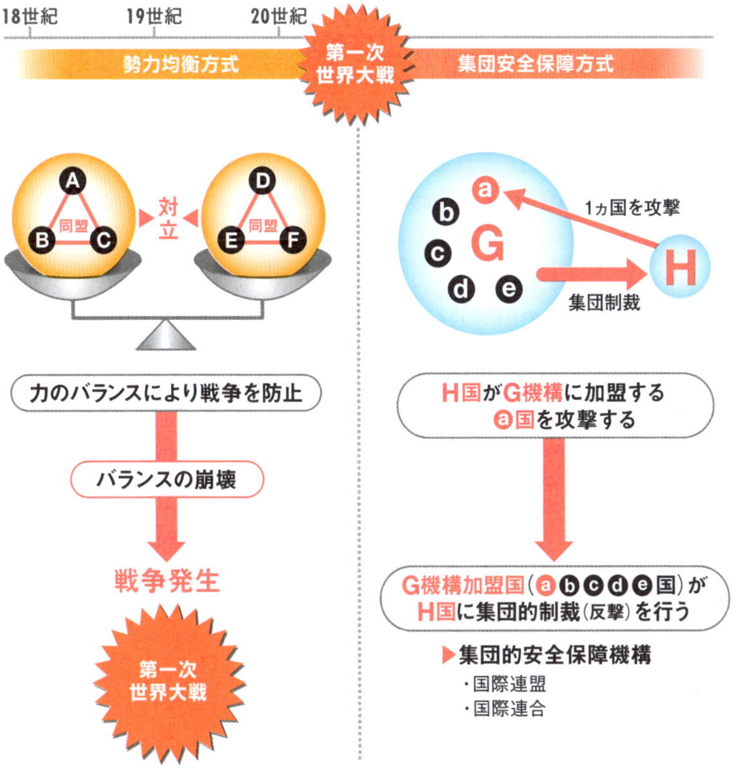

18世紀 — 19世紀 — 20世紀

勢力均衡方式 ── 第一次世界大戦 ── 集団安全保障方式

【勢力均衡方式】
A・B・C同盟 対立 D・E・F同盟
→ 力のバランスにより戦争を防止
→ バランスの崩壊
→ 戦争発生
→ 第一次世界大戦

【集団安全保障方式】
G機構（a・b・c・d・e）にH国が1ヵ国を攻撃 → 集団制裁

H国がG機構に加盟するa国を攻撃する
↓
G機構加盟国（a・b・c・d・e国）がH国に集団的制裁（反撃）を行う

▶集団的安全保障機構
- 国際連盟
- 国際連合

ラク制裁（2003）など、その予測が的中する事件が起こっている。

2 永久平和論と国際連盟　B

1. 平和思想と集団安全保障体制

(1) **平和思想**　世界平和維持のために、制裁権を背景に国際紛争を解決する国際平和機構を創設する必要があるという考え方を指す。

☞1　カント〔独・1724〜1804〕、サン＝ピエール〔仏・1658〜1743・『永久平和草案』(1713)〕、ルソー〔仏・1712〜78・『永久平和論』(1761)〕らが主張した。

(2) **集団安全保障体制**　永久平和思想を根拠に第一次世界大戦後、確立した。加盟国への侵略行為を全加盟国への侵略行為とみなし、集団的に制裁を加える集団的安全保障機構を結成する。

☞2　カントは著書『永久平和のために』(1795)で国際連盟の設立を提案した。

2. 国際連盟（本部：ジュネーヴ）

(1) **成立**　①1918年、アメリカの大統領ウィルソン（民主党）が「平和原則14ヵ条」を提唱した。それをきっかけに、②第一次世界大戦後、ヴェルサイユ講和会議(1918)で調印されたヴェルサイユ条約の第1編にもとづき「国際連盟規約」が作成(1919)され、③1920年に発足した。

(2) **目的と意義**　目的は、①各国間の平和安寧の完成、②国際協力の促進。意義は、①世界初の国際的な平和維持機構であること、②集団安全保障体制を採用したことにある。

(3) **機構**　①総会、②理事会（常任理事国：当初、英・仏・伊・日4ヵ国、非常任理事国：当初4ヵ国）、③常設連盟事務局、④自治機関として、常設国際司法裁判所と⑤国際労働機関(ILO)がある。

(4) **欠陥**　①**大国の不参加や離脱**：提唱国アメリカは議会（上院）の反対により一貫して不参加。社会主義国ソ連は、当初、参加が許されず1934年に加盟したが、39年に除名された。日・独は33年、伊は37年脱退した。②**全会一致**制：総会・理事会で、実質事項の議決は全会一致制を採用したので、一国の反対で議決ができず、有効・迅速な対応が困難であった（手続事項は過半数議決）。③**制裁方法の不備**：規約違反国に対しては勧告による経済制裁中心（軍事制裁規定はなし）で、有効ではなかった。

＊ 最近の国際連合加盟の動き：2002年、永世中立国スイス（国民投票実施）とインドネシアから独立した東ティモールが加盟。06年、セルビア・モンテネグロ連邦（旧 新ユーゴスラビア連邦）の解体によりモンテネグロが加盟。11年、分離独立した南スーダンが加盟し、現在193ヵ国となった（未加盟国・

▼国際連盟の主な機関 〔基本〕

```
                    ┌─ 自治機関 ─┐
  常設連盟事務局        常設国際司法裁判所
                     (ハーグ平和会議(1899)以来
                      の仲裁裁判所を常設化)

              総　会
              原加盟国
              42ヵ国

                    ┌─ 自治機関 ─┐
  理事会             国際労働機関(ILO)
  (当初、常任理事国)
  ▶英・仏・伊・日       (労働条件の改善)
```

check! 理事会のもとに、軍縮小委員会・法律専門家委員会などが存在する。

▼国際連盟と国際連合を比較しよう 〔基本〕

国際連盟 1920年設立 本部:ジュネーヴ		国際連合 1945年設立 本部:ニューヨーク
第一次世界大戦 ↓〔反省〕 国際連盟規約 ヴェルサイユ条約(1918)の一部 ▶ヴェルサイユ体制	成立根拠	第二次世界大戦 ↓〔反省〕 国際連合憲章 サンフランシスコ会議(1945)で採択
原加盟国42ヵ国 〜最大59ヵ国(1934) ▶米………不参加 ▶ソ………1934〜39 ▶日・独……1933脱退 ▶伊………1937脱退	加盟国	原加盟国51ヵ国 〜*193ヵ国(2013.10) 安全保障理事会の常任理事国 ▶米・ロ・英・仏・中
総会・理事会 — 全会一致制	表決	総　会 — 多数決制 (重要事項は3分の2以上) 安保理 — 多数決制 (実質事項は五大国一致)
経済制裁中心	制裁	非軍事制裁 ＋ 軍事制裁

地域はクック諸島、バチカン市国、コソボ、台湾など)。アラブ人国家のパレスチナ自治政府は、12年11月、国連総会で国連内での地位が「国家」に格上げされた。

3 国際連合(1)
成立・組織　A

1. 成立過程と目的

(1) 成立　①**大西洋憲章**（1941）で国際連合の設立構想が示され、②**ダンバートン＝オークス**会議（1944）で国際連合憲章草案が発表された。③米英ソ首脳が**ヤルタ**会談（1945）で安保理の五大国一致の原則に合意し、④**サンフランシスコ会議**で**国際連合憲章（国連憲章）が採択**され、⑤1945年10月24日、**国際連合**が成立した。

(2) 目的　①**国際平和と安全の維持**、②**諸国間の友好関係の促進**、③**経済的・社会的・文化的・人道的国際問題の解決**、および基本的人権尊重についての国際協力、④国連が国際活動の中心の場となるべきこと（**国連中心主義**）の4つを掲げている。

2. 組織

(1) 総会　全加盟国が参加する最高機関。平和問題などすべての事項を討議し、加盟国・安保理に**勧告**する。①**重要事項は3分の2以上**、②**一般事項は過半数**による多数決で議決（一国一票）。「**平和のための結集**」決議（1950）により、平和・安全問題について**緊急特別総会開催**の道が開かれた。

(2) 安全保障理事会　平和・安全問題の第一次的責任を負う。**拒否権**を持つ**5常任理事国**（**米・ロ・英・仏・中**）と**任期2年**の**10非常任理事国**の計**15ヵ国**で構成。近年、日本は常任理事国入りを求めているが実現していない。

(3) 経済社会理事会　非政治分野の問題に関する討議・勧告を行う。その下に**専門機関**がある。**54**理事国、任期**3**年、毎年3分の1ずつ改選される。

(4) 信託統治理事会　未開発地域の国家独立を援助する。5常任理事国で構成。1994年、パラオ諸島の独立により任務を完了した。

(5) 国際司法裁判所　裁判官**15**名、任期**9**年、3年ごと3分の1改選。**紛争当事国双方の付託**により裁判が開始。国際法解釈の**勧告的意見**を出せ、核兵器使用は原則違法だが、自衛の核使用は違法とは断定できないとした。

(6) 事務局　事務総長は**任期5年**、安保理の勧告を受け、総会で任命される（**第8代潘基文**〔パン ギムン〕〔2007〜　韓国〕）。2期務めることを慣行とする。

＊ 第6代事務総長ブトロス＝ガリ〔1992〜96　エジプト〕は、PKO強化を行ったが、アメリカの反対により再選は果たせなかった。第7代のコフィ＝アナン〔1997〜2006　ガーナ〕の時代にはPKO指揮権を持つなど、その権限は拡大している。

▼国際連合の仕組みは？ 〔基本〕

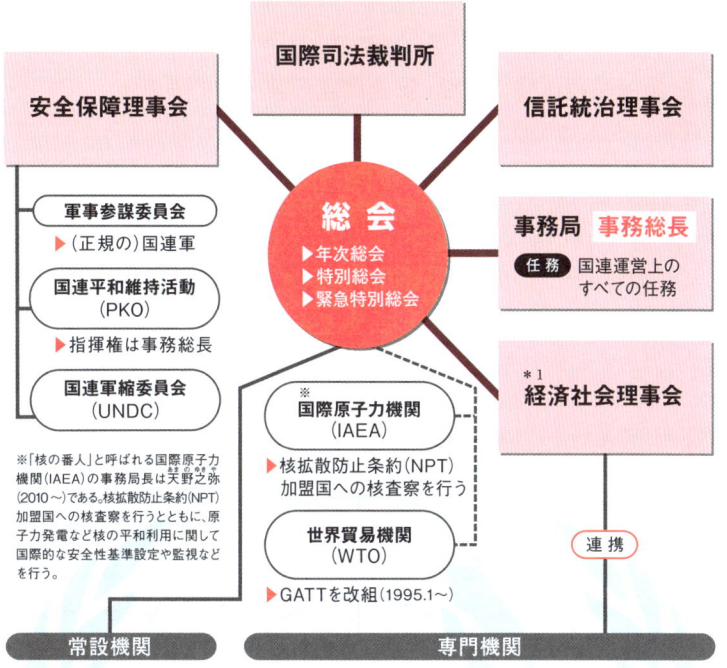

国際司法裁判所

安全保障理事会
- 軍事参謀委員会
  ▶(正規の)国連軍
- 国連平和維持活動(PKO)
  ▶指揮権は事務総長
- 国連軍縮委員会(UNDC)

※「核の番人」と呼ばれる国際原子力機関(IAEA)の事務局長は天野之弥(2010〜)である。核拡散防止条約(NPT)加盟国への核査察を行うとともに、原子力発電など核の平和利用に関して国際的な安全性基準設定や監視などを行う。

総 会
▶年次総会
▶特別総会
▶緊急特別総会

※ 国際原子力機関(IAEA)
▶核拡散防止条約(NPT)加盟国への核査察を行う

世界貿易機関(WTO)
▶GATTを改組(1995.1〜)

信託統治理事会

事務局　事務総長
(任務) 国連運営上のすべての任務

＊1 経済社会理事会

連携

常設機関
- ▶国連貿易開発会議(UNCTAD)
- ▶国連児童基金(UNICEF)
- ▶＊2 国連難民高等弁務官事務所(UNHCR)
- ▶国連開発計画(UNDP)
- ▶国連環境計画(UNEP)
- ▶世界食糧計画(WFP)
- ▶国連人権高等弁務官事務所(OHCHR)
など

専門機関
- 国際労働機関(ILO)
- 国連食糧農業機関(FAO)
- ＊3 国連教育科学文化機関(UNESCO)
- ▶世界保健機関(WHO)
- 世界銀行(WB)グループ
  - ▶国際復興開発銀行(世界銀行・IBRD)
  - ▶国際開発協会(第二世界銀行・IDA)
  - ▶国際金融公社(IFC)
  - ▶多国間投資保証機関(MIGA)
  - ▶国際投資紛争解決センター(ICSID)
- 国際通貨基金(IMF)　▶国際海事機関(IMO)
- ▶国際民間航空機関(ICAO)　▶世界知的所有権機関(WIPO)
- ▶万国郵便連合(UPU)　▶国際農業開発基金(IFAD)
- ▶国際電気通信連合(ITU)　▶国連工業開発機関(UNIDO)
- ▶世界気象機関(WMO)　▶世界観光機関(UNWTO)

＊1　経済社会理事会の下にあった人権委員会は、2006年に人権理事会(加盟47ヵ国)に昇格。
＊2　1991〜2000年まで難民高等弁務官を日本人女性、緒方貞子氏が務めた。
＊3　アメリカとイギリスは1980年代にUNESCOを脱退したが、2000年代に再加入した。

4 国際連合(2)
平和・安全
A

1. 安全保障理事会(平和・安全問題の第一次的責任)

(1) **任務** 安保理は以下の手順にしたがって、紛争の解決を行う。

① 国連憲章第6章にもとづき、当事国に紛争の平和的解決を要請する。

② 国連憲章第7章にもとづき、まず経済・交通・外交断絶など非軍事的措置を各国に要請する。

③ ①②で解決不能の場合、最後の手段として軍事的措置を採る。

(2) **国際連合軍** 本来の国連軍とは、加盟各国が兵力・便益を安保理にいつでも提供するという特別協定を締結して設置した常設軍(憲章第43条)であるが、正式には存在していないので、安保理の決定による正式な軍事的強制措置は過去に1度もない。

☞1 現実には、「勧告」による強制措置(憲章第39条)が行われることが多い。朝鮮戦争(1950)の際の国連軍も、「勧告」による任意の変則的国連軍だった。

(3) **表決方法とその問題点** 国際連盟が第二次世界大戦を防止できなかった反省をふまえ、安保理は迅速な対応を目指して多数決制を導入した。手続事項は15理事国の内、9理事国の賛成で議決されるが、**実質事項の議決には5常任理事国を含む9理事国の賛成が必要である。よって、拒否権を持つ5常任理事国の内、1ヵ国でも反対すれば否決される(五大国一致の原則)**。

☞2 戦後の紛争は東西対立であり、常任理事国どうしの戦いでもあったため、安保理の機能は拒否権によってしばしば麻痺することになった。また、正規国連軍が組織できないため、国連の場で制裁に賛成する国が任意に集結した部隊を創設することがあるが、これは多国籍軍と呼ばれる。

2. 緊急特別総会

朝鮮戦争(1950)の際、「平和のための結集」決議が採択された。拒否権行使により安保理の機能が麻痺したとき、平和・安全問題を解決するために、緊急特別総会を開催できるとした決議である。総会は軍隊の使用を含む「集団的措置」を採るよう加盟国に「勧告」することができる。ただし、勧告が総会の限界である。**加盟国の過半数または安保理の9理事国の要請で開催され、スエズ危機(1956)以来、10数回開かれている。**

---

*1 2006年7月、北朝鮮の「テポドン2号」「ノドン」発射の際には非難決議を、同年10月の地下核実験時には国連憲章第7章第41条の「非軍事的措置」に限った「制裁決議」を全会一致で採択した。09年にも、4月にミサイル発射、5月に地下核実験が実施されたことから、「非軍事的措置」が決定

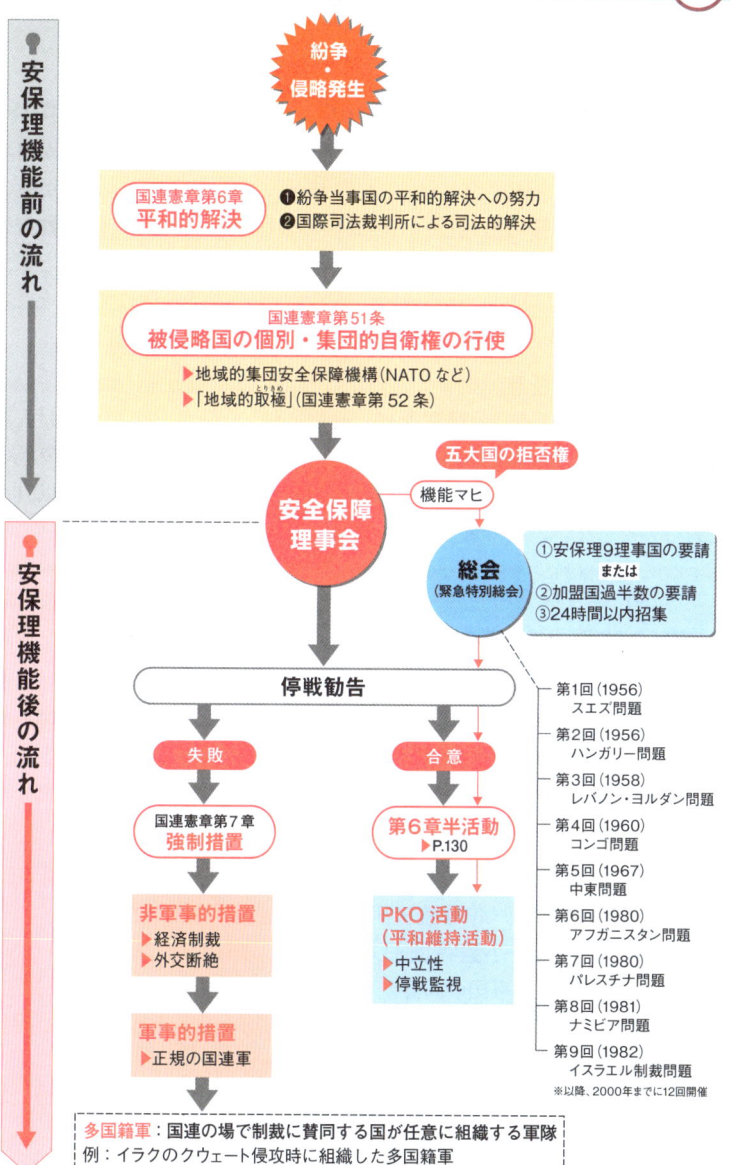

▼国際連合の紛争処理システムを整理！　発展

安保理機能前の流れ

紛争・侵略発生
↓
国連憲章第6章 **平和的解決**
❶紛争当事国の平和的解決への努力
❷国際司法裁判所による司法的解決
↓
国連憲章第51条 **被侵略国の個別・集団的自衛権の行使**
▶地域的集団安全保障機構（NATOなど）
▶「地域的取極」（国連憲章第52条）
↓
安全保障理事会 ← 五大国の拒否権／機能マヒ
　　　　　　　　　　↓
　　　　　　　　総会（緊急特別総会）
　　　　　　　　①安保理9理事国の要請　または
　　　　　　　　②加盟国過半数の要請
　　　　　　　　③24時間以内招集

安保理機能後の流れ

停戦勧告
├─ 失敗 → 国連憲章第7章 **強制措置**
│　　　　　├─ **非軍事的措置** ▶経済制裁　▶外交断絶
│　　　　　└─ **軍事的措置** ▶正規の国連軍
└─ 合意 → **第6章半活動** P.130 → **PKO活動（平和維持活動）** ▶中立性　▶停戦監視

多国籍軍：国連の場で制裁に賛同する国が任意に組織する軍隊
例：イラクのクウェート侵攻時に組織した多国籍軍

緊急特別総会開催一覧：
- 第1回（1956）スエズ問題
- 第2回（1956）ハンガリー問題
- 第3回（1958）レバノン・ヨルダン問題
- 第4回（1960）コンゴ問題
- 第5回（1967）中東問題
- 第6回（1980）アフガニスタン問題
- 第7回（1980）パレスチナ問題
- 第8回（1981）ナミビア問題
- 第9回（1982）イスラエル制裁問題

※以降、2000年までに12回開催

した。13年、金正恩体制下でも同様の事態が繰り返されている。

*2　緊急特別総会は、安保理の補充的機能を果たすだけなので「勧告」が限界であり、停戦勧告を任務とするPKOの派遣はできるが、集団的制裁措置の決定はできない。

5 国連平和維持活動
PKO
A

1. 国連平和維持活動（PKO：Peace Keeping Operations）

(1) **内容** 停戦勧告・停戦協定の監視・選挙の監視を目的に、加盟国が自発的に提供した要員を国連が編成し、紛争地域に派遣すること。①非武装の少数部隊からなる停戦監視団、②軽武装の多数部隊からなり、停戦勧告を行う平和維持軍（PKF：Peace Keeping Force）、③選挙監視団などに分類できる。PKOの目的は、紛争地域に駐留して紛争停止を勧告することなので、制裁などの強制措置は原則、行わない（武力行使は自衛に限る）。

(2) **PKO原則** ①任意原則：兵力提供は強制でなく加盟国（原則、中立な中小国）の自発による。②同意原則：派遣に際し、紛争当事国の受け入れ同意が必要。③中立原則：紛争当事国の一方に加担しない。安保理のもとで行われる強制措置とは根本的に異なる。④自衛原則：自衛の場合以外は武力行使をしない。

☞ PKOは、国連憲章に明文規定がなく、憲章第6章の平和的解決にも第7章の強制措置にも分類しがたいという意味で、「第6章半活動」とも呼ばれる。1988年にはノーベル平和賞を受賞した。

2. PKO強化（ガリ提案）

(1) **「平和への課題*1」レポート** 1992年、ガリ国連事務総長が主張。①人道上の理由から、紛争当事国双方の受け入れ同意がなくても、被侵略国一方の要請があればPKOを派遣する。②紛争の激しい地域には平和創造のため、本来のPKFよりも重装備で、武力行使を予定する「平和執行部隊」を派遣する。

(2) **1990年代以降のPKOの性格** ①国連カンボジア暫定統治機構（UNTAC）は、平和維持軍・停戦監視団・選挙監視団の複合的機能を持つ。②国連イラク・クウェート監視団（UNIKOM）と国連ユーゴ保護軍（UNPROFOR）は、紛争当事国の同意がないが、被侵略国の要請のみで人道上、派遣された。③第二次国連ソマリア活動（1993～94）と国連ユーゴ保護軍（1992～95）は、自衛の範囲を超えて広範な武力行使を予定する「平和執行部隊」である。しかし、平和執行部隊は紛争が泥沼化して失敗*2に終わった。

---

*1 レポートは、❶予防外交（紛争発生前に国連要員を駐留）➡❷平和創造（重装備の平和執行部隊創設）➡❸平和維持（PKO）➡❹平和構築（秩序回復、難民帰還などの平和定着）を提唱した。

▼国際平和維持活動(PKO)協力法(1992) 時事

海外派遣

前提

❌ ①あらゆる人的貢献 → **憲法第9条違反の疑い**
▶憲法第9条2項後段が禁ずる「交戦権の否認」に違反する疑い。

⭕ ②PKOに限る → **合憲**
▶ただし、平和維持軍(PKF)本体に参加する場合、「交戦」に巻き込まれる可能性があるために国会の事前承認が必要。

自衛隊の正式な海外派遣

❶ 国連カンボジア暫定統治機構 (1992.9〜93.9)
❷ 国連モザンビーク活動 (1993.5〜95.1)
❸ ルワンダ難民救援 (1994.9〜.12)
❹ 国連ゴラン兵力引き離し監視隊 (1996.2〜13.1)
❺ 東ティモール避難民救援 (1999.11〜00.12)
❻ アフガニスタン難民救援 (2001.10)
❼ 国連東ティモール暫定行政機構 (2002.2〜5)
❽ 国連東ティモール支援団 (2002.5〜04.6)
❾ イラク難民救援 (2003.3〜4)
❿ イラク被災民救援 (2003.7〜8)
⓫ 国連ネパール政治ミッション (2007.3〜11.1)
⓬ 国連スーダンミッション (2008.10〜11.9)
⓭ ハイチ国際緊急援助隊 (2010.2〜13.2)
⓮ 東ティモール総合ミッション (2010.9〜12.9)
⓯ 国連南スーダン共和国ミッション (2012.1〜)

PKO参加5原則(日本)

- ❶ 停戦合意
- ❷ 紛争当事国双方の受け入れ同意
- ❸ 中立性(駐留のみ)
- ❹ 武器使用は自衛に限定
- ❺ ❶❷❸が欠けた場合 独自の判断で撤退

check! 日本の自衛隊が独自判断で撤退する理由は、憲法第9条2項後段で「交戦権の否認」が規定されているため、自衛隊の派遣先は非戦闘地域に限られるからである。特に❶❸の要件が失われ、紛争が再発した場合、交戦に巻き込まれる可能性がある。

*2 平和執行部隊の失敗を受けて、ガリ事務総長に対しては、アメリカが再任を拒否したため、2期務める慣行が破られて1期で任務を終了することになった。

6 戦後国際関係史(1)
冷戦構造の形成 A

1. 冷戦の始まり～ヤルタ体制＝東西冷戦構造

1945年2月、米英ソ首脳による**ヤルタ会談**で、第二次世界大戦後の国際秩序に関する協定が締結された。しかし、米ソ間で支配権の拡大をめぐり対立が生じた。この対立は、軍事衝突には至らないことから「**冷戦**」(Cold War)と名づけられた。

2. 冷戦構造の形成～東(ソ連)・西(アメリカ)対立構造

(1) **西側(資本主義)の陣営** 1946年、英国首相**チャーチル**が「**鉄のカーテン**」**演説**でソ連の秘密主義を批判したのを機に、アメリカを中心とした西側陣営は対ソ連・反共産ブロックを形成していった。①**政治面**では、**トルーマン＝ドクトリン**(1947)で、資本主義化を条件に経済援助を行い、対ソ封じ込め政策。②**経済面**では、**マーシャル＝プラン**(欧州復興援助計画)(1947)で、反共陣営を拡大。③**軍事面**では、**北大西洋条約機構(NATO)** を結成し(1949)、西側の軍事同盟＝地域的集団安全保障機構を作った。

☞1 敗戦国ドイツの領有をめぐるベルリン危機(1948)の中で、西側からのベルリンへの通行を遮断したソ連に対抗するために西側諸国が結成した軍事同盟がNATOである。

(2) **東側(社会主義)の陣営** ①**政治面**では、東側陣営の政治的結束を図るため、**コミンフォルム**(各国共産党連絡機関)が設置された(1947～56)。②**経済面**では、経済相互援助会議(**COMECON：コメコン**)が設置(1949)され、ソ連は社会主義化を条件に経済援助を実施して東欧諸国を拡大した(1991.9廃止)。③**軍事面**では、**ワルシャワ条約機構(WTO)** を結成(1955)してNATOに対抗した。

☞2 コメコンとWTOは、ソ連の経済破綻により1991年に解体し、同年12月にはソ連邦自体が解体したため、東側陣営は消滅し、名実ともに東西対立構造は解消した。

3. 東西対立で発生した地域紛争

①**ベルリン危機**：1948年、戦犯国ドイツの首都ベルリンの管理をめぐって対立し、翌49年、東・西ドイツに分断した。②**朝鮮戦争**(1950～53)：北朝鮮と韓国の国境線(**北緯38度線**)をはさんで、北朝鮮にソ連と中国が、韓国にアメリカが支援を行い、東西の代理戦争が行われた。

* 1949年、西側はソ連などの東側への武器輸出を禁止するために、対共産圏輸出統制委員会(COCOM)を設置したが、冷戦終焉後の94年に解散した。

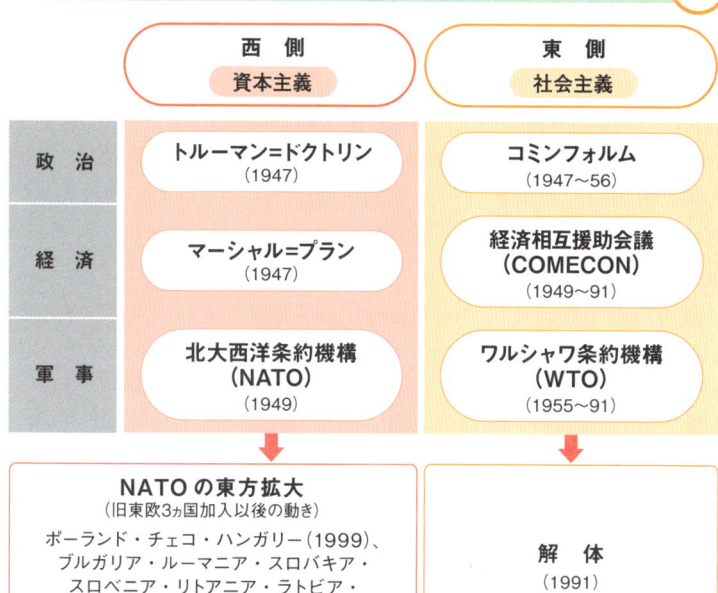

▼ 冷戦〜地域的集団安全保障機構の確立 　基本

	西側 資本主義	東側 社会主義
政治	トルーマン=ドクトリン (1947)	コミンフォルム (1947〜56)
経済	マーシャル=プラン (1947)	経済相互援助会議 (COMECON) (1949〜91)
軍事	北大西洋条約機構 (NATO) (1949)	ワルシャワ条約機構 (WTO) (1955〜91)

NATOの東方拡大（旧東欧3ヵ国加入以後の動き）
ポーランド・チェコ・ハンガリー(1999)、ブルガリア・ルーマニア・スロバキア・スロベニア・リトアニア・ラトビア・エストニア(2004)、ロシア準加盟(2002)、クロアチア・アルバニア(2008)

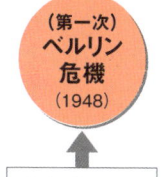

解体 (1991)

check! 北大西洋条約機構 (NATO) は西側の軍事機構であったが、1999年3月に旧東欧3ヵ国が正式加盟して19ヵ国となり、2004年には、ブルガリア、ルーマニアなどが加盟 (26ヵ国) し、ロシアは02年に準加盟した。さらに、08年にはクロアチアとアルバニアの加盟が決定し、09年から28ヵ国体制となった。

▼ 東西対立を背景に起こった紛争 　基本

- **(第一次)ベルリン危機** (1948) ← ドイツのベルリンを米ソが取り合い
- **朝鮮戦争** (1950〜53) ← 北緯38度線の国境紛争
- **キューバ危機** (1962) ← アメリカと社会主義化したキューバの対立
- **ベトナム戦争** (1965〜73) ← ベトナムの資本主義化・社会主義化をめぐる争い

＊ 2002年、「NATO・ロシア理事会」が創設され、ロシアはテロとの戦いでNATOと協力することを決定し、事実上、NATOの準加盟国になった。

7 戦後国際関係史(2)
雪解け

B

1. 雪解け期(緊張緩和)～米ソ二極化から多極化へ

(1) **経過(50年代)** 朝鮮休戦協定(1953)・ジュネーヴ休戦協定(1954)により、東西の**代理戦争**といわれた**朝鮮戦争・インドシナ戦争**が終結した。1955年には米ソ英仏の**四大国首脳会談**が開かれ、話し合いによる「雪解け」「平和共存」が合意された。

(2) **経過(60年代)** ①ソ連共産党書記長[*1]**フルシチョフ**の「**平和共存**」とアメリカ大統領**ケネディ**の「**デタント**」(**緊張緩和**)は、米ソ首脳会談の定期的開催を可能にし、「**話し合い外交**」を進展させた。②1962年、**キューバ危機**が発生し、核戦争勃発の危機に直面したが、米ソ首脳の話し合いにより回避された。この事件は、緊張緩和の必要性を痛感させ、**話し合い外交**を加速させた。③米ソ二極対立から**多極化**への動きも、米ソ戦争の防止機能を果たした。(ⅰ)**西側内部分裂**(1966・**仏**の[*2]**NATO軍事機構脱退**)。(ⅱ)**東側内部分裂**(東欧自由化、アルバニア・ユーゴスラビアの独自化、1968・**チェコ**の民主化「**プラハの春**」、中ソ対立など)。(ⅲ)**第三世界が台頭**[*3]、(1960・独立したアフリカ17ヵ国の内、16ヵ国が**国連へ一括加盟**:「**アフリカの年**」)。国連で平和を唱える勢力となった。1978・82・88年には平和を主張する非政府組織(**NGO**)の参加を認めた**国連軍縮特別総会**を開催。

☞ ソ連がキューバにアメリカ向けのミサイル基地建設を始め、アメリカはそれを阻止するためにキューバの海上封鎖を断行し、両国の間で核戦争寸前の状態に至った。

2. 雪解けの成果

(1) **60年代** 2つの核管理(軍備管理)条約が成立した。①**部分的核実験禁止条約**(**PTBT**・1963調印・発効)。②**核拡散防止条約**(**NPT**・1968調印・70発効)。当初、米英ソの三国条約。現在は、開放条約で多数の国が加入した。

(2) **70年代** ①米ソ間で長距離核兵器の上限数を制限する**第一次戦略兵器制限条約**(**SALTⅠ**・1972調印・発効)が成立した。②**SALTⅡ**も1979年に調印されたが、同年12月のソ連の**アフガニスタン侵攻**を機にアメリカが批准を拒否して発効できず、再び緊張が高まり、新冷戦期に突入した。

[*1] スターリン死去(1953)後、党書記長となったフルシチョフは、1956年のソ連共産党第20回大会でスターリン批判(徹底した反米、反資本主義路線を批判)をして平和共存を主張した。
[*2] フランス(サルコジ大統領)は2009年、アメリカとの関係修復のためNATO軍事部門に復帰した。

▼雪解け＝緊張緩和(1955〜79)の背景　発展

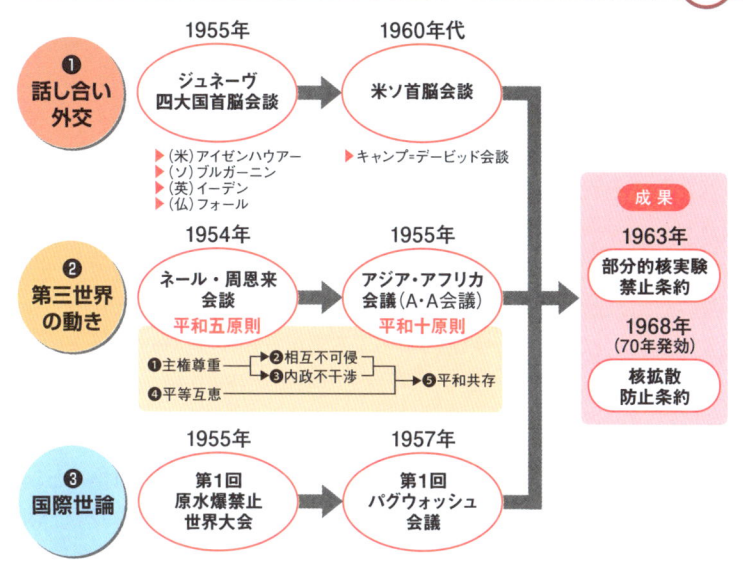

❶ 話し合い外交

- 1955年：ジュネーヴ四大国首脳会談
  - ▶(米)アイゼンハウアー
  - ▶(ソ)ブルガーニン
  - ▶(英)イーデン
  - ▶(仏)フォール
- 1960年代：米ソ首脳会談
  - ▶キャンプ=デービッド会談

❷ 第三世界の動き

- 1954年：ネール・周恩来会談　平和五原則
- 1955年：アジア・アフリカ会議(A・A会議)　平和十原則
  - ❶主権尊重　❷相互不可侵　❸内政不干渉　❹平等互恵　❺平和共存

❸ 国際世論

- 1955年：第1回原水爆禁止世界大会
- 1957年：第1回パグウォッシュ会議

成果
- 1963年 部分的核実験禁止条約
- 1968年 (70年発効) 核拡散防止条約

▼雪解けの成果〜軍備管理条約　時事

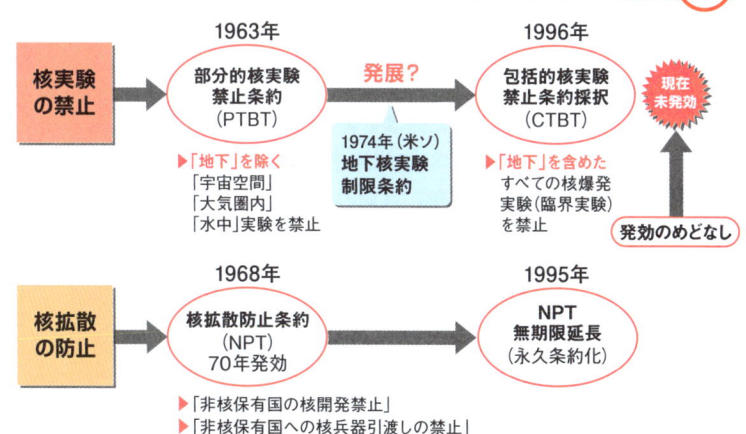

核実験の禁止

- 1963年：部分的核実験禁止条約(PTBT)
  - ▶「地下」を除く「宇宙空間」「大気圏内」「水中」実験を禁止
- 発展？　1974年(米ソ)地下核実験制限条約
- 1996年：包括的核実験禁止条約採択(CTBT)
  - ▶「地下」を含めたすべての核爆発実験(臨界実験)を禁止
  - 現在未発効　発効のめどなし

核拡散の防止

- 1968年：核拡散防止条約(NPT) 70年発効
  - ▶「非核保有国の核開発禁止」
  - ▶「非核保有国への核兵器引渡しの禁止」
- 1995年：NPT無期限延長(永久条約化)

check! 部分的核実験禁止条約と核拡散防止条約は、軍備管理条約であって軍備縮小条約ではないことに注意！ 軍備を削減するのではなく、実験場所や拡散しないように管理することに関する条約である。

＊3 第三世界が結集し、1961年に当時のユーゴスラビア（第三世界の指導的立場であったチトー大統領）のベオグラードで非同盟諸国首脳会議を開催した（2003年、第13回会議がマレーシアのクアラルンプールで開催）。

8 戦後国際関係史(3)
新冷戦期〜ポスト冷戦

1. 新冷戦期（1979〜85）

(1) **ソ連のアフガニスタン侵攻（1979）** ソ連は、制限主権論（社会主義国は社会主義を超え出る主権を与えられない）にもとづいてアフガニスタンの民主化運動を軍事鎮圧した。それに反発してアメリカは調印していたSALT Ⅱの批准を拒否し、すべての米ソ間軍縮交渉は中断し、冷戦期に逆戻りした。

(2) **アメリカの戦略防衛構想（SDI・1983）** 米ソ軍縮交渉を提唱した米大統領レーガンは、裏では宇宙戦争による防衛計画（スターウォーズ計画）を実施したため、今度はソ連がアメリカとの軍縮交渉を中断した。

2. 冷戦終焉（ポスト冷戦）期（1985〜現在）

(1) **冷戦終焉の背景** 1985年、ソ連に東西イデオロギー対立の枠にとらわれない新思考外交と、ヨーロッパは1つの家だとする「欧州共通の家」構想を掲げたゴルバチョフ政権が誕生し、米ソ間で包括軍縮交渉が開始された。89年の米ソ首脳会談では、ついに「冷戦終焉宣言（マルタ宣言）」が出され、90年には分断していた東西ドイツ統一も実現した。

☞1 「ヤルタからマルタへ」とは、1945年以来の東西対立であるヤルタ体制が崩壊し、89年以降、東西冷戦の終焉・平和共存を目指すマルタ体制に移行したことを示す言葉である。

(2) **成果** ①1987年に米ソINF（中距離核戦力）全廃条約が調印（88発効）された（部分的兵器だがゼロ条約は軍縮史上初）。②1990年にCSCE（欧州安全保障協力会議）でCFE（欧州通常戦力）条約とパリ憲章（パリ不戦宣言）が採択された。③1991年に東側の軍事同盟であったワルシャワ条約機構（WTO）を解体し、NATO（北大西洋条約機構）との対立が終了した。④戦略核（長距離大型核兵器）削減を目指すSTART（戦略兵器削減条約）Ⅰ（91調印、94発効）、Ⅱ（93調印、未発効）が成立した。⑤1996年に部分的核実験禁止条約を発展させ、「地下」を含めた包括的（全面的）核実験禁止条約（CTBT）が国連総会で採択されたが未発効である。

☞2 SALTは戦略核兵器の上限制限条約（増やす場合の上限枠設定）であったのに対し、STARTは削減条約。STARTⅠは7年間で米ソの戦略核弾頭数をそれぞれ上限6,000発まで削減する条約。STARTⅡは米ロの戦略核弾頭数を2003年までにそれぞれ3,000〜3,500発以下に削減する条約。同時多発テロ後の2002年、米ロ間で、その総数をそれぞれ1,700〜2,200発とする戦略攻撃兵器削減条約（モスクワ条約 SORT）が調印された（2003発効）。

＊ 2011年には米ロ間で新STARTが発効し、戦略核弾頭を各々1,550発に、運搬手段は未整備を含めて800基（配備済みは700基）に大幅削減することになった。

▼ 新冷戦期（1979〜85） 【重要】

1979年
ソ連のアフガニスタン侵攻 ― 民主化に軍事介入 → アメリカは、SALT Ⅱ調印後、批准拒否
▶社会主義国の民主化阻止

1983年
アメリカの戦略防衛構想（SDI） ― 宇宙戦争を想定 → ソ連は、START・INF交渉中断
▶スターウォーズ計画

▼ 冷戦終焉（ポスト冷戦）期（1985〜現在） 【時事】

1985年
ソ連共産党書記長ゴルバチョフ就任 → 【新思考外交】 平和共存／「欧州共通の家」構想

【米ソ包括軍縮交渉（開始）】
- 1989　米ソ冷戦終焉宣言（マルタ宣言）〜ヤルタからマルタへ
- 1991　東側軍事同盟＝ワルシャワ条約機構（WTO）解体

長距離核

1991年
【米ソ】START Ⅰ調印（1994発効〜2009期限切れ）

1993年
【米ロ】START Ⅱ調印（未発効）
― 戦略兵器削減条約 ―

2002年
【米ロ】SORT調印（2003発効）
― 戦略攻撃兵器削減条約 ―
発展 → 新START調印（2011発効）

中距離核

1987年
【米ソ】INF全廃条約調印（1988発効）
中距離核戦力全廃条約

通常兵器その他

1990年
CFE条約調印（1992発効）
欧州通常戦力条約
パリ憲章（パリ不戦宣言）

1993年
化学兵器禁止条約調印（1997発効）

1997年
対人地雷全面禁止条約（オタワ条約）調印（1999発効）

2008年
クラスター爆弾禁止条約（オスロ条約）調印（2010発効）

【包括的（全面的）核実験禁止条約（CTBT）】

1996年 国連総会で【採択】 → 発効のめどなし

インド・パキスタン・北朝鮮などは未署名、未批准。アメリカ議会も否決（1999）

2009* オバマ大統領
「核なき世界」CTBT批准方針を示す

❶「地下」も含む全面的核爆発実験を禁止
❷ 問題点は、未臨界実験（コンピュータ実験）を禁止していないこと

---

check! アメリカはロシアに対して、冷戦期の1972年調印の弾道弾迎撃ミサイル（ABM）制限条約の破棄を、テロ直後の2001年に通告し、ABMを増設してテロ集団対策としてのミサイル防衛（MD）を強化。代わりにロシア向けの戦略攻撃兵器削減条約（SORT）を02年に調印し、ロシアは敵ではないとするメッセージを送った。

＊ アメリカの民主党オバマ大統領（2009〜）は「核なき世界」を提唱し、すべての核保有国・開発能力保有国の批准を条件にアメリカも批准の用意があることを表明したため、2009年にノーベル平和賞を受賞した。しかし、その後、同政権下で未臨界核実験が行われたことから、批判が噴出した。

第4章 国際政治

9 戦後国際関係史(4)

テロ後の国際関係

A

1. アメリカへの同時多発テロ発生（2001.9.11）

アメリカのニューヨークにあった世界貿易センタービルと国防総省（ペンタゴン）への**テロ**が発生した（首謀者は**イスラーム原理主義**テロ集団**アルカイーダ**の**ウサマ＝ビンラディン**）。アメリカ・ブッシュ大統領は、テロ集団を支援する国家を「**ならず者国家**」と非難し、新たな仮想敵国をテロ集団ないしテロ支援国家（集団）とする新しい国際協調体制を築いていく。

2. アフガニスタンのタリバン政権への制裁（2001.10～12）

テロ集団アルカイーダをかくまうアフガニスタンの**タリバン**政権に対する**集団制裁**が、米英など北大西洋条約機構（NATO）合同軍によって初めて行われた（NATO第5条）。NATO第5条による制裁発動は史上初となる。

☞1 2001年11月には首都カブールが制圧され、12月22日にはタリバン政権崩壊後の同国の民主化と復興のためアフガニスタン暫定政権（カルザイ議長）が発足、02年1月には東京で**アフガニスタン復興支援国際会議**（緒方貞子議長）が開かれた。日本はアメリカなどが目指す「平和創造」によって起こったこの戦争の「戦後処理」として平和定着外交に傾注している。

3. テロ後のアメリカ ブッシュ外交

テロの発生は、ブッシュ大統領が掲げていた**ミサイル防衛**（MD＝ミサイル・ディフェンス）**構想**に対する国民の支持をもたらした。2002年9月には「将来、アメリカに対して大量破壊兵器を使用する恐れのある国に対する先制攻撃は自衛の範囲内である」とする**ブッシュ＝ドクトリン**を掲げ、イラク（サダム＝フセイン大統領）への戦争を正当化し、ついに「**イラク自由作戦**」と称してイラク戦争を開始した（2003.3.20）。同年5月1日には、イラクは制圧され、ブッシュ大統領は「戦闘行為終結宣言」を発表した。その後、アメリカなどの合同軍による占領統治を経て、2004～06年にかけて主権はイラクに戻されていった。

☞2 フランス・ドイツなどのイラク戦争反対を受け、国連安保理の武力行使容認決議のないまま、2003年3月20日に米英など合同軍はイラク戦争を開始した。

☞3 2003年12月にはイラク・フセイン大統領の身柄が拘束されて、死刑が執行された。しかし、戦後処理のために駐留を続けたため、米軍などを狙った自爆テロや攻撃が相次ぎ、戦争に協力した国々をターゲットにしたテロも発生した。日本はイラク復興支援特別措置法にもとづいて自衛隊を戦後復興・人道・民主化支援のため、04年1月よりイラクへ派遣したが、06年に本格民主化政権が成立したため、同年7月に撤収を完了した。

*1 アメリカもオバマ政権が2011年にイラクからの撤退を決定した。
*2 2003年5月の「戦闘行為終結宣言」の後、米英などの連合国暫定当局（CPA）による占領統治を経て、以後イラクの政体は暫定政権（04・6：首相アラウィ）➡移行政府（05・4：首相ジャファリー）

▼アメリカへのテロは中東戦争と同じ構造で起こっている！ 時事

イスラーム原理主義 vs ユダヤ教（イスラエル）＋キリスト教（アメリカなど）

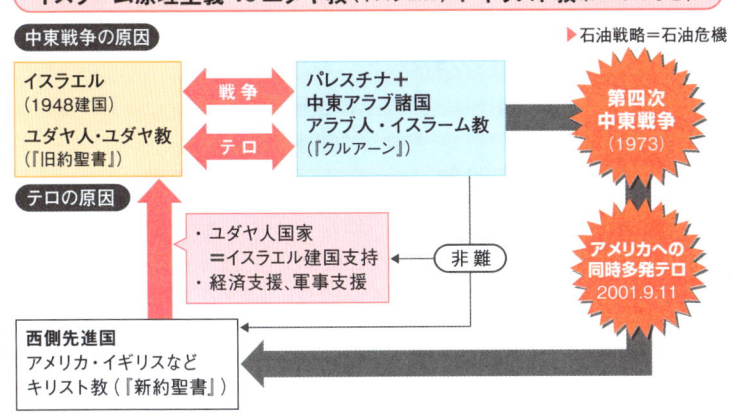

中東戦争の原因

▶石油戦略＝石油危機

- イスラエル（1948建国）／ユダヤ人・ユダヤ教（『旧約聖書』）
- ⇔ 戦争／テロ ⇔
- パレスチナ＋中東アラブ諸国 アラブ人・イスラーム教（『クルアーン』）

→ 第四次中東戦争（1973）

テロの原因

- ・ユダヤ人国家＝イスラエル建国支持
- ・経済支援、軍事支援

← 非難 ← アメリカへの同時多発テロ 2001.9.11

西側先進国 アメリカ・イギリスなど キリスト教（『新約聖書』）

▼テロ後の国際関係 時事

アメリカ・ブッシュ大統領 ▶「テロは戦争である！」

北大西洋条約機構（NATO）

| ソ連など旧東欧（冷戦期の敵） | テロ集団・テロ支援国家（01年テロ後の敵） |

← 仮想敵が変化 →

テロ集団アルカイーダを支援するアフガニスタン（タリバン政権）に集団制裁
（2001.10 NATO第5条制裁は史上初）

アメリカ・ブッシュのユニラテラリズム（単独行動主義）

- ミサイル防衛（MD）の強化
  ▲
  アメリカ本土防衛（NMD）
  ＋
  駐留米軍・同盟国防衛（TMD）

- 地球温暖化防止条約（京都議定書）拒否
- CO_2排出削減数値目標の受諾拒否
- 原子力発電所の増設決定

- 国際刑事裁判所（ICC）加入拒否
  ▼
  同盟国にも未加入を要求

- 生物兵器禁止条約の議定書加盟を拒否
  ▼
  抜き打ち査察に反対

米英など合同軍が実施
↓

国連安保理の武力行使容認決議のないままイラク制裁（2003.3.20〜5.1）

→ 本格民主化政権（06・5：首相マリキ）と推移した。

第4章 国際政治

10 軍縮の歴史
まとめ

1. 国連における軍縮への動き

(1) **国連軍縮委員会** 国連は、1952年に**国連原子力委員会**(1946設置)と**通常軍備委員会**(1947設置)を統合して**国連軍縮委員会**とした。現在、実質的な審議は84年に国連外に設置された**ジュネーヴ軍縮会議**(CD)で行う。

(2) **国連軍縮特別総会(1978・82・88)** ラッセル＝アインシュタイン宣言(1955)を機に開かれた**パグウォッシュ会議**(1957、科学者による核兵器廃絶運動の組織)などの**非政府組織(NGO)**の参加も認めた。

2. 核軍縮条約の展開

(1) **多国間交渉** ①**部分的核実験禁止条約(PTBT**、1963調印・発効)：**大気圏内、宇宙空間、水中**の核実験禁止条約。仏・中は不参加。**地下**核実験を除いた点が不徹底。②**核拡散防止条約(NPT**、1968調印、70発効)：(i)核保有国の非核保有国への核兵器引渡し禁止、(ii)核物資の軍事転用禁止。当初、仏・中は不参加、1992年加盟。③**包括的核実験禁止条約(CTBT**、96年国連総会採択)：核爆発実験を全面禁止するが未発効。

(2) **米ソ(ロ)間交渉** ①**第一次戦略兵器制限条約(SALT I)**：1972年に調印・発効。**弾道弾迎撃ミサイル(ABM)** 制限条約、大陸間弾道弾(ICBM)・潜水艦発射ミサイル(SLBM)の数量上限を定める協定も成立。[*1] ②地下核実験制限条約(74調印)。③平和目的地下核爆発制限条約(76調印)。④**第二次戦略兵器制限条約(SALT II)**：79年に調印したが、ソ連の**アフガニスタン侵攻**を機に米国が批准を拒否、条約は発効せず。⑤**中距離核戦力(INF)全廃条約**：87年に調印された軍縮史上初の全廃条約(88発効)。⑥**第一次戦略兵器削減条約(START I)**[*2]：7年間で戦略核兵器を20〜40％削減(1991調印、94発効)。⑦**第二次戦略兵器削減条約(START II)**：START I の約3分の1にさらに削減(1993調印、未発効)。⑧米ロ間で**戦略攻撃兵器削減条約(モスクワ条約＝SORT**、米ロで各1,700〜2,200発に削減し、2002調印、03発効)。⑨米ロ間による**新START**(2010調印、11発効)。米ロで核弾頭を各1,550発に削減、核運搬手段も未配備を含めて800基、配備済みは700基まで削減。

---

*1 2001年9月11日のアメリカでの同時多発テロ後、ブッシュ政権はミサイル防衛(MD)構想を推進するために、かつて冷戦期に米ソ間で結んだABM制限条約の破棄通告をロシアのプーチン大統領に行い、迎撃ミサイルの増強を図ろうとした。

▼戦後軍縮の流れをチェックしよう 〔基本〕

国連事務総長	年	事項		
1945 リー(ノルウェー)	1946	国連総会「軍縮憲章」採択		
53 ハマーショルド(スウェーデン)	52	国連軍縮委員会 ↓		
	62	18ヵ国軍縮委員会		
61 ウ・タント(ビルマ)	63	米 英 ソ PTBT調印・発効		
	68	米 英 ソ NPT調印 ▶1970発効 ▶1993.3 朝脱退表明		
72 ワルトハイム(オーストリア)	72	ジュネーヴ軍縮会議	長距離核Ⅰ SALTⅠ 調印・発効	生物・毒素兵器禁止条約調印 米 ソ 地下核実験制限条約調印 ▶1990批准
	74			
	79		SALTⅡ 未発効 調印・批准拒否	
82 デクエヤル(ペルー)	84		中距離核 INF全廃条約 調印・発効	
	87			
	90		短距離核 短距離核戦力条約 (SNF)交渉中	CFE(欧州通常戦力)条約調印 ▶92発効 ▶全欧安保協力会議 (CSCE)
92 ガリ(エジプト)	91 93		長距離核Ⅱ 米 ソ STARTⅠ 調印・発効 米 ロ STARTⅡ 調印・未発効	化学兵器禁止条約調印 ▶97発効
	95 96	NPT永久条約化 CTBT採択(未発効)		
97 アナン(ガーナ)	97			対人地雷全面禁止条約調印 ▶99発効
	2001	アメリカへの同時多発テロ発生		
	02		長距離核Ⅲ 米 ロ SORT 調印・発効	米 ロ ABM制限条約破棄 ▶米MD構想強化
2007 潘基文(韓国)	08 10		米 ロ 新START 調印 ▶11発効	クラスター爆弾禁止条約調印 ▶10発効

check! 非核地帯宣言も広がっている▶南極条約(1961発効)、ラテンアメリカ及びカリブ核兵器禁止条約(トラテロルコ条約68発効)、東南アジア非核地帯条約(バンコク条約97発効)、アフリカ非核地帯条約(ペリンダバ条約96調印)

*2 STARTⅠは15年間の条約で2009年12月に期限切れになった。そのため、米ロ間で新たな戦略兵器削減の枠組み(新START)が2010年に調印され、11年に発効した。

11 ソ連邦解体と東欧の民主化 B

1. ソ連邦の民主化と解体

(1) **ゴルバチョフの登場** 1985年、ソ連共産党書記長に就任した**ゴルバチョフ**は、①**ペレストロイカ**（改革＝市場原理導入など）、②**グラスノスチ**（行政民主化＝情報公開）、③**新思考外交**（東西イデオロギー対立の終焉＝平和共存）を唱え、欧州は東も西もない1つの家であるとする「**欧州共通の家**」構想を掲げた。

☞1 「欧州共通の家」構想は、東欧諸国の民主化に対して、ソ連は軍事介入しないことを意味したため、ソ連邦内の15共和国の民主化運動はもちろん、東欧諸国の民主化運動を加速させる結果となった。

(2) **ソ連邦内の民主化と解体** ①1990年、憲法改正で共産党独裁を規定した条文を改正し、**複数政党制**に移行した。②1991年8月にはゴルバチョフ連邦大統領の改革に反対する保守派（ソ連共産党）のクーデターが発生したが失敗した。ゴルバチョフ連邦大統領は、クーデターを企てた**ソ連共産党を解体**した。③ソ連邦内の15共和国の内、**バルト三国の独立**が承認された（1991.9）。④12月には、**ロシア共和国**（当時、**エリツィン大統領**）など他の共和国も独立宣言（**CIS宣言**）を出し、ソ連邦は解体した。

☞2 ソ連邦解体後、バルト三国を除く12共和国は、ゆるやかな結合である独立国家共同体（CIS）を結成し、協調を図っていたが、現在、ロシアとグルジア間の紛争により、グルジアがCISから脱退し、11ヵ国となっている。

2. 東欧の民主化

(1) **東西ドイツ統一** 1948年の**第一次ベルリン危機**で東西に分断した**ドイツ**では、**東ドイツの民主化**が進み、89年には東西ベルリンを分断していた**ベルリンの壁**が崩壊し、**翌90年に東西ドイツが統一**した。国名は、旧西ドイツ国名のドイツ連邦共和国となった。

(2) **東欧革命（1989）** ポーランドで自主管理労組「連帯」が選挙に勝ち、**ハンガリーやチェコスロバキア**では共産党独裁条項を削除する憲法改正が行われた。**ブルガリア**ではジフコフ体制が終わり、**ルーマニア**でも共産主義独裁を行っていたチャウシェスク大統領が処刑されるなど、東欧諸国では次々と民主化が進んでいった。

*1 1990年のソ連邦憲法改正で新たに大統領制が導入され、当時のゴルバチョフ共産党書記長が初代大統領に就任した。

▼ 東欧の民主化　　　　　　　　　　　　　　　　　　　　　　　（発展）

年	ドイツ問題	東欧の民主化
1945	敗戦国ドイツの領土を東西に分割し、西部を米・英・仏が、東部をソ連が分割占領した	
48	**第一次ベルリン危機**	
49	**成立** ドイツ連邦共和国（西ドイツ） ドイツ民主共和国（東ドイツ）	
53		ソ連・スターリンの死 ↓
56		**フルシチョフ書記長** 「スターリン批判」「平和共存」 **ポーランド・ポズナニで動乱** ▶反政府暴動➡民主化 **ハンガリー動乱** ▶反政府暴動➡民主化
61	**第二次ベルリン危機** ▶軍縮交渉決裂 ⬇ **ベルリンの壁構築（〜89）**	
68	東ドイツが構築 （東ベルリンから西ベルリンへの逃亡を防止）	**チェコスロバキア事件「プラハの春」** ▶民主化ドプチェク政権誕生 ▶ソ連軍が民主化政権を倒す ↑理論的根拠？ **ブレジネフ＝ドクトリン（制限主権論）** ▶社会主義国の国家主権は社会主義の枠内に制限される
73	東・西ドイツ、国連に同時加盟 （西ドイツが東方外交 　▶ソ連と相互不可侵宣言）	
79		**アフガニスタン・民主化運動** ▶ソ連軍が介入 **ブレジネフ＝ドクトリン（制限主権論）** ↓旧ソ連（ゴルバチョフ） ▶制限主権論を放棄
89	**ベルリンの壁崩壊** （東西対立の象徴崩壊）	**東欧民主化実現** （ポーランド） 自主管理労組「連帯」が選挙圧勝 （チェコスロバキア） 憲法改正▶複数政党制導入「市民フォーラム」 （ルーマニア） 共産党独裁にピリオド ▶チャウシェスク大統領処刑
90		（ソ連） 憲法改正▶共産党指導性条項削除 （ハンガリー） 憲法改正▶複数政党制、自由選挙制導入
90.10	（新しい国名） **東・西ドイツ統一「ドイツ連邦共和国」**	

＊2　バルト三国は、旧ソ連邦を構成したバルト海に面したリトアニア・エストニア・ラトビアを指す。1939年の独ソ不可侵条約でソ連に併合された歴史を持つ。

12 地域紛争(1)
中東問題　B

1. パレスチナ問題～ユダヤ人vsアラブ(パレスチナ)人

(1) **原因**　第一次世界大戦中の1917年、イギリスはパレスチナにユダヤ人国家の建国を約束(外相バルフォア宣言)する一方、アラブ人に同地の占有を認めた(マクマホン書簡)。この矛盾を端にユダヤ人とアラブ人の争いが始まった。

(2) **イスラエル建国**　イギリスに問題解決を委ねられた国連は、1947年、ナチスに虐殺されたユダヤ人の国家を建国するため、パレスチナの土地をユダヤ人とアラブ人に分割する決議を可決し、翌48年にユダヤ人国家**イスラエル**共和国が建国された。

(3) **中東戦争**　①**第一次中東戦争**(**パレスチナ戦争**、1948)：国連決議の無効を唱え、アラブ側が開戦。②**第二次中東戦争**(**スエズ戦争**、1956)：エジプト(アラブ人)のナセル大統領による**スエズ運河国有化宣言**に反発、イスラエルはイギリス、フランスとともに運河の片岸、シナイ半島(エジプト領)に侵攻(翌57年の国連決議で撤退)。③**第三次中東戦争**(**1967**)：アラブ側が攻撃を始めたが、イスラエルが勝利し、ガザ、東エルサレムを含むヨルダン川西岸、シナイ半島(78年キャンプ=デービッド合意で、82年撤退終了)、ゴラン高原を占領。④**第四次中東戦争**(**1973**)：アラブ側が占領された土地奪回のために攻撃を開始。同時に、イスラエルを支援する西側諸国に対して**石油戦略**を展開し、原油価格を引き上げたため**第一次石油危機**が発生。

(4) **中東和平**　イスラエルが過去4度の中東戦争で拡大した土地(ガザ地区、ヨルダン川西岸)をパレスチナに返還し自治を順次認めること、イスラエルとパレスチナ(パレスチナ解放機構=PLO)が相互承認をすることを定めた**パレスチナ暫定自治協定**(いわゆる**オスロ合意**、**1993**)が締結され、両者は和平・共存の方向を示した。2003年**イラク戦争**後、アメリカのブッシュ大統領は**オスロ合意**を履行する行程表(**中東和平ロードマップ**)を作成し、土地の返還順序を両者に受諾させた。しかし、06年にはパレスチナ側のパレスチナ評議会選挙で反和平派の**ハマス**が勝利してハニヤ政権が誕生したため先行きは不透明である。09年、イスラエルも右派リクードの党首ネタニヤフが首相に就任したため、小さな紛争が繰り返されている。

▼中東紛争の歴史〜イスラエルの領土拡大と中東和平　時事

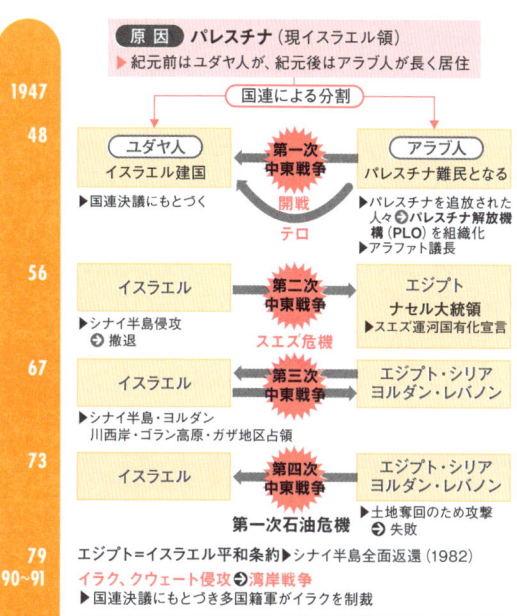

原因　パレスチナ（現イスラエル領）
▶紀元前はユダヤ人が、紀元後はアラブ人が長く居住

▼イスラエルの領土（黒色）と占領地（赤色）の変遷

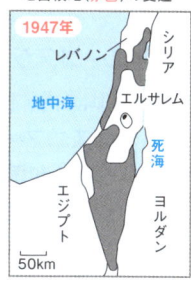

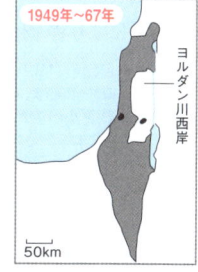

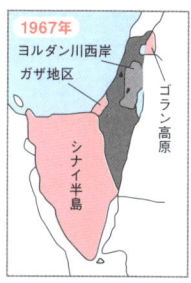

国連による分割

- 1947
- 48　**ユダヤ人**　イスラエル建国　⇔ 第一次中東戦争 開戦 ⇔ **アラブ人**　パレスチナ難民となる
  - ▶国連決議にもとづく
  - テロ
  - ▶パレスチナを追放された人々→**パレスチナ解放機構（PLO）**を組織化
  - ▶アラファト議長

1947年（レバノン、シリア、地中海、エルサレム、死海、エジプト、ヨルダン）

- 56　**イスラエル** ⇔ 第二次中東戦争 ⇔ **エジプト** ナセル大統領
  - ▶シナイ半島侵攻 ⇒ 撤退
  - スエズ危機
  - ▶スエズ運河国有化宣言

- 67　**イスラエル** ⇔ 第三次中東戦争 ⇔ **エジプト・シリア　ヨルダン・レバノン**
  - ▶シナイ半島・ヨルダン川西岸・ゴラン高原・ガザ地区占領

1949年〜67年（ヨルダン川西岸）

- 73　**イスラエル** ⇔ 第四次中東戦争 ⇔ **エジプト・シリア　ヨルダン・レバノン**
  - **第一次石油危機**
  - ▶土地奪回のため攻撃 ▶失敗

- 79　エジプト＝イスラエル平和条約▶シナイ半島全面返還（1982）
- 90〜91　イラク、クウェート侵攻 ⇒ **湾岸戦争**
  - ▶国連決議にもとづき多国籍軍がイラクを制裁

中東和平の実現へ

- 91　**中東和平会議**▶イスラエルと関係アラブ諸国の和解へ
- 93　**パレスチナ暫定自治協定**（イスラエル・PLOの相互承認）
  - ▶イスラエル（ラビン首相）・PLO（アラファト議長）
  - **オスロ合意**　イスラエル：奪取した土地をアラブ諸国に返還する
  - アラブ諸国：イスラエル国の存在を承認する

1967年（ヨルダン川西岸、ガザ地区、ゴラン高原、シナイ半島）

- 94　パレスチナ人にガザ・エリコの先行自治を承認
- 95　パレスチナ自治拡大協定
- 2001　イスラエルに反和平派のシャロン首相▶パレスチナでの軍事衝突激化
- 03　**イラク戦争**（3〜5月）▶国連決議のないまま米英軍中心の多国籍軍による軍事的制裁でフセイン体制崩壊

  中東和平ロードマップ（行程表）
  ▶オスロ合意実施のプログラム。イスラエル（シャロン首相）とパレスチナ（アッバス首相）が受諾（6月）。

- 06　イスラエル軍とレバノンのイスラーム教シーア派民兵組織ヒズボラが武力衝突（7〜8月）

  中東和平ロードマップの履行開始
  ▶イスラエル：和平派のオルメルト首相
  ▶パレスチナ：ハニヤ*首相（反和平派テロ集団ハマス）

- 07　ハマスがガザ地区を占拠
  イスラエルがハマスの実効支配するガザ地区に武力攻撃
- 09　イスラエル首相に反和平派の右派リクードの党首ネタニヤフが就任
  ▶中東和平ロードマップに暗雲

現在（レバノン南部）

第4章　国際政治

＊ アラブ人側のパレスチナ内部で二重権力が発生し、イスラエルとの和平交渉窓口のアッバス議長（穏健派ファタハ）と2006年のパレスチナ評議会選挙で勝利したイスラム原理主義テロ集団ハマスの代表ハニヤ首相が対立する中で、アッバスはヨルダン川西岸地区を、ハニヤはガザ地区を実効支配する。

13 地域紛争(2)　　A

1. 旧ユーゴスラビア内戦（1991〜95）

6共和国の内、1991年の**クロアチア・スロベニア・マケドニア**の各共和国、92年の**ボスニア=ヘルツェゴビナ**共和国の独立宣言に対し、独立反対派の**セルビア**共和国と各共和国内の**セルビア人勢力**が独立阻止の軍事介入を行った。**セルビア人と非セルビア人の民族対立（汎セルビア主義、民族浄化（エスニック=クレンジング））** が原因。また、**ボスニア=ヘルツェゴビナ共和国**で、クロアチア人・モスレム人・セルビア人の紛争も起こった。NATOの空爆により停戦合意が成立し（1995）、旧連邦制は解体した。

> ☞1　コソボ紛争（1998〜99）：1992年、旧ユーゴスラビア連邦を構成したセルビア共和国とモンテネグロ共和国は、新ユーゴスラビア連邦を形成。新ユーゴ連邦セルビア内のコソボ自治州で少数民族アルバニア人の分離独立運動が発生したため、多数派民族のセルビア人（新ユーゴ政府=ミロシェビッチ大統領）が軍事介入し、アルバニア人を大量虐殺する民族浄化が発生した。NATOのユーゴ政府への空爆で、99年に和平協定が成立したが、コソボの独立は認められずに現状のままで紛争は停止していた。新ユーゴスラビア連邦は、2003年2月にセルビア=モンテネグロ連邦と国名変更され、06年6月にセルビアとモンテネグロは分裂、独立国家となった。08年、コソボ自治州はセルビアからの独立を宣言して「コソボ共和国」を自称、EUなどが承認している。

2. アフリカ地域の紛争

19世紀後半、画一的に国家を分断した列強による植民地支配のため、異なる民族・部族・氏族が1つの国家に含まれた。そのため、国家の政権争いが民族間の争いとなる場合が多い。

> ☞2　❶ソマリア内戦では、ソマリ族とイスラーム教スンニ派が対立した。1991年にバーレ政権が崩壊した後、複数の血縁集団・氏族間の紛争が激化して無政府状態に陥った。93年には、強化されたPKO（平和執行部隊）が投入されたが泥沼化し、PKOは事実上失敗した。❷ルワンダ内戦では、多数派フツ族と少数派ツチ族が政権を争い、大量虐殺合戦が続き、1994年には、フツ族兵力によって50万人以上のツチ族が虐殺された。国連がPKOを派遣した。

3. ロシア連邦内のチェチェン共和国の独立運動

キリスト教（ロシア正教）の多いロシア連邦から、**イスラーム**教徒の多い**チェチェン共和国**が独立を試みたが、ロシア政府軍は独立阻止の軍事介入を実施。チェチェン共和国内を通るロシアの天然ガスのパイプラインや、チェチェン共和国内に存在する資源の主権をめぐる経済紛争という側面も持つ。

> ☞3　チェチェンのイスラーム原理主義とロシアのキリスト教との対立から、ロシアのプーチン大統領は、アメリカと同じ敵=イスラーム原理主義のテロ集団と戦っていると主張している。

---

*1　ダルフール紛争（1956〜/83〜再燃）　スーダン西部のダルフール地方でアラブ系のスーダン政府と非アラブ系反政府勢力（ザガワ族・フール族など）が衝突、非アラブ系住民が虐殺された（2003）。世界最大の人道危機といわれる。なお、スーダン南部では、2011年に南スーダンが分離独立した。

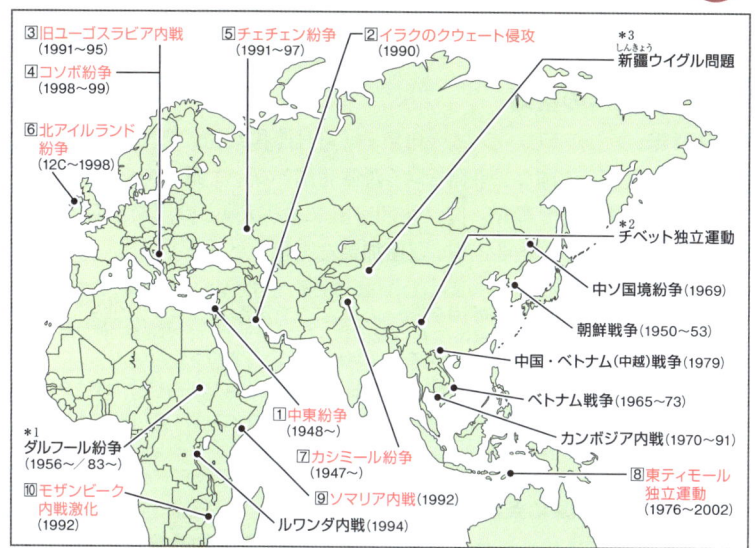

▼ 地域紛争・民族紛争　発展

地図中の記載:
- ③ 旧ユーゴスラビア内戦 (1991〜95)
- ④ コソボ紛争 (1998〜99)
- ⑤ チェチェン紛争 (1991〜97)
- ② イラクのクウェート侵攻 (1990)
- *3 新疆ウイグル問題
- ⑥ 北アイルランド紛争 (12C〜1998)
- *2 チベット独立運動
- 中ソ国境紛争 (1969)
- 朝鮮戦争 (1950〜53)
- 中国・ベトナム(中越)戦争 (1979)
- ベトナム戦争 (1965〜73)
- ① 中東紛争 (1948〜)
- カンボジア内戦 (1970〜91)
- *1 ダルフール紛争 (1956〜97)
- ⑦ カシミール紛争 (1947〜)
- ⑧ 東ティモール独立運動 (1976〜2002)
- ⑩ モザンビーク内戦激化 (1992)
- ⑨ ソマリア内戦 (1992)
- ルワンダ内戦 (1994)

● 地域紛争・民族紛争の原因に注目

紛争	内容	原因
① **中東紛争** (1948・56・67・73) 第一次〜第四次中東戦争	アラブ人(イスラム教) VS ユダヤ人(ユダヤ教)	民族対立・宗教対立・領土紛争
② **イラクのクウェート侵攻** (1990)	▶ イラクがクウェートの石油を取るために侵攻、91年に多国籍軍がイラクを制裁後、イラク領内の少数派のクルド難民が大量発生	領土紛争
③ **旧ユーゴスラビア内戦** (1991〜95) (ボスニア=ヘルツェゴビナ紛争 1992〜95)	6共和国の内、クロアチア・スロベニア・ボスニア=ヘルツェゴビナ共和国が独立宣言 VS 独立阻止派のセルビア共和国＋各共和国内のセルビア人が軍事介入	独立阻止・民族対立
④ **コソボ紛争** (1998〜99)	▶ 新ユーゴスラビア連邦内のコソボ自治州の分離・独立運動　アルバニア系住民の独立運動 VS ユーゴ連邦政府(セルビア系)	独立阻止・民族対立
⑤ **チェチェン紛争** (1991〜97)	ロシア連邦内チェチェン共和国独立運動 VS ロシア連邦政府独立阻止	独立阻止・民族対立
⑥ **北アイルランド紛争** (12C〜1998)	▶ イギリス領内の北アイルランドの独立、南アイルランドとの併合問題　キリスト教のカトリック系住民(独立・併合派) VS キリスト教のプロテスタント系住民(イギリス残留派)	宗教対立
⑦ **カシミール紛争** (1947〜)	▶ インド領最北部カシミール地域での分離・独立運動(インド・パキスタン国境線)　イスラーム教系住民 VS ヒンドゥー教系住民(インド残留)	宗教対立・領土紛争
⑧ **東ティモール独立運動** (1976〜2002)	東ティモール島を武力占領(1976〜)したインドネシアに対する住民の独立運動、99年住民投票で独立決定。2002年に正式独立	
⑨ **ソマリア内戦** (1992)	▶ ソマリア共和国内の氏族対立。ソマリ族 VS イスラム教スンニ派	民族対立
⑩ **モザンビーク内戦激化** (1992)	▶ 政権・派閥争いから内戦に発展	政治対立

*2・3 中国国内ではチベット族の独立運動、ウイグル族の独立運動が続き、2008年の北京オリンピックの際、世界に独立をアピールする大きな動きが見られた。多数民族である漢族の同化政策に対する反発の動きである。

第4章 国際政治

14 日本の外交(1)
第二次世界大戦後の流れ C

1. 国際社会への復帰

1951年、サンフランシスコ平和条約（対日講和条約）で、日本は主権を回復した。ソ連・中国など東側を除く西側諸国との片面講和であり、同時に日米安全保障条約を締結。日ソ共同宣言によりソ連との国交が回復した56年、日本はソ連の賛同を得て国連加盟を実現した。

☞1 日ソ共同宣言で、ソ連は「北方二島」（歯舞群島、色丹島）先行返還を約束したが、ソ連側は新日米安全保障条約（1960）で事情は変更されたとして、先行返還の約束は無効と主張。2012年に成立した第二次プーチン政権は「二島」返還に応じる構えを示す一方、国後島、択捉島の残り「二島」はロシアのものとするシグナルを示し、メドヴェージェフ首相が国後島を訪問している。

☞2 国連加盟には五大国一致の安保理勧告を要する。日本はソ連の拒否権不行使で加盟を果たす。

☞3 日本外交三原則：❶国連中心主義、❷自由主義諸国との協力、❸アジアの一員として行動。

2. 日米関係

1951年、対日講和条約調印と同時に日米安全保障条約が締結され、米軍の駐留が正当化された。60年、岸内閣が安保条約改定を強行し、日米共同防衛義務、事前協議制*1などを規定。71年、沖縄返還協定を調印、翌72年の返還後も駐留は続き、米軍専用施設の約75％が沖縄県に集中する。

3. 日中関係 ☞4

1972年のニクソン米国大統領訪中を機に田中角栄首相が訪中し、日中共同声明（1972）が出され、国交が回復した。中華人民共和国を中国の唯一の合法政府とし、台湾（中華民国）との国交は断絶した。78年には日中平和友好条約が締結された。現在、尖閣諸島*2をめぐり領有権紛争が激化する。

☞4 日中関係は経済取引は活発だが、領有権で対立する尖閣諸島（魚釣島）近海での中国のガス油田開発をめぐり、政治・外交関係は冷たい状態（「政冷経熱」）に。福田内閣（2007～08）では天然ガスの日中共同採掘を中国政府と協議し、和解を目指したが、2012年に尖閣諸島の一部を日本政府が地権者から買い取り国有化すると、中国側は反発し、領海侵犯を繰り返している。

☞5 中国が要求した覇権条項は、特定国（ソ連）への反対ではなく、すべての覇権主義への反対であると日本側は解釈している。

4. 日韓、日朝関係

1965年、大韓民国（韓国）と日韓基本条約を締結、国交が正常化（日韓には、竹島*3（独島）問題あり）。韓国を朝鮮半島の唯一の合法政府としたため、朝鮮民主主義人民共和国（北朝鮮）との国交は断絶している。

*1 駐留米軍の配置・装備に重要な変更を行う場合、事前に日本政府と協議する。
*2 東シナ海の尖閣諸島（魚釣島）周辺は日中両国が主張する境界線の重複部分に位置し、天然ガス田・油田があることから、中国側が春暁（日本名は白樺）、天外天（同・樫）の油田開発を始めた

▼日本外交関係史の流れをチェックしよう　発展

北方領土問題

日露和親条約
▶ 日露 択捉島以南を日本領土と確定

1855	
1945	ポツダム宣言受諾（敗戦）
48	(韓) 大韓民国独立（日本より）
	(朝) 朝鮮民主主義人民共和国建国
49	(中) 中華人民共和国建国（社会主義化）
50	(韓)(朝) 朝鮮戦争（～53）
51	サンフランシスコ平和条約調印　▶主権回復
	(米) 日米安全保障条約調印
56	(ソ) 日ソ共同宣言　▶国連加盟
60	(米) 新日米安全保障条約（改定）
65	(韓) 日韓基本条約調印　▶日韓国交正常化
	▶北朝鮮との国交なし
70	(米) 新日米安全保障条約自動延長
71	(米) 沖縄返還協定調印
72	沖縄、日本領土に復帰
	(中) 日中共同声明調印　▶日中国交正常化
	▶台湾とは断交
78	(中) 日中平和友好条約調印
91	(韓)(朝) 南北朝鮮、国連同時加盟
93	(朝) 北朝鮮がNPT脱退声明（翌94年IAEA脱退声明）
94	(朝) 金日成（キム＝イルソン）主席死去
	▶息子の金正日（キム＝ジョンイル）が実質後継者
95	国連 国連憲章における日本・ドイツなどへの旧敵国条項削除決定（現在も未削除）
	▶米朝枠組み合意（朝鮮半島エネルギー開発機構＝KEDO設立）
96	領土問題発生
	▶(中)(台) 尖閣諸島　▶(韓) 竹島問題
2000	(韓)(朝) 南北共同宣言（朝鮮半島統一に合意）
02	(朝) 初の日朝首脳会談（小泉純一郎・金正日）
	▶拉致被害者5人が一時帰国（日本は(朝)への帰還を拒否）
04	(朝) 2度目の日朝首脳会談（小泉再訪朝）
05	(韓) 島根県議会が2月22日を「竹島の日」と制定
	▶韓国や中国で反日デモ
06	(朝) テポドン2号、ノドンなどを日本海へ連続発射（核実験も実施）
	▶国連安保理が北朝鮮制裁（非軍事的措置）を決議
09	(朝) 再びテポドン、ノドンなどを日本海方向に発射（核実験を再実施）
	▶国連安保理が北朝鮮に非軍事的措置再決議
11	(朝) 金正日国防委員長が死去
	▶2012年、息子の金正恩（キム＝ジョンウン）が権力を継承
12	日本政府が尖閣諸島の一部を地権者から購入（国有化）

▶ 日 南樺太、千島列島を放棄

▶ ソ 歯舞群島・色丹島の「北方二島」の先行返還を約束

▶ ソ 「北方二島」の返還を拒否
（新日米安保条約による事情変更の原則を適用）

返還交渉

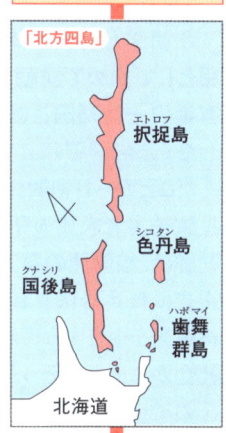

「北方四島」
- エトロフ　択捉島
- シコタン　色丹島
- クナシリ　国後島
- ハボマイ　歯舞群島

北海道

第4章 国際政治

（2005）。これに日本側は抗議、日本企業への採掘許可で対抗した。

*3　日本海の竹島（韓国名は独島）領有権問題では、島根県議会の「竹島の日」制定（05.3）。2012年には李明博（イ＝ミョンバク）が大統領として初めて竹島を訪問し、実効支配をアピールした。

15 日本の外交(2)
北朝鮮問題

1. 北朝鮮（朝鮮民主主義人民共和国）～金日成時代

　日朝国交正常化交渉（1991開始）は、北朝鮮（当時は金日成労働党総書記）の核開発疑惑（1993北朝鮮のIAEA核査察拒否→核拡散防止条約＝NPT脱退）で中断した。アメリカ合衆国元大統領カーターの仲介で、核開発を中止しプルトニウムを抽出しにくい軽水炉発電へ転換してNPTに復帰する代わりに、北朝鮮に対して年間50万トンの重油を提供する米朝枠組み合意（1994）が結ばれた。

☞1　1995年、米・日・韓などが共同して北朝鮮に重油を供給する朝鮮半島エネルギー開発機構（KEDO）を設立。2006年、六ヵ国協議が難航する中、アメリカはKEDOの完全中止を決定。

2. 金正日体制下の核・拉致問題の展開

　北朝鮮が金正日体制になった後、2002年9月に小泉純一郎が日本の首相として初めて訪朝し、金正日との間で初の日朝首脳会談を行い、**拉致被害者の一時帰国と核開発中止**の確認、日朝国交正常化交渉の再開を決定した（日朝平壌宣言）。しかし、一時帰国者の北朝鮮への帰還を日本が拒んだことから日朝関係は悪化し、小泉首相の2度目の訪朝（04.5）で一部の拉致被害者家族の日本帰国が実現するものの、経済支援を引き出せない北朝鮮は、**核開発の事実を認めた**。03年1月にはNPTを脱退、05年2月には正式に核兵器保有宣言を行った。"核カード"による「瀬戸際外交」を続け、核開発を中止する代わりに北朝鮮の安全と現体制の維持、経済援助を国際社会から引き出そうとしてきた。06年7月にはテポドン2号、ノドンを含む7発のミサイルを発射、同年10月には地下核実験を強行。これに対し、国連安保理はミサイル発射には非難声明を、核実験には国連憲章第7章の「強制措置」（ただし「非軍事的措置」に限る）の発動を決定した。07年2月には難航の末、六ヵ国協議が合意に達した。08年、アメリカのブッシュ政権は北朝鮮のテロ国家指定を解除したが、北朝鮮は再び六ヵ国協議を中断し、09年4月、日本海に向けてミサイルを発射、地下核実験も強行した。

☞2　2003年4月に三ヵ国協議（朝・米・中）、同年8月より六ヵ国協議（三ヵ国プラス日・韓・ロ）が開かれているが、中断・再開を繰り返しており、05年11月の第5回会議では北朝鮮が60日以内に寧辺（ニョンビョン）にある核施設を停止する見返りに重油5万トンを支援、次に全核施設を無能力化すれば重油95万トンの計100万トンの供与で合意した（07.2）。

＊2011年に金正日が死去し、12年には息子の金正恩（キム＝ジョンウン）が後継者となり、その外交が注目されたが、就任直後の同年4月に人工衛星と称してミサイルを発射し、瀬戸際・恫喝外交を続けている。

▼北朝鮮をめぐる動きと流れをチェックしよう　時事

1948	朝鮮民主主義人民共和国(北朝鮮)建国 ▶朝鮮労働党総書記に金日成(キム=イルソン)就任
85	北朝鮮が核拡散防止条約(NPT)に加盟
91	北朝鮮と韓国が国際連合に同時加盟
93	国際原子力機関(IAEA)による核査察を拒否 ▶核拡散防止条約(NPT)を脱退
94	国際原子力機関(IAEA)を脱退 カーター元アメリカ大統領と金日成が会談(6月) 金日成死去(7月)
	米朝枠組み合意に署名、NPTとIAEAに復帰
95	朝鮮半島エネルギー開発機構(KEDO)発足
97	金正日(キム=ジョンイル)が朝鮮労働党総書記に就任(金日成の後継者に)
98	テポドン(核搭載可能ミサイル)の発射実験
2000	南北共同宣言 ▶韓国大統領：金大中(キム=デジュン)との間で朝鮮半島統一に合意 ▶国号「朝鮮連邦」を決定
02	日朝首脳会談(日本首相：小泉純一郎)▶日朝平壌宣言(9月) ▶拉致被害者5人の一時帰国(後、日本は北朝鮮への帰還拒否)
	北朝鮮の核開発が発覚
03	核拡散防止条約(NPT)を脱退 北朝鮮・アメリカ・中国による三ヵ国協議開催(4月) 第1回六ヵ国協議開催(8月)▶三ヵ国プラス日本・韓国・ロシア
04	小泉首相による2度目の訪朝(5月)▶一部の拉致被害者の家族の帰国決定 六ヵ国協議(2月～、6月～)
05	北朝鮮が正式に核兵器保有宣言 六ヵ国協議(7月～、11月～)
06	アメリカが朝鮮半島エネルギー開発機構(KEDO)を完全中止 北朝鮮がテポドン2号、ノドンなどミサイル7発を発射(7月) ▶安保理が北朝鮮非難決議を採択 北朝鮮が地下核実験強行(10月) ▶安保理が国連憲章第7章第41条の「非軍事的措置」の制裁決議採択 六ヵ国協議(12月)
07	六ヵ国協議合意文書採択 ▶初期措置として寧辺(ニョンビョン)の核施設停止の見返りに重油5万トン供与 ▶全核施設を無力化すれば、さらに95万トン供与
08	アメリカのブッシュ政権が北朝鮮のテロ国家指定を解除
09	北朝鮮が日本海に向けミサイル発射、地下核実験を強行　▶六ヵ国協議は中断
11	金正日死去(12月)
12	息子の金正恩が朝鮮労働党第1書記・国防委員長に就任 ▶北朝鮮がミサイル発射(失敗)、地下核実験を実施(瀬戸際・恫喝外交を繰り返す)

第4章　国際政治

特設テーマ 戦後国際関係の流れを4つの時期区分で総チェック！

米 大統領	ソ 書記長	時期・年	事項

第1期　東西陣営形成期（冷戦期：1945～55）

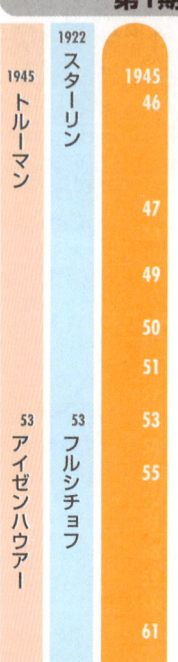

米大統領: 1945 トルーマン / 53 アイゼンハウアー
ソ書記長: 1922 スターリン / 53 フルシチョフ

- **1945** 第二次世界大戦終結　▶国際連合設立
- **46** 英首相チャーチル「鉄のカーテン」演説

対立　西側（資本主義）陣営 vs 東側（社会主義）陣営

西側（資本主義）
- **47** トルーマン＝ドクトリン
- マーシャル＝プラン
- **49** 米—西欧　北大西洋条約機構（NATO）
- **51** 米—日　日米安全保障条約
- **53** 米—韓　米韓相互援助条約

東側（社会主義）
- **47** コミンフォルム（各国共産党中央情報局 1947～56）【政治】
- **49** 経済相互援助会議（COMECON 1991解体）【経済】
- **50** ソ—中　中ソ友好同盟相互援助条約
- **55** ワルシャワ条約機構（WTO 1991解体）【軍事】 ソ—東欧
- **61** ソ—朝　ソ朝友好協力相互援助条約

第2期　雪解け期（1955～79）

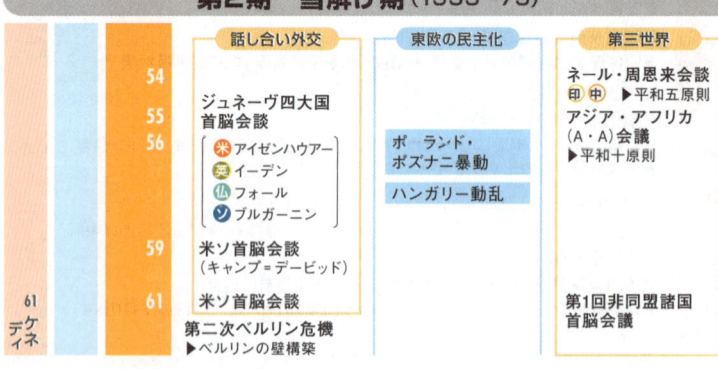

米大統領: 61 ケネディ

話し合い外交
- **54**
- **55** ジュネーヴ四大国首脳会談
- **56**
  - 米 アイゼンハウアー
  - 英 イーデン
  - 仏 フォール
  - ソ ブルガーニン
- **59** 米ソ首脳会談（キャンプ＝デービッド）
- **61** 米ソ首脳会談　第二次ベルリン危機　▶ベルリンの壁構築

東欧の民主化
- ポーランド・ポズナニ暴動
- ハンガリー動乱

第三世界
- ネール・周恩来会談　印—中　▶平和五原則
- アジア・アフリカ（A・A）会議　▶平和十原則
- 第1回非同盟諸国首脳会議

米大統領	ソ連書記長	年		
63 ジョンソン	64 ブレジネフ	62	キューバ危機	東欧の民主化
		63	部分的核実験禁止条約（PTBT）調印・発効	
		65	ベトナム戦争（～1973）	
69 ニクソン		68	核拡散防止条約(NPT)調印（1970発効）	チェコスロバキアの「プラハの春」 ⬆ソ連軍介入
		72	SALT I 調印・発効	
		73	東西ドイツ 国連加盟	
74 フォード		75	全欧安全保障協力会議（CSCE）　▶ヘルシンキ宣言	
77 カーター		79	SALT II 調印　▶未発効	

第3期　新冷戦期（1979～85）

		79.12	ソ アフガニスタン侵攻　▶民主化鎮圧　⇒ 米 SALT II 批准拒否
81 レーガン	82 アンドロポフ	81	米 ソ 中距離核戦力（INF）全廃条約交渉開始
		82	米 ソ 戦略兵器削減条約（START）交渉開始
		83	米 SDI（戦略防衛構想）策定　⇒ INF全廃条約、START交渉中断

第4期　ポスト冷戦期（冷戦終焉期：1985～）

包括的軍縮交渉
▶アンブレラ方式
（あらゆる局面で軍縮交渉を行う）

84 チェルネンコ 85 ゴルバチョフ	85	ゴルバチョフ ソ連共産党書記長に就任	
	87		INF（中距離核戦力）全廃条約調印 ▶1988発効
89 ブッシュ	89	ベルリンの壁崩壊 ▶1990.10東西ドイツ統一 米 ソ マルタ宣言 ▶「冷戦終焉」宣言	CFE（欧州通常戦力）条約調印
	90	パリ憲章（パリ不戦宣言）	*
	91	湾岸戦争終了	START I 調印　⇒ 新START
	91.7		▶1994.12発効 （～2009.12期限切れ）　▶2010調印 2011発効
	91.12	ソ連邦の解体 ▶独立国家共同体（CIS）の発足 （バルト三国除く12ヵ国）	

* 戦略兵器削減（長距離核）の推移：1993年、START II 調印（▶未発効）。2002年、SORT（戦略攻撃兵器削減条約）調印（▶2003発効）。2010年、新START調印（▶2011発効）➡米ロそれぞれ核弾頭1,550発に削減、核運搬手段800基（配備済みは700基）まで削減

第 5 章
経済体制

1. **経済体制**
   資本主義経済と社会主義経済
2. **資本主義の歴史(1)**
   経済発展
3. **資本主義の歴史(2)**
   修正資本主義
4. **資本主義の歴史(3)**
   最近の経済学説～反ケインズ主義
5. **経済学説(1)** 16～18世紀
6. **経済学説(2)** 19世紀～現代
7. **資本主義における生産**
8. **経済主体と経済循環**

覚えておきたい近代経済思想の流れ

▶資本主義をめぐる思想家たちの「格闘」の歴史を確認せよ！

	学派	主な人物（著作など）	主張
16～18世紀	重商主義	トマス＝マン コルベール	富の蓄積のために金銀と貿易差額獲得を重視 一部の商人に貿易の特権を与えて商業資本家を保護・育成
		▶絶対王政、囲い込み運動（エンクロージャー）	
18世紀	重農主義	ケネー	農業（農業生産）が生産の唯一の源泉
		▶農業における自由放任主義（レッセ＝フェール）	
19世紀	古典派経済学	アダム＝スミス（『国富論』）	「見えざる手」による国富の増大
		▶産業資本主義（イギリス）、自由放任主義	
20世紀	限界効用説	ワルラス、メンガー、シェボンズ、マーシャル	価値の源泉＝財・サービスから得る個人の満足度＝「効用」
		▶商品価値	
	社会主義・共産主義	マルクス エンゲルス	資本主義＝資本家が労働者から剰余価値を搾取する経済 ▶資本家と労働者による階級対立と、生産過剰による恐慌の発生
		▶社会主義・共産主義思想	
		レーニン	「帝国主義」は資本主義の最高の発展段階
		▶ロシア革命（1917）で社会主義国家樹立	
	修正社会主義	リーベルマン	生産目標（ノルマ）以上の生産を行った組合にボーナスを支給
		▶リーベルマン方式（ソ連）	
		ゴルバチョフ	市場経済原理の一部導入
		▶ペレストロイカ（ソ連）	
	ケインズ主義	ケインズ（『雇用・利子および貨幣の一般理論』）	積極的な市場介入で景気を調整
		▶ニューディール政策（アメリカ：F.ローズベルト）＝「大きな政府」	
	反ケインズ主義	M.フリードマン	マネタリズム＝政府は一定の通貨供給ルールを設けて、維持
		▶市場メカニズム重視、自然失業を認めケインズを批判	
		ラッファー、フェルドシュタイン	サプライ＝サイド＝エコノミックス（供給側の経済学）
		▶レーガノミックス（米：レーガン政権）、サッチャリズム（英：サッチャー政権）	

第5章 経済体制

1 経済体制
資本主義経済と社会主義経済

1. 資本主義経済

(1) **特徴** 資本家は原料・機械・工場・土地などの生産手段を、労働者は労働力を提供し、利潤を追求して、経済活動を行う。①**生産手段の私有制**（私有財産制）：生産手段を個人が所有する。②**自由競争**：生産・流通・消費などの経済活動は自由に行われ、政府の介入を受けない（**生産の無政府性、自由取引、自由放任主義**）。③**市場経済**：商品化された財・サービスはすべて市場で取り引きされる（商品経済）。

☞1 完全自由競争下では、価格の変動により、需要と供給の不均衡が調整され、需要量と供給量が一致する（資源の最適配分）。

(2) **問題点** 自由放任の結果、**生産過剰**による売れ残りが生じ、企業が倒産するといった現象から、①**景気循環**（好況→後退→不況→回復）が起こり、②**失業問題・労使対立**が発生する。また、大企業に資本が集中し、③**独占市場**が形成されるなど、多くの矛盾が生じる。

(3) **対策** 国家がある程度市場に介入して経済・福祉政策を実施しながら、社会的公平を維持する（**修正資本主義**）。

2. 社会主義経済

(1) **特徴** 資本家・労働者の階級闘争を解消した平等社会である。①**生産手段の公有制**：生産手段を国または協同組合が所有する。②**私的利潤の禁止**：利潤はすべて国・組合に帰属し、共有となる。そこからプロレタリアート（労働者）にその労働に応じて分配される。③**中央集権的計画経済**：経済活動すべてを国家が管理し、自由競争を認めない。

☞2 プロレタリアート（労働者階級）独裁の国家である。中央政府の計画によって生産活動を行う。

(2) **問題点** ①計画経済の不完全さや腐敗による**物不足・物価上昇**（インフレ）などが発生すること。②**労働意欲の低下**などを招きやすいこと。

(3) **対策** 旧ソ連、中国、東欧諸国などでは、**市場原理**（競争原理）の一部導入により生産意欲を高めるとともに、共産党幹部による腐敗を防止するため**分権的計画経済**が導入された。

---

* 資源の最適配分とは、財・サービスとその生産に投下された資源が効率よく配分されること。

▼ 資本主義経済と社会主義経済の比較 基本

資本主義経済		社会主義経済
生産手段の私有制	生産手段	生産手段の公有制
資本家・労働者	階級	労働者（プロレタリアート）
市場経済 ▶私的利潤追求＋自由取引	経済活動の特色	**計画経済** ▶国家の計画と管理
変動あり **理由** 計画経済を行わないので、供給と需要に不均衡が発生する（需給の不一致）	景気・物価	**理論上、変動なし** **理由** 計画経済を行うので、理論上、供給と需要に不均衡は発生しない ▶現実には、物不足・インフレあり
景気変動（不況による失業） 貧富の差	問題点	生産意欲の低下 ➡ 生産性低下 経済効率の悪化
自由放任主義 ➡ 修正資本主義	修 正	中央集権的計画経済 ➡ 分権的計画経済／市場原理

第5章 経済体制

▼ 社会主義の修正とは？ 時事

旧ソ連	リーベルマン方式（利潤方式）	生産目標（ノルマ）以上の生産を行った組合にボーナスを支給（1965～）
	ペレストロイカ（経済改革）	市場原理の一部導入（1985～） ▶私的利潤、私有財産を一部承認
＊中国	農業生産責任制	ノルマ以上生産した農産物の自由処分を認める ▶一部の工業製品にも生産責任制の導入を開始
	経済特（別）区	外国企業の進出を認める地域 例：深圳、珠海、汕頭、厦門、海南省
旧ユーゴスラビアなど	分権的計画経済	国 ➡ ガイドライン（目標値）設定 自主管理労働組合 ▶ 具体値（生産量と価格）決定
ベトナム	ドイモイ（刷新）	市場原理の一部導入（1990年代） ▶ベトナム版ペレストロイカ

＊ 1997年には香港がイギリスから、99年にはマカオがポルトガルから中国にそれぞれ返還され、向こう50年間は資本主義地域としての保障が与えられた。よって、中国は一国内に社会主義と資本主義の2つの地域を持つ一国二制度に移行した。

2 資本主義の歴史(1)
経済発展　B

1. 商業資本主義期（15世紀末～18世紀）

重商主義政策により、国王から貿易の特権を与えられた商人は、資本を蓄積し、商業資本家に成長していった。囲い込み運動（エンクロージャー、英・15～18世紀）により、土地から追放された農民は労働者になっていく。こうして、資本主義を形成する資本家と労働者が誕生した（資本の本源的蓄積）。

2. 産業資本主義期（18世紀半ば～19世紀半ば）

(1) **産業革命**　イギリスの生産形態は、問屋制家内工業から、熟練工が工場に集まって生産を行う工場制手工業（マニュファクチュア）へと変化した。1760～1830年代には、産業革命による機械化により、不熟練工も労働力を提供できる工場制機械工業へと発展し、生産性が飛躍的に向上した。商業資本家は産業資本家となり、大量の労働者を雇用して、大量生産を実現した。

(2) **自由放任主義**　アダム＝スミス〔英・1723～90〕は、「自由放任主義（レッセ＝フェール）を採れば、神の『見えざる手』に導かれて予定調和が実現し、国富は増大する」として、資本主義の基本である自由競争原理を理論的に根拠づけた。

3. 独占資本主義期（19世紀後半～20世紀初め）

(1) **資本の集積・集中**　自由競争により企業が淘汰され、①一企業が利潤を蓄積して巨大化する「資本の集積」、②複数企業がカルテル、トラスト、コンツェルンによって結合して巨大化する「資本の集中」が生じた。また、重工業化に伴い、銀行から融資を受け、巨額の設備投資を追求する経済構造が生まれ、銀行を頂点とした企業系列（金融資本）が現れた。

(2) **帝国主義**　独占・寡占資本は、海外市場を求めて植民地分割を行い、帝国主義戦争を招いた。また、巨大企業のみが生き残った独占資本主義のもとで発生する不況は巨大企業の倒産を招き、深刻かつ長期的な大不況を発生させた（1930年代の世界大不況）。

---

*1　囲い込み運動で土地を取得した農民は独立自営農民（ヨーマン）となり、後に商業資本家に成長した。
*2　予定調和とは、市場への介入がなくても需要と供給が均衡し、売れ残りも品不足もない状態をいう。

▼資本主義経済は産業革命で大きく発展　基本

15世紀末

資本の本源的蓄積（資本主義の二要素：資本家と労働者の誕生）

- 商人 ─ 特権商人保護 ───────────→ **商業資本家**
- 農民 ─ 囲い込み運動 → 無産者 → **労働者**

（第一次囲い込み運動（15世紀半ば〜17世紀半ば）← 暴力的エンクロージャー）
（第二次囲い込み運動（18世紀）← 議会エンクロージャー）

16世紀

商業資本の台頭

商業資本主義期

- **独立制手工業** ▶熟練工が手作業で生産

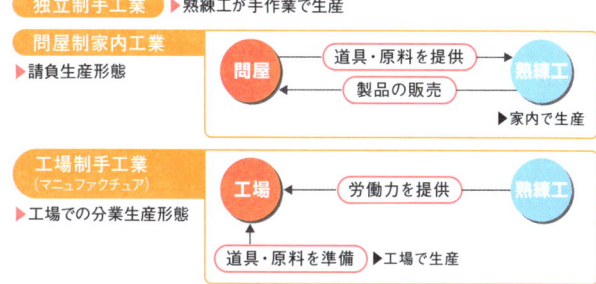

17世紀

- **問屋制家内工業**
  ▶請負生産形態
  - 問屋 ─ 道具・原料を提供 → 熟練工
  - 問屋 ← 製品の販売 ─ 熟練工
  ▶家内で生産

18世紀

- **工場制手工業**（マニュファクチュア）
  ▶工場での分業生産形態
  - 工場 ← 労働力を提供 ─ 熟練工
  - 道具・原料を準備 → ▶工場で生産

産業資本の台頭 ⇨ 自由放任主義

19世紀

産業資本主義期

産業革命 ▶生産性の飛躍的向上（英 1760〜1830年代「世界の工場」／仏 米 独 1830〜70年代）

- **工場制機械工業**
  ▶機械による大量生産形態・分業生産
  - 工場 ← 労働力を提供 ─ 熟練工＋不熟練工
  - 道具・原料を準備 → ▶工場で生産

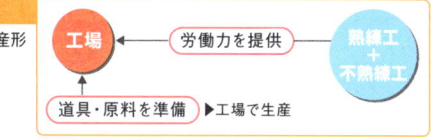

生産過剰 ⇨ 不況の発生 ▶世界初 英1825〜 その他1857〜
企業の自然淘汰

独占資本の形成 ⇨ 市場の失敗

独占資本主義期

❶ 金融資本の形成
- 銀行資本 ─ 融資▶規模の利益追求 → 産業資本 ─ 株式保有▶資本 → 会社

20世紀

❷ 帝国主義
国内市場頭打ち ⇨ 海外市場へ進出 ⇨ 戦争

大不況・戦争

第5章 経済体制

3 資本主義の歴史(2) A
修正資本主義

1. 修正資本主義〜混合経済

(1) 歴史　19世紀、**景気変動**や**貧富差の拡大**などの自由放任主義経済が抱える矛盾が露呈し始めた。ニューヨーク・ウォール街での株価大暴落(1929)をきっかけとする世界大恐慌および1930年代の世界大不況の中で、大量の**非自発的失業者**が発生した。国家は、景気調整のために**金融・財政政策**などの市場介入を、失業者対策として完全雇用政策を行う必要に迫られた。

(2) 特徴　政府は、**自由放任を基本**としながら**経済計画**のもとに**市場に介入**し、景気の調整などを図る。市場に私的部門(私企業)と公的部門(政府)が混在しているので、混合経済ともいう。ケインズ〔英・1883〜1946〕(『雇用・利子および貨幣の一般理論』1936)の理論を根拠とする。

(3) 内容　経済見通しのもとに経済計画を立て、金融政策、財政政策、独占禁止政策、完全雇用政策、福祉政策などを行って市場に介入する。

> 1　修正資本主義を採っている国家は、政治的には「福祉国家」と呼ばれる。

(4) 有効需要の創出(ケインズ)　国家は、市場介入をすることによって、有効需要(**購買力を伴った需要**)を創出し、不況対策を行う。①通貨を持った需要者を創り出す(消費を拡大する)ことにより、現実の**需要を生み出す**。すると、②生産量を増やし、**供給を拡大させる**ことができる。また、③雇用も拡大し、完全雇用が実現する。その結果、④不況から脱出できる。

> 2　アメリカ大統領F.ローズベルトは、大不況の打開策として、ケインズの理論を採用したニューディール政策を実施した。世界恐慌をきっかけに採用された管理通貨制度のもとで、通貨を増発し、公共投資(テネシー川のダム建設など)などの財政支出(スペンディング=ポリシー)を行った。こうして、有効需要の創出とともに雇用の拡大を図った。

(5) 問題点　ケインズ主義によって有効需要の創出が行われ、不況克服が可能となったが、安易な経済成長政策の結果、流通通貨量が増え、1970年代以降、インフレや巨額の財政赤字が発生した。

(6) 反ケインズ主義の台頭　1970年代以降、過度な市場介入をやめ、再び市場による競争原理によって生産性を拡大してインフレの発生や財政赤字の拡大を防止しようとする反ケインズ主義経済学(反ケインジアン)が台頭し、主要先進国で導入されていった。

＊ 2008年9月のサブプライム=ローン問題によるリーマン=ショックで発生した100年に1度の世界経済危機対策として、アメリカのオバマ政権(民主党)は1930年代に民主党のF.ローズベルト大統領が実施したニューディール政策と同じ理論にもとづき、環境保全型投資を拡大するグリーン=ニュー

▼ ケインズ革命〜経済学説の180度発想転換 【重要】

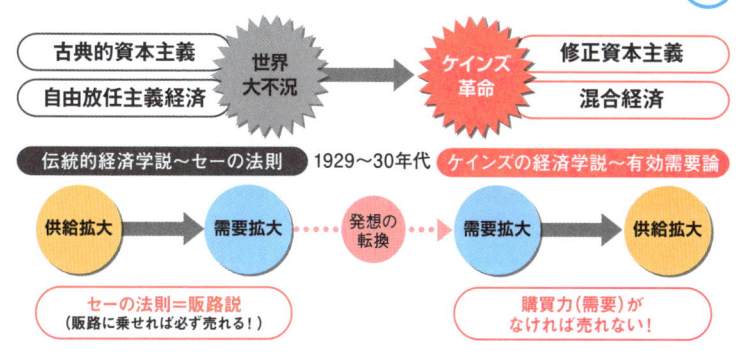

- 古典的資本主義
- 自由放任主義経済

→ 世界大不況 → **ケインズ革命** → 修正資本主義／混合経済

伝統的経済学説〜セーの法則　1929〜30年代　**ケインズの経済学説〜有効需要論**

供給拡大 → 需要拡大　‥‥発想の転換‥‥▶　需要拡大 → 供給拡大

- セーの法則＝販路説（販路に乗せれば必ず売れる！）
- 購買力(需要)がなければ売れない！

▼ ケインズ革命〜ケインズ理論の実践 【重要】

政府 —介入→ 不況 → 市場

- ❶金融政策（金利政策など）：金融緩和（金利引き下げ）
- ❷財政対策：スペンディング＝ポリシー　公共投資などの支出

↓

有効需要（購買力を伴った需要）を創出

民間投資拡大 ← 生産拡大 ← 消費拡大

↓

完全雇用実現

↓

景気回復

ニューディール政策：F. ローズベルト米大統領（1930年代〜） すべての施策で有効需要を創出！
❶テネシー川流域開発公社（TVA）▶公共投資　❷全国産業復興法（NIRA）▶復興のための産業投資
❸農業調整法（AAA）▶農産物の価格調整　❹社会保障法　❺全国労働関係法（ワグナー法）

> ❶ケインズは、自然失業を想定しておらず、非自発的失業をゼロにする完全雇用政策を提唱した。❷公共投資が呼び水となって、波及的な経済効果が期待できることを乗数効果と呼ぶ。❸利子の引き下げによって流動性選好（現金を持ちたい気持ち）を高め、貯蓄性向を最小化して消費性向を最大化するという限界消費性向論を唱えた。

第5章　経済体制

4 資本主義の歴史(3)
最近の経済学説〜反ケインズ主義

A

1. 最近の経済学説（反ケインズ主義）

　ケインズ主義にもとづく**有効需要論**では、**福祉国家・大きな政府**となるため、**財政赤字**と**インフレ**を発生させた。1970年代に入ると、2度の石油危機（1973、79）により世界的インフレが発生したため、**インフレ抑制と財政再建**が政治課題となっていった。70年代以降登場した**反ケインズ**主義は、無駄な財政支出を行う大きな政府をやめて自由競争を基本とする**小さな政府**に戻れば、**インフレ**の**防止**と**財政赤字**の**解消**は可能であるとしている。

> 1　日本が2001年より実施した行政スリム化（1府22省庁 → 1府12省庁）や、小泉内閣が進めた特殊法人の廃止・民営化を柱とする「聖域なき構造改革」、許認可行政の縮小による規制緩和、規制緩和地区を創設する構造改革特区（2003年総合デフレ対策の1つとして実施）などは、反ケインズ主義の現れである。

2. マネタリズム（新貨幣数量説）

　M. フリードマンは、政府は一定の通貨供給ルールを作り、それを守り続けることが大切で、**ケインズのように景気状況による裁量的な市場介入は行うべきではない**と主張し、**市場メカニズム**を重視した。

> 2　M. フリードマン〔米・1912～2006〕：**自然失業**の存在を認め、失業者ゼロを目指すケインズの完全雇用政策は、無駄な市場介入を引き起こし、インフレを加速させるだけだと批判した（『選択の自由』、『貨幣的安定を求めて』、『消費の経済理論』）。

3. サプライ＝サイド＝エコノミックス（供給側の経済学）

　1980年代初めのアメリカ大統領**レーガン**は、ラッファー、フェルドシュタインらが唱えていたこの理論を実践した（**レーガノミックス**）。供給者（生産者）のやる気を起こさせるために、**減税**と**規制緩和**を行った。**法人税減税**によって手持ち資金が増えた企業は、**規制緩和**によってもうかる分野に自由に投資できるため、**ビジネスチャンスが拡大する**ばかりでなく、**競争原理**によって生産性が向上する。その結果、景気が回復し、政府の**税収は自然増加**し、**財政赤字は解消**できるとする。

> 3　アメリカでは、レーガノミックスの効果が十数年後に現れ、1990年代は空前の好況に見舞われた（ニューエコノミー論）。1998～2000年の間は、「双子の赤字」（貿易収支赤字と財政赤字）の1つである単年度当たりの財政赤字を解消した。

＊ アメリカの「双子の赤字」の1つである財政赤字は、クリントン政権下の1998年に一旦は解消したが、ブッシュ政権（2001～09）下でテロ対策のための戦費がかさみ、再び拡大してしまった。

▼最近の経済学説（反ケインズ主義） 〔発展〕

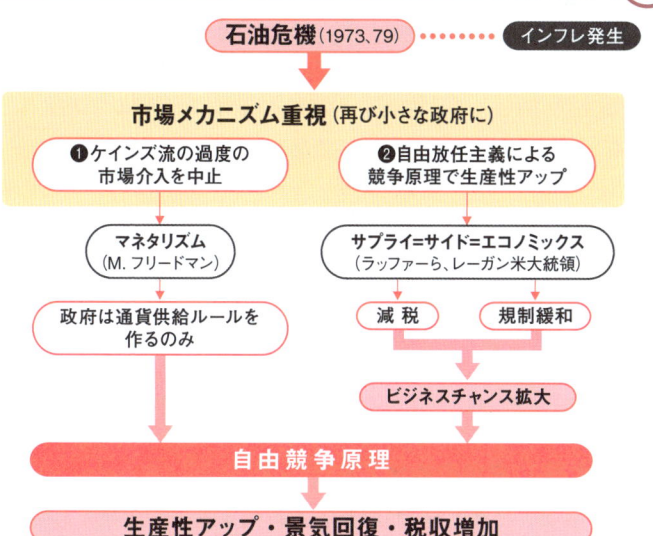

```
石油危機(1973、79) ……… インフレ発生
        ↓
市場メカニズム重視（再び小さな政府に）
  ❶ケインズ流の過度の      ❷自由放任主義による
    市場介入を中止          競争原理で生産性アップ
       ↓                      ↓
   マネタリズム          サプライ=サイド=エコノミックス
   (M.フリードマン)       (ラッファーら、レーガン米大統領)
       ↓                   ↓        ↓
  政府は通貨供給ルールを   減 税    規制緩和
     作るのみ                ↓        ↓
                         ビジネスチャンス拡大
       ↓                      ↓
           自 由 競 争 原 理
                ↓
      生産性アップ・景気回復・税収増加
```

check!
❶マネタリズムは、政府は一定の通貨供給ルールを作ってそれを守り続け、ケインズのように政策的な通貨量調節は行わないとする見解である。
❷サプライ=サイド=エコノミックスは、減税と規制緩和により、供給者（生産者）の生産意欲を高め、政府の市場介入はできるだけ行わないとする見解である。

▼反ケインズ主義の現れ 〔重要〕

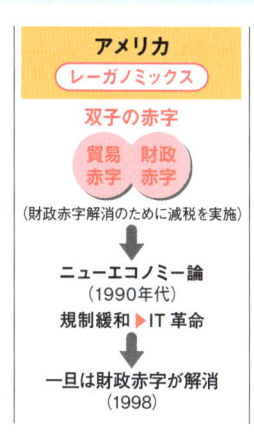

アメリカ
レーガノミックス

双子の赤字
- 貿易赤字
- 財政赤字

（財政赤字解消のために減税を実施）
↓
ニューエコノミー論
（1990年代）
規制緩和 ▶ IT革命
↓
一旦は財政赤字が解消
（1998）

イギリス
サッチャリズム

「ゆりかごから墓場まで」
といわれる
包括的福祉政策

財政赤字
↓対策
社会保障政策見直し

日本

1980年代 中曽根内閣
中曽根行革
▶三公社民営化

1990年代 橋本内閣
中央省庁スリム化
▶1府12省庁

2000年代 小泉内閣
聖域なき構造改革
▶特殊法人廃止・民営化

第5章 経済体制

5 経済学説(1) 16～18世紀　B

1. 重商主義（16～18世紀）～絶対主義期、商業資本主義期

(1) **定義**　国内経済の育成につながる商業を発展させようとする考え方。国王は、富の蓄積のために**金銀・貿易を重視し、一部の商人に貿易の特権を与えて**商業資本を保護・育成した。

(2) **変遷**　①初期は、外国への金銀の持ち出しを禁止して富の蓄積を図る**重金**主義であったが、②後期は、輸入を制限して輸出を拡大し、利潤の蓄積を図る**貿易差額**主義へと変化した。

> 1 イギリスでは、トマス＝マン〔英・1571～1641〕が『外国貿易におけるイギリスの財宝』(1664)を著し、重商主義を擁護した。フランスでは、ルイ14世時代の財務長官コルベール〔仏・1619～83〕が重商主義を進めた。フランスの重商主義はコルベール主義ともいわれる。

2. 重農主義（18世紀後半）～フランス

(1) **定義**　農業（農業生産）が国富を生み出す唯一の源泉であり、農業生産性の向上を重視すべきだとする考え方。

(2) **自由放任主義（レッセ＝フェール）**　国家による経済活動への介入の排除を主張する標語である。**重商主義の特権商人保護政策を批判**し、**古典派経済学に影響**を与えた。

> 2 ケネー〔仏・1694～1774〕は『経済表』(1758)を著し、重農主義を主張するとともに、経済活動を生産・流通・消費の循環ととらえた。

3. 古典派経済学（18世紀後半～19世紀前半）～産業資本主義期

(1) **定義**　自由主義経済のもと、国内的には**自由放任**、国際的には**自由貿易**を行おうとする考え方。

(2) **アダム＝スミス**〔英・1723～90〕**『国富論』(1776)**　①**自由放任**主義：国家による経済介入のない自由競争市場でのみ「**(神の)見えざる手**」が作用し、**予定調和と資源の最適配分**が実現され、**国富の増大**がもたらされる。イギリス**産業資本主義**を支える考え方である。②**重商**主義・**重農**主義への批判：**重商**主義が特権商人を保護している点、**重農**主義が農業生産にしか価値を認めていない点を批判した。

> 3 アダム＝スミスの他、マルサス『人口論』(1798)、リカード『経済学および課税の原理』(1817)、J.S.ミル『経済学原理』(1848)らが主張した。

＊ 自由放任を基本とする古典派のマルサスとリカードの穀物法論争は有名である。マルサスは古典派として原則的に自由放任を主張したが、人口抑制と食料生産性を維持する上で大地主保護のために穀物法の存続だけは必要だと主張した。一方、リカードは穀物法を廃止して徹底した自由競争を採る方

▼経済学説の展開～重商主義→古典派→歴史学派 〈基本〉

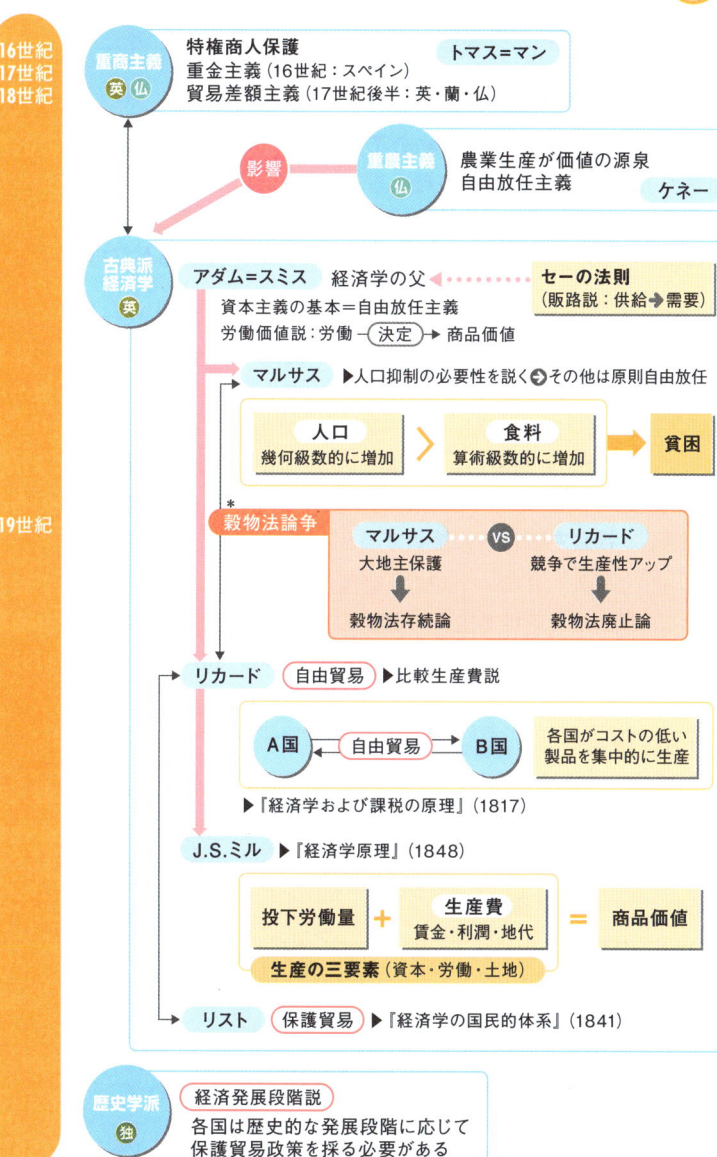

16世紀・17世紀・18世紀

重商主義（英・仏）
- 特権商人保護
- 重金主義（16世紀：スペイン）
- 貿易差額主義（17世紀後半：英・蘭・仏）
- トマス=マン

↕ 影響

重農主義（仏）
- 農業生産が価値の源泉
- 自由放任主義
- ケネー

19世紀

古典派経済学（英）

アダム=スミス 経済学の父 ←……… **セーの法則**（販路説：供給→需要）
- 資本主義の基本＝自由放任主義
- 労働価値説：労働 —（決定）→ 商品価値

→ **マルサス** ▶人口抑制の必要性を説く ⇒ その他は原則自由放任

| 人口 幾何級数的に増加 | ＞ | 食料 算術級数的に増加 | ⇒ | 貧困 |

穀物法論争

マルサス	vs	リカード
大地主保護		競争で生産性アップ
↓		↓
穀物法存続論		穀物法廃止論

→ **リカード** （自由貿易）▶比較生産費説

A国 ←自由貿易→ B国　各国がコストの低い製品を集中的に生産

▶『経済学および課税の原理』(1817)

J.S.ミル ▶『経済学原理』(1848)

投下労働量 ＋ 生産費（賃金・利潤・地代） ＝ 商品価値
生産の三要素（資本・労働・土地）

→ **リスト** （保護貿易）▶『経済学の国民的体系』(1841)

歴史学派（独）
（経済発展段階説）
各国は歴史的な発展段階に応じて保護貿易政策を採る必要がある

第5章 経済体制

が穀物生産性は向上するとして穀物法の廃止を唱えた。

6 経済学説(2)
19世紀～現代　A

1. 経済学説の展開の背景

1825年、イギリスで世界初の**不況**が起こり、1857年、初の世界的な**恐慌**が発生した。自由放任主義を基本とする古典的資本主義に矛盾が生じる中で、①資本主義経済を放棄しようとする**社会**主義思想と、②資本主義を維持しながら矛盾を調節しようとする**修正**資本主義思想が登場した。

2. マルクス経済学派～社会主義思想

(1) **マルクス**〔独・1818～83〕『**資本論**』(1867)　資本主義経済は、資本家が労働者から**剰余価値**(賃金労働によって生産された生産物の価値から労働力の価値＝賃金を差し引いた部分)を**搾取**する経済であるとした。そこでは、**資本家**と**労働者**による**階級対立**が存在し、かつ**生産過剰**により**恐慌**が発生する。その結果、**資本主義経済は、革命という歴史的必然のもとに崩壊し、社会主義経済に移行する**と説いた。

(2) **レーニン**〔露・1870～1924〕『**帝国主義論**』(1916)　独占資本主義を分析し、**帝国**主義を**資本**主義の最高の発展段階と位置づけ、**社会**主義移行の前夜であると説いた。世界初の社会主義革命である**ロシア革命**(1917)を指導した。

3. 近代経済学～修正資本主義思想

(1) **限界効用**学派(1870～)　価値の源泉を財・サービスから得る個人の満足度(**効用**)に求めた(**限界効用**価値説)。需要に注目した点に意義がある。**ワルラス**〔仏・1834～1910〕は商品の供給・需要によって価値が決定するという一般均衡論を唱えた。

(2) **ケインズ**学派　**ケインズ**〔英・1883～1946〕は『**雇用・利子および貨幣の一般理論**』(1936)を著し、自由放任政策ではなく、政府の市場介入による矛盾解決を主張した。

☞ 社会保障、公共投資などの財政支出(スペンディング＝ポリシー)を拡大し、有効需要を創出することで、不況克服を図る。このような理論上の発想転換をケインズ革命という。

＊ 限界効用学派の功績は、商品の価値のとらえ方を従来の労働価値(投下労働量)から需要の大きさ(主観的効用)に転換したことにある。だが、需要の大きさ(限界効用)をその人の財に対する主観的欲望の大きさで測ろうとしたため、基準として、同じ財を与え続けて、その人がいつその財をいらな

▼マルクス経済学と近代経済学 　発展

19世紀

資本主義の矛盾 ▶不況・失業・貧富差の拡大

- 資本主義を倒す
- 資本主義を修正する

社会主義～マルクス経済学

マルクス
『共産党宣言』(1848)
『資本論』(1867)

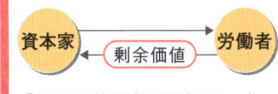

資本家 ←剰余価値→ 労働者

「万国の労働者、団結せよ。」
(『共産党宣言』)

20世紀

レーニン
『帝国主義論』(1916)
『国家と革命』(1917)

帝国主義5段階
1. 資本の集積による独占の形成
2. 銀行資本＋産業資本＝金融資本
3. 資本の輸出
4. 世界を分割する国際独占体制の形成
5. 列強による地球の領土的分割終了

➡「帝国主義」
「社会主義革命の前夜」

ロシア革命 ▶世界初の社会主義革命 (1917)

修正資本主義～近代経済学

限界効用学派

財への主観的欲望の大きさ(効用) → 商品価値

- **メンガー** 墺 オーストリア学派
  『国民経済学原理』(1871)
- **ワルラス** 仏 ローザンヌ学派
  『純粋経済学要論』(1874～77)
- **ジェボンズ** 英 ケンブリッジ学派
  『経済学の理論』(1871)
- **マーシャル** 英 ケンブリッジ学派
  『経済学原理』(1890)

ケインズ学派 ▶大きな政府

1. **有効需要** ← 購買力を伴った財への主観的欲望
2. **流動性選好論**
   ……利子率は流動性のある貨幣に対する需要の大きさによって決定される。
3. **非自発的失業** ➡ 完全雇用政策

ケインズ 英
『雇用・利子および貨幣の一般理論』(1936)

反ケインズ主義 ▶小さな政府 ▶自由放任主義

ケインズ主義により発生した財政赤字・インフレ対策として、自由放任主義へ回帰

- ●サプライ=サイド=エコノミックス
  ラッファー 米
  フェルドシュタイン 米
- ●マネタリズム
  M.フリードマン 米
  『消費の経済理論』(1957)

いというかによって決めると考えた点(限界効用逓減の法則)が非現実的であり、主観の計測が困難であるという問題を抱えていた。一方、需要の大きさを購買力(手持ちの貨幣)によって客観的に計測したのが、ケインズの有効需要論である。

7 資本主義における生産　C

1. 資本主義経済における生産のメカニズム

(1) **資本家と労働者**　資本家（企業など）は**資本**（貨幣）を投じて工場・機械および原材料などの生産手段を提供し、それに労働者が**労働力**を加えることによって商品を生産する。生産活動によって生み出された新たな価値を**付加価値**という。

> ☞1　マルクス〔独・1818〜83〕は付加価値を剰余価値と呼び、労働者が対価である賃金以上に生み出した部分であるとした。彼は、剰余価値が資本家に搾取されていることを指摘して、資本主義の矛盾を説いた。

(2) **生産の三要素**　リカード〔英・1772〜1823〕は、**生産の三要素**として、①**資本**、②**労働**、③**土地**を挙げている。資本には工場・設備の他、原材料も含まれる。

> ☞2　マルクスは生産の要素を、❶労働手段（機械・工場など）、❷労働対象（原材料）、❸労働力の3つに分類し、労働手段と労働対象を合わせて生産手段と呼んだ。このような分析によって資本主義経済の矛盾を指摘した。

(3) **生産資本の分類**　一般的には、①**固定**資本（生産活動で繰り返して使用される機械・工場など）と、②**流動**資本（1度しか使用できない原材料・労働力など）の2つに分類される。

> ☞3　マルクスは、価値に注目し、❶不変資本（機械・工場などの労働手段と原材料の労働対象）と、❷可変資本（労働力）の2つに分類した。ここで、商品という新しい価値を生み出す源泉、すなわち、可変資本は労働力のみであるとした。

2. 再生産形態

　ある生産設備において生産が繰り返されることを再生産という。①**単純再生産**：生産が同一規模で繰り返される。②**拡大再生産**：1度目に比べて、2度目の生産規模が拡大する。③**縮小再生産**：1度目に比べて、2度目の生産の方が小さくなる。

> ☞4　資本主義では、企業は利潤極大化を目指すので拡大再生産が基本となる。

3. 商品の種類

　商品には、①**財**（有形）と②**サービス**（用役、無形）がある。また、財には①**自由財**（稀少性がなく取引対象とならない空気・水など）、②**経済財**（稀少性があり取引対象となるもの）がある。

＊ 自由財とは、財の内、人がそれを獲得、占有、処分することができないため、また、それが極めて豊富で、獲得、占有、処分する必要がないため、経済活動の対象とならないものをいう。前者の例に太陽・月、後者の例に空気・水などがある。しかし、環境汚染が進行すると、きれいな空気（酸素）や

▼ 資本循環～貨幣資本▶生産資本▶商品資本▶貨幣資本　盲点

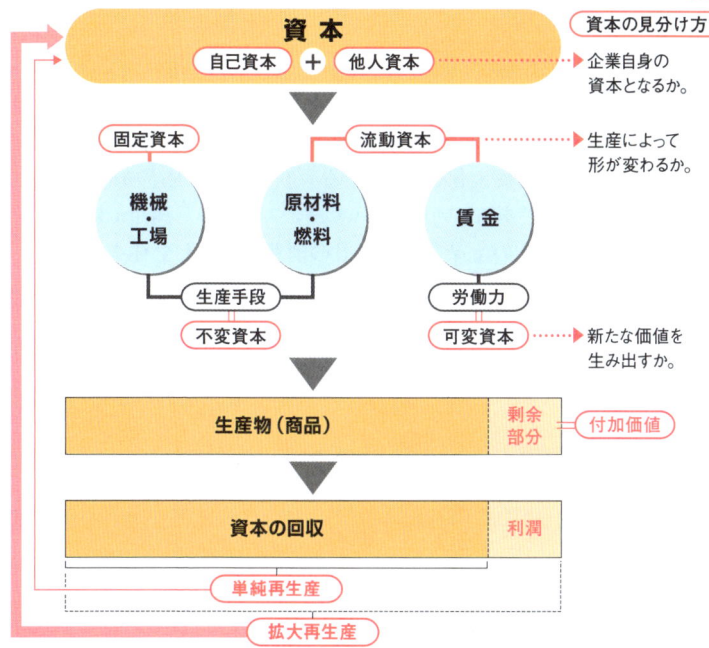

```
                    資　本                      資本の見分け方
            自己資本 ＋ 他人資本  …………▶ 企業自身の
                   ▼                            資本となるか。

     固定資本        流動資本      …………▶ 生産によって
                                            形が変わるか。
      機械・      原材料・      賃金
      工場        燃料
          生産手段         労働力
         不変資本         可変資本    …………▶ 新たな価値を
                   ▼                            生み出すか。

            生産物（商品）         剰余部分 ─ 付加価値
                   ▼
            資本の回収            利潤
         └─── 単純再生産 ───┘
     └───── 拡大再生産 ─────┘
```

check!
❶ 株式は自己資本である。◀会社に参加する形での出資
❷ 社債は他人資本である。◀会社が債務（借入金）を負うということ

▼ 形があれば財、なければサービス　盲点

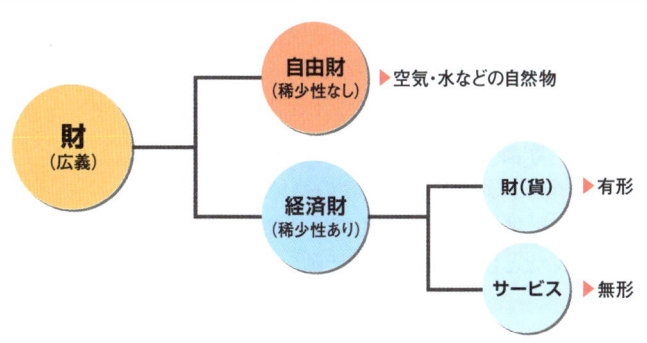

```
              ┌─ 自由財 ──────▶ 空気・水などの自然物
              │  （稀少性なし）
   財          │
  （広義）      │                    ┌─ 財（貨）──▶ 有形
              └─ 経済財 ──────────┤
                 （稀少性あり）      └─ サービス ─▶ 無形
```

おいしい水などにも価格がつき、市場取引の対象となり、経済財に一部変化している。

8 経済主体と経済循環　B

1. 経済主体

　経済主体とは、**企業・家計・政府**の3つを指す。①**企業**は、生産活動を行う主体である。利潤極大化を目的とする。②**家計**は、生産物（財・サービス）を消費する主体である。効用（財・サービスから得る満足）極大化を目指す。③**政府**は、企業の生産活動と家計の消費活動など全体を調整する主体である。

☞ 1　家計収入には、❶勤労所得（勤労収入＝賃金）、❷個人業主所得（事業収入＝個人商店や農家などの収入）、❸財産所得（財産収入＝地代・家賃・利子・配当など）がある。収入の内、税金と社会保障費用負担分を除いた可処分所得（手取り収入）が、①消費、②貯蓄として支出される。可処分所得に対して消費の占める割合を消費性向、貯蓄の占める割合を貯蓄性向という。消費性向＋貯蓄性向＝1となる。

☞ 2　家計支出に占める飲食費の割合をエンゲル係数といい、それに占める居住費の割合をシュワーベ係数という。エンゲル係数は、高所得者ほど小さく、低所得者ほど大きくなる（エンゲルの法則）。シュワーベ係数は、高所得者ほど小さく、低所得者ほど大きくなる（シュワーベの法則）。これらは生活水準を示す指標となる。

2. 経済循環

　生産 ➡ 分配 ➡ 消費 ➡ 再生産を繰り返しながら、財・サービスが貨幣を媒体として、経済主体（企業・家計・政府）の間を流れている。このような流れを経済循環という。

(1) **企業 ⇔ 家計・政府**　企業は、労働者を家計より雇用（購入）し、資本を投下（投資）して生産を行う。そして、工場・機械や原材料などの**生産財**や消耗品となる**消費財**を、家計・政府に販売し、その対価として**代金**を受け取る。

(2) **家計 ⇔ 企業・政府**　家計は、消費活動を行う。さらに、企業や政府に対して労働力や土地などを提供し、その対価として**賃金**や**地代**を受け取る。

(3) **政府 ⇔ 企業・家計**　政府は、企業から法人税を、家計から所得税を徴収する。一方、企業に対しては**補助金**の給付や公共事業費を支出して産業関連**社会資本**を提供し、家計に対しては**社会保障費**などを支出して行政サービスを提供するとともに国家の経済活動の調整を図る。

＊近年の日本の家計貯蓄率は低下傾向にあり、高度経済成長期には20％台、1990年代初めにも10％台であった貯蓄率が、2006年は3.2％、07年は2.2％と急落し、13年は0.9％となっている。原因は、❶高齢化、❷バブル崩壊不況および「失われた10年」などによる所得減少にある。例えば、勤労所

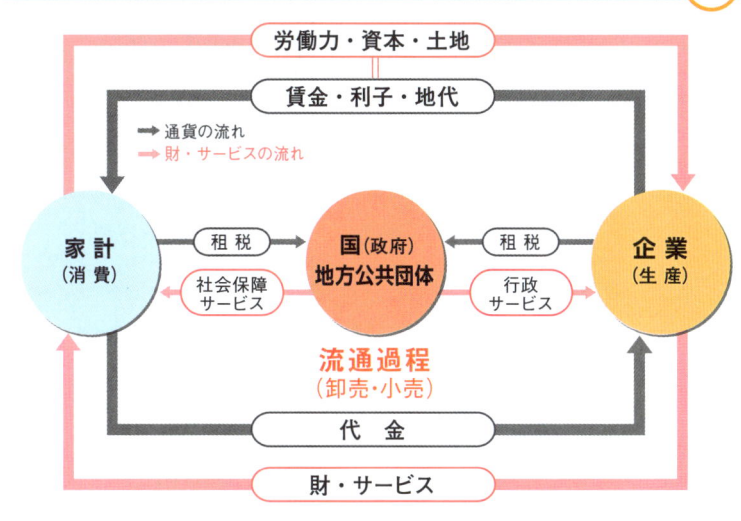

▼ 経済循環～通貨、財・サービスの流れ 〈基本〉

```
            労働力・資本・土地
            賃金・利子・地代
    → 通貨の流れ
    → 財・サービスの流れ

  家 計  ─租税→  国(政府)  ←租税─  企 業
  (消費) ←社会保障  地方公共団体  行政→  (生産)
         サービス            サービス

              流通過程
             (卸売・小売)

              代　金
              財・サービス
```

▼ 家計～低所得者ほどエンゲル係数 大 〈発展〉

$$\text{エンゲル係数}(\%) = \frac{\text{飲食費支出}}{\text{家計の消費支出}} \times 100$$

エンゲル係数の法則

	エンゲル係数
低所得者	大
高所得者	小

↓

かつては生活保護基準として採用

エンゲル係数と平均消費性向（日本の場合）

平均消費性向 70.6%
エンゲル係数 23.5%
08年9月 リーマン＝ショック
失われた10年
(1975～2013年 (4～6月))

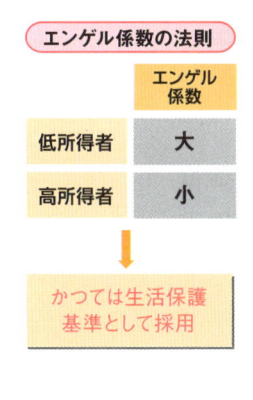

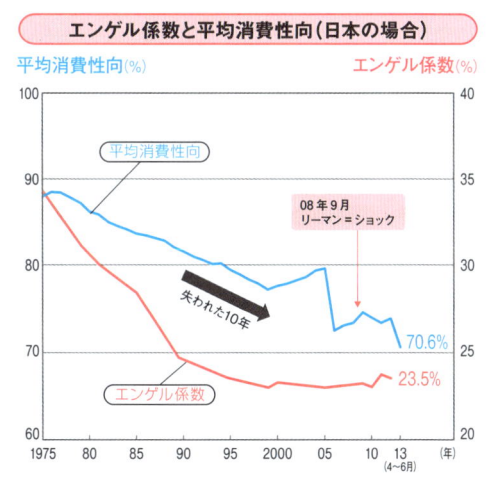

得のない高齢者は貯蓄を取り崩して生活している場合が多く、所得が減少すると家計は貯蓄する余裕がない状態に陥ることが多いためである。

第6章 経済理論（市場・国民所得）

1. **市場機構** 価格メカニズム
2. **需要・供給曲線のシフト**
3. **需要・供給の価格弾力性**
4. **市場の失敗**
5. **独占・寡占**
6. **独占禁止法**
7. **企業形態(1)**
8. **企業形態(2)** コーポレート＝ガバナンス
9. **国富**
10. **広義の国民所得**
11. **狭義の国民所得**
12. **国民純福祉・経済成長率**
13. **景気変動**

覚えておきたい日本の企業グループ

▶六大企業グループがメガバンクの統合で三大企業グループに再編！

1 みずほ銀行

▶**①第一勧銀グループ：第一勧業銀行**
資生堂、富士通、清水建設、伊藤忠商事、川崎重工業

▶**②芙蓉（ふよう）グループ：富士銀行**
キヤノン、日産自動車、丸紅、明治安田生命保険、みずほ信託銀行

第一勧業銀行 ＋ 富士銀行 ＋ 日本興業銀行
＝ みずほ銀行（みずほフィナンシャルグループ）

2 三井住友銀行

▶**③三井グループ：さくら銀行（旧三井銀行）**
東芝、東レ、中央三井アセット信託銀行、三井不動産、三井物産、三越

▶**④住友グループ：住友銀行**
日本電気、住友生命保険、住友化学

さくら銀行 ＋ 住友銀行
＝ 三井住友銀行（三井住友フィナンシャルグループ）

3 三菱東京UFJ銀行

▶**⑤三菱グループ：三菱東京フィナンシャルグループ**
東京海上日動火災保険、三菱電機、三菱商事、三菱重工業

▶**⑥三和グループ：三和銀行**
シャープ、日本生命保険、コスモ石油、双日、神戸製鋼所、サントリー

▶三菱銀行 ＋ 東京銀行
＝ 三菱東京銀行（三菱東京フィナンシャルグループ）

▶三和銀行 ＋ 東海銀行
＝ UFJ銀行（UFJホールディングス）

▶東京三菱銀行（三菱東京フィナンシャルグループ）
＋ UFJ銀行（UFJホールディングス）
＝ 三菱東京UFJ銀行（三菱UFJフィナンシャルグループ）

第6章 経済理論（市場・国民所得）

1 市場機構
価格メカニズム

1. 市場

　市場とは、売り手（供給者）と買い手（需要者）が取り引きをする場所をいう。商品市場、金融市場、労働市場、外国為替市場などがある。価格によって供給量と需要量が決定されるが、完全競争市場のもとでは、**均衡価格**が設定されれば供給量と需要量は一致し、**資源の最適配分**が実現されることになる。

☞ 完全競争市場の条件：❶売り手と買い手が多数存在すること。❷市場が成立する価格を所与の条件として受け取ること。❸商品の品質・内容・価格について十分な情報があること（情報の対称性）。❹商品は全く同質であること。❺市場への参入・退出が自由であること。

2. 需要・供給の法則

(1) **需要の法則**　ある商品の**価格が上昇すると需要量は減少**する。他方、**価格が下落すると需要量は増加**する。これを図示すれば、需要曲線は**右下がり**（減少関数）となる。

(2) **供給の法則**　ある商品の**価格が上昇するともうかるので供給量は増加**する。他方、**価格が下落するともうからないので供給量は減少**する。よって、供給曲線は**右上がり**（増加関数）となる。

3. 価格の自動調節作用（価格メカニズム）

(1) **価格が高いとき（P_2）**　需要量は少ない（Q_1）が供給量は多い（Q_4）。したがって、Q_4-Q_1の**超過供給**（売れ残り）が生じる。供給者は価格を引き下げて、売りさばこうとする。

(2) **価格が安いとき（P_1）**　需要量は多い（Q_3）が供給量は少ない（Q_2）。したがって、Q_3-Q_2の**超過需要**（品不足）が生じる。供給者は価格を引き上げてもうけようとする。

(3) **均衡価格（P_0）**＊　供給者は、売れ残りあるいは品不足の状態を見ながら、売れ残りも品不足も生じない適正な価格を発見する。この均衡価格（P_0）を設定すると、**供給量（Q_0）＝需要量（Q_0）**となり、**資源の最適配分**が実現される。このように、価格の上下変動を通じて、供給量と需要量が一致に向かっていくことを**価格の自動調節作用**という。

＊ 1つの商品には、原則的に1つの価格しか成立しない。最終的には均衡価格に落ち着く。これを「一物一価の法則」という（例外：子ども料金、女性割引など）。

▼ *価格の自動調節作用によって供給量=需要量になる 【重要】

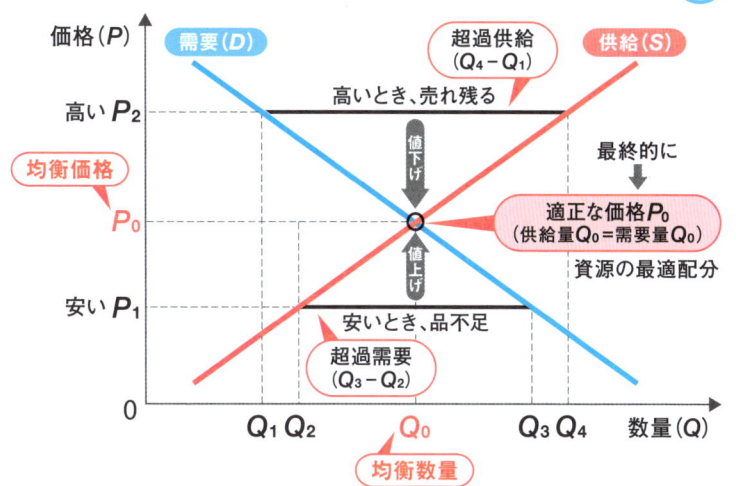

- 需要(D)
- 供給(S)
- 超過供給 ($Q_4 - Q_1$)
- 高いとき、売れ残る
- 値下げ
- 価格(P)
- 高い P_2
- 均衡価格 P_0
- 安い P_1
- 最終的に ↓
- 適正な価格 P_0 (供給量 Q_0=需要量 Q_0)
- 資源の最適配分
- 値上げ
- 超過需要 ($Q_3 - Q_2$)
- 安いとき、品不足
- $Q_1\ Q_2\ Q_0\ Q_3\ Q_4$ 数量(Q)
- 均衡数量

▼ 右下がりの供給曲線・右上がりの需要曲線もある? 【発展】

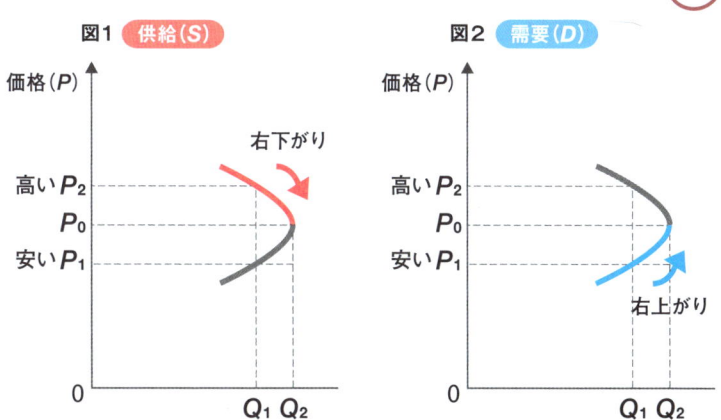

図1 供給(S) — 右下がり
価格(P)、高い P_2、P_0、安い P_1、$Q_1\ Q_2$

図2 需要(D) — 右上がり
価格(P)、高い P_2、P_0、安い P_1、$Q_1\ Q_2$

check!
❶ 図1 右下がりの供給曲線 ▶ 労働供給で生じる
　理由：労働では、時給が極度に高い場合、かえって働く量を減らして余暇が欲しくなる場合がある。
❷ 図2 右上がりの需要曲線 ▶ ブランド品で生じる
　理由：ブランド品は、高い方がブランド価値が高まるので買われるが、極端に安くなるとブランド価値が低下し、かえって買われなくなることがある。

＊ アダム=スミスが述べていた、神の「見えざる手」とは、価格の自動調節作用を意味していた（需給のグラフの仕組み）。

2 需要・供給曲線のシフト A

1. 需要（D）曲線のシフト（移動）

(1) **移動する要因** ある商品の価格は等しいが、買い手の需要量が増加ないし減少する場合。①国民所得の増減、②その商品に対する好み（流行）、③人口の増減、④代替財の価格など。

(2) **左（下方）にシフトするケース（$D \to D_1$）** ある商品が同じ価格（P_0）だが、需要量が減少する（$Q_0 \to Q_1$）ケースを考えればよい。例えば、①国民の所得が減少した場合（所得税増税が行われた場合も含む）、②その商品の流行が終わり、嗜好（好み）が減退した場合、③人口が減少した場合、④代替財（競合商品 ex.コメとパン）が値下げされた場合、⑤補完財（補い合う商品 ex.パンとバター）が値上げされた場合である。

(3) **右（上方）にシフトするケース（$D \to D_2$）** ある商品が同じ価格（P_0）だが、需要量が増加する（$Q_0 \to Q_2$）ケースを考えればよい。例えば、①国民の所得が増加した場合（所得税減税が行われた場合も含む）、②その商品が流行して、嗜好（好み）が増進した場合、③人口が増加した場合、④代替財（競合商品）が値上げされた場合、⑤補完財（補い合う商品）が値下げされた場合などである。

2. 供給（S）曲線のシフト（移動）

(1) **右（下方）にシフトするケース（$S \to S_1$）** 同一商品を同じ数量（Q_0）供給するとき、供給価格が下落（$P_0 \to P_1$）するケース。費用の値下がりで商品価格も下がるコスト＝デフレを示す。例えば、①原材料値下がり（原油値下がり）、②賃金カット、③法人税率引き下げ、④間接税（消費税）率引き下げ、⑤技術革新（大量生産）によるコスト引き下げ、⑥農作物が豊作のときなどである。

(2) **左（上方）にシフトするケース（$S \to S_2$）** 同一商品を同じ数量（Q_0）供給するとき、供給価格が上昇（$P_0 \to P_2$）するケース。費用の値上がりで商品価格が上がるコスト＝インフレを示す。例えば、①原材料値上がり（石油危機）、②賃金値上がり、③法人税率引き上げ、④間接税(消費税)率引き上げ、⑤少量限定生産によるコスト引き上げ、⑥農作物が凶作のときなどである。

▼価格or数量を1点決めてD・S曲線のシフトを考えよ！ 発展

●需要(D)曲線のシフト

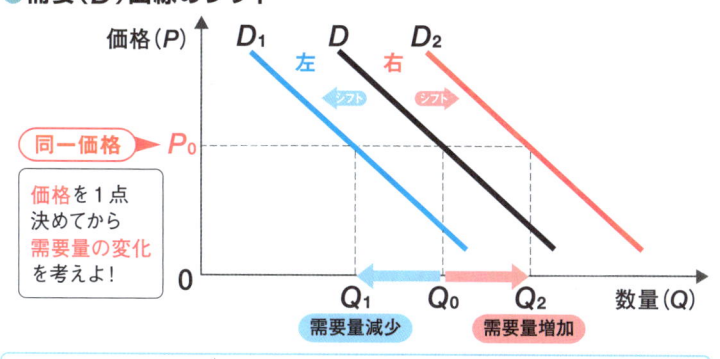

価格(P) D_1 D D_2
左 シフト 右 シフト

同一価格 P_0

価格を1点決めてから需要量の変化を考えよ！

0 Q_1 Q_0 Q_2 数量(Q)

需要量減少 ← | → 需要量増加

$D \rightarrow D_1$	同一価格(P_0)での需要量が減少($Q_0 \rightarrow Q_1$) 例：国民の所得減少、商品の好み減退(流行の終了)、消費人口減少など
$D \rightarrow D_2$	同一価格(P_0)での需要量が増加($Q_0 \rightarrow Q_2$) 例：国民の所得増加、商品の好み増進(流行)、消費人口増加など

●供給(S)曲線のシフト

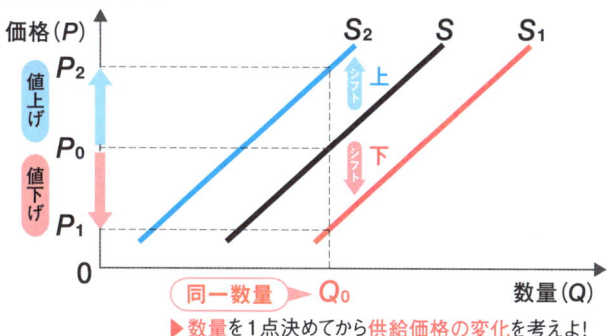

価格(P) S_2 S S_1

P_2 値上げ 上 シフト

P_0 下 シフト

P_1 値下げ

0 同一数量 Q_0 数量(Q)

▶数量を1点決めてから供給価格の変化を考えよ！

$S \rightarrow S_1$ (コスト＝デフレ)	同一数量(Q_0)での供給価格が下落($P_0 \rightarrow P_1$) 例：❶原材料値下がり❷賃金カット❸法人税率引き下げ ❹間接税(消費税)率引き下げ❺技術革新(大量生産)によるコスト引き下げ❻豊作など
$S \rightarrow S_2$ (コスト＝インフレ)	同一数量(Q_0)での供給価格が上昇($P_0 \rightarrow P_2$) 例：❶原材料値上がり❷賃金値上がり❸法人税率引き上げ ❹間接税(消費税)率引き上げ ❺少量限定生産によるコスト引き上げ❻凶作など

第6章 経済理論(市場・国民所得)

3 需要・供給の価格弾力性 B

1. 需要の価格弾力性・供給の価格弾力性
　ある商品の価格が一定率（一定幅）で変化したときに、その商品の需要ないし供給の量がどのくらい変化するかを示す比率のことである。**需要（D）曲線・供給（S）曲線の傾きが問題となる。**

2. 需要の価格弾力性
(1) **弾力性が小さい場合（D曲線が急傾斜＝D_1曲線の場合）**　ある商品の価格が一定幅変化（$P_1 \leftrightarrow P_2$）した場合に、需要量の変化が小さい〔あまり変化しない〕（$Q_2 \leftrightarrow Q_3$）場合である。すなわち、価格が高いとき（P_2）、需要量は少しだけ減少する（Q_2）。一方、価格が安いとき（P_1）、需要量は少しだけ増加する（Q_3）。このように価格の変化による需要量の変化が小さい商品は、①生活必需品、②代替財のない商品である。

(2) **弾力性が大きい場合（D曲線が緩傾斜＝D_2曲線の場合）**　(1)と逆のケース。ある商品の価格が一定幅変化（$P_1 \leftrightarrow P_2$）した場合に、需要量の変化が大きい（$Q_1 \leftrightarrow Q_4$）場合である。このように価格の変化による需要量の変化が大きい商品は、①ぜいたく品、②代替財のある商品である。

3. 供給の価格弾力性
(1) **弾力性が小さい場合（S曲線が急傾斜＝S_1曲線の場合）**　ある商品の価格が一定幅変化（$P_1 \leftrightarrow P_2$）した場合に、供給量の変化が小さい（$Q_2 \leftrightarrow Q_3$）場合である。すなわち、価格が上昇した場合（P_2）でも、すぐには増産して供給拡大できず、逆に、価格が下落した場合（P_1）でも、供給を減らしにくい商品である。①自然農作物、②生産設備拡張に時間がかかる商品などがある。

(2) **弾力性が大きい場合（S曲線が緩傾斜＝S_2曲線の場合）**　(1)と逆のケース。ある商品の価格が一定幅変化（$P_1 \leftrightarrow P_2$）した場合に、供給量の変化が大きい（$Q_1 \leftrightarrow Q_4$）場合である。価格の上下によって、すぐに増産・生産調整ができる工業機械製品などがある。

---

* 企業が、ある商品を値上げする場合、マーケティングの結果、需要の価格弾力性が小さい商品については、値上げをしても需要量はさほど減らないが、需要の価格弾力性が大きい商品について値上げをすると需要量は激減し、企業収益が悪化してしまう。当該商品の弾力性を見誤ると、企業は大きな

▼大小曲線が急傾斜 ▶弾力性⑪、曲線が緩傾斜 ▶弾力性⑤ 発展

●需要の価格弾力性

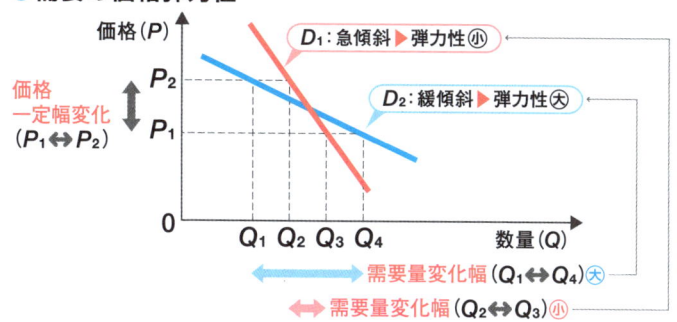

価格(P)

D_1：急傾斜 ▶弾力性⑪
D_2：緩傾斜 ▶弾力性⑤

価格一定幅変化 ($P_1 \leftrightarrow P_2$)
P_2
P_1

0　Q_1 Q_2 Q_3 Q_4　数量(Q)

⟵⟶ 需要量変化幅($Q_1 \leftrightarrow Q_4$)⑤
⟷ 需要量変化幅($Q_2 \leftrightarrow Q_3$)⑪

- **D_1(急傾斜)** 需要の価格弾力性⑪
  価格一定幅変化 ➡ 需要量変化幅⑪
  例：生活必需品など
- **D_2(緩傾斜)** 需要の価格弾力性⑤
  価格一定幅変化 ➡ 需要量変化幅⑤
  例：ぜいたく品など

> **Dの傾きが急**
> 必要性の高い商品
> ▼
> **垂直のD曲線**
> 絶対必要不可欠な商品

●供給の価格弾力性

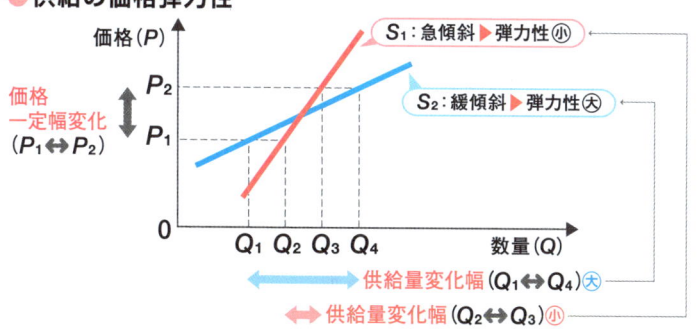

価格(P)

S_1：急傾斜 ▶弾力性⑪
S_2：緩傾斜 ▶弾力性⑤

価格一定幅変化 ($P_1 \leftrightarrow P_2$)
P_2
P_1

0　Q_1 Q_2 Q_3 Q_4　数量(Q)

⟵⟶ 供給量変化幅($Q_1 \leftrightarrow Q_4$)⑤
⟷ 供給量変化幅($Q_2 \leftrightarrow Q_3$)⑪

- **S_1(急傾斜)** 供給の価格弾力性⑪
  価格一定幅変化 ➡ 供給量変化幅⑪
  例：自然農作物など
- **S_2(緩傾斜)** 供給の価格弾力性⑤
  価格一定幅変化 ➡ 供給量変化幅⑤
  例：工業機械製品など

> **Sの傾きが急**
> 生産調整が困難な商品
> ▼
> **垂直のS曲線**
> 生産調整・在庫調整が全くできない商品

損失を被る可能性がある。

4 市場の失敗 B

1. 市場の失敗

市場経済において、価格機構が作用せず問題が生じる場合を**市場の失敗**という。次の3つのケースがある。

①**完全競争市場自体が不成立の場合**：独占・寡占市場では価格機構は働かなくなる。**管理価格**や**協定価格**が設定されて、**価格の下方硬直化**が生じる。

②**市場にまかせておくと市場外の第三者に影響が生じる場合**：市場外の第三者に対して経済的影響が生じてしまう。例えば、新幹線の駅ができて地価が上昇してもうかる人（**外部経済**）[*1]もあれば、逆に企業の生産で公害による被害を受ける人（**外部不経済**）もある。公害防除費用を企業は負担しようとしないので、結局、外部者に負担が押しつけられてしまい、不都合が生じることが多い。外部経済も市場外に影響が及ぶことから市場の失敗の1つに含まれることに注意。つまり市場の"失敗"という言葉には、プラスの影響も含まれており、マイナスの影響のみではない点が、一般の用法とは異なる。

③**市場機構によっては解決できない場合**：（ⅰ）私企業は営利性を追求するので、収益性のない財・サービス（**公共財・公共サービス**）は提供しない。
（ⅱ）**自由競争の結果、所得分配の不平等**（貧富差の拡大）が生じる。

☞ 社会資本（道路、公園、港湾、空港など）や警察・消防サービスなどを指す。

2. 政府の市場介入～市場の失敗の補完

市場の失敗の対策として、政府は市場に一定の政策介入を行う。

①独占・寡占対策として、**独占禁止政策**（**反独占政策**）を行う。

②**外部不経済**、特に公害対策として各種の公害規制を行うとともに、**外部不経済の内部化**[*2]（市場外第三者が負担する公害防止費用や損害賠償費用については、市場内部者、特に企業に負担させる）を進める。

③（ⅰ）財政政策によって公共財・公共サービスを提供し、**資源配分調整**を行う。（ⅱ）所得分配の不平等（貧富の差）を解消するために、財政政策によって**所得の再分配**を行う。高所得者に対しては**累進課税**で高率の課税を行い、一方、低所得者に対しては、**社会保障給付**などを行って実質的な平等化を図る。

[*1] 外部経済の具体例として、養蜂業者（ハチミツを採取する業者）と花を栽培する農園の関係がある。両者は契約しているわけではないので、市場内部者ではなく、市場外第三者どうしだが、お互いが近隣にあることでハチミツがよく採れる、花がよく咲くという利益を享受し合っている。

▼市場の分類～売り手・買い手多数　市場機構の成立　【盲点】

買い手＼売り手	1人	2人	少数	多数
1人	双方独占			買い手独占
2人		双方複占		買い手複占
少数			双方寡占	買い手寡占
多数	売り手独占	売り手複占	売り手寡占	完全競争

売り手独占～売り手寡占：**市場の失敗**
完全競争：**市場機構成立**

check!
❶今日、独占・寡占というのは売り手独占・売り手寡占を示すことが多い。
❷入試では、狭義の独占（1社支配）、複占（2社支配）、寡占（少数社支配）と表記される。

▼不完全競争市場における価格～独占・管理・寡占・統制　【基本】

不完全競争市場	独占価格	独占価格	商品の需給のどちらか一方で競争が制限された場合に成立する。寡占価格、管理価格を意味することもある。
		管理価格	有力企業がプライス=リーダーとして一定の利潤が確保できる価格を設定し、他の企業がそれにならう場合に成立する。▶ビール、鉄鋼、石油製品など
		寡占価格	企業間に多少の競争状態が存在するとき、企業どうしが協調し、価格協定をする場合に成立する。
	統制価格（公定価格）		政策上、国によって統制される場合に成立する。▶塩・たばこ、電気・ガス料金（公共料金）、米価（食糧管理制度下）など

check!
❶完全競争市場で成立する市場価格を自由価格（競争価格）という。
❷自由価格は需給関係によって変動するが、「生産価格＝平均生産費＋平均利潤」を基準とする。
❸電気・ガスなどは費用逓減産業＝自然独占（産業）と呼ばれる。自然独占に至る前に国が1社と供給独占契約を結び、代わりに価格を公共料金設定し、国の許可制としている。

*2　外部不経済を内部化する方法は、汚染物質を排出する企業に公害防止費用や被害者への損害賠償責任を負担させることである。具体的には、汚染者負担の原則（PPP=Polluter Pays Principle）を確立することが挙げられる。

5 独占・寡占　A

1. 独占・寡占の成立

企業間の自由競争は、**資本の集積と集中**を進め、巨大資本を発生させた。特に、19世紀には重工業化の進展の結果、巨額の設備投資を行って、**規模の利益**を求めた企業の**マーケット=シェア**（**市場占有率**）が高まっていった。

> ☞1　規模の利益（スケール=メリット）とは、大量生産体制を採ることによって製品1単位当たりのコストを下げ、利潤を最大化すること。これにより、他企業に対して比較的優位に立てる。

2. 独占・寡占の定義

厳密には、**独占**は1社支配、**寡占**は少数社支配だが、両者を含めて、広義に独占という場合もある。

3. 独占・寡占の目的と形態

過当競争の排除[*1]と**巨大利潤の追求**のために**カルテル・トラスト・コンツェルン**などの資本の集中を進めて、規模の利益（スケール=メリット）を追求し、マーケット=シェアを拡大する。

4. 独占・寡占市場の特徴[*2]

(1) **管理価格の形成**　競争企業が少ない寡占市場では、**価格**競争を排除する傾向が見られる。**プライス=リーダー**（**価格先導者**）となる有力企業が利潤を最大化できる高めの価格を決定すると、他の企業が暗黙の内にその価格に追従する慣行がある。プライス=リーダーは、その産業の中で最も弱い企業でも採算が合う高めの価格を設定する（**フル=コスト原理**）ので、価格は上がりやすく（**管理価格インフレ**）、下がりにくい（**価格の下方硬直性**）傾向を示す。

(2) **非価格競争の激化**　寡占市場では価格競争は排除される代わりに、**広告・宣伝、アフターサービス、スタイル**などの価格面以外での競争（**非価格競争**）が激化する。特に、広告・宣伝によって、**製品差別化**を行って売上げを伸ばそうとする。

> ☞2　依存効果：消費者行動が広告・宣伝に左右されやすいこと（ガルブレイス『ゆたかな社会』）。デモンストレーション効果：消費者が他の消費者の行動に影響されやすいこと。

(3) **独占・寡占の問題点**　①**価格メカニズム**が働かず、資源配分の効率性を阻害。②**中小企業の倒産**。③**インフレの発生**で消費者に不利益が発生。

[*1] 過当競争とは、多数の企業による熾烈な競争の状態。企業間の値下げ競争が激化すると結局、各企業の収益率（利潤率）が低下するので、大企業は競争を排除するためカルテル（協定）などの新規参入を阻止する行動をとりがちである。この結果、寡占市場が形成されていく。

▼ 資本の集積と資本の集中が独占・寡占を成立させる 基本

● 資本の集積 ▶ 1企業が利潤を蓄積して巨大化すること

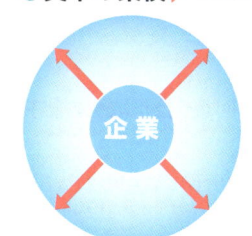

企業 → 利潤(内部留保)を蓄積して巨大化

● 資本の集中 ▶ 複数企業が結合して巨大化すること

カルテル
（企業連合）
▶ **協定**

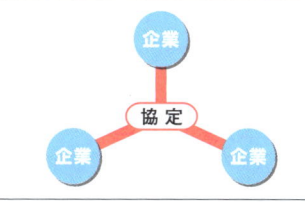

企業─協定─企業・企業

同種産業部門の複数の企業が、独立性を保ったまま、協定を結ぶ
例 生産カルテル
　価格カルテル
　販路カルテル

トラスト
（企業合同）
▶ **合併**

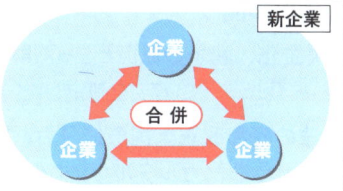

新企業：企業⇔企業⇔企業（合併）

同種産業部門の複数の企業が、合併して新しい1つの巨大企業となる

コンツェルン
（企業結合）
▶ **支配**

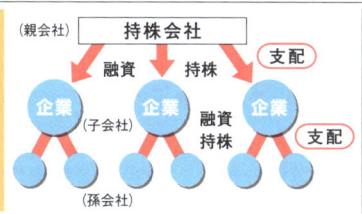

（親会社）持株会社 → 融資・持株 → 企業（子会社）→ 融資・持株 → 企業（孫会社）→ 支配

異種産業部門の複数企業が、独立性を保ったまま、株式保有や融資関係を通じてピラミッド型に結合して、事実上の支配従属関係に入る
例 戦前日本の旧財閥

---

check!
❶ シンジケート ▶ 複数企業が生産割当や共同販売を行うために作る中央機関ないし共同販売カルテルの総体（カルテルの一種）。

❷ コングロマリット（複合企業・集塊企業）▶ 異なった産業部門の企業を次々に買収・合併（M&A）して巨大化した現代の巨大企業のこと。異種産業間の合併である点がトラストと異なる。

❸ 2007年改正独占禁止法の施行により三角合併が認められた。A社がB社を吸収合併する際、A社は親会社の株式をB社に対価として提供できるという方法である。外国の大資本が日本の子会社を利用して他の日本企業に敵対的買収を仕掛ける懸念が指摘されている。

*2 寡占市場にも、初期には競争的寡占（競争が残った寡占）段階と、後期には協調的寡占（競争はあまり行わずシェアを分かち合う寡占）段階がある。

6 独占禁止法　B

1. アメリカの独占禁止法

独占・寡占の弊害が生じたアメリカは、自由競争の回復、公正取引の維持、中小企業・消費者保護のために立法化を進めた。

> ☞1 ❶世界初の独占禁止法として、シャーマン反トラスト法(1890)が作られ、石油トラストなどが分割された。❷シャーマン法を補ってコンツェルンを規制するためにクレイトン法(1914)が作られた。これらと連邦取引委員会法が、日本の独占禁止法の模範となった。

2. 日本の独占禁止法（1947）

(1) **正式名称**　「私的独占の禁止及び公正取引の確保に関する法律」。自由競争市場の実現を目指す"経済の憲法"である。

(2) **内容**　3つの目的がある。①私的独占の禁止、②不公正な取引方法の禁止、③不当な取引制限の禁止。独禁法の番人として、公正取引委員会（公取委）[*1]が設置されている。課徴金の決定、カルテル排除命令などの準司法作用を持つ。

3. 日本の独占禁止政策の展開

(1) **第1期：1947～経済民主化**　戦争の原因となった財閥解体のため、過度経済力集中排除法と独占禁止法（1947）を制定した。

(2) **第2期：1953～独禁法の緩和改正**　国際競争力を持つ企業を育成するため、①不況カルテル、②合理化カルテルなどの例外カルテルを公取委の許可制のもとで認めた（1999廃止）。

(3) **第3期：1977～独禁法の強化改正**　石油危機時の石油ヤミカルテルに対する世論の批判のもと、①企業分割条項の復活、②違法カルテルへの課徴金などが追加された。

(4) **第4期：1993～独禁法強化の動き**　1989年の日米構造協議で、日本の排他的取引慣行（系列取引）が、アメリカ商品の日本進出を阻害しているとして、独禁法の強化改正が要求された。これを受けて、93年改正で課徴金上限の引き上げ（500万円→1億円）や再販売価格維持制度の指定品目削除が行われた。

> ☞2 メーカーが小売店に対して定価販売を義務づけ、安売りを認めない制度である。現在指定品目として、書籍、レコード(CD)、新聞などがある。かつては化粧品・医薬品も指定されていたが、93年改正で一部の医薬品を除いて指定品目から削除され、広く価格の自由が認められた。

[*1] 公正取引委員会は、違反事件の調査・審判・違法状態排除命令などの準司法権限を持つ。2005年の独禁法改正では、公取委の強制調査権限強化やカルテル、談合などの情報提供企業への罰則減免措置導入、課徴金の大幅引き上げ（利得の6％→10％に）が認められた。06年には教科書

▼"経済の憲法"独占禁止法の主な規定内容　[基本]

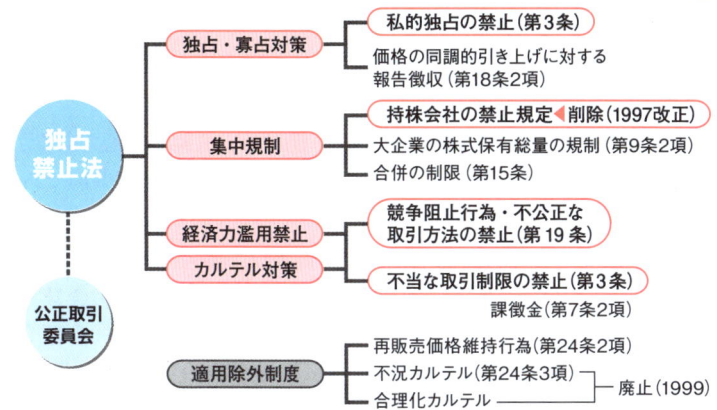

- **独占禁止法**
  - 独占・寡占対策
    - 私的独占の禁止(第3条)
    - 価格の同調的引き上げに対する報告徴収(第18条2項)
  - 集中規制
    - 持株会社の禁止規定◀削除(1997改正)
    - 大企業の株式保有総量の規制(第9条2項)
    - 合併の制限(第15条)
  - 経済力濫用禁止
    - 競争阻止行為・不公正な取引方法の禁止(第19条)
  - カルテル対策
    - 不当な取引制限の禁止(第3条)
    - 課徴金(第7条2項)
  - 適用除外制度
    - 再販売価格維持行為(第24条2項)
    - 不況カルテル(第24条3項) ─ 廃止(1999)
    - 合理化カルテル ─
- **公正取引委員会**

check!
❶1997年、「事業支配力が過度に集中する場合」を除いて、持株会社が解禁(承認)された。
❷1999年改正で不況カルテル・合理化カルテルは廃止され、自由競争を拡大する方向にある。公取委が認める特定業種だけにカルテルを認めるのは恣意的であって、不公平との批判があったためである。　❸国会で法律を制定して認める特別法カルテルは、今後も認められる。

▼フィルム、ビール類、板ガラスは生産集中度が高い　[発展]

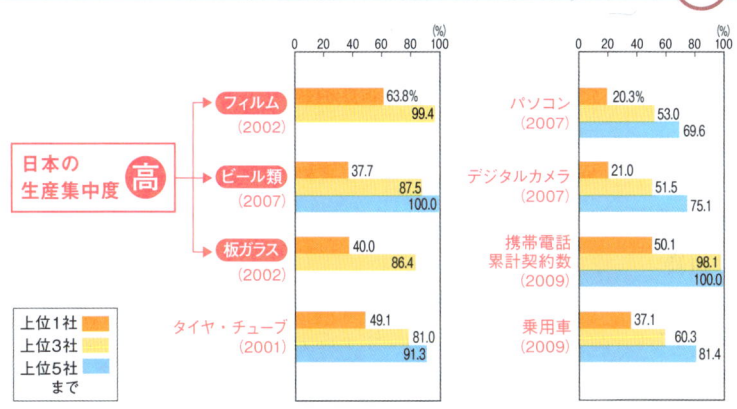

日本の生産集中度 高

凡例：上位1社／上位3社／上位5社まで

- フィルム(2002)：63.8% / 99.4 /
- ビール類(2007)：37.7 / 87.5 / 100.0
- 板ガラス(2002)：40.0 / 86.4 /
- タイヤ・チューブ(2001)：49.1 / 81.0 / 91.3
- パソコン(2007)：20.3% / 53.0 / 69.6
- デジタルカメラ(2007)：21.0 / 51.5 / 75.1
- 携帯電話累計契約数(2009)：50.1 / 98.1 / 100.0
- 乗用車(2009)：37.1 / 60.3 / 81.4

▶上位1社が特に強い寡占を「ガリバー型寡占」と呼ぶ。

(5) **第5期：1997～独禁法の180度転換**　1947年の法制定以来禁止されてきた持株会社[*2]が半世紀ぶりに原則解禁(承認)され、金融持株会社も認められた。

の販売の競争制限を行う特殊指定が廃止されたが、新聞など著作物の再販指定は続いている。
*2　持株会社とは株式取得のみを目的とした会社で、他社支配を目的とする。

第6章　経済理論(市場・国民所得)

7 企業形態(1) A

1. 企業

(1) **種類** 私的利潤を追求する民間人が出資する<u>私企業</u>が中心であるが、国や地方公共団体が経営する<u>公企業</u>、出資者が民間と政府の共同である半官半民の<u>公私混合企業</u>がある。

(2) **会社企業** 私企業の中心は会社企業である。①<u>合名</u>会社(無限責任社員のみ)、②<u>合資</u>会社(無限責任社員と有限責任社員)、③<u>有限</u>会社(有限責任社員のみ。ただし50人以内。06年より新設禁止)、④<u>株式</u>会社(有限責任の株主)、⑤<u>合同</u>会社(有限責任社員。定款自治で議決権・配当比率差の設定可能。06年より新設)の5種類がある。

☞1・2 無限責任とは、会社の債務(借入金)について全額個人責任を負うこと。有限責任とは、会社の債務(借入金)について自己の出資の範囲内でのみ責任を負うこと。

2. 現代企業の中心～株式会社

(1) **目的** 巨額の資本を集めて、企業を興す目的のもとに考え出された法的制度である。

(2) **手段** ①出資単位を小口・均等に細分化し(<u>株式</u>)、出資しやすくした。②出資者たる株主の責任を出資の範囲内に限った(<u>有限</u>責任)。会社が負債を抱えて倒産した場合に株主が負担する責任の範囲を買った株式の範囲内に限定することで、安心して出資できるようにした。③株主の経済的利益を図り、会社の利益に応じた<u>配当金</u>を認めるとともに、④<u>株式譲渡自由</u>の原則を導入して、株式を売却して容易に換金できるようにした。

(3) **組織** ①<u>株主総会</u>が会社の最高意思決定機関であり、**1株1議決権**が与えられる。大株主ほど発言力が強くなる。②<u>取締役会</u>は会社の業務決定機関であり、経営方針を執行する。株主総会から経営を委託されている。③<u>代表取締役</u>(社長)は対外的に取り引きの代表者となる。④<u>監査役</u>は企業会計の不正を監視する。

(4) <u>所有(資本)と経営の分離</u> 今日、会社所有者たる株主は株価の値上がりや配当金などの経済的利益のみを追求し、経営は専門家である取締役に委ねている(<u>経営者革命</u>)。

*1 企業には社会的責任(CSR:Corporate Social Responsibility)があるが、❶企業による芸術・文化への貢献を「メセナ」、❷企業による福祉推進活動を「フィランソロピー」という。また、企業には法令遵守(コンプライアンス)が求められる。

▼ 企業～私企業、公企業、公私混合企業　【基本】

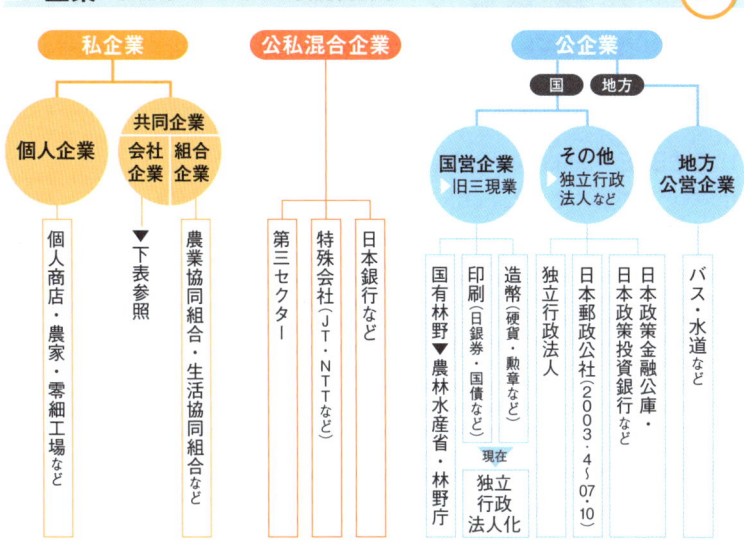

第6章 経済理論（市場・国民所得）

企業の分類

- **私企業**
  - 個人企業：個人商店・農家・零細工場など
  - 共同企業
    - 会社企業：▼下表参照
    - 組合企業：農業協同組合・生活協同組合など

- **公私混合企業**
  - 第三セクター
  - 特殊会社（JT・NTTなど）
  - 日本銀行など

- **公企業**
  - 国
    - 国営企業 ▶旧三現業
      - 国有林野 ▼農林水産省・林野庁
      - 印刷（日銀券・国債など）
      - 造幣（硬貨・勲章など）
      - 現在：独立行政法人化
    - その他 独立行政法人など
      - 独立行政法人
      - 日本郵政公社（2003.4～07.10）
      - 日本政策投資銀行など
      - 日本政策金融公庫・
  - 地方
    - 地方公営企業：バス・水道など

check!
❶かつて国営企業（旧四現業）に含まれた郵政三事業（郵便・郵便貯金・簡易保険）は公社に移行（2003.4）し、07年10月から民営化された。　❷第三セクターとは、第一セクター（公的部門）と第二セクター（民間部門）が共同出資で運営する会社。地方鉄道の他、バブル期にはリゾート経営を第三セクター方式で行った地方公共団体があったが、多くは失敗している。

	形態	出資者	持分譲渡	最低資本金	特徴
物的会社	株式会社	有限責任の株主1人以上	自由にできる	1,000万円（06年廃止）	多数の株式発行で大資本を集めやすい。大企業向き
中間会社	有限会社（2006～新設禁止）	有限責任社員50人以内	社員外譲渡：社員総会の承認要	300万円（06年廃止）	株式会社の小企業版。既存の有限会社は存続
中間会社	合資会社	無限責任社員 有限責任社員	無限責任社員全員の承認要	―	経営者の個性を基礎とする小規模な会社が多い
人的会社	合名会社	無限責任社員2人以上	全社員の承認要	―	親族による小規模な会社。経営責任が明確になる
2006年新設	合同会社	有限責任社員	定款で設定	―	定款で経営ルールを自由に決定（定款自治）。出資比率と異なる配当比率でOK

check! 2006年（新）会社法施行のポイント
❶最低資本金制度を廃止、資本金1円の株式会社を認める（ベンチャー起業を支援）。
❷有限会社の新設を禁止（既存の有限会社は存続OK）、代わりに合同会社の設立を認める。

＊2　2003年法改正で監査役を置かなくてもよい場合が承認された（コーポレート・ガバナンス）。
＊3　経営者革命とは、経営者が所有者に代わって会社を支配し、やがて社会全体を支配すること（バーナム〔米〕『経営者革命』）。

8 企業形態(2)
コーポレート＝ガバナンス

B

1. コーポレート＝ガバナンス（企業の自己統治）の導入

(1) **商法改正**　2003年の商法改正で、日本ではアメリカ型の企業の自己統治システムが導入された。改正前、株式会社は必ず監査役を1人は置かなければならない「監査役設置型会社」であったが、資本金5億円以上の会社では「委員会等設置型会社」を選択し、取締役会の内部に「監査委員会・報酬委員会・指名委員会」を設けて、業務を執行する執行役を監視するシステムを作れば、監査役は廃止してもよいことになった。

> 1　アメリカでは、2001年にエネルギー大手のエンロン、02年に通信大手のワールドコムが、赤字であったにもかかわらず黒字という粉飾決算を行い、制裁の結果、破綻した。この事件は、コーポレート・ガバナンスが、必ずしも有効に機能するとは限らないことを物語っている。

(2) **株主の役割**　自己統治の最終手段は、企業の破綻で最も損失を受ける株主が自ら経営の不正をチェックすることである。2004年からインターネットによる議決権行使も認められ、金融機関や企業どうしの株式持ち合いの解消が進む中、「物を言う株主」が増加しつつある。今後は株主代表訴訟の活用が望まれる。

2. 株式会社経営の向上を目指す商法改正など（2001年以降）

(1) **ストックオプション（自社株購入権）導入**　自社株式を前もって定めた価格で購入できる権利を会社経営陣や社員に認める。株価が上がれば利ザヤが生じるため、経営努力が期待できる。

(2) **金庫株の導入**　企業は目的を限定せずに自社の株式を買って保有できることになった（2001商法改正）。

> 2　企業間の株式持ち合いが解消し、企業が乗っ取られる危険性が高まっていることから、乗っ取りなどの敵対的買収に対する企業防衛策の1つとして自社株の保有を認めた。同時に、市場での株式のダブつきを防ぎ、株価の下落に歯止めをかける狙いもある。企業防衛策としては、「ポイズンピル（毒薬条項）」として新株を増発して買収者以外の株主に新株引受権を安く与える措置や、「ホワイトナイト（白馬の騎士）」として友好的企業に自社株を買収してもらう方法などがある。

(3) **会計ビッグバン**　企業資産の評価を資産購入時の帳簿上の価格（簿価方式）から、現在の資産価格（時価方式）に変更した。

> 3　時価方式は企業価値を正しく投資家に知らせる国際基準であり、日本の株式・証券市場の国際化と信用を高めるために不可欠であることから、その導入に踏み切った。

＊　従来、証券取引法により企業の内部情報を不正利用した株式のインサイダー取引や株価操作のための粉飾決算（虚偽表示）は禁止されてきたが、ライブドアや村上ファンドをめぐる一連の事件を背景に、2006年全金融商品を対象とする金融商品取引法が制定され、これらへの罰則が強化された。

▼ 株式会社の組織〜所有と経営の分離　重要

❶ 監査役設置型会社（従来、認められている会社）

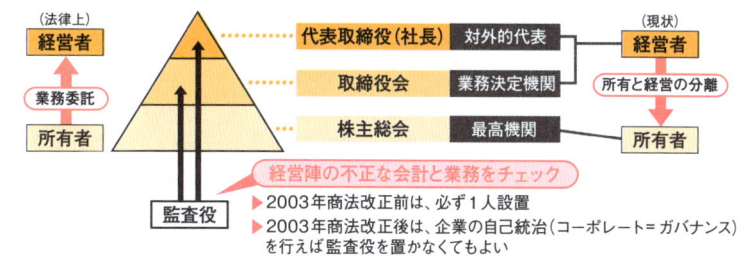

（法律上）
- 経営者 ← 業務委託 ← 所有者

- 代表取締役(社長)：対外的代表
- 取締役会：業務決定機関
- 株主総会：最高機関

（現状）
- 経営者 ← 所有と経営の分離 ← 所有者

監査役 → 経営陣の不正な会計と業務をチェック
- 2003年商法改正前は、必ず1人設置
- 2003年商法改正後は、企業の自己統治（コーポレート＝ガバナンス）を行えば監査役を置かなくてもよい

❷ 委員会等設置型会社〜アメリカ型コーポレート＝ガバナンスを導入

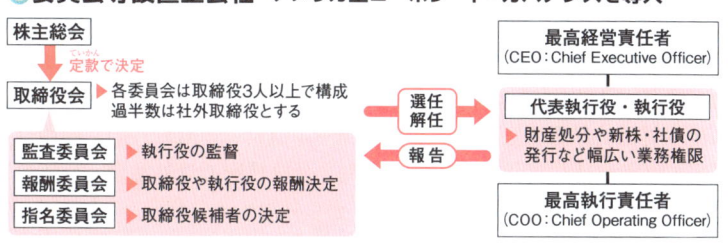

- 株主総会
- 定款で決定
- 取締役会：各委員会は取締役3人以上で構成　過半数は社外取締役とする
  - 監査委員会 ▶ 執行役の監督
  - 報酬委員会 ▶ 取締役や執行役の報酬決定
  - 指名委員会 ▶ 取締役候補者の決定

選任・解任 ⇄ 報告

- 最高経営責任者（CEO：Chief Executive Officer）
- 代表執行役・執行役 ▶ 財産処分や新株・社債の発行など幅広い業務権限
- 最高執行責任者（COO：Chief Operating Officer）

check!
❶ 委員会等設置型会社は、2003年より新設が認められた。
❷ 対象となるのは資本金5億円以上または負債総額200億円以上の企業約1万社。
❸ 監査役廃止の条件は(i)取締役会の3委員会の設置、(ii)各委員会で社外取締役2人以上起用。
❹ 現行制度では「監査役設置型会社」と「委員会等設置型会社」を選択できる。

■日本の株式保有比率の推移（金額ベース）
金融機関　28.0
事業法人等　28.0
個人・その他　21.7
外国人等　20.2
（1970 75 80 85 90 95 2000 05 10 12 年度）

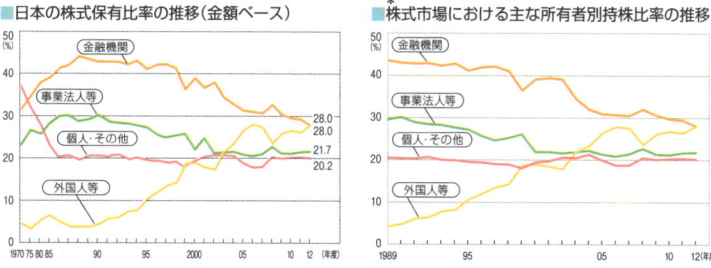

■株式市場における主な所有者別持株比率の推移＊
金融機関／事業法人等／個人・その他／外国人等
（1989 95 2000 05 10 12 年度）

check!
❶ バブル崩壊後の「失われた10年」（1990年代の不況下）で、従来の株式相互保有（株式の持ち合い）で形成してきた企業グループは解体の動きを見せている。
❷ 資金繰りに困った企業・金融機関はグループの持ち合い株式を売却して現金化している。
❸ 事業法人が売った株式を外国人（企業・個人）が購入している（外国企業の資本参加、経営傘下に入る日本企業も増加）。

＊ 2013年1月、東京証券取引所（東証）と大阪証券取引所（大証）が経営統合して「株式会社日本取引所グループ（JPX）」が発足。傘下に東証や大証などが入るが、現物株市場は、同年7月に東証に一本化、新興企業向け市場の「マザーズ」（東証）と「ジャスダック」（大証）は、当面、東証の下で併存する。

9 国富

1. 国富

(1) **ストックの概念**　一定時点（年度末）において一国が保有する資産・富の合計であり、**国民資本**と呼ばれる。国民所得は消費と投資の2つに支出されるが、過去の投資部分の**蓄積**（**ストック**）が国富を形成する。国富は生産手段となるので、これを元手に新たな生産が行われて国民所得が生み出される。

(2) **構成項目**　①**国内非金融資産（実物資産）**と②**対外純資産**の合計である。①は国内に存在する非金融資産の合計で、内訳は、(ⅰ)**生産資産**として有形固定資産（工場・住宅・道路・港湾・機械など）、無形固定資産（コンピュータのソフトウェアなど）、在庫、(ⅱ)**有形非生産資産**（土地・森林・地下資源・漁場など）である。**土地**や**社会資本**の価格も算入される。②は国民が外国に保有する資産である。厳密にいえば、一国が外国に持つ資産残高（政府が持つ外貨準備・対外援助・金融機関の対外融資・企業の対外直接投資・外国銀行への預金など）から外国への負債残高（外国人・外国企業の対日証券投資・金融機関の外貨借り入れなど）を差し引いたものである。

☞1　国内金融資産（日本人が国内に持つ預金など）は国富に含まれない。預金者にとってはプラスの資産であるが、銀行にとってはマイナスの資産であるため、±0になるからである。

2. 日本の国富形成の特徴

(1) **国内非金融資産（実物資産）**　日本では、有形資産の内訳では、**有形非生産資産**の額が最も大きい。**土地**の価格が高いからである。特に、**バブル期**（1986～91）には地価高騰により、統計上国富は増大した。しかし、**バブル崩壊**（1991以降）による地価下落は、統計上、国富を減少させている。

(2) **対外純資産**　第二次世界大戦後、日本の対外純資産は増加傾向にあり（「金持ちニッポン」といわれるゆえんでもある）、2004年末で約186兆円、05年末で約173兆円、06年末で約215兆円、07年末で約250兆円、08年末はリーマン=ショックで減って約226兆円、10年末は約252兆円と回復し、12年末は296兆円でいずれも**世界第1位**。

☞2　アメリカは有力企業の多国籍化や世界資金がアメリカに投資・預金されていることもあって純債務国である（対外純資産は約300兆円のマイナス）。日本は世界一の債権国である。

▼フローは貨幣の流れ、ストックは資産の蓄え 盲点

●フローとストックの関係

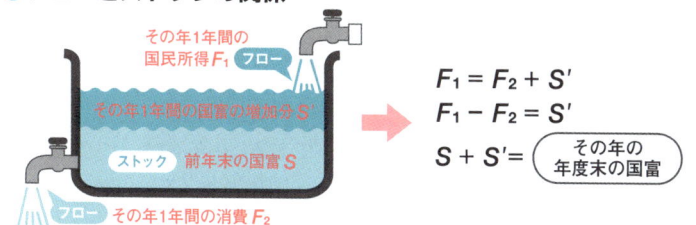

その年1年間の国民所得 F_1 【フロー】
その1年間の国富の増加分 S'
【ストック】 前年末の国富 S
【フロー】 その年1年間の消費 F_2

$$F_1 = F_2 + S'$$
$$F_1 - F_2 = S'$$
$$S + S' = \text{その年の年度末の国富}$$

▼国富~1991年3,400兆円が2009年2,700兆円に減少 盲点

(単位：兆円)	2005年	2006年	2007年	2008年	2009年
①国内非金融資産	2,453.4	2,504.6	2,560.8	2,582.6	2,446.1
─生産資産	1,230.3	1,260.4	1,283.6	1,321.8	1,237.3
在庫	83.5	87.6	93.5	91.8	83.2
有形固定資産	1,125.5	1,150.1	1,166.6	1,206.4	1,131.1
（内、住宅）	245.0	250.6	251.6	─	─
無形固定資産	21.3	22.7	23.5	23.6	23.0
─有形非生産資産	1,223.1	1,244.2	1,277.2	1,260.8	1,208.8
（内、土地）	1,221.9	1,243.0	1,276.1	1,259.7	1,207.7
②対外純資産	172.8	215.1	250.2	225.5	266.2
（①+②）　国富	2,626.2	2,719.7	2,811.0	2,808.0	2,712.4

check! ❶国富はバブル崩壊後、減少している。その原因は土地の値下がりである（非金融資産は1991年：3,360兆円▶2009年2,446兆円と約20年で約900兆円も減少!）。❷最大項目は有形非生産資産である土地で、国内非金融資産（実物資産）の約50％を占める。❸無形固定資産には、統計上、コンピュータのソフトウェアが含まれる。著作権や特許権などの無形財は算入されていない。❹国内金融資産（預金など）は国富に含まれないが、外国に持つ国外金融資産（海外預金など）は含まれる。

■日本の対外純資産（資産－負債）の推移

（兆円）
※『経済財政白書』データなどより作成
リーマン=ショックで減少
金融不況
増加傾向！

年	1990	91	92	93	94	95	96	97	98	99	2000	01	02	03	04	05	06	07	08	09	10	11	12
	44.0	47.5	64.1	68.8	66.8	84.0	103.4	124.6	133.3	84.7	133.0	179.3	175.3	172.8	185.8	172.8	215.1	250.2	225.5	266	251	253	296

check! ❶日本の対外純資産は、1985～89年と91年以降は世界第1位となる。
❷2008年、リーマン=ショックによるアメリカなど外国の不動産および株式の価格暴落により、日本の対外純資産は一旦激減したが、その後回復している。

10 広義の国民所得 A

1. 広義の国民所得〜フローの概念

一定期間（1年間）の市場活動を生産・分配・支出の面から貨幣の流れ（フロー）でとらえた概念が広義の国民所得である。中心的な3つの指標は、国民総生産（GNP）・国民純生産（NNP）・国民所得（NI）である。

2. *国民総生産（GNP＝Gross National Product：粗付加価値）

(1) **定義** 各産業別の生産物の合計価格（総生産額）から、原材料・燃料や半製品などの中間生産物の価格を差し引いたもの。

(2) **中間生産物を差し引く理由** 原材料や半製品は市場で取り引きされるため、総生産額に算入されるが、これらは最終生産物の価格の中に含まれるので二重計算を避ける必要があるため。

3. 国民純生産（NNP＝Net National Product：純付加価値）

(1) **定義** 国民総生産（GNP）から減価償却費（資本減耗引当分）を差し引いたもの。各生産段階の付加価値合計。

(2) **減価償却費を差し引く理由** 純粋な生産額を知るためには、生産額から、機械・工場・設備などが1年間にすり減った部分を価格換算して差し引く必要があるため。

4. (狭義の)国民所得（NI＝National Income）

(1) **定義** GNP・NNPが市場価格から計算した国民所得（市場価格表示の国民所得）であったのに対して、NIは純粋な生産活動を測るための指標であって、政府の市場介入によって市場価格が変化している分を控除して計算した国民所得である（要素費用表示の国民所得）。国民純生産（NNP）から間接税を差し引き、政府補助金を加えたもの。

(2) **間接税を差し引き、政府補助金を加える理由** ①間接税を課された生産者は、その分価格転嫁して高い市場価格で売る。純粋な生産活動は市場価格マイナス間接税のはずである。②政府補助金をもらった生産者は、市場価格をその分安くして売る。純粋な生産活動は市場価格プラス政府補助金のはずである。

* 最近では国民総生産（GNP）を所得面からとらえて、国民総生産に海外からの所得の純受取を加えた国民総所得（GNI）で表示することが多い。

▼GNP・NNP・NIの違いに注目! 重要

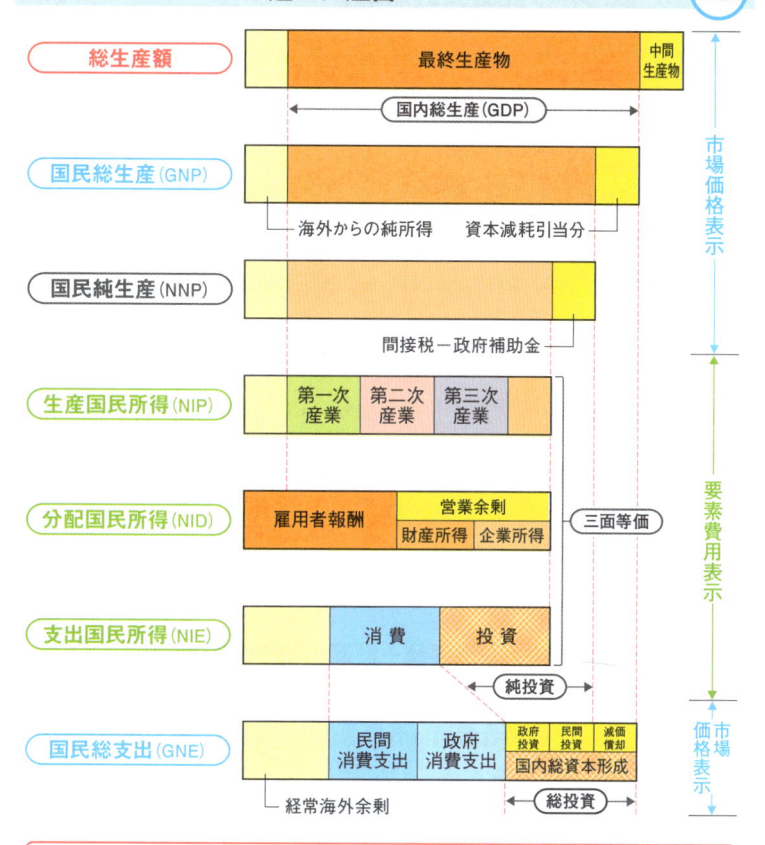

第6章 経済理論（市場・国民所得）

総生産額		最終生産物	中間生産物	

国内総生産（GDP）

国民総生産（GNP）
海外からの純所得　資本減耗引当分

国民純生産（NNP）
間接税－政府補助金

生産国民所得（NIP）：第一次産業／第二次産業／第三次産業

分配国民所得（NID）：雇用者報酬／営業余剰（財産所得／企業所得）

三面等価

支出国民所得（NIE）：消費／投資／純投資

国民総支出（GNE）：民間消費支出／政府消費支出／国内総資本形成（政府投資／民間投資／減価償却）
経常海外余剰　　総投資

市場価格表示　要素費用表示　市場価格表示

国民総生産（GNP）＝総生産額－中間生産物の価格
国民純生産（NNP）＝GNP－減価償却費（資本減耗引当分）
国民所得（NI）　＝NNP－間接税＋政府補助金
＊国内総生産（GDP）＝GNP－海外からの純所得
国民総支出（GNE）＝民間消費支出＋政府消費支出＋国内総資本形成＋経常海外余剰

> check!　国民総生産（GNP）から国内総生産（GDP）へ中心指標を変更（1993.12）
> ❶ GDPは国内にいる外国企業も含めてその国内で生み出される付加価値額。
> ❷ GNPは日本人が国内・国外を問わず生産した額の合計。
>   GNP＝GDP＋海外からの所得（日本人が国外で得た所得）
>   　　　　－海外への所得（外国人が日本で得た所得）
> ❸ 経常海外余剰＝（輸出＋海外からの所得）－（輸入＋海外への所得）

＊ 2013年現在、国民経済計算（「93SNA」：System of National Accounts）という算出方式が用いられている。「93SNA」ではコンピュータのソフトウェア開発などを新たに民間設備投資や公共投資に計上している。なお、新たな国際基準となる「2008SNA」について、日本は16年に移行を予定している。

11 狭義の国民所得　A

1. 国民所得～三面等価の原則

国民所得は以下の3つの局面からとらえられる。生産活動によって得られた所得（**生産**国民所得）は、すべて分配され（**分配**国民所得）、分配された所得は消費または投資という形で支出されていく（**支出**国民所得）。したがって、三者は同じ貨幣の流れを異なる3つの局面から見たものに過ぎず、同じ額になる。

2. 生産国民所得＝第一次産業所得＋第二次産業所得＋第三次産業所得

(1) **定義** 各産業別の生産額を合計したものであり、**産業別国民所得**ともいわれる。厳密には、日本国民が生産した額を求めるために、上記の式に**海外純所得**（**日本人が外国で生産して得た所得－外国人が日本で生産して得た所得**）を加える。

(2) **現状** 第一次産業の割合は極めて小さく（約2％）、第三次産業の割合が大きい（約70％）。産業のサービス化が進んでいる。

3. 分配国民所得＝雇用者報酬＋財産所得＋企業所得

(1) **定義** 分配国民所得は、生産に寄与した経済主体に対して分配される価格の合計である。**雇用者報酬**は労働者に対する賃金、**財産所得**は利子・配当金・地代などの生産要素提供の対価、**企業所得**は企業の利潤である。

(2) **現状** 3つの中では雇用者報酬の割合が約70％と大きい。

4. 支出国民所得＝消費（民間消費＋政府消費）＋投資（民間投資＋政府投資）

(1) **定義** 統計上、**消費**は**民間最終消費支出と政府最終消費支出**の合計、**投資**は**国内総資本形成**（民間総固定資本形成＋公的総固定資本形成＋在庫品増加）。厳密には、これに**経常海外余剰**〔（輸出＋海外からの所得）－（輸入＋海外への所得）〕を加える。

> 支出国民所得は生産国民所得を支出面から測る指標。国民生産物は、国内消費と国外消費（輸出）になるから、国内消費＋海外消費（輸出）で求められる。よって、「＋輸出」。一方、輸入は国内の消費に算入されるが、日本人が生産したものではないから国内消費から外国生産物を差し引いて「－輸入」としないと国民生産物を測れない。

(2) **現状** 民間最終消費支出の割合が約60％と最も大きい。

* 第一次産業（農林水産業）。第二次産業（建設業・鉱工業）。第三次産業（サービス業・商業）。

▼国民所得は三面から測定 時事

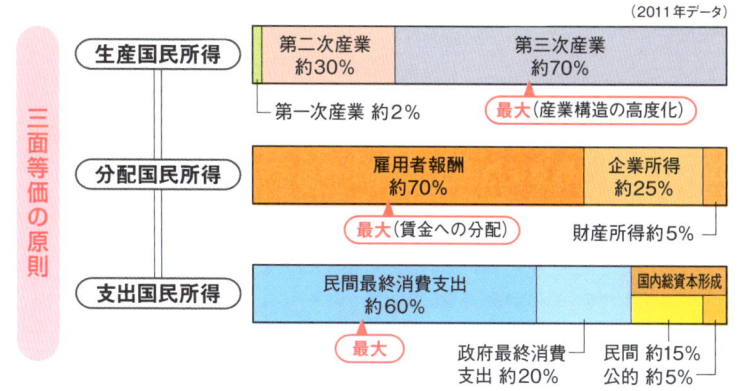

(2011年データ)

三面等価の原則

生産国民所得
- 第一次産業 約2%
- 第二次産業 約30%
- 第三次産業 約70% ← 最大(産業構造の高度化)

分配国民所得
- 雇用者報酬 約70% ← 最大(賃金への分配)
- 企業所得 約25%
- 財産所得 約5%

支出国民所得
- 民間最終消費支出 約60% ← 最大
- 政府最終消費支出 約20%
- 国内総資本形成:民間 約15%、公的 約5%

check!
❶ 産業構造の高度化(第一次▶第二次▶第三次産業にウエイト変化)
❷ 分配国民所得では、バブル崩壊不況、「失われた10年」、2008年9月の世界経済危機不況による超低金利・株価低迷で、財産所得(利子、配当など)の割合が減少傾向を示している。

▼「国民」と「国内」の違い 発展

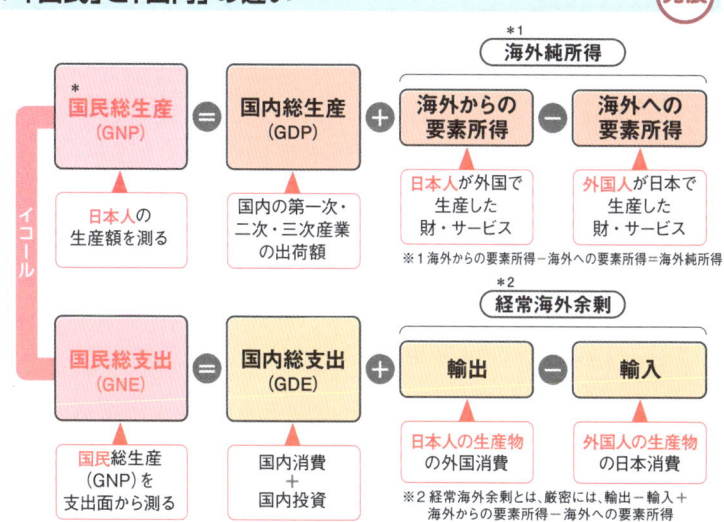

国民総生産(GNP) = **国内総生産(GDP)** + **海外純所得**(※1) (**海外からの要素所得** − **海外への要素所得**)

- 国民総生産(GNP):日本人の生産額を測る
- 国内総生産(GDP):国内の第一次・二次・三次産業の出荷額
- 海外からの要素所得:日本人が外国で生産した財・サービス
- 海外への要素所得:外国人が日本で生産した財・サービス

※1 海外からの要素所得−海外への要素所得=海外純所得

国民総支出(GNE) = **国内総支出(GDE)** + **経常海外余剰**(※2) (**輸出** − **輸入**)

- 国民総支出(GNE):国民総生産(GNP)を支出面から測る
- 国内総支出(GDE):国内消費+国内投資
- 輸出:日本人の生産物の外国消費
- 輸入:外国人の生産物の日本消費

イコール

※2 経常海外余剰とは、厳密には、輸出−輸入+海外からの要素所得−海外への要素所得

check!
❶「国民」総生産は、国内・国外を問わずに日本人が生産した額の合計。「国内」総生産は、日本人・外国人を問わずに日本国内で生産した額の合計である。
❷ 国内総支出は、国民総支出から輸出を差し引き、輸入を加えて算出する。

* 三面等価の原則より、国民総生産(GNP)=国民総支出(GNE)。日本のGNPは約500兆円だが、リーマン=ショックで減少し、2012年は約470兆円となる。

第6章 経済理論(市場・国民所得)

12 国民純福祉・経済成長率　A

1. 国民純福祉（NNW＝Net National Welfare）

(1) 定義　国の福祉の水準を示す。国民純福祉＝国民総生産（GNP）－市場価格表示の非福祉項目＋非市場価格表示の福祉項目。

> 1　国民総福祉（GNW＝Gross National Welfare）は、NNWには含まれていない国民1人当たりエネルギー消費量、住宅面積、上下水道普及率、病院数なども加えて算出した指標。
>
> 2　公害・環境汚染防止費用、都市化に伴う損失、医療費などを金銭換算したもの。
>
> 3　家事労働、ボランティア活動、余暇時間などを金銭換算したもの。

(2) 真の豊かさを測る指標　国民総生産（GNP）は経済活動の規模は示すが、国民生活の豊かさを表すとは限らない。したがって、真の豊かさを測るためには、市場取引され、GNPに算入されていても福祉水準が低下した場合に支出した事項を差し引かなければならないし、市場取引されずGNPに算入されていない場合でも福祉に役立つ事項を加えなければならない。

(3) 現状　日本は、**国内総生産は世界第3位**（第1位はアメリカ、2010年から中国が第2位）、**1人当たり国内総生産もトップクラス（2000年は第2位）**だったが、06年に第18位に転落後、トップ20の後半に低迷している。

2. 経済成長率

(1) 定義　一国の経済規模（1年間の取引総額）が、年々増加することをいう。経済成長率は、国民総生産（GNP）〔1993年より国内総生産（GDP）〕の対前年度伸び率で示される。

(2) 名目経済成長率　1年間の物価変動分を考慮せず単純に名目GDPの伸び率を比較したもの。

> 4　名目経済成長率（％）＝ $\dfrac{\text{今年の名目GDP}-\text{昨年の名目GDP}}{\text{昨年の名目GDP}} \times 100$

(3) 実質経済成長率　1年間の物価変動分を控除した実質GDPの伸び率を比較したもの。

> 5　実質経済成長率（％）＝ $\dfrac{\text{今年の実質GDP}-\text{昨年の実質GDP}}{\text{昨年の実質GDP}} \times 100$

$$\text{実質GDP（％）} = \dfrac{\text{名目GDP}}{\text{*GDPデフレーター}} \times 100$$

＊GDPデフレーターとは、基準年（昨年）の物価を100で示した際の比較年（今年）の物価の百分率のこと（例：物価10％上昇→GDPデフレーター＝110。物価10％下落→GDPデフレーター＝90）。昨年のGDP100兆円、今年のGDP150兆円、昨年から今年にかけての物価上昇率が10％のケース

▼国民純福祉（NNW）の試算表～経済審議会発表 【基本】

項目（△は控除）	内 容	1955年 実額・十億円（構成・%）	1970年
政府消費支出	司法・警察・軍備・行政費控除	1,190（7.7）	3,029（6.0）
個人消費支出	耐久消費財・通勤費控除	10,427（67.3）	32,755（74.0）
政府資本財サービス	生活関連社会資本の利益換算	134（0.9）	877（2.0）
個人耐久消費財サービス	耐久消費財購入費控除	91（0.6）	2,511（5.8）
余暇時間	年間余暇時間を平均賃金で換算	2,231（14.4）	6,266（14.2）
市場外活動	主婦家事労働を女子平均賃金で換算	1,911（12.3）	6,380（14.4）
△環境維持経費	公害防止・ゴミ処理費など控除	△20（△0.1）	△369（△0.8）
△環境汚染	1955年の汚染程度に減らす経費控除	△35（△0.2）	△6,101（△13.8）
△都市化に伴う損失	通勤費増・交通事故費など評価控除	△435（△2.6）	△1,187（△2.7）
NNW指標▶高度経済成長期（1955～70）の間に2.9倍		15,505（100.0）	44,201（100.0）
GNP▶高度経済成長期（1955～70）の間に4.2倍		17,572	73,248

▼日本の国内・国民総生産と国民所得の推移 【基本】

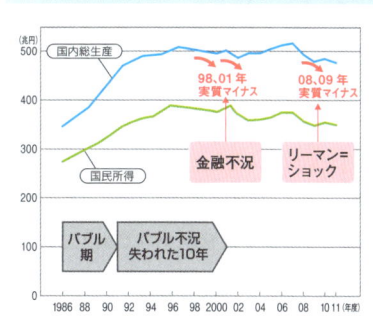

	2009年	2010年	2011年
名目GDP	474	480	473
実質GDP	496	512	514
実質GDP対前年度増加率	-2.0	3.4	0.3
名目GNI	487	493	488
実質GNI	502	514	510
実質GNI対前年度増加率	-1.1	2.4	-0.6
国民所得（名目）	344	352	347

▶会計年度での数値。単位は兆円（増加率は%）

（グラフ：国内総生産・国民所得の推移 1986～2011年度。98,01年実質マイナス、08,09年実質マイナス、金融不況、リーマン=ショック、バブル期、バブル不況 失われた10年）

check!
❶インフレ時には、生産量は昨年と全く同じで実質経済成長率が0％であっても、名目生産額（取引額）は増えるので、名目経済成長率はプラスとなる（実質経済成長率＜名目経済成長率）。
❷デフレ時には、生産量は昨年と全く同じで実質経済成長率が0％であっても、名目生産額（取引額）は減るので、名目経済成長率はマイナスとなる（実質経済成長率＞名目経済成長率）。

■1人当たりの国民総所得（2010年データ）

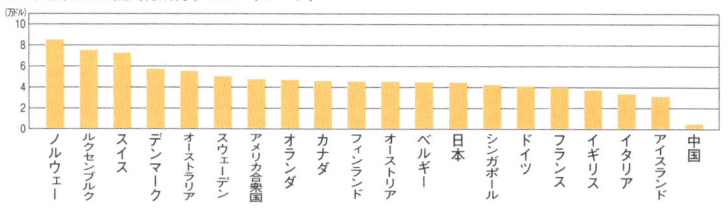

（棒グラフ：ノルウェー、ルクセンブルク、スイス、デンマーク、オーストラリア、スウェーデン、アメリカ合衆国、オランダ、カナダ、フィンランド、オーストリア、ベルギー、日本、シンガポール、ドイツ、フランス、イギリス、イタリア、アイスランド、中国）

▶他の1人当たり国民総所得の多い国・地域としてモナコ（15万3,177ドル）、リヒテンシュタイン（14万4,207ドル）、サンマリノ（4万1,256ドル）、アンドラ（4万1,138ドル）などがある。中国は4,519ドルと日本の10分の1程度にとどまる。

では、名目成長率は、（150兆円－100兆円）÷100兆円×100＝50％成長。実質成長率は150兆円÷110×100≒136.4兆円 ➡（136.4兆円－100兆円）÷100兆円×100＝36.4％成長。

13 景気変動 B

1. 景気変動（景気循環）の原因

資本主義経済では景気変動の発生を避けることはできない。その原因は、**生産の無政府性**（計画経済を行っていないこと）から、社会全体の生産（供給）と消費（需要）に不均衡が生じる点にある。

2. 景気変動の4局面～好況→後退→不況→回復

(1) **好況**局面　新技術の開発に伴って新製品への需要が増加して超過需要が生じる。これに応じて投資が拡大し、投資は他部門へ波及的に拡大する。やがて労働者の雇用や所得も増加する。

(2) **後退**局面　新設備が稼働し過ぎて供給が拡大し過ぎ、ついには供給が需要を超えて生産過剰が生じる。すると、売れ残りが生じ、企業は値下げを行い、生産規模も縮小していく。利潤の減少に伴い、倒産や失業者の増加が生じる。

☞ 生産過剰によって売れ残りが生じ、景気が急激に後退することを生産過剰恐慌という。

(3) **不況**局面　生産が停滞し、倒産や失業者が多く生じる状態が続く。景気の底の状態である。その間に、生産調整（生産量を減らすこと）と在庫調整（在庫品を処分すること）が進む。

(4) **回復**局面　在庫調整が完了する（在庫品がすべて処分された状態）と、再び生産を開始する。企業収益も回復し始め、賃金も上がり、需要が回復する。すると、投資も回復してくる。

3. 景気変動の波

(1) **短期波動（キチンの波）**　在庫投資の増減（在庫品の調整）によって生じる約40ヵ月周期の波。

(2) **中期波動（ジュグラーの波）**　機械の耐用年数が約10年であることから、設備投資サイクルによって生じる約10年周期の波。

(3) **長期波動（コンドラチェフの波）**　原材料・燃料の変化や技術革新によって生じる約50〜60年周期の波。

(4) **その他　クズネッツの波**（建築物、約20年周期の波）。

＊ 技術革新（イノベーション）による創造的破壊を経済的発展の基軸と説いたのは、シュンペーター（1883〜1950）である（『経済発展の理論』1912）。

▼ 景気変動の4つの局面と3つの波をチェック 〈基本〉

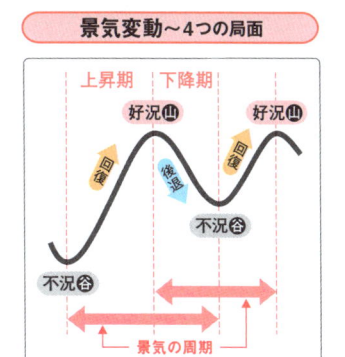

景気変動～4つの局面

	好況	後退	不況	回復
経済活動	最大	減退	最小	増大
設備投資	最大	減少	最小	増加
賃金	高水準	下降	低水準	上昇
倒産失業者	激減	増加	激増	減少
物価	最高	下降	最低	上昇
利子率（公定歩合）	高水準	下降	低水準	上昇

景気変動～3つの波

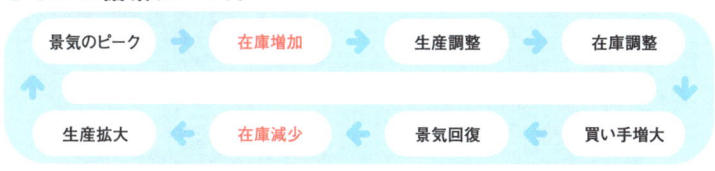

❶ キチン循環（3～4年）

景気のピーク → 在庫増加 → 生産調整 → 在庫調整
↑
生産拡大 ← 在庫減少 ← 景気回復 ← 買い手増大

❷ ジュグラー循環（約10年）

需要回復 → 設備投資拡大 → 失業者減少 → 賃金・金利上昇 → 期待利益率低下
↑
金利低下財政支出 ← 倒産増大 ← 不況深刻化 ← 需要減少 ← 投資意欲低下

❸ コンドラチェフ循環（約50～60年）

年代	1800年	1850年	1900年	1950年	2000年
出来事	産業革命	鉄道ブーム	電気の時代／自動車工業発展	軍事技術開発／日本高度成長	未来技術
波	第1波	第2波	第3波	第4波	

- 1767 紡績機の発明
- 74 蒸気機関の実用化
- 1825 英初の鉄道開通
- 55～56 製鋼法の革新
- 79 白熱電灯の発明
- 83 発電所の完成
- 1903 フォード生産システム登場
- 38 自動車の発明
- 39 ナイロンの発明
- 45 ジェット飛行機の開発
- 46 原子爆弾の開発
- 55～ コンピュータの出現
- 65～「三種の神器」ブーム

現在
▶ 1兆ビット光通信デバイス
▶ ニューロコンピュータ など

IT革命
エコカー

＊ コンドラチェフ循環にもとづくと、1960年代に石炭から石油へのエネルギー流体革命が見られたことから、2010年代には大きなイノベーションの波が起こる段階に突入する。確かに、ハイブリッド自動車や蓄電池自動車の開発など、新しいイノベーションの素地は数多く見られている。

第 7 章
経済理論（金融・財政）

1. 貨幣
2. 通貨制度
3. 金融 (1) 種類
4. 金融 (2) 機関・市場
5. 銀行の業務
6. 日本銀行の業務
7. 金融政策
8. 最近の金融政策
   質的金融緩和から量的金融緩和へ
9. 金融の自由化・国際化
10. 金融ビッグバン 金融大改革
11. 金融破綻と金融再生
12. 財政 (1) 機能・政策
13. 財政 (2) 日本の財政構造
14. 租税制度 (1) 租税の種類
15. 租税制度 (2)
    所得税・消費税の問題点
16. 公債
17. 財政破綻と財政再建
18. 財政投融資

覚えておきたい物価・景気メカニズム

▶物価と景気の因果関係に着目せよ！ どのような対策が有効か？

第7章 経済理論（金融・財政）

物価・景気の発生メカニズム

国内流通通貨量 増加 → 国民所得 → 有効需要 拡大 →
- 超過需要 → 企業は商品を値上げ → **インフレ発生**
- 企業は供給拡大 → 市場取引拡大 → **好況**

国内流通通貨量 減少 → 国民所得 → 有効需要 縮小 →
- 超過供給（需要過小）→ 企業は商品を値下げ → **デフレ発生**
- 企業は供給縮小 → 市場取引縮小 → **不況**

物価・景気対策メカニズム

インフレ・景気過熱対策　原因　流通通貨量の増加

対策：流通通貨量を減少させること

▶ **金融政策**　金融引き締め
- ①公定歩合（金利）引き上げ
- ②支払準備率引き上げ
- ③公開市場操作＝売りオペレーション

▶ **財政政策**　黒字財政
- ①【歳入】増税
- ②【歳出】財政支出縮小

▶ **貿易為替政策**　輸入促進
- 円高誘導
- 輸入有利な為替レートに誘導　【例】ドル売り・円買い介入

デフレ・不況対策　原因　流通通貨量の減少

対策：流通通貨量を増加させること

▶ **金融政策**　金融緩和
- ①公定歩合（金利）引き下げ
- ②支払準備率引き下げ
- ③公開市場操作＝買いオペレーション

▶ **財政政策**　赤字財政
- ①【歳入】減税
- ②【歳出】財政支出拡大

▶ **貿易為替政策**　輸出促進
- 円安誘導
- 輸出有利な為替レートに誘導　【例】円売り・ドル買い介入

1 貨幣

1. 貨幣の歴史〜①物品貨幣→②金属貨幣→③信用貨幣（紙幣→預金通貨）

昔は、誰もが好んで受け取る物品（貝殻、塩、布など）を貨幣とした（**物品貨幣**）。その後、価値を持った金属を秤で量って渡す**秤量**貨幣となったが、その都度、計測するのは面倒なので、あらかじめ一定の品質・形・重さを持った**鋳造**貨幣が造られた。さらに、資本主義が発達して国家の経済的信用が高まると、国家が強制力をもって通用性を与えた**信用**貨幣が流通することになる。信用貨幣は、(i) 金・銀との交換性が保証された**兌換**紙幣から、(ii) 交換性が保証されない**不換**紙幣へと変化した。

☞1 今日の高度な取引経済では、小切手などの**預金通貨**が多く流通するようになった。

2. 貨幣の5つの機能

①**価値尺度**：商品価値を測定する機能、②**交換手段**：商品交換の仲立ちを行う機能、③**支払手段**：債務（借入金）の決済や信用取引を清算する機能、④**価値貯蔵手段**：富を蓄える機能、⑤**世界貨幣**：国際取引の決済を行う機能。

3. 現在の通貨の種類＊

(1) **現金**通貨　①**中央銀行券**（日本銀行券：千円、五千円、一万円札などの紙幣）、②**補助貨幣**（一円、十円、百円などの硬貨）がある。①は中央銀行（日本銀行）が、②は政府が発行する。

(2) **預金**通貨　①手形、②**小切手**がある。手形には、(i) 支払期日に記載金額を支払うことを約束した**約束**手形、(ii) 振出人が支払人に対して手形所持人に一定金額の支払いを委託する**為替**手形がある。これらが、現金と同じように支払手段として流通する。**小切手**とは、銀行にある**当座預金**を担保にして、その預金額の範囲内で振り出すことができる有価証券であり、そこに記載した金額の支払いを銀行に対して委託するものである。

☞2 商業取引では、盗難などの危険を回避するため、現金より小切手決済を行うことが多い。手形・小切手の支払人が期日に支払業務を果たせないことを**不渡り**という。6ヵ月以内に2回目の不渡りを出すと、以後、銀行取引を停止され、倒産することになる。

＊ 最近のIT革命に伴う電子商取引（eコマース）の拡大、インターネット取引の日常化によって電子マネーやカードの機能も拡大している。近年、クレジット会社を通じて銀行口座から引き落とすクレジットカードや銀行の預金カードをお店に提示して直接引き落とすデビットカードなどが普及し始めている。前

▼ 近代以降、貨幣は、金属貨幣から紙幣に変化した 盲点

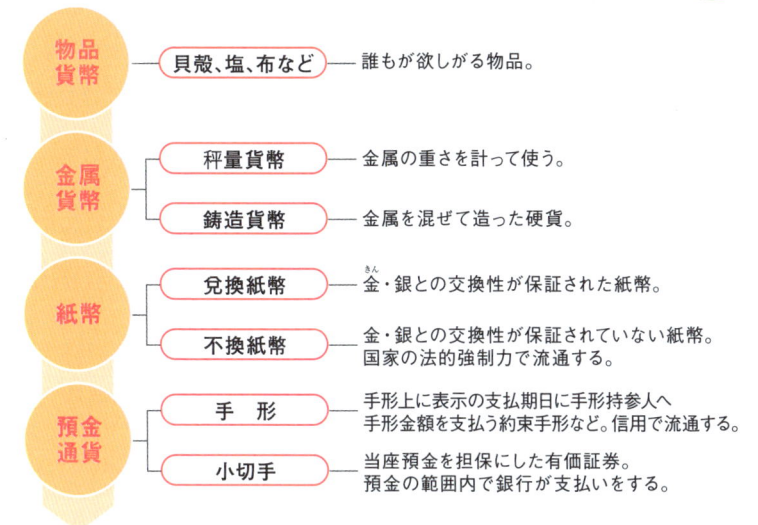

- **物品貨幣**
  - 貝殻、塩、布など ── 誰もが欲しがる物品。
- **金属貨幣**
  - 秤量貨幣 ── 金属の重さを計って使う。
  - 鋳造貨幣 ── 金属を混ぜて造った硬貨。
- **紙幣**
  - 兌換紙幣 ── 金・銀との交換性が保証された紙幣。
  - 不換紙幣 ── 金・銀との交換性が保証されていない紙幣。国家の法的強制力で流通する。
- **預金通貨**
  - 手形 ── 手形上に表示の支払期日に手形持参人へ手形金額を支払う約束手形など。信用で流通する。
  - 小切手 ── 当座預金を担保にした有価証券。預金の範囲内で銀行が支払いをする。

▼ 通貨残高＝通貨供給量が物価・景気を左右する 基本

通貨残高（マネー＝ストック）[※1] ……影響…… ▶ **物価景気**

※1 2008年6月より、従来のマネー＝サプライ（通貨供給量）はマネー＝ストック（通貨残高）に名称変更

▼

民間部門（国・金融機関以外の企業・個人など）が保有する通貨総量

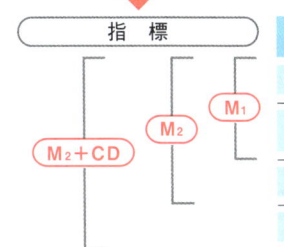

指標: M_2+CD ⊃ M_2 ⊃ M_1

通貨の種類

現金通貨	日本銀行券、補助貨幣
預金通貨	要求払い預金 ▶当座預金、普通預金、通知預金など
準通貨	定期性預金
CD	譲渡性預金（Certificate of Deposit）[※2]

※2 譲渡性預金とは、貯金証書そのものを支払いとして譲渡できる預金

check! 日銀は、❶流通現金（日銀券発行高＋貨幣流通高）と❷日銀当座預金の合計額であるマネタリーベース（ベースマネー＝ハイパワード・マネー）を調節して、民間が保有するマネー＝ストックを調整しようとしている。

払いしてカードにチャージした金額の範囲内で支払い、買い物ができる「Suica（スイカ）」「ICOCA（イコカ）」などのプリペイド型マネー、携帯電話などで買い物をし、後日に電話料金と同じく銀行口座から代金が引き落とされる後払い型（ポストペイ型マネー）などがある。

2 通貨制度　A

1. 金本位制

(1) 定義　**金本位**制とは、一国の本位貨幣（基本通貨）を金とする通貨制度である。当初、通貨を普遍的価値のある金貨それ自体とする**金貨本位制**も見られたが、後には、その国が保有する金の量を基礎にして、**金と一定比率をもって交換することが保証された兌換紙幣**を発行する制度へと変化した。

> 1　1816年にイギリスが初めて採用し、その後、各国が採用した。

(2) 長所・短所　長所は、①金保有量が一定であれば**通貨量も安定**すること、②国際取引の際、金を商品価値の尺度として外国に明示できること、③国際取引の決済が金で行われれば**自動的に国際収支の均衡が保たれる**こと、④為替の変動幅が「**金平価**（金と各国通貨の交換比率。**法定平価**ともいう）±**金現送費用**」の枠内におさまり安定することなどである。一方、短所は、金がなければ通貨を増発できず、また金があれば通貨を減らすことができないために、**柔軟な通貨量調節を行いにくく、景気・物価の変動に迅速に対応できない**ことである。

> 2　金本位制のもとでは、外国為替相場は金平価を中心に、これに金塊の現送費用（運賃・保険料など）を加減した範囲内に決まる。この範囲を超えて為替相場が変動すると、国際決済は為替の方法ではなく、直接、金の現送によって行われるからである。

2. 管理通貨制

(1) 定義　**管理通貨**制とは、国の金保有量とは関係なく、通貨当局（政府・中央銀行）が**裁量的に通貨の発行量を決定**できる制度である。流通する通貨は政府の信用によって支えられる信用貨幣であり、**金との交換性が保証されない不換紙幣**である。

(2) 長所・短所　長所は、**景気に対応した柔軟な通貨量調節が可能**という点にある。一方、短所は、**政府の経済成長政策によって通貨が増発されやすいため、インフレが発生する危険性がある**という点にある。

> 3　1930年代の世界大恐慌対策として、各国は、公共投資を行う財源として通貨増発の必要に迫られた。そこで、金本位制を放棄し、管理通貨制に移行していった。

▼ 世界大恐慌を境に金本位制から管理通貨制へ 【重要】

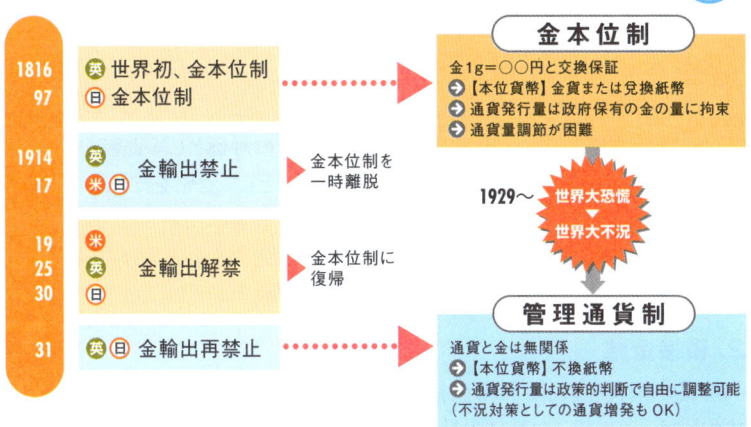

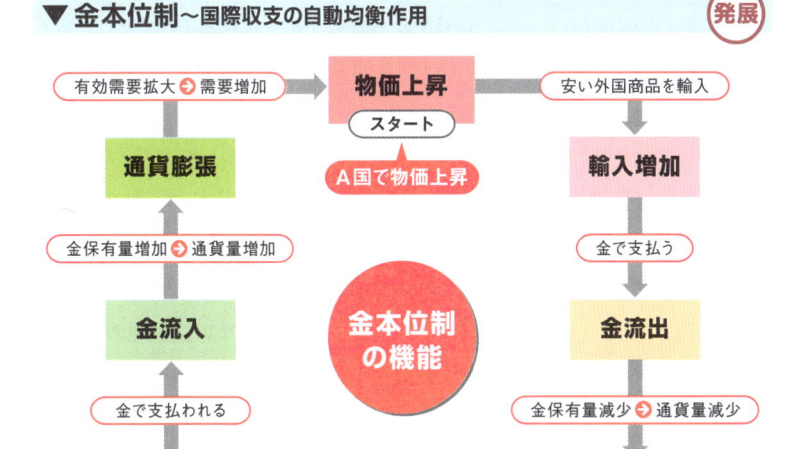

1816 97	英 世界初、金本位制 日 金本位制	
1914 17	英 米 日 金輸出禁止	金本位制を一時離脱
19 25 30	米 英 日 金輸出解禁	金本位制に復帰
31	英 日 金輸出再禁止	

金本位制
- 金1g＝○○円と交換保証
- ➡【本位貨幣】金貨または兌換紙幣
- ➡ 通貨発行量は政府保有の金の量に拘束
- ➡ 通貨量調節が困難

1929〜 **世界大恐慌 ▼ 世界大不況**

管理通貨制
- 通貨と金は無関係
- ➡【本位貨幣】不換紙幣
- ➡ 通貨発行量は政策的判断で自由に調整可能
  （不況対策としての通貨増発もOK）

▼ 金本位制〜国際収支の自動均衡作用 【発展】

金本位制の機能

スタート：**A国で物価上昇**

（右回りサイクル）
- 物価上昇 → 安い外国商品を輸入 → **輸入増加**
- 金で支払う → **金流出**
- 金保有量減少 ➡ 通貨量減少 → **通貨収縮**
- 有効需要減退 ➡ 需要減少 → **物価下落**
- 安いA国商品の輸出拡大 → **輸出増加**
- 金で支払われる → **金流入**
- 金保有量増加 ➡ 通貨量増加 → **通貨膨張**
- 有効需要拡大 ➡ 需要増加 → 物価上昇（サイクル）

check! 金本位制には、❶国際収支を自動的に均衡させ、❷国内の金保有量、国内の通貨量、国内の物価を循環的に均衡させる作用がある。

第7章 経済理論（金融・財政）

3 金 融(1)
種類

1. 金融～資金の融通

市場においては商品の取り引きが行われ、その対価として貨幣が流通する。**家計の支出**は、①財・サービスの購入の対価として貨幣を支払い（消費）、②残りを預金や国債・社債・株式の購入など（貯蓄）にあてる。家計が貯蓄した資金は、直接あるいは間接に資金を必要とする企業などに貸し付けられる。このような資金の融通（貸し借り）を金融という。

2. 直接金融

企業が国民（家計）から直接、資金を集めることを**直接**金融という。具体的には、①株式、②社債の発行による資金調達である。①株式の発行は、企業が国民に出資（企業に参加）してもらうという形で資金を集める方法である。②社債の発行は、企業が国民から資金を借り入れることであり、利子を付けて返済する約束をした有価証券を発行して資金を集める方法である。

3. 間接金融

国民が銀行などの金融機関に預金した資金が、企業に貸し付けられていく資金の流れを**間接**金融という。すなわち、企業から見れば、銀行などの金融機関を媒介として国民の資金を借り受けているので**間接**金融という。

4. 自己資本と他人資本

(1) **自己資本**　企業自身の資金であり、返済の必要がない。企業の利潤である内部留保*、減価償却費[1]、株式[2]などである。

> [1] 機械・工場・設備などの摩耗分についての毎年の積立金。原則的には、固定資本の価格を耐用年数で割った額が毎年の減価償却費となる。

> [2] 株式は企業自身の運転資金となるので、自己資本（企業自身の資本）に分類される。したがって、株主は会社が倒産した場合、出資金の返還請求権を行使できない。

(2) **他人資本**　企業が他人から借り入れた資金であり、企業は返済の義務を負う。**銀行からの借入金、社債[3]**などである。

> [3] 社債権者は、会社が倒産した場合でも、法的には貸金の返還請求権を行使できる。しかし、現実には倒産した企業が保有する資産を競売などで第三者に売却して残った残余資産を、債権者が債権額に応じて平等分配を受けるにとどまる。

*　内部留保とは、企業の純益として積み立てられる資金のことを指す。

▼ 金融循環図で市場の資金の流れをつかめ 〈基本〉

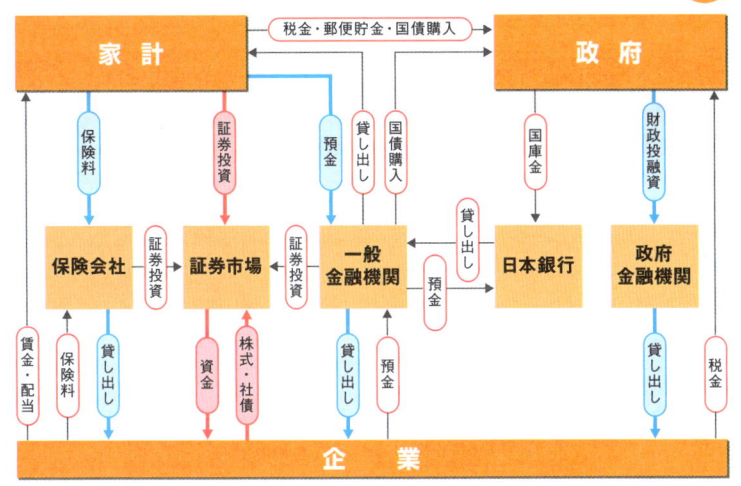

第7章 経済理論（金融・財政）

家計 ──税金・郵便貯金・国債購入→ 政府

家計から:
- 保険料 → 保険会社
- 証券投資 → 証券市場
- 預金 → 一般金融機関
- 貸し出し・国債購入 → 一般金融機関（※）
- 国庫金 → 日本銀行
- 財政投融資 → 政府金融機関

一般金融機関 ⇄ 日本銀行（貸し出し／預金）
保険会社 → 証券市場（証券投資）
一般金融機関 → 証券市場（証券投資）

企業へ:
- 保険会社：賃金・配当／保険料／貸し出し
- 証券市場：資金／株式・社債
- 一般金融機関：貸し出し／預金
- 政府金融機関：貸し出し
- 政府：税金

凡例：→ 直接金融　→ 間接金融

▼ アメリカ企業は直接金融中心、日本企業は間接金融中心 〈重要〉

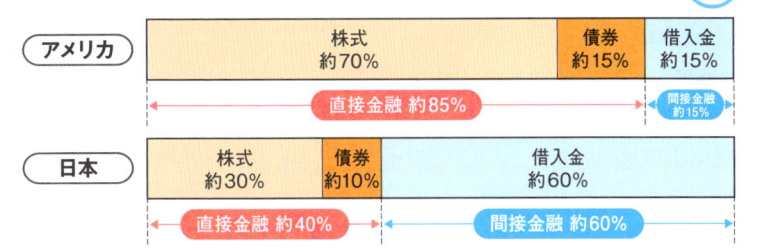

アメリカ
| 株式 約70% | 債券 約15% | 借入金 約15% |

直接金融 約85% ／ 間接金融 約15%

日本
| 株式 約30% | 債券 約10% | 借入金 約60% |

直接金融 約40% ／ 間接金融 約60%

▼ 企業の資金には自己資本と他人資本がある 〈重要〉

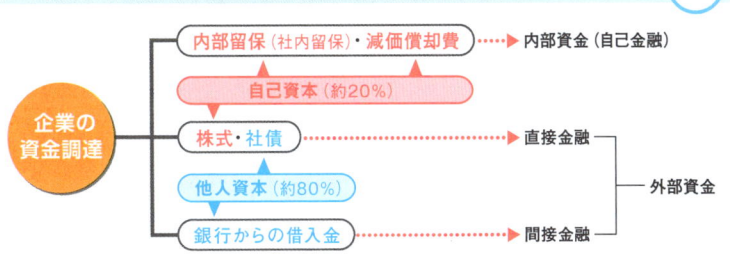

企業の資金調達
- 内部留保（社内留保）・減価償却費 ……▶ 内部資金（自己金融）
- 自己資本（約20%）
  - 株式・社債 ……▶ 直接金融
- 他人資本（約80%）
  - 銀行からの借入金 ……▶ 間接金融

株式・社債／銀行からの借入金 → 外部資金

4 金融(2)
機関・市場

1. 金融機関

(1) **定義** 資金の貸し借りの仲介を行う機関。

(2) **種類** ①**中央銀行**、②**民間**金融機関、③**政府**金融機関の3つ。中央銀行は日本銀行（日銀）である。民間金融機関の中心は**普通銀行**であり、(i)全国規模で展開する**都市銀行**と(ii)地方規模で展開する**地方銀行**に区分される。その他、証券会社、保険会社、クレジット会社、消費者金融も含まれる。政府金融機関は従来、**日本政策投資銀行**と**国際協力銀行**の2行と**国民生活金融公庫**、**中小企業金融公庫**などの**公庫**が合わせて8行も存在していたが、複数の公庫は**日本政策金融公庫**に統合され、一部は廃止・民営化となった。

☞1 銀行と証券会社の間には業務の区分（垣根）が存在した。しかし、金融自由化の中で業務の自由化（垣根の撤廃）が決定された。銀行は子会社によって証券業務に参入でき、証券会社は子会社によって銀行業務に参入できることになった（金融ビッグバン）。

2. 金融市場

(1) **定義** 資金の貸し手（供給者）と借り手（需要者）の間で資金の取り引きが行われる場を**金融市場**という。

(2) **種類** ①**短期**金融市場：**1年未満**の短期資金が取り引きされる場（例：金融機関相互間で一時的融通を行う**コール市場**がある）。②**長期**金融市場：**1年以上**の長期資金が取り引きされる場（例：株式市場、長期の公債市場）。

☞2 **無担保コールレート翌日もの**は、銀行どうしのインターバンク市場における短期間の資金貸借だが、その金利が1999年2月〜2000年8月、01年3月〜06年7月、10年10月〜ゼロ金利（03年6月には一時マイナス金利）となった。なお、優良企業に融資する際の金利を**プライム=レート（最優遇貸出金利）**という。

3. 金利

(1) **定義** 資金の貸付の対価。

(2) **金利決定のメカニズム** 資金の需要と供給によって金利が決まる自由金利のもとでは、資金の借り手（需要者）が貸し手（供給者）よりも多ければ金利は上昇し、少なければ低下する。

(3) **種類** ①**固定**金利：当初貸出時設定の適用レートが最終返済期限まで適用される。②**変動**金利：貸出後、実勢に応じて金利が変化する。

---

*1 民間金融機関=市中銀行とは、中央銀行に対する民間銀行全体を指す。
*2 かつての日本開発銀行などが日本政策投資銀行に、日本輸出入銀行などが国際協力銀行に、それぞれ統合された。

▼金融機関の種類～日本の中央銀行は日本銀行 （発展）

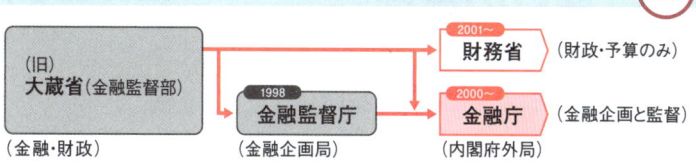

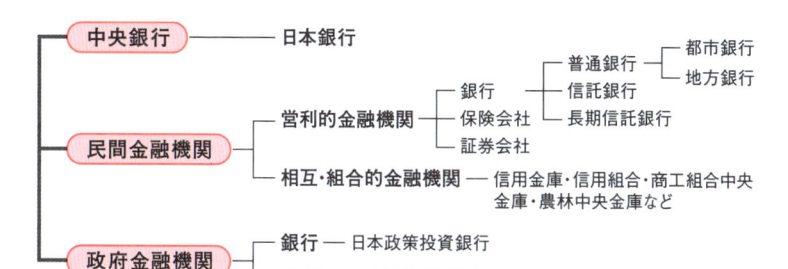

```
(旧)大蔵省(金融監督部)  ──→  財務省 (2001～) (財政・予算のみ)
(金融・財政)         ↓
              金融監督庁 (1998)  ──→  金融庁 (2000～) (金融企画と監督)
              (金融企画局)            (内閣府外局)
```

- 中央銀行 ── 日本銀行
- 民間金融機関
  - 営利的金融機関
    - 銀行 ── 普通銀行 ── 都市銀行／地方銀行
           ── 信託銀行
           ── 長期信託銀行
    - 保険会社
    - 証券会社
  - 相互・組合的金融機関 ── 信用金庫・信用組合・商工組合中央金庫・農林中央金庫など
- 政府金融機関
  - 銀行 ── 日本政策投資銀行
  - 公庫 ── 日本政策金融公庫

check!

❶ 1998年、大蔵省(当時)から分離して「金融監督庁」を設置。銀行・証券・保険の免許と銀行などの監督・検査を行う。2000年より「金融庁」となる。

❷ (i)信用金庫は、預金受け入れに制限はないが、貸し出しは原則として会員に限られる。(ii)信用組合は預金・貸し出しともに組合員に限られる。

❸ かつて存在した8つの政府金融機関は、2006年成立の行政改革推進法により、国民生活金融公庫、中小企業金融公庫、農林漁業金融公庫、沖縄振興開発金融公庫、国際協力銀行の国際金融業務が合体して1つの日本政策金融公庫に、一方、国際協力銀行の海外経済協力業務は国際協力機構(JICA)に合流、日本政策投資銀行と商工組合中央金庫は、08年より5～7年で民営化、公営企業金融公庫は廃止が決定した。ただし、日本政策投資銀行は存続すべきとの主張も強い。

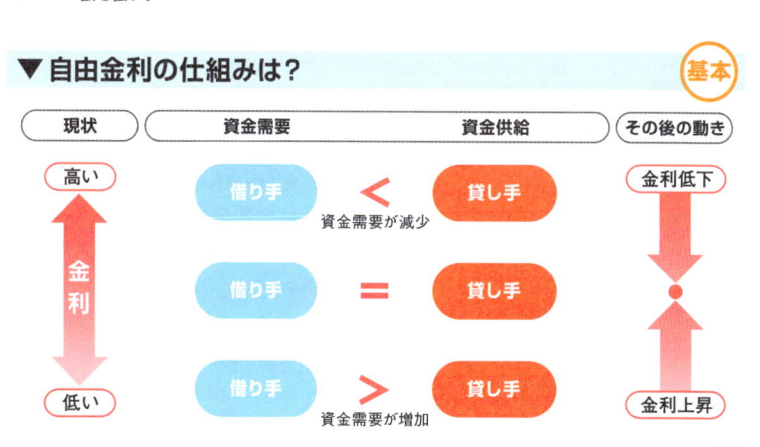

▼自由金利の仕組みは？ （基本）

現状	資金需要		資金供給	その後の動き
高い ↑ 金利 ↓ 低い	借り手	<	貸し手 (資金需要が減少)	金利低下
	借り手	=	貸し手	
	借り手	>	貸し手 (資金需要が増加)	金利上昇

第7章 経済理論(金融・財政)

5 銀行の業務　B

1. 銀行の三大業務

①**預金業務**(**受信業務**)：個人や企業などから資金を預かる業務。②**貸出業務**(**授信業務**・**与信業務**)：資金を貸し出す業務。③**為替業務**：遠隔地間の債権・債務(貸・借)の決済や送金を行う業務。内国為替と外国為替の2種類がある。

2. 預金業務(受信業務)

(1) **要求払い預金**　普通預金や**当座預金**のようにいつでも引き出せる預金(流動性預金)のこと。

☞1 当座預金は小切手振出の担保となる預金で、その預金額の範囲内で小切手を振り出すことができる。

(2) **定期性預金**　原則として一定期間は引き出せない預金。自由金利(利率を銀行ごとに自由に設定)を導入したスーパー定期預金や大口定期預金などがあったが、1993年に完全自由化した。

3. 貸出業務(授信業務・与信業務)

(1) **種類**　手形割引、手形貸付、証書貸付、当座貸越、コール=ローンなどがある。

☞2 ❶手形割引とは、支払期日前の手形を銀行が買い取ること。支払期日までの残日数分については同額の貸し出しをしたという計算でその分の貸出利子を差し引いて買い取るので手形割引という。❷当座貸越とは、当座預金額を越えて小切手を振り出せるように銀行が当座預金に資金を貸し出すこと。❸コール=ローンとは金融機関相互間の短期融資のこと。

(2) **信用創造**　銀行が貸付操作を繰り返すことによって、最初に預け入れを受けた現金の何倍もの**預金通貨**を創り出すこと。現実の取引決済が小切手で行われ、それを受け取った企業も直ちに現金を引き出さずに預金のままにしていることが多い。そこで、銀行は預金を受けた額の内、**支払準備金**(**預金準備金**)を残し、残額を当座貸越契約によって貸付に回すことができる。これを繰り返すことによって、最初の**預金通貨**の何倍もの預金が一時的に創り出され、その金額に相当する取引が小切手によって完了することになる。

☞3 現実には、小切手取得者が取引銀行から現金を引き出した時点で信用創造は終了する。

＊ 支払準備金とは、市中銀行が受けた預金の内、一定割合を強制的に積み立てさせる資金のことを指す。

▼銀行の三大業務とは? 【基本】

預金業務
- 当座預金
- 普通預金
  常時引き出し可能な要求払いの預金
- 通知預金
  払戻しの2日前までに引き出しの通知をする
- 定期預金
  3ヵ月、6ヵ月、1年、3年などの期間を定めた預金

貸出業務
- 手形割引
- 手形貸付
  銀行あての約束手形の振り出しによる貸付
- 証書貸付
  借用証書による貸付
- 当座貸越
- コール=ローン

為替業務
- 送金為替(内国為替)
  通知だけで受取地の銀行から現金が支払われる
- 当座振込(内国為替)
  送金されたものが受取人の当座預金に振り込まれる
- 外国為替
  貿易などに伴う国際間の決済・送金などを行う

など

第7章 経済理論（金融・財政）

▼本源的預金100万円、支払準備率10%の信用創造総額は?* 【重要】

問 次のような場合の信用創造総額を求めよ。

設例 本源的預金（最初の現金による預金）100万円、支払準備率10%

前提
1. 貸し出しは、現金で行わず、当座貸越による。
2. 企業間の取引決済は小切手による。
3. 預金の引き出しはない。

メカニズム

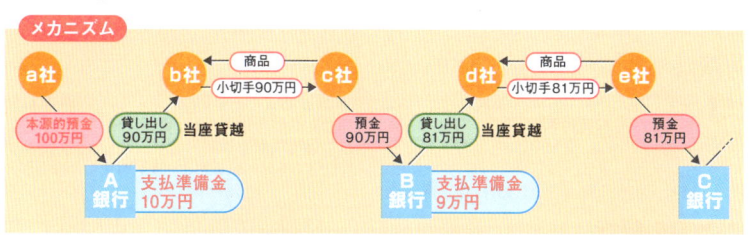

a社 →(商品)→ b社 (小切手90万円) → c社 →(商品)→ d社 (小切手81万円) → e社

- a社: 本源的預金100万円 → A銀行
- A銀行: 貸し出し90万円 → b社（当座貸越）、支払準備金10万円
- c社: 預金90万円 → B銀行
- B銀行: 貸し出し81万円 → d社（当座貸越）、支払準備金9万円
- e社: 預金81万円 → C銀行

銀行	預金	支払準備金	貸し出し
A銀行	100万円	10万円	90万円
B銀行	90万円	9万円	81万円
C銀行	81万円	8.1万円	72.9万円
⋮	⋮	⋮	⋮
合計	1,000万円	100万円	900万円

① 信用創造による預金総額 = 本源的預金 × $\dfrac{1}{支払準備率}$ = $\dfrac{本源的預金}{支払準備率}$ = $\dfrac{100万円}{0.1}$ = 1,000万円

② 信用創造総額 = 預金総額 − 本源的預金 = 1,000万円 − 100万円 = 900万円

---

* 信用創造とは、新たに生み出された預金通貨（小切手）部分であるから、預金総額から最初から存在した本源的預金を差し引かなければならない。

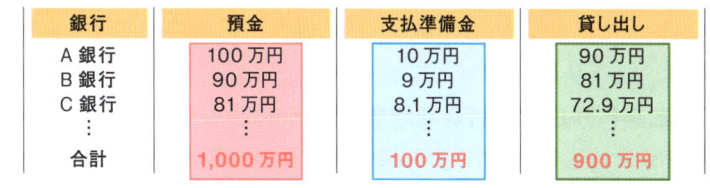

6 日本銀行の業務　A

1. 日本の中央銀行～日本銀行（日銀）

日本銀行は**1882**年に株式会社（当初資本金1,000万円➡現在1億円）として設立。1942年に日本銀行法が制定され特殊法人組織となった。**日本銀行政策委員会**が金融政策の基本方針を決める。

☞1　日本銀行政策委員会は、1997年の日本銀行法（日銀法）改正で、大蔵省（当時）からの独立性と透明性が保証された。政府代表2人を構成員からはずし、蔵相（当時）の業務命令権も廃止した。

2. 日本銀行の三大業務

(1) **唯一の発券銀行**　日銀は、日本銀行券（日銀券）を発行する唯一の銀行である。かつては旧**大蔵大臣**が、閣議を経て決定する**最高発行限度額の範囲内**で裁量によって日銀券を発券できることになっていた（**最高発行額制限制度**）。しかし、現在は日銀の専権事項となった。

☞2　1997年の日銀法改正で、日銀の通貨調節の自主性を認めたが、政府の行う経済政策との整合性の観点より、「常に政府との連絡を密にし、十分な意思疎通を図る」べき義務を規定した。

(2) **銀行の銀行**　日銀は市中金融機関としか取り引きを行わない。①市中銀行に対する資金の貸し出し、②支払準備金などの預金の受け入れ、③手形再割引、④手形貸付などを行う。

☞3　❶日銀の市中銀行に対する貸出利子率（金利）を公定歩合と呼んでいたが、現在は「**基準割引率および基準貸付利率**」と呼んでいる。❷市中銀行が受けた預金の内、日銀が強制的に預金させる割合を支払準備率という。❸手形再割引とは金融機関が支払期日までの貸出利子分を割り引いて買い取った満期前手形を、さらに日銀が割り引いて買い取ること。❹手形貸付とは手形・債券を担保に資金を貸し付けることをいう。

(3) **政府の銀行**　日銀は、政府が徴収する租税や公債金などの国庫金の出納・管理を行い、外国為替事務の代行、国債償還事務の代行、政府への貸し出しなどを行っている。

3. 日本銀行が日本銀行券を増発するケース

次の4つのケース。①市中銀行への**貸し出し**の際に増発する。②公開市場操作における有価証券の**買い**オペレーションの際に増発する。③**財政支出を拡大**する際に増発する。例えば、国債を償還するために増発することが考えられる。④**国際収支の黒字**に伴って増発する。輸出の増大によって外貨が流入し、外貨が日銀券に交換される際に増発することが考えられる。

＊　中央銀行と政府が保有する外貨の量を外貨準備高という。日本は世界第1位（2005.12：8,469億ドル）、第2位は中国だったが、2006年1月に逆転し、12年末は中国は約3.3兆ドルで第1位、日本は約1.3兆ドルで第2位となり、その差も拡大しつつある。

▼日本銀行券発行量の決定～管理通貨制 【基本】

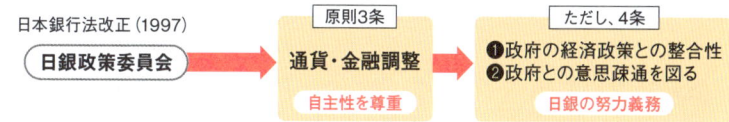

日本銀行法改正（1997）

日銀政策委員会 → **通貨・金融調整**（原則3条）／**自主性を尊重** → ただし、4条：❶政府の経済政策との整合性 ❷政府との意思疎通を図る（日銀の努力義務）

独立性
❶財務大臣の日銀総裁解任権
❷財務大臣の日銀への業務命令権
　→ 廃止 ＋ 議事録公開 ← **透明性**

▼流通通貨量で物価・景気が決まる！ 【重要】

公式
- 国内流通通貨量 増加 → インフレ（物価上昇） → 好況
- 国内流通通貨量 減少 → デフレ（物価下落） → 不況

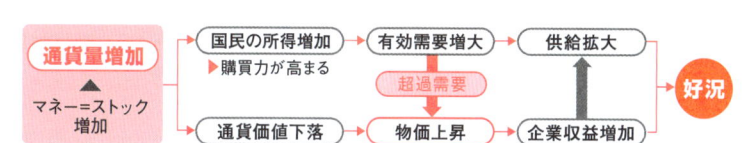

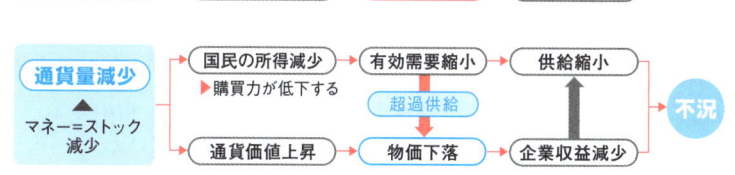

通貨量増加（マネー＝ストック増加）
- 国民の所得増加 ▶購買力が高まる → 有効需要増大 → 供給拡大
- 通貨価値下落 → 物価上昇 → 企業収益増加
- 超過需要 → **好況**

通貨量減少（マネー＝ストック減少）
- 国民の所得減少 ▶購買力が低下する → 有効需要縮小 → 供給縮小
- 通貨価値上昇 → 物価下落 → 企業収益減少
- 超過供給 → **不況**

▼主要国の中央銀行の名称 【盲点】

年	国	名称
1694	英	イングランド銀行
1800	仏	フランス銀行
1882	日	日本銀行
1913	米	連邦準備制度理事会（連邦準備銀行 FRB）
1948	独	ドイツ連邦諸州銀行（→ドイツ連邦銀行）
1998	EU	欧州中央銀行（ECB）

check! ❶アメリカには、12の連邦準備銀行があり、その統括機関である連邦準備制度理事会（FRB）が中央銀行の役割を果たしている。❷第14代FRB議長のバーナンキが「100年に1度の経済危機」に対処するキーパーソンとなった。2014年、第15代議長にイエレンが就任した。

7 金融政策　A

1. 金融政策の目的

①物価の安定、②経済成長の維持と安定、③国際収支の均衡の3つがある。特に日銀は、①物価の安定を重視している。物価の安定が、②経済成長の維持と安定の前提になるからである。

2. 三大金融政策

(1) 金利（*公定歩合）政策　公定歩合（日銀の市中銀行に対する貸出利子率）を上下させることによって、**間接的**に流通通貨量を調整する政策である。例えば、①**景気過熱対策**としては**公定歩合を引き上げる**（金融引き締め）。すると、市中貸出利子率も連動して引き上げられるので、企業の資金需要が抑えられて投資が鎮静化し、景気過熱がおさまる。逆に、②**景気停滞対策**としては**公定歩合を引き下げる**（金融緩和：2001.9〜06.7＝0.1％、08.12〜＝0.3％）。

> ☞ いわゆるゼロ金利政策とは、公定歩合をゼロにすることではなく、銀行間の短期貸借金利である無担保コールレート翌日ものを、手数料を除き実質ゼロとする政策である。

(2) 公開市場操作（オープン＝マーケット＝オペレーション）　日銀が金融市場において国債などの有価証券を売買することによって、市中の流通通貨量を直接的に調整する政策。①**景気過熱対策**としては、**売りオペレーション**（売りオペ）を行う。すると、日銀が有価証券を売り、市中から通貨を吸収することになるので、需要が抑えられ、景気過熱がおさまる。逆に、②**景気停滞対策としては買いオペレーション**（買いオペ）を行う。

(3) 支払準備率（預金準備率）操作　市中銀行が受けた預金の内、日銀が強制的に預金させる割合（**支払準備率**）を上下させることによって、市中銀行が貸し出しに回すことのできる手持ち資金の量を調整する。①**景気過熱対策**としては、**支払準備率を引き上げる**。すると、市中銀行が受けた預金の内、日銀に強制的に預金させられる部分が多くなり、手持ち資金が減少する。その結果、市中に貸し出される通貨量が減少し、需要が抑えられ、景気過熱がおさまる。逆に、②**景気停滞対策**としては、**支払準備率を引き下げる**（日本は1991年以降、1.2％と低準備率）。

＊2006年8月以降、日銀は公定歩合を「基準割引率および基準貸付利率」と表示することとした。

▼日銀の三大金融政策～流通通貨量の調整 【重要】

金利（公定歩合）政策 ▶公定歩合を上下させる

- 好況 日銀 ‥‥▶ 公定歩合引き上げ ▶貸し出し減少 ‥‥▶ 市中銀行 ▶ 市中金利引き上げ ▶貸し出し減少 ▶ 企業
- 不況 日銀 ‥‥▶ 公定歩合引き下げ ▶貸し出し増加 ‥‥▶ 市中銀行 ▶ 市中金利引き下げ ▶貸し出し増加 ▶ 企業

公開市場操作 ▶有価証券を売買する

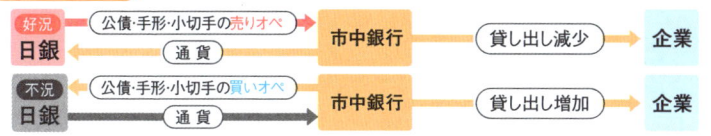

- 好況 日銀 ◀ 公債・手形・小切手の売りオペ／通貨 ▶ 市中銀行 ▶ 貸し出し減少 ▶ 企業
- 不況 日銀 ◀ 公債・手形・小切手の買いオペ／通貨 ▶ 市中銀行 ▶ 貸し出し増加 ▶ 企業

支払（預金）準備率操作 ▶支払（預金）準備率を上下させる

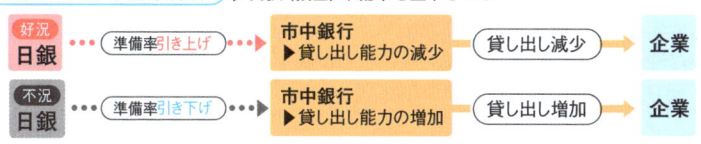

- 好況 日銀 ‥‥▶ 準備率引き上げ ▶ 市中銀行 ▶貸し出し能力の減少 ▶ 貸し出し減少 ▶ 企業
- 不況 日銀 ‥‥▶ 準備率引き下げ ▶ 市中銀行 ▶貸し出し能力の増加 ▶ 貸し出し増加 ▶ 企業

check! ❶日銀が市中銀行に対して、行政指導によって3ヵ月ごとに貸し出し増加枠を指示することを窓口規制という（1991.7廃止）。❷日本で伝統的に重視された政策は、金利政策と直接的効果が期待できる窓口規制との2つ。ただし、金利の自由化によって、最近、公定歩合の上下に市中金利が連動しなくなっているので、その効果は薄れつつある。

▼日本の公定歩合の推移 【時事】

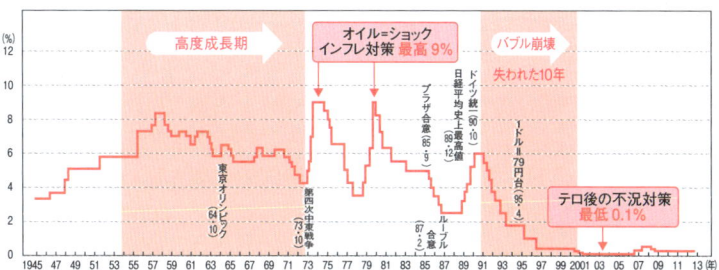

グラフ：高度成長期／オイル＝ショック インフレ対策 最高9%／バブル崩壊／失われた10年／東京オリンピック(64.10)／第四次中東戦争(73.10)／プラザ合意(85.9)／日経平均史上最高値(89.12)／ドイツ統一(90.10)／ルーブル合意(87.2)／1ドル=79円台(95.4)／テロ後の不況対策 最低0.1%

check! ❶日本は、1995年9月に0.5%、2001年2～3月に0.35▶0.25%、2001年9月には、テロによる世界同時不況対策として0.1%とほぼゼロ金利に近い政策を採用。しかし、06年7月に0.4%、07年2月に0.75%に引き上げたが、08年9月のリーマン＝ショック後、08年10月に0.5%、同年12月に0.3%に引き下げた。❷公定歩合引き下げを質的金融緩和というが、限界にあるので、公開市場操作などで流通通貨量を増やす量的金融緩和が重視されている。

8 最近の金融政策　A
質的金融緩和から量的金融緩和へ

1. 質的金融緩和の徹底と限界（ゼロ金利政策）

(1) **内容**　日銀の市中銀行への**貸出金利（公定歩合）**を**引き下げ**、それに連動して**市中銀行の民間への貸出金利（市中金利）**を**引き下げ**て、借りやすい状況を作り出すことを**質**的金融緩和という。

> ☞1　日本では不況対策として1995年以来、公定歩合を0.5%、2001年2月に0.35%→0.25%、01年9月にテロ後の世界同時不況対策として**0.1**%に引き下げ、06年7月まで続いた。一旦、公定歩合は引き上げられたが、リーマン＝ショック後の08年12月に0.3%に引き下げた。

(2) **ロンバート型貸出制度（2001.3導入）**　日銀は金融機関が日銀に提供している担保の範囲内であれば、金融機関の求めに応じて自動的に融資する制度を採用した。銀行は公定歩合によって日銀融資を受けられるので、他の銀行から借入する際の**金利（コールレート）は公定歩合の範囲内**となり、**市中金利を低めに誘導**している。1999年2月～2000年8月には、**無担保コールレート翌日もの**が手数料を除くと実質**ゼロ**金利となり、一旦解除されたものの、01年3月～06年7月まで再び**ゼロ**金利となり、いわゆる**ゼロ**金利政策が実施された。その後、金利は引き上げられたが、**10年10月より再びゼロ金利となっている**。

2. 量的金融緩和（最近、重視：2001.3～06.7、10.10～）

　質的金融緩和（実質ゼロ金利）の限界から、公開市場操作によって市中銀行から国債、手形、小切手などの有価証券を買い、代金を引き渡すことで市中銀行の手持ち資金量を増やして企業への貸し出しを円滑にする**量的金融緩和**を重視、日銀当座預金残高目標を設定した（2001.3～06.7）。政府は、**国債買い切りオペレーション**（買い取った国債を再び売り戻す条件なしに買い切ってしまうこと）や**銀行保有株式や投資信託を買いオペ対象**に追加するという禁じ手を使った。これは株式の需要を高め、株価の下落を防止する**緊急株価下落対策**の意味を持っていた。2009年12月には、**リーマン＝ショック**後の株価の下落傾向の中、日銀は一定額までの買いオペを実施、欧州債務危機が深刻化した**10年10月**には日本銀行買入基金を創設し、**一種の量的金融緩和**を復活させた。

> ☞2　日銀は買いオペの代金を各市中銀行が日銀に持っている当座預金へ払い込む。日銀当座預金目標は2003年3月には30兆円に設定されたが、04年～06年3月は35兆円に引き上げられ、買いオペによる量的金融緩和を徹底した（**2006.3**に一旦、解除、06.7には**ゼロ金利も解除**）。

*1　コールレート翌日（オーバーナイト）ものとは、銀行間で担保なしに1日資金を貸借する際の金利。これがゼロになっていることをゼロ金利政策という。金利はゼロが最低で、それ以下にはならないのが常識だが、2003年6月、無担保コールレート翌日ものが、初のマイナス金利を記録した。

▼日銀が重視する金融政策（不況政策の場合） 時事

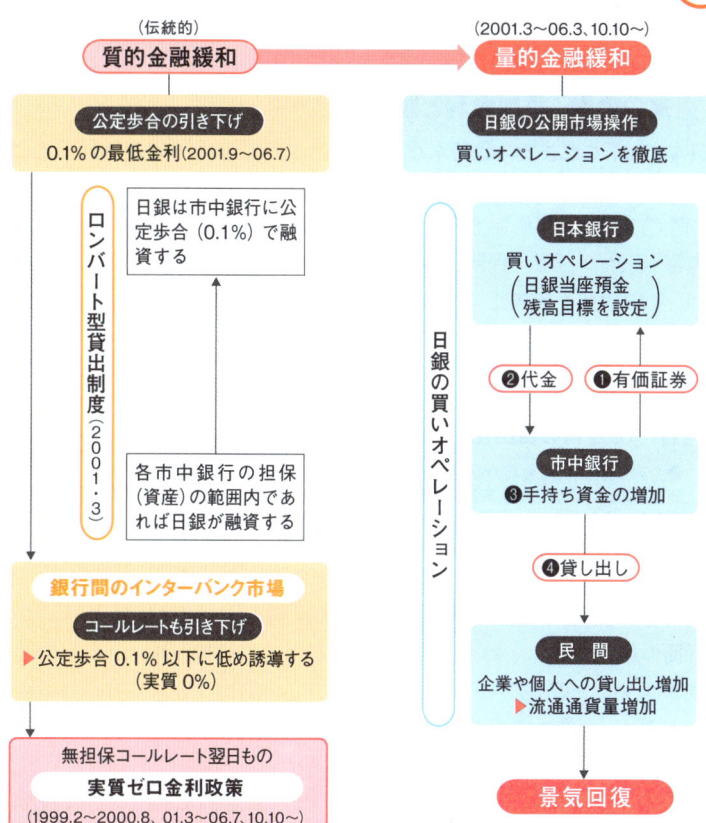

質的金融緩和（伝統的） → **量的金融緩和**（2001.3〜06.3、10.10〜）

質的金融緩和の流れ

公定歩合の引き下げ
0.1％の最低金利（2001.9〜06.7）

ロンバート型貸出制度（2001・3）
- 日銀は市中銀行に公定歩合（0.1％）で融資する
- 各市中銀行の担保（資産）の範囲内であれば日銀が融資する

↓

銀行間のインターバンク市場
コールレートも引き下げ
▶公定歩合0.1％以下に低め誘導する（実質0％）

↓

無担保コールレート翌日もの
実質ゼロ金利政策
（1999.2〜2000.8、01.3〜06.7、10.10〜）

▶これ以上の引き下げは無理（限界）

量的金融緩和の流れ

日銀の公開市場操作
買いオペレーションを徹底

日銀の買いオペレーション：

日本銀行
買いオペレーション（日銀当座預金残高目標を設定）

❷代金 ↓ ↑ ❶有価証券

市中銀行
❸手持ち資金の増加

❹貸し出し ↓

民間
企業や個人への貸し出し増加
▶流通通貨量増加

↓

景気回復

---

check!

❶日銀による買いオペレーションの対象には、(i)手形・小切手、(ii)国債、(iii)銀行保有株式、(iv)投資信託がある。だが、ここで日銀は以下の２つの禁じ手を用いているといわれる。
(i)銀行保有株式・投資信託を買いオペの対象に加えたこと◀株式は値下がりする可能性もあるので、そのようなリスクのある有価証券を中央銀行が買うのは危険性が高いという批判がある。
(ii)国債の買い切りオペレーションを実施◀市中銀行から国債を売り戻す条件なしに永久に買い取ることは、国の借金を国の銀行が自ら負担することになるので、本来無意味である。
❷ゼロ金利政策が採られた期間は1999年２月〜2000年８月、01年３月〜06年７月、10年10月以降である。
❸リーマン=ショック後の2008年12月、政策金利である無担保コールレート翌日ものが0.1％に引き下げられ、欧州債務危機が拡大した10年10月に、ゼロ金利政策が復活し、アベノミクスのもと、物価上昇２％達成まで継続することになっている。

*２ 2008年９月のリーマン=ショック後、再び金利引き下げ、買いオペが行われたが、10年10月には、ゼロ金利と量的金融緩和が復活した。日銀買入基金は10年10月当初で５兆円だったが、段階的に増額され、12年12月には101兆円となった。

9 金融の自由化・国際化　B

1. 従来の金融（規制金利と護送船団方式）

日本では、これまで、金利水準をはじめ、分野（銀行・証券・保険など）ごとの業務内容を細かく規制し、金融機関どうしの過当競争を防止してきた。例えば、①金利規制が行われ、どの銀行も同じ金利であったし、②業務内容も銀行・証券・保険・信託など明確に区別され、「垣根」が作られてきた。金融機関が破綻しないように、旧大蔵省と日銀は銀行を守る護送船の役割を果たしてきた（護送船団方式）。

2. 金融の自由化

(1) **内容**　①金利の自由化、②金融業務の自由化の2つがある。

> 1　❶金利の自由化とは金利の決定を資金の需給に委ねることをいう。1979年の譲渡性預金（CD）創設以降、85年に市場金利連動型預金（MMC）が登場し、94年には当座預金を除く流動性預金の自由化も完了した。❷業務の自由化とは金融業務の垣根を撤廃し、参入を自由化すること。92年には銀行と証券の垣根の撤廃が決定され、子会社による相互参入が認められた。

(2) **背景**　1980年代以降は、金融の国際化の流れの中で、金融規制の排除・撤廃が強く求められた。①アメリカからの批判：日本では規制金利により、銀行間の競争が厳しくないため預金金利が低めに設定され、企業への貸出金利が低い。一方、アメリカは預金金利が完全自由化されているため預金金利が高く、企業への貸出金利も高い。そのため、日本の銀行から低い金利で融資を受けるアメリカ企業も多く、アメリカから日本の金融政策に対する批判が出された。日米円・ドル委員会（1983設置）は日本に対し、金融市場開放と規制撤廃を要求した。円が国際通貨となるためには、外国人が日本の金融市場に自由に参入できることが不可欠だとの主張である。②国債の大量発行：市中金融機関は、当初、政府から国債販売を割り当てられた（割当制）。しかし、引き受けた国債を市中への売却により完全消化しきれなくなった金融機関は、国債を自由に購入できる市場環境の整備と国債に対抗して資金が集められる前提条件として、金利の自由化を要求した。

> 2　外国の金融機関の日本市場参入も原則的に自由化された（「外国為替管理法」1980年改正）。円の国際化を進める上でも、日本の金融市場の開放が強く求められている。

*1　流動性預金とは、預入期間に決まりのない出し入れ自由な預金をいう（当座・普通・通知預金）。
*2　外国為替管理法は、1998年より「外国為替及び外国貿易法」となり、「管理」という言葉が削除された。

▼ 金融の自由化〜金利の自由化と業務の自由化 　発展

1970年代後半	㊑ **金融自由化政策始まる** ▶日本金融市場の自由化要求
79.5	▶譲渡性預金（CD）導入（最低預入金額5億円）
85.3	▶市場金利連動型預金（MMC）発売（最低預入金額5,000万円）

自由金利時代へ

88.4	▶CDの最低預入金額引き下げ（5,000万円）
89.6	▶小口MMC発売（当時、最低預入金額300万円）
10	▶大口定期預金の最低預入金額引き下げ（1,000万円）に伴ってMMC廃止
92	**業務の自由化が始まる** 　銀行・証券業務が一部可能となる
.6	▶小口MMCの最低預入金額（当時50万円）を撤廃
93.6	▶定期性預金の金利自由化が完了
	銀行・証券・生保など：業務の垣根を緩和
94.10	▶当座預金を除く流動性預金の金利自由化が完了

金利の完全自由化

96.12	**金融業務の自由化**
	日本版ビッグバン（金融大改革 〜2001）
	銀行・証券・信託・保険の相互参入など
2001	

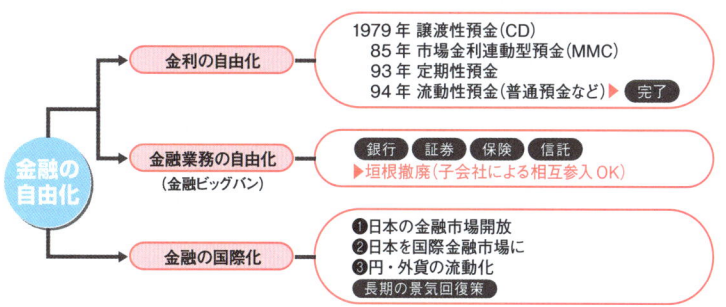

金融の自由化

- **金利の自由化**
  - 1979年 譲渡性預金（CD）
  - 85年 市場金利連動型預金（MMC）
  - 93年 定期預金
  - 94年 流動性預金（普通預金など）▶ 完了

- **金融業務の自由化**（金融ビッグバン）
  - 銀行　証券　保険　信託
  - ▶垣根撤廃（子会社による相互参入OK）

- **金融の国際化**
  - ❶日本の金融市場開放
  - ❷日本を国際金融市場に
  - ❸円・外貨の流動化
  - 長期の景気回復策

10 金融ビッグバン A
金融大改革

1. 金融ビッグバン（金融大改革）の内容

(1) **定義**　金融自由化の1つである**金融業務の自由化**を進めて、金融システムを大きく改革することを<u>金融ビッグバン</u>という。

> ☞1　イギリスでは、1980年代にロンドン証券市場を外国人に開放する証券ビッグバンを実施して大成功したことから、日本は証券に限らず、すべての金融分野にわたるビッグバンを実施して景気回復を図ろうとした。

(2) **護送船団方式の廃止**　従来、日本では過当競争を防ぐために、金融業務は**銀行・証券・保険・信託**の4分野に業務区分され、相互の参入は制限されていた。しかし、橋本内閣は、2001年までに**金融業務の区分（垣根）を撤廃**して、子会社形態による相互参入を認め、金融業務間に自由競争を認めた。

(3) **内容**　<u>フリー（自由）・フェア（公正）・グローバル（国際化）</u>をスローガンに以下の改革を実施した。①銀行・証券・保険・信託間の相互参入を認める<u>金融システム改革</u>。②独占禁止法改正による<u>金融持株会社</u>の解禁。③**株式売買手数料の自由化**。④**外貨交換手数料の自由化**（外国為替管理法廃止→**外国為替及び外国貿易法制定**）など。

2. 金融ビッグバンの目的

　①金融不況対策として持株会社による**グループ化**で<u>金融再編</u>を進め、<u>メガバンク</u>を作る。②金融市場開放によって参入する巨大な外国金融機関に対抗できる**国際競争力を持った日本の金融機関を育成する**。③競争原理によって外貨交換・株式取引手数料を引き下げ、**外国人が日本に投資しやすい環境を作る**。④一般商店での円・ドルなどの交換を認めることで、**ドルで直接買い物ができる国際市場に高める**。

> ☞2　金融ビッグバンで円を国際化して、日本を国際金融市場に高める。円が世界に流通し、その円が日本国内にも環流するので、国内流通通貨量は増え、究極の景気浮揚政策となる。

> ☞3　流通業その他の異業種からの銀行参入：2000年代に入り、アイワイバンク（2001→セブン銀行）、ソニー銀行（2001）、イオン銀行（2006）、イーバンク（2000→楽天銀行）などが設立されている。店舗を持たずコンビニなどのキャッシュ＝ディスペンサー（CD）を利用した機動的な経営を展開している。

▼金融ビッグバン＝金融大改革 (1996〜2001) 【時事】

❶理念

> フリー（自由）　フェア（公正）　グローバル（国際化）
>
> 2001年までに日本の金融市場を自由化・国際化して、金融市場を根本的に改革すること。
> 金融市場を活性化して国際資金の日本への流入を狙う。

❷主な内容と目的

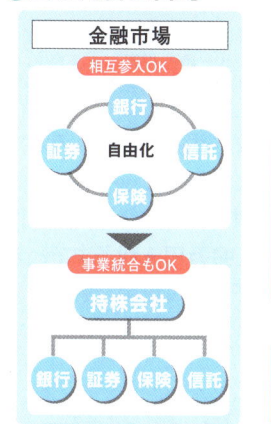

金融市場
- 相互参入OK：銀行・証券・信託・保険（自由化）
- 事業統合もOK：持株会社（銀行・証券・保険・信託）

内容	関連事項
銀行・証券・保険・信託の金融分野間の「垣根」を撤廃	・金融システム改革
❶国内の金融機関どうしの再編成促進 ❷日本に参入する外国金融機関に対抗できる競争力を持った大金融機関を育成 ❸金融業界を再生	・独占禁止法改正 (1997) ・金融持株会社解禁 ・外国為替管理法廃止 　▶外国為替及び外国貿易法制定 (1998) ・外貨交換業務の自由化
日本に大きな国際金融市場を築き、資金の流動性を高めて不況を克服する	・証券取引法改正 (1998) ・有価証券取引手数料の自由化

第7章　経済理論（金融・財政）

▼金融再編成でメガバンク登場 【時事】

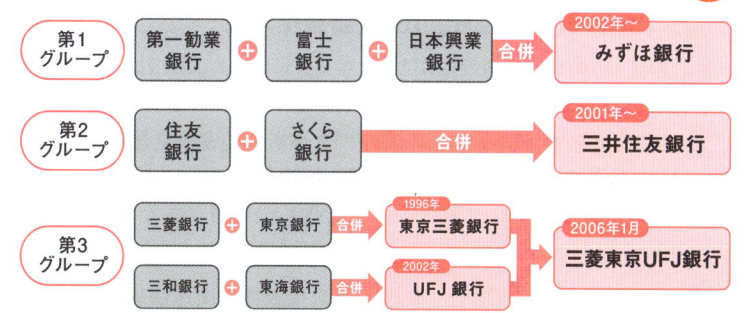

- **第1グループ**：第一勧業銀行 ＋ 富士銀行 ＋ 日本興業銀行　合併　→　2002年〜 **みずほ銀行**
- **第2グループ**：住友銀行 ＋ さくら銀行　合併　→　2001年〜 **三井住友銀行**
- **第3グループ**：
  - 三菱銀行 ＋ 東京銀行　合併　1996年 **東京三菱銀行**
  - 三和銀行 ＋ 東海銀行　合併　2002年 **UFJ銀行**
  - → 2006年1月 **三菱東京UFJ銀行**

check!
❶三菱・三井・住友・富士・第一勧銀・三和銀行をメインバンクとする戦後の六大企業グループは三大企業グループに再編されている。
❷経営に外国資本も参加でき、多方面にわたる規制緩和も進んで、グループ内取引のみを行う排他的取引慣行は解消に向かっている。
❸グループ企業どうしの株式持ち合いは減少傾向にある。法人の持株比率は低下している。

11 金融破綻と金融再生 B

1. バブル崩壊（1991.2〜93.10）と失われた10年（90年代）

(1) 不良債権の発生　バブル不況の中、回収不能もしくは回収困難な貸付金（不良債権）を抱えて経営悪化する金融機関が増加した。

> ☞1　破綻金融機関は、実際は営業譲渡や国営化により経営を継続しているものが多い。三洋証券（1997）➡東海丸万証券、北海道拓殖銀行（97）➡北洋銀行、山一證券（97）➡自主廃業、日本長期信用銀行（98）➡新生銀行、日本債券信用銀行（98）➡あおぞら銀行、りそな銀行（2003）➡国営化、足利銀行（03）➡国営化

(2) 預金保険機構の危機　破綻銀行の預金者を救済するため預金元本・利子の全額払戻しを保証する預金保険機構を設立（1971）、金融システムへの信頼と安定が図られてきた。しかし、相次ぐ銀行破綻によって預金保険自体も危機的状況に陥り、**預金保証を元本1,000万円＋利子までとするペイオフが一部解禁**（導入）、2005年4月に利子なしの預金を除き**本格解禁**となった。10年9月、日本振興銀行が破綻し、ペイオフが日本で初めて適用された。

> ☞2　ペイオフは当初、2001年4月に全面解禁予定だったが、不況で金融不安が高まる中で解禁すると大口預金者は不安を感じて1,000万円超の預金を解約し、預金量が激減して銀行破綻を誘発する危険性があった。そこで、02年4月に定期性預金など一部をペイオフ解禁とし、外貨預金・譲渡性預金などを保険保護対象外とした。05年4月よりペイオフが、利子なしの普通預金、もともと利子のない当座預金を除き、本格解禁（導入）された。

2. 金融再生関連法（1998.10）と預金保険法

(1) 金融再生関連法　小渕内閣が1998年に3年間の時限立法として制定。破綻銀行は一時的に国営銀行である**ブリッジ＝バンク**（つなぎ銀行）を設立して経営再建を図り、営業譲渡先を探す。破綻懸念銀行（**国際決済銀行＝BISの自己資本比率8％基準を下回った銀行**）については、**早期是正措置**を講じて、レベルに応じたリストラを条件に公的資金を投入（自己資本比率8％を充足）する。

(2) 預金保険法102条（2001）　時限切れの金融再生関連法を引き継いだ。首相を議長とする「**金融危機対応会議**」が、自己資本の不足する銀行の預金保持、破綻銀行の**一時国営化**による金融再生措置などを決める。

> ☞3　金融再生法では金融再生委員会の破綻認定で救済措置が発動したが、より高いレベルの認定となっている。2003年5月、りそな銀行への公的資金1兆9,600億円の投入（国営銀行化）と同年11月の足利銀行の国営化は、預金保険法102条にもとづく救済措置である。

＊　国際決済銀行（BIS）は、自己資本比率8％以上の銀行に国際取引を認めている（バーゼル合意）。よって、8％を下回ると国際取引が停止され、経営破綻に追い込まれる可能性が高い。なお、国内取引業務については自己資本比率4％以上というルールが設定されている。

▼ 不良債権って何? 【時事】

債権の分類	経営・債権の状況
正常先	業績良好
要注意先	財務内容に問題あり
要管理先（不良債権）	要注意の内、3ヵ月以上の遅滞
破綻懸念先（不良債権）	破綻可能性大
実質破綻先（不良債権）	再建の見込みなし
破綻先（不良債権）	法的・形式的破綻

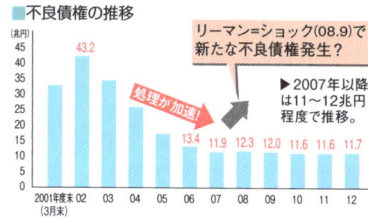

■不良債権の推移（兆円）

2001年度末(3月末) 43.2 / 02 / 03 / 04 / 05 / 06 / 07 13.4 / 08 11.9 / 09 12.3 / 10 12.0 / 11 11.6 / 11.6 / 12 11.7

処理が加速！

リーマン=ショック(08.9)で新たな不良債権発生？

▶2007年以降は11〜12兆円程度で推移。

▼ 不良債権の処理方法 【時事】

間接償却（貸倒引当金を充当する方法） — 竹中プラン(2001) → **直接償却**（不良債権の最終処理）

銀行が債権回収ができなかった場合に備え、銀行内部でプールしておいた貸倒引当金を返済に充当し、銀行の帳簿上の不良債権を処理

- 結局、銀行の損失で不良債権をゼロに戻しただけ
- 問題の先送りに過ぎない！
- ▶銀行の自己資本比率を減らし体力を奪う

融資先企業の法的整理
倒産させて会社財産を取り上げる

私的整理
銀行と融資先企業の話し合いで一部返済免除

不良債権を第三者に売却
公的資金で運営する整理回収機構（99設置）が買い取る
▶金融再生法改正(01.12)で時価買収 OK に

▼ 金融再生関連法の内容 【時事】

❶ 破綻前金融機関の救済　金融機能早期健全化緊急措置法

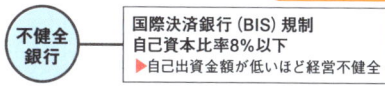

不健全銀行 — 国際決済銀行（BIS）規制 自己資本比率8%以下 ▶自己出資金額が低いほど経営不健全 ← 不健全度に応じてリストラを条件に公的資金を投入

❷ 破綻後金融機関の救済　金融機能再生緊急措置法

破綻銀行 → 特別公的管理銀行（一時国営化して再建）→ ブリッジ=バンク（譲受銀行を探すまでの銀行）→ 譲受銀行に営業譲渡

例）日本長期信用銀行(1998) ➡ 新生銀行(2000)
　　日本債券信用銀行(1998) ➡ あおぞら銀行(2000)
　　りそな銀行(2003) ➡ ?

❸ 破綻金融機関の預金者保護

ペイオフ解禁*

→ 預金者も自己責任が問われる ▶預金保護制度の破綻

預金種類＼年月	2002年3月 現金は全額保護	2002年4月〜 ペイオフ一部解禁	2005年4月〜 ペイオフ本格解禁
定期預金・通知預金など	全額保護	解禁	解禁
普通預金（利子有）	全額保護	全額保護	解禁
普通預金（利子無）	全額保護	全額保護	全額保護
当座預金	全額保護	全額保護	全額保護
外貨預金	保護の対象外（1,000万円の保護もない！）		
譲渡性預金			

* 2005年4月以降、利子付きの預金は原則すべて本格ペイオフ解禁となり、「元本1,000万円＋利子まで」しか保護されなくなった。利子なしの普通預金と当座預金（もともと利子なし）はペイオフの対象外となり、今後とも全額保護が継続する。

第7章 経済理論（金融・財政）

12 財　政 (1)
機能・政策　　　　A

1. 財政の定義と機能

財政とは、国や地方公共団体がその活動に必要な資金を徴収し、支出する経済活動をいう。**財政の機能**は、市場メカニズムによっては解決できない問題（**市場の失敗**）を**政府**が市場介入を行うことによって**補完**することである。

(1) **資源配分調整**機能　政府は民間によっては提供されにくい**公共財・公共サービス**を財政赤字覚悟で提供する。

☞1　公共財には道路・鉄道・港湾などの産業（生産）関連社会資本、学校・病院・公園などの生活関連社会資本、公共サービスには警察・消防・国防などがある。

(2) **所得再分配**機能　政府は国民の所得格差を是正するために、歳入面では所得税に**累進課税**を、歳出面では生活保護や失業保険などの**社会保障給付**を行っている。

☞2　具体的には、高所得者から高率の税を徴収し、社会保障を通じて低所得者に給付することにより、所得格差を是正する。

(3) **経済安定化**機能　①政府が景気動向に対応して政策的・裁量的に財政支出を伸縮させる**補整的（伸縮的）財政政策（フィスカル=ポリシー）**と、②あらかじめ設置した財政メカニズムが景気を自動的に調整する**ビルト=イン=スタビライザー（景気の自動安定化装置）**の2つがある。

2. 財政政策～経済安定化（景気調整）機能

(1) **補整的財政政策（フィスカル=ポリシー）**　①**景気過熱対策**としては、(i) **増税**、(ii) **財政支出の削減**を行って有効需要を抑制する。逆に、②**景気停滞対策**としては、(i) **減税**、(ii) **財政支出の拡大（スペンディング=ポリシー）**を行って有効需要を創出する。

(2) **ビルト=イン=スタビライザー**　累進課税、社会保障（特に失業保険）制度をあらかじめ作っておけば、景気に対応してそれらが自動的に景気調整を果たすというメカニズムである。

☞3　不況時には国民所得は減少するので、累進課税により低い税率が適用され、実質減税となる。他方、失業者は増加するので失業保険給付が行われる。好況時には逆の作用が働く。このように自動的に流通通貨量が増減して有効需要が調整され、景気が安定化する。

▼財政の3つの機能を覚えよう 【基本】

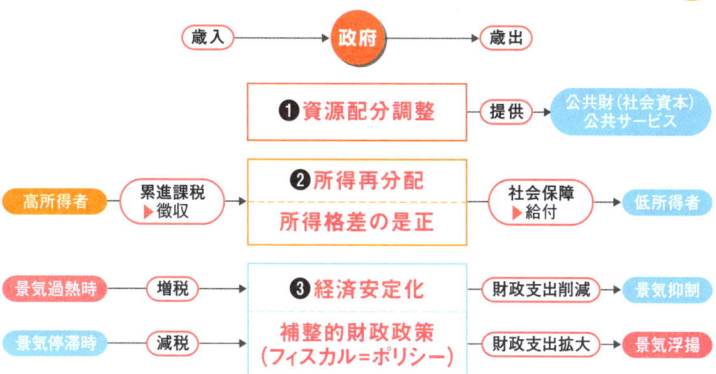

歳入 → 政府 → 歳出

❶ 資源配分調整 —提供→ 公共財（社会資本）・公共サービス

高所得者 —累進課税▶徴収→ ❷ 所得再分配／所得格差の是正 —社会保障▶給付→ 低所得者

景気過熱時 →増税→ ❸ 経済安定化／補整的財政政策（フィスカル＝ポリシー） →財政支出削減→ 景気抑制
景気停滞時 →減税→ 　　　　　　〃 　　　　　　→財政支出拡大→ 景気浮揚

第7章 経済理論（金融・財政）

▼ビルト＝イン＝スタビライザーで自動的に景気調整 【重要】

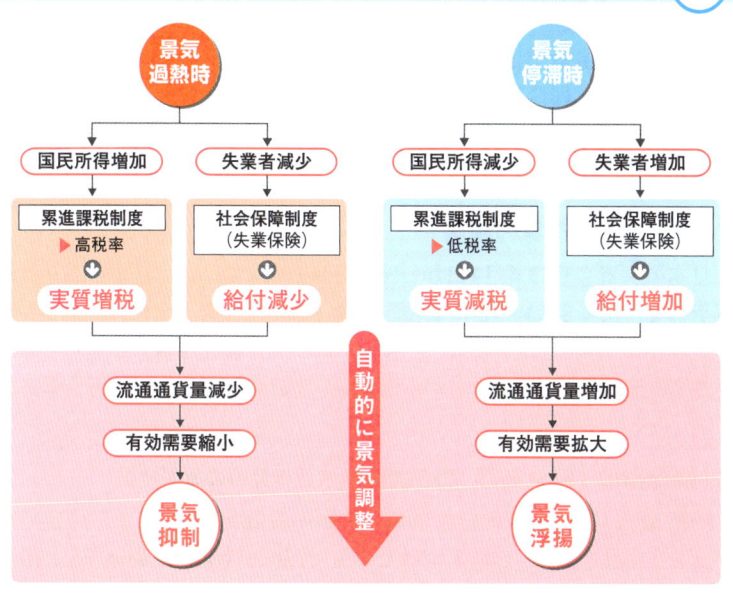

景気過熱時
- 国民所得増加 → 累進課税制度 ▶高税率 → 実質増税
- 失業者減少 → 社会保障制度（失業保険）→ 給付減少
- → 流通通貨量減少 → 有効需要縮小 → 景気抑制

景気停滞時
- 国民所得減少 → 累進課税制度 ▶低税率 → 実質減税
- 失業者増加 → 社会保障制度（失業保険）→ 給付増加
- → 流通通貨量増加 → 有効需要拡大 → 景気浮揚

⇒ 自動的に景気調整

check! ❶累進課税制度と社会保障制度（失業保険）をあらかじめ整備しておけば、景気が自動的に調整される。 ❷同様に、農産物価格支持制度もビルト＝イン＝スタビライザー機能を持つ。▶農産物があらかじめ定められた基準以下に値下がりした場合（景気停滞時）、農家に一定率の補助金を支給する制度を事前に設けておく。

13 財 政 (2)
日本の財政構造　B

1. 会計(予算)の区分

(1) **一般会計**　一般的政務に関する基本的経費をまかなう会計。**歳入**の二本柱は①**租税**と②**国債**、**歳出**の三本柱は①**社会保障関係費**、②**国債費**(**国債償還費**)、③**地方財政関係費**である。一般会計の規模は例年は約80兆円であったが、2008年9月のサブプライム問題による景気悪化対策としての財政支出拡大のため、09年度当初予算は約88兆円の超大型予算となり、第一次補正、第二次補正予算を加えると計110兆円にも達した。自民党安倍内閣下の13年度当初予算も92兆円となり、不況対策を徹底している。

(2) **特別会計**　①国が特定の事業を行う場合として、造幣局、印刷局、郵政事業などの**事業特別会計**、②国が特定資金を保有・運用する場合として、(ⅰ) 食糧・外国為替資金などの**管理特別会計**、(ⅱ) 財政投融資特別会計などの**融資特別会計**(財政投融資の原資)、③特定歳入をもって特定歳出を行う場合として、国債整理基金などの**整理特別会計**などがある。

(3) **政府関係機関予算**　日本政策投資銀行、日本政策金融公庫などの政府金融機関の歳入・歳出を管理する会計予算。

2. 会計年度と予算の種類

日本の会計年度は**4月1日から翌年3月末日**まで。4月1日までに国会が本予算を可決できないときには**暫定**予算(前年度予算)を執行する。会計年度途中に予算を変更することを**補正**予算という。**補正**予算には新項目を付け加える**追加**予算と特定項目から他項目への資金流用を行う**修正**予算がある。

3. 均衡財政(健全財政)の原則～赤字国債発行の原則禁止

一般歳入(租税などの経常的収入)＝**一般歳出**として財政に黒字・赤字を発生させないことを**均衡財政**という。流通通貨量の変動を抑え、経済の安定を図ることができるという長所がある。したがって、一般会計の不足分の借入金である**赤字国債**の発行は**原則禁止**される(**財政法第4条**)。

☞ 財政法は有形資産を後世代に残す建設国債(建設目的の借入金)の発行を認めている。

＊ 国債収入を除く一般歳入(＝税収)と国債費(借入金)を除く一般歳出などの差をプライマリー＝バランスという。小泉内閣は「2011年均衡・黒字化」を公約に掲げたが、08年秋以降の世界的不況の中、国債が濫発され、その実現は不可能になり、2020年代に先送りされ、例年赤字が続いている。

▼一般会計歳入・歳出の戦前との比較 発展

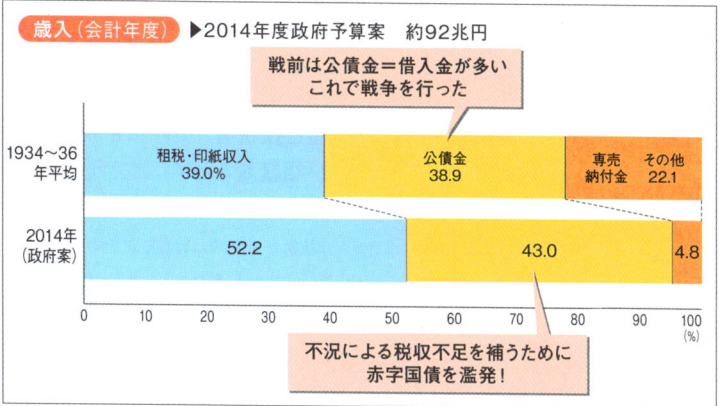

歳入（会計年度） ▶2014年度政府予算案 約92兆円

戦前は公債金＝借入金が多い これで戦争を行った

年度	租税・印紙収入	公債金	専売納付金	その他
1934～36年平均	39.0%	38.9		22.1
2014年（政府案）	52.2	43.0		4.8

不況による税収不足を補うために赤字国債を濫発！

check!
❶公債依存度は、1990年度に10.6%となったが、98・99、2002～04年度は40％台と激増（03年は42.9％と当時過去最悪を記録！）。❷ 2003～07年度は景気回復傾向の中、公債依存度は低下した（2007・08年度は約30％）。❸ 2009年度は不況による税収減少を補うため国債依存度は当初予算で37.6％にはね上がり、補正後は国の租税収入＜国債収入となり51.5％となった。2011年度も最悪の51.9％、12年度49.0％、14年度政府予算案は低下したものの43.0％と高水準で推移している。

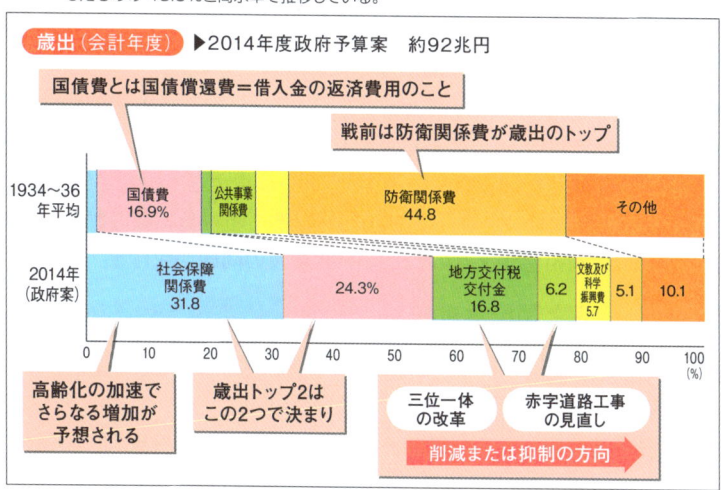

歳出（会計年度） ▶2014年度政府予算案 約92兆円

国債費とは国債償還費＝借入金の返済費用のこと

戦前は防衛関係費が歳出のトップ

年度	国債費	公共事業関係費	防衛関係費	その他
1934～36年平均	16.9%		44.8	

年度	社会保障関係費		地方交付税交付金	文教及び科学振興費	
2014年（政府案）	31.8	24.3%	16.8	6.2	5.1 / 10.1 (5.7)

- 高齢化の加速でさらなる増加が予想される
- 歳出トップ2はこの2つで決まり
- 三位一体の改革
- 赤字道路工事の見直し

削減または抑制の方向 →

check!
❶第3位の地方交付税交付金は、小泉内閣の「三位一体の改革」により削減傾向にある。
❷第1位の社会保障関係費は高齢化により、第2位の国債費は国債残高の増加により、それぞれ今後の増加が予想される。
❸社会保障関係費が30％を突破している。

第7章 経済理論（金融・財政）

14 租税制度(1)
租税の種類

1. 租税の種類〜国税

(1) **直接税・間接税** **直接税**は納税義務者と担税者（実際に租税を負担する者）が同一の税をいう（所得税・法人税・相続税など）。**間接税**は納税義務者と担税者が異なる税をいう。

☞1 消費税は事業主が納税義務者、その財の消費者が担税者で、両者は異なるので間接税である。

(2) **現状** 日本では、**戦前は間接税**が中心（直間比率3.5：6.5）であったが、シャウプ税制改革により、**戦後は直接税**中心となっている（**直間比率7：3** ➡ 近年は6：4に変化 ➡ さらに消費税増税などで比率が近づく）。

☞2 直接税の内訳は、1970年度は第1位・法人税、第2位・所得税であったが、近年は順位が逆転していた。景気回復の中、久しぶりに2008年度当初予算は第1位・法人税、第2位・所得税となった。しかし、08年9月のリーマン=ショック以降の経済危機で法人税収は激減し、12年度当初予算では第1位・所得税、第2位・消費税、第3位・法人税となった。

2. 直接税と間接税の特徴

(1) **直接税** 直接税の中心である所得税は、租税負担（担税）能力の大きい者には高税率の、担税能力の小さい者には低税率の**累進課税**を行うため、所得格差を是正し、負担の**垂直**的公平を図ることができる。

(2) **間接税** 消費税は、担税能力の大小にかかわらず一定率の**比例課税**を採用するため、負担の**水平**的公平（形式的公平）を図ることができる。しかし、常に**一定率（2014より8％）**の消費税を負担することは、形式的には公平であるが、低所得者になるほど所得に占める租税負担額の割合が大きくなるため、税負担感が大きくなるという**逆進性**の問題が生じる。

3. 租税負担率と国民負担率

(1) **租税負担率** 国民の租税負担額の対国民所得比。

☞3 租税負担率(％) = $\frac{国民の租税負担（国税＋地方税）}{国民所得}$ ×100

(2) **国民負担率** 租税と社会保障負担額合計の対国民所得比。

☞4 国民負担率(％) = $\frac{国民の租税負担＋社会保障負担}{国民所得}$ ×100

(3) **日本の現状** 租税負担率も国民負担率も外国、特に欧州と比べて低いので、福祉水準も低くなっている（**低福祉・低負担**）。

＊ 使途自由なものを一般財源、使途限定のものを特定財源という。道路特定財源にはガソリン税（国税としての揮発油税、地方税としての地方道路譲与税など）、自動車重量税（国税）、自動車取得税（地方税）、軽油引取税（地方税）、石油ガス税（国税）がある。1974年以来、暫定税率（本則税率を約1.2

▼直間比率：戦前3.5：6.5 ▶ 戦後は逆転　発展

■国税の収入税目〜戦前との比較

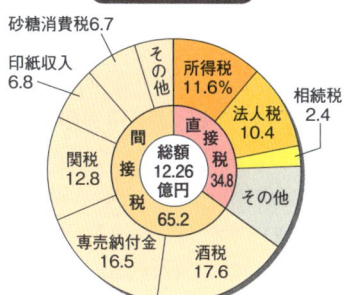

1934〜36年度平均（総額12.26億円、間接税65.2、直接税34.8）
- 所得税 11.6%
- 法人税 10.4
- 相続税 2.4
- その他
- 酒税 17.6
- 専売納付金 16.5
- 関税 12.8
- 印紙収入 6.8
- 砂糖消費税 6.7
- その他

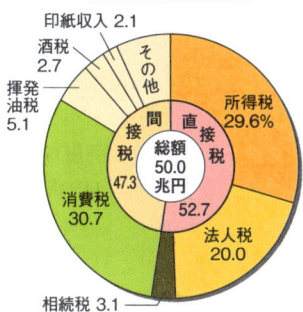

2014年度（政府予算案）（総額50.0兆円、間接税47.3、直接税52.7）
- 所得税 29.6%
- 法人税 20.0
- 相続税 3.1
- 消費税 30.7
- 揮発油税 5.1
- 酒税 2.7
- 印紙収入 2.1
- その他

check!　❶直間比率▶戦前 3.5：6.5 ➡ シャウプ税制改革 ➡ 戦後 7：3　❷消費税（1989 導入）直間比率の見直しと高齢社会の財源確保が目的　❸消費税 3％→5％▶国税としての消費税 4％＋地方消費税 1％（1997年度から実施）▶8％（2014.4〜）に増税で間接税の割合が増加

▼国民負担率� ▶ 可処分所得㊅ ▶ 消費㊅ ▶ 経済停滞　発展

■各国の国民負担率の推移

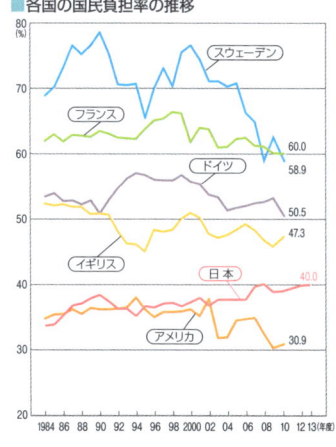

（スウェーデン 60.0、フランス 58.9、ドイツ 50.5、イギリス 47.3、日本 40.0、アメリカ 30.9）

■国民負担率の国際比較※　青字は国民負担率
- 社会保障負担率
- 租税負担率
- 老年人口比率（65歳以上人口の総人口に対する割合）

	日本	アメリカ	イギリス	ドイツ	フランス	スウェーデン
国民負担率	40.0	30.9	47.3	50.5	60.0	58.9
社会保障負担率	17.3	8.4	10.8	21.9	24.8	12.0
租税負担率	22.7	22.6	36.4	28.6	35.2	46.9
老年人口比率	25.0	13.0	16.6	20.6	16.8	18.1

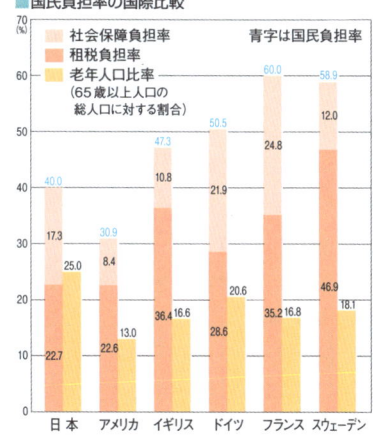

※社会保障負担率、租税負担率、国民負担率は、日本2013、その他2010の各年度データ。老年人口比率は、日本2013推計値、その他2010のデータ。

check!　家計所得で見れば、租税負担と社会保障費負担を除いた部分が可処分所得（サラリーマンでいえば手取り給料）。日本の国民負担率は 40％ であり、約 60％ のスウェーデンと比べれば低負担といえる。かつてスウェーデンは 70％ 超の高負担・高福祉国家だったが、欧州財政危機の影響で小さな政府への転換が進行している。

〜2.5倍に引き上げ）が実施されてきた。2008年4月には一旦期限切れになったが、結局、復活した。09年の麻生内閣下で道路特定財源の一般財源化法が成立したが、道路関係税の暫定税率は維持されている。

15 租税制度(2)
所得税・消費税の問題点

B

1. 所得税の問題点～クロヨン

所得税は徴収方法に不平等があり、税務当局が把握できる所得額の割合に差が出てしまう問題がある（所得捕捉率の不平等）。雇用労働者（サラリーマン）は源泉徴収制度なので、その所得は約9割わかってしまう。一方、自営業者や農家は、申告納税制度なので虚偽申告しやすく、前者の所得は6割、後者の所得は約4割しかわからない（所得捕捉率9割・6割・4割→クロヨン）。このように所得税は、同一年収者間で職種によって、税負担の水平的公平を失するという欠点がある。

☞1 ❶給料から所得税が天引きされる制度。❷所得額を自己申告して納税する制度。

☞2 水平的公平とは、同一年収者（同じ担税能力を持つ者）の租税負担が公平なことを示す。一方、垂直的公平とは、異なる年収者（異なる担税能力を持つ者）の租税負担が実質的に公平なことを示す。所得税は累進課税の導入によって垂直的公平を実現するが、水平的公平を失う。

2. 消費税（1989導入）の内容と問題点

(1) **内容** すべての財・サービスに**一律3%**（1997.4より**5%**、2014.4より**8%**、15.10より**10%**予定）を課税する。各生産・流通段階で課税するが、最終的には税金は**価格に転嫁**され、**消費者が負担**することになる。

(2) **目的** ①クロヨンの問題を抱える不公平な所得税（直接税）偏重をやめ、一律公平に負担する消費税（間接税）を導入する（**直間比率の見直し**）。②高齢社会に向けての財源確保の前提として公平な税負担制度を整備する。

(3) **問題点** ①逆進的効果：低所得者ほど所得に占める消費税負担額の割合が高くなり、税負担感が大きくなる。②益税：納税義務を負う事業主には**簡易課税制度**にもとづいて、**みなし仕入率**（当然認めてくれる必要経費率）**の選択や免税点**（**年間売上1,000万円以下**〔かつては3,000万円以下〕の事業主は免税とする）**の制度**が認められている。そのため、消費者が事業主に支払った消費税に、納税されず事業主の手元に残る部分（益税）が生じる。

☞3 ❶1991年改正：(i) 逆進性緩和（福祉用品など非課税品目の創設・拡大）、(ii) 益税防止（みなし仕入率の区分化と率の引き下げ）、❷1997年改正：税率を5%に（内、国税4%、地方税1%）、地方消費税新設、❸2004年改正：外税方式→内税方式に。商品は税込価格を表示。

☞4 事業主の売上げから必要経費を差し引いた部分が課税対象額となる。本来は、仕入伝票などで必要経費額の証明が必要だが、便宜的に売上額の一定率を必要経費とみなす。

---

* 年金生活に入り所得が減る高齢者から広く税を徴収するには、所得税よりも消費税の方がすぐれている。そこで政府は高齢社会の財源として消費税率の引き上げを議論してきた（自民党政権下）。2009年9月成立の民主党政権は4年間は消費税率の引き上げを行わず、無駄な歳出を削減することをマニ

▼生産・流通段階での消費税も消費者が最終負担 【盲点】

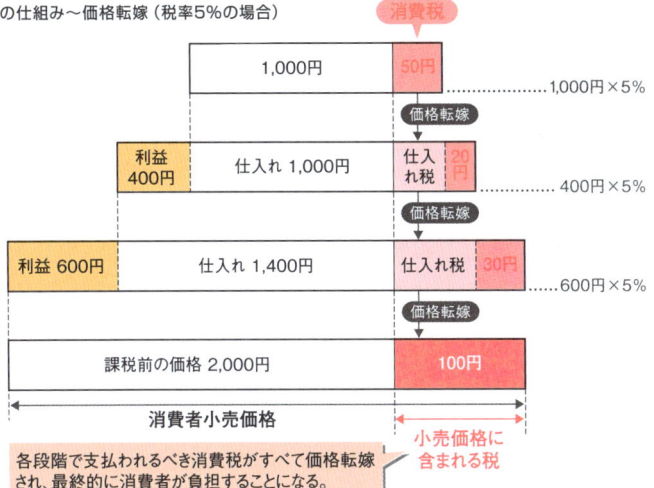

■消費税の仕組み～価格転嫁（税率5%の場合）

メーカー：1,000円 + 消費税 50円 …… 1,000円×5%

↓価格転嫁

卸売：利益 400円 / 仕入れ 1,000円 / 仕入れ税 20円 …… 400円×5%

↓価格転嫁

小売：利益 600円 / 仕入れ 1,400円 / 仕入れ税 30円 …… 600円×5%

↓価格転嫁

消費者：課税前の価格 2,000円 + 100円（小売価格に含まれる税）

消費者小売価格

各段階で支払われるべき消費税がすべて価格転嫁され、最終的に消費者が負担することになる。

▼日・米は直接税中心、欧州は間接税中心 【盲点】

■各国の直接税・間接税の比率（日本以外は2009年度）

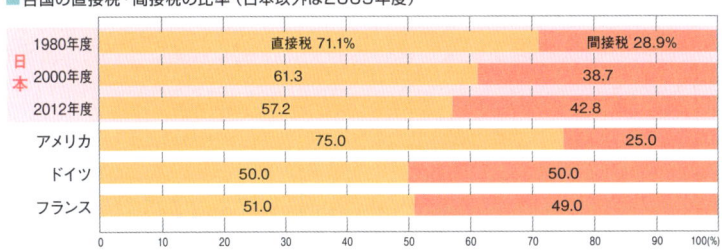

	直接税	間接税
日本 1980年度	71.1%	28.9%
日本 2000年度	61.3	38.7
日本 2012年度	57.2	42.8
アメリカ	75.0	25.0
ドイツ	50.0	50.0
フランス	51.0	49.0

■各国の付加価値税率（2013データ）　※EU諸国が採用する付加価値税は日本の消費税の模範

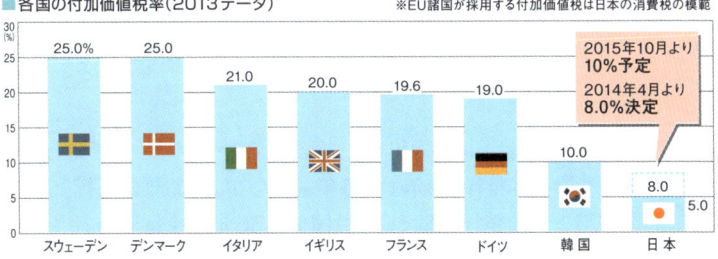

国	税率
スウェーデン	25.0%
デンマーク	25.0
イタリア	21.0
イギリス	20.0
フランス	19.6
ドイツ	19.0
韓国	10.0
日本	5.0 → 8.0（2014年4月より8.0%決定／2015年10月より10%予定）

フェストに掲げていたが、公約は破られ、12年野田内閣下で14年4月から8％に、15年10月から10％に引き上げることを決定。ただし、実施前に景気状況を見て最終判断を下す景気弾力条項を設けた。13年10月、自民党安倍内閣は14年4月からの8％への引き上げを決定した。

16 公債　A

1. 公債（国債）

(1) 定義と種類　公債とは、国や地方公共団体が必要な資金を調達するために発行する債券であり、その実質は借入証書である。**国債**と**地方債**がある。

☞1　国債には、期間1年未満の短期国債、2～5年の中期国債、10年以上の長期国債がある。

(2) 借入金の禁止、建設国債の原則　財政法（1947）第4条は①**借入金の禁止**＝国債発行の原則禁止を規定。**赤字国債**の発行を認めていない。②例外として、同条但書は**建設国債**（建設など公共事業向け借入金）発行を認める。

☞2　実際には、会計年度ごとに、今年限りは借入金をするという財政特例法を制定して一般会計の不足分を補うための赤字国債（特例国債）を発行している。

(3) 日銀引受の禁止＝市中消化の原則　財政法第5条は**日銀引受の禁止**を規定している。発行した国債を日銀に引き受けさせると日銀は**すぐに通貨を増発**して支払うために、**インフレが発生する危険性がある**からである。国債を民間金融機関に売却し、そこから、一般投資家に売却することによって、市中の遊休資金を調達するという方法が採られる（「**市中消化の原則**」）。

2. 国債濫発の問題点

(1) 後世代の租税負担が拡大　国債は将来、租税で返済するので、後世代にツケを残す。

(2) インフレの可能性　市中消化の原則を採ったとしても国債償還（返済）のために通貨が増発され、インフレが発生する可能性がある。

(3) 財政硬直化　国債費（国債償還費）の増加は、財政の弾力性を奪い、社会保障関係費などの本来の財政支出を圧迫する。

(4) クラウディング＝アウト（押しのけ効果）　国債濫発は、市場の遊休資金を政府が集めてしまうため、民間資金を圧迫し、民間投資を押しのける。

3. 国債発行の現状

赤字国債（特例国債）は、昭和**40（1965）**年不況の際、1度発行され、**1975**年補正予算で再発行、89年まで毎年続いた。90～93年は発行ゼロだったが、94年以降、大量発行が続く。建設国債は**66**年以来毎年発行される。

＊ 国債の返済が不能になると日本から資本逃避（キャピタル＝フライト）が起こり、国内流通通貨量が激減するとともに、株安・債券安・円安というトリプル安が起こり、大恐慌・大不況が生じる危険性を伴う。

▼国債は国の国民からの借金! 安易な発行は問題 〔時事〕

■国債発行額・国債依存度の推移(上)／国債残高の蓄積(下)

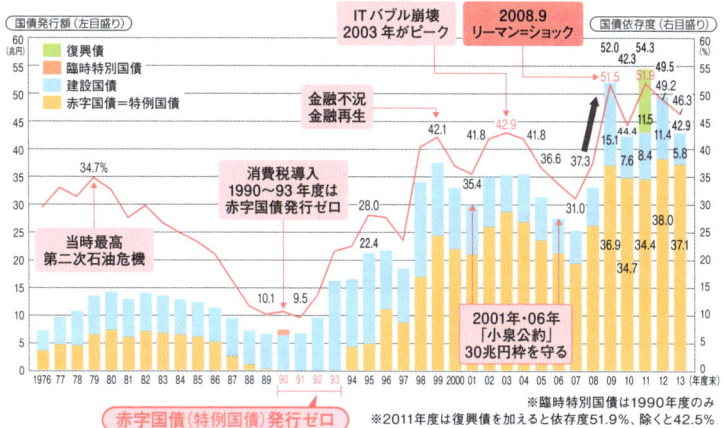

〔国債発行額(左目盛り)〕
- 復興債
- 臨時特別国債
- 建設国債
- 赤字国債=特例国債

ITバブル崩壊 2003年がピーク
2008.9 リーマン=ショック
〔国債依存度(右目盛り)〕

金融不況 金融再生

当時最高 第二次石油危機 34.7%

消費税導入 1990～93年度は赤字国債発行ゼロ

2001年・06年「小泉公約」30兆円枠を守る

赤字国債(特例国債)発行ゼロ

※臨時特別国債は1990年度のみ
※2011年度は復興債を加えると依存度51.9%、除くと42.5%
※2013年度は当初予算

check! ❶1990年度より赤字国債発行をゼロにして、赤字国債依存体質から脱却。❷1994年度より再び赤字国債発行(98・99、2002～04、09年度補正後・10年度は40%超)。❸景気回復による税収増加で、07年度には国債依存度が30%近くに低下。❹世界経済危機で09年度補正後は国債依存度50%超(初の租税収入<国債収入、2012年まで続く)。13年度当初予算も46%と高い。

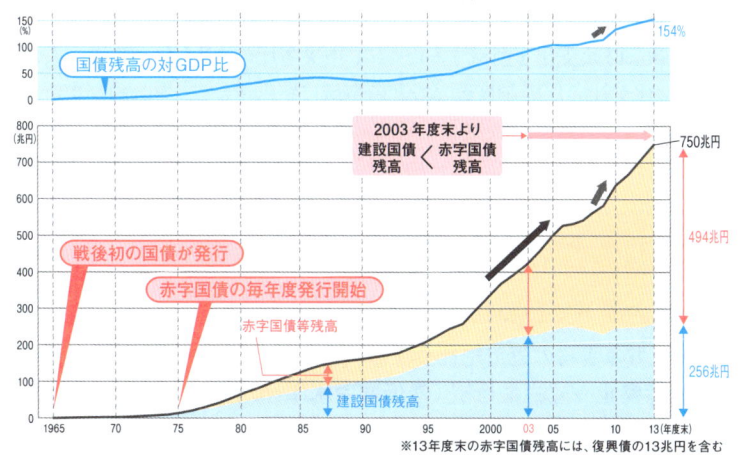

国債残高の対GDP比 154%

2003年度末より 建設国債残高 < 赤字国債残高

戦後初の国債が発行
赤字国債の毎年度発行開始
赤字国債等残高
建設国債残高
494兆円
256兆円
750兆円

※13年度末の赤字国債残高には、復興債の13兆円を含む

check! ❶国債濫発により、国債残高は激増(2000年度末367兆円、04年度末500兆円、09年度末補正後は600兆円、13年度末は750兆円)。対GDP比でも約155%。❷従来、「建設国債残高>赤字国債残高」だったが、小渕政権ならびに小泉政権時の赤字国債濫発により、2003年度末で逆転して「建設国債残高<赤字国債残高」となった。

*2013年度末の長期国債残高750兆円に地方債残高201兆円などを加えると、長期公的債務残高は977兆円(対GDP比約200%)と巨額化している。政府の短期債務残高も加えると2013年中に、1,000兆円を突破した。

第7章 経済理論(金融・財政)

17 財政破綻と財政再建　A

1. 日本の財政状況（国債残高）はG7中、最悪！

2013年度末の**国債残高**（借入金総額）が**750兆円**に達した（国民1人当たり約585万円の借金に相当）。**地方債残高も約201兆円**ある。13年度末の国と地方その他を合わせた**長期債務残高は977兆円**を突破し、**国内総生産（GDP）比で約200%**と先進国中で最悪の水準である。

2. 財政構造改革法（1997、橋本龍太郎内閣）

橋本内閣は2003年までに、①国および地方の単年度当たりの**財政赤字を対国内総生産（GDP）比3％以下**とし、②**特例国債の発行をゼロ**にするという法律を制定した。

3. 財政構造改革凍結法（1998、小渕恵三内閣）

小渕内閣は不況の深刻化の中で、赤字国債の濫発による財政支出拡大政策に転換し、**財政構造改革法を当面凍結**した。

4. 聖域なき構造改革（2001、小泉純一郎内閣）

①無駄な財政支出を削減するために、中央官庁のスリム化、特殊法人の廃止・民営化や社会保障制度改革などの聖域に踏み込むことを公約。②新たな国債発行額を国債の元利支払（返済）額の範囲内に抑え、これ以上新たな借金を拡大しない**プライマリー＝バランスの均衡ないし黒字化の2011年達成**を目指した。08年以降の景気悪化で達成できず、先送りされている。

☞ 国債の元利払い以外の政府支出を国債に頼らずに政府収入でまかない、これ以上の借金を増やさずに過去の借金を徐々に返済する計画である。

5. 小泉内閣下で行われた税制改革

国・地方の債務の返済や社会保障負担の増大に備え、所得税の**配偶者特別控除廃止**や**課税最低限**（最低課税水準）の引き下げ（→年収の低い者からも徴税＝通称「フリーター課税」）、赤字会社にも課税する**外形標準課税**、小渕内閣で決定した**所得税・住民税の一律20％定率減税の06・07年二段階全廃**が決まった。また、**消費税率を将来的に「10％以上への引き上げが必要」**という増税・徴税強化案などを提言した。

＊ 外形標準課税とは、企業が損失金などを差し引く前の粗利益に対し、一定率の課税を行うこと。東京都による大手銀行への外形標準課税（一律3％）に対し、下級裁（東京地裁）は違法無効判決を出した。2003年、最高裁で0.9％とすることで和解。その後、04年より資本金1億円超の企業の法人

▼国と地方の関係 【時事】

■国および地方の債務残高の国際比較（対GDP比、財務省資料より）

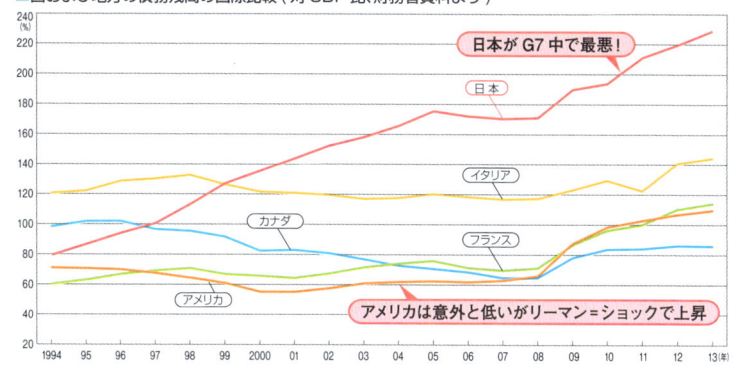

日本がG7中で最悪！
日本
イタリア
カナダ
フランス
アメリカ
アメリカは意外と低いがリーマン＝ショックで上昇

■国および地方の長期債務残高（単位：兆円概数）

		2001年度末（実績）	2008年度末（実績）	2009年度末（二次補正後）	2012年度末（実績見込み）	2013年度末（当初予算）
国		485	573(568)	627(615)	731(720)	777(757)
	普通国債残高	392	546(541)	600(588)	705(694)	750(730)
	対GDP比(%)	79.0	112.0(110.0)	125.0(124.0)	148.0(146.0)	154.0(150.0)
地方		188	197	199	201	201
	対GDP比(%)	38.0	40.0	42.0	42.0	41.0
国・地方合計		673	770(765)	820(812)	932(921)	977(957)
対GDP比(%)		136.0	157.0(156.0)	173.0(171.0)	196.0(194.0)	201.0(196.0)

第7章 経済理論（金融・財政）

▼プライマリー＝バランス（財政の基礎収支） 【時事】

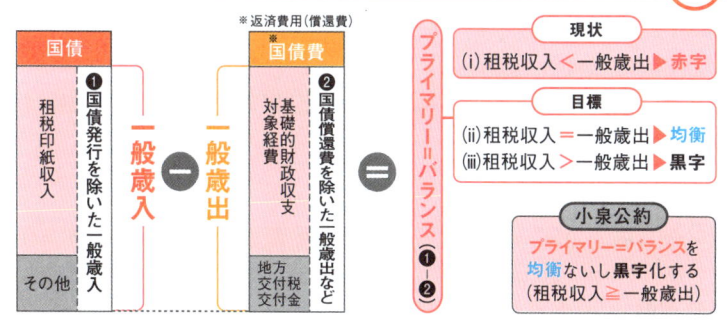

※返済費用（償還費）

国債 → ❶国債発行を除いた一般歳入
租税印紙収入
その他
一般歳入

国債費 → ❷国債償還費を除いた一般歳出
基礎的財政収支対象経費
地方交付税交付金
一般歳出

プライマリー＝バランス（❶−❷）

【現状】
(i) 租税収入 ＜ 一般歳出 ▶ 赤字

【目標】
(ii) 租税収入 ＝ 一般歳出 ▶ 均衡
(iii) 租税収入 ＞ 一般歳出 ▶ 黒字

【小泉公約】
プライマリー＝バランスを均衡ないし黒字化する
（租税収入 ≧ 一般歳出）

> **check!**「プライマリー＝バランスの均衡ないし黒字化」：国債（借金）以外の一般歳入（租税収入）の範囲内に国債償還（借金返済）以外の一般歳出と地方交付税交付金の合計額を収めること。一般歳出などを税収の範囲内に抑え、これ以上新たに借金しないことを意味する。

事業税（地方税）に売上高などに対する外形標準課税が一部導入された。

18 財政投融資 　　　　　　　　　　　　　B

1. 財政投融資（第二の予算）

(1) 定義　財政投融資とは、国が財政資金をもって行う投資や融資活動である。その実質は、財政投融資計画にもとづいて行われる国家の金融活動である。有償性（対価支払の必要性）のある資金を原資とするので、収益性が要求されない一般の予算と異なり、運用に収益性が要求される。しかし、現実には巨額の赤字の発生が常態化してしまったため、2001年改正で自主的な資金調達システムを採り入れ、市場メカニズムを一部導入した。国が投入する資金は新設の財政融資資金特別会計（現在、財政投融資特別会計）からに限り、事実上、従来の半額程度に圧縮されていった。

(2) 資金ルート　原資（財源）は、従来、①大蔵省（現在の財務省）資金運用部資金（郵便貯金、厚生年金・国民年金積立金など）、②簡易保険資金（郵便局の簡易保険）、③産業投資特別会計（一般会計からの繰り入れなど）であった。しかし、財政資金が組み入れられることでコスト意識が低下して放漫経営が行われたことから、財政資金を特別会計から導入するだけではなく、一部は運用機関である特殊法人が財投機関債を自ら発行して市場から直接資金を借り入れる方法を導入した。具体的運用先は、[*1]❶特別会計、公団・公社、特殊法人などの政府事業、❷政府金融機関（日本政策投資銀行、日本政策金融公庫など）、❸地方公共団体である。これらの機関を通じて、社会資本整備などの投資や中小企業・家計への融資が行われる。しかし、小泉内閣の提唱のもと、赤字の経営体質が改善できない道路4公団や各種の公庫など特殊法人の廃止・民営化が進められ、無駄な財政支出機関自体を削減していった。

2. 財政投融資の特徴

　財政投融資額は、[*2]かつては一般会計の金額の約50％に匹敵する額にまで達していた。また、機能面でも景気に対応した柔軟な支出が可能であり、景気調整という重要な役割を果たすことから、一般会計に次ぐ「第二の予算」ともいわれてきた。しかし、2001年改革以降その額は大幅に削減されている。

[*1] 財政投融資の運用先は、2013年度で政府関係機関が約40％と最大、独立行政法人が約30％、地方公共団体への貸付などが約20％となっている。

[*2] 2000年度は、一般会計が約85兆円、財政投融資が約44兆円で、財政投融資は一般会計の約

▼変わる財政投融資の仕組み～市場メカニズム導入　発展

～2001年3月 ●原資は郵貯・年金積立金が当然割り当てられる方式

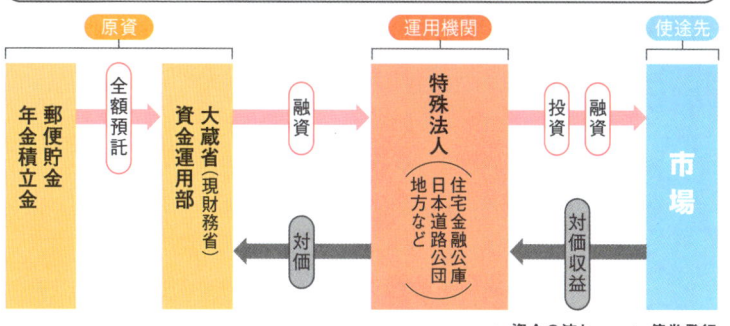

原資 → 郵便貯金・年金積立金 →(全額預託)→ 大蔵省(現財務省)資金運用部 →(融資)→ **運用機関** 特殊法人(住宅金融公庫・日本道路公団・地方など) →(投資/融資)→ **使途先** 市場

特殊法人→(対価)→大蔵省
市場→(対価収益)→特殊法人

→ 資金の流れ　→ 債券発行

2001年4月～ ●特殊法人が独自に債券を発行して市場から調達する方式を一部導入

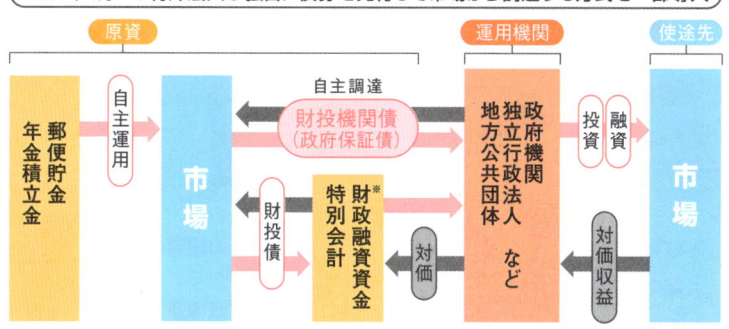

原資 郵便貯金・年金積立金 →(自主運用)→ 市場

自主調達：財投機関債(政府保証債) ← 運用機関(政府機関・独立行政法人・地方公共団体 など)

市場 ←(財投債)― 特別会計 財政融資資金※ ←(対価)― 運用機関

運用機関 →(投資/融資)→ **使途先** 市場
市場 →(対価収益)→ 運用機関

※現在、財政投融資特別会計

Check!
❶ 2001年4月より、郵便貯金・年金積立金は資金運用部への全額預託制が廃止され、金融市場を通じて自主運用を行えることになった。 ❷ 2001年4月より特殊法人を自主運営とし、財投機関債を発行して市場から資金の借り入れ調達を自らが行うことになった。

■財政投融資の使途別分類構成比（2013年度　総額18兆円）

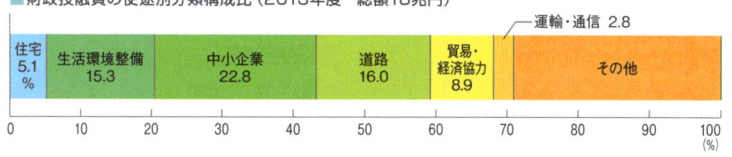

| 住宅 5.1% | 生活環境整備 15.3 | 中小企業 22.8 | 道路 16.0 | 貿易・経済協力 8.9 | 運輸・通信 2.8 | その他 |

Check!
❶生活関連社会資本への財政投融資がもともと多かったが、最近では不況対策が重視され、中小企業への融資の割合が高まりつつある。
❷住宅関連の融資や投資は、2002年23％→2013年5％と激減！

50％に匹敵する規模だったが、市場調達制の導入で政府による財政投入は激減し、01年度は約32兆円、02年度は約20兆円に減少、09年度はリーマン＝ショック不況対策により24兆円に増加するも一般会計の25％程度に削減されている。13年度は18兆円（一般会計の約20％に相当）となる。

第 8 章
日本経済の諸問題

1. **敗戦直後の日本経済**
2. **高度経済成長**（1） 景気の循環
3. **高度経済成長**（2） 要因
4. **高度経済成長**（3） 終焉
5. **安定成長期** 第一次・第二次石油危機
6. **バブル景気・バブル不況**
   平成景気～平成不況
7. **1990～2000年代の日本経済**
   失われた10年
8. **2000年代初めの日本経済**
   戦後最長の景気からリーマン＝ショック
9. **リーマン＝ショックとその後の日本経済**
10. **日本経済の国際化**（1）
    開放経済からボーダレス化へ
11. **日本経済の国際化**（2）
    日米貿易摩擦
12. **日本の産業構造**
13. **中小企業**
14. **農業**
15. **消費者問題**
16. **物価問題**（1） インフレーション
17. **物価問題**（2） デフレーション
18. **公害問題**
19. **地球環境問題**（1）
20. **地球環境問題**（2）
21. **地球環境問題**（3）

覚えておきたい戦後日本経済の歩み

▶戦後復興から高度経済成長、そして世界の経済大国となった日本の姿を確認せよ！

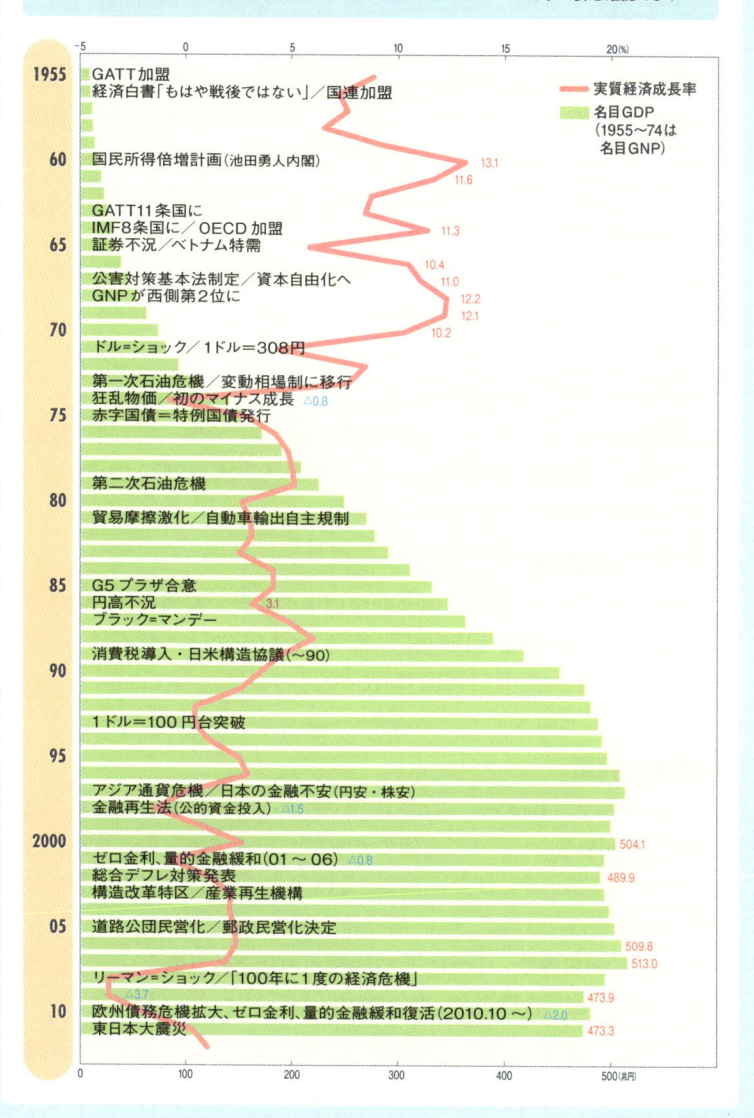

第8章 日本経済の諸問題

凡例：
- 実質経済成長率
- 名目GDP（1955〜74は名目GNP）

年	出来事	実質経済成長率
1955	GATT加盟／経済白書「もはや戦後ではない」／国連加盟	
60	国民所得倍増計画（池田勇人内閣）	13.1／11.6
65	GATT11条国に／IMF8条国に／OECD加盟／証券不況／ベトナム特需	11.3
	公害対策基本法制定／資本自由化へ／GNPが西側第2位に	10.4／11.0／12.2／12.1／10.2
70	ドル=ショック／1ドル=308円	
	第一次石油危機／変動相場制に移行／狂乱物価／初のマイナス成長	△0.8
75	赤字国債=特例国債発行	
80	第二次石油危機	
	貿易摩擦激化／自動車輸出自主規制	
85	G5プラザ合意／円高不況／ブラック=マンデー	3.1
	消費税導入・日米構造協議（〜90）	
90		
	1ドル=100円台突破	
95		
	アジア通貨危機／日本の金融不安（円安・株安）／金融再生法（公的資金投入）	△1.5
2000	ゼロ金利、量的金融緩和（01〜06）／総合デフレ対策発表／構造改革特区／産業再生機構	△0.8 / 504.1 / 489.9
05	道路公団民営化／郵政民営化決定	509.8 / 513.0
	リーマン=ショック／「100年に1度の経済危機」	△3.7 / 473.9
10	欧州債務危機拡大、ゼロ金利、量的金融緩和復活（2010.10〜）／東日本大震災	△2.0 / 473.3

1 敗戦直後の日本経済　B

1. 三大経済民主化（財閥解体・農地改革・労働組合の育成）

(1) **財閥解体**　GHQの指令のもと、戦争原因となった**四大財閥**（三井・三菱・住友・安田）などの解体を進めるため、**持株会社整理委員会**を設立し（1946）、株式の処分を行った。翌**47年**、**独占禁止**法を制定し、持株会社を禁止して財閥の再編成を防止した一方で、**過度経済力集中排除**法によって11社が分割された。

(2) **農地改革**　1946年に**自作農創設特別措置**法[☞1]が制定され、本格的な**農地改革**が行われた（**第二次農地改革**：1947～50）。

> [☞1] 不在村地主の土地をすべて買収し、在村地主の土地も1町歩（約1ha）を超える部分については買収し、小作人へ安価に売却した。これによって**寄生地主制**（地主・小作制度）は廃止され、自作農の割合は31.6%（1943）→ 61.9%（1950）へと倍増した。

(3) **労働組合**の**保護**・**育成**（**労働関係の民主化**）　労働三法〔(旧)**労働組合**法（1945）、**労働関係調整**法（1946）、**労働基準**法（1947）〕が制定され、労働基本権と労働組合運動が承認された。

2. インフレ抑制策

戦前の赤字公債、戦後の復興金融金庫債の濫発と戦争による物不足のため、戦後4年間で物価は100倍近く高騰した（**ハイパー=インフレ**）。対策として、**経済安定九原則**（1948）にもとづく**ドッジ=ライン**[☞2]（1949）を実施。

> [☞2] 徹底したデフレ政策の結果、インフレは鎮静化したが、反動でドッジ安定恐慌が発生した。

3. 経済復興策

(1) **傾斜生産方式**（**1947**）　**石炭**・**鉄鋼**・**電力**・**肥料**などの基幹産業に対して重点的投融資を行い、それを建て直すことによって他産業への波及的効果を期待する方式。その原資には**復興金融金庫債**（実質、日銀引受の赤字公債）があてられた。

(2) **アメリカの対日援助**　①**ガリオア**（占領地域救済政府資金）と、②**エロア**（占領地域経済復興援助資金）の2つの援助が行われた。

(3) **朝鮮特需**（**1950～53**）　**朝鮮戦争**の物資調達のため米軍からの**特需**＊が発生し、1951年には戦前の**鉱工業生産水準**を回復した。

＊特需とは、米軍が日本に発注した軍事物資の特別（調達）需要のこと。

▼財閥解体～財閥本社(持株会社)を解体 【発展】

1945.11 財閥解体
- GHQ▶財閥解体と15財閥の資産凍結指令

46.4 持株会社整理委員会発足▶財閥解体の執行機関

9 対象財閥の指定開始▶第五次指定(1947.9)まで
↓
財閥本社(持株会社など42社)の解散
83社＋財閥家族56人の持株処分

47.4 独占禁止法 制定

12 過度経済力集中排除法 公布

48.2 325社指定▶325社中、適用企業18社
↓
日本製鐵、三菱重工業、王子製紙など11社の分割(1948.12～50.1)

check! 財閥会社 ─(持株提出)→ 持株会社整理委員会 ─(公開)→ 民間
　　　　　　　←(交付公債)─　　　　　　　　　　　←(売却費)─

▼戦後インフレ対策：経済安定九原則&ドッジ=ライン 【基本】

経済安定九原則（1948.12発表） →具体化→ **ドッジ=ライン**（1949.3実施）

1. 予算の均衡
2. 徴税の促進強化
3. 融資を経済復興寄与に制限
4. 賃金の安定
5. 物価統制計画の強化
6. 外国貿易管理と為替管理
7. 輸出増大のための物資割当配給制
8. 重要国産原料・製品の生産増加
9. 食糧集荷計画の改善

❶ **健全財政の確立**（超均衡予算）
▶引き上げ超過 →インフレ抑制
　歳入 ≧ 歳出
・シャウプ税制改革（徴税強化）
・価格差補給金廃止

❷ 復興金融金庫の廃止
▶通貨供給を防止 →インフレ抑制

❸ **単一為替レートの設定**（1ドル=360円）
▶貿易の拡大、モノ不足解消 →インフレ抑制

❹ 見返り資金制度の創設
▶経済の自立化

2 高度経済成長(1) A
景気の循環

1. 高度経済成長

1955～70年にかけての実質国民総生産(GNP)の対前年度伸び率は、**年平均約10%**にも達した。この間、実質GNPは約4倍も増加し、日本は名実ともに先進国の仲間入りをした。

2. 第一次高度経済成長期(1955～61)

(1) **神武景気(1955～57)** 石油化学・合成繊維などの新興産業への**民間設備投資**の拡大と、三種の神器(**冷蔵庫・洗濯機・白黒テレビ**)などの**耐久消費財ブーム**が、景気の牽引役となった。

(2) **なべ底不況(1957～58)** 設備投資の拡大は、生産財や原材料輸入を増加させ、**国際収支**(特に**経常収支**)**の赤字**を招いた。それ以上の輸入増加を防ぐために**金融引き締め**が行われ、その結果、国内は不況に陥り、成長はストップした。

☞1 国際収支の赤字に影響される、このような成長の限界を「国際収支の天井」という。

(3) **岩戸景気(1959～61)** 池田内閣で**国民所得倍増計画**(1960.12)が策定され、向こう10年間でGNPを倍にする計画が発表された。「投資が投資を呼ぶ」波及効果(乗数効果)から、経済成長率が1959年9.2%、60年13.1%(実質値)の驚異的な高度成長を実現し、岩戸景気は**戦後最高率の成長**を記録した。

3. 転型期(1962～65)

1962年の不況、63～64年の**オリンピック景気**を経て、65年にはオリンピックによる過剰投資・過剰生産、オリンピック後の消費低迷から、激しい**反動不況**に見舞われた(**昭和40年不況**)。これを契機に、高度成長パターンは**民間設備投資主導型**から**公共投資主導型**・**輸出主導型**に転換する。

4. 第二次高度経済成長期(1965～70)

いざなぎ景気(1965～70) **57ヵ月の長期大型景気**(当時、最長の景気)[*1・*2]が実現した。第一次高度経済成長期の重化学工業化による鉄鋼・造船・機械の国際競争力の高まりとベトナム戦争の需要で、輸出が拡大した。

☞2 1968年、日本のGNPは西側ではアメリカに次いで第2位となった(西ドイツを抜く)。

*1 「いざなぎ景気」は従来、最長の好況といわれてきたが、2002年2月から08年2月まで続いた「戦後最長の景気」(いざなみ景気)が73ヵ月と最長記録を更新し、「いざなぎ景気」は戦後第2位の長期好況となった。

▼いざなぎ景気は当時としては最長の大型景気 [基本]

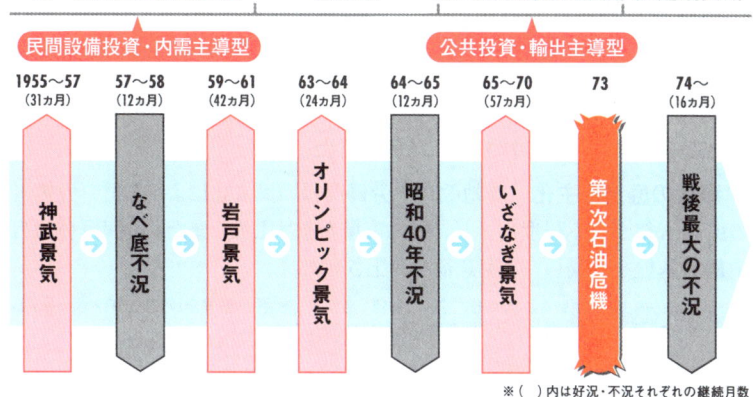

第一次高度経済成長期 | **転型期** | **第二次高度経済成長期** | **安定成長期**

民間設備投資・内需主導型 / 公共投資・輸出主導型

- 1955～57（31ヵ月）神武景気
- 57～58（12ヵ月）なべ底不況
- 59～61（42ヵ月）岩戸景気
- 63～64（24ヵ月）オリンピック景気
- 64～65（12ヵ月）昭和40年不況
- 65～70（57ヵ月）いざなぎ景気
- 73 第一次石油危機
- 74～（16ヵ月）戦後最大の不況

※（ ）内は好況・不況それぞれの継続月数

第8章 日本経済の諸問題

▼1961～70年の実質経済成長率の平均は10％以上 [基本]

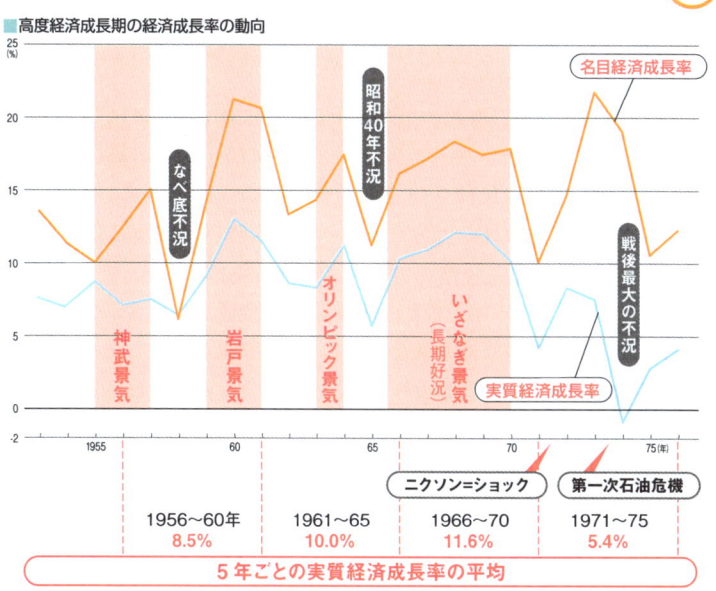

高度経済成長期の経済成長率の動向

（グラフ：名目経済成長率、実質経済成長率、なべ底不況、岩戸景気、オリンピック景気、昭和40年不況、いざなぎ景気（長期好況）、ニクソン=ショック、第一次石油危機、戦後最大の不況）

5年ごとの実質経済成長率の平均
- 1956～60年　8.5%
- 1961～65　10.0%
- 1966～70　11.6%
- 1971～75　5.4%

Check!
❶いざなぎ景気当時の実質経済成長率は11.6％（1966～70データ）で、57ヵ月間に及ぶ長期大型景気（2002年2月からの「戦後最長の景気」〔いざなみ景気〕に次いで、戦後2番目の長期好況）。❷最高の実質経済成長率13％を記録したのは岩戸景気の期間（1960）。

＊2 「いざなぎ景気」が長期間の好況となった理由には、「国際収支の天井」の解消がある。日本国内で機械を生産する技術を持ったことから、成長に伴って技術や機械を欧米から輸入する必要がなくなり、国際収支の赤字が発生しなくなったので金融引き締めを実施しなかった。

3 高度経済成長(2)
要因　B

1. 高度経済成長の社会的基盤

(1) **防衛費支出の抑制**　平和主義憲法により、防衛費圧縮分を生産力増大のための財政支出に集中させることができた。

(2) **戦後の経済民主化**　農地改革や労働関係の民主化により農民や労働者の所得水準がある程度向上し、国内市場が拡大した。また、財閥解体は自由競争基盤を整備し、生産意欲を向上させた。

☞1 所得の向上は、消費を拡大させ、三種の神器（冷蔵庫・洗濯機・白黒テレビ）、3C（カラーテレビ・クーラー・カー）などの耐久消費財ブームを引き起こした。

2. 高度経済成長の要因

(1) **民間設備投資の拡大**　第一次高度経済成長期には民間設備投資の拡大による重化学工業化が経済全体を活性化させた。

☞2 この時期の国民所得構成の特徴は、雇用者所得に比べて営業余剰（企業所得と財産所得の合計）の割合が極めて高い点にある。つまり、労働者への賃金を抑えながら、企業は再投資を行い、拡大再生産を行っていたのである。

(2) **間接金融方式**　自己資本の少ない日本企業は、**銀行からの借入金**によって設備投資の資金をまかなった。これを支えたのが、国民の高い貯蓄性向であった。市中銀行の民間へのオーバー＝ローン（貸出超過）は、日銀が積極的に資金供給を行うオーバー＝ローン政策によって支えられていた。

(3) **政府の経済成長優先政策**　第二次高度経済成長期には、政府は道路・鉄道・港湾・工業用上下水道などの産業関連社会資本に対する公共投資を拡大し、生産性向上の前提条件を整備しながら景気を刺激した。

(4) **国際的要因**　①平和主義憲法を持つ日本に対しては、原油などの原燃料が安定的に、かつ安価に供給された。②1ドル＝360円という単一為替レートは、日本の経済実勢に比べて円安設定であり、これが輸出有利な為替状況を作り出した。③朝鮮戦争（1950〜53）やベトナム戦争（1965〜73）による特需・軍需は、日本経済の資本蓄積に大きな役割を果たした。

☞3 アメリカ人にとっては、1ドル支払って360円の日本商品を購入できるので割安感があった。したがって、日本製品の品質が高まるにつれて、日本からアメリカへの輸出は拡大した。1964年以降、2010年まで日本の貿易収支は一貫して黒字を記録する。

▼高度経済成長の要因　基本

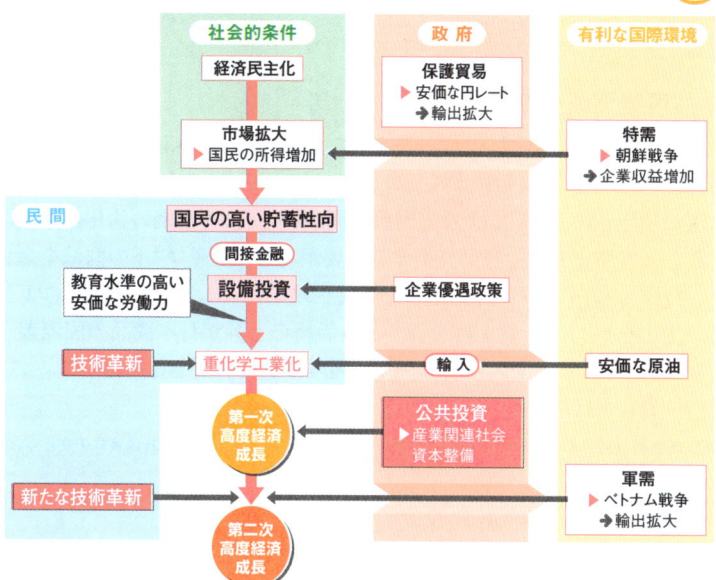

社会的条件
- 経済民主化
- 市場拡大 ▶ 国民の所得増加

政府
- 保護貿易 ▶ 安価な円レート ➡ 輸出拡大
- 企業優遇政策
- 公共投資 ▶ 産業関連社会資本整備

有利な国際環境
- 特需 ▶ 朝鮮戦争 ➡ 企業収益増加
- 安価な原油
- 軍需 ▶ ベトナム戦争 ➡ 輸出拡大

民間
- 国民の高い貯蓄性向
- 間接金融
- 教育水準の高い安価な労働力
- 設備投資
- 技術革新 → 重化学工業化 ← 輸入
- 第一次高度経済成長
- 新たな技術革新
- 第二次高度経済成長

▼日本の貯蓄率は極めて高かった……は過去の話　盲点

■ 各国の家計貯蓄率（可処分所得比）の推移

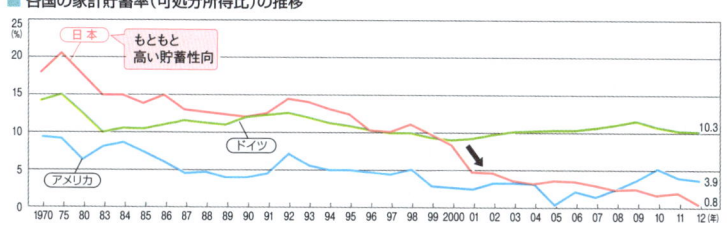

（日本：もともと高い貯蓄性向、2012年 0.8／ドイツ 10.3／アメリカ 3.9）

日　本	▶ 国民の勤勉さ ➡ 高い貯蓄性向（15〜25％）➡ 銀行の豊富な資金 ➡ 低利融資 ➡ 民間設備投資拡大 ➡ **高度経済成長**
アメリカ	▶ 低い貯蓄性向 ➡ 高い消費性向 ➡ 輸入増加 ➡ **貿易赤字**

check!
❶日本は不況と高齢化の進行により最近の貯蓄率は著しく低下している。❷日本は貯蓄不足により銀行貸出が減り、企業の投資も減少するので、不足分を外国資本（投資）で補う必要がある（2003年度『経済財政白書』）。❸アメリカは2000年代半ばに貯蓄率が大幅に低下し、0％に近づいた。借金状態の人が増加したことがわかる。これがサブプライム＝ローン破綻の引き金となったが、破産者はローンを借りることができなくなり、その後、貯蓄率はプラスに転じた。

第8章　日本経済の諸問題

4 高度経済成長(3)
終焉

A

1. 高度経済成長の終焉

(1) **国内的要因** 高度経済成長によって、以下の歪みが発生した。①**公害の発生**：産業優先政策による公害の発生により、1967年には**公害対策基本法**が制定され、70年には**公害国会**が開かれた。公害規制の強化に伴って、企業も公害防止費用を自己負担する必要が生じ、生産コストの削減を余儀なくされた。②**インフレの発生**：経済成長政策により、慢性的なインフレ傾向が生じるとともに、賃上げに伴う商品価格の上昇が日本商品の国際競争力を低下させた。③**国内投資の完了**：国内の重化学工業化の完了によって、国内投資も頭打ちになった。

☞1 高度経済成長の歪みとして、過密・過疎、交通問題、ゴミ問題、生活関連社会資本の立ち遅れなどが指摘された。

☞2 経済成長優先から国民の福祉優先へと政策が転換されていく。「成長より福祉を」「くたばれGNP」などのスローガンが掲げられた。

(2) **国際的要因** いわゆる2つのショックが発生した。①**ニクソン=ショック**(**ドル=ショック**)：1970年代初め、国際通貨不安の発生により、輸出が停滞した。**71年8月、ニクソン**大統領による**金・ドル兌換停止**(**ニクソン=ショック**)、同年12月の**スミソニアン合意による円切り上げ**(**1ドル＝308円**)によって、日本商品へのドル支払額が増加したため、**輸出に不利な状況**が作られた。さらに、**73年には、変動相場**制に移行し、円高が進行したため、ますます**輸出が停滞**することになった。②**第一次石油危機**(**オイル=ショック**)(**1973**.10)：**第四次中東戦争の勃発**を機に、第一次石油危機が発生し、深刻な不況が発生した。*1**石油輸出国機構**(**OPEC**)は**原油公式販売価格の約4倍値上げ**を、**アラブ石油輸出国機構**(**OAPEC**)は**原油供給の大幅削減**を断行した(**石油戦略**)。この結果、**コスト=プッシュ=インフレ**が発生するとともに、原燃料の輸入が減少して生産が停滞し、**インフレと不況が共存するスタグフレーション**が発生した。さらに、原油価格の引き上げに伴う国際収支の悪化は国内の有効需要を奪い去り、景気を悪化させていった。

☞3 1974年には、戦後初めての実質マイナス成長を経験し、高度経済成長の終焉は決定的となった。第一次石油危機後の日本経済は、73〜83年の年平均実質経済成長率が約4％と低迷し、低経済成長(安定経済成長)の時期へと転換していく。

*1 石油輸出国機構(OPEC)とは、石油カルテル(協定)で、中東アラブ諸国以外の産油国も加盟している。

*2 2008年1月、ニューヨークの原油先物市場(WTI)で1バーレル＝100ドルを突破し、同年7月には

▼1973年、高度経済成長が終わる。その要因は？ 基本

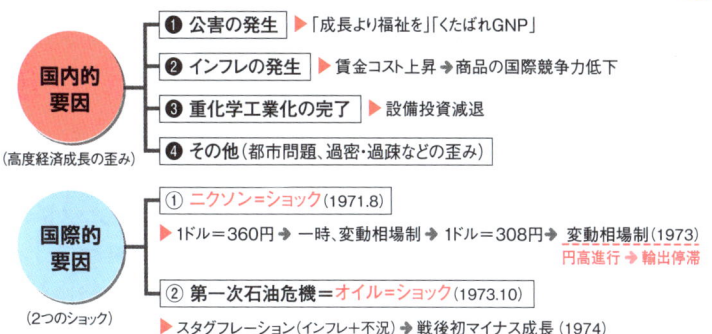

国内的要因（高度経済成長の歪み）
- ❶ 公害の発生 ▶「成長より福祉を」「くたばれGNP」
- ❷ インフレの発生 ▶ 賃金コスト上昇 → 商品の国際競争力低下
- ❸ 重化学工業化の完了 ▶ 設備投資減退
- ❹ その他（都市問題、過密・過疎などの歪み）

国際的要因（2つのショック）
- ① ニクソン=ショック（1971.8）
  ▶ 1ドル＝360円 → 一時、変動相場制 → 1ドル＝308円 → 変動相場制（1973）
  円高進行 → 輸出停滞
- ② 第一次石油危機＝オイル=ショック（1973.10）
  ▶ スタグフレーション（インフレ＋不況）→ 戦後初マイナス成長（1974）

▼第一次石油危機後、1974年は戦後初、実質マイナス成長 発展

■ 第一次・第二次石油危機時の経済成長率と原油公式販売価格

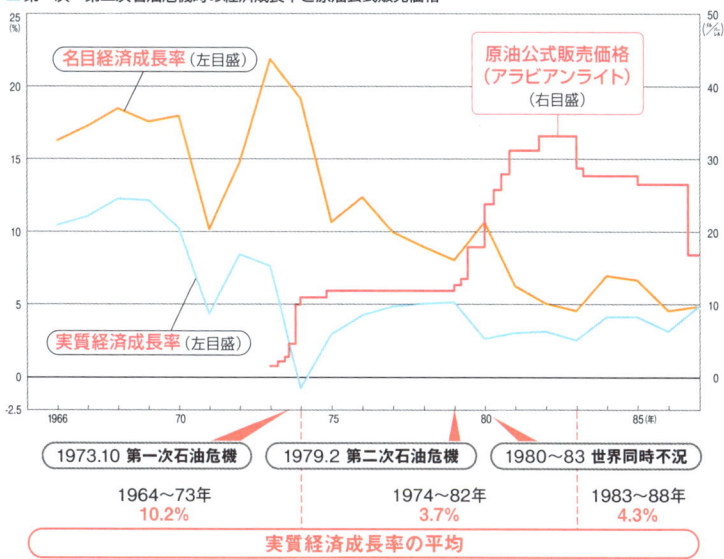

（グラフ：名目経済成長率（左目盛）、実質経済成長率（左目盛）、原油公式販売価格（アラビアンライト）（右目盛））

1973.10 第一次石油危機	1979.2 第二次石油危機	1980〜83 世界同時不況
1964〜73年 **10.2%**	1974〜82年 **3.7%**	1983〜88年 **4.3%**

実質経済成長率の平均

check!
- ❶ 第一次石油危機の際、OPECは原油公式販売価格を約4倍に値上げを実施。
  ▶ 1バーレル＝2.6ドル（1973.1）→ 1バーレル＝11.7ドル（1974.1）
- ❷ 第二次石油危機の際、OPECは原油公式販売価格を約2.5倍に値上げを実施。
  ▶ 1バーレル＝13.4ドル（1979.2）→ 1バーレル＝36ドル（1981.1）
- ❸ OPECでは、1987年から1バーレル＝18ドルの固定価格制を実施。

1バーレル＝147ドルに高騰した。その後、09年1月には30ドル台に下落した後、再び上昇傾向を示し、2012〜13年には100ドル程度で推移している。ヘッジファンド（金融投資グループ）の投機的な原油売買が原因である。

第8章 日本経済の諸問題

5 安定成長期
第一次・第二次石油危機

B

1. 1970年代の日本経済〜第一次石油危機後

(1) **スタグフレーション**[*1]**の発生**　1973年の第一次石油危機後、**インフレ**（物価上昇）と**不況**が共存する**スタグフレーション**が発生した。①石油輸出国機構（OPEC）による**原油公式販売価格の約4倍に値上げ**によるコスト＝インフレと田中角栄首相の**日本列島改造論**による**過剰流動性**の発生で、「**狂乱物価**」と呼ばれる激しいインフレに見舞われた。一方、②狂乱物価対策としての**総需要抑制**政策の結果、景気は停滞し、**74年には戦後初の実質マイナス成長（−0.8％）**[*2]を記録した。

☞1　過剰流動性とは、必要以上に通貨量が供給された状態をいう。

☞2　総需要抑制政策とは、公定歩合の引き上げや公共投資の削減などによって、超過需要を抑え込む政策をいう。

(2) **不況克服策**　①政府は**財政支出を拡大**することによって、景気を刺激した。その財源として、1975年度から**大量の赤字国債**が発行された。②産業構造についても、**石油依存**型産業構造から**省資源・省エネルギー**型産業構造への転換が図られた。③各企業は**減量経営**を進め、無駄なコストの削減で、商品の値下げを行い、日本製品の**国際競争力**を回復させ、輸出を拡大した。

2. 1980年代以降の日本経済〜第二次石油危機後

(1) **第二次石油危機（1979〜80）**　1979年2月の**イラン革命**により原油供給が削減され、再びOPECは**原油公式販売価格を約2.5倍引き上げた**。第一次石油危機後と同様の経済状況が生じたが、政府は金融引き締めなどの**総需要抑制政策**と賃金抑制を行ったので、激しいインフレの発生を回避することができた。

(2) **世界同時不況（1980〜83）**　戦後最長の不況（36ヵ月）が続く中で、日本は**電子機器**（カラーテレビ、VTRなど）や**自動車**を欧米諸国に**集中豪雨的に輸出**することによって不況を克服していった。この結果、日米・日欧間の**貿易摩擦**が激化。また、**赤字国債の濫発**により、**財政赤字**が発生し、**財政再建**のための**行・財政改革**が政治課題となった。

*1　スタグフレーションとは、スタグネーション（停滞）とインフレーションの合成語である。
*2　サブプライム＝ローン破綻に端を発するリーマン＝ショックに見舞われた2008年は、実質経済成長率が−3％台、09年も−2％台を記録した。第一次石油危機後の1974年の−0.8％よりも、深刻なマ

▼ インフレ＋不況＝スタグフレーション　重要

■ スタグフレーションの実態

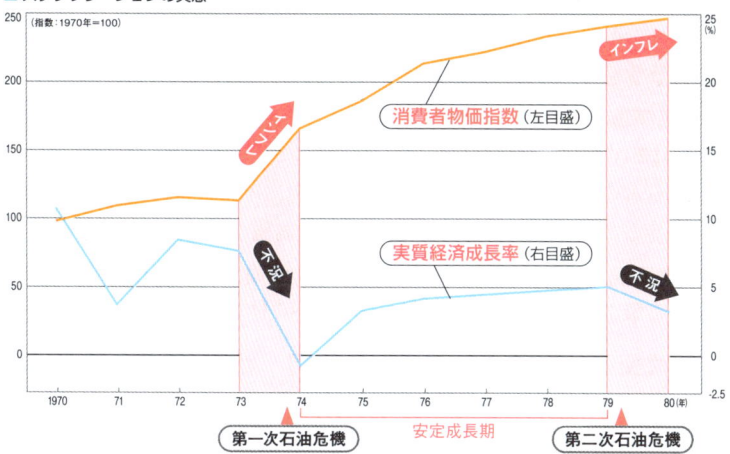

（グラフ：指数：1970年＝100）
- 消費者物価指数（左目盛）
- 実質経済成長率（右目盛）
- 1973→74：第一次石油危機　インフレ／不況
- 74〜79：安定成長期
- 79〜80：第二次石油危機　インフレ／不況

インフレの原因
❶ 石油危機によるコスト＝プッシュ＝インフレ
❷ 石油危機不況対策としての金融緩和と赤字財政（積極財政）
❸ 寡占市場により、不況下でも価格の下方硬直化が発生
❹ 労働組合により、不況下でも賃金引き上げを実施

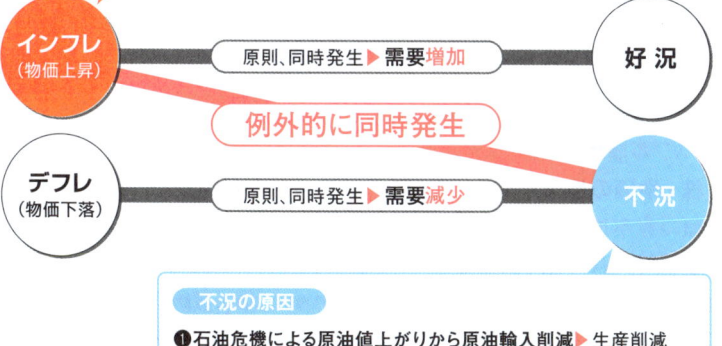

インフレ（物価上昇）── 原則、同時発生 ▶ 需要増加 ── **好況**

例外的に同時発生

デフレ（物価下落）── 原則、同時発生 ▶ 需要減少 ── **不況**

不況の原因
❶ 石油危機による原油値上がりから原油輸入削減 ▶ 生産削減
❷ 石油危機による原油供給削減から世界的不況発生 ▶ 輸出停滞
❸ インフレ対策としての金融引き締めなどの総需要抑制政策実施
　▶ 投資減退

イナスの記録である。

6 バブル景気・バブル不況
平成景気～平成不況　A

1. プラザ合意（1985.9）

(1) **円高誘導**　貿易摩擦解決のため、先進5ヵ国財務担当大臣・中央銀行総裁会議（G5：日・米・英・仏・(西)独）をニューヨークのプラザホテルで開催。日本の輸出を抑えるため、日本の輸出に不利なドル安・円高への誘導を決定し、ドル売り・円買いの協調介入を実施。約2倍の円高が進行。

(2) **円高不況**（1986.11）　円高によって日本の輸出は停滞し、輸出産業が大きな打撃を受け、一時的に不況となった（86.11底打ち）。

2. 平成景気（1986.12～91.2：51ヵ月　戦後第3位の長期好況）

(1) **バブル景気の発生**　円高不況対策として日銀総裁の「前川レポート」にもとづいて内需転換を図り、1987年には公定歩合が2.5％に引き下げられた（超低金利政策）。一方、円高の進行による輸入原材料の値下がりで生じた円高差益を蓄積した輸入関連企業には金あまり現象が生じ、その余剰資金は土地・株式・貴金属などに投資され、地価高騰・株価の値上がりなどの資産（ストック）インフレを発生させた。これで利益を上げて資本利得（*¹キャピタル＝ゲイン）を得た人々は心理的に消費を拡大させた（資産効果）。

(2) **円高メリット**　日本企業は強い円を背景に貿易摩擦回避型の北米への海外直接投資を増加させ、アメリカ企業のM&A（買収・合併）を行った。

☞1　その結果、日米投資摩擦や国内の産業空洞化といったデメリットも発生した。

3. 第一次平成不況（1991.2～93.10：32ヵ月　戦後第2位の長期不況）

(1) **バブル崩壊**　1989年から金融引き締めが行われ、過剰投資の反動として株・地価の暴落が発生した。この結果、資産（ストック）デフレが生じ、多額の資本損失（*²キャピタル＝ロス）が発生した。これで損失を受けた人々は心理的に消費を抑制した（逆資産効果）。

☞2　企業は、リストラクチャリング（リストラ＝事業の再構築）により、減量経営を進めていく。

(2) **複合不況**　バブル崩壊による消費不況と同時に、不良債権を抱えた金融機関のクレジット＝クランチ（貸し渋り）が、いっそう消費・投資を減退させた。そこに、1ドル＝100～90円台という円高が発生したため、長期の不況となった。

*1　キャピタル＝ゲインとは、値上がり益のことを指す。
*2　キャピタル＝ロスとは、投資元本の値下がり損のことを指す。

▼平成景気〜バブル経済の発生とその崩壊 [時事]

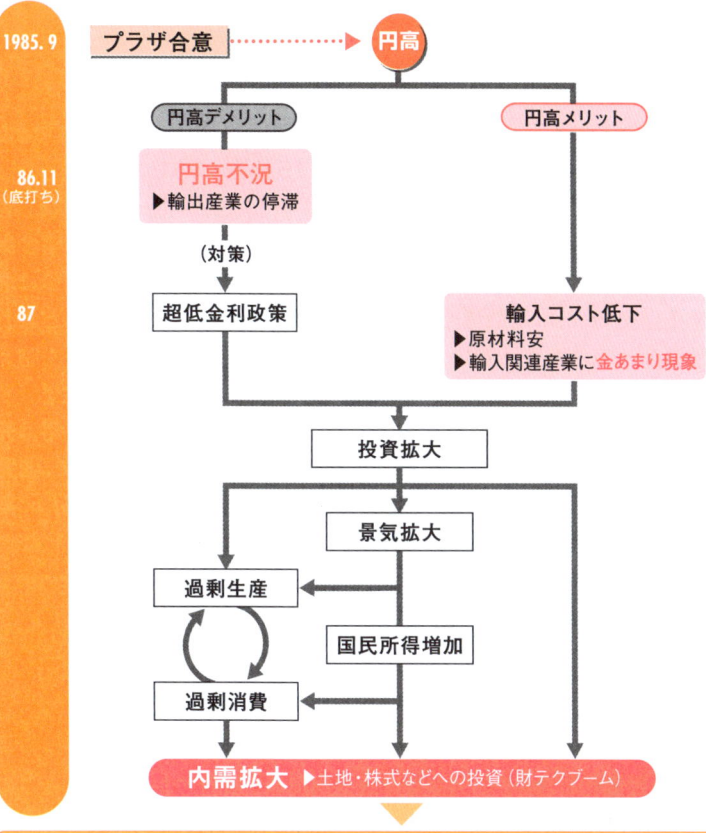

第8章 日本経済の諸問題

1985.9
プラザ合意 ┈┈▶ 円高

┌─ 円高デメリット ─┐　┌─ 円高メリット ─┐

86.11（底打ち）
円高不況
▶輸出産業の停滞

（対策）

87
超低金利政策　　　　　**輸入コスト低下**
　　　　　　　　　　　▶原材料安
　　　　　　　　　　　▶輸入関連産業に金あまり現象

投資拡大
　↓
景気拡大
　↓
過剰生産 ⇄ 過剰消費
　↑
国民所得増加

内需拡大 ▶土地・株式などへの投資（財テクブーム）

86.12 平成景気

バブル景気の発生 ▶ 資産インフレ / キャピタル＝ゲイン / 資産効果

　過剰投資　過剰融資　超円高
＊資産の暴落　不良債権　輸出停滞

91.2 第一次平成不況

バブル崩壊 ▶ 資産デフレ / キャピタル＝ロス / 逆資産効果

93.10

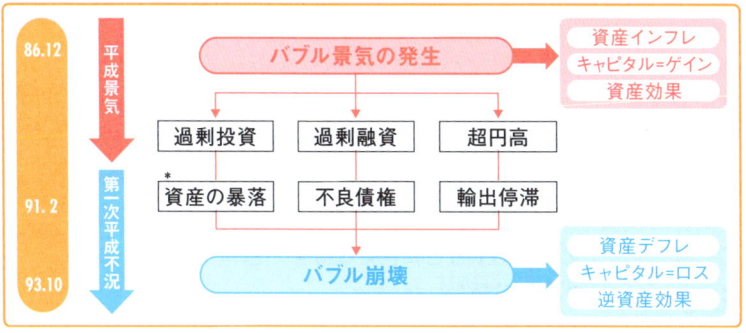

＊ 資産、特に地価暴落の直接のきっかけは、地価抑制策として実施した一定面積以上の土地を所有する者に対する地価税の新設、株価暴落のきっかけはキャピタル＝ゲイン課税強化であった。

7 1990～2000年代の日本経済 A
失われた10年

1. バブル後遺症に悩む日本経済（1990年代以降）

①第一次平成不況（1991.2～93.10）後、一旦、景気は回復基調に乗ったかに見えたが、**1995年には1ドル＝79円75銭**という、以前にも増した**超円高**が進行したため**輸出**が減退した。②さらに、バブル期に放漫に貸し付けられた資金の回収が困難となり、96年には住宅系ノンバンクの**住宅金融専門会社**が破綻、6,850億円の公的資金が投入された（97～98年には**北海道拓殖銀行、日本長期信用銀行、日本債券信用銀行、山一証券**など銀行や証券会社の破綻が相次いだ）。③バブル崩壊で巨額の**不良債権**を抱えた銀行は、**クレジット＝クランチ（貸し渋り）**や**貸しはがし**を行ったため、企業は資金繰りに困り、**大型倒産**も相次ぎ、失業者も増加した（2002年は**完全失業者359万人、完全失業率5.4％**）。④97年の橋本内閣下で、**消費税率の引き上げ（3％➡5％）、健康保険の自己負担率の引き上げ（1割➡2割負担）**が行われ（03年より3割）、これが消費の減退を加速させた。

☞1　1998年、小渕内閣は、銀行の**貸し渋り対策**として**金融再生関連法**を作り、金融機関に対して公的資金を投入した。

☞2　複合的原因から、実質経済成長率は**1998年**にマイナスを記録した（**日本列島総不況**）。98年は、74年以来戦後2度目の実質マイナス成長であった。

2. 景気対策としての財政再建～聖域なき構造改革

2001年、小泉内閣は株価下落のための長期的経済政策として**特殊法人の廃止・民営化**を含めた、大胆な財政支出削減を断行しようとした。そこには、**財政再建の道筋なくして株価・景気の回復なし**とする政治判断が働いていた。02年10月には**総合デフレ**対策が発表され、**不良債権**処理と企業救済のために**産業再生機構**の創設、会社設立の特例として**1円会社**の承認、**構造改革特区**の創設、**セーフティネット**の構築として、中高年齢者雇用特別奨励金の創設や派遣労働者の地位安定を目的とした労働者派遣法改正（派遣期間を1年➡3年に延長）などが決定した。しかし、04年の**改正労働者派遣法**で**製造業**への派遣を解禁したことから、**正規雇用**の正社員を解雇して**非正規雇用**の派遣社員などに代える動きが進み、小泉改革の負の遺産として**格差社会**の問題が発生した。

＊　完全失業率は2001～03年と5％台であったが、04年4.7％、05年4.4％、06年4.1％、07年3.9％に低下して、雇用の改善が見られていた。しかし、08年9月のリーマン＝ショックで失業率は、はね上がり、09年7月に月別ピークの5.7％を記録し、09・10年は再び年平均で5％台となった。

▼日本列島総不況～バブル崩壊と後遺症（金融不況・消費不況） 時事

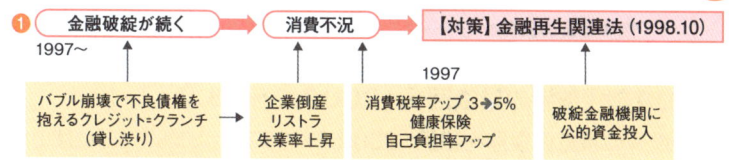

❶ 金融破綻が続く → 消費不況 → 【対策】金融再生関連法（1998.10）

1997～　　　　　　　　　　　　　　　1997

- バブル崩壊で不良債権を抱えるクレジット=クランチ（貸し渋り） → 企業倒産・リストラ・失業率上昇
- 消費税率アップ 3→5%・健康保険自己負担率アップ
- 破綻金融機関に公的資金投入

❷ デフレ=スパイラル発生か？ ▶1999～2003年と5年連続で物価指数下落

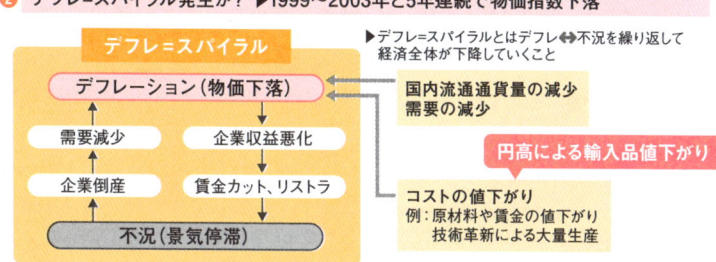

▶デフレ=スパイラルとはデフレ⇔不況を繰り返して経済全体が下降していくこと

デフレ=スパイラル

デフレーション（物価下落）
- 需要減少 → 企業収益悪化
- 企業倒産 → 賃金カット、リストラ
- 不況（景気停滞）

← 国内流通貨幣量の減少・需要の減少

← **円高による輸入品値下がり**

← コストの値下がり
例：原材料や賃金の値下がり、技術革新による大量生産

▼産業再生機構の仕組み（2003創設～07） 時事

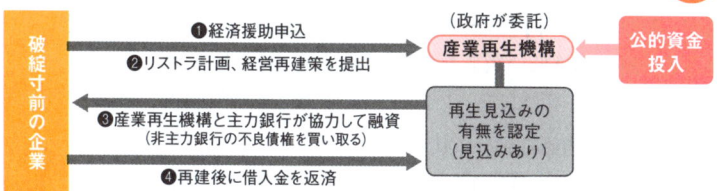

破綻寸前の企業
- ❶経済援助申込 → 産業再生機構（政府が委託）← 公的資金投入
- ❷リストラ計画、経営再建策を提出
- 再生見込みの有無を認定（見込みあり）
- ❸産業再生機構と主力銀行が協力して融資（非主力銀行の不良債権を買い取る）
- ❹再建後に借入金を返済

check! 産業再生機構は、再生見込みのある企業を救済すると同時に、非主力銀行の不良債権を処理する。救済の支援を受けた企業には、カネボウ、大京、ダイエーなどの大手企業があった。2007年3月にすべての救済を終え、解散した。

▼構造改革特区（2003.4）～規制緩和・規制改革 時事

● 一部地方で規制緩和のテストを実施

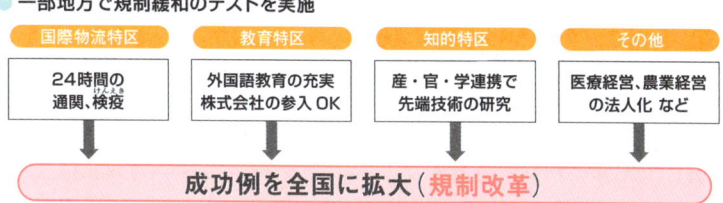

国際物流特区	教育特区	知的特区	その他
24時間の通関、検疫	外国語教育の充実・株式会社の参入OK	産・官・学連携で先端技術の研究	医療経営、農業経営の法人化 など

↓↓↓↓

成功例を全国に拡大（規制改革）

---

* 2009年には、産業再生機構の、いわば中小企業版として企業再生支援機構が作られ、結局破綻に陥った大企業の日本航空（JAL）への公的資金投入などの再建を主導した（2010～12）。

8 2000年代初めの日本経済　A
戦後最長の景気からリーマン=ショック

1. 2000年代前半の景気回復（2002.2～08.2）

(1) 戦後最長の景気回復期を記録（2002.2～08.2）　2006年4月には平成景気（51ヵ月）に並び、06年11月には最長の**いざなぎ景気（57ヵ月）を超えて**58ヵ月目に突入し、08年2月まで続いた（**戦後最長の73ヵ月を記録**）と内閣府は発表した。しかし、その実体は低い成長率がだらだらと続いた長期好況といえる。

(2) 東証平均株価　2003年4月には、当時バブル後最安値の、1株平均7,600円台に値下がりしたが、**06～07年には1万6,000～1万7,000円台**を推移し、3年で約2倍に値上がりした。

> 株価上昇で銀行保有の担保の価値が上昇し不良債権は順調に減少し、金融の安定が株価の上昇を支えている。三大メガバンクは金融再生で投入された公的資金を、2006年内に完済した。

(3) 実質経済成長率　戦後最長の景気を示していた2003～06年は**2％台で推移**した。しかし、**2007年1.8％、リーマン=ショック**が起こった**08年は−3.7％**と減速していく。内閣府は実質成長率プラスをもって好況期と判断しているが、その間、物価下落（デフレ）が進行していたため、生産金額＝所得金額で見る名目成長率は低い数値を示し、名目所得が伸びていないので、国民は好況を実感しにくい状況にあった。よって、「実感なき景気回復」とも呼ばれた。

(4) 物価　**企業**物価指数は2003年まで、一方、**消費者**物価指数は05年まで下落した。企業物価は2004年から、消費者物価は06年から上昇に転じたため、**デフレ脱却**が叫ばれた。下落傾向が続いていた地価についても、06年には下げ止まり、都市部では上昇も見られ「ミニバブル」と呼ばれる不動産投資も見られ始めた。しかし、08年9月のリーマン=ショックで双方とも下落し、再びデフレに陥った。

(5) 企業倒産件数・負債総額　倒産件数は、**2001年の1万9,164件をピーク**に、05年1万2,998件と**減少**したが、06年以降若干増加したものの10年からは減少傾向を示した。負債総額も、00年の23兆8,850億円をピークに、06年5.5兆円と**大幅に減少**し、大型倒産が減少したことがわかる。

(6) 完全失業率（完全失業者）　2001年5.0％（340万人）、02年5.4％（359万人）、03年5.3％（350万人）と5％台が3年続いたが、04年以降、**雇用は改善**し、06年**4.1％（275万人）**、リーマン=ショックの前年07年には**3.9％**

---

* バブル期の3つの過剰（設備・雇用・債務）が解消され、「薄型テレビ、DVDプレイヤー、デジタルカメラ」の"新・三種の神器"の需要が増加。なお、この景気の実質経済成長率は年2％台と、いざなぎ景気の11％台、平成景気の5％台に及ばないため、「実感なき景気回復」とも呼ばれる。

▼ 日経平均株価の推移 〔時事〕

- 1985年9月 プラザ合意
- 1987年2月 NTT株上場
- 1987年10月 ブラック=マンデー（世界同時株安）
- 1989年12月29日 史上最高値 38,915円87銭
- 1997年11月 山一證券破綻
- 2001年4月 小泉内閣発足
- 2001年9月 同時多発テロ
- 2003年4月 7,600円台に急落 当時バブル後最安値
- 2006年9月 安倍内閣発足
- 2007年8月アメリカ サブプライム=ローン問題
- 2008年9月 サブプライム=ローン問題でリーマン=ブラザーズ破綻
- 2009年3月 7,054円とバブル後最安値を更新！

check!
❶バブル期の1989年12月、3万8,900円台が2003年4月には7,600円台に下落するも、総合デフレ対策や産業再生機構の発足（2003）、量的金融緩和（日銀当座預金目標35兆円：2004〜06）で06年4月に1万6,000円台となり、3年間で約2倍に値上がりした。
❷2008年9月のリーマン=ショックで株価が暴落。08年10月に7,100円台、09年3月に7,054円台とバブル後最安値を記録した。

▼ 企業倒産の件数（負債1,000万円）と負債総額の推移 〔時事〕

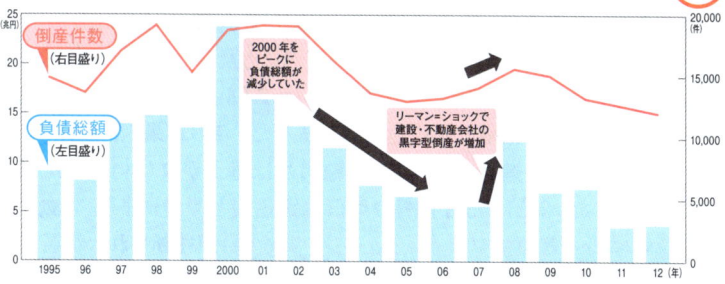

- 倒産件数（右目盛り）
- 負債総額（左目盛り）
- 2000年をピークに負債総額が減少していた
- リーマン=ショックで建設・不動産会社の黒字型倒産が増加

check!
2000年には倒産企業の負債総額が23兆円を超えて過去最高を記録した。01年以降、倒産件数と負債総額は減少。特に、産業再生機構（03年）発足で大型倒産が減少したことから、06年時点の負債総額は5.5兆円まで減少した。

第8章 日本経済の諸問題

（257万人）と3％台に低下し、**有効求人倍率は1倍を回復**した。

2. *リーマン=ショックによる世界経済危機（2008・09年）

　2007年以降、原油高騰、アメリカの**中低所得者向け不動産ローン**（サブプライム=ローン）の焦げ付きで証券大手の**リーマン=ブラザーズ**が破綻した。

---
* 2008年9月にアメリカ証券大手のリーマン=ブラザーズが破綻し、100年に1度といわれる世界経済危機が発生した。日本も08年度は実質経済成長率−3.7％、09年度も−2.0％と2年連続マイナス成長を記録した。

9 リーマン=ショックとその後の日本経済 A

1. リーマン=ショックと東日本大震災で景気は低迷

(1) **リーマン=ショック(2008.9)が発生**　リーマン=ブラザーズ証券は、中・低所得者向けの不動産ローンの原資を、投資信託商品に一部含めて世界中の投資家から集めていた。そのため、アメリカの不動産バブルの崩壊によるローン者の破産とそれに伴うローン会社の回収不能金(不良債権)が拡大、リーマン=ブラザーズの破産で金融不安が広がり、世界同時株安を引き起こし、「100年に1度の世界経済危機」に陥った。日本でも株価が暴落し、2008年10月、09年3月には1株7,000円台(09.3は7,054円台)とバブル後最安値を記録した。08年10〜12月期、09年1〜3月期の年率換算実質経済成長率は−15％程度に達し、年全体でも08、09年と2年連続で実質マイナス成長(−3.7％→−2.0％)を記録、完全失業率も09、10年と2年連続5％台(いずれも5.1％)と雇用状況も悪化した。

(2) **欧州金融・財政危機(欧州債務危機)と東日本大震災(2011.3)**　リーマン=ショックの損失はヨーロッパの金融機関にも及び、ギリシア危機を発端に、PIIGS(P=ポルトガル、I=イタリア、I=アイルランド、G=ギリシア、S=スペイン)など欧州金融・財政危機に拡大した。この結果、ドル安・ユーロ安による超円高が進行して、日本の輸出品は値上がり(外貨支払)し、輸出が減退した。2011年3月11日の東日本大震災と津波により、自動車・家電・パソコンなどのサプライ=チェーン(供給網)が寸断され、新製品の生産が滞り、貿易収支は2011、12、13年と連続赤字を記録し、不況が深刻化していった。

> リーマン=ショック当時の自民党麻生太郎内閣は、全国民への定額給付金の給付(原則1万2,000円)とエコカー補助金・減税・家電エコポイント制度の導入などの日本版グリーン=ニューディール政策で対応した。2009年8月〜12年12月の民主党政権下では、10年10月からのゼロ金利復活、量的金融緩和復活などで対応したが、円高の進行を止められず、不況克服の結果は出せなかった。大震災直後の11年3月と同年10月には1ドル=76円台と75円台の超円高が進み、日経平均株価も1株8,000円台半ばに下落した。

2. 自民党安倍晋三内閣が"アベノミクス"を実施(2012.12〜)

　2012年12月に政権を取り返した**自民党安倍内閣**は日銀とともに、**超円高阻止の強い意欲とデフレ・不況克服**の**三本の矢**を掲げ、*市場の流れを変えた。

*アベノミクス効果で円高から、円安基調となった(1ドル=75円台(2011.11)→1ドル=100円台(2013.8)約25％円安が進行)。これに伴う輸出関連株式の値上がりから日経平均株価も8,000〜9,000円台(2012平均)から1万4,000円台(2013.5時点平均)と約2倍も上昇した。

▼アベノミクス(日本再興戦略＝JAPAN is BACK)のポイント 〔時事〕

三本の矢

❶ 第一の矢
デフレマインドを一掃
大胆な金融政策

❷ 第二の矢
湿った経済を発火
機動的な財政政策

❸ 第三の矢
企業や国民の自信を回復し、
「期待」を「行動」へ変える
新たな成長戦略(日本再興戦略)

※2020年の夏季東京オリンピック開催決定が第四の矢に

日本経済の再生　デフレからの脱却

目標
❶10年間の平均で名目GDP成長率3％程度、実質GDP成長率2％程度を実現。
❷これにより、10年後に1人当たり名目国民総所得を150万円以上拡大する。

check! 成長戦略の目玉として、❶国家戦略特区域を創設し、外国企業の誘致を目指す規制緩和を推進すること、❷法人実効税率の大幅引き下げによる国際競争力アップ(設備投資減税や復興特別法人税増税の前倒し廃止など)が考えられる。自民党内の事情により明確には言明しないが、環太平洋経済連携協定(TPP)加入による工業製品の輸出促進や、農業分野の規制緩和と法人化による競争力アップも成長戦略の骨格といえる。

▼株価は景気の鏡！ アベノミクスで円高＝株高が進行!! 〔時事〕

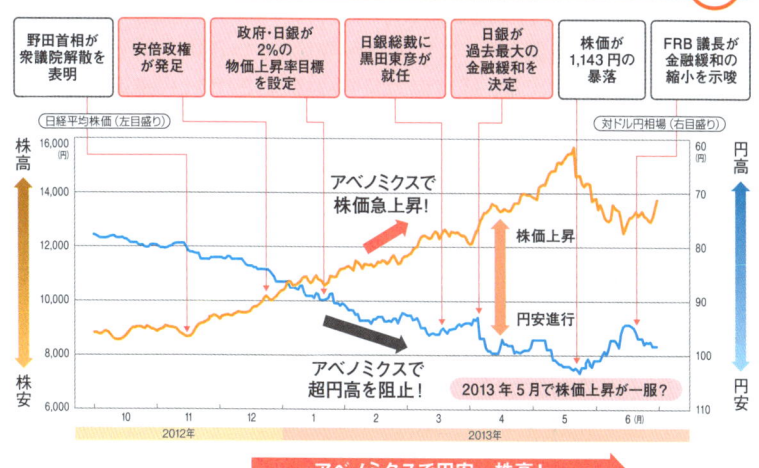

主な出来事（左から右へ）：
- 野田首相が衆議院解散を表明
- 安倍政権が発足
- 政府・日銀が2％の物価上昇率目標を設定
- 日銀総裁に黒田東彦が就任
- 日銀が過去最大の金融緩和を決定
- 株価が1,143円の暴落
- FRB議長が金融緩和の縮小を示唆

日経平均株価(左目盛り)／対ドル円相場(右目盛り)

グラフ注記：
- アベノミクスで株価急上昇！
- 株価上昇
- 円安進行
- アベノミクスで超円高を阻止！
- 2013年5月で株価上昇が一服？

期間：2012年10月～2013年6月

アベノミクスで円安・株高！

10 日本経済の国際化(1)
開放経済からボーダレス化へ

1. 西側の通貨・経済体制への加入

①1949年、**ドッジ＝ライン**によって1ドル＝**360**円という**単一為替レート**が設定され、日本は西側通貨同盟に加入することが決定的となった。また同年、「**外国為替及び外国貿易管理法**」（**外為法**）が制定され、ドル不足の中、復興資材の輸入に外貨割り当てが行われ、海外への投資が制限された。②1950年には「**外資に関する法律**」（**外資法**）が制定され、国内産業の保護が図られた。③1952年には**国際通貨基金**（**IMF**）、**国際復興開発銀行**（**IBRD**）に加盟し、西側の通貨同盟に加わった。さらに、④1955年には「**関税及び貿易に関する一般協定**」（**GATT**）に**加盟**し、西側の貿易体制にも加わった。

2. 開放経済体制への移行

1960年代に入ると、日本は高度経済成長を遂げ、先進国の仲間入りをした。その結果、市場の開放を義務づけられることになり、**貿易・為替自由化計画大綱**が決定された（1960）。それにもとづいて、①国際収支の赤字を理由に貿易制限が許されるGATT**12**条国から、貿易制限が許されないGATT**11**条国に移行（1963）、②国際収支の赤字を理由に為替制限が許されるIMF**14**条国から、為替制限が許されないIMF**8**条国に移行した（1964）。さらに③同年、**経済協力開発機構**（**OECD：先進国クラブ**）にも加入し、資本自由化の義務を負うことになった。この時点で、為替・貿易・資本の三面について自由化を進めることが決定された。④1968年、日本のGNPは西ドイツを抜き、アメリカに次いで**西側世界第2位**となり、名実ともに先進国の仲間入りをした。

☞ 日本は1968年以来、国民総生産（GNP）〔現在は国内総生産（GDP）〕が世界第2位であったが、2010年には、中国に抜かれて世界第3位に転落することになった。

3. 開放経済体制の完成とボーダレス化の進行

1967年から段階的に行ってきた資本取引の自由化も、75年に完了し、79年には外資法も廃止された。これによって、外国資本の日本進出が自由化された。以後、経済のボーダレス化（国際化）が加速する。

＊ 1997〜2001年にかけての金融ビッグバンで、外国資本の日本進出や対内投資が自由化された。経済の国際化は進展したが、半面、企業は厳しい国際競争にさらされることになった。

▼資本の自由化によって日本経済は開放される 発展

	為替	貿易	資本

1949
為替: ドッジ=ライン
- 1ドル=360円
- 単一為替レート設定

外為法
- 海外への投資制限

50
資本: 外資法
- 海外からの投資制限

52
IMF・IBRD に加盟
IMF14条国に指定
- 例外的に為替制限を認められる

55
貿易: GATT に加盟
GATT12条国に指定
- 例外的に保護貿易を認められる

60
貿易・為替自由化計画大綱

63
GATT11条国に移行
- 貿易自由化を義務づけられる(原則)

64
IMF8条国に移行
- 為替自由化を義務づけられる(原則)

OECD に加盟
- 資本の自由化義務を負う

開放経済へ

68
GNPが西側世界第2位となる
- 西ドイツを抜く

71
スミソニアン体制
- 1ドル=308円
- 円切り上げ

73
変動相場制に移行

79
外資法廃止
- 外国資本の日本進出自由化

80〜90年代
貿易摩擦・経済摩擦の発生

97
金融ビッグバン(1997〜2001) 「フリー」「フェア」「グローバル」
ex.外為業務自由化(1998.4〜)
- 外国為替管理法 —改正→ 外国為替及び外国貿易法 ▶ 外貨交換業務を自由化

第8章 日本経済の諸問題

11 日本経済の国際化(2)

日米貿易摩擦　A

1. 日米貿易摩擦品目の推移

　貿易摩擦品目は、1960年代は繊維、70年代は鉄鋼・カラーテレビ・工作機械、80年代は自動車・半導体・ハイテク製品へと変化してきた。

> ☞1　日米貿易摩擦は、当初❶自動車などの個別品目の輸出自主規制（1981）で解決を図った。次に、❷1985年9月のプラザ合意によって円高誘導が行われ、日本の輸出不利なレートを作るという為替レート調整による解決が図られた。しかし、それでも日本の貿易収支黒字は大きくは減少しなかったため、❸日本の経済構造の改善、❹個別品目の輸入数値目標設定要求に発展する。

2. 日米構造協議（SII、1989～90）

(1) **協議内容**　アメリカは日本の閉鎖的市場（排他的取引慣行である企業グループ内取引）にアメリカ商品の流入を阻む原因があるとして、日本の**経済構造の改善**と**市場開放**を要求した。

(2) **決着内容**　日本の受諾事項は以下の4つ。①独占禁止法強化による排他的取引慣行の撤廃と系列取引の見直し。②内外価格差の是正。③大規模小売店舗法の見直し。④公共投資を総額430兆円（1991～2000年）行い、貯蓄・投資（S・I）バランスを図る。

> ☞2　②外国で安い商品が日本で高く売られている状態を是正して、日本の消費者が輸入品を買いやすくすること。③デパートなどの大型店の出店を自由化して、輸入品コーナーのある大型店を増やすとともに、アメリカの大型スーパーマーケットを日本に出店させること。④貯蓄超過を是正し、国内投資を拡大して原材料の輸入を増加させること。以上により、外需主導型経済を内需主導型経済に転換することを狙った。

3. 日米包括経済協議（1993～94）

(1) **協議内容**　アメリカは、日本に対して「客観基準」（具体的な輸入数値目標）の設定を要求したが、日本は数値目標の受諾は自由貿易を崩し、管理貿易に陥るとして拒否した。

> ☞3　日本は、1991年の第二次日米半導体協定で1度、数値目標を受諾してしまった（国内シェアの20%以上輸入）。しかし、96年の第三次協定では数値目標の設定を拒否した。

(2) **決着内容**　数値目標の設定は回避したが、代わりに政府調達（日本政府が輸入品を購入すること）では、輸入達成度を調達機関数や契約数・調達額で測る安定的な客観基準を採用した。

> ☞4　日米自動車および同部品交渉については決裂し、米包括通商法（スーパー）301条（不公正な貿易慣行国に対する米国の一方的な経済制裁措置）の発動が決定されて問題となったが、1995年にトヨタ・日産がアメリカ製部品の自主購入計画を発表したため制裁の実施は回避された。

> ＊　アメリカは日本のみならず中国との間でも貿易摩擦が激化している。リーマン＝ショックが発生した08年の経常収支赤字は6,733億ドル、財政赤字は4,590億ドルと当時過去最大規模を記録した。さらに、「100年に1度の経済危機」への対策で巨額の財政出動を行った09年の財政赤字は、前年の3倍の1

▼80〜90年代〜日米貿易摩擦（不均衡）激化　時事

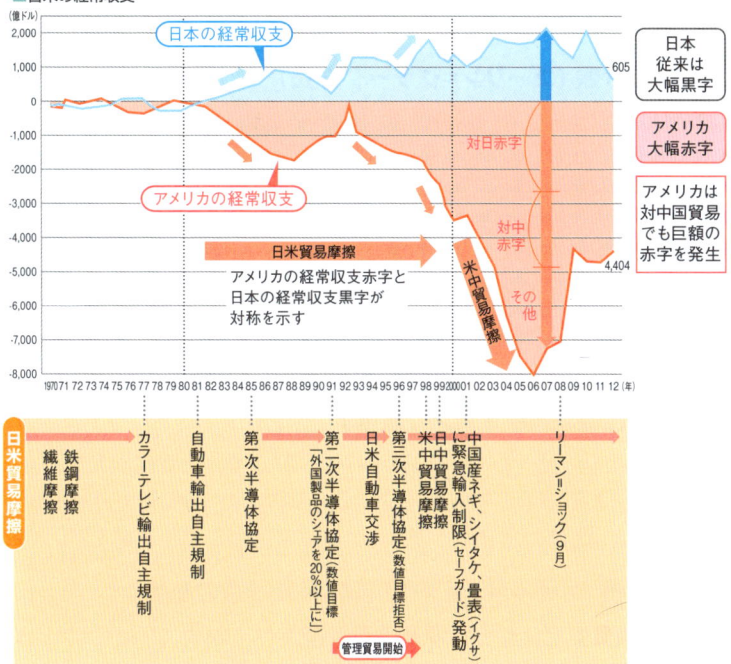

日米の経常収支

（グラフ：1970〜2012年の日本の経常収支とアメリカの経常収支の推移）
- 日本の経常収支：605（億ドル）／日本 従来は大幅黒字
- アメリカの経常収支：-4,404／アメリカ大幅赤字／アメリカは対中国貿易でも巨額の赤字を発生
- 対日赤字／対中赤字／その他
- 日米貿易摩擦：アメリカの経常収支赤字と日本の経常収支黒字が対称を示す
- 米中貿易摩擦

日米貿易摩擦（年表）
- 繊維摩擦
- 鉄鋼摩擦
- カラーテレビ輸出自主規制
- 自動車輸出自主規制
- 第一次半導体協定
- 第二次半導体協定（「外国製品のシェアを20%以上に」）
- 第三次半導体協定（数値目標拒否）
- 日米自動車交渉
- 日米貿易摩擦
- 中国産ネギ、シイタケ、畳表（イグサ）に緊急輸入制限（セーフガード）発動
- リーマン・ショック（9月）
- 管理貿易開始

日米間の貿易摩擦交渉の流れ ▶ 日米自動車交渉（1995）

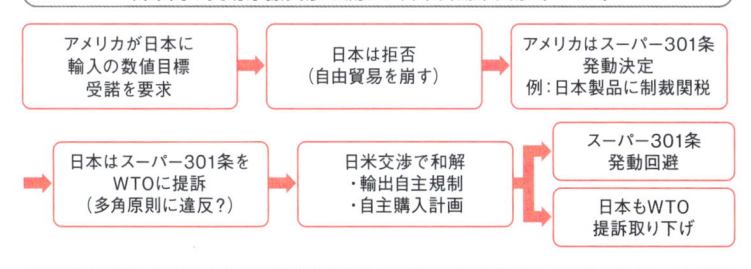

アメリカが日本に輸入の数値目標受諾を要求 → 日本は拒否（自由貿易を崩す） → アメリカはスーパー301条発動決定　例：日本製品に制裁関税

→ 日本はスーパー301条をWTOに提訴（多角原則に違反？） → 日米交渉で和解・輸出自主規制・自主購入計画 → スーパー301条発動回避／日本もWTO提訴取り下げ

米包括通商法（スーパー）301条
1989〜90、94〜95、96〜97、99〜2001年の時限立法

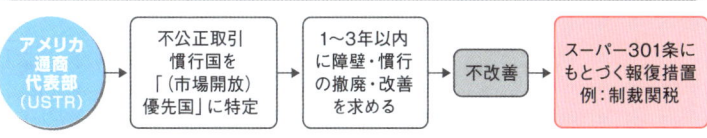

アメリカ通商代表部（USTR） → 不公正取引慣行国を「（市場開放）優先国」に特定 → 1〜3年以内に障壁・慣行の撤廃・改善を求める → 不改善 → スーパー301条にもとづく報復措置　例：制裁関税

兆4,130億ドルに激増して、過去最大の赤字を記録し、双子の赤字は深刻化している。1980〜90年代は、アメリカの経常収支赤字の最大要因は対日経常収支赤字（特に貿易赤字）が中心だったが、2000年代には対中国経常収支赤字（貿易赤字）が加わったため巨額化していった。

12 日本の産業構造　B

1. 産業の分類（コーリン＝クラーク方式）

コーリン＝クラーク〔英・1905〜89〕は、産業を**第一次産業**（農林水産業）、**第二次産業**（工業、建設業、製造業）、**第三次産業**（商業、サービス業、電気・ガス・水道など）に分類した。

2. 産業構造の高度化

経済の成長に伴い生産額、就業人口割合ともに「第一次産業→第二次産業→第三次産業」へとその比重が移行していくことを産業構造の高度化（コーリン＝クラークの法則または*ペティ＝クラークの法則）という。

3. 重化学工業化（ホフマンの法則）

重化学工業化とは、第二次産業の内部で、**軽工業**から**重化学工業**に、生産額、就業人口が移行していくことをいう。日本では、高度経済成長期に製造業を中心とする第二次産業が拡大し、特に重化学工業化が進んだ。

4. 石油危機（オイル＝ショック）後の産業構造の転換

(1) 資源多消費型産業から資源寡消費型産業へ　鉄鋼、石油化学、合成繊維などの**石油依存型**で資源多消費型の**素材**産業は、エネルギーコストの上昇によって大打撃を受けた。そこで、自動車・電気機械・精密機械などの**非石油依存型**で資源寡消費型（省資源・省エネ型）の**加工組立**産業に転換していく（素材産業から加工組立産業へ）。

(2) 資本集約型産業から知識集約型産業へ　大量の原材料を投下する資本集約（重厚長大）型産業から、コンピュータのソフトウェア開発などの知識集約（軽薄短小）型産業へ移行しつつある。

(3) 経済のソフト化・サービス化　平成景気において、経済のソフト化・サービス化が進み、情報サービス・リース・広告・レジャーの各産業などが大きく伸びた。

> ソフトウェアとは、モノ（ハードウェア）に付加される情報・知識・アイディアなどのこと。❶第二次産業内部で、ハードウェア開発からソフトウェア開発に重点が移行することがソフト化。❷第三次産業内部で、「モノを売る」から「情報などの付加価値を売る」に移行することがサービス化。

---

*　産業構造の高度化の進行は、コーリン＝クラークの他にもウィリアム＝ペティも述べていたことから、「ペティの法則」ないしは「ペティ＝クラークの法則」と呼ばれる。

▼産業構造の変化～経済のソフト化・サービス化 　基本

■ 日本の産業構造～産業別の就業人口割合、国民所得割合

【就業人口割合】
- 第一次産業: 3.8
- 第二次産業: 24.5
- 第三次産業: 70.7

【国民所得割合】
- 第一次産業: 1.3
- 第二次産業: 27.5
- 第三次産業: 71.2

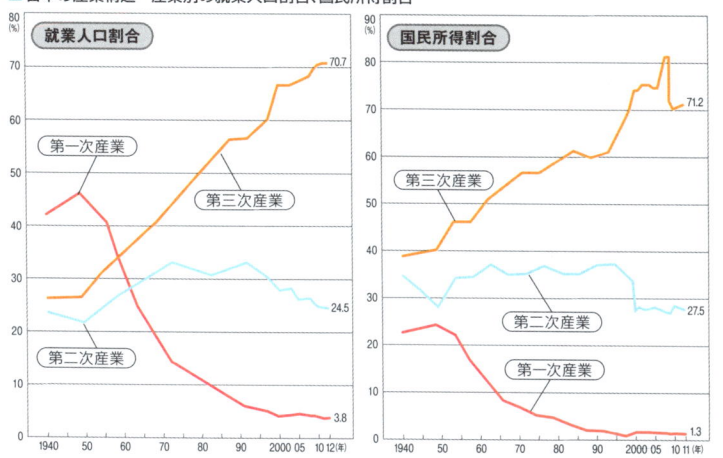

check! 第一次産業の就業人口割合、国民所得割合はともに低いが、国民所得割合（生産額）は就業人口割合よりも低い（労働生産性が低い）。

▼1970年代石油危機（オイル＝ショック）で産業構造が変化 　基本

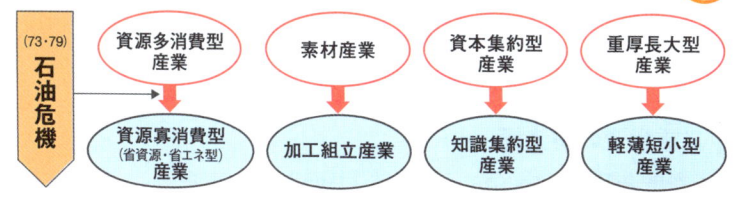

石油危機(73・79)
- 資源多消費型産業 → 資源寡消費型（省資源・省エネ型）産業
- 素材産業 → 加工組立産業
- 資本集約型産業 → 知識集約型産業
- 重厚長大型産業 → 軽薄短小型産業

▼IT（情報技術）革命で経済が変わる！ 　時事

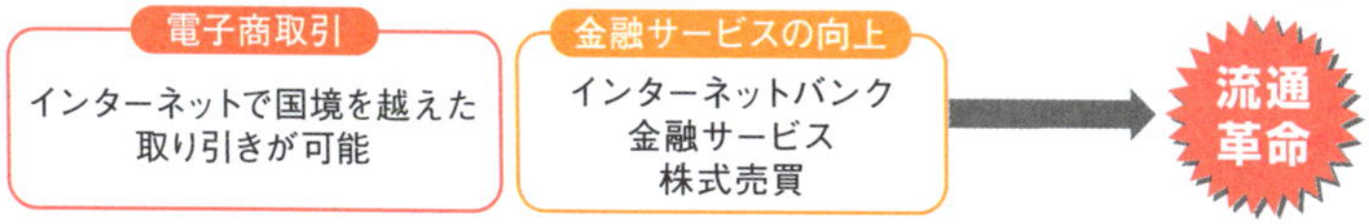

【電子商取引】インターネットで国境を越えた取り引きが可能

【金融サービスの向上】インターネットバンク　金融サービス　株式売買

→ 流通革命

check! IT革命で実現可能なもの ▶ いつでも、どこでもインターネットが利用できる社会＝「ユビキタス社会」、自宅が事務所となる電子化事務所＝「SOHO」（ソーホー：Small Office Home Office）など。

第8章　日本経済の諸問題

13 中小企業

B

1. 中小企業の定義～中小企業基本法（1963）

①鉱工業・運送業では**資本金3億円以下**、または**従業員数300人以下**の企業、②**卸売業**では**資本金1億円以下**、または**従業員数100人以下**の企業、③**小売業**では**資本金5,000万円以下**、または**従業員数50人以下**、④**サービス業**では**資本金5,000万円以下**、または**従業員数100人以下**の企業をいう（1999.12改正）。

☞1 中小企業には、地域密着型の地場産業、大企業の下請・系列企業、独自の研究開発で高度な経営展開を行う**ベンチャービジネス**（冒険的企業）がある。IT関連ベンチャーには、少ない労働者数で高い生産性を上げるものもある。コンビニのように産業のすき間で成長する産業を**ニッチ産業**という。

2. 大企業との格差～二重構造

日本では中小企業の近代化が遅れ、大企業と比べて**資本装備**率・生産性・収益性・賃金などの面で大きな格差がある。これを**二重構造**という。原因には以下の3つがある。①十分な担保資産がないため融資が受けにくく（**金融の二重構造**）、機械化を進めにくい。②高い原材料を買わされ、製品は安く買いたたかれる（**原料高・製品安**）。③好況時には発注が増えるが、不況になると発注を切り捨てられ、経営不振に陥りやすい（**景気変動の調節弁**）。

☞2 2008年9月のリーマン=ショックによる経済危機で大手自動車・家電メーカーの生産が削減され、下請企業への発注も大幅削減された。09年12月に民主党政権は、中小企業や住宅ローン破綻を防ぐため、最大3年間の支払猶予を認める法律を制定・施行して、倒産防止を図った。

3. 二重構造の解決策

(1) **構造改善**政策　**中小企業基本法**（1963）、**中小企業近代化促進法**（1963）にもとづいて、中小企業金融公庫（当時）から低利融資を行う。

(2) **大規模小売店舗法**（1973）　デパート・大型スーパーの出店規制（当時の**通産大臣の許可制**、3年間（1991年より1年間）の**出店調整期間の設定**など）を行って地元の中小商店を保護した。だが、アメリカの要求により、**99年に廃止**された結果、デパートの出店が自由化（規制緩和）された。デパートの倒産防止という実際の必要性があったが、中小商店の経営は厳しくなった。

☞3 代わって、大規模小売店舗立地法が作られた。デパート・大型スーパーの出店が原則自由化され、交通渋滞緩和策、ゴミ対策のみを出店の条件とした（1998制定、2000施行）。

*1 1999年改正の背景には、中小企業の倒産防止を図る特別法などの適用対象企業を増やすため、中小企業の定義を拡大した。2013年には、倒産防止のための公的支援を行う中小企業再生支援機構が創設された。

▼事業所数の約99%が中小企業だが、その出荷額は50%弱 【盲点】

事業所数 434,672(2010)
- 大企業 0.8%
- 中小企業 99.2

従業者数 808.7万人(2010)
- 大企業 29.7
- 中小企業 70.3

製造業出荷額 290兆8,029億円(2010)
- 大企業 53.0
- 中小企業 47.0

小売業販売額 134兆7,050億円(2007)
- 大企業 29.1
- 中小企業 70.9

check!
❶事業所数の約99%が中小企業。 ❷中小企業の製造業出荷額は全体の約50%しかない。卸売販売額は約65%、小売販売額は約70%を中小企業が占めている。 ❷❸の原因は、中小企業は機械化が進んでいないため、労働生産性が低いことにある。 ❹ベンチャービジネス(冒険企業)などの起業を支援するため、株式会社・有限会社の資本金を1円から認める中小企業挑戦支援法を2003年に時限立法として制定したが、06年の(新)会社法施行で1円の株式会社を恒久法化した。

第8章 日本経済の諸問題

▼二重構造～大企業と中小企業間の格差 【発展】

中小企業 生産性 低 → 設備投資率 低 → 賃 金 低

中小零細企業は無理をして賃金をアップしている → 生産性格差インフレ発生

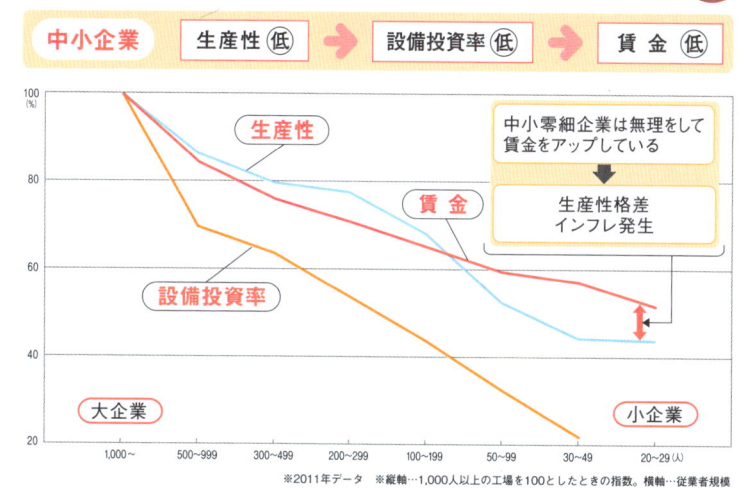

(グラフ:縦軸 20～100%、横軸 従業者規模 1,000～, 500～999, 300～499, 200～299, 100～199, 50～99, 30～49, 20～29(人) 生産性・賃金・設備投資率の推移。大企業←→小企業)

※2011年データ ※縦軸…1,000人以上の工場を100としたときの指数。横軸…従業者規模

check!
❶中小企業は、生産性が低いにもかかわらず、賃金の引き上げによって労働者を集める。 ❷無理をした賃金引き上げ分が、中小企業製品の価格に転嫁されてインフレを発生させている(生産性格差インフレ)。その結果、消費財が値上がりし、消費者物価を押し上げている。

*2 設備投資率とは、常用労働者1人当たりの有形固定資産投資総額の大企業に対する割合(大企業を100とした指数)である。
*3 円高進行とインターネットの発達により、下請企業が人件費の安い中国企業などに移行しつつある。

14 農業

1. 戦後の農業構造の変化〜農地改革から高度経済成長期

農地改革により**寄生地主**制が廃止され、**小作農**は**自作農**に転換された。その結果、**零細農**制が定着し、1ha以下の農家が**70%**を占め、生産性が低下した。ここに農・工間の生産性・所得格差の問題(**二重構造**)が生じた。高度経済成長期の重工業化に伴い、農・工間格差は拡大した。

☞ 現在、農家は①**自給的農家**が35%、②**販売農家**は65%(2010)に過ぎず、販売農家の内訳も(i)**主業農家**、(ii)**兼業農家**が各々25%、(iii)**副業的農家**が50%を占めている(2012)。また、働き手である男子労働者が工業に流出し、「**三ちゃん農業**」(じいちゃん、ばあちゃん、かあちゃんによる農業)が出現し、農業の高齢化が進んでいる。

2. 農業政策の展開

(1) **1960年代** **農業基本法**[*1](1961)による**基本法農政**は、農・工間格差を是正することを目標に、①機械化・経営規模の拡大による**自立経営農家**の育成、②畜産や果樹など需要拡大が予想される作物の生産拡大(**生産の選択的拡大**)を推進した。③コメについても食糧管理法による**食糧管理制度**(1942設置)のもと、政府が農家から高く買い上げ(**生産者米価**)、消費者には安く売る(**消費者米価**)という政策を行ったことから、**逆ザヤ**現象(利益が生じず損失を出す現象)が生じ、**財政は慢性的な赤字に陥った**。

(2) **1970年代** **総合農政**(1968) 財政赤字解決のため、コメの**生産調整**(**減反**)を行いつつ、政府が直接買い上げずに生産者から消費者に直接流通させる**自主流通米**を創設した。

(3) **1980年代以降** 海外からの農産物市場開放要求の中、日本の**総合供給熱量(カロリー)自給率は79%(1960)から39%(2011)に低下**。日米間で牛肉やオレンジの市場開放が実現した(1991)。GATT**ウルグアイ=ラウンド**(1993)ではそれまで国内完全自給であった**コメ市場の部分開放**を決定、95年から**国内コメ消費量の4%→8%**の**最低輸入義務**(**ミニマム=アクセス**)が課されたが、99年4月には予定より1年早く**例外なき関税化**(輸入数量制限を撤廃する代わりに関税を課する)に移行した。**食糧管理制度の廃止**(1995.10)、**新農業基本法**[*2]、農業経営の規制緩和など、現在、自給率を維持するために国内のコメ生産性アップとコスト引き下げを実施している。

*1 1999年に食料・農業・農村基本法(新農業基本法)に改正され、市場原理導入と農業法人化の促進を目的に、食料安定供給、農村振興に加えて多面的機能の発揮(水源かん養、自然環境・景観の保持など)が明記された。

▼コメの例外なき関税化(1999.4〜)で日本の食料自給率低下 【時事】

■食用農作物の自給率の推移

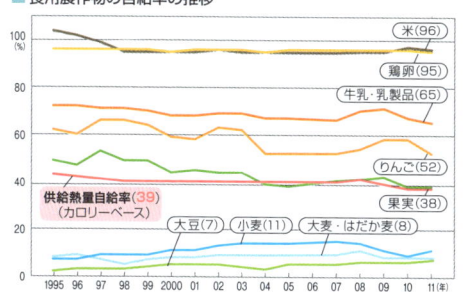

グラフ: 米(96)、鶏卵(95)、牛乳・乳製品(65)、りんご(52)、供給熱量自給率(39)(カロリーベース)、果実(38)、大豆(7)、小麦(11)、大麦・はだか麦(8)／1995〜2011年

コメの自給率が低下！
(1995年104%▶2011年96%)

日本のコメ輸入国(2012)
第1位 アメリカ(46%)
第2位 タイ(33%)
第3位 オーストラリア(9%)

穀物自給率(2009) フランス(174%) > アメリカ(125%) > 日本(28%)
(日本は2011)

▼日本のコメ市場開放と今後の自給率維持政策 【盲点】

① コメの輸入自由化 ▶ コメの自給率が今後低下 ← 食料安全保障論は自由化に反対
② 今後の農業政策 ▶ コメの規制緩和 ▶ 法人参入 ▶ コスト削減 ▶ 国際競争率アップ

食糧管理法(1942〜95) → 主要食糧需給価格安定法(1995〜) 大量生産 集荷・小売りなど流通の規制緩和 → コスト引き下げ → 外国のコメに対抗

▼食糧管理法廃止 ▶ 主要食糧需給価格安定法(1995.11施行) 【発展】

コメの流通(新法) ▶ 主要食糧の需給及び価格の安定に関する法律

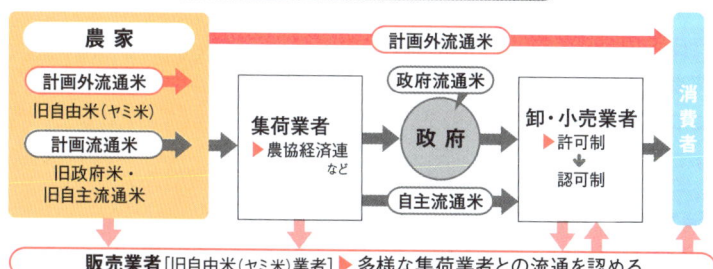

農家
- 計画外流通米／旧自由米(ヤミ米) → (計画外流通米) → 消費者
- 計画流通米／旧政府米・旧自主流通米 → 集荷業者 ▶農協経済連など → 政府(政府流通米) → 卸・小売業者 ▶許可制→認可制 → 消費者
- 自主流通米 → 卸・小売業者

販売業者[旧自由米(ヤミ米)業者] ▶ 多様な集荷業者との流通を認める

check! ❶強制的減反の見直し▶選択的減反に▶大量生産・コスト引き下げ。❷計画流通米の内、自主流通米を流通の基本に。❸集荷・小売りなど流通の規制緩和でコスト削減。

*2 2009年の農地法改正で法人による農地の賃貸借はほぼ自由化されたが、売買には出資制限や役員に一定期間の農業従事を義務づけるなどの法人資格が設けられている。安倍内閣は2013年、国家戦略特区に農業法人の参入自由化を促進する特区の創設を提案している。

15 消費者問題　B

1. 消費者主権
　大量生産・大量販売・大量消費の経済構造のもと、欠陥商品・悪徳商法による消費者被害が社会問題化した。アメリカでは、1962年に**ケネディ**大統領が消費者特別教書の中で**消費者の4つの権利**（**知る権利・選ぶ権利・安全である権利・意見を反映させる権利**）を唱え、**消費者**主権を提唱した。

☞1　市場での購買行動を通じて生産のあり方を最終的に決定するのは消費者だとする考え方。

2. 消費者行政と消費者運動
(1) **独占禁止**法（**1947**）　独占価格や不公正な競争を排除し、消費者が適正な価格で商品を購入できることを保障する。

(2) **消費者保護基本**法（**1968**）　国・地方公共団体が消費者保護に果たす責務を明確化、企業には商品の安全性確保や計量・表示の適正化を義務づけた。2004年、消費者保護から自立支援を目標とする**消費者基本法**に発展。

(3) **生活協同組合**[*1]　商品の共同購入、商品テスト、消費者啓発などを実施。

3. 最近の消費者問題[*2]
(1) **クーリング＝オフ**　割賦販売や訪問販売で商品を購入した場合、一定期間内（**マルチ商法で20日間、訪問販売などで8日間**）ならば被害者となる消費者側からの契約の**無条件解除**を認める。

☞2　消費者を悪徳商法の被害から保護する目的なので、売主の契約解除権は認められない。

(2) **製造物責任**（**PL**）**法**（**1994制定、95.7施行**）　欠陥商品の被害者は、加害者（メーカー）の過失を立証しなくても損害賠償請求ができる（**欠陥商品についてのメーカーの無過失責任**）。

☞3　ただし、メーカーが開発当時の科学水準から見て、被害の結果発生は予見不可能であったことの立証に成功すれば、免責される余地はある（**開発危険の抗弁権**）。

(3) **消費者契約法**（**2000制定、01.4施行**）　ウソの勧誘（例：必ず値上がりする）による契約の取消権と、売主は一切責任を負わないとする免責条項の無効性を定めた。2006年改正では、消費者契約法が改正され、適格消費者団体が消費者に代わって悪徳事業主への差し止め請求などの法的手段を講ずることを認めた。

[*1]　生協活動は、19世紀のイギリスでロッチデールらによって始められた。
[*2]　狂牛病（BSE）の発生により、2004年から牛肉トレーサビリティ法が施行され、牛肉の生産・流通の履歴を表示し、食の安全を守るように努めている。最近は、食品の賞味期限切れ、産地偽装、

▼消費者保護行政の仕組みをチェック 盲点

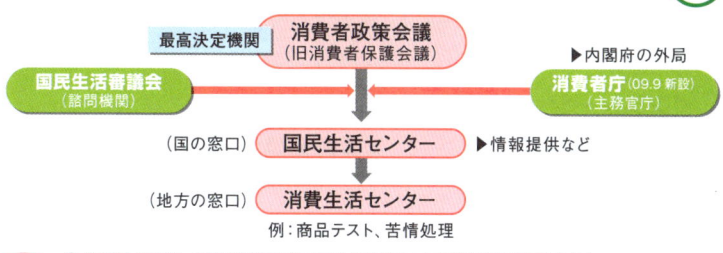

- 消費者政策会議（旧消費者保護会議）＝最高決定機関
- 国民生活審議会（諮問機関）
- 消費者庁（09.9 新設）（主務官庁）▶内閣府の外局
- （国の窓口）国民生活センター ▶情報提供など
- （地方の窓口）消費生活センター 例：商品テスト、苦情処理

check!
1. 2009年9月、消費者問題に関する主務官庁として消費者庁が新設された。
2. 消費者行政の最高決定機関＝消費者政策会議。
3. 消費者行政決定の諮問機関＝国民生活審議会。

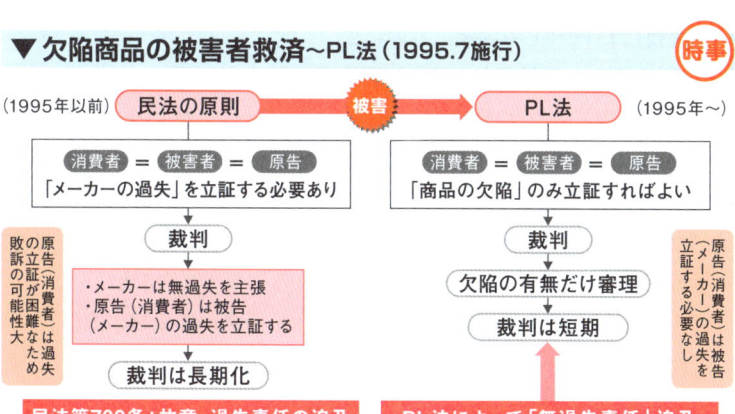

▼欠陥商品の被害者救済～PL法（1995.7施行） 時事

（1995年以前）**民法の原則** →被害→ **PL法** （1995年～）

民法の原則側:
- 消費者＝被害者＝原告
- 「メーカーの過失」を立証する必要あり
- 裁判
  - メーカーは無過失を主張
  - 原告（消費者）は被告（メーカー）の過失を立証する
- 裁判は長期化
- 原告（消費者）は過失立証が困難なため敗訴の可能性大
- **民法第709条：故意・過失責任の追及**

PL法側:
- 消費者＝被害者＝原告
- 「商品の欠陥」のみ立証すればよい
- 裁判
  - 欠陥の有無だけ審理
  - 裁判は短期
- 原告（消費者）は被告（メーカー）の過失を立証する必要なし
- **PL法によって「無過失責任」追及**

check! PL法は、民法の過失責任の原則を修正して、メーカーの無過失責任を定めて、欠陥商品の被害者保護を図っている（なお、PLとは、Product Liability の略）。

クーリング＝オフ制度 ／ 特定商取引法（2001）◀（名称変更）旧訪問販売法など

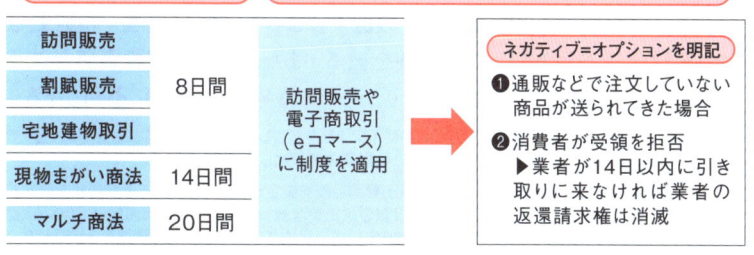

訪問販売	8日間
割賦販売	8日間
宅地建物取引	8日間
現物まがい商法	14日間
マルチ商法	20日間

訪問販売や電子商取引（eコマース）に制度を適用

ネガティブ＝オプションを明記
1. 通販などで注文していない商品が送られてきた場合
2. 消費者が受領を拒否 ▶業者が14日以内に引き取りに来なければ業者の返還請求権は消滅

ホテル・レストランなどでの「食品偽装問題」など、消費者に対する詐欺まがいの行為が続発している。これらは、不当競争防止法（原産地虚偽表示）や日本農林規格（JAS）法に違反する行為であり、企業には法令遵守（コンプライアンス）が求められる。

第8章 日本経済の諸問題

16 物価問題(1)
インフレーション

1. インフレーションの定義

①流通通貨量の増加によって、②貨幣価値が下落し、その結果、③商品価格（物価）が上昇すること。

☞1 ❶ハイパー＝インフレとは、物価が急上昇する超インフレ。❷ギャロッピング＝インフレとは、かけ足のインフレ。❸クリーピング＝インフレとは、しのびよるインフレ。

2. インフレの原因による分類

(1) ディマンド＝プル＝インフレ（需要インフレ）　総需要が総供給を上回る超過需要によって生じる物価上昇のこと。

①消費インフレ：所得増加に伴う消費需要の拡大が原因。

②信用インフレ：銀行の貸出超過（オーバー＝ローン）が原因。

③財政インフレ：赤字公債の発行による財政支出の拡大が原因。

④輸出インフレ：輸出（外需）拡大に伴う国内通貨量の増加が原因。

(2) コスト＝プッシュ＝インフレ（費用インフレ）　供給側のコスト（必要経費）の値上がりが、商品価格に転嫁されて発生する物価上昇のこと。

①輸入インフレ：輸入原材料の値上がりの商品価格への転嫁が原因。

②生産性格差インフレ：生産性の低い中小企業が無理をして賃上げをした場合の賃金コストの商品価格への転嫁が原因。

③管理価格インフレ：大企業の超過利潤の商品価格転嫁が原因。

3. インフレの影響～不平等な所得分配

資産家は、土地・株式などの有形資産の値上がりで利益を受ける。一方、有形資産を持たず一定の現金収入で暮らす定額（低額）所得者は、物価上昇に伴う貨幣価値（貨幣購買力）の低下によって、賃金・年金・預貯金などの実質価値が目減りして不利益を被る。また、借金の実質価値が減るので、債務者（借金者）に有利となり、逆に債権者（貸金者）に不利となる。

☞2 調整インフレ論（通貨増発などで政策的にインフレを起こして国債などの国の債務〔借入金〕の実質的価値を減少させようとする考え方）も財政再建策として登場している。

☞3 インフレ＝ターゲット論では、一定の物価上昇率目標を設定し、目標達成まで金融緩和を維持することを主張する。2013年に就任した日銀の黒田東彦総裁は、第二次安倍内閣の「アベノミクス」に協調し、消費者物価の年2％上昇を2年以内に達成するという物価数値目標を設定した。

▼需要インフレと費用インフレ。その対策は？ 【重要】

需要インフレ
- ❶消費インフレ → 金融引き締め・財政支出削減（所得抑制▶消費抑制）
- ❷信用インフレ → 金融引き締め（銀行の貸出抑制）
- ❸財政インフレ → 財政支出削減（黒字財政）
- ❹輸出インフレ → 為替政策（円高に誘導）▶輸出抑制

費用インフレ
- ①輸入インフレ → 為替政策（円高に誘導）▶輸入価格引き下げ
- ②生産性格差インフレ → 中小企業近代化政策 中小企業の生産性向上（構造改善政策）
- ③管理価格インフレ → 独占禁止政策（競争維持政策）

▼消費者物価指数 ▶ 1998～2005年、08～11年は下落 【発展】

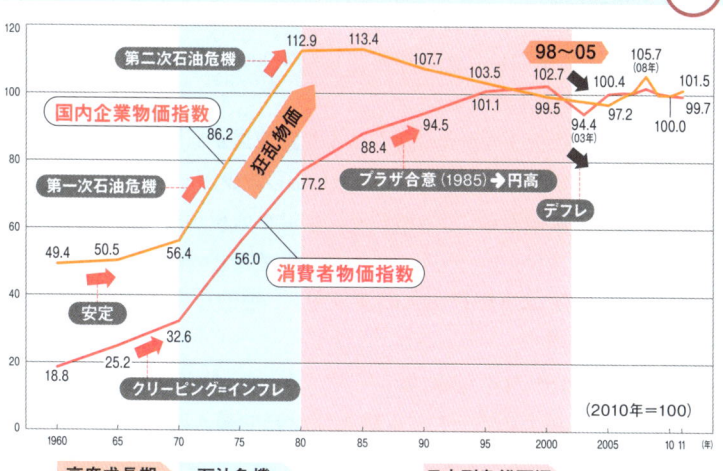

第8章 日本経済の諸問題

グラフ：国内企業物価指数と消費者物価指数（2010年＝100）

主要数値（国内企業物価指数）：49.4, 50.5, 56.4, 86.2, 112.9, 113.4, 107.7, 103.5, 102.7, 100.4, 105.7（08年）, 101.5
主要数値（消費者物価指数）：18.8, 25.2, 32.6, 56.0, 77.2, 88.4, 94.5, 101.1, 99.5, 94.4（03年）, 97.2, 100.0, 99.7

イベント注記：第一次石油危機、第二次石油危機、狂乱物価、プラザ合意（1985）→円高、デフレ、クリーピング＝インフレ、安定、98～05
期間区分：高度成長期／石油危機／日本列島総不況（1960～2011年）

check!
❶第一次石油危機（1973）、第二次石油危機（79）▶企業・消費者物価ともに急上昇。素材価格＝企業物価の方が敏感に影響を受けた。❷プラザ合意（85）▶円高による輸入素材の値下がりが企業物価を引き下げた。❸1998～2003年まで企業物価は下落し、デフレが続いた（日本列島総不況＝「失われた10年」）。その後、企業物価は原油の値上がりにより04、05年と上昇した。❹2006～08年上半期までは企業・消費者物価ともに上昇に転じた。世界的な原油の値上がりが原因である。06年には原油1バーレル＝70ドル台、08年1月には100ドル、08年7月には147ドルと、最高値を記録した（ニューヨーク原油先物市場のWTI）。❺08年9月のリーマン＝ショックで08～10年は企業物価・消費者物価ともに下落した。❻2011年3月の東日本大震災で消費者物価は下落する一方、復興機材や原発停止による原油・天然ガス値上がりで企業物価は上昇した。

17 物価問題(2)
デフレーション

A

1. デフレーションの定義

①**流通通貨量**が**減少**することによって、②**貨幣価値**が**上昇**し、その結果、③**商品価格(物価)が持続的に下落**すること。1990年代後半から2003年にかけて、国内企業物価、消費者物価ともに下落傾向を示し、特に、バブル崩壊により地価・株価が下落する**資産**デフレ(**ストック=デフレ**)が顕著となる中、デフレが不況を招き、さらに不況がデフレを招くという**デフレ=スパイラル**が懸念された。08年9月のリーマン=ショックに端を発した世界経済危機による雇用の悪化で消費需要が減退し、**急激なデフレ**が進行した。

2. デフレの原因による分類

(1) **需要面からのデフレ** 総需要が総供給を下回る超過供給(売れ残り)によって生じる物価下落である。

①**消費**デフレ:不況下の所得減少による**消費減退**が原因。

②**信用**デフレ:銀行の**貸し渋り**による**貸し出し減少**が原因。

③**財政**デフレ:**緊縮財政**による財政支出削減や増税が原因。

④**資産**デフレ(**ストック=デフレ**):土地・株式などの資産値下がりに伴う担保価値の下落による**銀行借入の減少**や、心理的な消費需要の減退(**逆資産効果**)が原因。

(2) **供給面からのデフレ** 供給側の原因で発生する物価下落。

①**輸入**デフレ:円高の進行による**輸入原材料**や**輸入製品の値下がり**、割安なNIESや中国製品の大量流入が原因。

②**流通コスト**の値下がりによるデフレ:国内流通の簡素化、ディスカウント=ショップの台頭が原因。

3. デフレの影響

土地・株などの**有形資産は値下がり**するので、有形資産の所有者に不利。一方、有形資産を持たない定額(低額)所得者は、貨幣価値の上昇で**賃金・年金・預貯金などの実質価値が上昇**して得をする。借金の実質価値は増えるので**債務者**に不利、**債権者**に有利となる。

---

*1 デフレーションとは、政府の定義によると2年連続して物価が下落することを意味する。
*2 デフレに伴う債務者損失は、次の通り。デフレ時には、その対策としては金利は引き下げられたので有利だと思って借金をして不動産など有形資産を購入すると、不動産など有形資産は値下がりす

▼ 地価・株価はバブル崩壊とリーマン=ショック後に、急落！ 重要

(グラフ：1983年〜2013年の株価（日経平均株価、左目盛）と地価（市街地価格指数の6大都市、指数：2000年=100、右目盛）の推移)

グラフ中の注記：
- バブル最盛期
- 株価（左目盛）
- 地価（右目盛）
- 実質マイナス成長／金融破綻相次ぐ（98）
- 公定歩合0.5%（95.9）
- 12,000円台回復（04.4）
- 7,054円に（09.3）
- バブル景気／バブル不況／「失われた10年」（90年代）
- 景気拡大／円высоко不況／景気拡張／景気減速／平成不況／景気拡大／景気後退／景気拡大／景気後退／景気拡大／世界経済危機=欧州債務危機

check! 株価の推移：38,900円（89.12）→ 7,600円台（03.4 バブル後最安値）→ 16,000円台回復（06.4）→ 7,100円台（08.9 リーマン=ショック後）→ 7,054円（09.3 バブル後最安値更新）→ 1万円台回復 → 8,100円台（11.3 東日本大震災）

▼ 地価・株価の下落は不良債権を増やし、金融破綻を招く 重要

● 不良債権発生メカニズム

土地・株式値下がり → 銀行が融資の際に設定した担保の価値が下落 → 担保の土地・株式を第三者に売却しても貸付金は全額回収不能 → 回収不能分＝不良債権増加

check! 例えば、銀行がバブル期に1億円と評価した土地・株を担保に1億円を融資したとする。融資先企業が返済不能に陥ると、銀行は担保の土地・株を取り上げ、それらを第三者に売却（競売）。その際、土地・株が値下がりして時価4,000万円になっていた場合、銀行は4,000万円しか回収できない。結果、貸付金（1億円）から回収金（4,000万円）を差し引いた6,000万円が不良債権となる。

● 不良債権解決の方法？

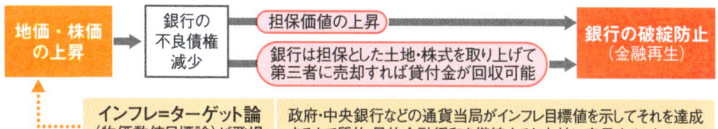

地価・株価の上昇 → 銀行の不良債権減少 → 担保価値の上昇／銀行は担保とした土地・株式を取り上げて第三者に売却すれば貸付金が回収可能 → 銀行の破綻防止（金融再生）

インフレ=ターゲット論（物価数値目標論）が登場：政府・中央銀行などの通貨当局がインフレ目標値を示してそれを達成するまで質的・量的金融緩和を継続すると内外に宣言すること

check! ❶日銀は、一旦発生したインフレを止めることは困難だとして、インフレ=ターゲット論の採用には消極的だったが、量的緩和を徹底してデフレの進行を止め、物価上昇率0％に戻すという表明を行っていた。❷2013年、日銀の黒田総裁は消費者物価上昇率2％を目標に設定し、インフレ=ターゲットを実施している。❸インフレになれば、通貨価値が下落して債務（借金）の実質価値が下落し国の財政赤字を軽減できる。インフレ=ターゲット論は国家財政再建策でもある。

▼ デフレになると国の債務（国債残高）は重くなる 発展

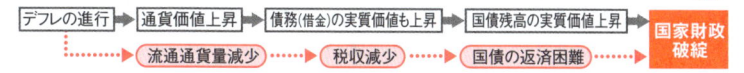

デフレの進行 → 通貨価値上昇 → 債務（借金）の実質価値も上昇 → 国債残高の実質価値上昇 → 国家財政破綻
　　↓　　　　流通通貨量減少　……　税収減少　……　国債の返済困難　↗

るとともに、デフレによる賃金引き下げで借金の返済が重くなる。

*3 株価が先に動き、地価は多少のタイム=ラグの後に、同様に動く傾向がある。バブル期に株価が急騰すると、株でもうけたお金で不動産を買う人が増え、若干遅れて土地の値上がりが起きた。

18 公害問題　B

1. 公害問題の発生

公害の原点は**足尾銅山鉱毒**事件（1890）であり、代議士**田中正造**が明治天皇に直訴したことで知られる。公害問題が激化したのは戦後の高度経済成長期で、**四大公害**（①**四日市ぜんそく**、②**イタイイタイ病**、③**水俣病**、④**新潟水俣病**）が発生した。

☞ ①は大気汚染、②はカドミウム、③④は有機水銀による水質汚染で、いずれの訴訟でも、原告（被害者住民）側が勝訴し、企業の公害責任が認められた（ただし、一部賠償）。関西水俣病訴訟（最高裁）は、2004年に国と県の公害行政責任を初めて認定し、公権力の損害賠償義務を認容した。

2. 公害対策基本法から環境基本法へ

(1) **公害対策基本法**（1967）　公害を大気汚染・水質汚濁・土壌の汚染・騒音・振動・地盤沈下・悪臭の7種類と規定。**1970年、公害国会で「公害対策と経済発展との調和条項」を削除し、公害対策を優先して公害罪法**など公害関連14法を改正・制定した。翌71年、**環境庁**（現、**環境省**）を設置。

(2) **環境基本法**（1993）　廃棄物・放射性物質・地球環境問題などに対処すべく**公害対策基本**法と**自然環境保全**法を発展的に統合した法律。地球サミット（1992）を受けて制定され、地球環境保護を推進する国の行政責任を明確化する**環境憲法の役割**を持つ。**環境権**を明記しなかった点が問題。

3. 公害規制

(1) **汚染者負担の原則**[*1]（PPP）　民法原則を修正して、**汚染物質を排出した者が公害によって生じた費用・損害を負担するという原則**。社会的費用を市場に内部化（**外部不経済**の**内部化**）すれば、企業は排出を自制するであろう。

(2) **無過失責任の原則**　民法原則を修正して、企業に故意・過失がなくても損害賠償責任を負わせる（大気汚染防止法・水質汚濁防止法などに規定）。

(3) **濃度規制から総量規制へ**　濃度規制は排出濃度を薄めるとクリアされるので、地域全体の排出総量規制が付加されている。

(4) **環境アセスメント**[*2]　**開発の影響を事前に調査・評価し、地域住民の意見を吸収する機会を与えた上で開発を行う制度**。従来、各地方に**条例**はあったが、1997年に国の**法律**としても成立した（**環境影響評価**法）。

[*1] PPPを実現する経済政策にはグリーン化税制（自動車関係諸税を排気量の高い自動車には高く、エコカーには低くする税制）や環境税（CO_2税）などがある。日本でも環境税（正式名称「地球温暖化対策のための税」）が、2012年10月に導入された。

▼ 私的費用＋社会的費用＝社会的総費用 （発展）

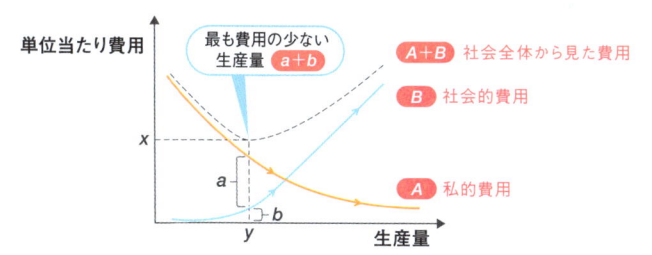

単位当たり費用

- 最も費用の少ない生産量 $a+b$
- $A+B$ 社会全体から見た費用
- B 社会的費用
- A 私的費用

（グラフ：縦軸 単位当たり費用、横軸 生産量、x での費用、a、b、y の生産量）

check!
❶ 大量生産をすれば、単位当たりのコストは低下し、企業の私的費用は低下する。 ❷ しかし、大量生産は公害を発生させ、公害防止のための社会的費用を増加させる。 ❸ 社会全体の効率から考えれば、企業の私的費用と社会的費用の和が最も小さくなる点（x）の生産量（y）を維持することが理想である。 ❹ 理想の生産量を維持するには、その点（y）から増加した社会的費用を企業に負担させればよい ▶ PPPの確立！

▼ 公害発生メカニズムと対策 （基本）

発生メカニズム

外部経済の内部化
大気・水を企業内に取り込み、生産に利用する

↓

内部不経済の発生
企業の内部に汚水・ばい煙が発生

↓

内部不経済の外部化
外部不経済 ＝ 公害
企業内に生じた汚水やばい煙を外部に排出する

公害対策

外部不経済の内部化
企業の外部に発生したマイナスの費用を企業に負担させる

↓

汚染者負担の原則（PPP）の確立

企業はコスト負担を避けるため、公害の発生防止の努力をする

▼「環境アセスメント法」と「時のアセスメント」 （時事）

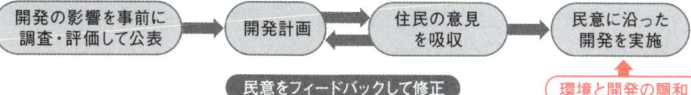

環境アセスメント法（環境影響評価法） （1997制定、99施行）

開発の影響を事前に調査・評価して公表 → 開発計画 ⇄ 住民の意見を吸収 → 民意に沿った開発を実施

民意をフィードバックして修正

環境と開発の調和

時のアセスメント （1998年、「無駄な公共事業を再評価するシステム」）

公共事業計画 → 5年間未着工 10年間継続中 → 公共事業の再検討・見直し

*2 環境アセスメントの目的は、開発と環境保全に民意を反映させることにある。

19 地球環境問題(1)　　A

1. オゾン層の破壊

(1) **原因物質**　フロンガス(CFC)。スプレーの噴射剤・冷蔵庫やクーラーの冷却剤・半導体の洗浄剤などに含まれる。

(2) **影響**　成層圏内にあるオゾン層を破壊してオゾンホールをあけ、紫外線が直接地表面に照射されて、**皮膚ガン**の発生や**農作物や森林を枯渇させる。**

(3) **対策**　①オゾン層保護に関する**ウィーン**条約締結(1985)。②①の**モントリオール**議定書(先進国は1996年までに特定フロン全廃〔発展途上国は2015年まで〕、代替フロンも2020年全廃〔同2030年まで〕、1987)。③**ヘルシンキ**宣言(特定フロンを20世紀中に必ず全廃、1989)。日本は88年に**オゾン層保護法**を制定し、特定フロンの製造を全廃した。

2. 地球温暖化

(1) **原因物質**　自動車排気ガスや工場のばい煙中の**温室効果ガス**(二酸化炭素＝CO_2・メタンガス・代替フロンガスなど)。

(2) **影響**　氷の溶解による**海面の上昇**や熱波と寒波・大旱魃と大洪水などの**異常気象**が発生する。生態系のバランスの崩壊は森林や農作物にも影響を与え、疫病発生の危険性もある。

(3) **対策**　1992年の地球サミットで**気候変動枠組み条約**(地球温暖化防止条約)を締結。各国に温室効果ガスの90年排出レベル凍結と、排出削減努力の報告義務を課したが、**排出削減数値目標の設定には失敗**した。1997年に開催された**気候変動枠組み**条約第3回締約国会議(**COP3京都会議**)で温室効果ガスの**排出削減数値目標の設定に成功**した。先進国には2008～12年までに90年レベルと比べて**EU8％・アメリカ7％・日本6％削減**(先進国全体で5.2％)を定めた**京都議定書**を採択するも、発展途上国への削減目標の設定は見送られた。13年以降の**ポスト京都議定書**の策定をめぐり、議論は難航したが、20年に**新しい枠組み**発効が目指されている。

☞ 同議定書の発効条件は、(ⅰ)55ヵ国以上の批准、かつ(ⅱ)先進国全体の1990年のCO_2排出量の55％以上となる国の批准。CO_2排出量世界第1位のアメリカ(20％超)の共和党ブッシュ政権は批准を拒否したが、04年秋にはロシアの批准で発効条件を満たし、05年2月に正式に発効した。アメリカ民主党オバマ政権はポスト京都議定書には加入の方針を示したが、結局、未批准である。

＊ポスト京都議定書では、中国・インドなど新興国のCO_2削減義務受け入れが焦点となるが、拒否状態にある。2008年7月の洞爺湖サミット(日本)では、50年までのCO_2排出量年間50％削減目標の共有の確認にとどまった。11年12月のCOP17(南アフリカのダーバンで開催)では、15年までに新し

▼ 地球レベルで発生する環境問題 [時事]

フロンガスの排出
例：スプレー・冷却剤・半導体の洗浄剤
- オゾン層の破壊

紫外線が直接肌に触れ、皮膚ガン発生・農作物も枯渇

化石燃料の大量消費
例：温室効果ガス
- 地球温暖化

海面の上昇・異常気象など

硫黄酸化物(SO_x) 窒素酸化物(NO_x)
例：工場のばい煙・排気ガス
- 酸性雨

土壌・森林・湖沼への悪影響

農地拡大・木材の過剰伐採 資源開発・焼畑農耕
- 熱帯林の減少・地球砂漠化

二酸化炭素濃度が高くなり、気候や生態系に悪影響

第8章 日本経済の諸問題

▼ 環境破壊の発生メカニズム [発展]

先進国（高度な経済活動）
- 化石燃料の使用 → 海洋汚染、酸性雨（硫黄酸化物(SO_x)・窒素酸化物(NO_x)）、炭酸ガス・二酸化炭素(CO_2) → 地球温暖化
- 化学物質の使用 → フロン → オゾン層破壊 → 野生生物種の減少
- 地球温暖化 → 砂漠化
- 熱帯林の減少 → 砂漠化、野生生物種の減少
- 国際取り引き

発展途上国（人口爆発）
- 過放牧・過耕作 → 砂漠化
- 焼畑移動農耕 → 熱帯林の減少

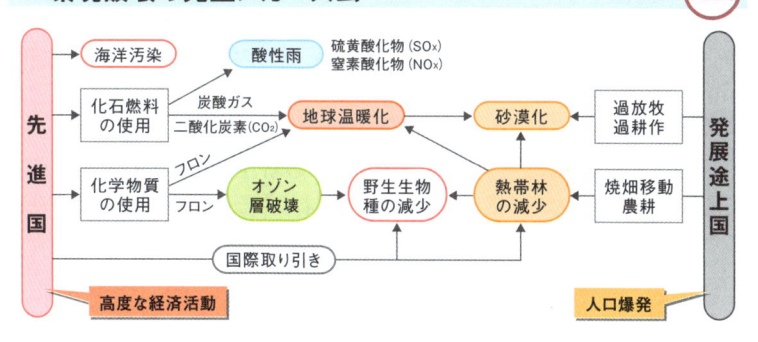

▼ 京都議定書（京都メカニズム）の問題点（COP3 1997） [発展]

排出権取引
削減義務を超えて温室効果ガスを削減した国は、超過削減分を第三国に売却できる。
▶外国から排出権を買い取れば、削減義務を超えた排出が可能になってしまう！

クリーン開発メカニズム（CDM）
先進国が発展途上国で行ったクリーン事業による温室効果ガスの削減分を自国の削減分に算入できる。

共同実施
先進国間で温室効果ガス削減事業を共同実施した場合、削減枠を共同実施した国どうしで移転し合うことを認める。

ネット方式（森林吸収分）
温室効果ガスの森林吸収分を削減分に含める。

い枠組みを決定し、20年からの開始に合意。その間、京都議定書の削減義務の延長を決め、中国など新興国の削減義務免除に強く反対した日本は、13年より削減義務が免除された。12年12月のCOP18（ドーハのカタールで開催）では、15年合意に向けてのタイム＝テーブルなどが話し合われた。

20 地球環境問題(2)　　A

1. 酸性雨（pH5.6以下の雨）

(1) **原因物質**　硫黄酸化物（SOx）・窒素酸化物（NOx）。工場のばい煙・自動車の排気ガスなどに含まれる。

(2) **影響**　湖沼の酸性度（pH）が高まり、動植物の絶滅・土壌の悪化・森林や農作物の枯渇・地球砂漠化や温暖化を加速させている。建造物や文化財の腐食も進行させる。

(3) **対策**　1971年にラムサール条約（国際湿地帯保護条約）で各国に原因物質の排出規制努力義務が課された。79年には欧州諸国で長距離越境大気汚染条約が結ばれたが、NOxについては現状凍結で合意（「ソフィア議定書」1988）。

> ☞ 1　アメリカの五大湖の野鳥には奇形の増加が指摘され、ドイツのシュヴァルツヴァルト（黒い森）の森林の枯渇も発生している。

2. 地球砂漠化

(1) **原因**　人口急増に伴う食糧確保のための**過耕作・薪炭材（しんたん）の過剰採取・家畜の過放牧・焼畑農耕**による熱帯林伐採にある。その結果、表土の流出や地力（ちりょく）の低下が起こり、不毛の地である砂漠が拡大している。

> ☞ 2　アフリカのサハラ砂漠のサヘル地域のみならず、先進地域のアメリカのコロラド川流域でも砂漠化が進行している。南米のアマゾン川下流では焼畑農耕による熱帯林の消失、カナダではウラン採掘のための森林伐採が進んでいる。

(2) **影響**　砂漠化による森林の減少は、CO_2に対する自浄作用の低下により**地球温暖化**を加速させ、**食糧危機**の原因ともなる。

(3) **対策**　国連食糧農業機関（FAO）は、先進国の政府開発援助（ODA）による砂漠化防止技術の普及や植林事業を実施。1996年には地球砂漠化防止条約も作られた（日本は1998年批准）。

3. その他の地球環境問題への対応策

①廃棄物の海洋投棄を規制するロンドン条約（1975）、②有害廃棄物の越境移動および処分の規制に関するバーゼル条約（1992）、③絶滅の恐れのある動植物の種の国際取引を規制するワシントン条約（1973）などがある。

---

* 中国の大気汚染が深刻化し、酸性雨はもちろん、PM2.5の発生が問題となっている。PM2.5とは大気中に漂う直径2.5マイクロメートル以下の微小粒子状物質で、呼吸障害や肺の病気を引き起こすことが懸念される。日本にも影響を及ぼしている。

▼ ダイオキシン汚染が深刻化! 時事

```
┌─────────────────────┐  ┌─────────────────────────────┐
│ ベトナム戦争時に使用した │  │ ゴミ処理に伴うプラスチックやビニールなどの │
│      枯れ葉剤         │  │      塩化ビニールの焼却灰        │
└─────────────────────┘  └─────────────────────────────┘
```

影響
- ガンの発生
- 生殖機能の低下
- オスのメス化・奇形児

などを引き起こす猛毒
（外因性内分泌かく乱物質）
▶環境ホルモン

日本の対策：ダイオキシン類対策特別措置法（2000年施行）

❶ 耐容1日摂取量を体重1kg当たり4ピコグラム（ピコは1兆分の1）以下に抑える
❷ 汚染の深刻な地域では、総量規制OK
❸ 環境省や都道府県は、事業主への改善命令と罰則を決定できる

▼ 環境破壊防止のための経済政策や考え方は? 時事

環境税の導入
炭素税（CO_2税）のように汚染物質を排出する者に公害防止コストを負担させる
→ 汚染者負担の原則（PPP）の徹底

グリーン税制
自動車関係諸税を排気量に応じて高率化し、エコカーへの課税率を低くする
→ エコカーへの買い換え促進

※日本は2012年11月に環境税を導入

グリーン＝ニューディール政策
- エコカー減税
- エコカー補助金
- エコポイント

＊グリーン＝コンシューマー
環境に配慮した企業の製品を購入し、環境を破壊する無駄な購買をやめようとする消費者運動

ISO14001
ISOとは国際標準化機構で、14001は環境に配慮した企業の製品に与えられる認証

ナショナル＝トラスト
住民の寄附で森林や文化遺産などを買い取る市民運動

check!
❶ 環境税は、1990～92年にかけてスウェーデン、フィンランド、ノルウェー、デンマーク、オランダで炭素税という形で導入された。❷ 2008年9月のリーマン＝ショックによる世界経済危機対策として麻生内閣（自民党連立政権）は、エコカー減税やエコカー補助金、省エネ家電購入促進策としてエコポイント制度を導入した。これら一連の政策は、グリーン＝ニューディール政策と呼ばれ、09年9月からの鳩山内閣（民主党連立政権）も継続した。

＊ グリーン＝コンシューマーの1つとして、フード＝マイレージなどの指数化も提唱されている。食料などの農作物も、輸送距離が長いほど輸送時に環境破壊物質が排出されることから、マイレージが積算されていく。地産地消がフード＝マイレージを最小化でき、環境にやさしい結果となっている。

21 地球環境問題(3)　A

1. 国連人間環境会議(1972)

国連で、初めて環境問題についての話し合いがスウェーデンの**ストックホルム**で行われた。ボールディング(米)が述べた「**宇宙船地球号**」の考え方にもとづき、スローガンを「**かけがえのない地球**」として**人間環境宣言**が採択された。国連環境計画(UNEP)の設置も決定した(1972発足)。

2. 国連環境開発会議(1992)

国連人間環境会議20周年の1992年、「**環境と開発に関する国連会議**」(**地球サミット**)が、ブラジルの**リオデジャネイロ**で開催された。スローガンは「**持続可能な開発**」。開発と環境保護との調和を目指している。①リオデジャネイロ宣言、②アジェンダ21(21世紀に向けての環境保護行動計画)、③**気候変動枠組み条約**(地球温暖化防止条約)、④**生物多様性保護条約**、⑤**森林原則声明**が採択された。

☞1 地球サミット10周年の2002年、地球サミットの実施状況を確認するため、「持続可能な開発に関する世界首脳会議」が南アフリカのヨハネスブルクで開催された。

☞2 2010年、名古屋で生物多様性保護条約第10回締約国会議(COP10)が開かれ、遺伝資源の原産国への利益配分ルールを定めた名古屋議定書と、50年までに生物多様性が保全され、自然と共生できる社会を実現するという愛知ターゲットが採択された。

3. 環境倫理の確立

(1)**ローマ=クラブの『成長の限界』(1972)**　化石燃料の大量消費が環境汚染を進めると指摘し、対策の必要性を提言した。

(2)**カーソン(米・生物学者)の『沈黙の春』**　DDTなどの**農薬の使用**が、生物濃縮により生態系を破壊し、草木花が咲かなくなる危険性を指摘した。

(3)**国連**　大規模な核戦争は、放射能汚染のみならず、核爆発による塵が太陽光線を遮断して「**核の冬**」と呼ばれる地球の気温低下をもたらし、食糧危機が発生する危険性を指摘した。

(4)**バーバラ=ウォード(英)**　「グローバルに考えて、ローカルに行動せよ」(地球規模で考え、地元から行動せよ)。地球サミットは先進国・発展途上国が、それぞれの立場から異なった環境保護の責任を負うべきだとしている。

*1 環境と開発に関する世界委員会(1987開催、ブルントラント委員会)の報告書『我ら共有の未来』で提唱された。
*2 バルディーズ号のタンカー事故(アラスカ)による海洋汚染の反省から、緊急対策や賠償責任など

▼ 環境と開発に関する国連会議（地球サミット） 時事

リオデジャネイロ宣言

- ❶各国の資源開発権を確認
- ❷各国に効果的な「環境法」の制定を勧告
- ❸各国に環境保全のための経済政策の導入を勧告

日本は1993年に「環境基本法」を制定

日本は2001年に「グリーン税制」を導入

アジェンダ21

- ❶先進国は政府開発援助（ODA）を国民総生産（GNP）の0.7％とする目標を達成する
- ❷国連内に「持続可能な開発委員会」を設置

環境ODA（環境を守るための援助）

森林原則声明

- ❶各国は酸性雨など森林に被害を与える汚染物質を規制する努力を行う
- ❷条約化に失敗！伐採規制の数値目標の設定に失敗

2つの条約締結に成功

気候変動枠組み条約
（地球温暖化防止条約）

- ❶各国は温室効果ガスを10年以内に1990年レベルの排出に戻す
- ❷排出削減数値目標の設定には失敗した

❷は1997年の京都議定書に盛り込まれた

生物多様性保護条約

- ❶生態系や種を脅かす外来種の移入を防止
- ❷絶滅の恐れのある動植物の種の保存に協力

各国のバイオテクノロジー協力を義務づける

▼ ヨハネスブルク＝サミット（持続可能な開発に関する世界首脳会議 2002） 時事

- 100以上の政府・企業・NGOが集まる環境開発サミット
  - → 各国とNGOのイニシアチブとパートナーシップに関する「約束文書」採択
- 環境保全と貧困解消・開発の両立を目指す「行動計画」採択

- 地球サミット（1992）
  - → アジェンダ21
- 国連環境開発特別総会（1997）
  - → アジェンダ21の一層の実施のための計画

→ ヨハネスブルク＝サミット実施計画（2002）

第8章 日本経済の諸問題

の企業倫理（バルディーズの原則）が確立。汚染物質の削減努力・廃棄物処理・安全な技術システムの確立と、緊急事態対策・環境破壊についての損害賠償責任などが提唱された。

第 9 章

国際経済

1. 国際分業と貿易
2. 国際収支
3. 国際収支・対外純資産 日本の場合
4. 為替相場の決定要因
5. 為替相場の影響
6. 国際貿易体制
7. GATTからWTOへ
8. 国際通貨基金 IMF
9. 地域経済統合 (1) 現状
10. 地域経済統合 (2) EU成立の流れ
11. 経済連携協定（自由貿易協定） EPA・FTA
12. 環太平洋経済連携協定 (1) TPPの目的と内容
13. 環太平洋経済連携協定 (2) メリットとデメリット
14. 南北問題 (1) 原因と対策
15. 南北問題 (2) 1970年代以降の展開
16. 日本の貿易の特徴

覚えておきたい地域経済統合の展開

▶自由貿易体制を構築するための各地の経済統合で、EUは「政治統合」の段階に入った！

ヨーロッパ

- 欧州石炭鉄鋼共同体 (ECSC)(1952)
- 欧州経済共同体 (EEC)(1958)
- 欧州原子力共同体 (EURATOM)(1958)

　↓

欧州共同体 (EC)(1967)
- 域内関税の撤廃、域外共通関税の設定
- 欧州通貨制度 (EMS)(1979) ▶ 欧州通貨単位 (ECU)

　↓ **マーストリヒト条約**(1992 調印、93 発効)

欧州連合 (EU) に名称変更 (1993)
- 欧州中央銀行 (ECB) の一本化
- ユーロ (EURO) への通貨統合 (1999〜2002)

EECに対抗　　　EU + EFTA = **欧州経済地域 (EEA)** を構築

欧州自由貿易連合 (EFTA)(1960)
- 域内の貿易自由化のみ
- 域外関税自主権は各国に留保

南北アメリカ

北米自由貿易協定 (NAFTA)(1994)
- 域内関税の撤廃、域内貿易・投資の自由化

南部共同市場 (MERCOSUR)(1995)
- 域内関税の撤廃、域外共通関税

米州自由貿易地域 (FTAA) → 2005 創設予定だったが難航中

アジア

アジア太平洋経済協力会議 (APEC)(1989)
- 開かれたリージョナリズム（地域主義）
- ボゴール宣言 (1994) ➡ 域内貿易・投資の自由化

東南アジア諸国連合 (ASEAN)(1967)
- AFTA (ASEAN 自由貿易地域)(1993)
- 域内関税の撤廃、貿易・投資の域内自由化
- ASEAN 通貨危機(1997〜98) ◀ ASEAN 株と通貨の暴落

環太平洋経済連携協定 (TPP)
- アジア
- 太平洋
- アメリカ

地域全体で、例外品目なく関税撤廃

1 国際分業と貿易

1. 国際分業とその形態

(1) **国際分業の利益**　各国が、自国にない商品や自国商品よりも安価な商品を輸入し、自国で安価に生産できる商品を輸出すれば、互いに利益が生じる。これを**国際分業の利益**という。

(2) **垂直的分業**　先進国と発展途上国の分業形態。発展途上国は先進国に対して一次産品（原材料）を輸出し、一方、先進国は発展途上国に対して工業製品を輸出する場合など。

(3) **水平的分業**　同一産業に属する製品どうしの対等な分業形態。先進国間の工業製品どうしの貿易など。

2. 貿易形態

(1) **自由貿易**　国が貿易を統制せず、市場の自由取引にまかせる貿易形態をいう。アダム＝スミスは、**国際分業は社会分業の最高形態**ととらえ、**自由放任**にもとづく国際取引を主張した。それを発展させたリカード〔英・1772～1823、『経済学および課税の原理』〕は比較生産費説によって**自由貿易**を主張した。

☞1　各国は自国内で生産費が比較的安くつく（比較優位に立つ）商品に生産を特化し、お互いがそれを自由に交換し合えば、双方の国にとって有利だとする考え方である。

(2) **保護貿易**　国内幼稚産業を保護・育成するために国家が貿易に介入し、輸入品の国内流入を抑える貿易形態をいう。具体的には、①**関税障壁**として、輸入品への**高率関税**の賦課、②**非関税障壁**として、**輸入数量制限**や**検疫手続の複雑化**などがある。19世紀にリスト〔独・1789～1846、『経済学の国民的体系』〕が主張した。

☞2　経済発展段階説の中で、発展途上にあるドイツは国内幼稚産業を先進国イギリスの商品から保護するために、保護貿易を行う必要があると主張した。

(3) **第二次世界大戦後の貿易体制**　第二次世界大戦前の保護貿易は、排他的なブロック経済を形成し、結局、戦争を招いた。その反省から、戦後は徹底した*自由貿易体制（**GATT＝IMF体制**）が構築された。

＊ GATTは、関税の引き下げによる貿易の自由化を目的とし、IMFは、貿易の支払手段である外国為替の安定と自由化を図り、自由貿易を支払面からバックアップしている。

▼比較生産費説～自国内でコストの安い製品に特化 【基本】

	ラシャ※	ブドウ酒
イギリス	100人	120人
ポルトガル	90人	80人

※ 厚地の毛織物のこと。

check! イギリスとポルトガルを比較するのではなく、各国内でどちらの商品が得意かを比較する。

イギリス 合計**220人**の労働者で

ラシャ1単位（100人） ＋ ブドウ酒1単位（120人） ＝ 2単位生産（220人）

ポルトガル 合計**170人**の労働者で

ラシャ1単位（90人） ＋ ブドウ酒1単位（80人） ＝ 2単位生産（170人）

特化 各国内でコストの安い製品（より少ない労働者で1単位の生産ができる財）に生産を特化する。
▶ **イギリス** はラシャに特化　▶ **ポルトガル** はブドウ酒に特化

	ラシャ	ブドウ酒
イギリス	220人 2.2単位	—
ポルトガル	—	170人 2.125単位

イギリス
220人の全労働者を100人で1単位できるラシャに集中
生産量 ＝ 220人 ÷ 100人 ＝ 2.2単位

ポルトガル
170人の全労働者を80人で1単位できるブドウ酒に集中
生産量 ＝ 170人 ÷ 80人 ＝ 2.125単位

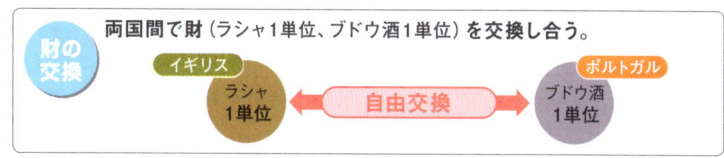

財の交換 両国間で財（ラシャ1単位、ブドウ酒1単位）を交換し合う。

イギリス ラシャ1単位 ←自由交換→ ポルトガル ブドウ酒1単位

交換後は

イギリス
ラシャ1.2単位残る ＋ ブドウ酒1単位は輸入 ⇒ ラシャ0.2単位分得

ポルトガル
ラシャ1単位は輸入 ＋ ブドウ酒1.125単位残る ⇒ ブドウ酒0.125単位分得

自由貿易は両国に利益をもたらす！

第9章 国際経済

2 国際収支　A

1. 国際収支

国際収支とは、一国における1年間の対外的な通貨の受け取りと支払いの総額をいう。**黒字**の場合、外国からの通貨の受け取りが多く、**外貨準備は増加する**。**赤字**の場合、外国への通貨の支払いが多く、**外貨準備は減少する**。

☞1　政府・中央銀行（日本では日本銀行）が保有する公的な外貨の総額を外貨準備高という。

2. 国際収支の構成項目（1996〜新分類）

(1) **経常収支**　①②③の合計。①**貿易サービス収支**：(i)**貿易収支**（輸出－輸入）、(ii)**サービス収支**（旅行・運輸・金融・情報・特許使用料など）。②**所得収支**（利子・配当などの投資収益）。③**経常移転収支**（消費財などの無償資金援助・国際機関負担金）。

☞2　日本について、旧統計では貿易収支・貿易外収支・移転収支の3つが経常収支であった。1996年より新統計方式に移行した。変更点は次の2点。❶従来のドル表示を円表示に一本化する。❷構成項目では、「経常収支」と「資本収支」の区分の内、「経常収支」は「貿易外収支」を廃止して、新たに「サービス収支」と「所得収支」を設ける。「サービス収支」は旅行・通信・保険・金融など11分野に細分化し、サービス取引の実態を明らかにする。「資本収支」は、「長期資本収支」「短期資本収支」の期間による区分ではなく、「直接投資」「証券投資」「その他投資」の3つに投資内容で区分して、国際的な資本移動の実態把握を可能にする。

(2) **資本収支**　①②の合計。①**投資収支**：(i)**直接投資**（企業設立・進出）、(ii)**証券投資**（株式・債券）、(iii)**その他投資**（預金）。②**その他資本収支**（生産財など資本形成のための無償資金援助・知的所有権売買など）。

☞3　旧統計では、「資本収支」は投資期間で区分していた（1年以上の投資が「長期資本収支」、1年未満の投資が「短期資本収支」）。新統計では、投資内容で区分した。

(3) **総合収支**　従来、経常収支と資本収支の合計を総合収支と呼んできたが、総合収支という分類は廃止された。

3. 外国為替による国際決済メカニズム

貿易の決済手段として銀行に支払いを委託する**為替手形**を用いる。その手形は、自国通貨と外国通貨との交換によって受け払いが行われるので**外国為替手形**と呼ばれる。

☞4　並為替と逆為替の2種類がある。並為替とは支払人（輸入商）が銀行に委託して受取人（輸出商）に送金をする送金為替であり、逆為替とは受取人（輸出商）が銀行に取立権限を委託して支払人（輸入商）から代金を取り立てる取立為替である。

＊　知的所有権を海外に売却することは「資本収支」（「その他資本収支」）に含まれ、知的所有権の使用料は「サービス収支」に含まれる。

▼国際収支の構成 【基本】

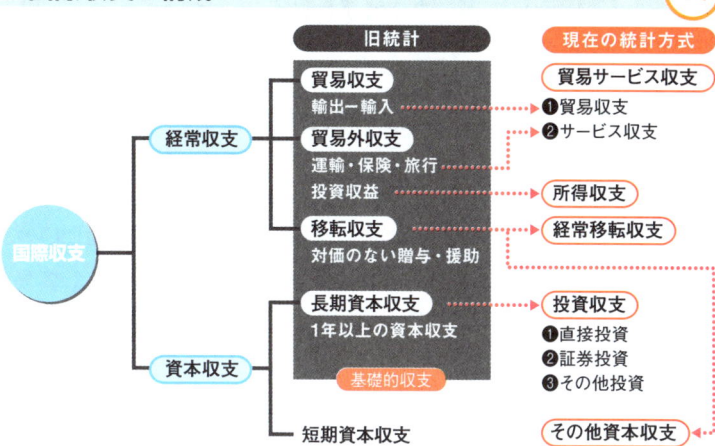

```
                        旧統計              現在の統計方式
                    ┌─ 貿易収支 ─────────── 貿易サービス収支
                    │  輸出－輸入    ┌──── ❶貿易収支
                    │               │ ┌── ❷サービス収支
         ┌─ 経常収支 ┼─ 貿易外収支 ──┘ │
         │          │  運輸・保険・旅行─┘
         │          │  投資収益 ─────────── 所得収支
  国際収支┤          └─ 移転収支 ─────────── 経常移転収支
         │             対価のない贈与・援助
         │          ┌─ 長期資本収支 ─────── 投資収益
         │          │  1年以上の資本収支    ❶直接投資
         └─ 資本収支 ┤                       ❷証券投資
                    │     基礎的収支        ❸その他投資
                    └─ 短期資本収支 ─────── その他資本収支
                       1年未満の資本収支
```

第9章　国際経済

check!　国際収支は統計上、以下の通りに表示される。
❶国際収支(0)＝ 経常収支＋資本収支＋外貨準備増減＋誤差脱漏 ＝0（ゼロ）
❷経常収支＋資本収支＋誤差脱漏の合計額が外貨準備増減のマイナスを示す。
（理由）外貨準備高（ex. ドル）の増加の場合、資金（円）の流出であるためマイナス、
　　　　外貨準備高(ex. ドル)の減少の場合、資金(円)の流入であるためプラスで表記される。

▼外国為替手形による決済の仕組み（円・ドルの場合）【発展】

● ドル建て（5万ドル）で商品取引の契約が結ばれたケース（逆為替）

※このときの外国為替手形とは代金取立手形である。

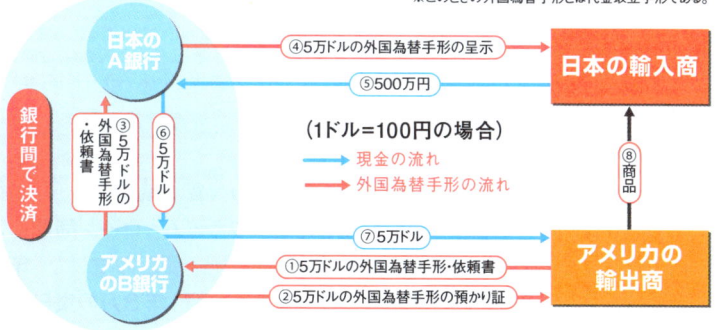

```
  日本の       ④5万ドルの外国為替手形の呈示      日本の輸入商
  A銀行    ←──────────────────────────→
     ↑      ←─────── ⑤500万円 ────────
銀   │③
行   │5        （1ドル＝100円の場合）
間   │万
で   │ド        ──→ 現金の流れ
決   │ル        ──→ 外国為替手形の流れ           ⑧
済   │の                                          商
     │外    ⑥5万ドル                             品
     ↓替
     手           ⑦5万ドル
  アメリカの  ←─────────────────────→    アメリカの
   B銀行    ①5万ドルの外国為替手形・依頼書      輸出商
           ②5万ドルの外国為替手形の預かり証
```

check!
❶1ドルと円の交換比率のことを為替相場（レート）という。
❷1ドル＝100円であるから、日本の輸入商は500万円（5万×100円＝500万円）を支払っている（図中の⑤）。

287

3 国際収支・対外純資産
日本の場合　　　　　　　　　　　　　　　　　　　　　　　　B

1. 日本の国際収支構造の特徴（〜90年代まで）

(1) 戦後〜1950年代前半　戦後復興期には物資不足による輸入超過で、**貿易収支**の**赤字**が続いた。一方、アメリカからの経済援助による**移転収支**の**黒字**と朝鮮特需による**貿易外収支**の**黒字**により**総合収支はほぼ均衡**していた。

(2) 1950年代後半〜60年代前半　第一次高度経済成長期には、**貿易収支**は**黒字**に転化した。一方、貿易の拡大に伴う輸送費用の支払い、技術導入、特許使用料の支払いが増加し、**貿易外収支**の**赤字**が拡大した。

(3) 1960年代後半　第二次高度経済成長期になると、輸出依存型の経済が実現し、1964年以降、**貿易収支**は**黒字**が続いた。しかし、依然として投資収益が黒字に転化しなかったため**貿易外収支は赤字**であった。また、日本企業の海外進出によって**資本収支も赤字**となった。

(4) 1970〜90年代　第一次石油危機後の1973〜75年、第二次石油危機後の79、80年以外、**経常収支**は**黒字**である。**80年代以降、大幅な貿易収支黒字**が発生し、それを**海外に投資する**（**資本収支赤字**）、資金の供給国（債権国）の段階に達した。特に、85年の**プラザ合意**による円高を背景に北米向けの**海外直接投資**（海外へ企業進出など）が急増し、86〜88年の**長期資本収支**は大幅**赤字**となった。

> 日本企業がアメリカに進出して、現地生産・現地販売を行うと、日本からの輸出を減らすことができるので、貿易摩擦回避型企業進出ともいわれた。1990年代に入ると、国内不況の中、企業は輸出傾向を強め（輸出ドライブ）、貿易収支黒字は増加傾向を示したが、90年代半ばには、超円高の進行で輸出は減少した。

2. 2000年代の日本の国際収支の特徴

　2001年9月の**アメリカ同時多発テロ**でアメリカの消費が減退し、一旦回復傾向は見せたものの、08年9月に発生したサブプライム=ローン問題によるリーマン=ショックでアメリカ向けの輸出が激減し、**貿易収支**は07年の12.3兆円の大幅黒字から08年は4.0兆円の黒字に、11年3月の東日本大震災と超円高の進行、天然ガス輸入増加で11年以降赤字に転落し[*1]、13年には11.5兆円の大幅赤字を記録。これに伴い**経常収支**黒字も、07年の24.8兆円（過去最高）から08年は16.4兆円、13年は3.3兆円にまで激減した。[*2]

[*1] 2011年の貿易収支は国際収支ベースでは1963年以来48年ぶりの赤字、貿易統計では80年以来31年ぶりの赤字となった。それでも経常収支が若干の黒字を出せたのは、所得収支は14.3兆円の大幅黒字（2012）のおかげである。

▼貿易収支大幅黒字 ▶ 経常収支黒字 〔発展〕〔時事〕

■日本の国際収支構造の変化(単位:100万ドル、年平均、IMFベース)

	1946~55	56~70	71~75	76~80	81~85	86~90	95(年)
Ⅰ. 経常収支	125	330	1,392	2,326	23,318	69,082	110,438
貿易収支	△290	1,070	5,382	11,153	33,949	84,934	134,822
(輸出)	951	7,487	39,415	93,792	154,992	247,981	427,275
(輸入)	1,241	6,417	34,033	82,639	121,043	163,047	292,453
貿易外収支	187	△647	△3,655	△8,015	△9,088	△11,943	△14,980
移転収支	228	△93	△335	△812	△1,543	△3,909	△9,404
Ⅱ. 長期資本収支	△26	△226	△3,894	△5,356	△31,307	△106,351	△84,998
基礎的収支	99	104	△2,512	△3,030	△7,989	△37,269	25,940
Ⅲ. 短期資本収支	12	130	1,490	1,290	△904	16,811	74,907
Ⅳ. 誤差脱漏	8	37	△411	52	3,002	△8,305	14,062
Ⅴ. 総合収支	119	271	△1,434	△1,688	△5,891	△28,763	114,909

1946~70: 戦後復興期　　71~80: 高度成長期　　1980年代後半: 日米貿易摩擦激化

Check!
❶ 1966~　貿易収支黒字、経常収支黒字拡大
❷ 1986~　長期資本収支(現在の投資収支、特に直接投資)赤字拡大

貿易摩擦回避型の対米海外直接投資(企業進出)が増加 → 日米投資摩擦
プラザ合意円高

第9章 国際経済

▼日本の経常収支・貿易収支の傾向 〔時事〕

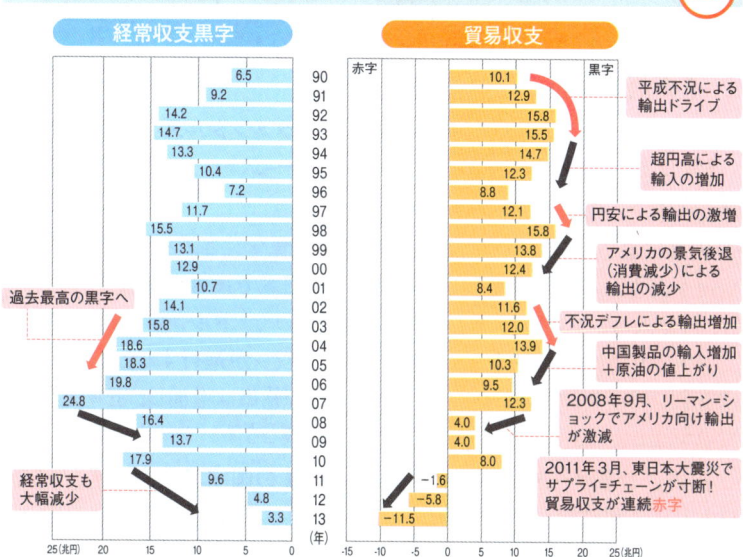

経常収支黒字(兆円)
- 90: 6.5
- 91: 9.2
- 92: 14.2
- 93: 14.7
- 94: 13.3
- 95: 10.4
- 96: 7.2
- 97: 11.7
- 98: 15.5
- 99: 13.1
- 00: 12.9
- 01: 10.7
- 02: 14.1
- 03: 15.8
- 04: 18.6
- 05: 18.3
- 06: 19.8
- 07: 24.8 ← 過去最高の黒字へ
- 08: 16.4
- 09: 13.7
- 10: 17.9
- 11: 9.6
- 12: 4.8 ← 経常収支も大幅減少
- 13: 3.3

貿易収支(兆円)(赤字←→黒字)
- 90: 10.1 ― 平成不況による輸出ドライブ
- 91: 12.9
- 92: 15.8
- 93: 15.5
- 94: 14.7
- 95: 12.3 ― 超円高による輸入の増加
- 96: 8.8
- 97: 12.1 ― 円安による輸出の激増
- 98: 15.8
- 99: 13.8 ― アメリカの景気後退(消費減少)による輸出の減少
- 00: 12.4
- 01: 8.4
- 02: 11.6 ― 不況デフレによる輸出増加
- 03: 12.0
- 04: 13.9 ― 中国製品の輸入増加＋原油の値上がり
- 05: 10.3
- 06: 9.5
- 07: 12.3
- 08: 4.0 ― 2008年9月、リーマン=ショックでアメリカ向け輸出が激減
- 09: 4.0
- 10: 8.0
- 11: -1.6 ― 2011年3月、東日本大震災でサプライ=チェーンが寸断！貿易収支が連続赤字
- 12: -5.8
- 13: -11.5

*2 2005年以降、日本はモノを作って売る国から過去の資産を海外で運用して利益を得る国へと変化している(貿易収支黒字<所得収支)。

4 為替相場の決定要因　A

1. 為替相場（レート）の基本的決定要因

　変動相場制のもとでは、為替レートは、基本的に外国為替市場における**各国通貨の需要・供給**の関係によって決定する。

(1) 円高になるケース　外国為替市場で**ドル売り・円買い**（ドルを円に交換する）が行われるとドルが供給され、円の需要が高まるので、**ドル安＝円高**となる。つまり、ドルの人気が低下し、円の人気が高まるので、ドル安＝円高となるのである。

> ☞1　ドルが売られ、円が買われるのは、**アメリカ人が円を必要としている場合**である。具体的には、❶日本からの輸出が増加している場合、❷海外からの日本への投資が増加している場合、❸海外からの日本への旅行客が増加しているなど**国際収支が黒字となる場合。**

(2) 円安になるケース　外国為替市場で**円売り・ドル買い**（円をドルに交換する）が行われると、円が供給され、ドルの需要が高まるので、**円安＝ドル高**となる。つまり、円の人気が低下し、ドルの人気が高まるので、円安＝ドル高となるのである。

> ☞2　円が売られ、ドルが買われるのは、**日本人がドルを必要としている場合**である。具体的には、❶日本の輸入が増加している場合、❷日本からの海外投資が増加している場合、❸日本からの海外旅行客が増加しているなど**国際収支が赤字となる場合**である。

2. その他の為替レート決定要因（日本）

　為替レートを決定する**基礎的条件**（ファンダメンタルズ）には国際収支（経常収支）、金利、マネー＝サプライ（マネー＝ストック）の他、経済成長率、失業率、インフレ率などがある。

(1) 円高になるケース[*1]　①**日本の国際収支が黒字**になると、日本の経済的信用が高まり、投機的な円需要も高まる。②**日本で高金利政策**が採られると、外国人は日本の銀行に預金する方が得なので、**ドル売り・円買い**を行って、円で預金しようとする。③**アメリカでインフレ**が進行すると、アメリカ人は安価な日本商品を買おうとするので、日本の輸出は増加し、ドル売り・円買いが進む。いずれも円需要が高まるので円高となる。

(2) 円安になるケース　(1)の逆の場合。①**日本の国際収支が赤字**、②**アメリカで高金利政策**、③**日本でインフレ**が進行したときなど。

[*1]　円の最高値は1995年4月の1ドル＝79円75銭であったが、2011年3月には1ドル＝76円25銭、同年10月には海外市場で1ドル＝75円32銭と史上最高値を記録した。08年にはサブプライム＝ローン問題により、同年9月にリーマン＝ショックが発生し、アメリカの信用不安でドル安、ギリシアに端

▼円相場（対ドル）の推移　基本

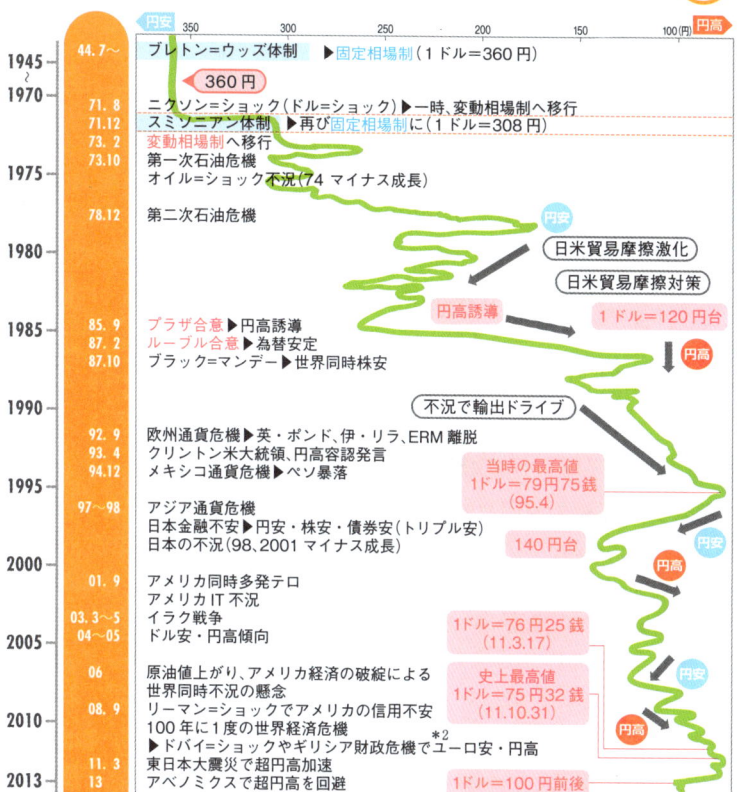

1945〜1970	44.7〜	ブレトン＝ウッズ体制 ▶固定相場制（1ドル＝360円）／360円
	71.8	ニクソン＝ショック（ドル＝ショック）▶一時、変動相場制へ移行
	71.12	スミソニアン体制 ▶再び固定相場制に（1ドル＝308円）
1975	73.2	変動相場制へ移行
	73.10	第一次石油危機／オイル＝ショック不況（74 マイナス成長）
1980	78.12	第二次石油危機
		日米貿易摩擦激化／日米貿易摩擦対策 （円安）
1985	85.9	プラザ合意 ▶円高誘導（円高誘導 1ドル＝120円台）
	87.2	ルーブル合意 ▶為替安定 （円高）
	87.10	ブラック＝マンデー ▶世界同時株安
1990		不況で輸出ドライブ
	92.9	欧州通貨危機 ▶英・ポンド、伊・リラ、ERM離脱
	93.4	クリントン米大統領、円高容認発言
1995	94.12	メキシコ通貨危機 ▶ペソ暴落／当時の最高値 1ドル＝79円75銭（95.4）
	97〜98	アジア通貨危機／日本金融不安 ▶円安・株安・債券安（トリプル安）／日本の不況（98、2001 マイナス成長）／140円台（円安）（円高）
2000	01.9	アメリカ同時多発テロ／アメリカIT不況
	03.3〜5	イラク戦争
2005	04〜05	ドル安・円高傾向／1ドル＝76円25銭（11.3.17）（円安）
	06	原油値上がり、アメリカ経済の破綻による世界同時不況の懸念
2010	08.9	リーマン＝ショックでアメリカの信用不安／100年に1度の世界経済危機／史上最高値 1ドル＝75円32銭（11.10.31）（円高）
		▶ドバイ＝ショックやギリシア財政危機でユーロ安・円高 *2
	11.3	東日本大震災で超円高加速
2013	13	アベノミクスで超円高を回避／1ドル＝100円前後（13.5〜）

第9章　国際経済

check!

プラザ合意（1985.9）	G5がドル売り・円買い	円高誘導（1ドル＝240円▶120円台）
ルーブル合意（1987.2）	G7が円売り・ドル買い	円高の行き過ぎを防止
1ドル＝79円75銭（1995.4）	16年間、円の最高値（超円高）	クリントンの円高容認発言／メキシコ通貨危機＝ドル安
1ドル＝140円台（1997〜98） 円安基調	アジア通貨危機（1997〜98）／日本の金融不安	日本の株売り・債券売り・円売り
1ドル＝80〜90円台前半（2008〜09）	サブプライム＝ローン／リーマン＝ショックでアメリカの信用不安	ドル暴落・円高進行
1ドル＝76〜75円台（2011.3・10）	東日本大震災（2011.3）／2011.10 円の史上最高値 1ドル＝75円台	保険金支払いのため日本でドル売り・円買いとの憶測

を発する欧州債務危機でユーロ安が進み、消去法で超円高という条件が作られていた。
*2 2010年、ドバイ＝ショック（アラブ首長国連邦の不動産バブル崩壊の危機で投資したEU加盟国の金融不安が発生）やギリシア財政危機でユーロが暴落し、円高が進む状況も発生した。

5 為替相場の影響　A

1. 為替相場（レート）の輸出・輸入への影響（日本の場合）

(1) **円高の影響**　①円の購買力が上がるので輸入品に対する円の支払額は少なくなる（**円ベースの輸入価格下落**）。したがって、日本では**輸入有利**となり、**輸入数量が増加**する。②円高＝ドル安となっているので、ドルの購買力は低下し、アメリカ人は日本商品を買うときに支払うドルの量を増やさなければならない（**ドルベースの輸出価格上昇**）。したがって、日本では**輸出不利**となり、**輸出数量は減少**する。

(2) **円安の影響**　円高の場合と逆の影響が生じる。①**輸入不利**となり、**輸入数量が減少**。②**輸出有利**となり、**輸出数量が増加**。

2. 為替相場（レート）の国際経済・日本経済への影響

(1) **日米貿易摩擦の原因と対策**　原因は、**日本の輸出に有利な円安**にある。1980年代当初、アメリカのレーガノミックスによる高金利政策がドル高・円安を生み、日本の集中豪雨的輸出の条件を作った。対策は、**日本の輸出に不利なレート＝円高誘導**。85年9月のG5**プラザ合意**でドル売り・円買いの協調介入による円高誘導を決めた。また、93年には**クリントン米大統領**が**円高容認発言**を行った。いずれも、日本の輸出抑制を図る政策である。

(2) *円高・円安の国内経済への影響　①円高➡輸入有利（増加）・輸出不利（減少）➡国際収支赤字基調➡国内通貨量減少➡デフレ・不況（円高デフレ・円高不況）。②円安➡輸入不利（減少）・輸出有利（増加）➡国際収支黒字基調➡国内通貨量増加➡インフレ・好況（円安インフレ・円安好況）。

(3) **為替政策**　①**国内インフレ・景気過熱対策**➡国内流通通貨量を減少させる➡輸入有利にする➡**円高誘導**（**ド**ル売り・**円**買い介入）を実施。②**国内デフレ・不況対策**➡国内流通通貨量を増加させる➡輸出有利にする➡**円安誘導**（**円**売り・**ド**ル買い介入）。

☞1 日銀が市中銀行との間でドル売り・円買いを実施➡市中銀行の保有する円の量は減少➡国内通貨量は減少➡景気過熱・インフレ抑制。

☞2 日銀が市中銀行との間で円売り・ドル買いを実施➡市中銀行の保有する円の量は増加➡国内通貨量は増加➡不況・デフレ克服。

* 2008年9月に発生したリーマン＝ショックや欧州債務危機の拡大、さらには11年の大震災後、円高が進むとの予測から外国ヘッジファンドの円買いが進み、ドル安、超円高が進行した。その結果、円高➡輸出不利となり、輸出産業は大きなダメージを受け、日本ではデフレ・不況が深刻化する。

▼円高・円安の輸出・輸入への影響 【重要】

- **円高**
  - 輸入品価格 値下がり → 輸入有利 ▶輸入量増加
  - 輸出品価格 値上がり → 輸出不利 ▶輸出量減少
- **円安**
  - 輸入品価格 値上がり → 輸入不利 ▶輸入量減少
  - 輸出品価格 値下がり → 輸出有利 ▶輸出量増加

▼円高・円安の日本国内経済への影響 【重要】

- **円高**
  - 輸入有利▶増加
  - 輸出不利▶減少
  → 国際収支赤字基調 → 国内通貨量減少 → デフレ／不況
- **円安**
  - 輸入不利▶減少
  - 輸出有利▶増加
  → 国際収支黒字基調 → 国内通貨量増加 → インフレ／好況

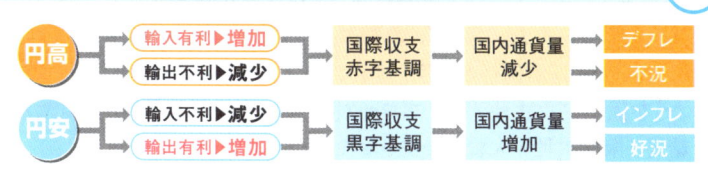

▼為替政策（景気・物価対策）【重要】

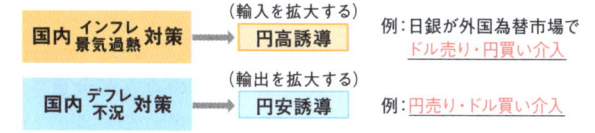

- 国内 インフレ／景気過熱 対策 →（輸入を拡大する）円高誘導
  - 例：日銀が外国為替市場でドル売り・円買い介入
- 国内 デフレ／不況 対策 →（輸出を拡大する）円安誘導
  - 例：円売り・ドル買い介入

▼円高・円安の貿易・投資・海外旅行への影響は？ 【重要】

- **円高**
  - 貿易面
    - 輸出不利▶減少 → 日米貿易摩擦解消
    - 輸入有利▶増加 → 中国・NIES製品値下がり ▶価格破壊、内外価格差是正、円高差益還元 例：電気・ガスなど公共料金値下げ
  - 投資面
    - 対外投資有利▶増加 → 日米投資摩擦激化 1980年代半ば～：対米直接投資、企業進出
    - 対内投資不利▶減少 → 海外から日本への投資減少
  - 日本からの海外旅行（値下がり）▶有利（増加）／日本への海外旅行（値上がり）▶不利（減少）

- **円安**
  - 貿易面
    - 輸出有利▶増加 → 日米貿易摩擦激化
    - 輸入不利▶減少 → 輸入インフレ発生、内外価格差拡大 例：海外ブランド品の国内価格値上がり、電気・ガスなど公共料金値上がり
  - 投資面
    - 対外投資不利▶減少 → 日本企業の海外進出減少
    - 対内投資有利▶増加 → 外国企業の日本進出、日本企業の買収増加
  - 日本からの海外旅行（値上がり）▶不利（減少）／日本への海外旅行（値下がり）▶有利（増加）

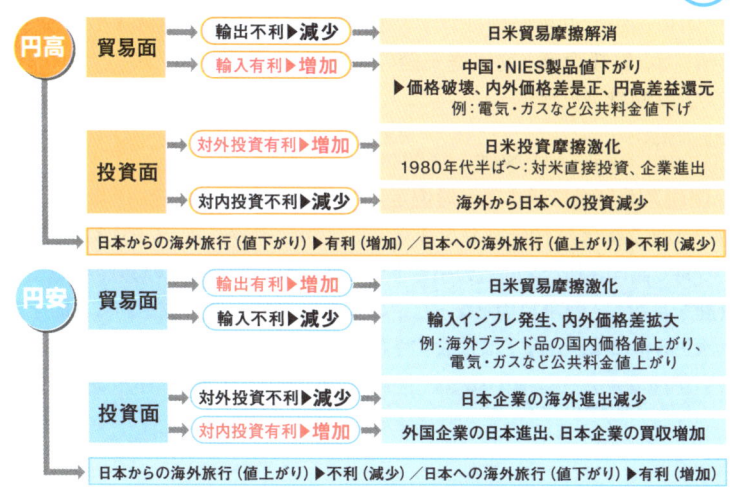

第9章 国際経済

6 国際貿易体制　A

1. 第二次世界大戦前の貿易体制〜ブロック経済圏の形成

　1929年からの世界大恐慌・大不況の中で、各国は自国経済建て直しのため、排他的・閉鎖的な**ブロック経済圏**を形成した。**域内関税を撤廃**して域内の貿易を自由化しつつ、**域外に対しては高率の関税**を課して外国からの商品流入を阻止した。さらに、**為替ダンピング**（**平価切り下げ**）を行って自国商品の外貨表示価格を引き下げることによって**輸出**を拡大していった。このような*近隣窮乏化政策*は、ブロック間の対立と世界貿易の縮小をもたらし、結局、第二次世界大戦を発生させた。

> 1　「持てるブロック」としてスターリング＝ブロック（英）、ドル＝ブロック（米）が、「持たざるブロック」としてナチス広域経済圏（独）、円ブロック（日）などがそれぞれ形成され、両者が対立した。

2. 第二次世界大戦後の貿易体制の枠組み

(1) **ブレトン＝ウッズ体制**　ブレトン＝ウッズ協定（1944）によって**国際通貨基金（IMF）**と**国際復興開発銀行（IBRD、世界銀行）**の設立が合意され、翌45年、IMF協定とIBRD協定が発効した。① **IMF**（1947業務開始）は、為替ダンピングが戦争を招いたとの反省から、**為替の安定**と**自由化**を図り、自由貿易を支払手段の面から支えるという目的を持つ。為替制限を禁止する代わりに国際収支赤字国に対する**短期融資**を行う。② **IBRD**（1946業務開始）は、**戦後復興**と**発展途上国の開発**を資金面から支えるという目的を持ち、**長期融資**を行う。

> 2　世界銀行グループとして、1956年に発展途上国の私企業への融資を行う国際金融公社（IFC）、60年には無利子・長期融資を行う国際開発協会（IDA、第二世界銀行）が設立された。

(2) **関税及び貿易に関する一般協定（GATT）**　1947年に**自由・無差別・多角**の原則にもとづく国際貿易を確立するために、アメリカ、イギリスなど先進国の間で調印された。**関税の引き下げ**と輸入数量制限などの**非関税障壁の撤廃**を目指し、戦争原因となった**ブロック経済圏**の再形成を防ぐ目的を持つ。1995年には、GATTは常設化され、**世界貿易機関（WTO）**に発展した。

> 3　戦後の徹底した自由貿易体制をGATT＝IMF体制という。その内、IMFを中心とした戦後の国際金融・通貨体制のことを、ブレトン＝ウッズ体制と呼んでいる。

＊ 近隣窮乏化政策とは、近隣諸国を貧しくしてでも自国経済を復興させようとする政策のこと。

▼国際経済機構の種類と目的を整理しよう　基本

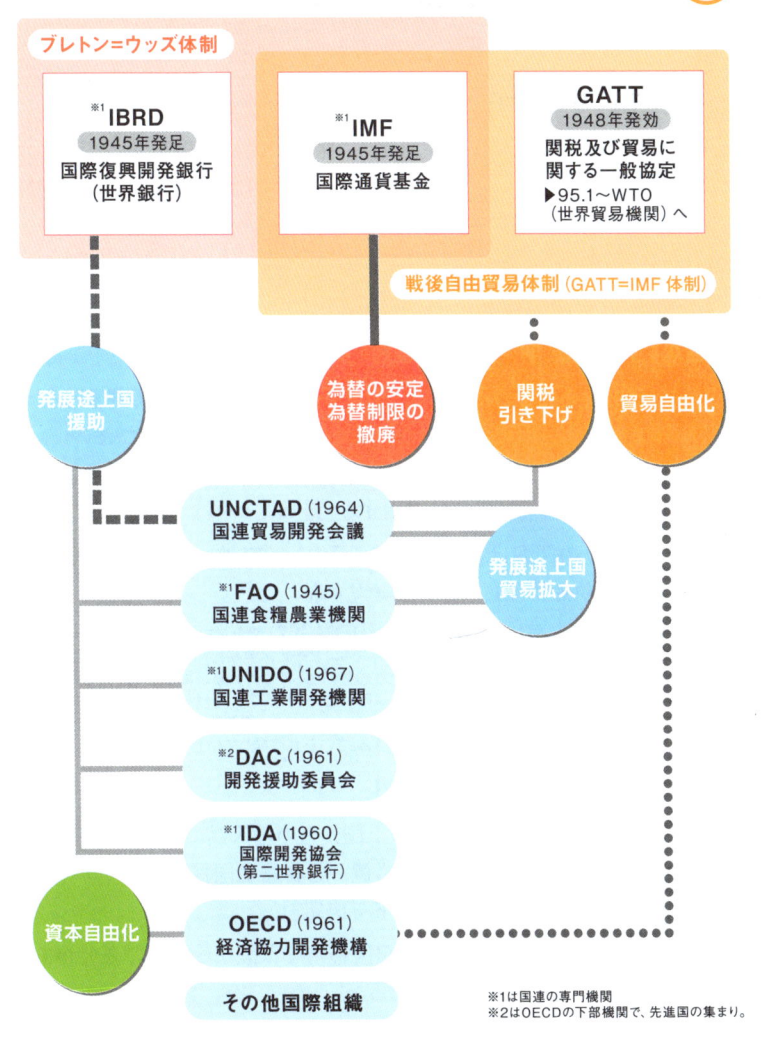

ブレトン=ウッズ体制

- ※1 **IBRD** 1945年発足
  国際復興開発銀行（世界銀行）
- ※1 **IMF** 1945年発足
  国際通貨基金
- **GATT** 1948年発効
  関税及び貿易に関する一般協定
  ▶95.1〜WTO（世界貿易機関）へ

戦後自由貿易体制（GATT=IMF体制）

- 発展途上国援助
- 為替の安定・為替制限の撤廃
- 関税引き下げ
- 貿易自由化

- **UNCTAD**（1964）国連貿易開発会議
- 発展途上国貿易拡大
- ※1 **FAO**（1945）国連食糧農業機関
- ※1 **UNIDO**（1967）国連工業開発機関
- ※2 **DAC**（1961）開発援助委員会
- ※1 **IDA**（1960）国際開発協会（第二世界銀行）
- 資本自由化
- **OECD**（1961）経済協力開発機構
- その他国際組織

※1は国連の専門機関
※2はOECDの下部機関で、先進国の集まり。

check!
1. 戦後の自由貿易体制の柱……GATT=IMF体制
2. 戦後の国際金融体制の柱……ブレトン=ウッズ体制 ─┬ IMF ▶ 短期融資
　　　　　　　　　　　　　　　　　　　　　　　└ IBRD ▶ 長期融資
3. 世界銀行グループ
　　IBRD －（補助機関）─┬ IFC（国際金融公社 1956）
　　　　　　　　　　　└ IDA（国際開発協会＝第二世界銀行 1960）

第9章　国際経済

7 GATTからWTOへ　A

1. GATT（1947調印、48発効）の目的

「**関税及び貿易に関する一般協定**」。保護貿易によるブロック経済化が戦争を招いた反省から、IMF（1945発足、47業務開始）とともに戦後の自由貿易体制の確立を目指す（**GATT＝IMF体制**）。

☞1　1948年、国際貿易憲章（ハバナ憲章）による国際貿易機構（ITO）設立の構想は関税撤廃を目指したために批准国数が不足して失敗した。代わって作られたGATTは、現実主義に立ち、関税の撤廃ではなく引き下げを目的とした。

2. GATTの三原則～自由・無差別・多角

(1) **自由**　自由貿易確立のため、**関税引き下げ**と、**非関税障壁の撤廃**を行う。

☞2　輸入数量制限・輸入課徴金・検疫手続の煩雑化など、関税以外の輸入障壁のことをいう。

(2) **無差別**　加盟国を平等に扱うことが要求され、加盟1ヵ国に与えた有利な貿易条件は全加盟国に平等に適用する（**最恵国待遇**）。

(3) **多角**　貿易上の問題は**多国間交渉（ラウンド交渉）**によって解決する。二国間による解決を排除し、公平を実現する。

☞3　関税一括引き下げ交渉は、ケネディ＝ラウンド（1964～67）や東京＝ラウンド（1973～79）で成果をみた。ウルグアイ＝ラウンド（1986～94）では、サービス貿易、知的所有権、コメなどの農産物市場開放問題が焦点となり、多角的紛争処理機構として世界貿易機関（WTO）の設置（1995～）が決定された。この結果、現在、**GATTは解体し、代わってWTOが自由貿易を支える国際機関**となっている。2001年には中国が、06年にはベトナムが、12年にはロシアの正式加盟が認められた。01年からドーハ＝ラウンド交渉が行われているが難航している（2014.2現在）。

3. GATTの自由貿易原則の例外

(1) **一般特恵関税**　先進国は発展途上国からの輸入品については、特に税率を引き下げるという関税上の優遇措置。発展途上国保護の観点から、無差別の原則を修正した（東京＝ラウンドで決定）。

(2) **緊急輸入制限（セーフガード）**[*1]　自国経済を保護する緊急の必要がある場合に認められる輸入制限措置である。

(3) **残存輸入制限**　農産物などを事実上、GATTの枠外に置き、輸入制限する場合がある。日本では、**食糧安全保障論**（主食は外交上、国内自給体制が必要とする立場）からコメの輸入を制限してきた。

---

*1　2001年、日本は中国産のネギ、生シイタケ、畳表（イグサ）に対してセーフガードを発動した。
*2　紛争解決方式としてGATTはコンセンサス方式（全会一致で成立）を採用していたが、WTOではネガティブ＝コンセンサス方式（全会一致で否決されない限り成立＝1ヵ国でも賛成すれば成立）

▼GATT～ラウンド交渉の成果は？ 発展

年	ラウンド	項目	内容
1964~67	ケネディ=ラウンド	鉱工業製品	関税率35％引き下げ
1973~79	東京=ラウンド	工業製品	関税率33％引き下げ
		農産品	関税率41％引き下げ
		非関税障壁のルール化	輸出補助金▶輸出品を安くする
1986~94	ウルグアイ=ラウンド	WTOの創設	GATT事務局が国際機関に昇格
		紛争処理*2	一方的措置を禁止・ネガティブ=コンセンサス方式採用
		鉱工業製品	1995年から5年間で関税率33％引き下げ
		農産品	輸入数量制限を廃止し、コメの包括的関税化（例外なき関税化）を決定。ただし、国内コメ消費量の4～8％の最低輸入義務（ミニマム=アクセス）を条件に6年間は猶予
		サービス	内国民待遇▶他国民を自国民より不利にしない
			最恵国待遇▶最も有利な条件を全加盟国に与える
		知的所有権▶TRIP	コンピュータプログラムを著作物として保護（特許権20年間、著作権50年間）
		アンチダンピング*3	反ダンピング税は課税後5年間で失効
		補助金	輸出補助金は原則禁止
		セーフガード	緊急輸入制限の条件をルール化
		貿易関連投資措置▶TRIM	ローカルコンテント（現地部品調達）要求の禁止
2001	ドーハ=ラウンド	カタール（ドーハ）で新ラウンド開催◀150ヵ国以上の参加で難航	

	積極派	消極派
反ダンピング濫用防止	▶日・EU	▶米
農作物自由化拡大	▶米・加・豪・発展途上国	▶日・韓・仏など
環境と貿易の共生・ルール化	▶EU	▶発展途上国・米
投資自由化促進ルール	▶日・EU	▶発展途上国の一部

check! アメリカ・カナダ（加）・オーストラリア（豪）などの農業輸出国は、農産物の貿易ルールを工業製品と同じにする農工一体論で、農業貿易の自由化を主張。日本は、国内農業保護から反対。2008年、特別セーフガード発効要件をめぐりアメリカと中国が対立した。

▼WTO～常設の多角的通商紛争処理システム 時事

閣僚会議（2年に1回以上開催）― **常設機関**▶パネル委員会など ◀ **貿易・投資**などの通商上の紛争の解決を依頼

（国際取引のトラブルを解決する裁判所の役割）　**ネガティブ=コンセンサス方式**（1ヵ国でも賛成すれば解決方式が成立）

に改められ、紛争解決機能が強化された。

*3 反ダンピング（アンチダンピング）税とは、外国製品の不当値下げ（ダンピング）に対抗して、国内販売価格の値下がりを防ぐためにかける輸入品への関税のことを指す。

8 国際通貨基金
IMF

1. 国際通貨基金（IMF、1945発足）

(1) 設立目的　為替切り下げ競争が第二次世界大戦を招いた反省から、**各国通貨を安定**させ、自由貿易を支払い面からバックアップする。

(2) 内容　アメリカの経済力を背景に**ドル**を**基軸通貨（キー＝カレンシー）**とする**固定為替相場制**を採用。①金1オンス＝35ドルの交換性を保証してドルに信用性を与える。②ドルと各国通貨との交換比率を固定する（**1ドル＝360円**、**固定為替相場**制、**金ドル本位**制）。③各国は平価維持義務を負う代わりに、国際収支赤字の際、IMFから**短期融資**を受けることができる。

2. （旧）IMF体制（ブレトン＝ウッズ体制）の崩壊

(1) ドル信用の低下（ドル危機）　1950年代後半以降、アメリカの国際収支は**赤字**基調となり、アメリカ経済の信用が失われていった。

> 1　アメリカの国際収支赤字の原因は、❶西欧や日本の戦後復興によるアメリカの輸出の相対的低下（1958）、❷西側陣営形成のための経済・軍事援助、❸多国籍企業の資本輸出、❹ベトナム戦争（1965〜73）による国内インフレで輸入増加・輸出減少など。理論的には❺流動性ジレンマ論も指摘される。

(2) ゴールド＝ラッシュ　アメリカ経済の不安はドル不安を招き、ドルを金に交換する**ゴールド＝ラッシュ**が発生（1960、67〜68）。大量の金がアメリカから流出し、ドルと金の交換が困難となった。

> 2　この間、ドル防衛策としてケネディ大統領は、シップ＝アメリカン（アメリカの輸送船の利用）、バイ＝アメリカン（アメリカ商品優先購入）を行った（1964）。また、国際流動性（国際決済手段）不足対策としてSDR（特別引出権＝第三の通貨）を創設した（1969）。

(3) ニクソン＝ショック（ドル＝ショック）　1971年8月、**ニクソン**大統領は、ドル防衛のため、**金とドル**の交換を停止した。ここにドルの基軸通貨性は失われ、（旧）**IMF体制＝固定為替相場**制は事実上、崩壊する。71年12月、**スミソニアン**協定により、ドル切り下げ、円切り上げによる多国間通貨調整が行われ、新レートでの固定相場制復帰が図られた（**1ドル＝308円**）。しかし、アメリカの国際収支赤字は改善されず、**73年に各国は変動相場**制に移行、76年の**キングストン**協定で追認された（**キングストン体制**）。だが、この変動相場制は主要国の話し合いによる為替レート誘導の市場介入を行う点で、**管理フロート**制と呼ばれる。

＊1　流動性ジレンマ論とは、一国の通貨を国際通貨にするのは理論上矛盾があり、無理であるとする考え方。例えば、アメリカドルを国際通貨にするには、ドルを世界中に供給する必要があり、アメリカの国際収支は赤字でなければならないが、赤字が拡大すると、アメリカへの信用が崩れ、ドルも

▼固定相場制から変動相場制へ 重要

旧-IMF（ブレトン＝ウッズ）体制

- **1944.7** ブレトン＝ウッズ協定
- **47.3** IMF業務開始
  - 金1オンス＝35ドル、1ドル＝360円 ⇒ 固定相場制
- **58** 西欧通貨がドルとの交換性回復
  - ⇒ アメリカから金流出
- **60年代** アメリカの国際収支赤字 ▶軍事支出、経済援助、ベトナム戦争
  - ⇒ ゴールド＝ラッシュ ▶ドルを金に交換
  - ⇒ アメリカから金流出
- **69** SDR（特別引出権＝第三の通貨）創設（1970始動）
  - ▶国際流動性不足対策

（ドル危機＝アメリカ経済停滞）

固定相場制

- **71.8** 金・ドル交換停止（ニクソン＝ショック）
  - ▶ドルの基軸通貨性喪失 ⇒ 一時変動相場制

変動相場制

- **71.12** スミソニアン協定
  - ▶多国間通貨調整 ⇒ 固定相場制に復帰
  - 金1オンス＝38ドル、1ドル＝308円

固定相場制

- **73.2** 主要国は変動相場制に移行 ◀ドル危機再発

変動相場制

新-IMF（キングストン）体制

- **76.1** キングストン協定
  - （1978.4発効）
  - ❶ 変動相場制 の正式承認
  - ❷ 金公定価格廃止
  - ❸ SDRをドルに代わる中心的準備資産に

  - 管理フロート制 ▶現在の 変動相場制
    - ▶各国の協調介入によって為替相場を誘導
- **85.9** プラザ合意
  - ▶G5がドル高是正、円高誘導の協調介入
- **87.2** ルーブル合意
  - ▶円高・ドル安の行き過ぎ防止のため協調介入

第9章 国際経済

> **check!** SDR（Special Drawing Rights:特別引出権）とは、国際収支赤字国が黒字国または外貨準備高の多い国から外貨を引き出すことができる権利のこと。

信用性を失ってしまい、国際通貨とならなくなること。
*2 バイ＝アメリカン政策は、リーマン＝ショックで打撃を受けたオバマ政権（民主党）のもとで、2009年に復活した。同じ民主党のケネディ政権時の政策の復元ともいえる。

9 地域経済統合(1)
現状　A

1. 北米自由貿易協定（NAFTA、1994発効）

(1) **アメリカ・カナダ・メキシコ**　3ヵ国間で域内関税を撤廃して**域内貿易の自由化**を目指すとともに、**投資の自由化**を15年間で実現する。EUと異なり、①域外共通関税、②経済政策統合・通貨統合、③政治統合は行わない。

(2) **米州自由貿易地域（FTAA）**　中南米諸国の**南部共同市場**（**メルコスール**）などを加えて米州全体に**域内自由貿易**を拡大する構想であるが難航中。

☞1　メルコスール（MERCOSUR）とは、1995年にブラジル・アルゼンチン・ウルグアイ・パラグアイの中南米4ヵ国で発足した共同市場で、現在はベネズエラも加盟している。域内関税の撤廃と域外共通関税を実施し、人・モノ・カネ・サービスの域内自由化を目指している。

2. アジア太平洋経済協力会議（APEC、1989発足）

(1) **開かれたリージョナリズム（地域主義）**　発足当初は、単にアジア・太平洋地域の**経済協力**を目的としたゆるやかな協力組織であった。

(2) **ボゴール宣言（1994）**　**域内貿易・投資の自由化**を決定した（先進国は**2010**年までに、途上国は**20**年までに**域内関税撤廃**）。この結果、APECは経済協力組織から**自由貿易地域**を目指す組織に発展した。EUと異なり、①域外共通関税、②共通経済政策、③政治統合の3つは実施しない。

☞2　APECは、オーストラリアのホーク首相の提唱で作られ、日本・韓国・台湾（中華民国）・ASEAN諸国・中国などのアジア諸国と、アメリカ・カナダ・メキシコ・チリ・ペルー・ニュージーランドなどの環太平洋諸国にロシアなども参加する広域の組織となっている。

3. 東南アジア諸国連合（ASEAN[*1]、1967設立）

(1) **世界の経済成長センター**　**アジアNIES**（韓国・台湾・香港・シンガポール）とともに1990年代半ばまでは高度成長を遂げた。93年には、**域内関税を撤廃して貿易・投資の域内自由化を目指すAFTA（ASEAN自由貿易地域）**が発足した。2010年先行6ヵ国で域内関税撤廃、15年には残り4ヵ国でも撤廃される。

(2) **ASEAN通貨危機[*2]（1997～98）**　ASEANバブルが崩壊し、ASEAN株と通貨の暴落が発生した。アメリカ・ヨーロッパ系の**ヘッジファンド（金融投資グループ）**が、ASEAN株の投機的買いを続けて株価をつり上げたところで利益確定売りを行い、巨額の利益を得て売り逃げをしたのが原因である。

[*1] ASEANは、シンガポール・インドネシア・タイ・フィリピン・マレーシア、ブルネイ（1984加入）、ベトナム（1995加入）、ラオス・ミャンマー（1997加入）、カンボジア（1999加入）の10ヵ国で、ASEAN10とも呼ばれる。なお、2005年12月には日本、ASEAN諸国、中国、韓国、オーストラリア、

▼ 地域経済統合ステップ 〔時事〕

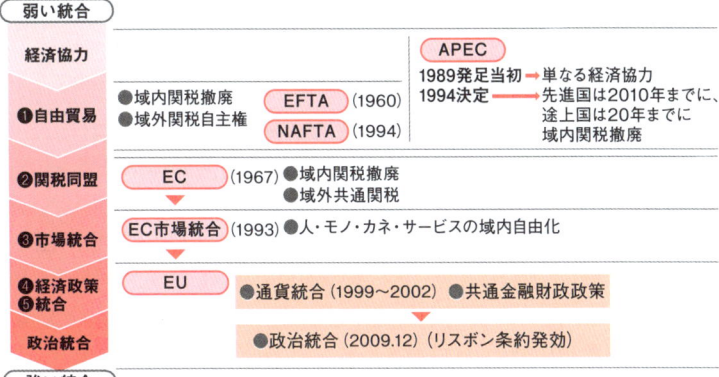

弱い統合

経済協力	**APEC** 1989発足当初 → 単なる経済協力 1994決定 → 先進国は2010年までに、途上国は20年までに域内関税撤廃
❶自由貿易	●域内関税撤廃 ●域外関税自主権　**EFTA**（1960）　**NAFTA**（1994）
❷関税同盟	**EC**（1967）●域内関税撤廃　●域外共通関税
❸市場統合	**EC市場統合**（1993）●人・モノ・カネ・サービスの域内自由化
❹経済政策 ❺統合	**EU** ●通貨統合（1999～2002）●共通金融財政策
政治統合	●政治統合（2009.12）（リスボン条約発効）

強い統合

check! 『通商白書』による分類（上記、❶～❺）は、以下の通り。

類型	内容	EU	NAFTA	メルコスール	AFTA
❶自由貿易地域	域内関税撤廃		○	○	○
❷関税同盟	域内関税撤廃 域外共通関税	○		○	
❸共同市場	投資・サービスの自由化	○	○	○	
	労働市場の統合	○		○	
❹経済同盟	金融・財政など 経済政策の共通化	○		○	
❺完全経済同盟	通貨統合	○			

▼ 地域間の経済力の比較 〔時事〕

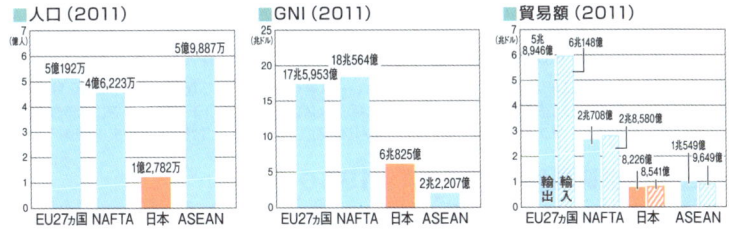

■人口（2011）
- EU27ヵ国：5億192万
- NAFTA：4億6,223万
- 日本：1億2,782万
- ASEAN：5億9,887万

■GNI（2011）
- EU27ヵ国：17兆5,953億
- NAFTA：18兆564億
- 日本：6兆825億
- ASEAN：2兆2,207億

■貿易額（2011）（輸出／輸入）
- EU27ヵ国：5兆8,946億／6兆148億
- NAFTA：2兆708億／2兆8,580億
- 日本：8,226億／8,541億
- ASEAN：1兆549億／9,649億

check!
- ●2011年データ
- **GNI** NAFTA＞EU27ヵ国
- ▶2010年以降、欧州地域でEU不況が深刻化しているためNAFTAに逆転された。
- **人口** EU27ヵ国＞NAFTA
- ▶EUは域内貿易比率が約60％を占め、他の地域経済統合と比べ、自給自足的性格が強い。

ニュージーランドなどで初の東アジア首脳会議（東アジアサミット）が開催され、東アジア自由貿易圏を創設する話し合いが始まった。

＊2 タイの通貨バーツ暴落を契機にアジア全体の通貨が暴落し、ASEANはマイナス成長となった。

10 地域経済統合(2)
EU成立の流れ   A

1. 欧州連合(EU)の成立の歴史

(1) **欧州共同体(EC)** 1952年に発足した**欧州石炭鉄鋼共同体(ECSC)**と、57年のローマ条約によって設立された**欧州経済共同体(EEC)**、**欧州原子力共同体(EURATOM)** の3つが合体し、67年に**欧州共同体(EC)** が成立した。域内関税の撤廃・域外共通関税の設定という**関税同盟**を基本にしつつ、**域内固定相場制**である**欧州通貨制度(EMS、79設立)** と**共通農業政策**を実施した。EMSは、域内では**欧州通貨単位(ECU)** を基軸通貨とする**固定相場制**を、域外通貨に対しては**共同フロート制**を採用した。[*1]

(2) **EC市場統合** 1987年の単一欧州議定書にもとづき、**域内の人・モノ・カネ・サービスの自由化**が実現し、域内の市場統合が92年末完了した。

(3) **欧州連合(EU)** 1993年11月**マーストリヒト条約(EU条約)**[☞1] の発効により、**欧州共同体(EC)** は**欧州連合(EU)** に名称変更された。**欧州中央銀行(ECB)** の一本化(1998発足)・**ユーロ(EURO)**[☞2] への**通貨統合**(1999～2002完了)の末に、域内の共通金融・財政政策の実施という**経済政策統合**を実現し、最終的には**外交・政治統合**を実現した。2004年には**EU憲法**が採択されて、**EU大統領・外相の創設**などEU連邦の政治機構が規定されたが、05年にフランス、オランダでEU憲法加入の国民投票が相次いで否決されたため、EU憲法は**EU新基本条約(リスボン条約)**[*2] に名称を変更し、07年12月に調印、09年12月発効した。

☞1 改正欧州連合条約である**アムステルダム条約**(1997)は全会一致制を改め、建設的棄権を導入し、賛成国のみで統合が進行した。**ニース条約**(2000)はその対象事項を拡大(2003.2発効)。

☞2 ユーロランド(ユーロ圏)に正式参加してユーロを使用している国は、2014年2月現在、EU28ヵ国中18ヵ国である。東欧加盟国では07年スロベニア、09年スロバキア、11年エストニア、14年ラトビアがユーロを導入したが、イギリス・スウェーデンなどは未導入のままである。

2. 欧州自由貿易連合(EFTA、1960設立)[*3]

欧州経済共同体(EEC) に対抗して、イギリスの提唱のもと、**スウェーデン・ノルウェー・スイス・オーストリア・アイスランド**などが結成した。EECのような関税同盟ではなく、**域内の貿易自由化のみを目的**とし、**域外関税自主権を各国に留保**する。経済政策統合や政治統合は行わない。

*1 共同フロート制(共同変動制)は、域外通貨に対して1ECU＝○○ドルと決定する方式。
*2 リスボン条約は、2008年にアイルランドが国民投票で加盟を否決したが、09年に行われた再度の国民投票で可決し、当時全27ヵ国すべての批准が実現、09年12月発効に至った。

▼EUはヨーロッパの経済・通貨・政治統合を目指した 時事

EFTA（欧州自由貿易連合） (1960) ── 域内関税撤廃／域外関税自主権

- 加盟国　4ヵ国（2014.2現在）
  ノルウェー・スイス・アイスランド・リヒテンシュタイン

EFTA脱退 ･･･▶ 縮小
イギリス・デンマーク（1973）、ポルトガル（1986）、スウェーデン・フィンランド・オーストリア（1995）

EU加盟 ･･･▶ 拡大

域内自由貿易のみ／関税同盟は行わない

関税同盟を含む

経済政策統合／政治統合

EU（欧州連合）

▶経済・通貨・政治統合を目指す

- 加盟国　28ヵ国（2014.2現在）　　ユーロ正式参加18ヵ国（2014.2現在）
  - 原加盟国：フランス・（西）ドイツ・イタリア・ベルギー・オランダ・ルクセンブルク
  - 1973加盟：イギリス・アイルランド・デンマーク
  - 1981加盟：ギリシア
  - 1986加盟：スペイン・ポルトガル
  - 1995加盟：スウェーデン・フィンランド・オーストリア
  - 2004加盟：キプロス・マルタ・スロベニア・チェコ・ハンガリー・ポーランド・スロバキア・リトアニア・エストニア・ラトビア
  - 2007加盟：ルーマニア・ブルガリア
  - 2013加盟：クロアチア

●EUの新しい政治機構（三権分立）　※EU本部：ブリュッセル

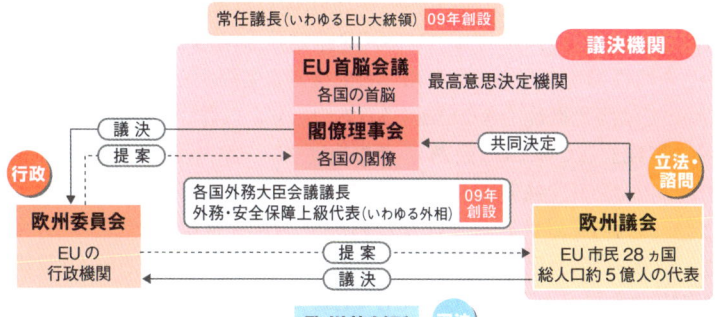

常任議長（いわゆるEU大統領）09年創設

EU首脳会議　各国の首脳　最高意思決定機関　【議決機関】

閣僚理事会　各国の閣僚　──共同決定──

【行政】　議決／提案　→　**欧州委員会**　EUの行政機関

各国外務大臣会議議長　外務・安全保障上級代表（いわゆる外相）09年創設

【立法・諮問】　**欧州議会**　EU市民28ヵ国　総人口約5億人の代表

提案／議決

欧州裁判所　【司法】

> Check!　2009年12月、EUの顔としてEU首脳会議常任議長（いわゆるEU大統領）に、ベルギーの元首相ファン＝ロンパイが就任。EU外務・安全保障上級代表（いわゆる外相）には、イギリスの女性政治家アシュトンが就任した。

＊3　1994年1月、EUとEFTAの間の自由貿易地域としてEEA（欧州経済地域）が創設された。EUとEFTAが域内貿易の自由化という点で共同した。これにより、人・モノ・カネ・サービスの域内自由化が実現し、巨大な単一市場が欧州全体に形成された。

11 経済連携協定（自由貿易協定） A
EPA・FTA

1. 世界に広がる自由貿易協定（FTA）

　世界貿易機関（WTO）のドーハ=ラウンドによる多国間自由貿易交渉が、加盟国の増加（2014.2現在、159ヵ国・地域）によって利害対立が複雑化したために膠着状態にある中、利益の一致した二国間または多国間で**自由貿易協定（FTA）**を締結する動きが加速している。正式には、**自由貿易協定（FTA）に資本の自由化や労働力移動の自由化**を含めた全体の協定を**経済連携協定（EPA）**というが、その中核がFTAである。

☞1　1994年、アメリカ・カナダ・メキシコが北米自由貿易協定（NAFTA）を締結して以来、90年代後半以降、世界では100を超えるFTAが締結されている。

2. 自由貿易協定（FTA）の内容

　特定国や特定地域の間で、お互いの貿易について関税や非関税障壁を撤廃して**貿易の自由化**を実現するもので、相互の企業進出や株式投資などの**投資の自由化**を含む、幅広い**経済連携**を意味する場合が多い。WTOの基本理念である「**無差別の原則**」に反する疑いもあるが、**貿易自由化を促進する措置**として例外的に認められている。

3. 日本のEPA（FTA含む）の現状

　日本のEPA・FTA交渉は難航し、2001年に**日本・シンガポール**経済連携協定が結ばれたのが初めて（**2002発効**）。**メキシコ**との交渉は、工業製品の関税撤廃のほか、農産物の関税撤廃を主張するメキシコと、農産物については関税撤廃できないとする日本の対立から厳しい交渉が続いたが、**04年に成立した（2005発効）**。その後は**マレーシア（2006発効）**、**チリ**、**タイ（以上、2007発効）**、**インドネシア**、**ブルネイ**、**ASEAN**、**フィリピン（以上、2008発効）**、**スイス**、**ベトナム（以上、2009発効）**、**インド（2011発効）**、**ペルー（2012発効）**と拡大し、現在は韓国（中断中）、**オーストラリア**、**湾岸協力会議6ヵ国（GCC）**、**EU**などと交渉を行っている。また、これに伴い、日本・中国間でアジアにおける主導権争いが起こっている。

☞2　メキシコは産油国であると同時に、NAFTAに加入してEUともFTAを結んでいる。日本企業のメキシコ進出が拡大すれば、メキシコで生産した日本企業製品をアメリカやEUなどに関税なしに輸出できることになる点で、関税障壁克服型の企業進出が可能となる。

＊　EPAが発効したインドはIT大国で将来は世界一の人口を持つ国になると推測されている。オーストラリアには有力な地下資源であるウランが埋蔵されており、また、GCCでは石油が産出される。

▼日本をめぐるEPA・FTA協定の状況　時事

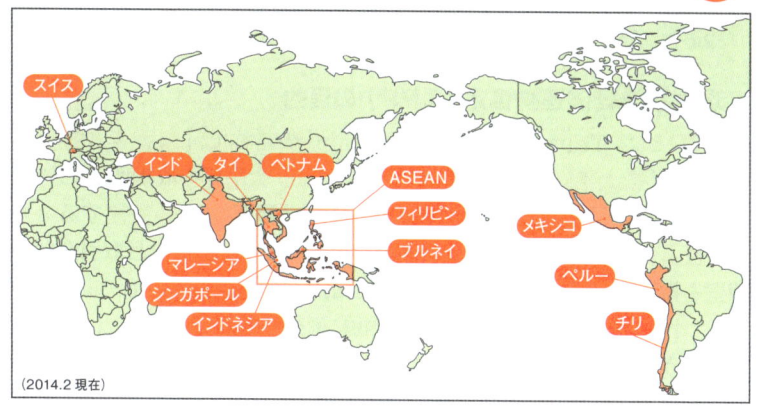

（地図：スイス、インド、タイ、ベトナム、ASEAN、フィリピン、ブルネイ、マレーシア、シンガポール、インドネシア、メキシコ、ペルー、チリ）

（2014.2現在）

発効

2002年11月	シンガポール	2007年11月	タイ	2009年10月	ベトナム
2005年4月	メキシコ	2008年7月	インドネシア、ブルネイ	2011年8月	インド
2006年7月	マレーシア	12月	ASEAN、フィリピン	2012年3月	ペルー
2007年9月	チリ	2009年9月	スイス		

交渉中

韓国(中断中)・オーストラリア・湾岸協力会議6ヵ国(GCC)・EUなど

▼日本のFTA交渉障害は農産物自由化拒否の態度にあり?　発展

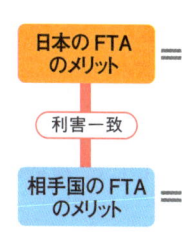

日本のFTAのメリット ＝ **工業製品の関税撤廃**　国際競争力の高い工業製品（自動車・家電・先端技術など）の輸出を伸ばしたい！

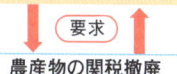

↕ 利害一致　　要求 ↓↑

相手国のFTAのメリット ＝ **農産物の関税撤廃**　日本との関係で優位性のある農産物の輸出を伸ばしたい！

日本側が農産物の関税撤廃を拒否するとFTA交渉は難航!!

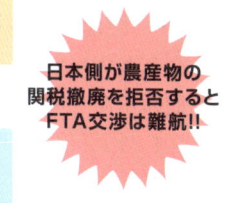

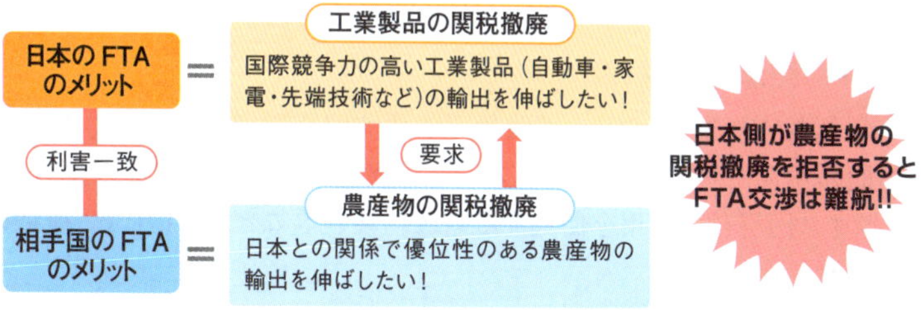

> check!　❶日本は、FTA交渉で工業製品の関税撤廃を主張する一方、国内農業保護の観点から農産物の関税撤廃は拒否することが多い。すると、相手国には対日FTAのメリットがないためFTAが成立しにくい。　❷メキシコとのFTA交渉は、いわゆる狂牛病（BSE）による牛肉の輸入制限の中で、豚肉の国内需要が高まったことから、豚肉の関税引き下げについて日本側が譲歩、了解したことで成立した。

＊ 環太平洋経済連携協定（TPP）は、太平洋を取り囲む複数の国々の間で例外品目なく関税撤廃を行い、自由貿易圏を拡大する構想である。いわば多国間のEPA・FTAといえる。

12 環太平洋経済連携協定⑴ A
TPPの目的と内容

1. 環太平洋経済連携協定（TPP）の目的

　TPPとは"Trans-Pacific Partnership"の略称で、「環太平洋経済連携協定」（環太平洋パートナーシップ）のこと。太平洋を取り囲むアジア・太平洋地域の国々を中心に、関税をすべての品目で100％撤廃する完全貿易自由化を実現するとともに、サービス貿易・投資・金融など取引全般の障壁も撤廃して経済連携を図ることが目的。最近では例外品目の話し合いも行われており、日本もコメなどの農産物に例外扱いを求めている。アメリカ合衆国が1994年にAPECのボゴール宣言で求めていた2020年末までの域内関税撤廃（貿易自由化）を、APEC加盟の一部の国々で先行して実現しようとする動きと見ることができる。2010年3月には、すでに06年にTPPを発効させている原加盟4ヵ国（シンガポール、ブルネイ、ニュージーランド、チリ）に加えて、アメリカ合衆国、オーストラリア、ペルー、ベトナム、同年10月にはマレーシアが交渉参加を表明し、9ヵ国による本格交渉が開始されていた。11年11月に日本、カナダ、メキシコが交渉参加を表明して12ヵ国交渉となり、13年には、日本もTPP交渉のテーブルについた。

☞1　もともとは、アジア太平洋経済協力会議（APEC）加盟21ヵ国・地域に加入する東南アジア地域のリーダー格のシンガポール、ブルネイ、太平洋地域のニュージーランドと、中南米地域のチリの4ヵ国（いわゆるP4）の間で締結され、2006年に発効している。

☞2　アメリカ合衆国の交渉参加により、TPPは自由貿易協定の規模が拡大し、一躍、注目を集めることになった。アメリカの参加により、日本ではTPPに参加しないと他国に遅れを取るとの懸念が指摘され、TPP交渉に参加すべきか否かが議論されるようになった。

2. TPP交渉の内容

　①包括的市場アクセスとして関税その他非関税障壁を撤廃、②TPP参加国間の生産とサプライ=チェーンの発展促進、③規制や制度の整合性、④ビジネス円滑化と雇用を促進する地域経済統合などを目指して、複数の作業部会を設けている。

☞3　物品市場アクセス（農業、工業、繊維・衣料品など）、原産地規制、貿易円滑化、SPS（衛生植物検疫）、TBT（貿易の技術的障害）、貿易救済（セーフガードなど）、サービス（金融、通信など）、電子商取引、投資、環境、労働、紛争解決など多数の作業部会がある。

▼TPPと世界に形成されつつある経済ブロック 【重要】

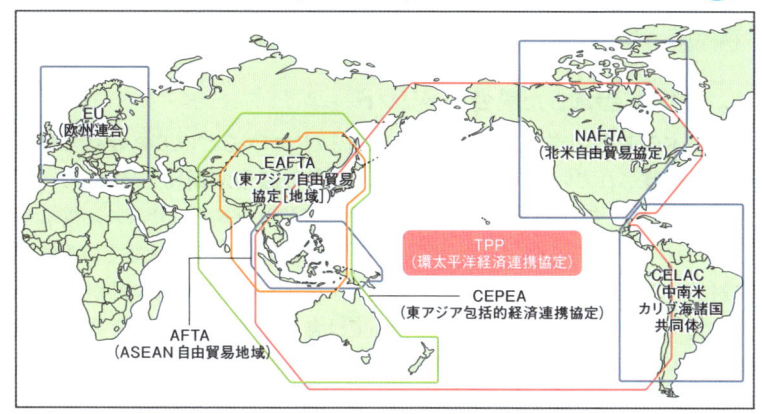

- EU（欧州連合）
- EAFTA（東アジア自由貿易協定[地域]）
- NAFTA（北米自由貿易協定）
- TPP（環太平洋経済連携協定）
- CEPEA（東アジア包括的経済連携協定）
- CELAC（中南米カリブ海諸国共同体）
- AFTA（ASEAN自由貿易地域）

▼TPP交渉への参加表明国は12ヵ国に拡大 【時事】

2006年5月	シンガポール、ブルネイ、ニュージーランド、チリ（4ヵ国）
2010年3月	アメリカ合衆国、オーストラリア、ペルー、ベトナム（4ヵ国）
10月	マレーシア
2011年11月	日本、カナダ、メキシコ（3ヵ国）

12ヵ国が交渉参加（2014.2現在）

※コロンビア、タイが参加を検討、韓国は参加方針決定（2013.12）

▼アジア・太平洋地域の経済連携 【発展】

APEC→加盟21ヵ国・地域のアジア・太平洋自由貿易圏構想（FTAAP）

ASEAN+3

TPP交渉参加国

北米自由貿易協定（NAFTA）

- ミャンマー
- ラオス
- カンボジア

- 中国
- 韓国
- タイ
- インドネシア
- フィリピン

- 日本
- シンガポール
- ブルネイ
- ベトナム
- マレーシア

- アメリカ合衆国
- カナダ
- メキシコ

- オーストラリア
- ニュージーランド
- ペルー
- チリ

- ロシア
- パプアニューギニア
- 香港
- 台湾

枠あり　TPP原加盟4ヵ国　　枠なし　2010年以降のTPP交渉参加国（2013年末現在）

第9章　国際経済

13 環太平洋経済連携協定(2)
メリットとデメリット

1. TPPに参加した場合のメリット

①日本の基幹産業である自動車・家電・パソコンなどの工業製品分野で輸出品に課されていた関税が撤廃され、**輸出の拡大が期待できる。**アメリカ・EUとの間で経済連携協定(自由貿易協定)を結び、サムスン電子やLGエレクトロニクスといった大手メーカーが家電の輸出を拡大している韓国に対抗する意義は大きい。②関税撤廃により、外国からの輸入品が関税分だけ安く輸入されるため、消費者にとっては食料品の値下がりなどが期待される。③TPP参加国からの資源輸入が期待でき、企業・消費者の手元に関税なしに安価で届くことが期待される。④貿易障壁の撤廃により製造業などでは企業内貿易の効率化が図られ、資材や資金移動が円滑化する。

2. TPPに参加した場合のデメリット

①安価な農作物が関税なしに輸入され、日本の国内農業が打撃を受け、食料自給率(現在約40%←供給熱量ベース)がさらに低下する恐れがある。②TPP交渉がアメリカの主導で進み、遺伝子組み換え食品の表示ルールや、食品添加物、残留農薬、医薬品の安全性基準の緩和を求めるアメリカの主張がTPP参加国の共通基準に設定され、**食や薬の安全が脅かされる**可能性がある。医薬品のインターネット販売が解禁される動きの中で、医薬品の安全性基準も緩和されると健康被害が生じるとの指摘もある。③アメリカの農産物(牛肉、大豆、とうもろこしなど)の輸出拡大のみが優先される可能性がある。④日本医師会などは、医療保険の自由化、混合診療の解禁で、国の医療保険制度を圧迫することや医療格差が生じると指摘している。⑤アメリカが導入を要求しているISDSないしISD(Investor-State Dispute Settlement)条項は、外国企業の参入に障壁を残した国に対する損害賠償請求を認めているが、その請求がアメリカ主導となり、高額の賠償金の支払いを余儀なくされる恐れがある。⑥ラチェット規定は、一旦自由化ないし規制緩和された条件は、不利益が発生しても取り消すことができない旨を定めており、後戻りできないリスクがある。

---

* 損害賠償請求の認定と賠償金額の決定は、世界銀行傘下の国際投資紛争センターで行うことが予定されている。

▼ 政府が示すTPPのメリット　時事

①日本の製品が TPP 協定参加国の製品と差別されないようになる。

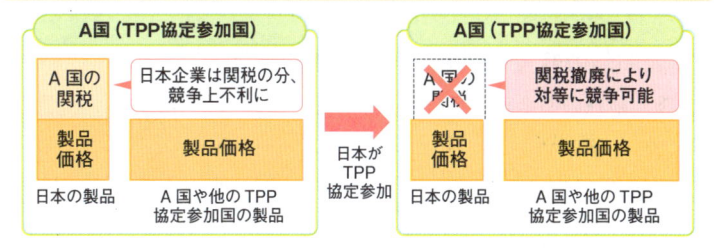

A国（TPP協定参加国）			A国（TPP協定参加国）	
A国の関税	日本企業は関税の分、競争上不利に	日本がTPP協定参加	~~A国の関税~~	関税撤廃により対等に競争可能
製品価格	製品価格		製品価格	製品価格
日本の製品	A国や他のTPP協定参加国の製品		日本の製品	A国や他のTPP協定参加国の製品

②TPP 協定参加国間で互いの関税をなくしていくことで、貿易が盛んになる。
③日本の技術やブランドが守られるようになる。
④日本企業が行った投資が TPP 協定参加国において不当な扱いを受けないようになる。
⑤貿易の手続きやビジネスマンの入管手続きを簡単にすることで、中小企業も海外で活動しやすくなる。
⑥アジア太平洋自由貿易圏(FTAAP*)へのステップとなる。

▼ 政府が示すTPPのデメリット　時事

①原則として即時に全品目の関税の撤廃が求められ、その結果、自国農畜産業の衰退や食料自給率の低下を招くのではないか？
②食品の安全基準が緩和されるのではないか？
③公的な医療保険を受けられる範囲が縮小されてしまうのではないか？
④質の低い外国人専門家（医師・弁護士など）や単純労働者が大量に流入するのではないか？
⑤地方の公共事業が海外の企業に奪われてしまうのではないか？
⑥外国の投資家が訴えることで、日本の国内制度を変更させられるなど、国家主権にも影響が及ぶのではないか(ISDS制度)？

check!
❶せめて主食は国内自給体制を維持することが外交・安全保障上、望ましいとする食糧安全保障論から農業団体は TPP に反対している。日本は、TPP 交渉を通じて国益を最大限に実現する内容を主張する必要があり、内容を見極めた上で加入・未加入を判断する必要がある。
❷2013年2月の日米首脳会談では、安倍首相とオバマ大統領との間で、(ⅰ)日本には一定の農産品、アメリカには一定の工業製品というように、両国ともに二国間貿易上のセンシティビティ（重要項目）が存在すること、(ⅱ)最終的な結果は交渉の中で決まっていくものであること、(ⅲ)TPP 交渉参加に際し、一方的にすべての関税を撤廃することをあらかじめ約束することは求められないこと、の3点について明示的に確認し、日米の共同声明を発表した。

第9章　国際経済

---

* FTAAP構想とは、アジア・太平洋地域において、関税や貿易制限的な措置を取り除くことにより、モノやサービスの自由な貿易や、幅広い分野での経済上の連携強化を目指すものである。

14 南北問題(1)
原因と対策

1. 南北問題の発生と原因〜1960年代以降

(1) 定義　地球の南半球に多い発展途上国と地球の北半球に多い先進国との間の経済・所得格差の問題。1960年代にクローズアップされた。

☞1　1974年の国連総会で後発発展途上国(LLDC)を、1人当たりGNP100ドル以下(2012年基準では、1人当たりGNIの3年平均推定値が992ドル以下、人的資源の乏しさ(HAI=Human Assets Index)が一定値以下、経済的脆弱性(EVI=Economic Vulnerability Index)が一定値以下などで判断)、識字率20%以下、工業化率10%以下のいずれかに該当する国と定義。

(2) 主な原因　①発展途上国は農作物や鉱産物などの非加工の一次産品のみを生産するモノカルチュア経済(単品経済)であること、②発展途上国が原材料となる一次産品を安い価格で輸出し、先進国が加工して生産した工業製品を高い価格で輸入する垂直的分業によって構造的に貿易赤字となること。

2. 南北問題の対策

(1) 国連開発の10年　1960年の「第一次国連開発の10年」の策定以来、90年代の第四次まで、10年ごとに解決目標を設定してきた。現在は目標設定を中止し、「人間の安全保障」の観点から貧困の解決を図っている。

☞2　第一次(60年代)では発展途上国の実質経済成長率の目標を年5%に設定し、目標を達成したが、人口爆発が生じたため1人当たりGNP成長率は低く、所得格差は拡大した(「挫折の10年」)。成長目標は、第二次(70年代)、第三次(80年代)ともに6%。第四次(90年代)は、❶経済の加速的成長、❷人的資源開発、❸環境への配慮などを重視している。

(2) 国連貿易開発会議(UNCTAD)　1964年に第1回UNCTAD総会が開かれ、発展途上国の要求を先進国に提出する場となった。特に、プレビッシュ報告では、「援助より貿易を」のスローガンのもと、①発展途上国からの輸入品について一般特恵関税要求(先進国は発展途上国からの輸入品についてだけは関税率を引き下げること)、②一次産品の価格安定要求などが出された。70年代にはスローガンが「援助も貿易も」に発展した。

☞3　先進国から発展途上国への援助目標はGNPの1%であるが、民間援助は利子が重く、条件付きの援助(ひもつき援助)が多いため、GNPの0.7%は政府開発援助(ODA)とする基準を設定。

(3) 新国際経済秩序樹立に関する宣言(NIEO宣言)　石油危機後、国連資源特別総会(1974)で、発展途上国は、①「天然資源の恒久主権」の確立、②一次産品の値上げを要求して先進国と対等な貿易秩序(「新国際経済秩序(NIEO)」)の樹立を求めた。

*1　LLDCは、Least among Less Developed Countriesの略。
*2　現在、国民総所得(GNI)の0.7%目標と表示。なお、1991〜2000年、日本のODA額は世界第1位だったが、01年にアメリカ(約109億ドル)に抜かれ第2位に(約99億ドル)。06年にはイギリスに抜かれ

▼日本の政府開発援助 (ODA) の内容 (2011年) 〔基本〕

- ODA 約108億ドル
  - 二国間援助 ▶約60%
    - 贈与（約50%）▶例：無償資金援助、技術協力、NGO派遣
    - 政府貸付金 ▶例：円借款（円による貸付金で低金利）
  - 国際機関への融資・拠出金 ▶例：国連の諸機関、国際復興開発銀行（世界銀行）、アジア開発銀行などへの拠出金

Check! グラント＝エレメント (GE) とは、融資条件のゆるやかさを示す数値。民間金融機関の融資条件を0%とし、金利が下がるとGEは上昇し、贈与を100%と表示する。GE25%以上をODAという。

▼日本のODA大綱～4原則 〔発展〕

① 環境と開発の両立 ▶ 環境ODA（使途限定）
② 軍事的用途及び国際紛争助長への使用を回避
③ 発展途上国の軍事支出、大量破壊兵器などの開発・製造、武器輸出入の動向などに注意を払う
④ 発展途上国の民主化促進・市場経済導入努力・人権保障状況に注意を払う

▶ 総合的配慮の上で援助を決定

Check! 新ODA大綱（2003）は、❶ODAの主目的を「国民の利益」（国益重視）とし、❷立案の際には相手国からの「要請」に加えて、事前の「政策協議」を実施すること、❸NGOとの「連携強化」、❹透明性と説明責任として『ODA白書』の活用などを掲げた。

▼日本のODAの問題点 〔発展〕

① 贈与比率が低く、円借款が多い ▶ 質が悪い
② ひもつき援助が多い ▶ 日本企業が公共事業を請け負うのが条件
③ 現地で環境破壊を起こす ▶ 用途・国際紛争助長への使用回避
④ アジア偏重 ▶ 対中国ODAは戦後補償の意味を持つ

▼ODAのGNI 0.7%目標、日本は不達成 〔発展〕

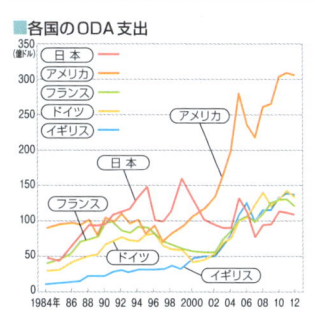

■各国のODA支出

■日本の経済協力・ODAの対GNP (GNI) 比
- GNP1%目標不達成（1999）経済協力 0.86 / 0.7
- GNI0.7%目標不達成（2012）ODA 0.29 / 0.17

第3位（約113億ドル）、07年にはドイツとフランスにも抜かれ第5位（約77億ドル）に転落し、12年現在も第5位（約105億ドル）。ただし、12年のGNIの0.7%目標達成国はデンマーク、ノルウェー、オランダ、スウェーデン、ルクセンブルクの5ヵ国だけで、日本、アメリカともに0.2%程度と低水準。

15 南北問題(2)
1970年代以降の展開　　　　　　　　　　　　　　　B

1. 資源ナショナリズム

(1) **定義**　天然資源の採掘・開発・利用権は、資源保有国にあり、列強の大資本(国際石油資本、メジャー)による濫採掘を制限するという考え方である。1962年の国連総会で「天然資源に対する恒久主権」が宣言された。

(2) **石油危機**　南北間の格差が拡大する中で、1973年、石油輸出国機構(OPEC)は石油戦略を展開し、石油公式販売価格の約4倍の値上げを断行した(第一次石油危機)。

☞1 「新国際経済秩序樹立に関する宣言(NIEO宣言)」(1974)に盛り込まれた「天然資源に対する恒久主権」の確立と一次産品価格の引き上げ要求は、資源ナショナリズムの現れである。

2. 南北問題の新展開

(1) **南南問題の発生**　石油危機後、発展途上国間の経済格差の問題が発生した。特に原油値上げで利益を得た産油国と、原油値上げの影響を受けた非産油国との間の格差が拡大し、中でも後発発展途上国(LLDC)は、さらに貧困の度を増した。

☞2 成長目標を4.3〜5.0%とし、ODAを集中的に行うことが1990年代の方針とされた。

(2) **新興工業経済地域(NIES)**　発展途上国の中で、急速に経済成長を遂げた国や地域が現れた。特に、1970年代以降、韓国・台湾(中華民国)・香港・シンガポールのアジアNIES(4匹の竜)の成長は日本の高度成長を思わせた。また、メキシコ・ブラジル・アルゼンチンなどの中南米NIESも成長を遂げた。しかし、工業化のためにアメリカの民間銀行などから融資を受けて投資を行ったところで石油危機が発生したため、以後、債務(借入金)の返済が困難となり、累積債務問題に直面している。

☞3 4匹の竜は、1990年代に入り、欧米との経済摩擦、賃上げによるコスト上昇によって国際競争力を弱化させた。97〜98年のASEAN通貨危機までは、東南アジア諸国連合(ASEAN:シンガポール・マレーシア・インドネシア・タイ・フィリピン・ブルネイ・ベトナム・ラオス・ミャンマー・カンボジア)の成長が著しく、「世界の成長センター」と呼ばれた。21世紀に入って、中国が急成長を遂げ、「21世紀世界の工場」と呼ばれている。

☞4 1982年、メキシコはデフォルト(債務不履行)に陥った。リスケジューリング(支払延期)や債務の一部免除、緊急追加融資などの措置が採られているが、解決は困難である。現在は債務を現地企業の株式で返済する債務の株式化が行われている。99年のケルンサミット(独)で、最貧重債務国へのODA債権の全額放棄が決定された。

*1 各国の人々の生活の質を平均余命、識字率、就学率、購買力平価による1人当たりGDPなどから測る人間開発指数(HDI)が発表されている。貧困解消は「人間の安全保障」の観点からも重視されている。

▼ アジアの時代 (NIES ▶ ASEAN ▶ 中国) 〔時事〕

■ NIES・ASEAN・中国の実質GNP(GNI)成長率

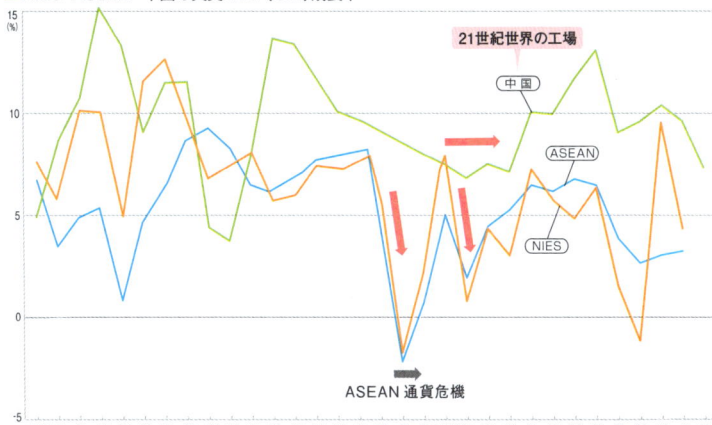

21世紀世界の工場（中国）
ASEAN通貨危機

check!
❶ アジアNIES（韓国・台湾・香港・シンガポール）は1980年代に高度経済成長を遂げた。
❷ 1990年代に入り、ASEANや中国の成長率が高まっていたが、97・98年にASEAN通貨危機が発生し、実質GNP（GNI）成長率は大幅に低下した。過剰投資によるバブル崩壊、特に巨額資金を証券に分散投資するヘッジファンドがアジア株を売却したことが主な原因。

▼ 1982年、メキシコはデフォルトに陥った 〔時事〕

■ 発展途上国の対外債務残高上位国の状況（2011末）

対外債務残高 / 債務残高の対GNI比
中国 / ロシア / ブラジル / インド / トルコ / メキシコ / ポーランド / アルゼンチン / ウクライナ

check!
❶ メキシコの債務返済不能の状態はペソ（メキシコの通貨）の暴落を招き、債権国アメリカの経済不安を引き起こし、ドル安・円高の一因となった（1995）。
❷ 2001年、アルゼンチンも債務返済不能状態に陥り、アルゼンチン通貨危機が発生した。

*2 LLDCはアフリカに集中するため、日本は2008年のアフリカ開発会議（横浜宣言）でアフリカ向けODAの倍増を約束した。日本の地域別ODA先は、かつてはアジア地域向けが首位であったが、近年はアフリカ地域向けが首位の年もある（中東地域をアジアから独立させた分類）。

16 日本の貿易の特徴　B

1. 日本の貿易構造の特徴

(1) **輸出入地域**　輸出先も輸入先も**第1位アジア**で、近隣のアジア諸国との貿易額が多い。従来、輸出入とも**第2位**は**北アメリカ**であったが、2012年では輸入先は**ヨーロッパ**が**第2位**となり、北アメリカを上回った。国別貿易相手では、輸出・輸入ともにアメリカを抜いて、**第1位中国**となっている。

(2) **輸出入品目**　第二次世界大戦後の高度経済成長期には**原油**を輸入して**機械類**を輸出する重工業の加工貿易を行っていたが、現在では**輸入品の第1位**は**機械類**となっている。**アジア**地域からの機械類輸入額が増加しており、日本からの**輸出は先端技術（ハイテク）型**の機械類に移行している。この点で日本も含めたアジア内での国際分業化が進んでいることがわかる。

(3) **日本と各地域との貿易**　かつて日本はアメリカおよびNAFTA、東アジアおよびAFTA、EUのいずれに対しても**輸出**超過（貿易黒字）であった。**日米貿易摩擦**はもちろん、日・EU貿易摩擦も発生してきた。最近では、リーマン＝ショックによるアメリカの消費不況で輸出が減少する一方、対中国貿易は急増し、09年には**日本の貿易相手国第1位**は**アメリカ**から**中国**に変わった。日本は中国との間では**輸入**超過（**貿易赤字**）、アメリカとは**輸出**超過（**貿易黒字**）である。対EU貿易では、欧州債務危機によるEU諸国の景気低迷や、韓国家電などの競争力アップにより、日本の輸出が大幅に減少するとともに、円高・ユーロ安で自動車、バッグ類の輸入が増加し、2012年には初めて**輸入**超過（**貿易赤字**）となった。

☞ 日本の対中国貿易は、1988年以来輸入超過で貿易赤字が発生している。2001年の中国のWTO加盟により、労働コストの安い中国製品の国際競争力はさらに高まっている。2012年の日本の貿易赤字の約半分が対中国貿易によるものである。原因は日中関係の悪化で、中国国内での日本製品の売れ行きが大幅に減少したことにある。

2. 日本の海外投資の特徴

①**1985年のプラザ合意**の円高を背景に、**日本企業の海外進出＝海外直接投資（対米）**が急増し、**日米投資摩擦**が激化した。②**1990年代**に入って対アジア進出が増加したが、97～98年には**ASEAN通貨危機**により、**日本企業のアジアからの撤退**が進むとともに、**日本への対内投資も増加**した。

*1　中国は「21世紀世界の工場」と呼ばれている。2008年の北京オリンピック景気でさらに生産性を高め、07年の輸出はドイツに次いで世界第2位から、09年には世界第1位となった。輸入も、12年にはアメリカに次いで世界第2位、第3位ドイツ。日本は輸出・輸入ともに世界第4位と中国を下回っている。

▼日本は主にアジア・北アメリカ相手の加工貿易国 【重要】

■日本の輸入品・輸出品の戦前との比較（単位：％）

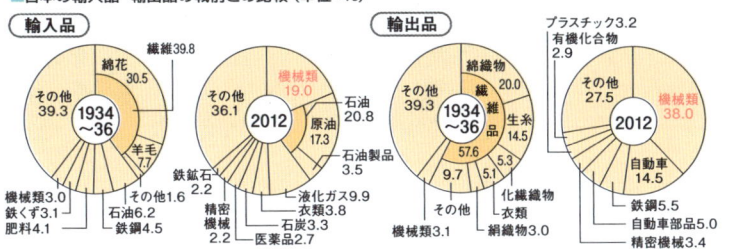

【輸入品】
- 1934～36：繊維39.8、綿花30.5、羊毛7.7、その他39.3、機械類3.0、鉄くず3.1、肥料4.1、石油6.2、鉄鋼4.5、鉄鉱石1.6、その他2.2
- 2012：機械類19.0、石油20.8、原油17.3、石油製品3.5、液化ガス9.9、衣類3.8、石炭3.3、医薬品2.7、精密機械、その他36.1

【輸出品】
- 1934～36：綿織物20.0、繊維製品57.6、生糸14.5、化繊織物5.1、衣類、絹織物3.0、機械類3.1、その他39.3、9.7
- 2012：機械類38.0、自動車14.5、鉄鋼5.5、自動車部品5.0、精密機械3.4、プラスチック3.2、有機化合物2.9、その他27.5

■日本の輸入先・輸出先の戦前との比較（単位：％）

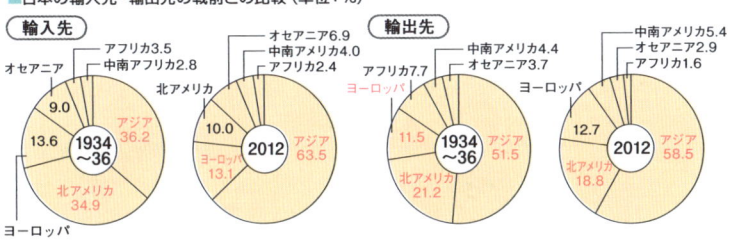

【輸入先】
- 1934～36：アジア36.2、北アメリカ34.9、ヨーロッパ13.6、オセアニア9.0、中南アフリカ2.8、アフリカ3.5
- 2012：アジア63.5、北アメリカ10.0、ヨーロッパ、アフリカ2.4、中南アメリカ4.0、オセアニア6.9

【輸出先】
- 1934～36：アジア51.5、北アメリカ21.2、ヨーロッパ11.5、アフリカ7.7、オセアニア3.7、中南アメリカ4.4
- 2012：アジア58.5、北アメリカ18.8、ヨーロッパ12.7、アフリカ1.6、オセアニア2.9、中南アメリカ5.4

check!
❶ 1985年、機械類輸入が石油輸入を上回って第1位。輸出第1位も機械類。
❷ 第二次世界大戦前後いずれも、輸入先・輸出先ともにアジアが第1位。
❸ 第二次世界大戦後、北アメリカ・ヨーロッパへの輸出が増加▶貿易摩擦の原因に！
❹ 2012年の貿易は、対北アメリカは黒字だが、対中国・対EUで赤字を記録。11、12年と日本の貿易収支は赤字を記録。

▼世界の輸出貿易に占める主要国の割合（左）／主要国の貿易額の推移（右） 【時事】

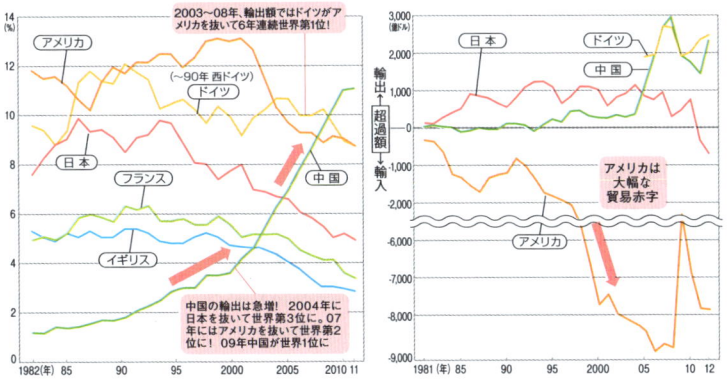

左図：アメリカ、ドイツ（～90年 西ドイツ）、日本、フランス、イギリス、中国
- 2003～08年、輸出額ではドイツがアメリカを抜いて6年連続世界第1位！
- 中国の輸出は急増！ 2004年に日本を抜いて世界第3位に。07年にはアメリカを抜いて世界第2位に！ 09年中国が世界1位に

右図：日本、ドイツ、中国、アメリカ
- アメリカは大幅な貿易赤字

第9章 国際経済

*2 ①1990年代後半以降、ビッグバンによる投資の自由化、国内不況と株価下落を背景に、外資系の金融機関や企業による日本企業への経営参加や買収が増加。②2008年のリーマン＝ショック以後は逆に、欧米の株価下落を背景に日本企業（金融機関）の対欧米向け投資が増加した。

第10章
労働・社会保障

1. 世界の労働運動の歴史
2. 日本の労働運動の歴史
3. 労働基準法
4. 労働組合法
5. 労働関係調整法
6. 現代日本の労働問題 (1)
7. 現代日本の労働問題 (2)
8. 社会保障の歴史
9. 日本の社会保障制度
10. 日本の社会保険
11. 日本の社会保障 問題点
12. 高齢社会と少子社会 (1)
13. 高齢社会と少子社会 (2)

覚えておきたい労働者の権利保護

▶ 社会権の具体化である労働者の権利は社会情勢の変化にどう対応すべきか？

戦前
- 労働組合期成会の結成（1897）
- 職業別組合の結成
- 治安警察法（1900）・治安維持法（1925）による弾圧 ┐
- 工場法（1911） ──────────────── ├ 日本版"アメとムチ"政策
- 普通選挙法（1925） ──────────────┘

戦中
労働組合はすべて解散
↓
大日本産業報国会に統合（1940）

労働三法

① **労働組合法**（1945）
　▶団結権・団体交渉権・団体行動権（争議権）

② **労働関係調整法**（1946）

③ **労働基準法**（1947）▶労働契約法（2007）

労働組合

総評（日本労働組合総評議会）
▶ 同盟（全日本労働総同盟）
▶ 中立労連 ＋ 新産別　　　　　　→　**新連合**（日本労働組合総連合会：1989）
　＝ 連合（全日本民間労働組合連合会）　　　全国規模的な労働組合（ナショナル＝センター）
▶ 官公労系組合

その他の労働関係法

男女雇用機会均等法（1985 ▶ 97改正・99施行 ▶ 2006改正・07施行）

労働者派遣法（1985 ▶ 2003改正・04施行）

パートタイム労働法（1993 ▶ 2007改正・08施行）

育児休業法（1991 ▶ 92施行）▶ 育児・介護休業法（1995 ▶ 99施行）

高齢者雇用安定法（1994改正）▶ 60歳定年制義務化（65歳定年を努力目標）

第10章 労働・社会保障

1 世界の労働運動の歴史　C

1. 世界の労働運動の歴史

(1) **イギリス**　世界初の労働運動は、ラッダイト運動（機械打ち壊し運動、1811〜17）である。その後、労働者は団結して待遇改善を要求したため、**労働組合運動**を激化させた。結局、国家は組合を承認し、**1824年**には団結禁止法（1799制定）**を撤廃し、世界初の労働者保護立法である工場**法**も制定**された（1833）。その後、労働者は自らが政治参加して労働者保護立法を制定するために、**普通選挙権を要求したチャーチスト**運動（1838〜48）**を行うとともに、職業別組合の全国組織である全国労働組合会議（TUC）**を結成した（1868）。20世紀に入ると労働者階級を代表する**労働党**が結成された（1906）。

(2) **アメリカ**　南北戦争後、労働者の待遇改善を求めて**労働騎士団**が組織され（1869）、熟練工中心の横断的な職業別組合である**アメリカ労働総同盟（AFL）**が結成された（1886）。大不況の中、**ニュー＝ディール政策**の一環として**全国労働関係（ワグナー）法**が制定され（1935）、団結権・団体交渉権が認められたことから、不熟練工中心の**産業別労働組合（CIO、1938）**が結成された。しかし、第二次世界大戦後の東西対立のもと、労働運動を規制する**タフト＝ハートレー法**が制定され（1947）、労使協調主義による穏健な組合運動を目指し、**AFL・CIO合同**が行われた（1955）。

2. 国際労働組織

(1) **第二次世界大戦前**　社会主義思想の普及のために**第一インターナショナル（国際労働者協会）**がマルクスの主導のもとに結成された（1864）。

(2) **第二次世界大戦後**　分裂した労働者を統一する組織として**世界労連（WFTU）**が結成された（1945）。しかし、冷戦が続く中で、穏健な労働運動を目指す英米系組合が脱退し、新たに**国際自由労連（ICFTU）**を結成した（1949）。

☞ 労働条件の向上を条約・勧告で実現するのが国際労働機関（ILO、1919設立）である。もともと国際連盟の機関として創設されたが、第二次世界大戦後は国際連合の専門機関の1つとなった。

---

*1 19世紀の労働組合は、熟練工を中心とした職業別組合、20世紀の労働組合は、不熟練工をも含めた産業別組合となっている。
*2 世界労連は世界労働組合連盟、国際自由労連は国際自由労働組合連盟の略称である。

▼ILOは1919年設立、46年国連の専門機関に 　基本

19世紀	1799	🇬🇧 団結禁止法制定
	1811〜17	🇬🇧 ラッダイト運動（機械打ち壊し運動）▶世界初の労働運動
	24	🇬🇧 団結禁止法廃止
	33	🇬🇧 工場法制定 ▶世界初の労働者保護立法
	38〜48	🇬🇧 チャーチスト運動 ▶「人民憲章」発表（男子普通選挙・平等選挙制など）世界初の普通選挙運動
		マルクス『共産党宣言』発表
	64	第一インターナショナル（～1876）▶マルクスが設立
	71	🇬🇧 労働組合法制定
20世紀	84	🇬🇧 フェビアン協会 ▶穏健的な社会改良主義
	86	🇺🇸 8時間労働制要求スト ▶メーデーの起源
		🇺🇸 AFL結成
	89	第二インターナショナル（～1914）▶エンゲルス提唱
	1917	ロシア革命 ▶世界初の社会主義革命
	19	ILO第1回総会
		コミンテルン（第三インターナショナル、～1943）▶レーニンが設立
	28	
	35	🇺🇸 ワグナー法 ▶労働者の団結権保障
	45	WFTU結成 ▶社会主義国の運動拠点
	46	ILO憲章採択
	47	🇺🇸 タフト＝ハートレー法 ▶労働運動を規制
	48	🇺🇳 世界人権宣言採択
	49	ICFTU結成 ▶資本主義国がWFTUに対抗
	55	🇺🇸 AFL・CIO合同
	79	🇺🇳 女子差別撤廃条約採択
	85	🇯🇵 女子差別撤廃条約批准 ▶男女雇用機会均等法制定
	91	🇯🇵 育児休業法制定（1992施行）
	95	🇯🇵 育児・介護休業法制定（1999施行）

主なILO条約

条数	内容
1号	週48時間労働
26号	最低賃金
87号	結社の自由
98号	団結権・団体交渉権
100号	男女同一賃金
102号	社会保障最低基準
105号	強制労働廃止
132号	有給休暇（改正）
148号	労働環境
151号	公務労働関係
156号	※家族的責任条約

※ □ は日本が批准したILO条約

第10章 労働・社会保障

* 日本はILO156号を1995年に批准し、育児・介護休業などを理由とする不利な扱いを防止すべく、この批准にもとづき育児休業法（1991）に介護休業を加えて、95年に育児・介護休業法を制定した。

2 日本の労働運動の歴史 C

1. 第二次世界大戦前の労働運動

(1) **労働運動の始まり** 日清戦争(1894・95)後の産業革命期に片山潜、高野房太郎らによって**労働組合期成会**が結成され(**1897**)、そのもとで、鉄工組合などの**職業別組合**が結成された。

(2) **政府の弾圧** 政府は**治安警察法**(**1900**)、**治安維持法**(**1925**)によって弾圧を行った。一方で、**工場法**(**1911**)、**普通選挙法**(**1925**)を制定して組合運動の沈静化を図った。

> ☞1 治安警察法による規制の中で、労使協調主義を唱える穏健的組合である友愛会(1912)が鈴木文治らによって結成された。しかし、次第に運動を激化させたため治安維持法によって弾圧された。

(3) **戦時体制** 日中戦争が発生すると労働組合はすべて解散させられ、戦争に協力する**大日本産業報国会**に統合された(1940)。

2. 第二次世界大戦後の労働運動

(1) **労働関係の民主化** 敗戦を契機に、経済民主化の一環として**治安維持法の廃止**と**労働組合の承認**が行われた。

(2) **労働三法** まず、**労働組合法**(**1945**)が制定されて団結権が認められた。労働組合には使用者との間の**団体交渉権**と**団体行動権**(**争議権**)が認められ、労使の交渉の調整を図るために**労働関係調整法**(**1946**)が制定された。最終的には労働条件の最低基準を定める**労働基準法**(**1947**)が制定された。

(3) **労働組合の全国組織**(**ナショナル＝センター**) 1950年以降、**総評**(**日本労働組合総評議会**、**1950**)、**同盟**(**全日本労働総同盟**、**1964**)が二大勢力となった。総評は毎年春に賃上げ闘争を行い、いわゆる**春期闘争**(**春闘**)を慣行化した。80年代、統一的なナショナル＝センターを作るため、87年に総評、同盟、中立労連(中立労働組合連絡会議)、新産別(全国産業別労働組合連合)の民間労組で**連合**(**全日本民間労働組合連合会**)を、89年には官公労系組合を加えて**新連合**(**日本労働組合総連合会**)を結成した。

> ☞2 1989年、徹底した組合運動を展開するため全労連(全国労働組合総連合)が結成された。

＊ 労働組合の春闘では、通常、賃金引き上げを要求するが、バブル崩壊後の不況下にワークシェアリング(労働時間短縮で他者の雇用機会を創出する)要求が行われた。

▼労働三法～労働組合法・労働関係調整法・労働基準法　発展

年代	できごと	法律	組織
1886～ 明治～1912年	86 甲府雨宮生糸紡績場でストライキ ▶工場労働者初のスト		

1894・95年　日清戦争 ➡ 日本の資本主義確立へ

	できごと	法律	組織
明治～1912年		00 治安警察法制定 ▶集会・結社の自由取締 11 工場法制定（1916実施）	97 労働組合期成会結成 ▶片山潜、高野房太郎ら鉄工組合結成 ▶日本初の労働組合 12 友愛会結成 ▶鈴木文治ら 19 ILOに加盟
大正～1926年	20 第1回メーデー 25『女工哀史』 （細井和喜蔵）発表	25 治安維持法制定 ▶社会主義・労働運動弾圧法 38 国家総動員法制定	21 日本労働総同盟発足 ▶友愛会が発展 38 ILOを脱退 40 大日本産業報国会、大政翼賛会発足 ▶労働組合、政党解散

1945年　第二次世界大戦終了

	できごと	法律	組織
昭和～1989年	45 占領軍、労働関係の民主化を指令 46 メーデー復活 47 占領軍、2.1ゼネスト中止命令	45 治安維持法廃止、労働組合法制定 46 労働関係調整法制定、日本国憲法公布 47 労働基準法制定 48 政令201号公布▶公務員の争議権否認 49 労働組合法、労働関係調整法改正	
		53 スト規制法制定	50 総評結成 51 ILOに復帰
	59 三井・三池争議起こる（～1960）	59 最低賃金法制定 65 ILO87号条約を批准 ▶結社の自由、団結権の保障	55 春季賃上げ共闘会議設置▶春闘の始まり
	75 公労協、スト権奪還スト	85 男女雇用機会均等法成立（1986～）労働基準法改正 ▶女子労働者保護規定見直し 労働者派遣事業法成立 87 労働基準法改正▶時短	82 全民労協（全日本民間労組協議会）発足 87 同盟、中立労連解散 89 新連合、全労連発足 総評解散
平成～		* 91 育児休業法成立（1992～） ▶男女とも、子1歳まで休業できる 93 労働基準法改正 ▶週40時間労働制（1994～） 95 育児・介護休業法成立 ▶介護のため3ヵ月休業できる（1999～） 97 労働基準法改正（1999～） ▶女子労働者保護規定縮小 03 労働者派遣法改正（2004～） ▶製造業にも派遣を解禁	

第10章　労働・社会保障

* 雇用保険法（1994改正）で25％（現在増額）の育児休業給付の支給が決定した（育児・介護休業法が根拠法ではない点に注意！）　なお、育児休業は民間では子1歳まで（保育所に入所不可の場合は1歳6ヵ月まで）。

3 労働基準法 A

1. 労働基準法（1947制定）の目的と労働条件の原則

(1) 目的 労働条件に最低基準を設定することによって、労働者に「**人たるに値する生活**」（生存権、第1条）を保障する。

(2) 労働条件の七原則（第1条～第7条） 労働条件の**最低基準**の順守・**労使対等**の原則・均等待遇の原則・**男女同一賃金**の原則・強制労働の禁止・中間搾取の禁止・公民権行使の保障。

(3) 本法違反の労働協約・労働契約等の効力 本法に定めた最低基準よりも不利な条件を定めた**労働協約・就業規則・労働契約**は無効である。ただし、契約全体が無効となるのではなく**違反部分だけが無効**とされ、法律の基準に従うものとする。

☞1 労働協約は使用者と労働組合が結ぶ協約。就業規則は使用者が定めるが、法令および労働協約に違反することはできない。労働契約は使用者と個々の労働者との間の契約なので労働者に不利となりやすいため、法令・労働協約・就業規則に違反してはならないとされる。

2. 規定の内容

(1) 最低賃金 労働基準法ではなく最低賃金法で定める。

☞2 最低賃金の決定方法には、❶労働協約の地域的拡張方式、❷最低賃金審議会の審議を経て厚生労働大臣や労働基準局長が決定する職権方式の2つがある。現実には❷の場合が多い。

(2) 労働時間 1日**8**時間、週**40**時間以内。1日のうち8時間を労働時間として労働者が自由選択できる**フレックス＝タイム**制や1週間、1ヵ月や1年間のトータルで法定労働時間を満たせばよいとする**変形労働時間**制が導入された（**1987改正**）。必要時に集中的に労働し、暇な時には休めるようにして労働時間の短縮を図っている。また、仕事を労働時間に換算する**裁量労働**制（**みなし労働**制）が専門職から**ホワイト＝カラー**の企画・立案などにも拡大され（1998改正）、**SOHO**と呼ばれる在宅勤務形態をバックアップしている。

☞3 SOHOとは、スモール＝オフィス・ホーム＝オフィスのこと。コンピュータやインターネットの発達で小さな事務所や自宅で仕事が可能になった。

(3) 年次有給休暇 **6**ヵ月継続勤務した者に年**10～20**日の休暇を与える（1994改正。改正前は1年以上継続勤務者に6～20日）。

(4) 女子労働者保護 時間外労働規制と深夜業禁止規定が削除された。

*1　2000年代に自民党政権はホワイトカラー＝エグゼンプションの導入を提案したが、労働組合の反対から、導入が見送られた。一定の収入を超えるホワイトカラー（サラリーマン）の賃金を、休日・時間外労働手当を含んだ年収（ないし月給）形態とするものであるが、残業が際限なく増加する可能

▼労働基準法の内容（本文以外の規定） 〔基本〕

	主な条項	主な内容
労働契約	13 労基法違反の労働契約	労基法の基準に達しない労働条件を定める労働契約は無効
	19 解雇制限	業務上の負傷・疾病、女子の産前産後の休業期間の解雇制限
	20 解雇の予告[*2]	最低30日前の予告、または30日分以上の賃金支払義務を負う◀解雇には「合理的な理由」が必要（労働契約法）
賃金	24 賃金の支払	通貨で全額を、直接、毎月1回以上、一定の支払日を決めて支払う◀現物支給は禁止
	26 休業手当	使用者の責任による休業の場合、平均賃金の60％以上の手当
労働時間・休日	32 労働時間	週40時間、1日8時間以内。1週間・1ヵ月・1年単位の変形労働時間制を適用した場合、特定期間は労働時間の超過が可能
	35 休日	毎週少なくとも1日、4週間で4日以上の休日を与える◀完全週休2日制を保障したわけではない（週40時間）
	36 時間外・休日労働	労働組合、または労働者の過半数の代表者との書面による協定（三六協定）を必要とする
	37 割増賃金	時間外・休日・深夜労働には、25％以上50％以下の割増賃金を支払う◀会社からの強制残業を減らすのが目的
	39 年次有給休暇	6ヵ月以上継続勤務、8割以上出勤者に10日以上（以後、1年継続勤務につき1日加算）、最高20日までの休日を与える
年少者	56 最低年齢	満15歳未満の児童の雇用は原則禁止
	58 未成年者の労働契約	親権者・後見人でも、未成年に代わっての労働契約締結は禁止
	61 深夜業の禁止	満18歳未満の労働者の深夜労働（午後10時～午前5時）は禁止
女子	64-2 女子の時間外労働	1997年改正で削除。原則男子と対等
	64-3 女子の深夜業	1997年改正で削除。原則男子と対等
	65 産前産後	申請により、産前は6週間、産後は8週間の休業を与える
	67 育児時間	生後満1歳未満の生児を育てる女子は育児時間を請求できる

check!
❶ 従来、女子には午後10時～午前5時までの深夜業禁止、時間外労働規制（工業業種で原則週6時間、年150時間まで）があったが、この保護がかえって女子の就職・昇進の機会を妨げているとの認識から、時間外労働規制と深夜業禁止は1997年改正で廃止された（1999実施）。
❷ 男女雇用機会均等法（1985）により、女子に男子と対等な就職・昇進の機会が保障されたが女子差別禁止は努力規定に過ぎなかったことから、1997年の同時改正で、違反事業主の実名公表を伴う義務規定（禁止規定）となった。セクシュアル＝ハラスメント禁止規定も追加された。

性が指摘された。
[*2] 労働契約法で「解雇は、客観的に合理的な理由を欠き、社会通念上相当であると認められない場合は、その権利を濫用したものとして、当該懲戒は、無効」と明記された。

4 労働組合法　B

1. 労働組合

(1) **労働組合法（1945制定）の目的**　労働者の**団結権**を認め、**団体交渉**によって労働者の地位の向上を目指す。

(2) **労働組合**　労働者が主体となって自主的に労働条件の改善・経済的地位向上を目的として組織した団体である。

> 3つの形態がある。❶職業別組合（19世紀）：特定技能を持つ熟練労働者の組合。❷産業別組合（20世紀）：特定産業に属する熟練・不熟練労働者の組合。❸企業別組合：企業別に組織される組合。日本では❸が典型例である。

(3) **労働組合の活動**　労働協約（組合と使用者間の協約）によって賃金・労働時間・福利厚生・組合員資格・争議などの事項を決定する。団体交渉が合意に至らない場合、組合は**ストライキ**などの争議行為を行う。正当な争議行為については**刑事上の**免責（第1条）、**民事上の**免責（第8条）が認められる。

2. ショップ制～雇用者と組合員資格の関係を規定する協約

労働組合の団結権を強化する目的で結ばれた協約である。

(1) **クローズド=ショップ**　労働組合員を雇用者として選ぶ。

(2) **ユニオン=ショップ**　雇用後、一定期間内に労働組合に加入する義務を負う。組合を脱退すると解雇されるのが原則。日本では組合を脱退しても解雇されない**尻抜けユニオン**が多い。

(3) **オープン=ショップ**　組合員資格と雇用資格は無関係である。

3. 不当労働行為の禁止（労働組合法第7条）*

不当労働行為とは、**使用者による**労働組合活動の妨害行為である。①**団結権の侵害**（組合に加入したことを理由とする解雇・配置転換などの不利益な取り扱い、組合に加入しないことなどを雇用条件とする**黄犬契約**など）、②**団体交渉権の侵害**（正当な理由なく団体交渉を拒否すること）、③**労働組合の自主性侵害**（組合の運営・人事に介入、組合に**経費援助**を与えること）、④**労働委員会への不当労働行為申立を理由に不利益な扱いをすること**。以上は、不当労働行為として禁止される。

---

* 不当労働行為は労働組合運動への妨害であるから、例えば、1日12時間労働フルタイムで、月給5万円という労働契約は不当労働行為には当たらない。ただし、労働基準法違反、最低賃金法違反の違法行為である。

▼ 使用者は労働組合活動を妨害してはならない 【基本】

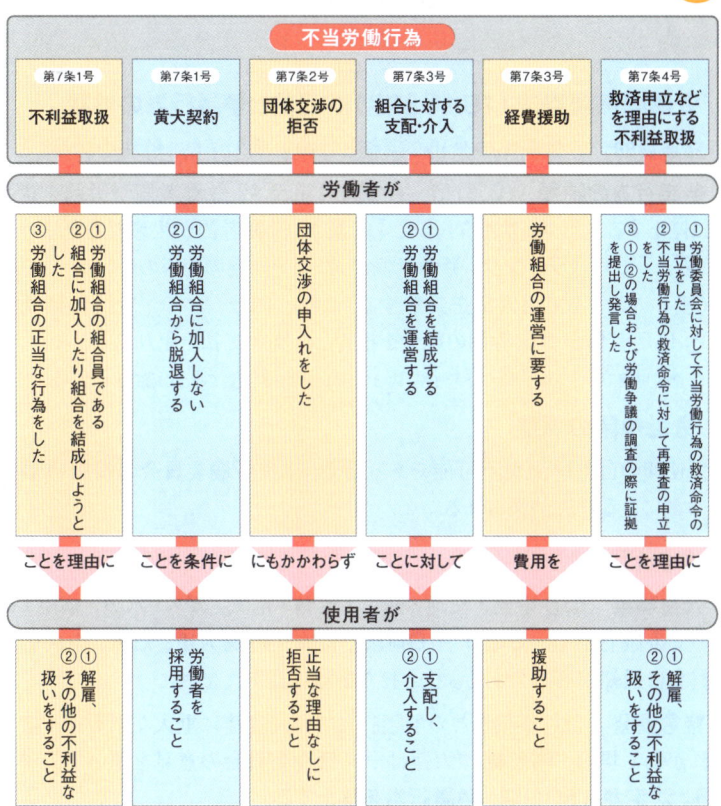

不当労働行為

第7条1号	第7条1号	第7条2号	第7条3号	第7条3号	第7条4号
不利益取扱	黄犬契約	団体交渉の拒否	組合に対する支配・介入	経費援助	救済申立などを理由にする不利益取扱

労働者が

①労働組合の組合員である ②組合に加入したり組合を結成しようとした ③労働組合の正当な行為をした	①労働組合に加入しない ②労働組合から脱退する	団体交渉の申入れをした	①労働組合を結成する ②労働組合を運営する	労働組合の運営に要する	①労働委員会に対して不当労働行為の救済命令の申立をした ②不当労働行為の救済命令に対して再審査の申立をした ③①②の場合および労働争議の調査の際に証拠を提出し発言した
ことを理由に	ことを条件に	にもかかわらず	ことに対して	費用を	ことを理由に

使用者が

| ①解雇、②その他の不利益な扱いをすること | 労働者を採用すること | 正当な理由なしに拒否すること | ①支配し、②介入すること | 援助すること | ①解雇、②その他の不利益な扱いをすること |

第10章 労働・社会保障

▼ 組合組織率＝組合加入者数÷雇用労働者数×100 【盲点】

■ 主要国の労働組合組織率

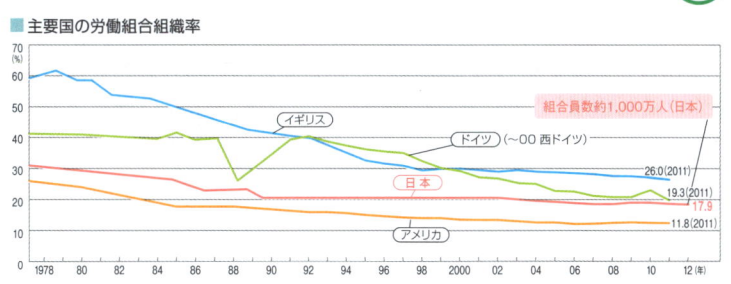

イギリス 26.0(2011)
ドイツ (～00 西ドイツ) 19.3(2011)
組合員数約1,000万人(日本)
日本 17.9
アメリカ 11.8(2011)

5 労働関係調整法　B

1. 労働関係調整法（1946制定）の目的と争議行為の種類

(1) **立法目的**　労働関係の公正な調整と労働争議の予防・解決を図ること。

(2) ＊**争議行為の種類**　①ストライキ（同盟罷業）：労働者側が労務を意図的に停止すること。②サボタージュ（怠業）：労働者側が生産性を低下させること。③ピケッティング：労働者側がスト破り防止のためのピケラインを張る（座り込みをして出入口を封鎖する）こと。④ロック＝アウト（作業所閉鎖）：使用者側が労働者側の就労を拒否し、賃金支払を免れること。

☞1　全国規模で行うゼネラル＝ストライキ、組合本部の指令を無視して行う山猫ストなどがある。

2. 労働争議の調整

労使間の自主解決が不可能である場合、中央労働委員会の斡旋➡調停➡仲裁による解決が図られる。

3. 争議行為の制限

(1) **公益事業**　公益事業（交通・通信・運輸・電気・ガス・水道・病院）において争議行為をする際は**10日前**までに厚生労働大臣、知事、中央労働委員会に通知が必要である。抜き打ち争議は許されない。

(2) **緊急調整**　公益事業などの争議行為で国民経済に重大な影響を及ぼす恐れがある場合、**内閣総理大臣**は中央労働委員会の意見を聞いて調整を行う。決定から**50日間**、争議行為を禁止する。

(3) **スト規制法による制限**　電気事業・石炭業については変電所や発電所のスイッチを切って送電を停止する争議行為を、鉱山においては保安施設を破壊する争議行為を禁止する。

(4) **公務員などの争議行為の制限（国家公務員法、地方公務員法、国営企業労働関係法）**　公務員などの**争議権（団体行動権）は一律禁止**、団体交渉権も一般公務員は制限され、特に**警察・消防・刑務所職員・自衛隊員**は**労働三権すべてが禁止**されている。

☞2　公務員の一律争議権禁止について最高裁は、憲法第28条には違反せず合憲だとする判決を下している（全逓東京中郵事件（1966）、全逓名古屋中郵事件（1977））。

＊　生産管理（労働組合が操業時間や生産量まで管理下に置くこと）は、使用者の私有財産権の不当な侵害に当たることから、最高裁は違法と判断している。

▼ 労働争議の調整～仲裁の裁定は拘束力あり 【発展】

	斡旋	調停	仲裁
調整者	斡旋員 ▶斡旋員名簿から指名	調停委員会 ▶公益・使用者・労働者の各代表	仲裁委員会 ▶公益委員のみで組織
開始	❶労使双方、または一方の申請 ❷労働委員会会長の職権	❶労使双方、または一方の申請 ❷労働委員会の職権 ❸厚労相・知事の請求など	❶労使双方、または一方の申請 ❷労働協約による労使双方、または一方の申請
内容	労使双方の間に入り、当事者の自主解決を図る。斡旋案は原則的に作成しない。	調停案を作成し、労使へ受諾勧告する。ただし、拘束力はなく、受諾するかどうかは当事者の自由。	仲裁裁定は労働協約と同一の効力を有する。裁定に拘束力がある点で斡旋・調停と異なる。
解決率	全体の約95%はこれで解決	残りの約5%はこれで解決	全体の1%程度

check! 不当解雇や賃金未払いなどの労働者個人と使用者の労働紛争を安価に、かつ迅速に解決する簡易な方法として労働審判制度が導入された（2006.4）。

▼ 労働三権～団結権・団体交渉権・争議権 【基本】

		団結権	団体交渉権	争議権*
国家公務員	国営企業	○	○	×
	一般職	○	△	×
	自衛隊・警察など	×	×	×
地方公務員	公営企業	○	○	×
	一般職	○	△	×
	警察・消防	×	×	×

国営企業 → 郵政・国有林野・印刷・造幣など（企業体の管理運営に関する事項は対象外）

自衛隊・警察など → 刑務所・防衛省・海上保安庁など

公営企業 → 地方鉄道・バス・電気・ガス・水道など（企業体の管理運営に関する事項は対象外）

※○は権利あり、△は労働協約締結権なし、×は禁止。

check! ❶公務員が一律禁止されている権利は、争議権である。
❷労働三権をすべて禁止されている職種は、警察・消防・刑務所職員・自衛隊員などである。

＊ 公務員は争議権が一律禁止されているが、代償措置として独立行政委員会である人事院が置かれ、賃金や勤務条件を民間並みに公正に決定している。

第10章 労働・社会保障

6 現代日本の労働問題(1)　B

1. 日本の三大雇用慣行とその変化

(1) **終身雇用制**　新規採用をすれば定年まで解雇しないという慣行。社内教育で熟練労働者を養成し、安定雇用を実現する。

(2) **年功序列型賃金制**　勤続年数に応じて昇給する賃金形態。終身雇用制を定着させ、社員の帰属意識を高める効果を持つ。

(3) **企業別組合**　欧米の職業別・産業別組合と異なり企業ごとに組合を形成。**労使協調主義**になりやすく、組合が使用者の生産性向上に協力的で(**御用組合**)、高度経済成長を支えた。

> 1　近年の不況下で、リストラクチャリング(リストラ＝事業の再構築)の一環として出向・配置転換・管理職の早期退職制が行われ、終身雇用制は崩れている。賃金体系も職務給(仕事内容により賃金を区別)・職能給(能力によって賃金を区別)・年俸制が導入されつつある。定年延長実現は年功序列型賃金制では難しいが、能力給を導入して事実上賃金を引き下げれば可能となる。

2. 失業問題～高失業時代の到来

　完全失業率は、**労働力人口**(15歳以上の人口の内、労働意思のない者と労働能力のない者を除く)に占める**完全失業者**(求職したが月末10日間無職の者)の割合。日本は低失業国で、1980年代までは石油危機不況時も失業率は**2％台**だったが、90年代には長期不況に入り、2000年平均は4.7％、01〜03年には**5％台**(2002年5.4％が最高)に達した(**2004年以降4％台**となり、07年は3.9％に低下)。08年はリーマン＝ショックにより雇用は極度に悪化して4.1％、09年7月には**月別最悪の5.7％**、09・10年平均で5.1％に達したが、12年は4.3％に低下し、13年11月には月別で3.9％となった。

> 2　❶景気的失業、❷摩擦的失業(転職時)、❸季節的失業(農閑期)。最近は、❹ミスマッチ失業(労働市場での需給不一致、例：先端技術産業に労働需要⇔中高年齢者が労働供給)が顕著。

3. 労働時間～労働時間短縮の動き

　1987年の労働基準法改正により週**48**時間から段階的に短縮し、93年改正で週**40**時間労働制を実現した。総実労働時間は不況が追い風となり、**所定内労働時間は1,800時間に近づいた**。しかし、欧米先進国(特にドイツ、フランス)と比べて長時間労働であり、**ワーク＝ライフ＝バランス**が求められている。

> 3　貿易摩擦の中、日本の長時間労働が批判され、労働時間短縮や年次有給休暇の消化が求められたため、生活大国5ヵ年計画(1992)は、年間1,800時間目標を設定した。

＊ 2000年代の高失業率の原因に、若年者(15〜24歳)の高い失業率(約10％)がある。新卒の就職率が極めて悪く、正規雇用者になれない若年者が増加している。これら若年失業者の再チャレンジ支援が急務である。また、高齢者雇用安定法94年改正で、60歳定年を義務づけ、65歳までの定

▼最近の日本の雇用状況〜高失業・時間短縮　時事

■日本の有効求人倍率

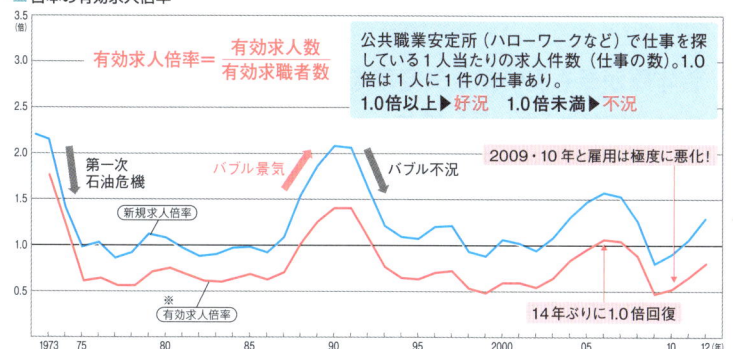

有効求人倍率 = 有効求人数 / 有効求職者数

公共職業安定所（ハローワークなど）で仕事を探している1人当たりの求人件数（仕事の数）。1.0倍は1人に1件の仕事あり。
1.0倍以上▶好況　1.0倍未満▶不況

第一次石油危機／バブル景気／バブル不況

2009・10年と雇用は極度に悪化！

14年ぶりに1.0倍回復

新規求人倍率／有効求人倍率

※有効求人倍率は、2008年9月のリーマン・ショック不況で07年の1.04倍から08年が0.88倍、09年が0.47倍と、急激に低下した後、改善し、13年月別では1.0倍を回復した。

■主要国の失業率比較（年間平均）

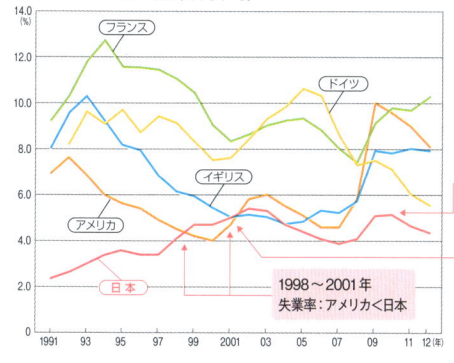

フランス／ドイツ／イギリス／アメリカ／日本

完全失業率 = 完全失業者数 / 労働力人口 ×100

2009・10年 5.1%（2009.7は5.7%）と悪化！

日本の2001年の完全失業者は340万人、完全失業率は5.0%、02年は5.4%（359万人）と最悪！03年は5.3%（350万人）と推移。不況が深刻化した。

1998〜2001年 失業率：アメリカ＜日本

■年間労働時間の国際比較（就業者）

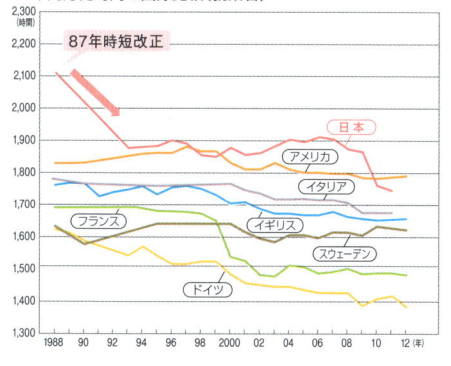

87年時短改正

日本／アメリカ／イタリア／フランス／イギリス／スウェーデン／ドイツ

❶1990年代半ば、日本は初めてアメリカの年間総実労働時間を下回った。
❷1992年の生活大国5ヵ年計画で策定された日本の年間労働時間の目標は**1,800**時間である。
❸2011年現在、日本の年間総実労働時間は**1,728**時間。一方、ドイツ・フランスは1,400時間台と短い。
❹日本は、90年代以降の雇用悪化の中、労働組合は労働時間短縮で他者の雇用機会を創出するワークシェアリングを主張している。

第10章　労働・社会保障

年延長が努力目標化された。企業は、①65歳定年制、②65歳までの継続雇用制度導入、③定年制廃止、のいずれかを選択する。13年4月からは雇用継続を関連企業でも可とする一方、違反企業の実名公表を導入した。

7 現代日本の労働問題(2) B

1. 若年層が最も高い完全失業率を記録～不況の深刻化

バブル崩壊後の「**失われた10年**」の中で、年齢別の完全失業率が最も高いのは、**15～24歳層**の若年層であり、2002年には9.9％と10年前の約2倍に増加している（09・10年：9～10％）。**若年層の失業**の原因は、企業が新卒者を削減していること、企業側が正社員よりもコストの低いアルバイト、パートタイマー、派遣社員を利用していること、若年者の側にも正社員よりも自由な雇用形態を求める傾向があることなどが指摘できる。しかし、厚生労働省が指摘するような「**フリーター**志向の若者が失業率を押し上げている」という単純な原因ではなく、**構造**不況や**ミスマッチ**（需給の不一致）などを主因とする深刻な雇用不況であると考えて、雇用対策を実施しなければならない。

☞1 15～24歳層に次いで完全失業率が高いのは、25～34歳層。1996年以降、55～64歳層を上回っている。55～64歳層の中高年齢者の失業も深刻で、長期失業者（失業期間1年以上の者）が40％近くに達している。また、男子と女子を比較するとパートタイマーや派遣労働者で雇用が吸収される女子と異なって、正規雇用を求める男子の方が失業率が高いという状態にある。なお、**フリーター**とは定職に就かずアルバイトなどで生活している15～34歳の者のこと。一方、**ニート**（NEET：Not in Education, Employment or Training）とは就学・就業・職業訓練を受けていない15～34歳の者を指す（2012推計：フリーター180万人、ニート63万人）。若年層の雇用促進のワンストップサービスを行う**ジョブカフェ**や、教育と職業実習を組み合わせた日本版**デュアルシステム**などを実施している。

2. 雇用対策の推進～セーフティネットの構築

小泉内閣は、2003年策定の**総合デフレ**対策の1つとして「**セーフティネットの拡充**」を掲げ、地域中高年雇用受皿事業への特別奨励金の創設、雇用保険の給付期間の延長、増加する派遣労働者の地位安定を目的に**労働者派遣法を改正**し（2003改正、04施行）、**派遣労働の対象事業を製造業**にも拡大し、派遣期間を**1年から3年**に延長した。同法は派遣期間を超える派遣労働者には正社員になることを求める権利も認めており、違反企業に対する厚生労働大臣の勧告発令権を認めた。しかし、**製造業の工場労働者**がコスト削減のため、いわゆる**正社員切り**にあい、派遣社員などの**非正規雇用**労働者に代えられた結果、**賃金格差**を生み、いわゆる**格差社会**の原因となってしまった。

☞2 雇用創出の決め手として、各労働者が労働時間短縮を行うことで比例的に賃金カットに応じ、その分で新規の雇用を創出するという**ワークシェアリング**の導入も主張されている。この方法でオランダは雇用問題の解決に成功した。

＊ 今や非正規雇用労働者が雇用労働者全体の約3分の1を占め、正規労働者との格差が社会問題化している。非正規雇用労働者の格差是正のため、2008年に改正パートタイム労働法が施行され、正社員なみパート従業員への賃金などに関して均衡のとれた待遇の保障が義務づけられた。

▼ 年齢階層別完全失業率の推移～総務省「労働力調査」より 盲点

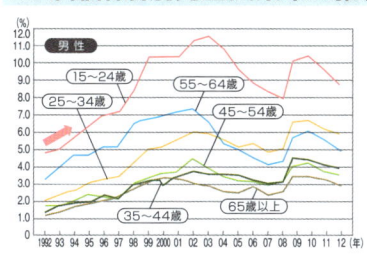

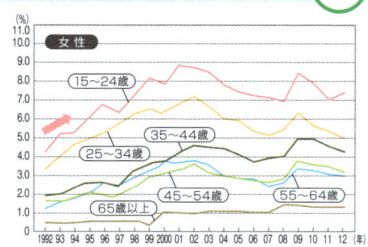

男性 / 女性のグラフ（15～24歳、25～34歳、35～44歳、45～54歳、55～64歳、65歳以上／1992～2012年）

❶完全失業率は若年層で特に高く、15～24歳では1992～2002年の10年間で2倍になった。また、25～34歳の若い働き盛り世代の失業が問題化している。
❷1990年代後半～2000年代初め、09・10年には若年者失業率が10%台に上昇した。

▼ 女子労働者の労働力人口の特徴～M字カーブ 発展

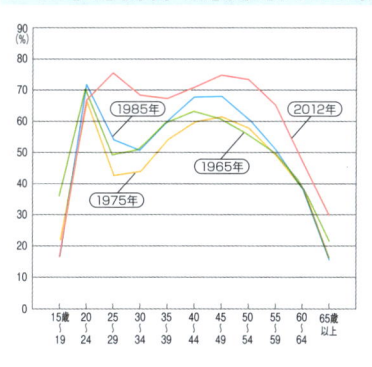

（1965年、1975年、1985年、2012年のグラフ）

- 20代 結婚・育児で離職
- 30代半ば以降 パート再就職

最近は、1975年と比べて、Mのへこみが少なく、中高年女性の労働力人口が減少していない。

理由
❶不況下で結婚退職しない女性が増加
❷育児休業法により出産による離職が減少
❸不況下で、中高年女性の家計補助的なパートタイマー労働が増加

▼ 男女雇用機会均等法改正(1997、99施行)*1／労働者派遣法改正(2004)*2 時事

●男女雇用機会均等法改正のポイント

事業主への規定	制定当初（1985）	改正後（1997）
募集・採用・配置・昇進など	男子と均等待遇とする努力義務規定	男子との差別禁止規定
制裁措置	なし	違反事業主の実名公表（社会制裁を期待）
セクシュアルハラスメント防止	なし	防止配慮義務

●労働者派遣法改正のポイント

①派遣対象事業を大幅に拡大

【改正前】派遣可能事業を秘書・通訳など専門業種に限定
【2003年改正、04年施行】製造業に拡大（禁止業種は医師、港湾運搬、建設、警備などに限定）
▶法施行後3年間は製造業への派遣期間を1年に。

②派遣期間を1年から3年に延長（雇用不安の除去）

3年を超えた派遣労働者は派遣先企業に正社員になることを求めることができる。
▶派遣先企業は努力義務あり（実名公表のペナルティー）

第10章 労働・社会保障

＊1 2006年の男女雇用機会均等法改正（2007.4施行）で、転勤・残業や身長・体重制限など正当な理由のない「間接差別の禁止」と「男性へのセクハラ禁止」などを規定した。
＊2 2012年の労働者派遣法改正では、日雇いを含む30日以内の短期派遣原則禁止などを規定した。

8 社会保障の歴史 B

1. 世界の歴史

(1) **公的扶助**（生活困窮者保護）　囲い込み運動により発生した無産者層に仕事を与える**エリザベス救貧法**（英、1601）に始まる。

(2) **社会保険**[ギ1]　19世紀末のドイツの宰相ビスマルクは、**社会主義者鎮圧法**（1878）を制定する一方、各種の**社会保険制度**の整備を行った（「**アメとムチ政策**」）。労働者対象の**拠出制の危険分散システム**である疾病保険・災害保険・廃疾養老保険を実施した。

☞1 失業保険を初めて導入したのはイギリスの「国民保険法」(1911)である。

(3) **社会保障**[ギ2]　全国民に対する**国民最低限**（ナショナル＝ミニマム）の保障。社会保障法を初めて制定したのは**アメリカ**（1935）であるが、完備した社会保障法は**ニュージーランド**（1938）で制定された。イギリスではベバレッジ（ビバレッジ）報告書（1942）が出され、「**ゆりかごから墓場まで**」と呼ばれる包括的社会保障制度が確立した。

☞2 国際労働機関（ILO）はフィラデルフィア宣言を採択し(1944)、所得保障と医療保障の確立を各国に勧告。社会保障の最低基準に関するILO102号条約も採択された(1952)。

2. 各国の社会保障の特徴

(1) **イギリス**　戦後、労働党政権のもと、完備した社会保障制度が確立され、**均一拠出**（保険料）・**均一給付**、医療費無料化などを実現した。最近は財政赤字により福祉切り捨ての方向にある。

(2) **アメリカ**　**生活自助**の原則から、私的保険中心で、社会保障は遅れている。老人医療保険はあるが、全国民を対象とする**健康保険制度**は存在しなかったが、2009年に発足した民主党オバマ政権下、10年に議会で可決された。*

3. 社会保障制度の類型

財源負担や年金給付の型により3つに区分できる。①**イギリス・北欧型**：年金の均一給付を原則とする福祉先進国型で、**国の財源負担割合が大きい**。②**ヨーロッパ大陸型**（フランス・イタリア）：社会保険、特に所得比例の年金給付を行う。財源は**事業主（使用者）負担割合が大きい**。③**三者均等型**（日本・ドイツ）：(ⅰ)使用者、(ⅱ)被保険者、(ⅲ)国・地方の財源負担がほぼ均等。

* 2010年、民主党オバマ政権下で全アメリカ国民を対象とする医療保険制度（国民皆保険）を確立する法律案（いわゆるオバマ＝ケア）が上院・下院を通過した。連邦最高裁も合憲判決を出しているが、野党・共和党が反対し、13年には予算・国債発行上限の緩和をめぐる対立が起こり、アメリカの行政

▼ 救貧→労働力の確保→権利としての社会保障 （発展）

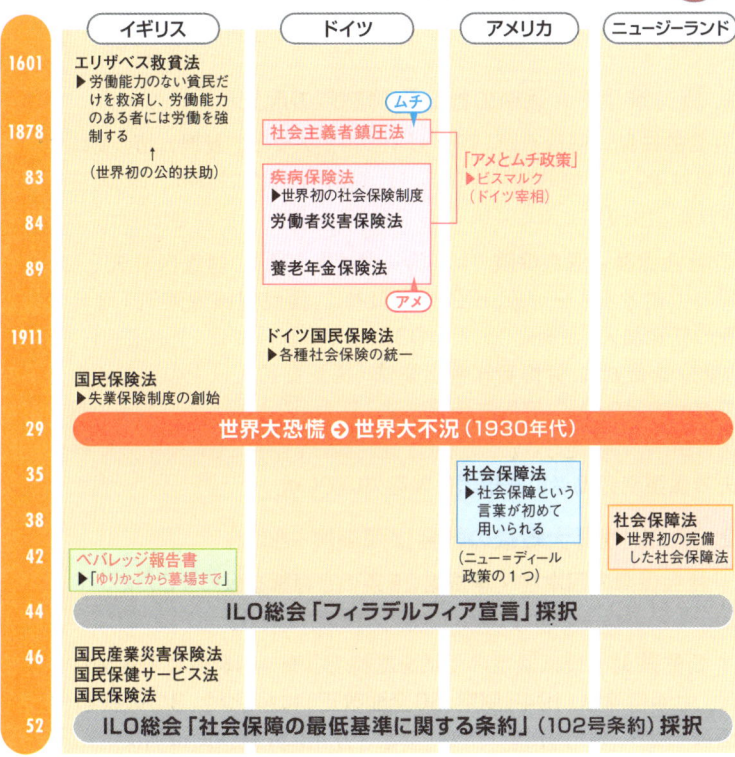

年	イギリス	ドイツ	アメリカ	ニュージーランド
1601	エリザベス救貧法 ▶労働能力のない貧民だけを救済し、労働能力のある者には労働を強制する ↑ （世界初の公的扶助）			
1878		社会主義者鎮圧法 ← ムチ	「アメとムチ政策」 ▶ビスマルク（ドイツ宰相）	
83		疾病保険法 ▶世界初の社会保険制度		
84		労働者災害保険法		
89		養老年金保険法 ← アメ		
1911	国民保険法 ▶失業保険制度の創始	ドイツ国民保険法 ▶各種社会保険の統一		
29	世界大恐慌 ➡ 世界大不況（1930年代）			
35			社会保障法 ▶社会保障という言葉が初めて用いられる （ニュー＝ディール政策の1つ）	
38				社会保障法 ▶世界初の完備した社会保障法
42	ベバレッジ報告書 ▶「ゆりかごから墓場まで」			
44	ILO総会「フィラデルフィア宣言」採択			
46	国民産業災害保険法 国民保健サービス法 国民保険法			
52	ILO総会「社会保障の最低基準に関する条約」（102号条約）採択			

▼ 社会保障費の財源負担の各国比較（%） （盲点）

※日本は2010年、アメリカは1992年、その他は2005年データ

国＼財源	保険料 被保険者	保険料 事業主	国・地方公費負担	その他	
スウェーデン	8.8	41.0	48.0	2.3	公費が多い 福祉先進国
イギリス	15.5	32.4	50.5	1.6	
フランス	20.9	44.7	30.6	3.8	事業主負担が多い 社会保険中心の 欧州大陸型
イタリア	15.3	41.7	41.4	1.6	
日本	27.0	24.5	35.7	12.8	日本は 三者均等負担
ドイツ	27.7	35.0	35.6	1.7	
アメリカ	21.6	28.4	36.5	13.5	

サービスの停止や国債デフォルト危機が発生した。

9 日本の社会保障制度　B

1. 第二次世界大戦前の社会保障制度の歴史

(1) **公的扶助**　明治初期、70歳以上の重病人などで義理人情の及ばぬ極貧者を対象とした**恤救規則**が制定され（1874）、昭和初期には救護法が制定された（1929）。

(2) **社会保険**　医療保険では、第一次世界大戦後、**健康保険**法（工場・鉱山の労働者本人を対象、1922）を最初に、**国民健康保険**法（地域未加入者の任意加入）が制定された（**1938**）。年金保険では、恩給法（官吏対象、1923）を最初に、**労働者年金保険**法（従業員10人以上の事業所の男子のみが対象、**1941**）、**厚生年金保険**法（従業員5人以上の事業所の男女が対象、**1944**）が制定された。しかし、適用範囲、給付ともに不十分であった上、**失業保険や労働者災害補償保険を欠いていた**。

2. 第二次世界大戦後の社会保障制度～四本柱

(1) **社会保障の四本柱**　憲法第**25**条の生存権を保障するため、①**公的扶助**、②**社会保険**、③**社会福祉**、④**公衆衛生**を行う。

(2) **公的扶助**　最低限度の生活を維持できない困窮者に不足分を公費給付。**生活保護**法（**1946**制定、**50**全面改正）にもとづき、**8つの扶助**（**生活・医療・教育・住宅・出産・生業・葬祭**、97年に**介護**扶助追加決定）を行う。[*1]

(3) **社会保険**　国民の疾病・老齢・失業・労働災害などの保険事故につき、現金・サービス給付を行う。加入者が保険料を負担する**拠出制の危険分散システム**である。**1947年に失業保険**法、**労働者災害補償保険**法が制定された（**1974年に失業保険法は雇用福祉事業・能力開発を加えて雇用保険法に改称**）。また、自営業者など一般国民対象の**国民健康保険**法（**1958**）、**国民年金**法（**1958**）が制定され、全国民が医療保険と年金に強制加入する**国民皆保険・国民皆年金**が確立した（**1961**同時施行）。

(4) **社会福祉**　ハンディキャップを持つ者に施設・サービスなどを公費から給付する。**福祉六法**にもとづいて運営される。

(5) **公衆衛生**　公費から全国民に医療、環境整備を提供する。

---

*1　2011年、生活保護の受給者が、200万人を突破し、統計史上最大を記録した。格差社会が深刻化している。
*2　少子化対策のために2006年の児童手当法改正で児童手当の支給を小学校卒業までに延長 →10年、

▼第二次世界大戦後、国民皆保険・皆年金が確立　基本

1874	恤救規則 ▶初の公的扶助
1922	健康保険法（1927施行）▶初の社会保険
44	厚生年金保険法（1954全面改正）

※ ◯ は福祉六法

戦後
- 46　(生活保護法（1950全面改正)）
- 47　失業保険法、労働者災害補償保険法、(児童福祉法)
- 49　(身体障害者福祉法)
- 51　社会福祉事業法
- 58　国民健康保険法 ▶国民皆保険 ┐
- 59　国民年金法 ▶国民皆年金　　┘—1961施行
- 60　身体障害者雇用促進法 ▶民間企業〜1.5％雇用義務、(精神薄弱者福祉法)
- 63　(老人福祉法)　　　　　　　　　　　　　▶知的障害者福祉法（1998）
- 64　(母子及び寡婦福祉法)
- 71　児童手当法 ▶第三子から対象に
- 73　老人医療無料化 ▶70歳以上または65歳以上の寝たきり老人対象　　**福祉元年**
- 74　年金の物価スライド制導入
　　　雇用保険法（1994改正）▶育児休業給付25％導入）

財政危機 → 福祉見直し → 高齢社会対策

- 82　老人保健法 ▶老人医療費の一部は自己負担
- 86　新しい公的年金制度発足 ▶国民年金法改正（1985）、基礎年金導入
- 91　国民年金基金制度
　　　児童手当法改正*2 ▶第一子から対象に、月5,000円、満3歳まで
　　　育児休業法（1992施行）▶満1歳まで
- 93　障害者基本法 ▶ノーマライゼイションの実現を目指す
- 95　育児・介護休業法（1999施行）▶介護休業は3ヵ月間
- 97　健康保険法改正 ▶サラリーマン本人負担を1割から2割に
　　　介護保険法（2000施行）▶要介護者に介護サービスを提供（本人1割負担）
- 2000　年金制度改革法 ▶厚生年金などの給付開始を65歳に遅らせる
- 03　健康保険法改正 ▶サラリーマン本人負担を2割から3割に
- 04　年金改革関連法 ▶年金保険料の引き上げと年金給付額の引き下げ（段階的、長期計画）
- 05　障害者自立支援法（2006施行）▶障害者の自立促進（本人負担一律1割に）
　　　▶障害者総合支援法に改正（2012）
- 06　老人医療費本人負担引き上げ ▶現役なみ所得者は3割に
- 08　後期高齢者医療制度発足 ▶満75歳以上の長寿者に独立の医療保険制度を創設
- 12　厚生年金と共済年金のサラリーマン年金一元化法成立（2017実施）

第10章　労働・社会保障

▼社会保障の四本柱　基本

- **公的扶助** ▶生活保護
- **社会保険** ▶医療、労災、介護保険など
- **社会福祉** ▶福祉六法
- **公衆衛生** ▶医療 ▶環境

check!
❶社会保険は拠出制（保険料負担あり）。公的扶助・社会福祉・公衆衛生は無拠出性（全額公費負担）。　❷民主党政権は子育て支援として、2010年「子ども手当」と「高校授業料無償化」などを創設。　❸自民党政権復活で「子ども手当」は「児童手当」に名称が戻る。

民主党政権は「子ども手当」を中学生まで月2万6千円を支給予定に（実際は月1万3千円：所得制限なし）➡12年、自民党政権が「児童手当」に名称を戻して支給内容を改定（中学校卒業まで月1万〜1万5千円：所得制限あり）。

335

10 日本の社会保険　A

1. 医療保険

(1) **内容**　疾病・傷害事故に対する給付を行う保険。

(2) **健康保険**　一般民間被用者を対象とする。業務外の傷病の場合、**本人7割**（2003.4〜）、**家族は入院7割・通院7割**を給付、他に分娩費、出産手当金、埋葬費を支給する。大企業（300人以上）は企業ごとに健康保険組合を結成している。中小企業の組合は政府管掌組合だが、赤字が問題化している。

(3) **国民健康保険**　自営業者・農家などを対象とする。**世帯主・家族とも7割給付**。高額療養費もあるが健康保険に劣る。

(4) **共済組合**　公務員などが対象。原則的に健康保険と同じ。

> ☞1　高齢者の医療費の窓口負担については、2006年の**医療制度改革関連法改正**で、70〜74歳は❶2008年より**1割から2割**に（現実には1割を継続）、❷ただし、現役なみ所得者は、06年10月より**2割から3割**に引き上げられた（なお、退職後、69歳までは**3割負担**）。75歳以上の**長寿者**には08年より**後期高齢者医療制度**が創設され、窓口負担は原則**1割**（ただし、現役なみ所得のある者は**3割**）となった。

2. 年金保険

(1) **内容**　老齢者・障害者・遺族などの生活を保障する保険。

(2) **国民年金**　**1985年の国民年金法改正**（1986実施）により、日本国内に居住する20歳以上のすべての日本国民が全国民共通の**基礎年金＝国民年金**に加入し、60歳未満まで保険料を最低25年間負担した者に、65歳から年金が支給される（1994改正）。

> ☞2　サラリーマンの妻も独自に基礎年金に加入（婦人年金権の確立）、20歳以上の学生も強制加入（1992実施）。自営業者は国民年金しかないことから、給付の上乗せを望む者に対して国民年金基金を設けた（任意加入）。

(3) **厚生年金**　一般民間被用者が対象。基礎年金に上乗せする形で支給する（**二階建て年金**）。支給開始年齢は60歳から段階的に65歳に遅らせている。

(4) **共済年金**　公務員などが対象。原則的に厚生年金と同じ。

3. 失業保険・労働者災害補償保険（労災保険）

失業保険法（1947）は**雇用保険法**（1974）に発展した。離職の際、一定期間、平均賃金の6〜8割を支給。**労働者災害補償保険**（1947）も導入。

---

*1　健康保険と共済組合保険（民間サラリーマンと公務員）の医療費本人負担は、かつて0割、1984年より1割負担、97年より2割負担、2003年より3割負担となった。現在は国民健康保険（自営業者）と同じ3割負担となっている。

▼4種類の社会保険を押さえよう 基本

	民間被用者	自営業者など	公務員など
医療保険	健康保険	国民健康保険	共済組合
年金保険	厚生年金	国民年金基金(任意)	共済年金
年金保険	国民年金(基礎年金)		
失業保険	雇用保険	×	×
労災保険	労働者災害補償保険	×	国家公務員災害補償保険

check! 2008年4月より75歳以上を対象とする後期高齢者医療制度が始まった。運営は広域連合で、その財源は国・地方・本人負担保険料である。75歳以上からも保険料を徴収し、基礎年金給付金から天引きするのを原則としたため、長寿者の切り捨てだとの批判も強い。

▼基礎年金導入(1986)とサラリーマン年金一元化(2017〜) 発展

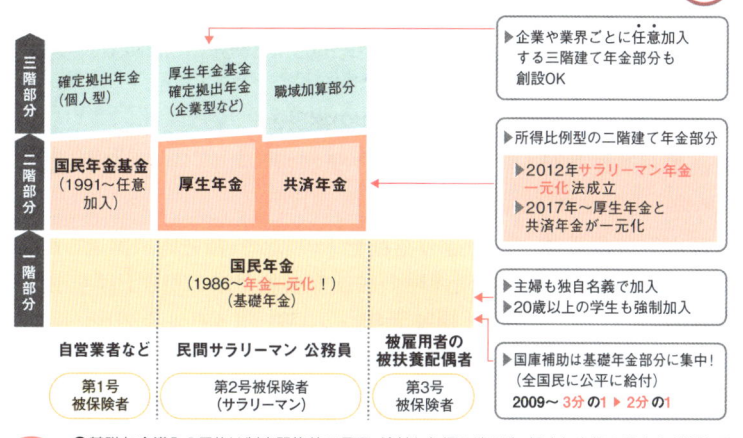

三階部分
- 確定拠出年金(個人型)
- 厚生年金基金 確定拠出年金(企業型など)
- 職域加算部分
- ▶企業や業界ごとに任意加入する三階建て年金部分も創設OK

二階部分
- 国民年金基金(1991〜任意加入)
- 厚生年金
- 共済年金
- ▶所得比例型の二階建て年金部分
- ▶2012年サラリーマン年金一元化法成立
- ▶2017年〜厚生年金と共済年金が一元化

一階部分
- 国民年金(1986〜年金一元化!)(基礎年金)
- ▶主婦も独自名義で加入
- ▶20歳以上の学生も強制加入

自営業者など	民間サラリーマン 公務員	被雇用者の被扶養配偶者
第1号被保険者	第2号被保険者(サラリーマン)	第3号被保険者

▶国庫補助は基礎年金部分に集中!(全国民に公平に給付) 2009〜 3分の1 ▶ 2分の1

check! ❶基礎年金導入の目的は制度間格差の是正、給付と負担の適正化、婦人年金権の確立などがある。❷20歳以上60歳未満の全国民が基礎年金の保険料を負担。国からの補助金は基礎年金部分に集中し、制度間格差を解消する。国庫補助は基礎年金の3分の1相当額であったが、2009年より2分の1に引き上げられた。❸一般被雇用者は二階建て年金(基礎年金+厚生年金)、公務員は三階建て年金(基礎年金+共済年金+職域部分)。❹企業は三階建て部分として、厚生年金基金などの任意加入の確定拠出型年金を導入可。年金拠出者が拠出金を運用する年金コースを自ら選択し、その運用実績に応じて年金が付加給付されるタイプもあり、日本版401Kと呼ばれる。

*2 過労死やアスベスト(石綿)被害にも労働者災害補償保険(労災保険)の適用が認定されている。労災保険の保険料は事業主のみ負担する。一方、雇用保険の保険料は、本人と事業主が負担する。

11 日本の社会保障　B
問題点

1. 低水準の社会保障

(1) **国民1人当たりの社会保障費**　日本は先進主要国中、最下位であり、スウェーデンの約3分の1に過ぎない。

(2) **社会保障費の対GDP比率**　スウェーデンが40％台であるのに対して、日本は**10％台**に過ぎない。社会保障の遅れが指摘されるアメリカとともに先進主要国中では低い位置にある。

2. 社会保険偏重～社会福祉の立ち遅れ

日本では、伝統的に拠出制の社会保険偏重であり、無拠出制の社会福祉が立ち遅れている。かつては、社会保険の中では医療偏重といわれた。最近は、高齢化の進行に伴い年金受給者が増加し、社会保障費の内、**年金給付費（約50％）**が**医療給付費（約30％）**を上回っている。1981年に年金給付と医療給付の割合が逆転して以来、年金給付費が急増している。

> 1 「21世紀福祉ビジョン」(1994) は、高齢社会における社会保障の公正・公平・効率の確保のためには、年金・医療・福祉などの給付比率を現行の5：4：1から5：3：2にすることが必要であるとする。特に、老人福祉サービスの拡充を重視している。

3. 低福祉・低負担～高福祉・高負担の実現を

(1) **高度経済成長期**　日本は、低福祉・低負担であり、負担を軽くすることで家計の可処分所得を高め、経済成長を遂げた。

(2) **高度経済成長後**　「成長より福祉を」のもとで、福祉国家実現を目指して**老人医療費無料化**や健康保険の家族療養給付率の引き上げ（5割→7割給付）などが行われた（「福祉元年」、1973）。しかし、その後、福祉水準を高めるためには**国民負担率**（租税＋社会保険料の負担率）を高める必要がある（**高福祉・高負担**）ことから、受益者自身の負担を高める**受益者負担論**が唱えられた。財政赤字の発生も伴って、**老人医療費の一部有料化**（**老人保健法**、1982）、健康保険法改正（1984）により、**被保険者の医療費本人負担**（当初の1割→2割→2003年より3割負担）が導入された。

> 2 安易な受益者負担の拡大と給付の切り捨ては、低福祉・高負担という問題を生じさせる。

＊ 2002年10月、老人（70～74歳）の医療費負担が定額制から定率制（2002年当初は原則1割、現役なみ所得高齢者は2割、08年より原則2割、06年より現役なみ所得者は3割負担）に移行。後期高齢者（75歳以上）は原則1割、現役なみ所得者は3割負担となっている。

▼各国の社会保障費用　発展

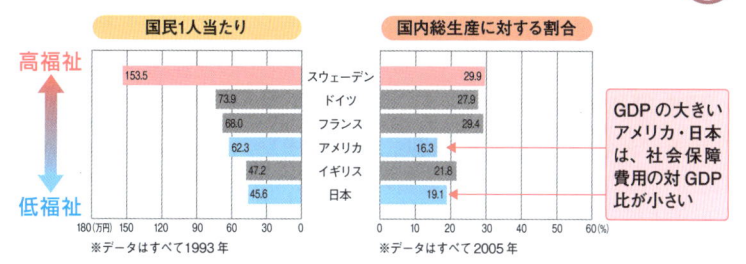

国民1人当たり（※データはすべて1993年）

国	万円
スウェーデン	153.5
ドイツ	73.9
フランス	68.0
アメリカ	62.3
イギリス	47.2
日本	45.6

高福祉 ⇔ 低福祉

国内総生産に対する割合（※データはすべて2005年）

国	％
スウェーデン	29.9
ドイツ	27.9
フランス	29.4
アメリカ	16.3
イギリス	21.8
日本	19.1

GDPの大きいアメリカ・日本は、社会保障費用の対GDP比が小さい

Check!
❶スウェーデンは世界一の福祉先進国である。
❷イギリスは財政赤字によって福祉水準が低下している。
❸日本は福祉後進国である。

■日本の社会保障給付費の部門別推移

- 年金　36.0兆円（32.6％）
- 医療　21.1兆円（19.1％）
- その他
- 合計　53.5兆円（48.4％）

Check!
❶2010年、ついに社会保障給付費の合計が100兆円を突破！
❷高齢化の進行により、年金への給付割合が急増し、社会保障給付費の50％を超え、今後さらに増加が予想されている。
❸医療費に占める老人医療の割合も増加している。
❹福祉・その他の内、介護対策が約40％を占める。

■日本の社会保障給付費の推移

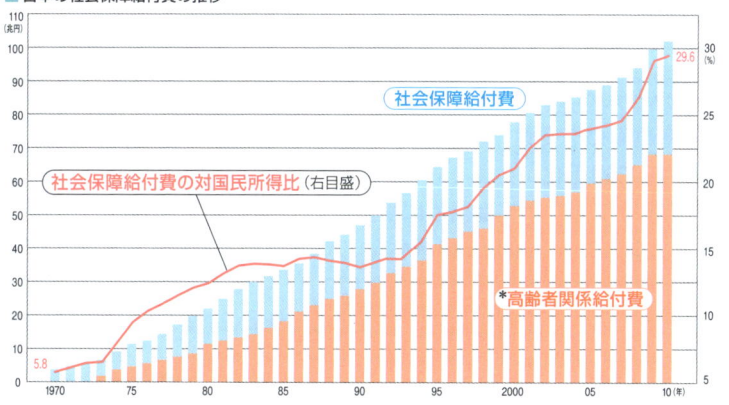

- 社会保障給付費
- 社会保障給付費の対国民所得比（右目盛）29.6％
- *高齢者関係給付費
- 1970年：5.8

＊高齢者関係給付費とは、年金給付費、老人保健（医療分）給付費、老人福祉サービス給付費、高年齢雇用継続給付費を合算したもの。高齢化の進行により、社会保障費の約70％が高齢者関係給付費となり、その4分の3は年金給付費である。

第10章　労働・社会保障

12 高齢社会と少子社会(1)　A

1. 日本の高齢化

(1) **定義**　老年人口比率（65歳以上人口比率）が、**7％**超を**高齢化**社会、**14％**超を**高齢**社会、**21％**超を**超高齢**社会という。

> 1　1970年に7％を超え高齢化社会となり、1994年には14％を超えて高齢社会になった。2007年には21.5％と超高齢社会に突入。13年には約25％、60年約40％と超ハイスピードで加速中。

(2) **現状**　2012年、老年人口は3,080万人で総人口に占める割合は約**25％**。平均寿命は、男79歳台、女86歳台で、世界一の長寿国である。

> 2　欧米先進国（2010）では、スウェーデン18.2％、イギリス16.6％、ドイツ20.8％、フランス16.8％、アメリカ13.1％で、日本の方が高い。

(3) **高齢化の原因**　①医療技術の発達による長寿化、②**合計特殊出生率**の低下（**少子**化）がある。ゆえに、高齢化を止める方法は、少子化対策を行って出生率を高めることである。現在、子育て支援のためにエンゼル=プラン、新エンゼル=プランが実施されている。

> 3　女性が一生の内に産む子どもの平均人数＝合計特殊出生率は、2005年に過去最低の**1.26**を記録、出生数も05年は106万2,530人となり、05年末に日本は人口減少へ突入。人口は05年の**1億2,780万人**をピークに、数年は増減を繰り返しつつも減少型に入り、2060年には8,600万人台、2100年には6,000〜7,000万人に低下すると予測されている。

2. 高齢社会における年金の維持

(1) **年金の負担**　生産年齢人口（15〜64歳）の3.3人で1人の高齢者を支えている（2005）。2015年に2.4人で1人、60年に1.2人で支えることになり、現役勤労世代の年金負担は極めて大きい。

> 4　現実には、生産年齢人口は老年人口（65歳以上）のみならず、年少人口（0〜14歳）も扶養しなければならない。老年人口と年少人口の合計を従属人口という。

(2) **年金改革の必要性**　現役労働世帯の負担を軽減するためには、年金**給付**と**負担**の適正化が必要である。そこで、年金給付開始年齢を遅らせること（60歳→65歳）や年金給付に**物価スライド制**を復活（2003）させることで、デフレ下で年金給付を削減する一方、年金の保険料の引き上げと年金給付額の段階的引き下げを決定した（2004、年金改革関連法）。同時に経済状況や人口構成の変化に応じて、さらなる見直しを実施するというマクロ経済スライド方式を導入した。

---

*1　2006年の合計特殊出生率が1.32と、6年ぶりに前年を上回った（出生数も109万2,662人で前年比増）。景気回復による雇用改善から、第二次ベビーブーム（1971〜74）に生まれた「団塊ジュニア」世代を中心に、結婚・出産が増えたためといわれる。08年も1.37、12年は1.41と若干上昇している。

▼ 世界の高齢化率の推移 ～日本の高齢化率は超ハイスピード！～ 時事

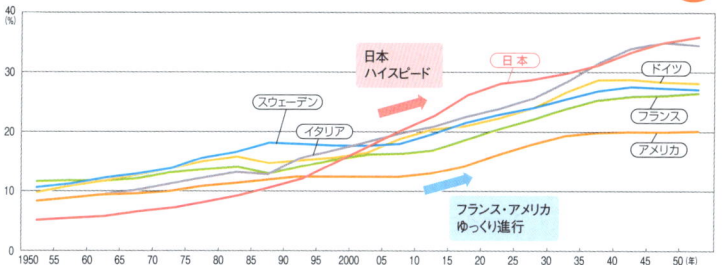

(グラフ：スウェーデン、イタリア、日本、ドイツ、フランス、アメリカの高齢化率推移 1950～2050年)
- 日本 ハイスピード
- フランス・アメリカ ゆっくり進行

▼ 高齢化の原因 盲点

❶ 少子化（合計特殊出生率の低下）

■ 日本の出生数・合計特殊出生率の推移
- 第一次ベビーブーム 270万人（4.32）
- 第二次ベビーブーム 209万人（2.14）
- ひのえうま 136万人（1.58）
- 2012年 105万人（1.41）

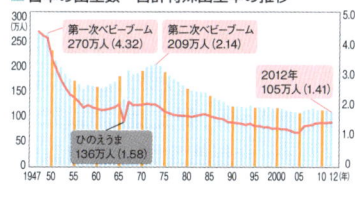

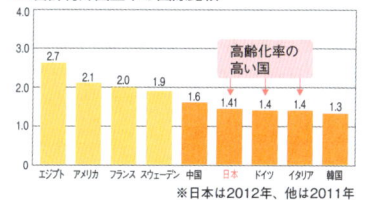

■ 合計特殊出生率の国際比較
エジプト	アメリカ	フランス	スウェーデン	中国	日本	ドイツ	イタリア	韓国
2.7	2.1	2.0	1.9	1.6	1.41	1.4	1.4	1.3

高齢化率の高い国
※日本は2012年、他は2011年

❷ 長寿化（世界一の長寿国ニッポン）

■ 日本の平均寿命の推移

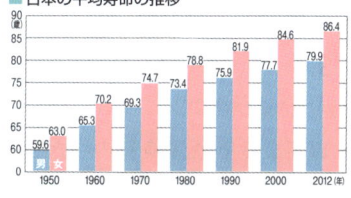

	1950	1960	1970	1980	1990	2000	2012年
男	59.6	65.3	69.3	73.4	75.9	77.7	79.9
女	63.0	70.2	74.7	78.8	81.9	84.6	86.4

■ 平均寿命の国際比較

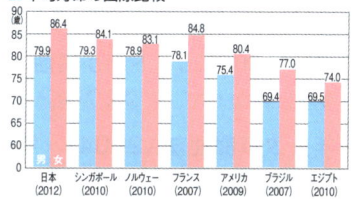

	日本(2012)	シンガポール(2010)	ノルウェー(2010)	フランス(2007)	アメリカ(2009)	ブラジル(2007)	エジプト(2010)
男	79.9	79.3	78.9	78.1	75.4	69.4	69.5
女	86.4	84.1	83.1	84.8	80.4	77.0	74.0

▼ 日本の人口構成の変化 時事

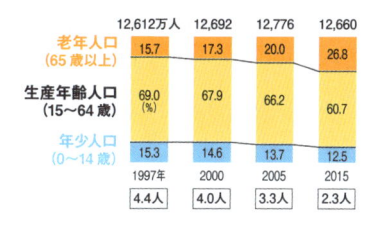

	1997年	2000	2005	2015
総数	12,612万人	12,692	12,776	12,660
老年人口（65歳以上）	15.7	17.3	20.0	26.8
生産年齢人口（15～64歳）(%)	69.0	67.9	66.2	60.7
年少人口（0～14歳）	15.3	14.6	13.7	12.5
	4.4人	4.0人	3.3人	2.3人

check! グラフ下の数値は高齢者1人に対する生産年齢人口。2060年、老年人口は39.9％と予測され（2.5人に1人が高齢者）、高齢者1人を1.2人の生産年齢人口が支えることとなる。なお、老年人口と年少人口では、すでに老年人口の方が多くなっている。

*2 年金財源の調達方式には、受給者自らが支払った保険料を原資とする積立方式と、現役勤労世代が支払った保険料を現在の老人に給付する賦課方式がある。賦課方式には、高齢化の進行に伴い、現役勤労世代の負担が重くなる欠点がある。日本は、中間の修正賦課方式を採用している。

第10章 労働・社会保障

13 高齢社会と少子社会(2) B

1. 高齢社会対策

(1) **老人福祉の充実**　**老人保健法**改正（1991）で**老人訪問看護制度**を創設。高齢者保健福祉推進10ヵ年戦略（ゴールド=プラン、1989）では、寝たきり老人対策として**デイ=サービス、ホーム=ヘルパー**、特別養護老人ホームへの**ショート=ステイ**などが策定された。1994年に**新ゴールド=プラン**に発展し、特別養護老人ホーム増設や介護福祉士などのマンパワー17万人養成が掲げられた。99年には**ゴールド=プラン21**も策定された。

(2) **定年延長**　高齢者雇用安定法により、**60歳定年制実施と65歳への定年延長を事業主の努力義務**（本人が望めば65歳まで雇用継続）とした。

(3) **介護保険法（1997制定、2000施行）**　介護保険は、**40歳以上**の全国民から月約2,500～3,500円の保険料を徴収し、老人性の要介護者に給付する制度（**1割自己負担**）。介護形態は、**要介護1～5、要支援**の6段階に分けられ、ケアマネージャーなどの一次判定の後、*介護認定審査会で認定される。2005年改正で**要支援が1・2に再区分**され、**要介護1～5**とともに計7段階に区分された。

2. 高齢社会に対応した社会保障制度改革

(1) **年金に物価スライド制が復活（2003.4）**　2002年度の消費者物価の下落率に合わせて、年金支給額が0.9％引き下げられた。

(2) **年金改革関連法（2004）**　2004～17年まで年金保険料の引き上げ、かつ年金給付額の引き下げの段階的実施を決定。**受益者負担を徹底する痛みを伴う改革**となる。マクロ経済スライド方式を導入し、人口減・高齢化の加速というマクロ経済の変動で保険料・年金給付額が見直される。

(3) **年金改革**　国民年金（基礎年金）保険料を**4割**の国民が未納付であることから、従来の**保険料徴収**方式を**税**方式とする改革では、基礎年金の国庫補助を現行の**3分の1**から**2分の1**に引き上げる代わりに、国民の税負担（消費税率の大幅引き上げ）を求める案が出された。2009年より、国庫補助は**2分の1**に引き上げられた。

---

*　介護認定に対する不服申立は介護保険審査会が行う。介護認定間のばらつきや地方公共団体間での介護サービス格差の生じる恐れや介護レベルの認定が厳しく負担に見合うサービスが得られないという批判がある。

▼ 高齢社会対策(ゴールド=プラン) ▶ 少子化対策(エンゼル=プラン) 基本

高齢化の防止	▶少子化対策(出生率アップ策)▶エンゼル=プラン、新エンゼル=プラン
高齢者看護	▶ゴールド=プラン、新ゴールド=プラン、ゴールド=プラン21
寝たきり老人対策	▶介護保険法
環境整備	▶ユニバーサルデザイン(ノーマライゼイションのためバリアフリー設計、ハートビル法(1994)+交通バリアフリー法(2000)=新バリアフリー法(高齢者・身体障害者移動促進法)(2006))

2003年度成立の少子化社会対策関連法とその内容

次世代育成支援対策推進法	育児休暇の取得率の目標設定など、企業・地方公共団体による行動計画
改正児童福祉法	市町村による子育て相談や保育施設の拡充などの強化
少子化社会対策基本法	内閣府に少子化社会対策会議を設置

check! 少子高齢化を止める手段として、まず少子化を止めて出生率を高める必要がある。2003年には少子化社会対策基本法などの関連法が制定された。1994年に策定された「エンゼル=プラン」を発展させ、99年「新エンゼル=プラン」が策定された。延長保育を7,000ヵ所から10,000ヵ所に増設するなど保育所への入所を待つ待機児童ゼロ作戦が進められている。

第10章 労働・社会保障

▼ 介護保険制度の仕組み 時事 発展

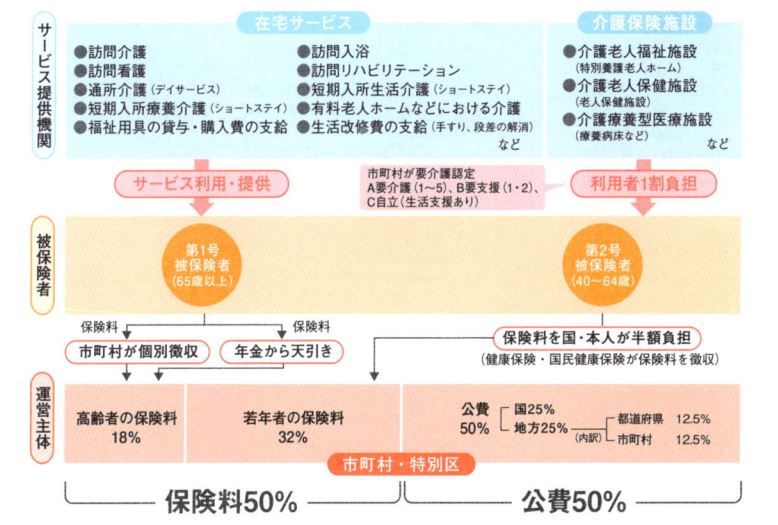

サービス提供機関

在宅サービス
- ●訪問介護
- ●訪問看護
- ●通所介護(デイサービス)
- ●短期入所療養介護(ショートステイ)
- ●福祉用具の貸与・購入費の支給
- ●訪問入浴
- ●訪問リハビリテーション
- ●短期入所生活介護(ショートステイ)
- ●有料老人ホームなどにおける介護
- ●生活改修費の支給(手すり、段差の解消) など

介護保険施設
- ●介護老人福祉施設(特別養護老人ホーム)
- ●介護老人保健施設(老人保健施設)
- ●介護療養型医療施設(療養病床など) など

サービス利用・提供 → 第1号被保険者(65歳以上)

市町村が要介護認定
A要介護(1〜5)、B要支援(1・2)、C自立(生活支援あり)

利用者1割負担 → 第2号被保険者(40〜64歳)

被保険者

保険料 → 市町村が個別徴収 / 年金から天引き

保険料を国・本人が半額負担
(健康保険・国民健康保険が保険料を徴収)

運営主体

| 高齢者の保険料 18% | 若年者の保険料 32% | 公費 50% 国25% 地方25% (内訳) 都道府県 12.5% 市町村 12.5% |

市町村・特別区

保険料50% ───── 公費50%

＊ 高齢者介護や育児のために休暇を取得できる育児・介護休業法(1999施行、2005改正)は、育児に原則1年(最大1年6ヵ月)、介護に93日間の休業請求を認めている。また、父母がともに育休を取る場合、2人合計で1年+2ヵ月(トータル)を可能とする「パパ・ママ育休プラス」を導入している。

巻末資料

第二次世界大戦後以降の政治・経済の「歩み」を年表と経済統計データで一気にチェック！ 表の下の解説コメントもしっかり読んで、時代のポイントをつかもう!!

戦後の内閣 ❶ 1945～1984年（昭和20～59年）

年次		内閣	できごと
1945	昭20	幣原喜重郎	農地改革・財閥解体
46	21	吉田茂（第1次）	
47	22	片山哲	独占禁止法制定
48	23	芦田均	経済安定9原則発表
49	24	吉田茂（1948.10～）	ドッジ＝ライン（1ドル＝360円）
50	25		朝鮮特需
51	26		サンフランシスコ平和条約調印／日米安保条約調印
52	27		日本、主権を回復／IMF・IBRDに加盟
53	28		
54	29		
55	30	鳩山一郎	GATTに加盟　☆1
56	31		経済白書「もはや戦後ではない」／国連加盟←日ソ共同宣言
57	32	石橋湛山	
58	33	岸信介（1957.2～）	
59	34		
60	35	池田勇人	新日米安全保障条約改定→安保闘争の責任をとり岸内閣総辞職（1960.7）
61	36		池田内閣「国民所得倍増計画」→10年間で目標達成／農業基本法
62	37		
63	38		GATT11条国になる
64	39		IMF8条国になる／OECD加盟
65	40	佐藤栄作	証券不況／ベトナム特需
66	41		第一回建設国債発行
67	42		公害対策基本法制定／資本自由化／非核三原則
68	43		日本、GNP西側第2位に
69	44		
70	45		
71	46		ドル＝ショック／1ドル＝308円
72	47		沖縄返還（1972.5.15）
73	48	田中角栄	第一次石油危機発生／変動相場制に移行
74	49		「日本列島改造論」／狂乱物価／初の実質マイナス成長　☆2
75	50	三木武夫（1974.12～）	特例国債発行
76	51	福田赳夫	ロッキード事件で田中角栄元首相逮捕
77	52		
78	53	大平正芳	日中平和友好条約調印／ASEAN外交重視（福田ドクトリン）
79	54		第二次石油危機発生
80	55		「ハプニング解散」→3例目の第69条解散
81	56	鈴木善幸	貿易摩擦激化／自動車輸出自主規制
82	57	中曽根康弘（1982.11～）	アメリカ・レーガン共和党政権との緊密な関係（「ロン・ヤス」関係）
83	58		→日本はアメリカの「不沈空母」と発言（日本はソ連侵入の防壁に）
84	59	☆3	

☆1　1955年、自由党と日本民主党が合同して自由民主党（自民党）を結成。自民党の長期安定政権となる「55年体制」が確立される。

☆2　田中角栄首相は「日本列島改造論」で公共事業を拡大。道路特定財源の暫定税率を設定。自ら国土開発に関する立法案を作成（議員立法提出数は歴代最多）。しかし、ロッキード事件など金権政治で首相の座から退いた。

☆3　田中角栄以後の自民党内閣は、「田中金権政治」に反対する政策を実施。福田赳夫内閣は緊縮財政を行い、「角福戦争」と呼ばれる自民党の党内抗争に発展した。

戦後日本経済の動向をデータでチェックしよう（△はマイナス値）。

経済統計データ ❶ 1945〜1984年（昭和20〜59年）

年次		背景	GDP（1945〜54はGDE、1955〜74はGNP）			物価指数	
			名目（兆円）	名目成長率（年度%）	実質成長率（年度%）	企業（卸売）（前年比%）	消費者（前年比%）
1945	昭20	戦後インフレ					—
46	21		0.5				—
47	22		1.3				
48	23		2.7				82.7
49	24		3.4				32.0
50	25	朝鮮特需	3.9				△6.9
51	26		5.4				16.4
52	27		6.1				5.0
53	28	不況	7.1				6.5
54	29		7.5				6.5
55	30	第一次高度経済成長期	8.4	10.1	★1 8.8	△1.8	△1.0
56	31		9.4	12.5	7.2	4.4	0.3
57	32		10.9	15.1	7.6	3.0	3.1
58	33		11.5	6.2	6.5	6.5	△0.4
59	34		13.2	14.2	9.2	1.0	1.1
60	35	転型期	16.0	21.3	13.1	1.0	3.6
61	36		19.3	20.7	11.6	1.0	5.3
62	37		21.9	13.4	8.7	△1.6	6.8
63	38		25.1	14.4	8.4	1.7	7.6
64	39		29.4	17.5	11.3	0.2	3.9
65	40	第二次高度経済成長期	32.8	11.3	5.8	0.9	6.6
66	41		38.1	16.2	10.4	2.3	2.1
67	42		44.6	17.2	11.0	1.8	4.0
68	43		52.8	18.4	12.2	0.9	5.3
69	44		62.1	17.5	12.1	2.2	5.2
70	45		73.2	17.9	10.2	3.6	7.7
71	46		80.6	10.1	4.3	△0.8	6.3
72	47		92.4	14.7	8.4	0.8	4.9
73	48	第一次石油危機	112.4	21.8	7.6	21.7	15.6
74	49	不況	140.0	19.1	★2 △0.8	20.1	20.9
75	50		152.4	10.6	2.9	2.3	10.4
76	51		171.3	12.3	4.2	6.1	9.5
77	52		190.1	9.9	4.8	2.0	6.9
78	53		208.6	8.9	5.0	△0.6	3.8
79	54	第二次石油危機	225.2	8.0	★3 5.1	8.7	4.8
80	55	世界同時不況	249.1	10.6	2.6	12.5	7.6
81	56		269.6	6.2	3.0	0.2	4.0
82	57		277.7	5.0	3.1	0.3	2.6
83	58		290.3	4.5	2.5	△0.7	1.9
84	59		310.4	6.9	4.1	0.3	2.2

★1　1955〜70年の高度経済成長期は実質成長率が年平均10％を突破した。

★2　1973〜74年の第一次石油危機（オイル＝ショック）で、74年は戦後初の実質マイナス成長を記録。物価上昇で一部の都市ではパニック状態に（「狂乱物価」）。原油は約4倍に値上がり、企業物価は対前年比20％上昇した。

★3　1979年の第二次石油危機（オイル＝ショック）で、80〜83年は世界同時不況に陥ったものの2〜3％程度の実質プラス成長を記録。前回の石油危機と比べてインフレ率（物価上昇）も軽微に収束した。

巻末資料

経済統計データ ❶ 1945〜1984年（昭和20〜59年）

年次		背景	有効求人倍率（倍）	完全失業率（％）	一般会計歳出 決算額（億円）	一般会計歳出 前年比（％）
1945	昭20		—	—	—	—
46	21		—	—	—	—
47	22	戦後インフレ	—	—	2,058	
48	23		—	0.7	4,619	
49	24		—	1.0	6,994	
50	25		—	1.2	6,332	
51	26	朝鮮特需	—	1.1	7,498	
52	27		—	1.2	8,739	
53	28	不況	—	1.9	10,171	
54	29		—	2.3	10,407	
55	30		—	2.5	★2 10,182	△ 2.2
56	31	第一次 高度経済成長期	—	2.3	10,692	5.0
57	32		—	1.9	11,876	11.1
58	33		—	2.1	13,315	12.1
59	34		—	2.2	14,950	12.3
60	35		—	1.7	17,431	16.6
61	36		—	1.4	20,634	18.4
62	37		—	1.3	25,566	23.9
63	38	転型期	0.70	1.3	30,442	19.1
64	39		0.80	1.1	33,109	8.8
65	40		0.64	1.2	37,230	12.5
66	41		0.74	1.3	44,591	19.8
67	42	第二次 高度経済成長期	1.00	1.3	51,130	14.7
68	43		1.12	1.2	59,370	16.1
69	44		1.30	1.1	69,178	16.5
70	45		1.41	1.1	81,876	18.4
71	46		1.12	1.2	95,611	16.8
72	47		1.16	1.4	119,322	24.8
73	48	第一次石油危機	1.76	★1 1.3	147,783	23.9
74	49	不況	1.20	1.4	190,998	29.2
75	50		0.61	1.9	208,609	9.2
76	51		0.64	2.0	244,676	17.3
77	52		0.56	2.0	290,598	18.8
78	53		0.56	2.2	340,960	17.3
79	54	第二次石油危機	0.71	2.1	387,898	13.8
80	55		0.75	2.0	434,050	11.9
81	56	世界同時不況	0.68	2.2	469,212	8.1
82	57		0.61	2.4	472,451	0.7
83	58		0.60	2.6	506,353	7.2
84	59		0.65	2.7	514,806	1.7

★1 第一次石油危機〜第二次石油危機時の完全失業率は、不況の中ではあるが、1〜2％台であった。企業は終身雇用制を守り、余剰人員を解雇せずに出向や配置転換でしのいだ。

★2 一般会計の予算規模は、高度経済成長期（1955〜70年）で約8倍に増加した。

★3 1965年、財政特例法（公債特例法）に基づいて発行された赤字国債は、第一次石油危機後の75年以後、連続して発行されている。また、公債依存度は第二次石油危機時の79年に34.7％と当時としては最悪を記録した。

巻末資料　経済統計データ ❶ 1945〜1984年

公債発行額(億円)	特例公債	公債依存度(％)	国際収支 経常収支(100万ドル)	貿易収支(100万ドル)	資本収支(100万ドル)	外貨準備高(100万ドル)
						930
						913
						637
						738
収支均衡予算			227	△53	△24	839
			★4 △34	△131	25	941
国債発行せず			△620	△402	38	524
			264	369	96	861
			361	362	△214	1,322
			143	268	△55	1,824
			★4 △982	△558	△10	1,486
			△49	402	172	1,841
			△780	△166	467	1,878
			△480	★5 375	107	1,999
1,972	★3 1,972	5.3	932	1,901	★6 △414	2,107
6,656	—	14.9	1,254	2,275	△808	2,074
7,094	—	13.9	△190	1,160	△812	2,005
4,621	—	7.8	1,048	2,529	△239	2,891
4,126	—	6.0	2,119	3,699	△155	3,496
3,472	—	4.2	1,970	3,963	△1,591	4,399
11,871	—	12.4	5,797	7,787	△1,082	15,235
19,500	—	16.3	6,624	8,971	△4,487	18,365
17,662	—	12.0	△136	3,688	△9,750	12,426
21,600	—	11.3	△4,693	1,436	△3,881	13,518
52,805	20,905	25.3	△682	5,028	△272	12,815
71,982	34,732	29.4	3,680	9,887	△984	16,604
95,612	45,333	32.9	10,918	17,311	△3,184	22,848
106,740	43,440	31.3	16,534	24,596	△12,389	33,019
134,720	63,390	34.7	△8,754	1,845	△12,628	20,327
141,702	72,152	32.6	△10,746	2,125	2,394	25,232
128,999	58,600	27.5	4,770	19,967	△6,449	28,403
140,447	70,087	29.7	6,850	18,079	△14,969	23,262
134,863	66,765	26.6	※5.7(兆円)	※8.2(兆円)	※5.2(兆円)	24,496
127,813	63,714	24.8	9.0	11.1	△13.9	26,313

※1983(昭和58)年より兆円単位

★4　高度経済成長の前半期には、国際収支の赤字が成長の限界となる「国際収支の天井」が存在していた。

★5　高度経済成長期の中盤を過ぎた1964年以後、日本は貿易収支の黒字国に転換し、2010年まで続くことになる。

★6　高度経済成長期の中盤を過ぎた1965年以後、日本は資本収支が赤字の傾向にあり、海外投資国となった。貿易で稼いだ資金を消費に投資する構造が確立する。

巻末資料

戦後の内閣 ❶ 1985〜2014年（昭和60〜平成26年）

年次		内閣	できごと
1985	昭60	中曽根康弘（〜1987.11）	G5プラザ合意／三公社民営化（1985、87）
86	61		円高不況発生／バブル景気（1986〜91）
87	62	竹下登（〜1989.6）	ブラック＝マンデー発生
88	63		リクルート事件（政官財の癒着）
89	平1	宇野宗佑・海部俊樹	消費税導入（竹下内閣）／日米構造協議（〜90）
90	2		
91	3	宮澤喜一 ☆1	日米半導体協定（数値目標）
92	4		国連平和維持活動（PKO）協力法
93	5	細川護熙 ☆2	初の非自民連立政権（7党1会派）→「55年体制」の一時終焉
94	6	羽田孜・村山富市	1ドル＝100円台突破／日米包括経済協議（〜94）
95	7		1ドル＝97円台に／日米自動車交渉
96	8	橋本龍太郎	日米半導体交渉（数値目標拒否）／金融ビッグバン
97	9		アジア通貨危機／日本の金融不安／消費税引き上げ（3→5％）
98	10	小渕恵三	
99	11		金融再生法（公的資金投入）
2000	12	森喜朗	
1	13	小泉純一郎	公定歩合0.1％／「聖域なき構造改革」の推進
2	14		総合デフレ対策発表
3	15		構造改革特区／産業再生機構
4	16		年金改革関連法成立
5	17		道路公団民営化／郵政民営化決定
6	18	安倍晋三	「戦後レジームからの脱却」／教育基本法改正／国民投票法
7	19	福田康夫	「リーマン＝ショック」
8	20	麻生太郎	「100年に1度の経済危機（不況）」
9	21	鳩山由紀夫（〜2010.6）	第45回衆議院総選挙で自民党→「政権交代」→「55年体制の完全終焉」☆3
10	22	菅直人（〜2011.9）	普天間基地移転問題で混乱／鳩山首相辞任
11	23	野田佳彦（〜2012.12）	東日本大震災、福島原発事故（3.11）／菅首相辞任
12	24		消費税率引き上げ3党合意／第46回衆議院総選挙で自民党圧勝☆4
13	25	安倍晋三（2012.12〜）	アベノミクス「三本の矢」／日銀インフレターゲット論2％目標設定☆5
14	26		

「失われた10年」

☆1　1993年、宮澤内閣の下、自由民主党を離党した議員により結成された新生党、新党さきがけなどにより内閣不信任決議が可決された。自民党は結党以来、38年目にして初めて政権を失った。

☆2　1993〜94年、自民党の長期安定政権である「55年体制」が一時終焉し、約1年弱の間、非自民連立政権が誕生した（細川➡羽田内閣）

☆3　2009年8月の衆議院総選挙で自民党が惨敗し、「政権交代」を掲げた民主党が第一党となり、同年9月、民主党・社民党・国民新党の非自民連立政権が誕生した。「55年体制」は本格的に崩壊するかに見えた。

☆4　2012年12月の衆議院総選挙で民主党は大惨敗し、自民党が圧勝した。野田内閣は総辞職し、自民党・公明党の連立で第二次安倍内閣が発足した（再び「55年体制」が復活）。

☆5　アベノミクスの「三本の矢」は、大胆な金融政策、機動的な財政政策、経済成長戦略の3つを指す。第二次安倍内閣は、民主党政権下で低迷した景気とデフレ克服に意欲を示した。

経済統計データ ❷ 1985～2014年（昭和60～平成26年）

年次		背景	GDP 名目(兆円)	名目成長率(年度%)	実質成長率(年度%)	物価指数 企業(卸売)(前年比%)	消費者(前年比%)
1985	昭60	プラザ合意 円高不況	331.0	6.6	4.1	△1.7	1.9
86	61		345.9	4.5	3.1	△5.3	0.0
87	62		362.6	4.8	4.8	△1.7	0.5
88	63	平成景気	388.7	7.2	6.0	△0.5	0.8
89	平1		417.5	7.4	4.4	2.6	2.9
90	2		451.5	8.1	—	1.3	3.3
91	3		475.0	5.2	2.5	0.4	2.8
92	4	第一次平成不況 超円高不況	480.6	1.8	0.4	★2 △1.0	1.6
93	5		487.9	0.9	0.4	△1.8	1.2
94	6	「失われた10年」	491.6	2.5	1.1	△1.4	0.4
95	7		496.5	1.9	2.5	△1.0	△0.1
96	8		508.4	2.4	2.9	△1.5	0.4
97	9	第二次平成不況	513.3	1.0	0.0	1.0	1.8
98	10		503.3	△1.9	★1 △1.5	★3 △2.2	0.6
99	11		499.5	△0.7	0.7	△0.9	△0.3
2000	12		504.1	0.9	2.6	△0.4	△0.7
1	13		493.6	△2.1	★1 △0.8	△2.5	△0.7
2	14		489.9	△0.8	1.1	△1.6	△0.9
3	15	最近の景気回復	493.7	0.8	2.1	△0.5	△0.3
4	16		498.3	0.9	2.0	★4 1.5	0.0
5	17		503.3	0.9	2.3	1.9	△0.3
6	18		509.8	1.5	2.3	2.0	0.3
7	19		515.7	0.9	1.8	2.3	0.0
8	20		494.2	★1※ △4.2	★1※ △3.7	3.2	1.4
9	21	「100年に1度の 経済危機(大恐慌)」	473.9	※ △3.2	※ △2.0	★5 △5.5	△1.4
10	22		482.4	1.1	3.4	△0.1	△0.7
11	23		473.3	△1.4	0.3	1.5	△0.3
12	24		475.6	0.3	0.6	△0.8	0.0
13	25		483.2				
14	26						

★1 実質経済成長率は、1974、98、2001、08、09年とマイナスを記録。98年は金融破綻、01年はITバブル崩壊、08、09年は「リーマン=ショック」による世界的不況が原因である。
※2008、09年は名目・実質いずれも経済成長率はマイナスになった。

★2 「失われた10年」の長期的不況の下、企業物価は下落した（1992～96年）。

★3 1998～2003年にかけてデフレ傾向が見られる（1999～2003年は企業物価と消費者物価が、いずれも下落傾向を示した）。

★4 2004～08年上半期にかけて、原油価格の高騰によって企業物価が上昇した。

★5 2009～10年には、「リーマン=ショック」による世界的不況で物価は下落し、デフレが鮮明になった。

巻末資料

経済統計データ ⅱ 1985～2014年（昭和60～平成26年）

年次		背景	有効求人倍率（倍）	完全失業率（％）	一般会計歳出 決算額（億円）	前年比（％）
1985	昭60	プラザ合意 円高不況	★1 0.68	2.6	530,045	3.0
86	61		0.62	2.8	536,404	1.2
87	62		0.70	2.8	577,311	7.6
88	63	平成景気	1.01	2.5	614,711	6.5
89	平1		1.25	2.3	658,589	7.1
90	2		1.40	2.1	692,687	5.2
91	3		1.40	2.1	705,472	1.8
92	4	第一次平成不況 超円高不況	1.08	2.2	704,974	△0.1
93	5		★1 0.76	2.5	783,570	11.1
94	6	「失われた10年」	0.64	2.9	730,820	△7.2
95	7		0.63	3.2	759,385	3.2
96	8		0.70	3.4	788,479	3.8
97	9	第二次平成不況	0.72	3.4	784,703	△0.5
98	10		0.53	4.1	843,918	7.5
99	11		0.48	4.7	890,374	5.5
2000	12		0.59	4.7	893,210	0.3
1	13		0.59	★3 5.0	848,111	△5.1
2	14		0.54	5.4	836,890	△1.3
3	15		0.64	5.3	824,160	△2.3
4	16	2000年代前半の景気回復	0.83	4.7	868,787	5.4
5	17		0.95	4.4	821,829	△5.4
6	18		1.06	4.1	796,860	△3.0
7	19		1.04	3.9	818,426	2.7
8	20		★2 0.88	4.0	846,974	3.5
9	21		0.47	★3 5.1	★4 1,009,734	19.2
10	22	「100年に1度の経済危機」	0.52	5.1	※953,123	△5.6
11	23		0.65	4.6	※1,007,154	5.7
12	24		0.80	4.3	※970,871	△3.7
13	25		0.93	4.0	※926,115	
14	26					

★1 有効求人倍率は1.0倍を下回ると不況。1999年の0.48倍は雇用の悪化を示す。

★2 2009年、有効求人倍率が急落。「リーマン＝ショック」により雇用が急激に悪化したためである。

★3 2001～03、09、10年は完全失業率が5％台に突入。02年には5.4％と過去最悪の数値を示す。

★4 リーマン＝ショック後の2009年度の一般会計予算は最終的に100兆円を突破。超大型予算となった。
※2010～13年度当初予算も92兆円を超えた。

★5 1998年と99年、2002～04年の国債依存度は40％を突破した。

★6 2009～12年には国債依存度が再び急上昇し、「国債収入 ＞ 税収」となった。

巻末資料 経済統計データ Ⅱ 1985年～

公債発行額(億円)		公債依存度(%)	国際収支			外貨準備高(100万ドル)
	特例公債		経常収支(兆円)	貿易収支(兆円)	資本収支(兆円)	
123,080	60,050	23.2	12.0	12.9	△13.0	26,510
112,549	50,060	21.0	14.2	15.1	△12.3	42,239
94,181	25,382	16.3	12.2	13.2	△6.2	81,479
71,525	9,565	11.6	10.1	11.8	△8.3	97,662
66,385	2,085	10.1	8.7	11.0	△7.5	84,895
73,121	(9,689)	10.6	6.5	10.1	△4.9	77,053
67,300	—	9.5	9.2	12.9	△9.3	68,980
95,360	—	13.5	14.2	15.8	△12.9	68,685
161,740	—	21.5	14.7	15.5	△11.7	95,589
164,900	〈33,337〉8,106	22.4	13.3	14.7	△9.0	122,845
212,470	〈28,511〉19,558	28.0	10.4	12.3	△6.3	182,820
217,483	〈18,796〉91,617	27.6	7.2	8.8	△3.3	217,867
184,580	85,180	23.5	11.7	12.1	△15.1	220,792
340,000	169,500	★5 40.3	15.5	15.8	△17.1	215,949
375,136	243,476	42.1	13.1	13.8	△6.3	288,080
330,040	218,660	36.9	12.9	12.4	△9.4	361,638
300,000	209,240	35.4	10.7	8.4	△6.2	401,959
349,680	258,200	★5 41.8	14.1	11.6	△8.5	469,728
353,450	286,520	42.9	15.8	12.0	7.7	673,529
354,900	267,860	41.8	18.6	13.9	17.4	844,543
312,690	235,070	36.6	18.3	10.3	△14.0	★10 846,897
274,700	210,550	33.7	19.8	9.5	△12.5	895,320
253,820	193,380	31.0	24.8	12.3	△22.5	973,365
331,680	261,930	39.2	★7 16.4	4.0	△18.4	1,030,647
519,550	369,440	★6 51.5	13.3	4.1	△12.7	1,049,397
423,030	347,000	※44.4	17.1	8.0	△12.0	1,096,185
540,480	[112,500] 344,300	※51.9	★8 9.6	★9 △1.6	6.3	1,295,841
※500,492	〈25,842〉360,360	※49.2	4.8	△5.8	△8.2	1,268,125
※428,510	※370,760	46.3	3.3	△10.6	16.5	1,266,815

※2012年度は補正予算後、13年度は当初予算の数値。

( )書きは臨時特別公債、〈 〉書きは減税特例公債、[ ]書きは震災特例公債、《 》書きは年金特例公債の数値。

★7 2008年と09年は、「リーマン=ショック」によってアメリカ向け輸出が激減し、貿易収支が減少。そのために、経常収支も黒字ながらも減少に転じた。

★8 2011年以降経常収支は大幅減少している。

★9 2011年、貿易収支が48年ぶりに赤字に転落した。東日本大震災によるサプライ=チェーン寸断や超円高の進行で輸出減となった。12年も赤字を記録、13年は円安が進んだものの、貿易収支赤字が10兆円を超え、大幅な貿易赤字に陥っている。

★10 外貨準備高は2006年に中国に抜かれて世界第2位に転落した。日本は11年以降、1.2兆ドル台となっているが、中国は激増し、3兆ドルを超えている。

特集

巻末最新テーマ

① **国民共通番号（マイナンバー）制度の導入**
国家による個人情報の一元管理＝管理社会化の進展か？ ……………………… 353

② **「1票の格差」訴訟で最高裁の新判断が相次ぐ！**
「法の下の平等」「選挙の平等」をめぐる最近の動き ……………………………… 354

③ **2010年4月、殺人罪などの時効廃止**
その他の犯罪についても原則2倍に時効延長 ……………………………………… 356

④ **臓器移植法（2009改正、10.7施行）のポイント**
15歳未満の子どもの臓器移植が可能に！ ………………………………………… 357

⑤ **55年体制の崩壊～民主党政権の動向～**（2009.9～12.12） ………………… 358

⑥ **55年体制の復活？～自民党の政権復帰～**
第二次安倍晋三内閣が成立（2012.12～） ………………………………………… 360

⑦ **最近の国際政治の動向** オバマの「核なき世界」は実現できるのか？ ………… 362

⑧ **「アラブの春」とその後** エジプトとシリアの情勢が悪化 …………………………… 364

⑨ **日本をめぐる領土問題が激化**
「尖閣」「竹島」「北方領土」と東アジアの国際関係 ………………………………… 366

⑩ **リーマン＝ショック（2008）で税収は大幅減！**
法人税税収が激減、所得税収も減少 ………………………………………………… 368

⑪ **国債の発行方法は？** 一時は市中消化の原則の見直し論も登場！ ……………… 370

⑫ **国債の濫発は金利の上昇を招く！** 積極財政は結果的に景気のブレーキに …… 371

⑬ **インフレ＝ターゲット論による「リフレ」** 景気浮揚策として正しいのか？ ………… 372

⑭ **原油価格の高騰と暴落** 2000年代後半の原油価格市場の動向 ………………… 373

⑮ **原子力から再生可能エネルギーへの転換は進むのか？**
①福島第一原子力発電所事故と「脱原発」 …………………………………………… 374

⑯ **原子力から再生可能エネルギーへの転換は進むのか？**
②原子カルネサンス～発電に占める原子力の割合は約25～30％ ……………… 375

⑰ **原子力から再生可能エネルギーへの転換は進むのか？**
③「脱原発」と再生可能エネルギー …………………………………………………… 376

⑱ **南北対立と地球環境問題のゆくえ** 難航するポスト京都議定書の策定 ………… 378

⑲ **地球環境保護に向けた取り組み**
リサイクル社会の実現と生物多様性の保護を目指して …………………………… 380

⑳ **リーマン＝ショック以後の国際経済** 相次ぐ経済危機に対する「出口戦略」…… 382

㉑ **アメリカの「双子の赤字」が再び巨額化**
リーマン＝ショックで国家財政が危機的な局面に …………………………………… 384

㉒ **育児・介護休業制度の見直し** 2010年6月施行の改正法の目的と問題点 ……… 386

① 国民共通番号(マイナンバー)制度の導入

国家による個人情報の一元管理＝管理社会化の進展か？

巻末最新テーマ

現状と背景　バラバラな国民の個人情報をどう結びつけるか？

①2013年5月、**国民一人ひとりに番号を割り振って**所得や納税実績、社会保障に関する**個人情報を1つの番号で管理する国民共通番号（マイナンバー）制度**の関連法が成立した。3年後の16年1月から利用が始まる。

②2015年秋、市区町村が「**通知カード**」を郵送し、希望者には氏名、住所、顔写真などを記載した**ICチップ入りの「個人番号カード」**が配付予定である。マイナンバーは**個人が12ケタ、法人が13ケタ**となり、ICカードは公的な本人確認の他、納税記録や行政手続時の確認にも利用される。

図解で理解　社会保障と税に関する個人情報が共通番号で結びつけられる！

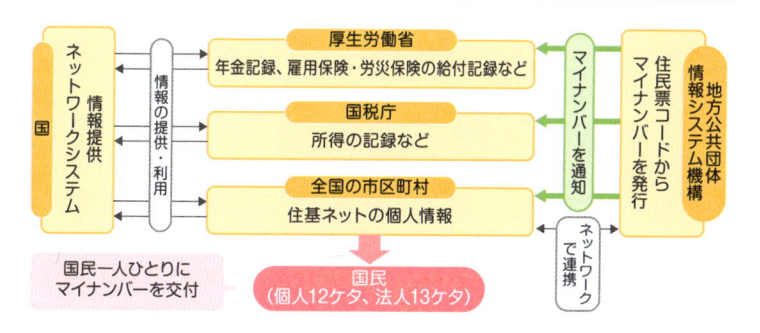

```
                厚生労働省
                年金記録、雇用保険・労災保険の給付記録など
ネ 国                                                           住 マ   地
ッ                  国税庁                                       民 イ   方
ト     情報の         所得の記録など                               票 ナ   公
ワ     提供・                                            マ        コ ン   共
｜     利用                                              イ        ｜ バ   団
ク                全国の市区町村                          ナ        ド ｜   体
シ                住基ネットの個人情報                    ン        か を   情
ス                                                      バ        ら 発   報
テ                                                      ｜        マ 行   シ
ム                                                      を        イ      ス
情報                                                    通        ナ      テ
提供                                                    知        ン      ム
                                                                  バ      機
                                                                  ｜      構
                                                      ネットワーク
 国民一人ひとりに      国民                              で連携
 マイナンバーを交付    （個人12ケタ、法人13ケタ）
```

Point!

国側のメリットとしては、①行政コストの<u>削減</u>、②個人の所得状況や社会保障の受給実態の正確な把握、③公平で効率的な<u>社会保障給付</u>の実現、④脱税や税の申告漏れの防止などが、**国民側のメリット**としては、①年金など社会保障給付の手続や税金の確定申告で住民票や納税証明書といった添付書類が不要とされ各種確認手続が大幅に<u>簡素化</u>、②身分証明など公的証明に関する利便性の向上などが挙げられる。一方で、税と社会保障に関する個人情報が国家によって一元管理されることで、国家による個人情報の<u>管理社会</u>化が進み、個人情報の<u>流出</u>のリスクなど<u>プライバシーの権利</u>を侵害する可能性が指摘されている。そのために国は、❶情報の取り扱いを監視する第三者委員会の設置、❷個人情報の漏洩にかかわった職員に対する刑事罰（4年以下の懲役、または200万円以下の罰金）といった措置を導入している。

② 「1票の格差」訴訟で最高裁の新判断が相次ぐ！
「法の下の平等」「選挙の平等」をめぐる最近の動き

現状と背景　衆議院と参議院で要求される「平等」のレベルが異なる？

① 本来、主権者が持つ1票の価値の平等は、憲法第14条と第44条の「法の下の平等」および「選挙の平等」から憲法上、当然に要求されている。

② 衆議院について、最高裁は中選挙区制の時代に1：4.99（1976年）と1：4.41（1985年）の格差を、いずれも違憲と判断した。その基準は1：3超であった。

③ さらに、最高裁は2011年の小選挙区制導入後に行われた09年の総選挙（最大格差1：2.30）と12年の総選挙（同1：2.43）を違憲状態と判断し、その基準は1：2超であった。

④ いずれのケースも高裁レベルで違憲・無効（憲法違反につき選挙は無効）または違憲状態の判断が続出していたが、最高裁が下した違憲状態とは、違憲の疑いのある状態だが、いまだ違憲とは判断できないとするものである。

⑤ 一方、参議院の「1票の格差」について、これまで最高裁は1：6.59（1996年）の格差を違憲状態と判断し、その基準は1：6超であった。

⑥ 参議院は衆議院と異なり、**都道府県代表として地域代表的な性格を持つ**ことから、多少の格差は許容されるべきとしてきた。

⑦ しかし、2012年には10年に行われた参議院選挙での1：5.00を違憲状態と判断し、基準を厳しくするとともに、選挙制度の抜本的改革を促した。

チャート図で理解　2011年以降、最高裁は過去の判決と異なる新判断を示す！

◎衆議院における「1票の格差」

（小選挙区制導入後）

| 2003年の衆議院総選挙 | 1票の格差「5増5減」で1：2.15に格差は縮小 |

▼

| 2009年8月の衆議院総選挙 | 1票の格差 1：2.30（最大格差） |

2012年の「5増5減」後も小選挙区の見直しはなく、格差が1：2.30に拡大！

▼

巻末最新テーマ

| 従来の最高裁の判断基準 | → | 新たに加わった最高裁の判断基準 | ← | 小選挙区「1人別枠制」の抱える問題 |

従来の最高裁の判断基準
1票の格差
1:3 超は違憲
（最大格差）
（中選挙区制の時代）

新たに加わった最高裁の判断基準
1票の格差
1:2 超は違憲状態
（最大格差）

1票の格差
小選挙区制は「1票の価値」の平等を実現しやすいはずなのに、なぜ格差が生まれるのか？

小選挙区「1人別枠制」の抱える問題
①まず各都道府県に小選挙区を1区ずつ割り当て
↓
②残りの区数については人口比率により各都道府県に配分
↓
結果、人口の少ない県にも小選挙区が最低でも2区設置されてしまう！

2012年12月の衆議院総選挙
1票の格差
1:2.43 の格差（最大格差）
▶ 2013年3月に高等裁判所で2件、違憲・無効とする初の判決

【理由・背景】
①2010年の違憲状態判決から定数を是正する時間的な余裕があった。
②2012年12月の総選挙実施前に「0増5減」（小選挙区は5区を廃止・統合）を決定してからも、区割りが決まらず、違憲状態を解消しないまま、総選挙が行われた。
▶ 政治混乱で違憲状態が放置されたまま総選挙を行ったことへの裁判官の怒り！

2013年11月20日の最高裁統一判決
1票の格差
1:2.43 は違憲状態（違憲判決は出されず）

【理由・背景】
①2013年6月、国会が「0増5減」の区割り法を成立させて、「1票の格差」を1:1.99と2倍以内に抑えたという立法努力に一定の評価を与え、「合理的期間内に是正されなかったとはいえない」と判断した。
②違憲状態判決なので、2012年12月の衆議院総選挙は統治行為論を用いることなく理論上、有効と結論した。

参議院における「1票の格差」

従来の最高裁の判決基準
1票の格差
1:6 超は違憲
（最大格差）
（地域代表的な性格より許容？）

新たな最高裁の判断基準
1票の格差
1:5 超は違憲状態
（高裁判断も！）

1票の格差
参議院は人口差が大きい都道府県を1区として選挙区を設置することから、「1票の格差」の発生を防ぐには困難な制度設計となっている。しかし、最高裁は違憲状態の判断基準を厳格化するとともに、選挙制度の抜本的改革の必要性を指摘した。

2013年7月の参議院選挙
1票の格差
1:4.77 の格差（最大格差）
▶ 2014年夏に最高裁統一判決が下される！
（16件の高裁判断は「違憲状態」「違憲・無効」など分かれている）

355

3 殺人罪などの時効廃止（2010.4）
その他の犯罪についても原則2倍に時効延長！

現状と背景　刑事責任追及を阻却する公訴時効廃止の要求強まる！

【時効廃止・延長の主な理由】
① 時効期間が経過したからといって、加害者が犯した道義的責任が消えるわけではないし、被害者遺族のキズも消えるものではない。
② 公訴時効の成立で加害者が刑事責任を逃れることについて、国民感情的に納得がいかず、司法制度に対する信頼自体を崩す可能性がある。
③ 世界的にも、殺人罪の時効の存在しない国は多く存在している。

図解で理解　公訴時効の廃止・延長で重大犯罪を逃さない！？

罪名	法定刑	公訴時効期間（従来法）	公訴時効（改正法）
強盗殺人	死刑・無期	25年	廃止
殺人	死刑・無期懲役5年以上	25年	廃止
強姦致死	無期懲役5年以上	15年	30年
傷害致死	懲役3年以上	10年	20年
危険運転致死	懲役1年以上	10年	20年
自動車運転過失致死	懲役・禁錮7年以下 罰金100万円以下	5年	10年
業務上過失致死	懲役・禁錮5年以下 罰金100万円以下	5年	10年

Point!

【時効廃止・延長の主な問題点】
①犯罪行為から時間が経過することで物的証拠の信頼性が低下
②人的証拠（証人）の証言についても正確性が低下
③時効を認めないことは、冤罪を生み出す温床になりかねないこと

【それでも時効廃止もしくは延長する理由】
　物的証拠の信頼性については、最近の科学技術の向上、DNA鑑定技術の著しい進歩によって、犯罪行為から何年経過しても科学的に犯行を証明することが可能となり、確実に犯罪行為が証明される事例については、刑事罰の追及が妥当となる。

4 臓器移植法(2009改正、10.7施行)のポイント
15歳未満の子どもからの臓器移植が可能に!

巻末最新テーマ

現状と背景　臓器移植法の制定と法改正まで

1997年に制定された臓器移植法は脳死と認定された者からの臓器の提供と移植を認める法律である。当初は、臓器の提供者(ドナー)の自己決定権を尊重し、ドナーカードによる明確な意思表示(提供の意思と提供する臓器の明示)を要件に、移植を可能とした結果、臓器提供により助かる命を救う道が開かれた。ただし、下記のような問題点が指摘された。

① 現実に提供の意思を積極的に表示する者が少なく、ドナーカードの保有者が増えなかったため、移植件数が極めて少ない状態にとどまった。

② 15歳未満の子どもについては、民法の遺言可能年齢を参考にして、真摯な意思決定ができないと考えられるため、臓器提供の意思表示もできないとみなされた。結果、15歳未満の子どもからの臓器移植は、日本国内では不可能となっていた。ゆえに、臓器提供を受けたい子どもの移植は海外に求める以外に方法がなかった。

図解で理解　法改正のポイント

	旧法　1997制定	改正法　2009改正、10.7施行
脳死とは?	移植との関係でのみ「脳死」を人の「死」とする(「死」の相対性)	「脳死」を人の「死」とする
移植の要件	書面による本人の意思表示(ドナーカードによる)	本人が拒否していない限り家族の同意のみで可能(ドナーカードは提供しない意思表示として意味を持つ)
年齢制限	15歳未満からの移植は不可	年齢制限なし(子どもからの移植もOK)◀世界保健機関(WHO)が移植臓器の国内調達を勧告
移植先の指定	不可	希望により家族を優先することができる

Point!

2009年改正法により、家族の同意のみで移植が可能になったことから、子どもからの移植も国内で可能になるとともに移植件数も増加した。ただし、本人の自己決定権は一歩後退した点に注意を要する。

⑤ 55年体制の崩壊～民主党政権の動向～
(2009.9～12.12)

現状と背景　55年体制の崩壊で民主党首班の連立政権が誕生

①2009年8月の衆議院総選挙で民主党が単独過半数を獲得し、本格的な政権交代が起こった。同年9月、民主党首班の鳩山由紀夫内閣（社民党・国民新党との三党連立）が発足し、旧来の財政支出や予算配分の見直しに着手するが、沖縄県の米軍普天間基地移設の「公約」を果たせず、社民党が政権を離脱するなどの混乱から、10年5月に総辞職した。

②2010年6月発足の菅直人内閣（国民新党との二党連立）は、菅首相の消費税率引き上げ表明などによる参議院選挙の惨敗で「ねじれ国会」に陥り国政が停滞する。11年3月11日の東日本大震災と福島第一原発事故の対応への批判が高まる中で、同年9月に総辞職した。

③2011年9月発足の野田佳彦内閣（国民新党との二党連立）は、「震災・原発事故」からの復旧・復興・経済成長と財政健全化、「税と社会保障の一体改革」に取り組む。12年8月、消費税率を引き上げる法律を成立させたが、これに反対する小沢一郎グループなどから大量の離党者を出して党は分裂する。野田首相は衆議院の解散総選挙を行ったが大惨敗して総辞職し、同年12月に再び自民党首班への政権交代が起こった。

チャート図で理解　「コンクリートから人へ」～鳩山由紀夫内閣の政策

● 新たな行政改革の取り組み

ダムなど公共事業の見直し	子ども手当の創設	高校教育の無償化（公立学校）
羽田空港のハブ化	郵政民営化の見直し	郵政関連株式の売却凍結法
CO_2の排出量削減	▶2020年までに25％削減提案（ただし、日本の経済界とは未調整）	
行政刷新会議 ①政府事業の見直し ②無駄な財政支出削減の基本方針を策定	事業仕分け　具体的な事業について仕分け人（政治家＋民間人）が公開で存廃・増減などを判定（強制力なし）	
	第1弾 事業予算中心／第2弾 独立行政法人など／第3弾 特別会計など	

● 安全保障問題

米軍普天間基地（沖縄県）の移設 ▶ 失敗 ▶ 2010年5月末で決着の「公約」を果たせずに総辞職

市街地の普天間基地を

自民党政権下での合意内容
①同じ沖縄県辺野古のキャンプ・シュワブに移設する（V字滑走路の設置）
②海兵隊の一部はグアムに移転

鳩山内閣
①海外移転ないし
②県外移転
の方針は失敗に！
▶2010年5月：日米合意 辺野古への移設（従来の合意と同じ）

巻末最新テーマ

チャート図で理解　「ねじれ国会」と「3.11」〜菅直人内閣で国政が停滞！

突然の消費税率引き上げ表明 → 2009年8月の衆議院総選挙のマニフェスト（政権担当4年間は税率引き上げなし）に反するという批判が高まる

↓

2010年7月の参議院通常選挙で与野党逆転 → 「ねじれ国会」で国政停滞へ

- 民主党　**惨敗**（議席過半数割れ）
- 自民党　**勝利**（野党が多数派に）

東日本大地震の発生（2011.3.11）

福島第一原発事故	脱原発	再生可能エネルギー特別措置法
政府の対応に国民の信用失墜	再生エネルギーへの転換を主張	（首相の退陣が成立条件）▶太陽光発電など余剰電力の固定価格での買い取りを電力会社に義務づけ

チャート図で理解　消費税増税へ〜野田佳彦内閣の「税と社会保障の一体改革」

● 税制改革

消費税率の引き上げ

閣議決定(2011.6)

与党・民主党の主張
①2014年4月から8%に、15年10月から10%に消費税率を引き上げ
②税率引き上げ分は国民の福祉に用いる

↔

野党・自民党の主張
消費税増税分の決定は福祉目的に限定せず、法人税減税分に充当し、将来への投資（いずれ賃金アップに反映）と説明
▶第二次安倍内閣で最終決定(2013.10)

● 社会保障改革

年金一元化
全国民対象の最低保障年金（月額7万円）を目指す

→ **計画は断念！** 自民党案によるサラリーマン年金（二階建て部分の厚生年金と共済年金）の一元化
▶代わりに、自民党は民主党による消費税引き上げ法案を支持

消費税率の引き上げ → 政権交代を実現した民主党自身のマニフェストに反するとして小沢一郎グループ約50人が党を離脱（民主党分裂）▶新党「国民の生活が第一」を結成▶「日本未来の党」に合流後、再び離脱して「生活の党」に

↓

野党・自民党などが消費税率の引き上げの是非を国民に問うべきと主張！

↓

2012年12月の衆議院解散総選挙で再び与野党逆転 ▶ 民主党政権の終焉

- 民主党　**大惨敗**（230議席→57議席）
- 自民党　**圧勝！**（119議席→294議席）

⑥ 55年体制の復活？～自民党の政権復帰～

第二次安倍晋三内閣が成立（2012.12）

現状と背景　第二次安倍内閣の"強気"な経済・政治・外交姿勢

① 2012年12月、**第二次安倍晋三内閣が自民党と公明党の連立**（二党で衆議院の3分の2 超の議席を保有）で発足、**自民党首班の政権が復活**した。
② 民主党政権下で有効かつ速やかな経済政策が行われない中、**超円高・デフレ・不況が長期化**していたことから、政権発足と同時にアベノミクスと呼ぶ経済振興策を発表し、実行に移していった。
③ 政治・外交面では「積極的平和主義」による日米同盟の強化と憲法改正に向けた改正手続の緩和の議論について着手し始めた。

チャート図で理解　第二次安倍内閣の経済政策

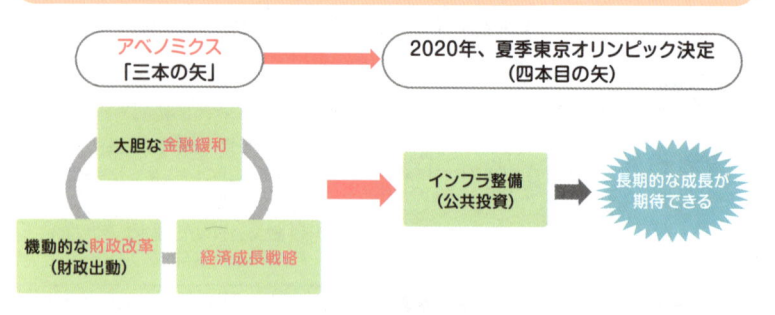

アベノミクス「三本の矢」 → 2020年、夏季東京オリンピック決定（四本目の矢）

- 大胆な金融緩和
- 機動的な財政改革（財政出動）
- 経済成長戦略

→ インフラ整備（公共投資） → 長期的な成長が期待できる

超円高を阻止する口先介入の積極化～「外国為替市場への介入も許さない！」と発言！

- 2011年3月　1ドル76円台 … 東日本大震災直後に超円高進行
- 2011年10月　1ドル75円台 … 史上最高値
  - ▶日本人が外国資産を売り、円を買い戻すとの憶測（保険会社が保険金支払いに用いる円を必要とするため）

25%超の円安 →

- 2013年春　1ドル100円前後に → 輸出有利に（自動車、家電、パソコンなど） → 輸出拡大

チャート図で理解　第二次安倍内閣の政治・外交政策

巻末最新テーマ

① 領有権問題が激化

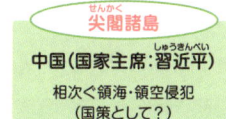

尖閣諸島
中国（国家主席：習近平）
相次ぐ領海・領空侵犯
（国策として？）

竹島
韓国（大統領：朴槿恵）
竹島（独島）を韓国が実効支配
◀前大統領の李明博が
韓国元首として初の訪問（2012）

北方領土（北方四島）
ロシア（大統領：プーチン）
歯舞、色丹の
「二島先行返還」を提案

② 自民党・安倍首相の安全保障に対する考え方

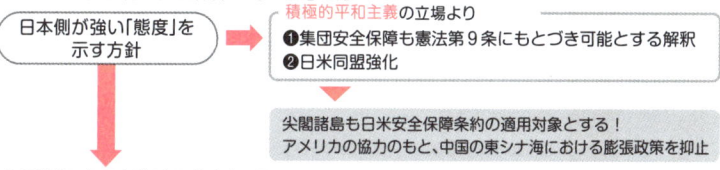

日本側が強い「態度」を示す方針 → 積極的平和主義の立場より
❶集団安全保障も憲法第9条にもとづき可能とする解釈
❷日米同盟強化

↓

尖閣諸島も日米安全保障条約の適用対象とする！
アメリカの協力のもと、中国の東シナ海における膨張政策を抑止

③ 自民党「日本国憲法改正草案」の骨子

取り掛かり ❶憲法第96条「憲法改正手続」の緩和

衆 参 「各議院の総議員の三分の二以上の賛成」
↓
「両議院のそれぞれの総議員の過半数の賛成」（草案第100条）

本命 ❷憲法第9条改正　「自衛隊」を改め「国防軍」を創設

第9条1項
「戦争放棄」は残す
（侵略戦争放棄と捉える）

- 第9条2項前段
「陸海空軍その他の戦力は、これを保持しない」（戦力の不保持）
▶削除 「国防軍」を創設（草案第9条の2）

- 第9条2項後段
「国の交戦権は、これを認めない」（交戦権の否認）
▶削除 「国防軍」である以上、交戦は可能（草案第9条の2 2項）

- 有事の際の「国民協力義務」を憲法上に 明記
（草案全文・第9条の3）

「国防軍」の参加活動
❶正規国連軍
❷北大西洋条約機構（NATO）
❸多国籍軍
→ すべて集団的安全保障（集団制裁）として参加OK（爆撃も可能に！）

❹日米安全保障条約
→ 集団的自衛権としての爆撃の範囲が拡大？

④ 日米軍事同盟の深化のための法整備？

❶日米安全保障会議（日本版NSC）設置関連法（2013.11成立）
・戦争時の軍事戦略を策定するための会議
・軍事専門家を加えてリアルな戦術を決定

❷特定秘密保護法（2013.12成立）
・行政官庁がマル秘（秘密事項）と決定した事項
＝国家機密を流出させた公務員などを厳罰に処す（懲役10年以下）
・機密情報の流出をそそのかしたメディアも処罰対象になる可能性あり
・国民には知らされず、同盟国（アメリカなど）には情報提供できる規定あり

◀情報公開法＝国民の知る権利の侵害という指摘！

❼ 最近の国際政治の動向
オバマの「核なき世界」は実現できるのか?

年表で理解 冷戦終焉→対テロ戦争→新新冷戦→「核なき世界」へ

米大統領	ロ大統領	時期・年	事項	

1989.12 米ソ 冷戦終焉宣言（マルタ宣言）

米大統領	ロ大統領	年	事項	備考
クリントン 1993〜2001	エリツィン 1991〜2000	1991		米ロの長距離核削減／**第1次戦略兵器削減条約（START I）調印** ▶1994年発効 ※15年間の時限条約
		92		
		93	化学兵器禁止条約調印 ▶130ヵ国（1997.4発効） 米 SDI中止決定	**第2次戦略兵器削減条約（START II）** 未発効
		94	「平和のための協調（パートナーシップ・フォー・ピース）」PFP協定 （NATOと旧ワルシャワ条約機構加盟国が軍事協力） 対共産圏輸出統制委員会（COCOM）解散	
		95	核拡散防止条約（NPT）の永久条約化	
		96	フランス・中国が核実験強行 包括的核実験禁止条約（CTBT）を国連総会で採択（1996.9）▶発効のめどなし	
		97		
		98	インド・パキスタンが核実験強行	
		99		
		00		
ジョージ・W・ブッシュ 2001〜09	プーチン 2000〜08	2001 9.11	**アメリカで同時多発テロ** NATO軍（米中心）、テロの首謀者ウサマ=ビンラディン（アルカイダ）を支援するアフガニスタンのタリバン政権を制裁	
		02	◉ NATOに準加盟（対テロで協力） 米 ブッシュ大統領、ミサイル防衛（MD）強化のため、ABM制限条約の破棄をロシアに通告	**戦略攻撃兵器削減条約（SORT）調印** ▶2003年発効
		03	米英合同軍が**イラク戦争** （イラク自由作戦 3.20〜5.1）▶フセイン政権崩壊	
		04		
		05	**テロが続発** ▶**テロの時代に突入!?** 中東和平ロードマップ （イスラエル、パレスチナ政府ともに受諾）	
		06	㊗「テポドン2号」「ノドン」ミサイル発射、地下核実験を強行 ▶安保理が非難決議、核実験には「非軍事的制裁」決議を採択	
		07		
		08		
オバマ 2009〜	メドヴェージェフ 2008〜12	09	㊗再び日本海に向けてミサイル発射、地下核実験を強行 ▶安保理が非難決議、核実験には「非軍事的制裁」決議を採択 米 オバマ大統領「核なき世界」ノーベル平和賞を受賞 イラン核兵器開発疑惑 ▶ホルムズ海峡封鎖の懸念	
		10		**新戦略兵器削減条約（新START）調印** 米ロ 両国それぞれ戦略核弾頭は1,550発に、運搬手段は800基（配備済みは700基）に削減 ▶2011年発効
		11		
	プーチン 2012〜	12		
		13	㊗金正恩の新体制下でミサイル発射を強行 シリア化学兵器使用疑惑 ▶国連が調査団を派遣	

巻末最新テーマ

地図で理解　非核地帯（非兵器地帯）〜「核のない地帯」

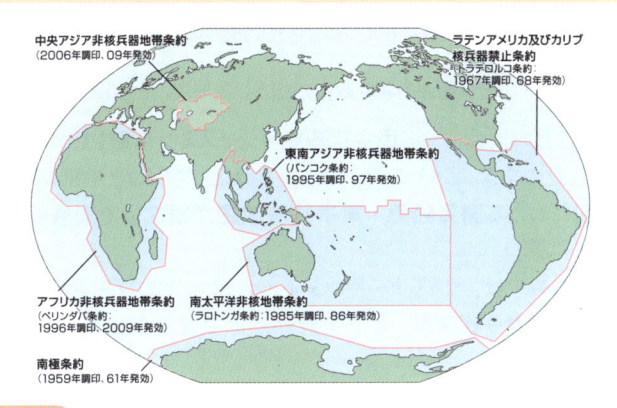

中央アジア非核兵器地帯条約
（2006年調印、09年発効）

ラテンアメリカ及びカリブ
核兵器禁止条約
（トラテロルコ条約：
1967年調印、68年発効）

東南アジア非核兵器地帯条約
（バンコク条約：
1995年調印、97年発効）

アフリカ非核兵器地帯条約
（ペリンダバ条約：
1996年調印、2009年発効）

南太平洋非核地帯条約
（ラロトンガ条約：1985年調印、86年発効）

南極条約
（1959年調印、61年発効）

Point!

❶ 1989年「冷戦終焉宣言（マルタ宣言）」により米ソ冷戦は終わり、**平和共存のポスト冷戦**期に入った。米ソ間の大戦の危機は去り、局地紛争を世界が協力して抑止するのがポスト冷戦期であった。

❷ 2001年9月11日、ブッシュ政権下で、アメリカへの同時多発テロが勃発（9.11同時多発テロ）し、国際政治は大きく転換していく。アメリカの敵は、ロシアなど旧東側諸国ではなく、テロ集団およびテロ支援国家になった。2000年代初めは、米ロが協調してテロと戦う体制が作られ、東側社会主義諸国はアメリカ中心の軍事機構である北大西洋条約機構（NATO）に加入し、NATOの東方拡大が進んでいく。テロが東西の対立を緩和し、協調体制を作り上げた格好だ。

❸ 2000年代半は、米ロ関係が悪化し、「新新冷戦」と呼ばれる状況が発生した。アメリカのブッシュ政権がNATOに新規加盟した東側諸国にテロ対策としてNATO製ミサイルを配備し始めたためである。ロシアのプーチン大統領は、これをロシア包囲網であると批判し、アメリカ向けの防衛体制を再強化し始めたのである。

❹ 2009年1月、アメリカ大統領に民主党のオバマが就任。**本格的な冷戦終焉に向けて動き出した**。09年10月、オバマ大統領の「核なき世界」演説が評価されてノーベル平和賞を受賞した。オバマ政権は包括的核実験禁止条約（CTBT）批准に前向きの姿勢を示し、同年12月に期限切れの第一次戦略兵器削減条約（START Ⅰ）に代わる新戦略兵器削減条約（新START）に調印、11年に発効した。

❺ 非核地帯（非核兵器地帯）は、特定地域において、域内国による核兵器の生産、取得、保有、管理を禁止するとともに、核兵器保有国が同域内へ核攻撃を行わないことを誓い、それらの条約や議定書を結ぶことでつくり出される「**核のない地帯**」である。これまでに調印・発効された非核地帯に関する条約は、南極条約を皮切りに6つある。また、現在構想の段階にあるものとして、「中東非核兵器地帯・中東非大量破壊兵器地帯」や「モンゴルの一国の非核地位」がある。

8 「アラブの春」とその後
エジプトとシリアの情勢が悪化

現状と背景　アラブ地域の独裁政権が相次いで崩壊、民主化へ

① 2010年12月の**チュニジア**民主化運動（ジャスミン革命）でベンアリ政権が崩壊したのをきっかけに、民主化運動は北アフリカと中東地域に広がり、長期にわたる**開発独裁・軍事独裁政権が相次いで崩壊**していった（「**アラブの春**」）。

②「アラブの春」は、ツイッターやフェイスブックなどの**ソーシャル・ネットワーキング・サービス**（**SNS**）の呼びかけで運動が拡大したのが特徴的である。

地図で理解　「アラブの春」の広がりと結果（2010.12～）

- ● ほぼ変化なし
- ● 緩やかに改革
- ● 政府による鎮圧
- ● 政権交代が実現
- ● 政権交代後に混乱
- ● 内戦状態に突入
- ● 直接の影響なし

シリア	内戦状態に突入
チュニジア	緩やかに改革
トルコ	ほぼ変化なし
イラク	ほぼ変化なし
モロッコ	緩やかに改革
レバノン	ほぼ変化なし
イラン	政府による鎮圧
クウェート	ほぼ変化なし
モーリタニア	ほぼ変化なし
バーレーン	政府による鎮圧
オマーン	ほぼ変化なし
リビア	政権交代が実現
ヨルダン	ほぼ変化なし
アラブ首長国連邦	直接の影響なし
アルジェリア	ほぼ変化なし
カタール	ほぼ変化なし
イエメン	ほぼ変化なし
エジプト	政権交代後に混乱
サウジアラビア	直接の影響なし

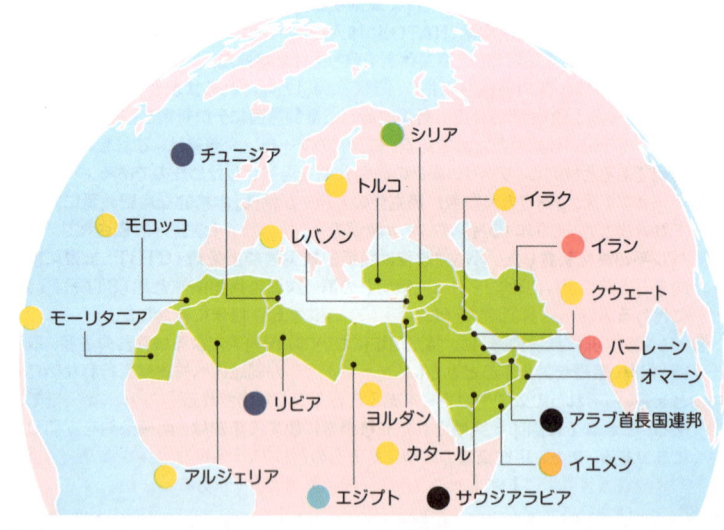

図解で理解　各国の民主化の動き

国名	政権	民主化運動の結果とその後
チュニジア	ベンアリ政権	崩壊（2011.1）
エジプト	ムバラク政権	崩壊（2011.5）→ 後に混乱、政情不安に
リビア	カダフィ政権	崩壊（2011.8）
シリア	アサド政権	内戦状態に突入（2013～）

Point!

❶各地の独裁・開発独裁・軍事独裁政権は崩壊する動きを見せているが、民主派の中にも真の民主主義を求めるグループだけでなく、反政府的な暴力集団も含まれており、**民主主義の確立は容易ではない**。

❷また、独裁政権と貿易を続けたい大国が、独裁政権を支持して資金や武器の提供を行う場合もあり、**大国の不一致が混乱に拍車をかけている側面がある**。

❸エジプトでは、30年間続いたムバラク大統領による**独裁政権**が崩壊した。

❹リビアでは、42年間続いたカダフィ大佐による**独裁政権**が、2011年8月には事実上崩壊し、首都トリポリは反カダフィ派が制圧した状態に至った。

❺2011年3月にはシリアで、当時親子二代で41年も独裁を続ける**アサド大統領**を倒そうとする民主化運動が激化し、内戦状態に突入した。

❻民主化に向かうかに見えたエジプトでは、2013年7月にムバラク政権を継いだイスラム同胞団のモルシ大統領が反対勢力によって政権を追われる一方、ムバラク元大統領が釈放され、混乱が続いている。

❼2013年、シリアではアサド政権側が反体制派に対する無差別殺戮に**化学兵器のサリンを使用したとの報告**がなされた。アメリカやフランスなどがアサド政権への制裁的爆撃を行う方針を示したが（「シリア戦争」の危機）、国連安全保障理事会では同政権を支持するロシアと中国がこれに反対し、シリアの化学兵器を国際管理下に置くロシア提案にもとづき、また13年10月にシリアが**化学兵器禁止条約に加盟**したこともあり、アメリカのオバマ大統領は軍事行動を見合わせた。なお、シリアの報告内容には一部から疑問が呈されている。

⑨ 日本をめぐる領土問題が激化

「尖閣」「竹島」「北方領土」と東アジアの国際関係

現状と背景　日本周辺地域の領土問題（領有権問題）

①日本が自国領土として実効支配する尖閣諸島の周辺で、中国が領海や領空に侵入を続けている。1971年から中国と台湾が領有権を主張している。2010年9月、海上保安庁巡視船と中国漁船との衝突事件が発生し、12年4月には石原慎太郎東京都知事（当時）の尖閣諸島地権者からの買い取り発言に端を発した日本政府による買い取り（国有化）が行われた。以後、中国船の領海侵犯が激増し、13年3月に習近平が国家主席に就任後も対日強硬路線を継承し、領海侵犯が繰り返されている。

②日本と韓国との間には竹島（韓国名：独島）をめぐる領有権問題がある。2005年、島根県議会が2月22日を「竹島の日」とする条例を制定したことで、韓国で反日暴動が発生し、12年8月には李明博大統領の韓国元首として初の竹島訪問をきっかけに緊張が高まる。日本は竹島の領有権問題を国際司法裁判所に共同付託する提案書を韓国政府に届けたが、受け取りを拒否された。13年2月に朴槿恵が大統領に就任後も「恨み1000年」発言など対日強硬路線の姿勢を変えず、問題が深刻化している。

③旧ソ連時代からロシアとの間には北方領土問題が存在する。いわゆる「北方四島」（歯舞群島［諸島］・色丹島・国後島・択捉島）は日本の固有領土であるが、第二次世界大戦の敗戦後にソ連が占領した。2009年7月のメドヴェージェフ大統領（当時）の国後島訪問で、にわかに緊張が高まったものの、12年のプーチン大統領の就任により、歯舞と色丹の「二島先行返還」の約束履行に向けて、前向きの発言が得られ、日ロ首脳会談でも話し合いが行われている。ただし、日本側には「二島先行返還」を受け入れると「四島完全返還」が困難になるとして反対論が根強い。

地図で理解　日本を取り巻く領土問題〜「尖閣」「竹島」「北方領土」

巻末最新テーマ

❶ 東シナ海にある尖閣諸島は、沖縄と台湾の中間点、日中双方が主張する排他的経済水域（EEZ）の境界線（中間点）上に位置し、魚釣島（中国名：釣魚島）など5つの島と3つの岩礁からなる。

❷ 竹島は、日本海の南西部にあり、東島（女島）、西島（男島）の2つの小島とその周辺の岩礁からなる群島である。

❸「北方領土」は、歯舞群島（諸島）・色丹島・国後島・択捉島の「四島」を指す。

Point!

【尖閣諸島の領有権をめぐる日中両国の主張】日本は、1895年に日本が尖閣諸島の領有権を確認、無人島であることを関係諸国に確認した上での「無主物先占」を主張している。無主物先占とは、所有者が存在しない無主物は、先に占有した者に所有権が帰属するという民法の原則で、国際法上のルールでもある。一方、中国は、1971年に東シナ海に石油資源の存在がわかると領有権を主張し始めた。東シナ海は中国の海域であり、いわば中国の陸続きの島であるとする。

【竹島の領有権をめぐる日韓両国の主張】日本は、1905年に島根県隠岐の島町に竹島を帰属させ、日本の領土に編入した。日本側には漁民が竹島を使用していたことを示す歴史文書が存在する。一方、韓国は、日本の敗戦後、日本が放棄する地域に竹島（独島）を含めることを連合国に要求するも拒否され、52年に「李承晩ライン」を一方的に設定し、その境界線内に竹島を編入した。「李承晩ライン」とは、韓国側が主張する外国漁船立入禁止線（いわゆる軍事境界線）であるが、65年の日韓基本条約による日韓国交正常化で結ばれた日韓漁業協定によって破棄されている。

【北方領土をめぐる日ロ両国の経緯】1956年に日ソ共同宣言が出された際、平和条約締結後に「四島」のうち面積の小さい歯舞と色丹の「二島」を日本に引き渡す「北方二島先行返還」の約束がなされた。しかし、60年の新日米安全保障条約でソ連を仮想敵国とする政策を強化したことから、ソ連側は事情変更原則を用いて返還約束の無効を主張した。ソ連崩壊後の2001年、日ロ首脳会談でプーチン大統領（当時）から日ソ共同宣言の有効性を認める発言が出たが、10年のメドヴェージェフ大統領（当時）の国後島訪問、12年に大統領に再任したプーチンの「二島返還」への前向きな姿勢、一方でのメドヴェージェフ首相の国後島再訪と、ロシア側は相反する動きを見せていく。これは、歯舞と色丹の「二島」返還を認めるが国後・択捉の両島はロシアの領土とする暗黙の意思表示とも受け取れる。

⑩ リーマン=ショック(2008)で日本の税収は大幅減!
法人税収が激減、所得税収も減少

現状と背景　「リーマン・ショック」による不況が税収に大打撃!

① **2009年度の一般会計税収**は、08年9月に発生したリーマン=ショックによる不況の深刻化により大幅に減少した。特に不況の直撃を受けた企業は、**輸出関連企業を中心に赤字決算が続発**し、法人税収は国税で約5兆円程度と、バブル期ピークの1989年度（約19兆円）の**約4分の1**、直近のピークである06年度（約15兆円）の約3分の1に激減した。

② 所得税収も不況に伴う所得の減少で大幅減少となり、**27年ぶりに13兆円を下回り**、低水準にとどまった。

③ 不況で法人税収が減少する中で、**日本企業の国際競争力**を高めるために、日本の**法人実効税率**を引き下げる必要があるとするのが政府の立場である。

④ 2011年以降、日本の貿易収支は赤字に転落し、輸出企業の収益は極度に悪化している。赤字企業にどんなに高い法人税率を課したところで、税収は上がらない。**法人実効税率**を引き下げて企業収益を改善する方が、税収の増加が期待できる。ここには減税による景気回復が税収を自然増加させるというサプライ=サイド=エコノミックスの考え方が存在している。

図解で理解　税収減少の「下げ幅」に注目!

● 主要税目の税収（国税）

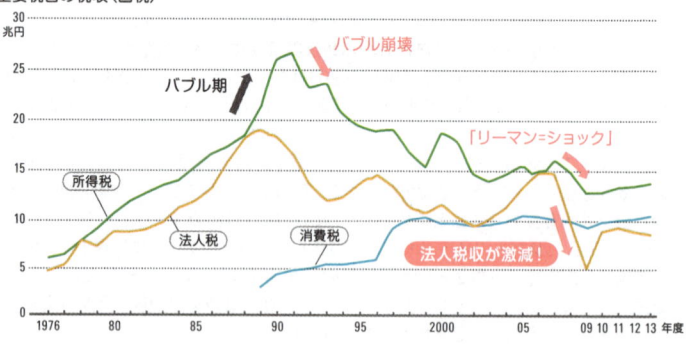

（グラフ：1976年度〜2013年度の所得税・法人税・消費税の推移。バブル期、バブル崩壊、「リーマン=ショック」、法人税収が激減! の注記あり）

● 国と地方の法人税収

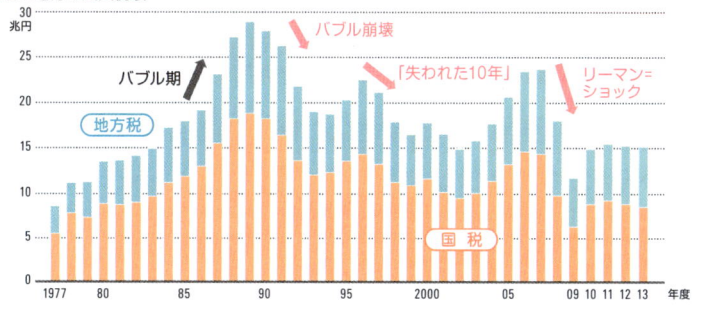

バブル期 / バブル崩壊 / 「失われた10年」 / リーマン=ショック
地方税 / 国税

● 法人の実効税率（法人実効税率）の国際比較

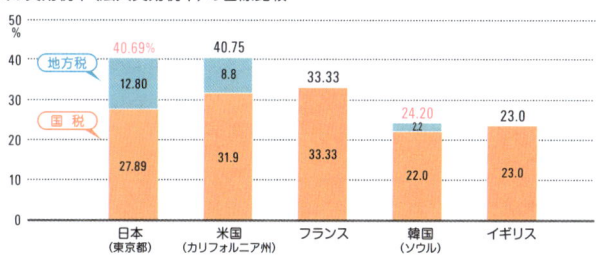

日本（東京都）: 地方税 12.80 + 国税 27.89 = 40.69%
米国（カリフォルニア州）: 8.8 + 31.9 = 40.75
フランス: 33.33
韓国（ソウル）: 2.2 + 22.0 = 24.20
イギリス: 23.0

Point!

❶ 法人税収の減少の中、法人実効税率（国税＋地方税）の引き上げを求める主張がある。

❷ しかし、日本の法人実効税率は、2003〜11年度まで40.69%と外国に比べて高い水準であったことから、企業の国際競争力を維持するためにも、税率を引き下げるべきとする意見が強く主張されていた。

❸ 法人実効税率が高過ぎると、税率の低い国（いわゆるタックス・ヘイブン＝租税回避地）に企業が移転し、国内産業の空洞化が起こる可能性がある。

❹ 2011年の東日本大震災を受けて、12年度の法人実効税率は基本税率25.5%に復興特別法人税10%（14年度まで予定）も加えられ、38.01%となった。

❺ 2015年度以降、法人実効税率は35.64%となる（復興特別法人税は廃止）。

❻ 今後は、それに代わる基幹税として、景気に左右されず、かつ、高齢社会でも税収が期待できる税目へのシフトが必要となる。

❼ ゆえに、消費税率の引き上げが行われることとなった（2014年4月より8%、15年10月より10%）。消費税は不況下でも安定的に約10兆円の税収を維持しており、これより試算すると消費税1%当たり2兆円（＝10兆円÷5）の税収が期待される。

巻末最新テーマ

⑪ 国債の発行方法は？
一時は市中消化の原則の見直し論も登場！

現状と背景　世界的経済危機でインフレ誘導論が台頭

2008年秋から翌09年にかけての「**100年に1度**」といわれる経済危機・デフレ対策として、一時は市中消化の原則を見直して、日銀引き受けを認め、デフレ対策としてのインフレ誘導を認めるべきだとの意見も出された。世界恐慌を回避するための**緊急デフレ対策**の主張であるが、現在、**日銀引き受けの禁止＝市中消化の原則**は堅持されている。

図解で理解　戦前と戦後の「政府・日銀」の役割を比較！

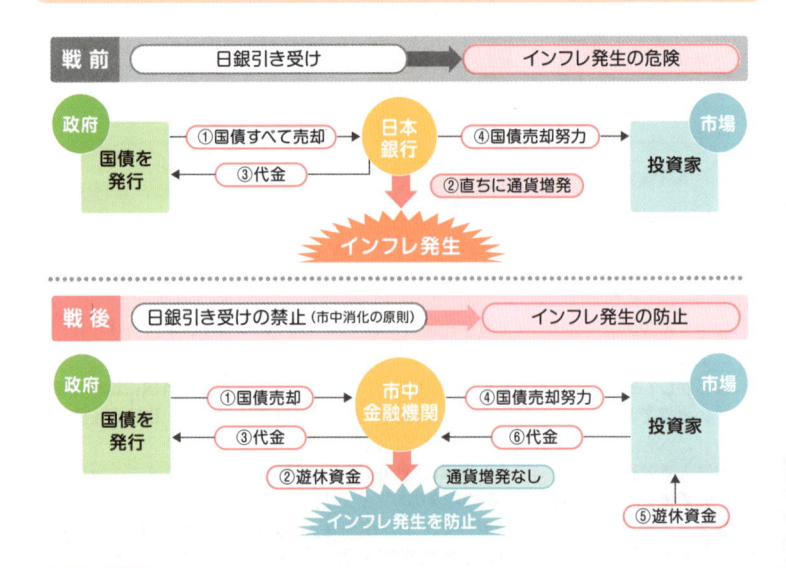

戦前　日銀引き受け　→　インフレ発生の危険

政府（国債を発行）
①国債すべて売却 →
③代金 ←
日本銀行
④国債売却努力 →
②直ちに通貨増発
→ インフレ発生
市場（投資家）

戦後　日銀引き受けの禁止（市中消化の原則）　→　インフレ発生の防止

政府（国債を発行）
①国債売却 →
③代金 ←
市中金融機関
④国債売却努力 →
⑥代金 ←
②遊休資金
通貨増発なし
→ インフレ発生を防止
市場（投資家）
⑤遊休資金

Point!

❶ 戦前の**日銀引き受け**：政府が必要とする資金は、とりあえず日銀の通貨増発で賄われるため、インフレが発生するという欠点があった。

❷ 戦後の**日銀引き受け禁止＝市中消化の原則**：政府が必要とする資金は、市場に余っている遊休資金で賄われるため、直ちに通貨増発は起こらず、**インフレの発生を防止**できるという長所がある。

⑫ 国債の濫発は金利の上昇を招く!
積極財政は結果的に景気のブレーキに

巻末最新テーマ

現状と背景　世界的経済危機に対して巨額の財政出動を実施

　2008年秋から翌09年にかけての経済危機対策として、アメリカのオバマ政権も日本の麻生政権（当時）も、ともに**積極財政を実施**し、**巨額の財政出動**を行った。しかし、その財源のほとんどは市場からの借入金＝赤字国債の濫発によって賄われた。日米両国の**国債依存度は**急上昇したが、同時に**長期金利の**上昇傾向が見られている。その理由はなぜか？　以下のチャート図で確認しておこう。

図解で理解　積極財政が引き起こす「矛盾効果」に注目!

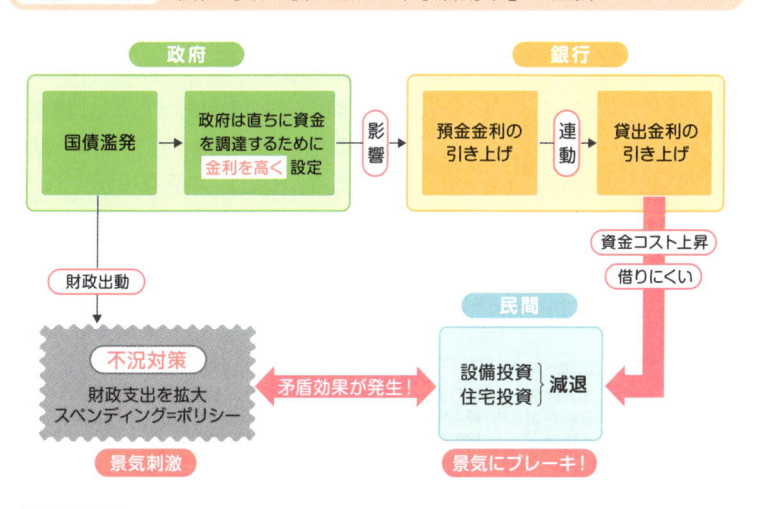

```
[政府]
国債濫発 → 政府は直ちに資金を調達するために 金利を高く 設定 →影響→ [銀行] 預金金利の引き上げ →連動→ 貸出金利の引き上げ
↓財政出動                                                                                    ↓資金コスト上昇／借りにくい
[不況対策]                                                                                  [民間]
財政支出を拡大   ←矛盾効果が発生!←   設備投資／住宅投資 減退
スペンディング＝ポリシー
[景気刺激]                                                              [景気にブレーキ!]
```

Point!

❶ 国債の濫発は不況対策としての財政出動を行うための資金集めとして行われる。
❷ しかし、国債が濫発され過ぎると、銀行の長期（貸出）金利が上昇し、かえって景気にブレーキをかけてしまう!
❸ 巨額の国債濫発による財政出動は一時的に世界恐慌の発生を防止できるが、それに伴う長期金利の上昇と返済負担の増加は、不況を長期化させる要因となりかねない。

⑬ インフレ=ターゲット論による「リフレ」
景気浮揚策として正しいのか?

現状と背景　インフレ=ターゲット論による大胆な金融緩和の実施

①日本銀行(日銀)が物価上昇率目標を設定し、その目標達成までは金融緩和を継続することを国内外に表明するのがインフレ=ターゲット論の立場である。

②インフレ=ターゲット論については、物価が目標値まで上昇することが保証されるため、市場ではモノを買う動きが加速する一方で、インフレが制御不能に陥る危険性を伴うことから、反対論が根強かった。

③しかし、2013年3月に就任した黒田東彦(はるひこ)日銀総裁は、安倍晋三内閣の掲げる「アベノミクス」を全面的に支持し、デフレ脱却を目指すべくインフレ=ターゲットの設定に踏み切り、物価上昇率目標を2%と設定した。

④リフレ(リフレーション)とは再膨張という意味で、デフレからインフレに移行する途中の状況のことを指す。長引くデフレを脱却するには、**積極的かつ大胆なインフレ政策を採り、市場の心理を回復させ、インフレ期待感・景気回復期待感を高める必要がある**。日銀はこの立場にもとづいて、過去に経験したことのない大胆な金融緩和を実施している。

図解で理解　インフレ=ターゲット論はリフレのプロセス!

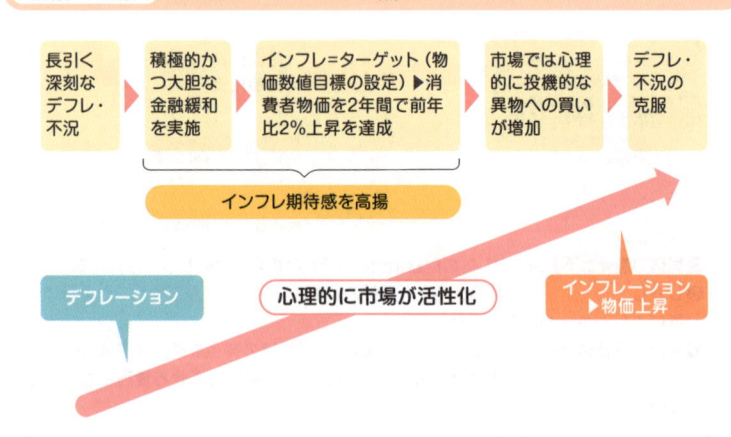

長引く深刻なデフレ・不況 → 積極的かつ大胆な金融緩和を実施 → インフレ=ターゲット(物価数値目標の設定)▶消費者物価を2年間で前年比2%上昇を達成 → 市場では心理的に投機的な異物への買いが増加 → デフレ・不況の克服

インフレ期待感を高揚

デフレーション　心理的に市場が活性化　インフレーション▶物価上昇

⑭ 原油価格の高騰と暴落
2000年代後半の原油価格市場の動向

巻末最新テーマ

現状と背景　中東情勢に左右される原油価格と世界経済

① 2006年夏以降、**イラン**の**核開発問題**など中東情勢の緊迫化でニューヨーク商業取引所の原油価格は、2007年1月には1バーレル＝50ドル程度であったが、08年1月の初取引で1バーレル＝100ドルを超え、同年7月には1バーレル＝147ドルという**史上最高値を記録した**。

② 2008年7月をピークに、同年下半期になると原油価格は下落を続け、09年1月には1バーレル＝40ドル程度にまで暴落した。

③ しかし、2009年に入って再び原油価格はじりじりと上昇し、09年9月には1バーレル＝70ドル程度、10年代に入ると1バーレル＝100ドル台前後で推移している。**ヘッジファンド（金融投資グループ）の投機的売買が原油価格を乱高下させており、マネーゲームが世界の経済実態や人々の日常生活に影響を及ぼしている**。

図解で理解　1990年1月〜2012年6月のWTIスポット価格（月平均）の推移

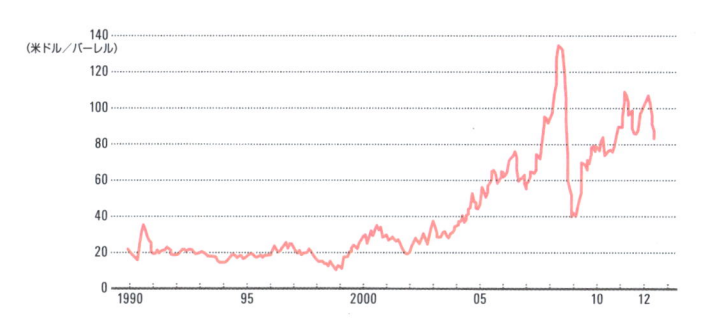

Point!

WTI（ウェスト＝テキサス＝インターミディエイト：West Texas Intermediate）とは、アメリカのテキサス州を中心に産出される、ガソリンや石油製品の製造に適した軽原油である。その1バーレル当たりの先物価格は、**世界の原油価格の指標となっている**。2008年7月には急騰し、一時147ドルにまで達した。

15 原子力から再生可能エネルギーへの転換は進むのか？
①福島第一原子力発電所事故と「脱原発」

現状と背景　福島第一原発は最も深刻な「レベル7」の事故に

① 2011年3月11日の東日本大震災で発生した大津波により、東京電力福島第一原子力発電所（福島第一原発）で相次ぐ水素爆発が起こり、大量の放射性物質が排出された。当初、この事故に対する国際評価は軽く見積もられたが、最終的には1986年の旧ソ連・チェルノブイリ原発事故と同じレベル7（深刻な事故）に認定された。

② 2012年5月、日本で稼働中の原子力発電所が一時的にすべて停止したが、同年7月1日に関西電力大飯原発3号機が再稼働した。

③ 2012年9月からの新たな原子力規制体制のポイントは、原子力規制委員会を原発推進派の経済産業省から分離し、環境省内に置いた点にある。

④ 2013年6月、原子力規制委員会は原発に関する新しい安全基準を設けた（活断層上の設置禁止に関する調整年代を40万年前に拡大、緊急用制御室の設置、防潮堤の充実、複数の電源確保、ポンプ車分散配備など）。安倍内閣は条件を満たした原発は再稼働を認める方針を示している。

図解で理解　2012年9月以降の新たな原子力規制組織

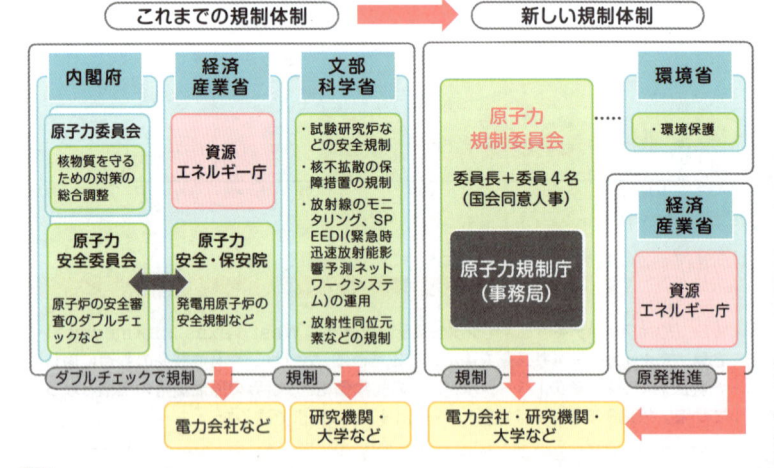

これまでの規制体制

- 内閣府
  - 原子力委員会（核物質を守るための対策の総合調整）
  - 原子力安全委員会（原子炉の安全審査のダブルチェックなど）
- 経済産業省
  - 資源エネルギー庁
  - 原子力安全・保安院（発電用原子炉の安全規制など）
- 文部科学省
  - ・試験研究炉などの安全規制
  - ・核不拡散の保障措置の規制
  - ・放射線のモニタリング、SPEEDI（緊急時迅速放射能影響予測ネットワークシステム）の運用
  - ・放射性同位元素などの規制

ダブルチェックで規制 → 電力会社など
規制 → 研究機関・大学など

新しい規制体制

- 環境省
  - ・環境保護
  - 原子力規制委員会（委員長＋委員4名（国会同意人事））
  - 原子力規制庁（事務局）
- 経済産業省
  - 資源エネルギー庁

規制 → 電力会社・研究機関・大学など
原発推進

16 原子力から再生可能エネルギーへの転換は進むのか?

②原子カルネサンス～発電に占める原子力の割合は約25～30%

巻末最新テーマ

現状と背景　1970年代の石油危機（1973、79）を機に原子力が推進された

原子力は、石油などの化石燃料と比較して、①エネルギーの大量生産ができること、②エネルギー効率が良く、安定的で効率的な発電ができること、③燃料の投入量が少なく可採年数が長いこと、④燃料コストが安く、市場価格に左右されないことなどの利点がある。

図解で理解　「原子カルネサンス」＝原発を導入・推進する動きが加速！

●日本の発電に占めるエネルギーの割合(%)と各国比較

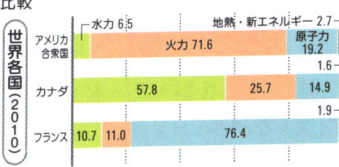

日本

年	水力	火力	原子力	地熱・新エネルギー
1990	11.2	65.2	23.6	
2000	8.9	61.6	29.5	
2010	8.1	65.2	25.8	0.9

世界各国（2010）

国	水力	火力	原子力	地熱・新エネルギー
アメリカ合衆国	6.5	71.6	19.2	2.7
カナダ	57.8	25.7	14.9	1.6
フランス	10.7	11.0	76.4	1.9

●核燃料リサイクルの仕組み

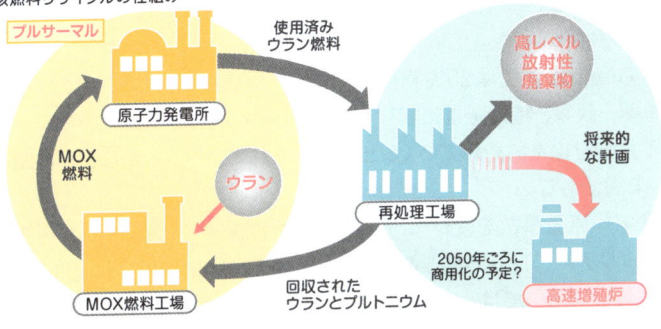

- プルサーマル
- 原子力発電所 → 使用済みウラン燃料 → 再処理工場
- 再処理工場 → 回収されたウランとプルトニウム → MOX燃料工場
- MOX燃料工場 → MOX燃料 → 原子力発電所
- ウラン → MOX燃料工場
- 再処理工場 → 高レベル放射性廃棄物
- 再処理工場 → 将来的な計画 → 高速増殖炉（2050年ごろに商用化の予定？）

Point!

❶原子力発電を導入・推進する動きが加速してきた最大の要因は、地球温暖化防止を進め、京都議定書の温室効果ガス削減数値目標を達成するために、石油などの化石燃料に代わって原子力が最も有効的と考えられた点にある。

❷民主党・鳩山政権（2009～10）は地球温暖化対策の一環として、二酸化炭素をほとんど発生させない原子力発電を重視し、天然資源に恵まれない日本が推進する核燃料サイクル政策の根幹としてプルサーマル発電の推進を打ち出していた。

17 原子力から再生可能エネルギーへの転換は進むのか?
③「脱原発」と再生可能エネルギー

現状と背景　福島第一原発事故後、欧米諸国では「脱原発」へシフト

①原子力発電は、そのメリットして地球温暖化防止に役立つとして導入、推進の動きが強まっていた（「原子力ルネサンス」）が、2011年3月の福島第一原発事故を受け、欧米諸国では「脱原発」「再生可能エネルギー」の動きへとシフトしていった。

②原子力発電には、❶深刻な放射能汚染が生じる危険性（原発事故による核分裂は人為的な抑止が困難で、生命にかかわる重大な放射能汚染を招く）、❷事故の後世代への影響（放射能汚染は数十年、数百年にも及ぶ）、❸放射性廃棄物の処理や廃棄方法の問題（事故発生のリスクと廃棄処理施設の開発・維持コスト）、❹核兵器拡散（特に発展途上国の原発建設が核兵器転用・製造の原料となるプルトニウムの拡散を進める可能性）などのデメリットがある。

③再生可能エネルギーとは、自然界から抽出できる、いわゆる自然エネルギーを意味し、再生が可能で枯渇することがない点で再生可能エネルギーと呼ばれる。

④日本の原発依存度は25％程度であるが、福島第一原発事故で今後のエネルギー政策、特に発電に関しては、クリーンな再生可能エネルギーの占める割合を徐々に高めていくことが求められている。しかし、その割合は1％未満である。

⑤福島第一原発事故を受けて、「原発か、脱原発か」の国民投票を実施したイタリア（2011.6実施）やスイス（1979.2、84.9、90.9、2003.5と過去に複数回実施）では、いずれも「脱原発」が多数を占めた。ドイツのメルケル首相は、原発による温暖化防止から再生可能エネルギーによる温暖化防止へと転換する方針を示した。

⑥一方、日本では、国政上、重要問題に関する国民投票制度が存在しないことから、直接、国民の意思を問うことができず、政治レベルでの解決に委ねられている。

図解で理解　主な再生可能エネルギー

太陽光発電	2009年より余剰電力買い取り助成制度が1年前倒しで実施されているが、11年8月の再生可能エネルギー特別措置法で、法人からの買い取りを電力会社に義務づけた。欠点は天候に左右されることで、今後は悪天候時にも対応可能な蓄電システムの開発、割高な太陽光パネルの導入コスト削減、補助金の拡充などが必要となる。
太陽熱発電	反射鏡やレンズを利用して太陽による熱を採取する。設置場所と天候に左右されるのが欠点である。
風力発電	欧米諸国に比べて、日本ではあまり普及していない（北海道の苫前町など一部の地方で実施）。海岸など立地条件が課題で、海上の場合には設置コストがかさむ。台風など過度の風力に耐えられる設備も必要となる。
地熱発電	火山国の日本では将来性のある発電方法であり、天候に左右されないのが利点である。ただし、地中を深く採掘する必要があり、コストが高く、実用化には時間を要するとされる。温泉資源の枯渇などの弊害もあり、温泉街など地域経済の反対で普及・実用化が遅れている。
バイオマス発電 バイオマス熱利用	植物やプランクトンなどの生物を利用してエネルギーを創出する。トウモロコシやさとうきびから作られたバイオエタノール、家畜などの糞尿から発生するメタンを利用したバイオガス、廃材からのエタノール抽出、廃食用油の燃料化などがある。原油価格の高騰が続く中でバイオ燃料が注目されたが、投機的マネーが穀物市場に流れ込み、世界的な食料価格の高騰や食料不足を発生させている。近年は、藻類の光合成を利用した発電も注目されている。

Point!

❶ かつて新エネルギーにはゴミ処理場の排熱利用や天然ガスコージェネレーション、燃料電池などが含まれていたが、2008年の法改正で、再生可能エネルギー（自然エネルギー系）に限定された。

❷ 2011年8月成立の再生可能エネルギー特別措置法では、太陽光・風力・地熱など再生可能エネルギーにより発電された電力について、国が定める期間、指定された価格による買い取りを電力会社に義務づけた。その費用については、それぞれの電力を使用する消費者に対して電力使用量に応じた賦課金（サーチャージ）を行うことができる。スウェーデンやドイツなどの欧米諸国では、サーチャージにより割高となる価格負担については、消費者のグリーン-コンシューマーとしての意識に委ねる手法も採られている。

18 南北対立と地球環境問題のゆくえ
難航するポスト京都議定書の策定

現状と背景　地球温暖化に関する南北問題が表面化

① 2009年12月、気候変動枠組み条約第15回締約国会議（COP15）がデンマークのコペンハーゲンで開かれた。12年で期限切れになる京都議定書に代わる新たな議定書の策定（ポスト京都議定書）を話し合ったが、地球温暖化に対する南北問題が表面化し、合意には至らなかった。

② ただし、「約束する先進国」「約束しない先進国」という対立を超えて、各国の中長期的な削減目標を定めた「コペンハーゲン合意」の意義は大きいが、「合意に留意する」という表現にとどめられ、拘束力はない。

③ 2011年、気候変動枠組み条約第17回締約国会議（COP17）が南アフリカのダーバンで開催された。京都議定書の第一約束期間が12年末で終了するのに伴い、13年1月以降（第二約束期間）は同議定書の削減義務の延長を決定し、15年までにポスト京都議定書の内容を定め、20年より実施に移すことを確認した（「ダーバン合意」）。

④ 2012年、COP18がドーハのカタールで開催され、15年合意に向けたタイムテーブルが話し合われた。

図解で理解　京都議定書（第一約束期間：2008～12）をめぐる南北対立

京都議定書

- 南側（発展途上国）
  「削減義務なし」
  ▶中国（排出量世界第一位）、ブラジル、南アフリカなど

  VS

- 北側（先進国）
  「平均5.2%削減」
  ▶EU 8%、アメリカ 7%、日本 6%
  平均5.2%削減！（2008～12末まで）

ポスト京都議定書

- 南側（発展途上国）の主張
  「地球温暖化の原因はまず先進国にある」
  ▶排出削減を努力すべし！

  ⇔ 不公平！

- 北側（先進国）の主張
  「発展途上国にも排出削減努力を！」
  ▶特に排出量急増の中国など新興国に要求！

チャート図で理解 CO₂排出量の削減に向けて〜「コペンハーゲン合意」から「ダーバン合意」へ

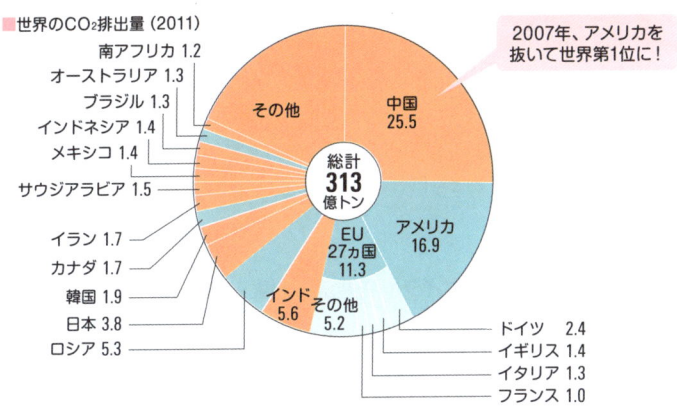

巻末最新テーマ

■世界のCO₂排出量（2011）

- 南アフリカ 1.2
- オーストラリア 1.3
- ブラジル 1.3
- インドネシア 1.4
- メキシコ 1.4
- サウジアラビア 1.5
- イラン 1.7
- カナダ 1.7
- 韓国 1.9
- 日本 3.8
- ロシア 5.3
- その他
- 中国 25.5
- 2007年、アメリカを抜いて世界第1位に！
- 総計 313億トン
- アメリカ 16.9
- EU 27ヵ国 11.3
- インド 5.6
- その他 5.2
- ドイツ 2.4
- イギリス 1.4
- イタリア 1.3
- フランス 1.0

■2020年までの主要国のCO₂排出削減目標

先進国	
オーストラリア	2000年比 −5〜25%
カナダ	2005年比 −17%
欧州連合（EU）	1990年比 −20〜30%
日本	1990年比 −25%
ロシア	1990年比 −15〜25%
アメリカ	2005年比 −17%前後

発展途上国	
ブラジル	対策なし ▶ −36.1〜38.9%
中国	2005年比GDP当たり −40〜45%
インド	2005年比GDP当たり −20〜25%
南アフリカ	対策なし ▶ −34%

▶ ただし、京都議定書の第二約束期間（2013.1〜）において、**新興国と日本は削減義務を猶予**（「ダーバン合意」）。

Point!

- 2009年の「コペンハーゲン合意」の主な内容は以下の通りである。❶産業革命以前からの気温上昇を2℃以下に抑制するという科学的見解を確認、❷先進国は、10年1月31日までに20年の温室効果ガス排出削減の中期目標を申告、❸発展途上国は、10年1月31日をめどに自主目標を報告。先進国の資金援助を受けた発展途上国での対策の監視と検証を実施、❹対策の費用対効果を高める市場活用を追求、❺先進国は、発展途上国の森林破壊防止などに対して計300億ドルを提供（2010〜12年）。さらに、20年までに年1,000億ドルの資金提供が目標、❻発展途上国の対策を支援する「コペンハーゲン＝グリーン気候基金」を創設

- 2011年の「ダーバン合意」では、日本は中国などの新興国のCO₂削減目標が猶予されることに不満を示し、削減義務を負わないならば京都議定書を一旦白紙に戻すべきであると主張した。結果、13年1月より日本は削減義務を負わない国になっている。一方、中国などの新興国が削減義務を受諾するか否かは不透明であり、ポスト京都議定書の始動（2020〜）まで「失われた8年」となりかねない。

⑲ 地球環境保護に向けた取り組み
リサイクル社会の実現と生物多様性の保護を目指して

現状と背景　リサイクル社会の確立が急務！〜その必要性とは？

資源の再生利用（リサイクル）の目的は、資源を循環させることで、無駄を省き、資源の枯渇を防ぐとともに、ゴミを減らし、環境を保全することにある。

図解で理解　日本のリサイクル関連法と制度を確認！

循環型社会形成推進基本法（2000）

❶ 資源循環型社会形成のための国・地方公共団体・事業主・国民の責務を明記
❷「拡大生産者責任」の原則▶生産者が製品の廃棄後まで一定の責任を負う

再生資源利用促進法（リサイクル法）
1991年制定
2000年改正※

3つのR（または、4つのR）
① リデュース（Reduce：廃棄物の発生抑制）◀リサイクル設計
② リユース（Reuse：素材や商品の再利用）
③ リサイクル（Recycle：資源・素材の再生利用）
※④ リフューズ（Refuse：不要な消費を拒否）
※法改正により「資源有効利用促進法」として公布、2001年4月より施行された。

| 企業への勧告・改善命令・罰則 |

容器包装リサイクル法
1995年制定（97施行）
2000年改正

対象品目
【1995、97施行】ビン・ペットボトル
【2000年改正】　プラスチック容器・紙容器
　　　　　　　　ダンボールを追加

消費者	▶分別排出
市町村	▶分別回収
事業主	▶再商品化

特定家電製品リサイクル法
1998年制定
（2001施行）

対象品目
テレビ・エアコン・冷蔵庫・洗濯機
冷凍庫（2004追加）
※回収費用を販売時価格転嫁方式ではなく、排出時負担方式とした
※2003年10月よりパソコンがリサイクルの対象品目となった（資源有効利用促進法による）

| 消費者 | ▶回収費用負担 |
| メーカー | ▶リサイクル責任 |

自動車リサイクル法
2002年制定
（03一部施行・05完全施行）

対象品目
フロンガス・鉄くず・エアバッグ

| 消費者 | ▶回収費用負担（新車購入時2万円） |
| メーカー | ▶再資源化 |

小型家電リサイクル法
2012年制定
（2013年施行）

対象品目
携帯電話・カメラ・ゲーム機など
▶小型家電に含まれるアルミや貴金属、レアメタルを抽出してリサイクル

消費者	▶分別排出
市町村	▶分別回収
事業主	▶再資源化

▶ただし、上記の責務はいずれも義務ではない

その他の リサイクル法	①建設リサイクル法（2002完全施行）▶建設資材の再利用 ②食品リサイクル法（2001完全施行）▶肥料や燃料に再生 ③グリーン購入法（2001完全施行）▶公的機関の義務を明示 ▶公的機関が率先して再生品（⑫再生紙、コピー機、その他）を購入

■ビン、ペットボトルの回収を促進する制度

デポジット制
❶缶の代金をジュースの料金に上乗せして販売
❷空き缶を戻せば缶の代金を返却

▶ただし、日本では法律なし、ヨーロッパでは普及

ゼロ・エミッション　最終的に廃棄物をゼロに！

Point!

❶日本は主要先進国（G7）の中で最も高い資源効率性（資源投入当たりで作られる経済的価値）と資源再生産性を達成している。
❷廃棄物の原燃料への再資源化や発電化により、廃棄物部門以外で1,500万トンの二酸化炭素（CO_2）削減に成功している（2006年度）。
❸循環型資源の活用で低炭素社会の実現を目指す。

図解で理解　生物多様性保護条約と締約国会議（COP）

1992年
地球サミットで採択

目的
絶滅寸前の生物（動植物）の種を保存すること

手段
①バイオテクノロジー協力
②外来種の侵入防止
③固有種の保護

▶

2010年10月
生物多様性保護条約
第10回締約国会議（COP10）

開催地
日本の名古屋（議長国：日本）

テーマ
①生物多様性に配慮した社会経済への転換を提言
②外来種の拡大防止を図る技術協力について協議
▶名古屋議定書：遺伝資源の利益の原産国への公平分配
▶愛知ターゲット：2020年までに生物多様性の損失を阻止する行動を起こし、陸域の17％、海域の10％を保護地域に設定

20 リーマン=ショック以後の国際経済
相次ぐ経済危機と「出口戦略」とは？

現状と背景　2008年9月「リーマン=ショック」の影響

① 2008年9月、大手証券会社**リーマン=ブラザーズ**が破綻し、いわゆる「リーマン=ショック」が発生した。

② アメリカで不動産バブルが崩壊し、**中低所得者向けの不動産ローン**（サブプライム=ローン）の破綻が勃発したのである。

③ その後、保険最大手の**AIG**（アメリカン=インターナショナル=グループ）も経営危機にあることがわかり、アメリカ金融界全体の信用不安から株式・ドルが売られ、**株安・ドル安**となり、「100年に1度の経済危機」に突入した。

チャート図で理解　「100年に1度の経済危機」への対策は？

●金融・経済危機の連鎖の構図

- アメリカの低金利政策
- アメリカの住宅バブル発生！
- サブプライム=ローン拡大
- アメリカの住宅バブル崩壊！
- 証券化商品の巨額損失発生
- リーマン=ブラザーズ経営破綻
- 世界同時株安 ／ 金融機関による貸し渋り
- 消費低迷 ／ 企業業績の悪化
- 世界同時不況の発生
- ▶「100年に1度の経済危機」

●新たな枠組み～G20サミット開催

G20第1回会合（2008.11）
①金融機関への公的資金投入
②各国は財政出動で協調

G20第2回会合（2009.4）
①各国がさらに総額5兆ドル（約500兆円）の財政出動
②ヘッジファンド規制

G20第3回会合（2009.9）
①出口戦略　②投資規制

G20：韓国　オーストラリア　サウジアラビア　トルコ　EU（欧州連合）　メキシコ　中国　インド　ブラジル　南アフリカ　インドネシア　アルゼンチン

G8：日本　アメリカ　イギリス　ドイツ　フランス　イタリア　カナダ　ロシア

●日本が実施した景気対策

金融緩和

【質的金融緩和】
①公定歩合0.4%
②政策金利0.1%（2010.1～ゼロ金利）

【量的金融緩和】
①CP（コマーシャルペーパー）の買いオペ徹底
②新たな資金供給オペレーション（2009.12～）
▶ CPなどを担保に0.1%で10兆円程度の資金供給（融資）

財政出動

日本版「グリーン=ニュー=ディール政策」
- エコカー減税
- エコポイント（エコ家電）

Point!

① 世界に出回り過ぎたマネーは、不況防止策としては効果があったが、今後、特定の金融商品の投機的売買や、特定の国や地域への過剰投資を発生させ、バブルおよびバブルの崩壊を引き起こす恐れがある。

② もはや主要8ヵ国（G8）では経済危機に対応できず、2008年11月、中国・インド・ブラジルなど新興国と金融サミット（G20）を開催。日米やEUだけでなく新興国も協調的な金融緩和と財政出動を行い、市場の安定化を図った。

③ 第3回G20（2009.9）のテーマとして、世界が協調して金融引き締めや増税政策に転換し、正常なマネーの量に戻す「出口戦略」が話し合われた。

④ サブプライム＝ローンや、これを証券化して巨額化した"金儲け資本主義"、いわゆる金融資本主義（マネー資本主義）の見直しも求められている。

⑤ IMF（国際通貨基金）では、投資の規制やルール化、現金の何倍もの信用取引を認めるレバレッジ規制が検討されている。

⑥ アメリカのオバマ政策（2010.1）：(1)金融規制改革法案の提出（2010.5下院可決）、(2)金融機関の規模や業務範囲を規制し、銀行による高リスクの投資活動に対しての制限法案。これらの長所は、巨額の資金投入を防ぐことで経済危機の再来を回避する点にある。しかし、短所として、アメリカの経済活動を萎縮させ、世界金融全体を悪化させる恐れがある。

関連トピックス 「リーマン＝ショック」以後の経済危機

❶ ドバイ＝ショック（2009.11）

アラブ首長国連邦（UAE）でドバイの政府系不動産開発会社が信用不安に
↓
ドバイの不動産バブル崩壊が懸念
↓
ドバイの不動産投資を積極展開するヨーロッパの金融不安への懸念
↓
EU株式 安　EURO 安
↓
日本株 安 ← 円高
（円高不況の懸念）

❷ ギリシア財政破綻（2010.5）

EU加盟国ギリシアの国家財政破綻
↓
政府などの公的債務残高がGDPの110%超に
↓
ギリシア国債を保有するドイツとフランスに損失が拡大
↓
今後、ポルトガルとスペインも国家財政破綻？
↓
EU株式 安　EURO 安
↓
日本株 安 ← 円高
（円高不況の懸念）

21 アメリカの「双子の赤字」が再び巨額化
「リーマン＝ショック」でアメリカの国家財政が危機的な局面に

チャート図で理解　アメリカの「双子の赤字」巨額化の原因とは？

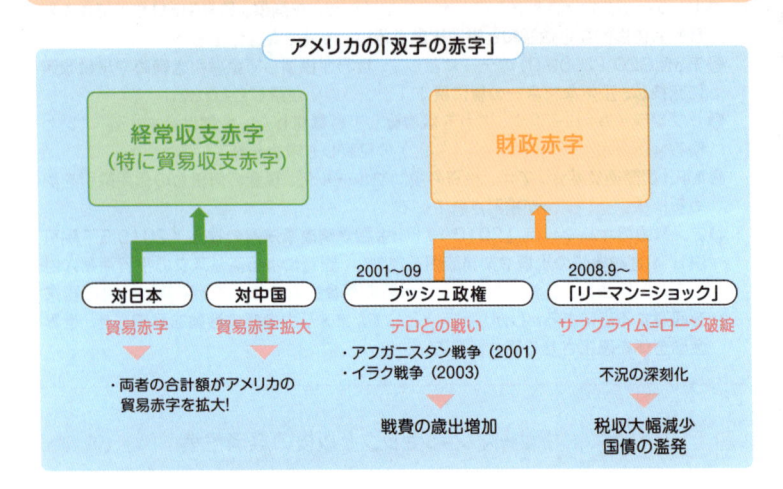

アメリカの「双子の赤字」

- **経常収支赤字**（特に貿易収支赤字）
  - 対日本 → 貿易赤字
  - 対中国 → 貿易赤字拡大
  - ・両者の合計額がアメリカの貿易赤字を拡大！

- **財政赤字**
  - 2001〜09　ブッシュ政権　テロとの戦い
    - ・アフガニスタン戦争（2001）
    - ・イラク戦争（2003）
    - → 戦費の歳出増加
  - 2008.9〜　「リーマン=ショック」　サブプライム=ローン破綻
    - 不況の深刻化
    - 税収大幅減少
    - 国債の濫発

グラフで理解　アメリカの経常収支は対日赤字→対中赤字が急増

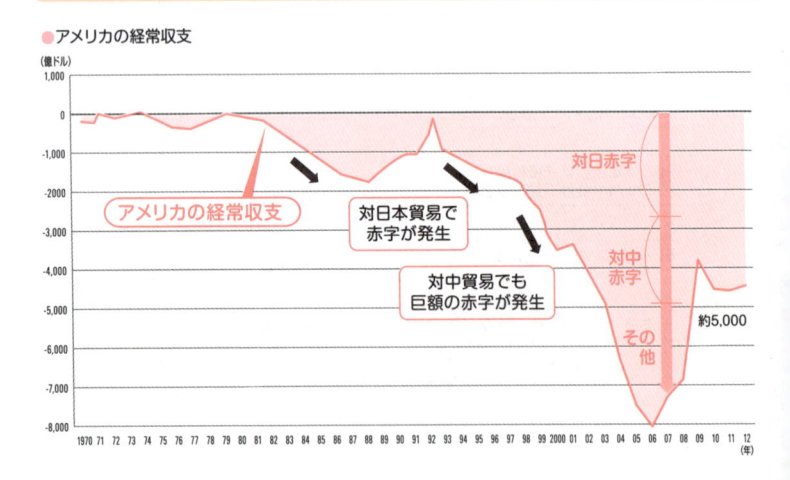

●アメリカの経常収支
（億ドル）

- アメリカの経常収支
- 対日本貿易で赤字が発生
- 対中貿易でも巨額の赤字が発生
- 対日赤字
- 対中赤字
- その他
- 約5,000

（1970〜12年）

384

グラフで理解　アメリカの財政収支は赤字の一途をたどる

●アメリカの経常収支(「2014年度アメリカ合衆国予算教書」より)

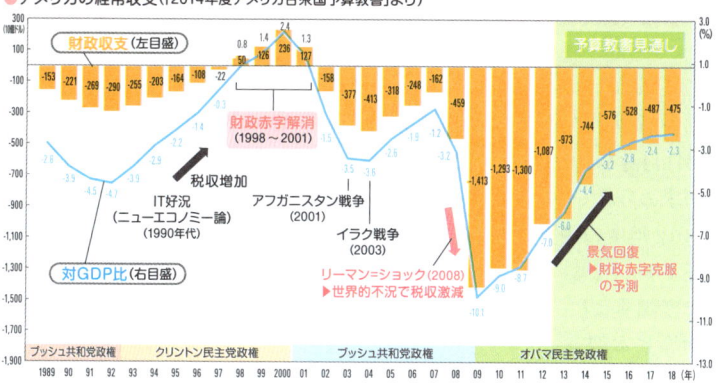

財政収支（左目盛）
対GDP比（右目盛）

財政赤字解消（1998〜2001）
税収増加（ニューエコノミー論）（1990年代）
アフガニスタン戦争（2001）
イラク戦争（2003）
リーマン=ショック（2008）▶世界的不況で税収激減
予算教書見通し
景気回復▶財政赤字克服の予測

ブッシュ共和党政権　クリントン民主党政権　ブッシュ共和党政権　オバマ民主党政権

Point!

❶「アメリカ合衆国予算教書」によると、2009年度に約1兆4,130万ドル（対GDP比−10.1％）の史上最悪の財政赤字を記録した。08年9月のリーマン=ショックによる不況で税収が減少し、財政赤字が巨額化したが、今後の財政赤字については、13年度が約9,730万ドル（同6.0％）、18年度が約4,750億ドル（同−2.3％）と、リーマン=ショック後の不況克服＝景気回復が一気に進み、順調に財政赤字とその対GDP比率ともに低下していくという楽観的な予測を立てている。

❷しかし、この予算教書は選挙をにらんだものであることから楽観的な予測となっている。新興国のバブル崩壊危機や国債金利の上昇、中国のシャドーバンキング（投資銀行、証券会社、ヘッジファンド、貸金業者、質屋、証券化を目的とした特殊な運用会社など）の問題、中東やロシアなど不透明な国際情勢といった不安定要素が存在することを見逃してはならない。

❸なお、アメリカは民主党と共和党の与野党対立により、単年度予算で可能な政府債務の上限が設定されていることから、国債返済のための国債発行ができず、2011年8月にはデフォルト（債務不履行）の危機に直面した。

❹さらに、歳出予算法が与野党対立により成立せず、政府機能の一時停止（ガバメント=シャットダウン＝政府閉鎖）の危機を何度も招いている。

❺2013年1月には特別減税の期限切れにより実質増税となり不況が深刻化する「財政の崖」という事態にも直面している。

22 育児・介護休業制度の見直し
2010年6月施行の改正法の目的と問題点

現状と背景　父親も子育てができる働き方の実現に向けて

① 勤労者世帯の過半数が「共働き」という現状において、女性だけでなく男性自身も子育てをすること、親子で過ごす時間を持てる環境を作ることが求められている。

② 2012年度の調査によると、**女性の育児休業取得率が83.6%**（前年度調査より−4.2%）であるのに比べて、**男性の育児休業取得率は1.89%**（前年度調査より−0.74%）と、依然として低水準である（「平成24年度雇用均等基本調査」より）。

③ 東日本大震災前後に子どもを産んだ者が調査対象であったこともあり、男女ともに取得率が低下した。震災後の雇用の悪化から、**職を失うことを懸念**し、育休取得を控えたものと考えられる。なお、女性の育児休業取得率は、2008年度調査で最高値を記録（90.6%）し、**リーマン＝ショック以後は80%台で推移**している。

④ 会社の就業制度や職場の理解・協力、さらには経済情勢や雇用の動向などが育児休業の利用に大きく影響している。また、男性が子育てや家事に協力しない結果、女性に子育てや家事において過度な負担が生じ、少子化の一因にもなっている。

図解で理解　主な法改正のポイント

❶ 父母がいずれも育児休業を取得する場合の休業可能期間の延長

育児休業取得可能期間

子が満1歳 → ▶パパ・ママ育休プラス　1歳2ヵ月に達するまで延長

父母1人ずつが取得可能な休業期間の上限

1年間：現行と変わらず（母親の産後休業期間を含む）

❷ 育児休業の再取得（特例措置）

妻の出産後、8週間以内に父親が育児休業を取得した場合、育児休業の再取得を認める

巻末最新テーマ

チャート図で理解 育児・介護休業法改正～改正前と改正後の比較

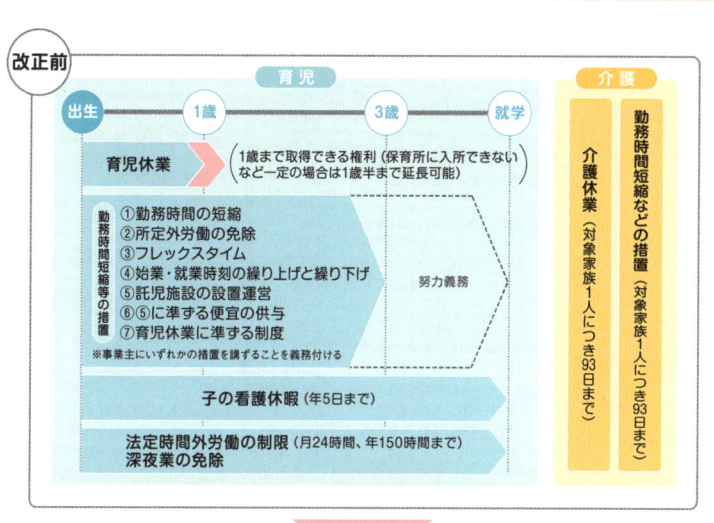

改正前

【育児】

出生 ── 1歳 ── 3歳 ── 就学

- **育児休業**：1歳まで取得できる権利（保育所に入所できないなど一定の場合は1歳半まで延長可能）
- **勤務時間短縮等の措置**（努力義務）
  - ①勤務時間の短縮
  - ②所定外労働の免除
  - ③フレックスタイム
  - ④始業・就業時刻の繰り上げと繰り下げ
  - ⑤託児施設の設置運営
  - ⑥⑤に準ずる便宜の供与
  - ⑦育児休業に準ずる制度

  ※事業主にいずれかの措置を講ずることを義務付ける

- **子の看護休暇**（年5日まで）
- **法定時間外労働の制限**（月24時間、年150時間まで）**深夜業の免除**

【介護】
- **介護休業**（対象家族1人につき93日まで）
- **勤務時間短縮などの措置**（対象家族1人につき93日まで）

父親の育児休業の取得率アップを目指して！
（先進国中で最低水準）

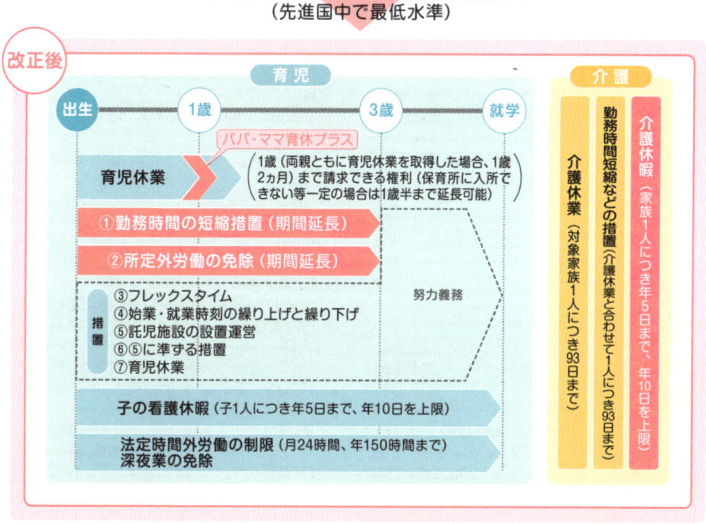

改正後

【育児】

出生 ── 1歳 ── 3歳 ── 就学

- **育児休業**：［パパ・ママ育休プラス］1歳（両親ともに育児休業を取得した場合、1歳2ヵ月）まで請求できる権利（保育所に入所できない等一定の場合は1歳半まで延長可能）
- **①勤務時間の短縮措置（期間延長）**
- **②所定外労働の免除（期間延長）**
- 措置（努力義務）
  - ③フレックスタイム
  - ④始業・就業時刻の繰り上げと繰り下げ
  - ⑤託児施設の設置運営
  - ⑥⑤に準ずる措置
  - ⑦育児休業
- **子の看護休暇**（子1人につき年5日まで、年10日を上限）
- **法定時間外労働の制限**（月24時間、年150時間まで）**深夜業の免除**

【介護】
- **介護休業**（対象家族1人につき93日まで）
- **勤務時間短縮などの措置**（介護休業と合わせて1人につき93日まで）
- **介護休暇**（家族1人につき年5日まで、年10日を上限）

政経用語チェック索引

使い方はあなた次第。有効に活用して、重要用語を効率的に覚えてください。第1〜10章に掲載されている主な用語と掲載ページを同時に確認、しっかり復習して試験に備えよう！

A〜Z

- □AFL ·· 318、319
- □AFTA ··················· 283、300、301、307、314
- □APEC ················· 283、300、301、306、307
- □ASEAN ·············· 283、300、301、304、305、307、312、313
- □ASEAN自由貿易地域 ·················· 300、307
- □ASEAN通貨危機 ········ 283、300、313、314
- □A規約 ······································ 9、26、27
- □BSE ·· 268、305
- □B規約 ······································ 9、26、27
- □CFE(欧州通常戦力)条約 ·· 136、137、141、153
- □CIO ·· 318、319
- □CIS ····································· 34、142、153
- □COMECON ···················· 121、132、133、152
- □CSCE ······························· 122、136、141、153
- □CTBT ························ 121、135〜137、140、141
- □DAC ·· 295、311
- □EC ·· 283、301、302
- □ECB ································· 213、283、302
- □ECSC ······································· 283、302
- □ECU ·· 283、302
- □EEA ·· 283、303
- □EEC ·· 283、302
- □EEZ ·· 11
- □EFTA ································ 283、301〜303
- □EMS ·· 283、302
- □EPA ·· 304、305
- □EU ··············· 122、146、213、231、276、283、291、297、300〜305、307、308、314、315
- □EURATOM ································ 283、302
- □EURO ······································ 283、302
- □EU憲法 ··· 302
- □EU条約 ··· 302
- □EU新基本条約 ·································· 302
- □EU大統領 ································ 302、303
- □EVI ·· 310
- □FAO ······························· 127、278、295
- □FTA ·· 304、305
- □FTAA ······································ 283、300
- □FTAAP ··· 309
- □F.ローズベルト ·· 9、25〜27、33、155、160、161
- □GATT ··········· 127、239、258、259、284、294〜297
- □GATT11条国 ······················ 239、258、259
- □GATT12条国 ······················ 258、259
- □GATT=IMF体制 ·············· 284、294〜296
- □GATTウルグアイ=ラウンド ················ 266
- □GDP ······················· 193、195〜197、233〜235、239、257、258、312、338、339
- □GDPデフレーター ································ 196
- □GE ··· 311
- □GNE ·· 193、195
- □GNI ················ 192、197、301、310、311、313
- □GNP ·············· 192、193、195〜197、239、242、246、258、259、310、311、313
- □GNP1%枠 ··· 42
- □HDI ·· 312
- □IAEA ································ 127、149〜151
- □IBRD ····················· 127、258、259、294、295
- □IDA ································· 127、294、295
- □ILO ··············· 124、125、318、319、321、332、333
- □IMF ················ 127、258、259、284、289、294〜296、298、299
- □IMF14条国 ······························· 258、259
- □IMF8条国 ···························· 239、258、259
- □INF ············· 121、136、137、140、141、153
- □ISD ·· 308
- □ISDS ·· 308、309
- □J.S.ミル ····························· 23、164、165
- □KEDO ································ 149〜151
- □LLDC ································ 310、312、313
- □M&A ································ 183、250
- □MD ·· 137〜141
- □MERCOSUR ····························· 283、300
- □M.フリードマン ··············· 155、162、163、167
- □NAFTA ············· 283、300、301、304、307、314
- □NATO ················ 42、121、129、132、133、134、136、138、139、146、152
- □NIEO ······································ 310、312
- □NIES ······················ 272、293、300、312、313
- □NNW ······································ 196、197
- □NPT ·············· 121、127、134、135、140、141、149〜151、153
- □OAPEC ··· 246
- □ODA ····························· 278、281、310〜313
- □ODA大綱 ··· 311
- □OECD ························ 239、258、259、295
- □OPEC ······························ 246〜248、312
- □PKF ·· 130、131
- □PKO ················ 126、127、129〜131、146
- □PKO参加5原則 ································ 131
- □PLO ·· 144、145
- □PL法 ································ 104、268、269
- □PPP ································ 181、274、275、279
- □PTBT ············· 121、134、135、140、141、153
- □SALTⅠ ············· 121、134、140、141、153
- □SALTⅡ ······ 121、134、136、137、140、141、153
- □SDR ·· 298、299
- □S・I ·· 260
- □SOHO ······································ 263、322
- □SORT ············· 121、136、137、140、141、153

- ☐STARTⅠ ……… 121、136、137、140、141、153
- ☐STARTⅡ ……… 121、136、137、140、141、153
- ☐TPP ……………………… 257、283、305〜309
- ☐TUC …………………………………………… 318
- ☐UNCTAD ………………… 127、295、310
- ☐UNESCO …………………………………… 127
- ☐UNIDO ……………………………… 127、295
- ☐WIPO ………………………………………… 127
- ☐WTO(世界貿易機構)
  ………………… 127、261、294〜297、304
- ☐WTO(ワルシャワ条約機構)
  ………………… 121、132、136、137、152

あ

- ☐アイヌ文化振興法 ……………………… 28、29
- ☐赤字国債 …… 226、227、232〜234、239、248
- ☐アクセス権 …………………………… 68、69
- ☐悪法といえども法なり ………………… 18、19
- ☐アジア・アフリカ会議 ……… 121、135、152
- ☐アジア太平洋経済協力会議 … 283、300、306
- ☐アジア太平洋自由貿易圏 …………………… 309
- ☐アジア通貨危機 ………………………… 239、291
- ☐足尾銅山鉱毒事件 ………………………… 274
- ☐アシュトン …………………………………… 303
- ☐麻生太郎 …………………………… 105、106、256
- ☐アダム=スミス
  ………… 12、13、155、158、164、165、175
- ☐斡旋 …………………………………… 326、327
- ☐あっせん利得処罰法 ………………… 112、113
- ☐アファーマティブ=アクション ……… 60、61
- ☐アフガニスタン
  ……… 121、129、131、134、136〜140、143、153
- ☐アフリカ開発会議 ……………………… 313、315
- ☐アフリカの年 ………………………………… 121
- ☐アフリカ非核地帯条約(ペリンダバ条約) …… 141
- ☐安倍晋三 …………………… 91、105、107、256
- ☐アベノミクス …… 107、217、256、257、270、291
- ☐天下り ………………………………… 112〜115
- ☐アムステルダム条約 ………………………… 302
- ☐アメとムチ政策 …………………………… 332、333
- ☐アメリカ独立宣言 …………………… 15、20、21
- ☐アメリカ労働総同盟 ………………………… 318
- ☐アルカイダ ………………………………… 138、139
- ☐安価な政府 …………………………………… 12
- ☐安定成長期 ………………………………… 242、248、249

い

- ☐委員会等設置型会社 ………………… 188、189
- ☐イエレン …………………………………… 213
- ☐域内関税 ………… 283、294、300〜302、306
- ☐育児・介護休業法 ……… 317、319、321、335、343
- ☐育児休業法 ………… 317、319、321、331、335
- ☐違憲状態 …………………………………… 58、59
- ☐違憲審査 ……………………………… 35、41
- ☐違憲判決 ……… 41、50、55〜59、65、82、83、97
- ☐違憲立法審査権 ………………… 19、30、35、82
- ☐違憲立法審査制 ……………………… 32、82、83
- ☐いざなぎ景気 …………………… 242、243、254
- ☐『石に泳ぐ魚』事件 …………………… 49、69
- ☐イスラーム原理主義 ……………… 138、139、146
- ☐イスラエル ……………… 129、139、144、145
- ☐イタイイタイ病 …………………………… 274
- ☐一次産品 …………………… 284、310、312
- ☐一事不再議 …………………………………… 77
- ☐一事不再理 …………………………… 37、45、52
- ☐一般意志 …………………………………… 14、15
- ☐一般特恵関税 ……………………… 296、310
- ☐1票の格差 ………………………………… 58、59
- ☐イデオロギー …………… 102、122、136、142
- ☐遺伝子組み換え食品 ………………………… 308
- ☐委任立法 ……………………………… 19、74、110
- ☐イラク制裁 ………………………………… 139
- ☐イラク戦争 …………… 43、121、138、144、291
- ☐イラク復興支援特別措置法 ……… 43、138
- ☐イラン革命 ………………………………… 248
- ☐岩戸景気 ………………………………… 242、243
- ☐インフレ … 156、157、160、162、167、182、197、
  201、204、213、215、232、240、241、246〜
  250、265、270、271、273、290、292、293、298
- ☐インフレ=ターゲット論 ……………… 270、273

う

- ☐ヴァージニア権利章典 …………………… 20、21
- ☐ウィーン会議 ……………………………… 122
- ☐ウィーン条約 ……………………………… 276
- ☐ウィルソン ………………………………… 124
- ☐ウェストファリア条約 …………………… 122
- ☐ヴェルサイユ講和会議 …………………… 124
- ☐ヴェルサイユ条約 ………………………… 124
- ☐ヴェルサイユ体制 ………………………… 125
- ☐ウサマ=ビンラディン ……………………… 138
- ☐失われた10年 ……………………… 170、171、
  189、195、197、215、222、252、271、273、330
- ☐疑わしきは罰せず ………………………… 53
- ☐『宴のあと』事件 ………………………… 69
- ☐宇宙船地球号 ……………………………… 280
- ☐売りオペレーション ……………… 201、214
- ☐ウルグアイ=ラウンド ……………… 266、296、297

え

- ☐エージェンシー ……………… 79、114、115
- ☐永住外国人への地方選挙権付与 ………… 60
- ☐益税 ………………………………………… 230
- ☐エスニック=クレンジング ………………… 146
- ☐エドワード=コーク(クック) …………… 18
- ☐恩庭事件 …………………………………… 41
- ☐愛媛靖国神社玉串料支出違憲判決 ……… 82
- ☐愛媛靖国神社玉串料訴訟 ………………… 51
- ☐エリザベス救貧法 ……………………… 332、333
- ☐エロア(占領地域経済復興援助資金) …… 240
- ☐エンクロージャー ……………… 155、158、159
- ☐エンゲル係数 ……………………………… 170、171

389

| □エンゲルス 155、319
| □冤罪 52、53
| □援助も貿易も 310
| □援助より貿易を 310
| □エンゼル=プラン 340、343
| □円高差益 250、293
| □円高不況 239、250、251、273
| □円高誘導 201、250、260、291～293、299
| □円安誘導 201、293

お

| □オイル=ショック 215、246、262、263
| □王権神授説 10、14
| □欧州安全保障協力会議 122、136
| □欧州安全保障協力機構 122
| □欧州共通の家 121、136、137、142
| □欧州共同体 283、302
| □欧州経済共同体 283、302
| □欧州経済地域 283、303
| □欧州原子力共同体 283、302
| □欧州債務危機
　　　　216、217、239、256、273、291、292、314
| □欧州自由貿易連合 283、302、303
| □欧州石炭鉄鋼共同体 283、302
| □欧州中央銀行 213、283、302
| □欧州通貨危機 291
| □欧州通貨制度 283、302
| □欧州通貨単位 283、302
| □欧州通常戦力条約 136、137、141、153
| □欧州復興援助計画 132
| □欧州連合 283、302、303、307
| □大蔵省 79、114、209、212、218、236
| □大蔵省資金運用部資金 236、237
| □大津事件 80
| □オーバー=ローン 244、270
| □オープン=ショップ 324
| □オープン=マーケット=オペレーション 214
| □小沢一郎 102～104、106、107
| □押しのけ効果 232
| □オスロ合意 144、145
| □汚染者負担の原則 181、274、275、279
| □オゾン層 276、277
| □オバマ
　　32、33、137、138、160、276、299、309、332
| □小渕恵三 91、104、105、234
| □オリンピック景気 242、243
| □オンブズマン 27、110、111、113

か

| □買いオペレーション 201、212、214、217
| □海外純所得 194、195
| □海外直接投資 250、288、314
| □会期不継続 77
| □階級対立 155、166
| □会計検査院 76
| □外形標準課税 234、235

| □外国為替及び外国貿易法 220、221、258、259
| □外国為替管理法 218、220、221
| □外国為替市場 174、290、293
| □外国為替手形 286、287
| □外国人登録法 60、61
| □介護保険法 335、342、343
| □解散権 32、34、72
| □解散総選挙 73、77、107
| □外資法 258、259
| □解釈改憲 40、41
| □外需主導型経済 260
| □外為法 258、259
| □開発危険の抗弁権 268
| □外部経済 180、275
| □外部不経済 180、181、274、275
| □下院先議権 30
| □下院優越の原則 30
| □価格カルテル 182
| □価格競争 182
| □価格協定 181
| □価格弾力性 178、179
| □価格転嫁 231、270
| □価格の下方硬直化 180
| □価格の下方硬直性 182、249
| □価格の自動調節作用 174、175
| □化学兵器禁止条約 137、141
| □価格メカニズム 174、175、182
| □核拡散防止条約
　　　　121、127、134、135、140、150、151、153
| □閣議 30、35、78、79、212
| □格差社会 252、330、334
| □拡大再生産 168、169、244
| □核の冬 280
| □学問の自由 37、39、44、45、50、51
| □家計・170、171、206、207、229、236、331、348
| □家計貯蓄率 245
| □かけがえのない地球 280
| □囲い込み運動 155、158、159、332
| □加工組立 262、263
| □貸し渋り 250、252、253、272
| □貸出業務 210、211
| □貸出超過 244、270
| □貸しはがし 252
| □カシミール紛争 147
| □過剰流動性 248
| □課税最低限 234
| □寡占 180～185
| □寡占価格 181
| □寡占市場 180、182、183、249
| □片山哲 103、104
| □課徴金 184、185、296
| □合併特例債 88
| □過度経済力集中排除法 184、240、241
| □金あまり現象 250、251
| □株式会社 186～189、253、265
| □株式持ち合い 188、189、221
| □株主総会 186、189
| □株主代表訴訟 188

- □ガリ ································· 126、130
- □ガリオア ···································· 240
- □ガリバー型寡占 ···························· 185
- □カルテル ·············· 111、158、182〜185
- □為替業務 ······························ 210、211
- □為替相場 ············ 202、290、292、294、299
- □為替ダンピング ······························ 294
- □簡易保険 ························ 116、187、236
- □環境アセスメント法 ················· 274、275
- □環境影響評価法 ······················ 274、275
- □環境ODA ································ 281、311
- □環境汚染 ············· 168、196、197、280
- □環境基本法 ······························ 274、281
- □環境権 ·································· 68、69、274
- □環境省 ······················· 79、114、115、279
- □環境税 ··································· 274、279
- □環境庁 ······················· 79、114、115、274
- □環境と開発に関する国連会議 ········ 280
- □環境と開発の調和 ·························· 275
- □環境ホルモン ································· 279
- □環境倫理 ·· 280
- □監査役設置型会社 ················· 188、189
- □関税及び貿易に関する一般協定 ·· 258、294〜296
- □関税障壁 ·· 284
- □間接金融方式 ················· 206、207、244
- □間接税 ····· 176、177、192、193、228、229、231
- □間接選挙 ···················· 32、33、35、92
- □間接民主制 ·················· 14〜17、40、64
- □完全雇用 ············· 12、13、160〜162、167
- □完全失業者 ············· 252、254、328、329
- □環太平洋経済連携協定 ···· 257、283、305〜307
- □菅直人 ······························ 91、103〜106
- □管理価格 ·············· 180〜182、270
- □管理価格インフレ ············ 182、270、271
- □管理通貨 ··············· 160、204、205、213
- □管理フロート制 ······················ 298、299
- □管理貿易 ······································· 260

き

- □議院内閣制 ······ 16、24、30、34、35、72、86、87
- □議院内閣制本質型解散 ························ 72
- □議会解散権 ································· 86、87
- □議会主権 ·· 21
- □機関委任事務 ··························· 88、89
- □企業グループ ············ 173、189、221、260
- □企業結合 ·· 183
- □企業合同 ·· 183
- □企業再生支援機構 ·························· 253
- □企業の自己統治 ···················· 188、189
- □企業物価指数 ······················ 254、271
- □企業別組合 ····························· 324、328
- □企業連合 ·· 183
- □気候変動枠組み条約 ······ 276、280、281
- □基軸通貨 ··························· 298、299、302
- □期日前投票 ································· 96、97
- □技術革新 ············ 176、177、198、245、253
- □基準割引率および基準貸付利率 ······ 212、214
- □規制改革 ·· 253
- □規制緩和 ································ 12、112、 162、163、221、253、257、264、266、267、308
- □規制金利 ·· 218
- □寄生地主制 ······························ 240、266
- □基礎的条件(ファンダメンタルズ) ·············· 290
- □基礎年金 ···························· 335〜337、342
- □北アイルランド紛争 ···························· 147
- □北大西洋条約機構 ················ 42、121、132、133、136、138、139、152
- □北朝鮮 ··················· 128、132、137、148〜151
- □キチンの波 ·· 198
- □規模の利益 ································ 159、182
- □基本法農政 ······································ 266
- □金日成 ···································· 149〜151
- □義務教育 ······························ 45、56、66
- □金正日 ···································· 149〜151
- □逆ザヤ現象 ······································ 266
- □逆資産効果 ······························ 250、251
- □逆進性 ··································· 228、230
- □逆送(逆送致) ································ 84、85
- □キャピタル＝ゲイン ······················ 250、251
- □キャピタル＝フライト ························· 232
- □キャピタル＝ロス ······················ 250、251
- □キャメロン ································· 31、98
- □ギャロッピング＝インフレ ··················· 270
- □キューバ危機 ············ 121、133、134、153
- □旧ユーゴスラビア内戦 ············· 146、147
- □教育を受ける権利 ········ 24、37、44、45、56、66
- □供給価格 ································ 176、177
- □狂牛病 ··································· 268、305
- □共済年金 ··························· 335〜337
- □強制委任(拘束委任) ······························ 17
- □行政改革 ······························ 12、114、116
- □行政改革推進法 ···················· 116、209
- □行政改革推進本部 ·························· 116
- □行政監察官 ····································· 110
- □行政監督 ································· 16、76
- □行政権 ··············· 12、13、20、32、38、39、68、72、110、113
- □行政国家 ······························ 12、13、110
- □行政裁判所 ································· 39、80
- □行政裁判 ····················· 67、110、112、113
- □行政刷新会議 ············ 106、114、116、117
- □行政指導 ······················ 112、113、215
- □行政処分 ······························ 80、112、113
- □行政スリム化 ························ 12、13、114、162
- □行政責任 ······························ 62、63、274
- □行政手続法 ······························ 112、113
- □行政腐敗 ················· 13、16、62、70、113
- □行政民主化 ············ 68、70、71、113、142
- □協定価格 ·· 180
- □共同販売カルテル ·························· 183
- □共同フロート制(共同変動制) ············ 302
- □共有林分割制限規定違憲判決 ····· 55、82
- □狂乱物価 ···························· 239、248、271
- □巨大企業 ································ 158、183

□許認可行政 …… 162	□景気の自動安定化装置 …… 224
□拒否権 …… 32、78、86、87、126、128、129、148	□景気変動 …… 157、160、198、199
□緊急特別総会 …… 126〜129	□景気変動の調節弁 …… 264
□緊急輸入制限(セーフガード) …… 261、296、297	□経済安定九原則 …… 240、241
□キングストン協定 …… 298、299	□経済協力開発機構 …… 258、295
□均衡価格 …… 174、175	□経済相互援助会議 …… 121、132、133、152
□均衡財政 …… 226	□経済的自由 …… 20、21、37、44、46、47、54、55
□銀行の銀行 …… 212	□経済難民 …… 28
□金属貨幣 …… 202、203	□『経済表』 …… 164
□緊張緩和 …… 134、135	□経済連携協定 …… 304、308
□金・ドル兌換停止 …… 246、299	□刑事補償請求権 …… 37、45、62
□金ドル本位制 …… 298	□刑事補償法 …… 62
□金平価 …… 204	□傾斜生産方式 …… 240
□金本位制 …… 204、205	□経常移転収支 …… 286、287
□金融緩和 …… 161、201、214、249、257、270	□経常海外余剰 …… 193〜195
□金融危機対応会議 …… 222	□経常収支 …… 242、260、261、286〜290
□金融業務 …… 218	□系列取引 …… 184、260
□金融再生関連法 …… 222、252、253	□ケインズ …… 155、160、161、163、166、167
□金融再編 …… 220	□ケインズ主義 …… 12、13、155、162、167
□金融市場開放 …… 218、220	□ゲティスバーグ演説 …… 9、16
□金融システム改革 …… 220、221	□ケネー …… 155、164、165
□金融資本 …… 158、159、167	□ケネディ …… 33、134、152、268、298、299
□金融庁 …… 79、114、209	□ケネディ=ラウンド …… 296、297
□金融の二重構造 …… 254	□ゲリマンダー …… 93
□金融破綻 …… 222、273	□現役勤労世代 …… 340、341
□金融引き締め …… 201、214、248、249、271	□検閲 …… 45、48、49、66
□金融ビッグバン …… 208、219〜221、258、259	□限界効用 …… 155、166、167
□金融持株会社 …… 185、220、221	□減価償却費 …… 192、193、206、207
□金利規制 …… 218	□兼業農家 …… 266
□金利決定のメカニズム …… 208	□健康で文化的な最低限度の生活 …… 37、45、66
□金利の自由化 …… 215、218、219	□健康保険 …… 252、253、334、336〜338、343
□近隣窮乏化政策 …… 294	□原子力規制委員会 …… 79、115
□勤労権 …… 24、37、45、66	□原子力規制庁 …… 79、115
□勤労所得 …… 170	□建設国債 …… 226、232、233
	□源泉徴収制度 …… 230
く	□減反 …… 266、267
□クウェート侵攻 …… 129、145、147	□憲法改正 …… 17、34、35、37、38、45、60、64、74、75、142、143
□クーリング=オフ …… 268、269	□憲法改正発議 …… 76、77
□クズネッツの波 …… 198	□憲法審査会 …… 75
□口利き …… 112、113	□憲法変遷論 …… 40、41
□クラウディング=アウト …… 232	□原油公式販売価格 …… 246〜248、312
□クラスター爆弾禁止条約(オスロ条約) …… 137	□権利章典 …… 21、30
□グラスノスチ …… 34、142	□権利の永久不可侵性 …… 38
□グラント=エレメント …… 311	□減量経営 …… 248、250
□クリーピング=インフレ …… 270	□権力政治 …… 122
□クリントン …… 33、162、291、292	□権力分立 …… 21、72
□クレジット=クランチ …… 250、252、253	
□クローズド=ショップ …… 324	**こ**
□グローバル(国際化) …… 220、221、259	□小泉純一郎 …91、105、114、149、150、151、234
□グローバルに考えて、ローカルに行動せよ …… 260	□公海 …… 11
□クロヨン …… 230	□公害 …… 62、63、66、111、180、181、196、197、246、247、274、275、279
□軍縮交渉 …… 136、137、143、153	□公害国会 …… 246
	□公害罪法 …… 274
け	□公開市場操作 …… 201、212、214〜217
□経営者革命 …… 187	□公害対策基本法 …… 239、246、274
□計画経済 …… 156、157、198	

| □公害等調整委員会 111
| □公企業 186、187
| □後期高齢者医療制度 335〜337
| □好況
　　 156、162、198、199、201、213、215、224、242、243、249、250、254、264、292、293、329
| □公共サービス 180、224、225
| □公共財 180、224、225
| □公共投資
　　 160、161、166、193、204、242〜245、248、260
| □公共の福祉 24、38、39、44、46〜49、54、55、58、59、65〜67、71
| □合憲性推定の原則 47、55
| □公権力
　　 19、44、48、50、62、63、68〜71、110、274
| □公債
　　 17、208、212、215、227、232、240、241、270
| □合資会社 186、187
| □公私混合企業 186、187
| □公衆衛生 66、334、335
| □工場制機械工業 158、159
| □工場制手工業 158、159
| □工場法 317、319〜321
| □公正取引委員会 80、111、185、184
| □厚生年金 236、335〜337
| □厚生年金保険法 334、335
| □交戦権の否認 39、40、131
| □控訴 81、111
| □構造改革特区 162、239、253
| □拘束名簿式比例代表制 92、94
| □交通バリアフリー法 343
| □公定歩合
　　 199、201、212、214〜217、248、250、273
| □公的扶助 332〜335
| □合同会社 186、187
| □高度経済成長 170、197、239、242〜247、258、262、266、274、288、312、314、328、338
| □購買力平価 312
| □後発発展途上国 310、312
| □後方地域支援活動 42、43
| □公民権 96、97、108、322
| □合名会社 186、187
| □公明党 91、102〜105、107
| □合理化カルテル 184、185
| □功利主義 22
| □合理的差別 37、45、56、60、61
| □高齢化 170、227、245、266、338〜343
| □高齢者関係給付費 339
| □高齢者雇用安定法 317、328、342
| □コーリン=クラーク 262
| □ゴールド=プラン 342、343
| □ゴールド=プラン21 342、343
| □ゴールド=ラッシュ 298
| □国債 187、206、207、212、214、216〜218、226、232〜235、270、273、332、333
| □国債依存度 227、233
| □国債買い切りオペレーション 216、217
| □国際競争力 184、220、242、246〜248、257、305、312、314
| □国際協力機構 114、117、209
| □国際原子力機関 127、151
| □国際収支 204、205、212、242、243、246、258、286〜290、292〜294、298、299
| □国際収支の均衡 204、214
| □国際収支の天井 242、243
| □国際人権規約 9、25〜27、29
| □国際通貨基金 93、127、258、294、295、298
| □国債費 226、227、235
| □国際標準化機構 279
| □国際復興開発銀行 127、258、294、295、311
| □国際分業 284、314
| □国際法 11、25、28、40、76、122、123、126
| □国際貿易機構 296
| □国際連合 26、28、122〜129、151、152、318
| □国際連合憲章 26、121、125、126
| □国際連盟 122〜125
| □国際労働機関 124、125、127、318、332
| □国事行為 38、72、73、78
| □国政調査権 76、77、110、113
| □国籍条項 60、61
| □国籍法 28、29、56、57、60、61
| □国籍法婚外子差別規定違憲判決 57、82
| □国土交通省 13、79、114、115
| □国内企業物価指数 271
| □国内金融資産 190、191
| □国内非金融資産 190
| □国富 155、158、164、190、191
| □『国富論』 155、164
| □国民皆年金 334、335
| □国民皆保険 332〜335
| □国民健康保険 336、337、343
| □国民健康保険法 334〜336
| □国民最低限(ナショナル=ミニマム) 332
| □国民主権 10、15、20、39、40、64、68
| □国民純福祉 196、197
| □国民所得 176、190〜195、197、201、224、225、228、244、251、263、339
| □国民所得倍増計画 239、242
| □国民審査 17、37、45、64、72、73、81、98
| □国民総支出 193、195
| □国民総所得 192、197、257、310
| □国民総生産
　　 192、193、195〜197、242、258、281
| □国民投票
　　 17、34、37、45、64、74、75、124、302
| □国民年金 89、236、336、342
| □国民年金基金 335〜337
| □国民年金法 67、334〜336
| □国連環境開発会議 280
| □国連環境計画 127、280
| □国連カンボジア暫定統治機構 130、131
| □国連教育科学文化機関 127
| □国連軍縮委員会 127、140、141
| □国連軍縮特別総会 134
| □国連資源特別総会 310
| □国連食糧農業機関 127、278、295

393

- □国連中心主義 ……………………… 122、126、148
- □国連難民高等弁務官 ……………… 114、127
- □国連人間環境会議 ……………………………… 280
- □国連貿易開発会議 ……………… 127、295、310
- □55年体制 ……………………… 91、101～107
- □個人情報保護法 …………………… 68、70、71
- □コスト=インフレ ………………… 176、177、248
- □コスト=デフレ ……………………………… 176、177
- □コスト=プッシュ=インフレ ………… 246、249
- □護送船団方式 …………………………… 218、220
- □コソボ紛争 …………………………………… 146、147
- □五大国 ……………………… 125、126、128、129
- □国家安全保障会議 …………………………………… 115
- □国家安全保障局 …………………………… 79、115
- □国会議員
  ……… 16、64、73、78、95、100、104、109、113
- □国会単独立法の原則 ……………………………… 74
- □国会中心立法の原則 ……………………………… 74
- □国家からの自由 ………………………………… 20、25
- □国家権力 ……………………… 10、14、20、44、48
- □国家公務員倫理法 ……………………… 112、113
- □国家による自由 ……………………… 24、25、66
- □国家賠償請求権 …………………… 37、45、62、63
- □国家への自由 ………………………………………… 22
- □国家法人説 ……………………………………………… 10
- □国家有機体説 …………………………………………… 10
- □国旗・国歌法 …………………………………… 48、49
- □国権の最高機関 …………………………………… 74
- □国庫補助負担金 …………………………………… 88
- □固定為替相場制 ………………………………… 298
- □固定金利 ………………………………………………… 208
- □固定相場制 ………………… 291、298、299、302
- □個別的自衛の原則 ………………………… 42、43
- □戸別訪問禁止規定 ………………………………… 65
- □コマーシャリズム ………………………………… 118
- □コミンフォルム ……………… 121、132、133、152
- □コメコン ………………………… 121、132、133、152
- □『コモン=センス』 ……………………………………… 20
- □コモン=ロー ……………………………………………… 18
- □雇用保険法 ……………………………… 321、334～336
- □『雇用・利子および貨幣の一般理論』
  …………………………………… 155、160、166、167
- □ゴラン高原 ……………………………………… 144、145
- □ゴルバチョフ
  ……… 34、121、136、137、142、143、153、155
- □混合経済 ………………………………………… 160、161
- □コンセンサス方式 ……………………………… 296
- □コンツェルン …………………………… 158、182～184
- □コンドラチェフの波 ………………………………… 198

さ

- □サービス ………………… 24、44、66、69、155、
  156、166、168～171、180、197、206、230、
  296、297、300～303、306、309、334、343
- □サービス化 ……………………… 194、195、262、263
- □サービス収支 …………………………… 286、287
- □在外投票 …………………………………… 65、97
- □在外投票制限規定違憲判決 …………… 82
- □最恵国待遇 ………………………………… 296、297
- □罪刑法定主義 ……………… 19～21、37、45、52
- □最高裁判所 ……………………………… 17、30、31、
  33、35、37、38、45、64、72～74、80、81、83
- □最高発行額制限制度 ……………………… 212
- □在庫調整 ………………………………… 179、198、199
- □在庫投資 ……………………………………………… 198
- □財産 ………………………………………………… 22、
  23、44、50、51、56、92、116、117、189、223
- □財産区 …………………………………………………… 86
- □財産権 ……………………… 14、21、37、44～47、54、55
- □財産所得 ……………………………… 170、193～195、244
- □最終意思決定権 ………………………………… 10、40
- □再審 …………………………………………………… 52、53
- □財政赤字 ……………… 12、13、114～116、160、162、
  163、167、234、248、266、273、322、338、339
- □財政インフレ …………………………………… 270、271
- □財政構造改革凍結法 ……………………………… 234
- □財政構造改革法 ……………………………………… 234
- □財政硬直化 ……………………………………………… 232
- □財政再建 ………………………………………… 12、13、31、
  79、88、114、162、234、248、252、270、273
- □財政支出 ……………………… 12、25、67、106、
  160、162、166、199、201、212、224～226、
  232、234、236、244、248、252、270～272
- □財政出動 …………………………………………… 260
- □財政政策
  …… 107、160、180、201、224、257、301、302
- □財政デフレ …………………………………………… 272
- □財政投融資 ……………… 115、226、227、236、237
- □最低限度の生活 …………………… 67、68、334
- □最低賃金法 …………………… 19、321、322、324
- □最低輸入義務(ミニマム=アクセス) …… 266、297
- □財投機関債 ………………………………… 236、237
- □財閥解体 ……………………… 184、240、241、244
- □裁判員 …………………………… 63、72、73、84、85
- □再販売価格維持制度 ……………………… 184
- □裁判を受ける権利 …………… 37、45、52、62、63
- □財務省 ……………………… 79、114、209、236、237
- □最優遇貸出金利 ………………………………… 208
- □裁量労働制 ……………………………………………… 322
- □作為請求権 ………………………………………… 25、66
- □サッチャー ………………………………………… 31、155
- □サッチャリズム ………………… 12、31、155、163
- □サブプライム=ローン ……… 245、255、288、290
- □サプライ=サイド=エコノミックス
  …………………………………… 155、162、163、167
- □サプライ=チェーン ……………… 256、289、306
- □サボタージュ ………………………………… 66、326
- □サラリーマン年金一元化法 ………… 335、337
- □三ヵ国協議 ………………………………………… 150、151
- □参議院
  …… 58、59、72～78、82、91～98、102、105、106
- □参議院議員定数不均衡訴訟 ………………… 59
- □産業革命 ………………………… 158、159、199、320
- □産業構造の高度化 ……………………… 195、199
- □産業再生機構 ……………… 239、252、253、255

394

- □産業別労働組合 ……………… 318、320
- □サンケイ新聞事件 …………………… 69
- □三権分立 ……………… 30、32、39、72〜74、303
- □参審制 …………………………… 84、85
- □参政権 ………………………… 22、23、26、27、29、37、40、44、45、60、64、65、99
- □三ちゃん農業 ……………………… 266
- □三読制 ………………………………… 30
- □サンフランシスコ会議 …………… 121、125、126
- □サンフランシスコ平和条約 … 42、65、148、149
- □三本の矢 ………………… 107、256、257
- □三位一体の改革 …………………… 88、227
- □三面等価の原則 …………………… 194、195
- □三六協定 …………………………… 323
- □三割自治 …………………………… 88、89

し

- □自衛権 ……………………………… 40、41
- □自衛原則 ……………………………… 130
- □自衛隊 … 40〜43、78、102、131、138、326、327
- □ジェノサイド条約 ………………… 28、29
- □時価方式 …………………………… 188
- □私企業 ………………… 184、186、187
- □自給的農家 ………………………… 266
- □事業仕分け ……………… 106、116、117
- □資金管理団体 ……………… 108、109
- □死刑廃止条約 ……………………… 27、29
- □資源寡消費型産業 …………… 262、263
- □資源多消費型産業 …………… 262、263
- □資源ナショナリズム ……………… 312
- □資源の最適配分 ……… 156、164、174、175
- □資源配分調整 …………… 180、224、225
- □自己実現の権利 ……………………… 70
- □自己資本 ………… 169、206、207、222、244
- □自己資本比率 …………………… 222、223
- □自己情報管理権 …………………… 68、69
- □自作農 ………………………… 240、266
- □自作農創設特別措置法 …………… 240
- □資産インフレ ………………… 250、251
- □資産効果 ……………… 250、251、272
- □資産デフレ ……………… 250、251、272
- □自主管理労組「連帯」 ………… 142、143
- □市場価格 ……………………… 192、193
- □市場価格表示 ……………… 192、196
- □市場原理 ……………… 142、156、157、266
- □市場占有率 ………………………… 182
- □市場の失敗 …………… 158、180、181、224
- □事情判決 ……………………………… 58
- □市場メカニズム …………………… 12、13、155、162、163、224、236
- □事前協議制 ………………………… 42、88、148
- □自然権 …………………… 14、15、20、21、40
- □自然失業 ………………… 155、161、162
- □思想・良心の自由 ……… 37、39、44、45、48、49
- □持続可能な開発 …………… 280、281
- □市中金利 …………………………… 215
- □市中消化の原則 …………………… 232

- □市町村合併特例法 ………………… 88
- □失業保険 ……………… 224、225、333〜337
- □失業率 ………… 252〜254、256、290、328〜331
- □実質経済成長率 ………………… 196、197、239、243、246、247、249、252、254〜256、310
- □実質マイナス成長 …… 246〜248、252、256、273
- □質的金融緩和 …………… 215〜217
- □疾病保険法 ………………………… 333
- □私的独占 ……………………… 184、185
- □児童虐待防止法 ……………………… 29
- □児童の権利に関する条約(子どもの権利条約) … 29
- □児童福祉法 ………………… 335、343
- □支払準備金 ……………… 210〜212
- □死票 ……………………………… 92、93
- □シビリアン=コントロール ……… 42、78
- □司法権 ……………… 30〜32、39、72、76、80、82
- □司法制度改革 ……………………… 84
- □資本減耗引当分 …………… 192、193
- □資本収支 ……………… 286〜289
- □資本集約(重厚長大)型産業 …… 262
- □資本主義 ……………………… 13、22、24、38、44、54、55、122、132〜134、152、155〜168、198、202、319、321
- □資本装備率 ………………………… 264
- □資本損失 …………………………… 250
- □資本の集積 ……………… 158、167、182、183
- □資本の集中 ……………… 158、182、183
- □資本利得 …………………………… 250
- □『資本論』 ……………………… 166、167
- □市民革命 … 12、14、16、18〜20、22、25、30、100
- □自民党 …………………………… 13、17、42、69、72、75、91、92、101〜108、110、115、116、226、230、231、256、257、279、322、335
- □事務総長 ……………… 126、127、130、131、141
- □指紋押捺制度 ……………… 60、61、70
- □シャーマン反トラスト法 ………… 184
- □シャウプ税制改革 …………… 228、229
- □社会契約 ………………… 10、14、15
- □社会権 ………………… 12、13、24〜27、37〜39、44、45、47、56、66、68、69、317
- □社会資本 ……………………… 170、180、190、197、224、225、236、237、244〜246
- □社会主義 …………………………… 12、24、51、122、124、132、133、136、137、143、149、152、155〜157、166、167、318、319、321
- □社会主義者鎮圧法 ………… 332、333
- □社会的費用 ……………… 274、275
- □社会福祉 ……………… 66、334、335、338
- □社会保険 ……………… 25、332〜338
- □社会保障関係費 ………… 226、227、232
- □社会保障給付 …………… 180、224、153
- □社会保障給付費 …………………… 339
- □社会保障制度 ……… 225、234、332、334、342
- □自由委任(無拘束委任) ……………… 17
- □自由価格 …………………………… 181
- □重化学工業化 ……… 242、244〜247、262
- □衆議院 …………… 23、39、58、59、72〜79、

395

- 81、86、91、92、94~100、102、105~107、109
- □衆議院解散 ……… 39、72~74、77、78、86、257
- □衆議院議員定数配分規定違憲判決 ……… 59、82
- □衆議院議員定数不均衡訴訟 ……… 59
- □衆議院憲法特別委員会 ……… 75
- □衆議院総選挙
  ……… 45、81、91、92、94、97、100、106、107
- □19世紀的権利 ……… 22、44
- □自由金利 ……… 208、210、219
- □自由権 ……… 12、13、15、16、20~22、25
  ~27、37、44~46、48、50、52、54、66、68、69
- □私有財産
  ……… 15、37、43、45、54、55、156、157、326
- □重商主義 ……… 158、164、165
- □終身雇用制 ……… 328
- □修正資本主義
  ……… 13、24、25、155、156、160、161、166、167
- □集団安全保障 ……… 122~124、129、132、133
- □集団的自衛権 ……… 42、43、129
- □重農主義 ……… 155、164、165
- □18世紀的権利 ……… 20、44
- □周辺事態対処法 ……… 42、43
- □自由貿易 ……… 164、165、260、261、284、
  285、294、296、298、300、301、302、305
- □自由貿易協定 ……… 304、308
- □自由放任主義
  ……… 12、13、25、155~161、163~167
- □住民基本台帳ネットワーク ……… 70、71
- □住民自治 ……… 61、65、86
- □住民投票 ……… 17、37、64、74、87~89、147
- □自由・無差別・多角 ……… 294、296
- □受益者負担論 ……… 338
- □主業農家 ……… 266
- □ジュグラーの波 ……… 198
- □主権 ……… 9、10、11、14、
  15、40、134、136、138、146、148、149、309
- □主権国家 ……… 10、122
- □主権者 ……… 44、58、60、64、65、68、76、118
- □受信業務 ……… 210
- □授信業務 ……… 210
- □首長公選制 ……… 86、87
- □出入国管理及び難民認定法 ……… 28、29
- □出入国管理法 ……… 61、71
- □ジュネーヴ軍縮会議 ……… 121、139、140、141
- □自由貿易体制 ……… 283、294~296
- □需要インフレ ……… 270、271
- □主要食糧需給価格安定法 ……… 267
- □春期闘争(春闘) ……… 320
- □準司法権限 ……… 80、111、185
- □準立法権限 ……… 111
- □障害者基本法 ……… 29、335
- □障害者虐待防止法 ……… 29
- □障害者権利条約 ……… 29
- □障害者差別解消法 ……… 29
- □障害者自立支援法 ……… 335
- □障害者福祉年金 ……… 67
- □商業資本家 ……… 155、158、159
- □商業主義 ……… 118
- □消極的権利 ……… 20、25
- □証券投資 ……… 190、207、286、287
- □証券取引法 ……… 188、221
- □上告 ……… 41、81
- □少子高齢化 ……… 343
- □小政党 ……… 92~94
- □小選挙区制
  ……… 30、32、58、92~95、98、100、102
- □肖像権 ……… 70
- □象徴天皇制 ……… 38、40
- □小党分立 ……… 92、93
- □譲渡性預金 ……… 203
- □消費 156、160、161、164、170、171、177、190、
  191、193、194、198、206、229、242、244、250
  ~252、267、270、272、277、280、288、289
- □消費インフレ ……… 270、271
- □消費材 ……… 265、286
- □消費支出 ……… 171、195、197
- □消費者 ……… 182、
  208、230、231、260、266、268、269、279、308
- □消費者基本法 ……… 268
- □消費者行政 ……… 268、269
- □消費者契約法 ……… 268
- □消費者主権 ……… 268
- □消費者庁 ……… 13、79、115、269
- □消費者の4つの権利 ……… 268
- □消費者物価指数 ……… 249、254、271
- □消費者米価 ……… 266
- □消費者保護 ……… 184
- □消費者保護基本法 ……… 268
- □消費税
  73、88、89、91、102、106、107、117、176、177、
  228 ~ 231、233、234、239、252、253、342
- □消費性向 ……… 161、170、171、245
- □消費デフレ ……… 272
- □消費不況 ……… 250、253、314
- □消費量 ……… 196、266、297
- □商品価格 ……… 176、246、270、272
- □商品経済 ……… 156
- □情報公開・個人情報保護審査会 ……… 71、111
- □情報公開請求権 ……… 22、68、69
- □情報公開請求訴訟 ……… 69、71、111
- □情報公開制度 ……… 110、113
- □情報公開法 ……… 68、70、71、111
- □条約締結権 ……… 32、76
- □剰余価値 ……… 155、166~168
- □条例制定 ……… 87
- □条例の制定・改廃請求 ……… 87
- □昭和40年不況 ……… 242、243
- □職域年金 ……… 337
- □職業裁判官 ……… 84、85、129
- □職業選択の自由 ……… 37、44~46、54、55
- □食品偽装問題 ……… 269
- □食糧安全保障論 ……… 296、309
- □食糧管理制度 ……… 181、266
- □食糧管理法 ……… 266、267
- □食料自給率 ……… 267、308
- □女子差別撤廃条約 ……… 28、29、60、61、319

- □ショップ制 ……………………………… 324
- □所得格差 ……………… 224、225、228、266、310
- □所得再分配 …………………………… 224、225
- □所得収支 ……………………………… 286～289
- □所得の再分配 ……………………………… 180
- □所得捕捉率 …………………………… 230、231
- □ジョブカフェ ……………………………… 330
- □所有権 ………………… 15、21、24、54、55、114
- □所有(資本)と経営の分離 ……………………… 186
- □白鳥事件 …………………………………… 53
- □尻抜けユニオン …………………………… 324
- □知る権利
  ………… 22、68～71、76、110、111、113、118、268
- □知る自由 ……………………………… 68、69
- □新エンゼル=プラン ……………………… 340、343
- □新ODA大綱 ……………………………… 311
- □人格権 ………………………… 46、47、60、70
- □信教の自由 ………… 21、37～39、44、45、48、50
- □新ゴールド=プラン ……………………… 342、343
- □新国際経済秩序樹立に関する宣言 ………… 310、312
- □新思考外交 ……………………… 136、137、142
- □人種差別撤廃条約 ……………………… 28、29
- □人身の自由 …………… 20、21、37、44、52、53
- □信託統治理事会 ………………………… 126、127
- □新日米安全保障条約 ……… 42、91、102、148、149
- □新日米ガイドライン関連法 ……………………… 42
- □新農業基本法 ……………………………… 266
- □新バリアフリー法 ……………………………… 343
- □新保守主義 ……………………………… 12、13
- □臣民 ……………………………………… 38、39
- □人民主権 ………………………………… 14、15
- □神武景気 ……………………………… 242、243
- □信用インフレ …………………………… 270、271
- □信用創造 ……………………………… 210、211
- □信用デフレ ………………………………… 272
- □侵略 …………………… 27、40、41、122、124、129、130
- □森林原則声明 …………………………… 280、281
- □森林法違憲訴訟 ……………………………… 55
- □新連合 ………………………… 317、320、321

す

- □垂直的公平 …………………………… 228、230
- □垂直的分業 …………………………… 284、310
- □水平的公平 …………………………… 228、230
- □水平的分業 ……………………………… 284
- □スエズ運河国有化宣言 ………………… 144、145
- □スエズ危機 …………………………… 128、145
- □スタグフレーション …………………… 246～249
- □ストック ……………………………… 190、191
- □ストックオプション ……………………………… 188
- □ストライキ …………………… 66、321、324、326
- □砂川事件 …………………………………… 41
- □スペンディング=ポリシー ………… 160、161、224
- □スミソニアン協定 ……………………………… 299
- □スミソニアン合意 ……………………………… 246
- □スミソニアン体制 ……………………… 258、291

せ

- □聖域なき構造改革
  ……………… 13、91、114、162、163、234、252
- □生活協同組合 …………………………… 187、268
- □生活必需品 …………………………… 178、179
- □生活保護 ………………… 171、224、334、335
- □請願権 ………………………… 21、37、45、62
- □正規雇用 ……………………………… 252、328
- □政教分離の原則 ………………………… 45、50、51
- □税源移譲 ………………………………… 88
- □政権交代 ………… 30、91、97、98、101、102、106
- □制限主権論 …………………………… 136、143
- □政権担当機能 ……………………………… 100
- □生産価格 ………………………………… 181
- □生産過剰 ……………… 155、156、159、166、198
- □生産者米価 ……………………………… 266
- □生産集中度 ……………………………… 185
- □生産手段 ……………… 54、156、157、168、169、190
- □生産性格差インフレ ………………… 265、270、271
- □生産調整 …………………… 178、179、198、199、266
- □生産の無政府性 ………………………… 156、198
- □政治的無関心 …………………………… 93、118
- □政治難民 ………………………………… 28
- □精神の自由 …… 15、20、21、23、37、44～51、55
- □製造物責任(PL)法 ……………………… 104、268
- □生存権
  24、26、29、37、44、45、66、67、156、322、324
- □政党助成金 …………………………… 108、109
- □製品差別化 ……………………………… 182
- □政府委員制度 ……………………………… 75
- □政府開発援助 ………………… 278、281、310、311
- □政府関係機関予算 ……………………………… 226
- □政府金融機関 …… 116、117、208、209、226、236
- □生物兵器禁止条約 ……………………………… 139
- □政府の銀行 ……………………………… 212
- □政府補助金 …………………………… 192、193
- □政府保有株式 ……………………………… 117
- □成文法 ………………………………… 19、69
- □勢力均衡 ……………………………… 122、123
- □セーの法則 …………………………… 161、165
- □セーフティネット ……………………… 252、330
- □世界銀行 ……………… 127、294、295、308、311
- □世界食糧計画 ……………………………… 127
- □世界人権宣言 …………………… 9、25～27、319
- □世界大恐慌 ………………… 160、204、205、294、333
- □世界大不況
  ………… 12、13、24、25、158、160、161、205、333
- □世界知的所有権機関 …………………………… 127
- □世界の成長センター ……………………………… 312
- □世界貿易機関 ……………… 127、294～296、304
- □責任内閣制 ………………………………… 30
- □石油カルテル ……………………………… 246
- □石油輸出国機構 ………………… 246、248、312
- □セクショナリズム(縄張り主義) ………… 118、119
- □積極的権利 …………………………… 24、25、66
- □絶対君主制 ………………………………… 14
- □設備投資 ……………………………… 158、

182、193、198、242、244、245、247、257、265
- セルビア 124、146、147
- ゼロ金利 208、214〜217、239、256
- 選挙管理委員会 87、98
- 選挙権 22、23、31、33、37、44、45、56、58〜60、64、65、92、95〜101
- 全国人民代表大会 34、35
- 全国労働関係法 161、318
- 全国労働組合会議 318
- 専守防衛 42、43
- 煽情主義(センセーショナリズム) 118
- 先進国
12、139、160、242、258、276〜278、280、281、284、294〜296、300、301、310、328、340
- 先制攻撃 42、43、138
- 戦争難民 28
- 戦争放棄 39〜41
- 全通東京中郵事件 66、67、326
- 全通名古屋中郵事件 67、326
- 選定・罷免権 37、64、65
- 戦略攻撃兵器削減条約
  121、136、137、140、153
- 戦力不保持 39、40、41、75

そ

- 争議権 24、26、37、45、66、67、317、320、321、326、327
- 争議行為 66、324、326
- 総合収支 286、288、289
- 総合デフレ対策 162、239、252、255、330
- 総合農政 266
- 総辞職 30、72、73、79、91、104、105、107
- 総攬 38、39
- 総量規制 274、279
- 遡及処罰 37、45、52
- 族議員 100、112
- 素材産業 262、263
- 組織的選挙運動管理者 96、97
- 租税収入 227、233、235
- 租税の種類 228
- 租税負担率 228、229
- 租税法律主義 19〜21、76
- その他資本収支 286、287
- ソマリア内戦 146、147
- ソ連邦解体 121、142
- 損害賠償請求 62、63、69、268、308
- 損害賠償請求権 63
- 尊属殺重罰規定違憲判決 57、82

た

- 第一次国連開発の10年 310
- 第一次産業 193〜195、262、263
- 第一次石油危機 144、291、312
- 第一次戦略兵器削減条約 121、140
- 第一次戦略兵器制限条約 121、134、140
- 第一選択議定書 26、27

- 対外純資産 190、191、288
- 対外的独立性 10、80
- 大学の自治 45、50、51
- 大企業
156、182、185、187、253、264、265、270、336
- 大規模小売店舗法 260、264
- 耐久消費財 242
- 怠業 67、326
- 第三次産業 193〜195、262、263
- 第三勢力 121
- 第三世界 122、135、152
- ダイシー 18
- 大衆 22、100
- 大衆政党 100、101
- 対審 82、83
- 対人地雷全面禁止条約(オタワ条約) 137、141
- 大臣政務官制 79
- 大政党 30、92〜94、98
- 大西洋憲章 26、126
- 大選挙区制 92、93
- 代替財 176、178
- 大胆な金融政策 107、201、257
- 大統領制 32〜35、86、87、112
- 大統領選挙人 32、33、92
- 第7条解散 72、73
- 第二次産業 193〜195、262、263
- 第二次戦略兵器削減条約 121、140
- 第二次戦略兵器制限条約 121、140
- 第二選択議定書 27〜29
- 第二の予算 236
- 代表取締役 186、189
- 代用刑事施設(代用監獄) 53
- 第四の権力 118
- 第69条解散 72、73
- 兌換紙幣 202〜205
- 多国間交渉(ラウンド交渉) 296
- 多国籍軍 128、129、145、147
- 多数決の原理 16
- 田中正造 274
- タフト=ハートレー法 318、319
- タリバン 121、138、139
- ダルフール紛争 146、147
- 単一為替レート 240、241、258
- 弾劾裁判所 72、73、75、77
- 短期金融市場 208、209
- 団結権 24、37、45、66、317〜321、324、327
- 単純再生産 168、169
- 男女共同参画社会基本法 28、60、61、251
- 男女雇用機会均等法
  28、29、60、61、317、319、321、323、331
- 男女同一賃金の原則 322
- 男女普通選挙 23、99
- 団体委任 88、89
- 団体交渉権
  25、45、66、317〜320、324、326、327
- 団体行動権 25、45、66、317〜320、324
- 団体自治 86
- ダンバートン=オークス 126

ち

- 地域格差 …… 116
- 地域経済統合 …… 122、283、300〜302、306
- 小さな政府 …… 12、13、31、162、163、167、229
- チェチェン紛争 …… 147
- 地価 …… 180、190、250、251、254、273
- 地下核実験 …… 128、140、150、151
- 地下核実験制限条約 …… 135、140、141
- 地球砂漠化防止条約 …… 278
- 地球サミット …… 274、276、280、281
- 知識集約(軽薄短小)型産業 …… 262
- 知的財産高等裁判所 …… 55
- 知的所有権 …… 286、296、297
- 地方銀行 …… 208、209
- 地方公共団体
  17、19、43、54、62〜64、71、86〜89、96、171、186、187、224、232、236、237、268、342、343
- 地方交付税交付金 …… 88、89、227、235
- 地方債 …… 88、89、232〜234
- 地方自治 …… 61、65、86〜88
- 地方自治は民主主義の学校 …… 86
- 地方自治法 …… 17、88
- 地方税 …… 86、88、89、228、230、235
- チャーチスト運動 …… 22、23、318、319
- チャーチル …… 121、132、152
- チャタレー事件 …… 49
- 中央銀行
  202、204、208、209、212、213、217、250、273、286
- 中央銀行券 …… 202
- 中央選挙管理会 …… 98
- 中間生産物 …… 192、193
- 中距離核戦力(INF)全廃条約 …… 121、140
- 中小企業 …… 236、237、264、265、336
- 中小企業基本法 …… 264
- 中小企業近代化促進法 …… 264
- 中小企業再生支援機構 …… 264
- 中選挙区制 …… 58、59、92、94
- 鋳造貨幣 …… 202、203
- 中東戦争 …… 139、144、145、147、215、246
- 中東和平ロードマップ …… 121、144、145
- 中立原則 …… 130
- 超円高
  ・107、251、252、256、257、288、289、291、292
- 超過供給 …… 174、175、201、213、272
- 超過需要 …… 174、175、198、201、213、248、270
- 長期金融市場 …… 208、209
- 長期好況 …… 242、243、250、254
- 長距離越境大気汚染条約 …… 278
- 超均衡予算 …… 241
- 調整インフレ論 …… 270
- 朝鮮戦争
  ・121、128、132〜134、147、149、240、244、245
- 朝鮮半島エネルギー開発機構 …… 149〜151
- 直接金融 …… 206、207
- 直接税 …… 228〜231
- 直接選挙 …… 32、34、35、86、92
- 直接投資 …… 286〜289、293、314
- 直接民主制 …… 14〜17、64
- 貯蓄性向 …… 161、170、244、245
- 貯蓄率 …… 170、245

つ

- 通常国会 …… 77
- 通信の秘密 …… 45、48、68、71
- 通信傍受法 …… 52、71
- 津地鎮祭訴訟 …… 51
- つなぎ銀行 …… 222

て

- 抵抗権 …… 14、15、21
- 帝国主義 …… 122、155、158、159、167
- 『帝国主義論』 …… 166、167
- 停戦監視団 …… 130
- ディマンド=プル=インフレ …… 270
- テクノクラート(高級技術官僚) …… 119
- デタント …… 134
- 鉄のカーテン …… 121、132、152
- デフォルト …… 312、313、333
- デフレ
  107、197、201、213、240、249、250、252〜254、256、257、271〜273、289、292、293、340
- デフレ=スパイラル …… 253、272
- デュアルシステム …… 330
- テロ国家指定 …… 150、151
- テロ支援国家 …… 138、139
- テロ対策特別措置法 …… 43
- 電子投票制 …… 97
- 天然資源に対する恒久主権 …… 312
- 天皇機関説事件 …… 51
- 天皇主権 …… 39
- 天賦人権 …… 21

と

- ドイツ民主共和国(東ドイツ) …… 143
- ドイツ連邦共和国(西ドイツ) …… 143
- 同意原則 …… 130
- 東京都公安条例違反事件 …… 48、49
- 東京=ラウンド …… 296、297
- 東西ドイツ統一 …… 121、136、142、153
- 東西冷戦 …… 121、132
- 当座預金
  ・202、203、210、211、216、218、219、222、223
- 投資家 …… 188、256、309
- 投資が投資を呼ぶ …… 242
- 投資収支 …… 286、287、289
- 投資信託 …… 216、217、256
- 同時多発テロ
  …… 43、121、136、138、141、255、288、291
- 投資の自由化 …… 283、300、304、316
- 党首討論制 …… 75
- 統制価格(公定価格) …… 181
- 東大ポポロ劇団事件 …… 50、51

- □統治権 …… 10、38、39
- □統治行為論 …… 41
- □東南アジア諸国連合 …… 283、300、312
- □投票時間延長 …… 96、97
- □投票の秘密 …… 68
- □投票率 …… 96、97
- □同盟罷業 …… 66、326
- □道路四公団 …… 114、116
- □ドーハ=ラウンド …… 296、297、304
- □時のアセスメント …… 275
- □特需 …… 239、240、244、245、288
- □特殊法人 …… 12、13、70、111〜116、162、163、212、234、236、237、252
- □独占価格 …… 181、268
- □独占禁止政策 …… 160、180、271
- □独占禁止法 …… 19、47、183〜185、221、240、241、244、258、260、266
- □特別会計 …… 106、116、117、226、236、237
- □特別協定 …… 128
- □特別公的管理銀行 …… 223
- □特別国会 …… 77
- □特別引出権 …… 298、299
- □特別法カルテル …… 185
- □独立行政委員会 …… 80、111、327
- □独立行政法人 …… 12、79、106、111、112、114〜117、187、236、237
- □独立国家共同体 …… 34、142、153
- □都市銀行 …… 208、209
- □ドッジ=ライン …… 240、241、258、259
- □ドバイ=ショック …… 291
- □トマス=ペイン …… 20
- □トマス=マン …… 155、164、165
- □トラスト …… 158、182〜184
- □トルーマン=ドクトリン …… 121、132、152
- □ドル=ショック …… 246、291、298
- □ドル=ブロック …… 294
- □ドント方式 …… 94、95
- □問屋制家内工業 …… 158、159

な

- □内外価格差 …… 260、293
- □内閣総理大臣 …… 38、39、72〜79、326
- □内閣総理大臣の指名 …… 74〜77
- □内閣提出法案 …… 110、111
- □内閣府 …… 13、79、114〜116、209、254、269、343
- □内閣不信任決議権 …… 30、34、72〜77
- □内需 …… 243、250、251、260
- □内部留保 …… 183、206、207
- □中曽根行革路線 …… 12
- □ナショナリズム …… 122
- □ナショナル=センター …… 317、320
- □ナショナル=トラスト …… 279
- □南南問題 …… 312
- □南米共同市場（メルコスール） …… 283、300
- □南北問題 …… 310、312
- □難民条約 …… 28、29

に

- □新潟水俣病 …… 274
- □ニース条約 …… 302
- □ニート …… 330
- □二階建て年金 …… 336
- □ニクソン …… 33、148、153、246、298
- □ニクソン=ショック …… 243、246、247、291、298、299
- □20世紀的権利 …… 24、44
- □21世紀世界の工場 …… 312〜314
- □二重構造 …… 264〜266
- □二重処罰の禁止 …… 52
- □二大政党制 …… 30、31、91、98、101
- □日銀当座預金 …… 216、217、255
- □日銀の努力義務 …… 213
- □日銀引受の禁止 …… 232
- □日米安全保障条約 …… 41、91、102、148、149、152
- □日米円・ドル委員会 …… 218
- □日米共同防衛義務 …… 42、148
- □日米自動車交渉 …… 261
- □日米投資摩擦 …… 250、289、293、314
- □日米半導体協定 …… 260
- □日米物品役務相互提供協定改定 …… 43
- □日米貿易摩擦 …… 260、261、289、291〜293、314
- □日韓基本条約 …… 148、149
- □日ソ共同宣言 …… 148、149
- □ニッチ産業 …… 264
- □日中共同声明 …… 148
- □日中平和友好条約 …… 148、149
- □日朝国交正常化交渉 …… 150
- □日朝首脳会談 …… 149〜151
- □日朝平壌宣言 …… 150、151
- □日本外交三原則 …… 148
- □日本銀行政策委員会 …… 212
- □日本・シンガポール経済連携協定 …… 304
- □日本政策金融公庫 …… 187、208、226
- □日本政策投資銀行 …… 117、187、208、209、226、236
- □日本郵政株式会社 …… 116、117
- □日本労働組合総連合会 …… 101、317、320
- □ニューディール政策 …… 155、160、161、256、279
- □任意原則 …… 130
- □人間開発指数 …… 312
- □人間環境宣言 …… 280
- □人間たるに値する生活 …… 24
- □人間の安全保障 …… 310、312

ね

- □ネガティブ=コンセンサス方式 …… 296、297
- □ねじれ国会 …… 105、106
- □年金一元化 …… 337
- □年金改革関連法 …… 335、340、342
- □年金記入漏れ …… 105
- □年金給付費 …… 338、339
- □年金の物価スライド制度 …… 335
- □年金破綻 …… 115

- □年功序列型賃金制 328
- □年次有給休暇 322、323、328

の

- □納税義務者 228
- □農地改革 240、244、266
- □能動的権利 22
- □ノーマライゼイション 335、343
- □野田佳彦 91、103、105、107
- □ノン・ルフールマンの原則 28

は

- □バーク 100
- □ハーグ条約 29
- □バーゼル条約 278
- □ハートビル法 343
- □陪審制 32、84、85
- □排他的経済水域 11
- □排他的取引慣行 184、221、260
- □ハイテク製品 260
- □ハイパー=インフレ 240、270
- □パグウォッシュ会議 27、135、140
- □橋本龍太郎 104、105、234
- □発議権 79
- □発展途上国 276、277、280、284、294〜297、310〜313
- □鳩山一郎 103
- □鳩山由紀夫 91、103〜106
- □バブル景気 250、251、273、329
- □バブル崩壊 170、189〜191、195、215、222、233、250〜253、272、273、291、313、320、330
- □パリ憲章(パリ不戦宣言) 136、137、153
- □パレートの原則 281
- □バルト三国 142、143、153
- □パレスチナ暫定自治協定 144、145
- □パレスチナ問題 129、144
- □ハンガリー動乱 143、152
- □潘基文 126、141
- □反ケインズ主義 12、13、155、160、162、163、167
- □汎セルビア主義 146
- □反ダンピング(アンチダンピング)税 297
- □万人の万人に対する闘争 14、15
- □販売農家 266

ひ

- □ヒエラルヒー(位階制) 119
- □非価格競争 182
- □非核三原則 42
- □比較生産費説 165、284、285
- □東ティモール 124、131、147
- □東日本大震災 78、106、107、239、256、271、273、288、289、291
- □非関税障壁 285、294、296、297、304、306
- □非軍事的措置 128、129
- □ピケッティング 66、326
- □非拘束式名簿式比例代表制 92、94
- □被告人 45、52、53、63、80
- □非自民連立 103〜105
- □ビスマルク 25、332
- □非正規雇用 252、330
- □被選挙権 22、23、31、33、44、45、64、65、75、95、96、113
- □非嫡出子相続分差別違憲判決 82
- □必要最小限度の規制 47、55
- □秘密選挙 92
- □罷免権 32、37、40、45、64
- □100年に1度の世界経済危機 160、256、291
- □費用インフレ 270、271
- □表現の自由 9、26、37、44〜49、65、68、96
- □平等権 37、44、45、56〜61、92
- □秤量貨幣 202、203
- □ビルト=イン=スタビライザー 224、225
- □比例課税 228
- □比例代表制 60、92、94、95、101
- □比例代表並立制 94、95
- □貧困 13、24、27、66、165、281、310、312

ふ

- □ファン=ロンパイ 303
- □フィスカル=ポリシー 224、225
- □フェア 220、221、259
- □付加価値 168、169、192、193、262
- □付加価値税 231
- □不換紙幣 202〜205
- □武器輸出三原則 42
- □不況カルテル 184、185
- □副業的農家 266
- □複合不況 250
- □福祉元年 338
- □福祉国家 12、13、24、25、46、47、55、160、162
- □福祉先進国 332、333、339
- □福島第一原子力発電所(福島第一原発) 17、106、107
- □福祉六法 334、335
- □副大臣制 79
- □不在者投票 96、97
- □不作為請求権 25
- □婦人年金権 336
- □双子の赤字 162、163、261
- □普通銀行 208、209
- □普通選挙 22、23、39、56、64、92、99〜101、317〜320
- □物価スライド制 335、340、342
- □復興金融金庫債 240
- □ブッシュ 33、138〜140、144、150、151、153、162、276
- □ブッシュ=ドクトリン 138
- □物品貨幣 202、203
- □不当労働行為 324、325

- □部分的核実験禁止条約 …… 121、134〜136、140
- □不文法 …………………………………………… 19
- □プライス=リーダー ………………………… 181、182
- □プライバシーの権利
  …………………… 29、46〜49、52、60、68〜71
- □プライマリー=バランス ………………… 226、234、235
- □プライム=レート ……………………………… 208
- □プラクトン ……………………………………… 18
- □プラザ合意 ………………………… 215、239、250、251、255、260、271、288、289、291、292、314
- □ブラック=マンデー ………………… 239、255、291
- □プラハの春 …………………… 121、134、143、153
- □フランス革命 …………………… 15、20、21、122
- □フランス人権宣言 ………………………… 9、20、21
- □フリー ………………………………… 220、221、259
- □フリーター ………………………………… 234、330
- □ブリッジ=バンク …………………………… 222、223
- □不良債権 ……… 222、223、250〜254、256、273
- □武力攻撃事態対処法 ……………………… 42、43
- □フル=コスト原理 ……………………………… 182
- □フルシチョフ ……………………… 134、143、152
- □ブレジネフ=ドクトリン(制限主権論) ………… 143
- □フレックス=タイム …………………………… 322
- □ブレトン=ウッズ協定 ……………………… 294、299
- □ブレトン=ウッズ体制 ……………… 291、294、295、298
- □プレビッシュ報告 ……………………………… 310
- □フロー …………………………………… 191、192
- □プログラム規定 …………………… 25、66、67
- □プログラム規定説 ……………………………… 37、45
- □ブロック経済 ………………………………… 284、296
- □ブロック経済圏 ……………………………… 294
- □プロレタリアート ……………………… 101、156、157
- □分限裁判 ……………………………………… 81

へ

- □ペイオフ ……………………………………… 222、223
- □平均賃金 ……………………………… 197、323、336
- □米州自由貿易地域 ………………………… 283、300
- □米朝枠組み合意 …………………………… 149〜151
- □米包括通商法(スーパー)301条 ………… 260、261
- □平和維持活動 ……………………… 127、129〜131
- □平和維持軍 ………………………………… 130、131
- □平和共存 ……………… 122、134〜137、142、143
- □平和原則14ヵ条 ……………………………… 124
- □平和五原則 …………………………… 121、135、152
- □平和執行部隊 ……………………… 130、131、146
- □平和十原則 …………………………… 121、135、152
- □平和的生存権 ………………………… 26、68、69
- □平和のための結集 ……………… 121、126、128
- □平和への課題 ………………………………… 130
- □北京オリンピック …………………………… 147、314
- □ヘッジファンド ………………… 247、292、300、313
- □ペティ=クラークの法則 ……………………… 262
- □ベトナム戦争 ……… 121、147、242、244、298
- □ベバレッジ報告書 ……………………………… 333
- □ベビーブーム …………………………… 340、341
- □ヘルシンキ宣言 ………………………… 153、276
- □ベルリン危機 ……………… 132、133、142、143、152
- □ベルリンの壁 ……………… 121、142、143、152、153
- □ペレストロイカ …………………… 34、142、155、157
- □変形労働時間制 ………………………… 322、323
- □ベンサム ………………………………………… 22
- □ベンチャービジネス ………………………… 264、265
- □変動金利 ……………………………………… 208
- □変動相場制
  239、246、247、259、290、291、298、299、302
- □片面講和 ……………………………………… 148

ほ

- □ポイズンピル ………………………………… 188
- □貿易赤字 ……………… 245、261、310、314、315
- □貿易サービス収支 ………………………… 286、287
- □貿易差額主義 ……………………………… 164、165
- □貿易自由化 ……………… 259、283、295、302、304、306
- □貿易収支
  ……………… 162、244、256、260、286〜289、315
- □貿易摩擦 ……………… 239、248、250、259〜261、288、289、291〜293、314、315、328
- □包括的核実験禁止条約
  …………………… 121、135、136、140、153
- □法人税
  ……………… 89、116、162、170、176、177、228、229
- □法治行政 …………………………………… 18、119
- □法定受託事務 ………………………………… 86〜89
- □法定手続 …………………………… 37、45、52、113
- □法の支配 …………………………… 18〜21、27、52
- □法の前の平等 ………………………………… 24
- □法の下の平等
  ……………… 19、24、37、39、45、56〜59、56、58
- □法律なくして犯罪なし ………………………… 45
- □法律の留保 ……………………………… 19、38、39
- □法律万能主義 …………………………………… 18
- □法令遵守 ……………………………… 186、269
- □簿価方式 ……………………………………… 188
- □北米自由貿易協定 ……………… 283、300、304、307
- □ボゴール宣言 …………………………… 283、300、306
- □保護貿易 ……………… 165、245、259、284、296
- □ポジティブ=アクション ……………… 28、60、61
- □保守合同 ……………………………… 91、102
- □補助貨幣 ……………………………… 202、203
- □ポスト京都議定書 …………………………… 276
- □補整的財政政策 ……………………… 224、225
- □補正予算 ……………………………… 226、232
- □細川護熙 …………………………… 91、102〜105
- □北海道砂川市空知太神社訴訟 ……………… 51
- □ホッブズ ……………………………… 14、15
- □北方ジャーナル事件 ………………………… 48
- □北方領土 …………………………………… 149
- □ホワイトナイト ……………………………… 188
- □本源的預金 ……………………………… 211

ま

- □マーケット=シェア ……………………………… 182

ま

- □マーシャル=プラン ……………… 121、132、133、152
- □マーストリヒト条約 ………………………… 283、302
- □マイナス金利 ………………………………………… 208
- □マグナ=カルタ ……………… 9、18、20、21、30
- □マス=メディア ……………………………………… 118
- □窓口規制 ……………………………………………… 215
- □マニフェスト ………………………………… 100、106
- □マニュファクチュア ……………………… 158、159
- □マネー=サプライ ………………………… 203、290
- □マネー=ストック ………………… 203、213、290
- □マネタリズム ………………………… 155、162、163
- □マルクス ……………… 10、155、166〜168、318、319
- □マルタ会談 ……………………………………………… 121
- □マルタ宣言 …………………………………… 137、153

み

- □見えざる手 …………………… 155、158、164、175
- □ミサイル防衛 ……………………………… 137〜140
- □ミスマッチ …………………………………… 328、330
- □三菱樹脂事件 ………………………………………… 49
- □水俣病 …………………………………………… 62、274
- □南アフリカ …………………… 28、29、276、280
- □南スーダン ……………………………… 124、131、146
- □宮澤喜一 ……………………………… 91、102、103
- □民意 ……… 72、74、85、92、94、95、100、101、275
- □民意吸収型解散 ………………………………… 72、73
- □民間金融機関 ………………… 208、209、232、311
- □民間設備投資 ………………………………… 242〜244
- □民主集中制 ………………………………………… 34、35
- □民主党（アメリカ）
  ……… 32、33、101、124、137、160、276、299、332
- □民主党（日本） ………………………… 17、42、43、
  60、78、91、92、97、98、101、103〜107、111、
  113、114、116、117、230、256、264、279、335
- □民族浄化 ……………………………………………… 146

む

- □無過失責任 …………………………………… 268、269
- □無過失責任の原則 …………………………………… 274
- □無差別の原則 ………………………………………… 304
- □無償資金援助 ………………………………… 286、311
- □無担保コールレート翌日もの
  …………………………………… 208、214、216、217
- □村山富市 ……………………………… 91、103、104

め

- □名目経済成長率 …………………… 196、197、243、247
- □名誉革命 ………………………………………… 15、21
- □名誉権 …………………………………… 46、48、70
- □メガバンク ……………………… 173、220、221、254
- □メキシコ通貨危機 …………………………………… 291
- □免責特権 ………………………………………………… 77

も

- □持株会社
  ……… 116、117、183、185、220、221、240、241
- □モノカルチュア経済（単品経済） ……… 310、319
- □モンテスキュー ………………………………… 32、72
- □モントリオール議定書 …………………………… 276

や

- □薬害 ……………………………………………… 62、63
- □薬事法違憲訴訟 ……………………………………… 55
- □夜警国家 ………………………………………… 12、25
- □薬局開設距離制限規定違憲判決 ………… 55、82
- □ヤルタ会談 ……………………… 121、126、132
- □ヤルタからマルタへ ……… 121、126、136、137
- □ヤルタ体制 …………………………………… 132、136

ゆ

- □唯一の発券銀行 ……………………………………… 212
- □唯一の立法機関 ……………………………………… 74
- □有形資産 ……………………… 190、226、270、272
- □有形非生産資産（実物資産） ………… 190、191
- □有限会社 ……………………………… 186、187、265
- □有効需要 ……………………………… 13、160、161、
  162、166、167、201、205、213、224、225、246
- □有事法制 ………………………………………… 42、43
- □郵政民営化
  ……… 12、63、73、97、102、116、117、239
- □郵便貯金 ……………… 116、117、187、207、236、237
- □郵便投票制 …………………………………………… 98
- □郵便法損害賠償免責規定違憲判決 …… 82、320
- □ユーロ ……………… 256、283、291、302、303、314
- □雪解け ……………………………… 121、134、135、152
- □輸出インフレ ……………………………… 270、271
- □輸出自主規制 ………………………… 239、260、261
- □ユニオン=ショップ ………………………………… 324
- □ユニバーサル=サービス …………………………… 116
- □ユニバーサルデザイン …………………………… 343
- □輸入インフレ ……………………………… 270、271
- □輸入数量制限 ……… 266、284、294、296、297
- □輸入デフレ …………………………………………… 272
- □ユニラテラリズム（単独行動主義） …… 139
- □ユビキタス社会 ……………………………………… 263
- □ゆりかごから墓場まで ……………… 163、332、333

よ

- □預金業務 …………………………………… 210、211
- □預金準備金 …………………………………………… 210
- □預金通貨 ……………………… 202、203、210、211
- □預金保険機構 ………………………………………… 222
- □抑制と均衡（チェック=アンド=バランス） ……… 72
- □予算先議権 ………………………………………… 74〜77
- □予算の議決 ……………………………………… 74、77
- □与信業務 ……………………………………………… 210
- □四日市ぜんそく ……………………………………… 274

403

- □4つの自由 …………………………… 26、27
- □ヨルダン川西岸 ……………………… 144、145
- □四大国首脳会談 ………… 121、134、135、152

ら

- □ラッダイト運動 ………………………… 318、319
- □ラムサール条約 ………………………………… 278

り

- □リージョナリズム（地域主義）……… 283、300
- □リーベルマン …………………………… 155、157
- □リーマン=ショック
  ……… 105、160、171、190、191、195、197、215
  ～217、223、228、229、233、235、237、239、
  248、252～256、260、261、264、271～273、
  279、288 ～ 292、299、314、315、328、329
- □利益集約機能 ……………………………………… 100
- □利益媒介機能 ……………………………………… 100
- □リオデジャネイロ宣言 ………………… 280、281
- □リカード ……………………… 164、165、168、284
- □リクルート事件 …………………………… 91、102
- □リコール ……………………………… 17、73、87
- □利潤 ……………………… 156～158、164、165、168
  ～170、181～183、186、194、198、206、270
- □リスト …………………………………………… 165
- □リストラ ……………… 222、223、250、253、328
- □リスボン条約 …………………………… 301、302
- □立憲主義 ………………………………………… 18
- □立法権 ………… 16、20、34、38、39、72、74、76、110
- □流通コスト ……………………………………… 272
- □流通通貨量 …… 160、201、213～215、217、220、
  224 ～ 226、232、253、270、272、273、292
- □流動資本 ………………………………… 168、169
- □流動性選好 ……………………………… 161、167
- □流動性預金 ……………………… 210、218、219
- □両院協議会 ………………………………… 74、75
- □領海 ……………………………………… 10、11、146
- □領空 ……………………………………………… 10、11
- □両性の本質的平等 ……………………… 37、45、56
- □量的金融緩和 ………… 215～217、239、255、273
- □領土 ………………………… 10、11、143、145、167
- □領土紛争 ………………………………………… 147
- □リンカーン ……………………………………… 9、16
- □臨時国会 ………………………………………… 77

る

- □累進課税 ……… 56、180、224、225、228、230
- □累積債務問題 …………………………………… 312
- □ルーブル合意 …………………………… 291、299
- □ルソー …………………………………… 14、15、124
- □ルワンダ内戦 …………………………… 130、131

れ

- □例外なき関税化 ………………… 266、267、297

- □令状主義 ………………………… 45、52、53
- □冷戦終焉 ……………………… 132、136、137、153
- □レーガノミックス ……… 12、155、162、163、292
- □レーガン ……………… 33、136、153、155、162、163
- □レーニン ………………………… 155、166、167、319
- □レッセ=フェール ……………… 13、155、158、164
- □連座制 ………………………………………… 96、97
- □連立政権 …… 91、98、101、104～106、279、333

ろ

- □労使対等の原則 ……………………………… 322
- □老人医療費 ……………………………… 335、338
- □老人福祉サービス …………………… 338、339
- □老人保健法 ………………………… 335、338、342
- □労働委員会 ………………… 80、111、324、325、327
- □労働関係調整法 ………… 240、317、320、321、326
- □労働基準法 ……… 19、240、317、320～324、328
- □労働基本権 ………………………… 37、45、66
- □労働協約 ………………………… 322、324、327
- □労働組合 ………………………… 24、66、
  108、109、240、249、317、318、320～326、329
- □労働組合法 …………… 240、317、319～321、324
- □労働三権 ………………………… 24、66、326、327
- □労働時間 ……… 320、322～324、328～330
- □労働者災害補償保険 ………………… 334～337
- □労働者年金保険法 ……………………………… 334
- □労働者派遣法 ………… 252、317、321、330、331
- □労働審判制度 ………………………………… 327
- □労働力 ………………………………………… 156、
  158、159、166、168～171、245、304、331、333
- □労働力人口 ……………………… 328、329、331
- □ロシア革命 …………… 122、155、166、167、319
- □六ヵ国協議 …………………………… 150、151
- □ロッキード事件 ………………… 91、102、110
- □ロック ………………………… 14、15、21、30、72
- □ロック=アウト ………………………… 66、326
- □ロンドン条約 ………………………………… 278

わ

- □ワーク=ライフ=バランス ……………………… 328
- □ワークシェアリング ………… 320、329、330
- □ワイマール憲法 …………………… 23～25、54、66
- □ワグナー法 ……………………………… 161、319
- □ワシントン条約 ……………………………… 278
- □ワルシャワ条約機構
  ……………… 121、132、133、136、137、152
- □湾岸戦争 ……………………………… 145、153

一目でわかる 新 政経ハンドブック 2014▶2016

1996年4月3日	旧版 第1版発行
2000年7月13日	改訂旧版 第1版発行
2004年6月24日	三訂旧版 第1版発行
2007年6月30日	四訂旧版 第1版発行
2010年6月30日	新版 第1版発行
2014年3月30日	改訂新版 第1版発行

著　者　　清水雅博

発行者　　永瀬昭幸
（改訂新版編集担当：倉野美樹）

発行所　　株式会社ナガセ（http://www.toshin.com）
〒180-0003　東京都武蔵野市吉祥寺南町1-29-2
出版事業部　TEL 0422-70-7456　FAX 0422-70-7457

本文デザイン・図版作成	株式会社ダイヤモンド・グラフィック社デザイン室
カバー・表紙デザイン	LIGHTNING
カバーイラスト	KUNTA
本文イラスト	新谷圭子
編集協力	有限会社 KEN 編集工房
	田中美穂　松田侑子
DTP・印刷・製本	株式会社ダイヤモンド・グラフィック社

©Masahiro SHIMIZU 2014
Printed in Japan
ISBN 978-4-89085-593-3 C7330

※落丁・乱丁本は着払いにて小社出版事業部宛にお送りください。新本にお取替えいたします。
※本書を無断で複写・複製・転載することを禁じます。
※なお、チェックシートのお取替えはご容赦ください。

編集部より　　　　　　　　東進ブックス

この本を読み終えた君に
オススメの3冊！

清水の新政治攻略　政治のしくみと時事　現代社会対応

過 治の「仕組み」をしっかり押さえて得点力をアップ！　わかりやすい解説、豊富なイラストと図表で政治分野を完全攻略!!

清水の新経済攻略　経済理論と時事　改訂版　現代社会対応

基 済のメカニズムをしっかり押さえて得点力をアップ！　わかりやすい解説、豊富なイラストと図表で経済理論がみるみるわかる!!

政治・経済　一問一答　完全版

過 去の出題を分析した完全予想問題＋厳選過去問を分野・テーマ別に収録。時事テーマや最近の入試頻出問題もフォロー！

体験授業　この本を書いた講師の授業を受けてみませんか？

東進では有名実力講師陣の授業を無料で体験できる『体験授業』を行っています。「わかる」授業、「完璧に」理解できるシステム、そして最後まで「頑張れる」雰囲気を実際に体験してください。

清水先生の主な担当講座「政治・経済　政治編　経済編」など

※2014年度の担当講座です。　※1講座（90分×1回）を受講できます。
※お電話でご予約ください。連絡先は本冊巻末【付録9】ページをご覧ください。

東進の合格の秘訣が次ページに

合格の秘訣 1　全国屈指の実力講師陣

ベストセラー著者のなんと7割が東進の講師陣!!
2013年 新登場！

東進ハイスクール・東進衛星予備校では、そうそうたる講師陣が君を熱く指導する！

本気で実力をつけたいと思うなら、やはり根本から理解させてくれる一流講師の授業を受けることが大切です。東進の講師は、日本全国から選りすぐられた大学受験のプロフェッショナル。何万人もの受験生を志望校合格へ導いてきたエキスパート達です。

宮内 舞子 先生 [物理]
丁寧で色彩豊かな板書と詳しい講義で生徒を惹きつける。

英語

- **安河内 哲也 先生 [英語]** — 数えきれないほどの受験生の偏差値を改造、難関大へ送り込む！
- **今井 宏 先生 [英語]**  — 予備校界のカリスマ講師、君に驚きと満足、そして合格を与えてくれる
- **福崎 伍郎 先生 [英語]**  — その鮮やかすぎる解法で受講生の圧倒的な支持を集める超実力講師！
- **山中 博 先生 [英語]** — 緻密にして明快、東進の元気印が受験生を魅了する！
- **大岩 秀樹 先生 [英語]**  — 情熱と若さあふれる授業で、知らず知らずのうちに英語が得意教科に！
- **宮崎 尊 先生 [英語]**  — 雑誌「TIME」の翻訳など、英語界でその名を馳せる有名実力講師！

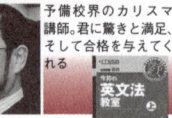

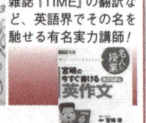

数学

- **志田 晶 先生 [数学]** — 若き数学科実力講師は、わかりやすさを徹底的に追求する
- **長岡 恭史 先生 [数学]**  — 受講者からは理Ⅲを含む東大や国立医学部など超難関大合格者が続出
- **沖田 一希 先生 [数学]** — 短期間で数学力を徹底的に養成。知識を統一・体系化する！

付録 1

WEBで体験

東進ドットコムで授業を体験できます！
実力講師陣の詳しい紹介や、各教科の学習アドバイスも読めます。
www.toshin.com/teacher/

国語

板野 博行 先生 [現代文・古文]
「わかる」国語は君のやる気を生み出す特効薬

出口 汪 先生 [現代文] 
ミスター驚異の現代文。数々のベストセラー著者としても超有名！

河本 敏浩 先生 [現代文・小論文]  
合格答案を知り尽くした「得点直結」の授業は必聴！

吉野 敬介 先生 [古文]〈客員講師〉
予備校界の超大物が東進に登場。ドラマチックで熱い講義を体験せよ

富井 健二 先生 [古文]
ビジュアル解説で古文を簡単明快に解き明かす実力講師

三羽 邦美 先生 [古文・漢文] 
縦横無尽な知識に裏打ちされた立体的な授業に、グングン引き込まれる！

樋口 裕一 先生 [小論文]〈客員講師〉
小論文指導の第一人者。著書「頭がいい人、悪い人の話し方」は250万部突破！

理科

橋元 淳一郎 先生 [物理]
『物理をはじめからていねいに』は熱烈な支持

鎌田 真彰 先生 [化学]
化学現象の基本を疑い化学全体を見通す"伝説の講義"

田部 眞哉 先生 [生物]
全国の受験生が絶賛するその授業は、わかりやすさそのもの！

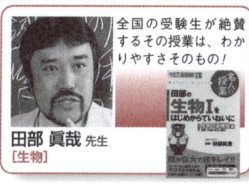

地歴公民

荒巻 豊志 先生 [世界史]
"受験世界史に荒巻あり"と言われる超実力人気講師

金谷 俊一郎 先生 [日本史]
入試頻出事項に的を絞った「表解板書」は圧倒的な信頼を得る！

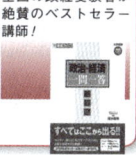

清水 雅博 先生 [公民]
全国の政経受験者が絶賛のベストセラー講師！

付録 **2**

合格の秘訣② 革新的な学習システム

東進には、第一志望合格に必要なすべての要素を満たし、抜群の合格実績を生み出す学習システムがあります。

ITを駆使した最先端の勉強法
高速学習

一人ひとりのレベル・目標にぴったりの授業

東進はすべての授業を映像化しています。その数およそ1万種類。これらの授業を個別に受講できるので、一人ひとりのレベル・目標に合った学習が可能です。1.4倍速受講ができるほか自宅のパソコンからも受講できるので、今までにない効率的な学習が実現します。

1年分の授業を最短2週間から3カ月で受講

従来の予備校は、毎週1回の授業。しかし、高速学習ならこれを毎日受講することができます。1年分の授業が最短2週間から3カ月程度で修了。先取り学習や苦手科目の克服、勉強と部活との両立が可能になります。

合格者の声
東京大学 理科Ⅰ類
川手 美希さん

東進の「高速学習」のおかげで、効率よく勉強を進められ、短期間で基礎固めができました。特に、まったく理解できていなかった理科を高2の冬の間にすべて履修できたことは大きかったです。入学時点での遅れを取り戻すことができ、志望校に合格できました。

先取りカリキュラム

	高1	高2	高3
東進の学習方法	高1生の学習（数学Ⅰ・A）	高2生の学習（数学Ⅱ・B）	高3生の学習（数学Ⅲ）→受験勉強
	高2のうちに受験全範囲を修了する		
従来の学習方法（公立高校の場合）	高1生の学習（数学Ⅰ・A）	高2生の学習（数学Ⅱ・B）	高3生の学習（数学Ⅲ）

目標まで一歩ずつ確実に
スモールステップパーフェクトマスター

基礎から着実に難関レベルに到達できる

自分に合ったレベルから始め、確実に力を伸ばすことが可能です。「簡単すぎる」「難しすぎる」といった無駄がなく、志望校へ最短距離で進みます。また、授業後には「確認テスト」や「講座修了判定テスト」で理解してから先に進むので、わからない部分を残すことはありません。自分の学習成果を細かく確認しながら、着実に力をつけることができます。

合格者の声
慶應義塾大学 法学部
川嵜 悠吾くん

僕は勉強において復習を最も重視していたので、毎受講後にある確認テストは復習において非常に有効な学習システムでした。毎回の受講にきちんと取り組み、確実に理解しながら一歩ずつ進んでいけたので、成績が着実に伸びていくことを実感できました。

パーフェクトマスターのしくみ

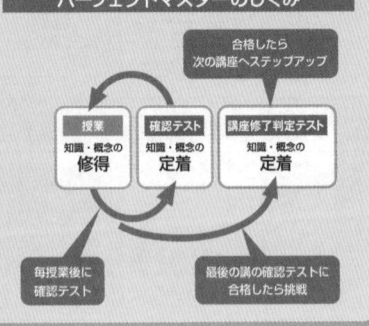

- **授業**（知識・概念の修得）
- ↓ 毎授業後に確認テスト
- **確認テスト**（知識・概念の定着）
- ↓ 最後の講の確認テストに合格したら挑戦
- **講座修了判定テスト**（知識・概念の定着）
- ↓ 合格したら次の講座へステップアップ

付録 3

個別説明会

全国の東進ハイスクール・東進衛星予備校の各校舎にて実施しています。
※お問い合わせ先は、付録9ページをご覧ください。

徹底的に学力の土台を固める

高速基礎マスター講座

高速基礎マスター講座は「知識」と「トレーニング」の両面から、科学的かつ効率的に短期間で基礎学力を徹底的に身につけるための講座です。文法事項や重要事項を単元別・分野別にひとつずつ完成させていくことができます。インターネットを介してオンラインで利用できるため、校舎だけでなく、自宅のパソコンや携帯電話で学習することも可能です。

東進公式スマートフォンアプリ
スマートフォンアプリでつぎつぎ頭の中に！

■東進式マスター登場！
（英単語／英熟語／英文法／基本例文）

1）スモールステップ・パーフェクトマスター！
頻出度（重要度）の高い英単語から始め、1つのSTEP（計100語）を完全修得すると次のSTEPに進めるようになります。

2）自分の英単語力が一目でわかる！
トップ画面に「修得語数・修得率」をメーター表示。自分が今何語修得しているのか、どこを優先的に学習すべきなのか一目でわかります。

3）「覚えていない単語」だけを集中攻略できる！
未修得の単語、または「My単語（自分でチェック登録した単語）」だけをテストする出題設定が可能です。
すでに覚えている単語を何度も学習するような無駄を省き、効率良く単語力を高めることができます。

東進式マスター「英単語センター1800」

合格者の声

早稲田大学 創造理工学部
常岡 優吾くん

受験勉強を始めたころ、勉強の習慣づけができておらず、英単語などの勉強をうまく進められませんでした。しかし「高速基礎マスター講座」で、基礎の範囲を短い期間で確実に身につけることができ、本格的な受験勉強を進める上で非常に役立ったと思います。

君を熱誠指導でリードする

担任指導

志望校合格のために君の力を最大限に引き出す

定期的な面談を通じた「熱誠指導」で、最適な学習方法をアドバイス。スケジュールを具体的に示し、君のやる気を引き出します。課題をともに考えて解決し、志望校合格までリードする存在、それが東進の「担任」です。

合格者の声

東京外国語大学 国際社会学部
野口 鵬さん

東進に入学したての時期にさまざまなサポートをしていただき、東進の学習システムにすぐに慣れることができました。グループ面談などを通して、いつも親身に見守ってくれていた担任や担任助手の先生方は、受験勉強において大きな手助けとなりました。

合格の秘訣3 東進ドットコム

ここでしか見られない受験と教育の情報が満載！
大学受験のポータルサイト

www.toshin.com

東進ブックスのインターネット書店

東進WEB書店

ベストセラー参考書から夢ふくらむ人生の参考書まで

学習参考書から語学・一般書までベストセラー＆ロングセラーの書籍情報がもりだくさん！あなたの「学び」をバックアップするインターネット書店です。検索機能もグンと充実。さらに、一部書籍では立ち読みも可能。探し求める1冊に、きっと出会えます。

付録 5

ケータイからも	東進ドットコムは
ご覧いただけます	ケータイ・スマートフォンから簡単アクセス！

最新の入試に対応!!
大学案内

偏差値でも検索できる。検索機能充実！

東進ドットコムの「大学案内」では最新の入試に対応した情報を様々な角度から検索できます。学生の声、入試問題分析、大学校歌など、他では見られない情報が満載！登録は無料です。
また、東進ブックスの『新大学受験案内』では、厳選した172大学を詳しく解説。大学案内とあわせて活用してください。

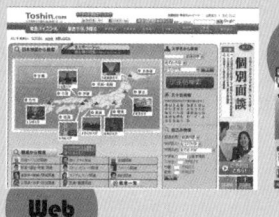

難易度ランキング　50音検索　日本地図検索

172大学の過去問を無料で閲覧
大学入試過去問データベース

君が目指す大学の過去問をすばやく検索、じっくり研究！

東進ドットコムの「大学入試問題 過去問データベース」は、志望校の過去問をすばやく検索し、じっくり研究することが可能。172大学の過去問をダウンロードすることができます。センター試験の過去問も18年分以上掲載しています。登録は無料です。志望校対策の「最強の教材」である過去問をフル活用することができます。

学生特派員からの
先輩レポート

生の大学情報をリアルタイムに提供！

東進で頑張り難関大学に合格した先輩が、ブログ形式で大学の情報を提供します。大勢の学生特派員によって、大学案内・情報誌などにはない生の大学情報が次々とアップデートされていきます。また、受験を終えたからこそわかるアドバイスも、受験勉強に役立つこと間違いなしです。

合格の秘訣 4 東進模試

申込受付中
※連絡先は付録9ページをご覧ください。

学力を伸ばす模試

「自分の学力を知ること」が受験勉強の第一歩

絶対評価の連続模試
毎回同じ判定基準で、志望校と現在の学力を比較。自分の成績の伸びが正確に把握できます。

入試の『本番レベル』
「合格まであと何点必要か」がわかる。早期に本番レベルを知ることができます。

最短7日のスピード返却
成績表を、最短で実施7日後に返却。次の目標に向けた復習はバッチリです。

合格指導解説授業
模試受験後に合格指導解説授業を実施。重要ポイントが手に取るようにわかります。

- 模試受験中に学力を伸ばす!
- 合格までの距離を知り、計画を立てる!
- 学習効果を検証、勉強法を改善する!

全国統一高校生テスト 高3生 高2生 高1生 年1回

東進模試 ラインアップ 2013年度

模試名	対象	回数
センター試験本番レベル模試	受験生 高2生	年5回
センター試験高校生レベル模試	高2生 高1生	年4回
東大本番レベル模試	受験生	年3回
京大本番レベル模試	受験生	年3回
北大本番レベル模試	受験生	年2回
東北大本番レベル模試	受験生	年2回
名大本番レベル模試	受験生	年2回
阪大本番レベル模試	受験生	年2回
九大本番レベル模試	受験生	年2回
難関大本番レベル記述模試	受験生	年5回
有名大本番レベル記述模試	受験生	年5回
大学合格基礎力判定テスト	受験生 高2生 高1生	年4回
センター試験同日体験受験	高2生 高1生	年1回
東大入試同日体験受験	高2生	年1回

※東大本番レベル模試〜有名大本番レベル記述模試はセンター試験本番レベル模試とのドッキング判定※

※最終回がセンター試験後の受験となる模試は、センター試験自己採点とのドッキング判定となります。

東進で勉強したいが、近くに校舎がない君は…

東進ハイスクール 在宅受講コースへ

「遠くて東進の校舎に通えない……」。そんな君も大丈夫! 在宅受講コースなら自宅のパソコンを使って勉強できます。ご希望の方には、在宅受講コースのパンフレットをお送りいたします。お電話にてご連絡ください。学習・進路相談も随時可能です。

2013年も難関大・有名大 ゾクゾク現役合格
抜群の現役合格実績

現役のみ！最終学年高3在籍者のみ！講習生含みます！

東進の合格実績には、高卒生や講習生、公開模試生を含みません。(他の大手予備校とは基準が異なります)

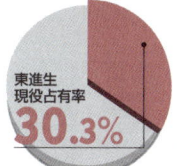

2013年3月31日締切

東大 現役合格者 600名（昨対+12名）ついに達成!!

東進生現役占有率 **30.3%**

- 文Ⅰ……124名
- 文Ⅱ……74名
- 文Ⅲ……81名
- 理Ⅰ……197名
- 理Ⅱ……79名
- 理Ⅲ……45名

2013年の東大合格者は現浪合わせて3,109名（うち、現役合格者は1,978名）。東進の現役合格者は、昨年より12名増の600名。東大現役合格者における東進生の占有率は、2012年の29.50%から30.33%となりました。東大現役合格者の3.3人に1人が東進生です。

東大 現役合格者 の 3.3人に 1人が東進生

現役合格 旧七帝大+四大学連合 2,447名 昨対+205名

旧七帝大
- 東京大……600名
- 京都大……215名
- 北海道大……194名
- 東北大……201名
- 名古屋大……209名
- 大阪大……348名
- 九州大……292名

四大学連合
- 東京医科歯科大……37名
- 東京工業大……141名
- 一橋大……112名
- 東京外国語大……98名

現役合格 国公立医学部医学科 521名 昨対+1名

- 東京大(理科三類)……45名
- 京都大(医学部医学科)……16名
- 北海道大(医学部医学科)……8名
- 東北大(医学部医学科)……15名
- 名古屋大(医学部医学科)……17名
- 大阪大(医学部医学科)……13名
- 九州大(医学部医学科)……16名
- 札幌医科大(医学部医学科)……6名
- 旭川医科大(医学部医学科)……13名
- 弘前大(医学部医学科)……13名
- 福島県立医科大(医学部医学科)……8名
- 筑波大(医学部医学科)……7名
- 群馬大(医学部医学科)……10名
- 千葉大(医学部医学科)……22名
- 東京医科歯科大(医学部医学科)……14名
- 横浜市立大(医学部医学科)……9名
- 新潟大(医学部医学科)……15名
- 金沢大(医学部医学科)……12名
- 福井大(医学部医学科)……7名
- 山梨大(医学部医学科)……13名
- 信州大(医学部医学科)……13名
- 岐阜大(医学部医学科)……11名
- 浜松医科大(医学部医学科)……14名
- 名古屋市立大(医学部医学科)……4名
- 三重大(医学部医学科)……18名
- 滋賀医科大(医学部医学科)……6名
- 京都府立医科大(医学部医学科)……7名
- 神戸大(医学部医学科)……13名
- 和歌山県立医科大(医学部医学科)……7名
- 広島大(医学部医学科)……15名
- 山口大(医学部医学科)……14名
- 徳島大(医学部医学科)……15名
- 愛媛大(医学部医学科)……12名
- 佐賀大(医学部医学科)……18名
- 長崎大(医学部医学科)……15名
- 熊本大(医学部医学科)……19名
- 鹿児島大(医学部医学科)……8名
- その他 国公立大(医学部医学科)……63名

現役合格 早慶上智 5,017名 昨対+526名

- 早稲田大……2,627名
- 慶應義塾大……1,402名

東進生現役占有率 **21.3%** 4.7人に1人が東進生!!※

東進生現役占有率 **23.6%** 4.3人に1人が東進生!!※

- 上智大……988名

現役合格 全国主要国公立大

- 北海道教育大……69名
- 弘前大……55名
- 岩手大……52名
- 宮城大……27名
- 秋田大……48名
- 山形大……78名
- 福島大……42名
- 筑波大……214名
- 茨城大……125名
- 宇都宮大……47名
- 群馬大……58名
- 埼玉大……156名
- 埼玉県立大……36名
- 千葉大……284名
- 首都大学東京……295名
- お茶の水女子大……37名
- 電気通信大……60名
- 東京学芸大……121名
- 東京農工大……79名
- 横浜国立大……240名
- 横浜市立大……130名
- 新潟大……203名
- 富山大……107名
- 金沢大……165名
- 福井大……68名
- 山梨大……77名
- 信州大……141名
- 岐阜大……113名
- 静岡大……190名
- 静岡県立大……50名
- 愛知教育大……90名
- 名古屋工業大……114名
- 名古屋市立大……105名
- 三重大……177名
- 滋賀大……78名
- 京都教育大……24名
- 大阪教育大……179名
- 大阪府立大……152名
- 大阪教育大……112名
- 神戸大……325名
- 奈良女子大……44名
- 和歌山大……49名
- 鳥取大……87名
- 島根大……63名
- 岡山大……163名
- 広島大……228名
- 山口大……195名
- 徳島大……107名
- 香川大……88名
- 愛媛大……171名
- 高知大……47名
- 北九州市立大……132名
- 佐賀大……110名
- 長崎大……158名
- 熊本大……196名
- 大分大……69名
- 宮崎大……49名
- 鹿児島大……93名
- 琉球大……80名

理明青立法中 現役合格 11,102名 昨対+943名

- 東京理科大……1,472名
- 明治大……2,895名
- 青山学院大……1,224名
- 立教大……1,626名
- 法政大……2,195名
- 中央大……1,690名

関関同立 現役合格 8,529名 昨対+1,389名

- 関西学院大……1,642名
- 関西大……2,049名
- 同志社大……1,970名
- 立命館大……2,868名

※東進調べ

ウェブサイトでもっと詳しく ▶ 東進 検索

付録 8

各大学の合格実績は、東進ハイスクールと東進衛星予備校の合同実績です。

東進へのお問い合わせ・資料請求は
東進ドットコム www.toshin.com か下記までお電話ください。(通話料無料)

東進ハイスクール ☎ 0120-104-555 (トーシン ゴーゴーゴー)

●東京都

[中央地区]
- 市ヶ谷校　0120-104-205
- 新宿エルタワー校　0120-104-121
- 高田馬場校　0120-104-770

[城北地区]
- 赤羽校　0120-104-293
- 本郷三丁目校　0120-104-068
- 茗荷谷校　0120-738-104

[城東地区]
- 綾瀬校　0120-104-762
- 金町校　0120-452-104
- ★北千住校　0120-693-104
- 錦糸町校　0120-104-249
- 豊洲校　0120-104-282
- 西新井校　0120-266-104
- 西葛西校　0120-289-104
- 門前仲町校　0120-104-016

[城西地区]
- ★池袋校　0120-104-062
- 大泉学園校　0120-104-862
- 荻窪校　0120-687-104
- 高円寺校　0120-104-627
- 石神井校　0120-104-159
- 巣鴨校　0120-104-780
- 成増校　0120-028-104
- 練馬校　0120-104-643

[城南地区]
- 大井町校　0120-575-104
- 蒲田校　0120-265-104
- 五反田校　0120-672-104
- 三軒茶屋校　0120-104-739
- ★渋谷駅西口校　0120-389-104
- 下北沢校　0120-104-672
- 自由が丘校　0120-964-104
- 成城学園前校北口　0120-104-616
- 千歳烏山校　0120-104-331
- 都立大学駅前校　0120-275-104

[東京都下]
- ★吉祥寺校　0120-104-775
- 国立校　0120-104-599
- 国分寺校　0120-622-104
- 立川駅北口校　0120-104-662
- 田無校　0120-104-272
- 調布校　0120-104-305
- 八王子校　0120-896-104
- 東久留米校　0120-565-104
- 府中校　0120-104-676
- ★町田校　0120-104-507
- 武蔵小金井校　0120-480-104
- 武蔵境校　0120-104-769

●神奈川県
- 青葉台校　0120-104-947
- 厚木校　0120-104-716
- 川崎校　0120-226-104
- 湘南台東口校　0120-104-706
- 新百合ヶ丘校　0120-104-182
- センター南駅前校　0120-104-722
- たまプラーザ校　0120-104-445
- 鶴見校　0120-876-104
- 平塚校　0120-104-742
- 藤沢校　0120-104-549
- 向ヶ丘遊園校　0120-104-757
- 武蔵小杉校　0120-165-104
- ★横浜校　0120-104-473

●埼玉県
- 浦和校　0120-104-561
- 大宮校　0120-104-858
- 春日部校　0120-104-508
- 川口校　0120-917-104
- 川越校　0120-104-538
- 小手指校　0120-104-759
- 志木校　0120-104-202
- せんげん台校　0120-104-388
- 草加校　0120-104-690
- 所沢校　0120-104-594
- ★南浦和校　0120-104-573
- 与野校　0120-104-755

●千葉県
- 我孫子校　0120-104-253
- 市川駅前校　0120-104-381
- 稲毛海岸校　0120-104-575
- 海浜幕張校　0120-104-926
- ★柏校　0120-104-353
- 北習志野校　0120-344-104
- 新浦安校　0120-556-104
- 新松戸校　0120-104-354
- ★千葉校　0120-104-564
- ★津田沼校　0120-104-724
- 土気校　0120-104-584
- 成田駅前校　0120-104-346
- 船橋校　0120-104-514
- 松戸校　0120-104-257
- 南柏校　0120-104-439
- 八千代台校　0120-104-863

●茨城県
- つくば校　0120-403-104
- 土浦校　0120-059-104
- 取手校　0120-104-328

●静岡県
- 静岡校　0120-104-585

●長野県
- ★長野校　0120-104-586

●奈良県
- JR奈良駅前校　0120-104-746
- ★奈良校　0120-104-597

(2013年4月現在)

★は高校生・高卒生対象の校舎です。その他は高校生対象の校舎です。

新校舎開校情報
最新の情報は東進ドットコム(www.toshin.com)でご案内!

東進衛星予備校 ☎ 0120-104-531 (トーシン ゴーサイン)

東進ドットコムでお近くの校舎を検索!

資料請求もできます

「東進衛星予備校」の「校舎案内」をクリック → エリア・都道府県を選択 → 住所の一部からも検索できます

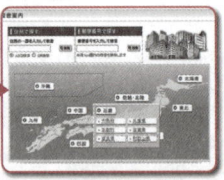

東進ハイスクール 在宅受講コース ☎ 0120-531-104 (ゴーサイン トーシン)

付録 9